쇼펜하우어(1788~1860) 초상

**쇼펜하우어 초상화  프레더릭 레이턴(영국의 역사 화가·조각가)**
그림 아래에 '아르투어 쇼펜하우어' 사인이 있다. 살아있을 무렵 쇼펜하우어의 하나뿐인 전신 초상화이다.

쇼펜하우어의 묘　프랑크푸르트 시립 중앙 묘지

쇼펜하우어의 생가에 있는 명판

쇼펜하우어 흉상   프랑크푸르트암마인

Arthur Schopenhauer
# DIE WELT ALS WILLE UND VORSTELLUNG
# 의지와 표상으로서의 세계
아르투어 쇼펜하우어 지음/권기철 옮김

동서문화사

# 의지와 표상으로서의 세계
## 차례

《의지와 표상으로서의 세계》를 읽는 이들에게—권기철

초판 머리글⋯17
제2판 머리글⋯24
제3판 머리글⋯36

**제1권 표상으로서의 세계에 대한 제1고찰:**
   **충족이유율에 따른 표상, 경험과 학문의 목적**
   1. 세계와 나⋯37
   2. 주관과 객관⋯39
   3. 충족이유율의 한 형태인 시간⋯41
   4. 물질의 인과성을 인식하는 오성⋯43
   5. 외부 세계의 실재성에 대한 논쟁⋯49
   6. 오성의 성질⋯55
   7. 주관과 객관으로 나누어지는 표상⋯62
   8. 인간과 동물의 차이와 인간의 이성⋯73
   9. 개념과 논리학⋯78
   10. 이성의 추상적 인식인 지식⋯90
   11. 감정⋯91
   12. 이성의 기능⋯93
   13. 기지와 어리석음⋯99
   14. 과학의 형식⋯103
   15. 진리의 기초와 오류의 가능성⋯111
   16. 칸트의 실천 이성과 스토아학파의 윤리학⋯127

## 제2권 의지로서의 세계에 대한 제1고찰:
### 의지의 객관화

17. 직관적 표상의 의의…137
18. 육체와 의지의 관계…142
19. 의지이자 표상인 육체…146
20. 욕망의 표현인 육체…149
21. 의지의 객관화인 표상…153
22. 의지의 개념…154
23. 현상 형식에서 자유로운 의지…156
24. 의지의 필연성…164
25. 의지의 객관화 단계인 이데아…173
26. 자연의 힘은 충족이유율에 지배되지 않는 의지의 객관화…176
27. 의지의 객관화 과정…186
28. 의지의 객관화에 나타나는 합목적성…202
29. 목표도 한계도 없는 의지…212

## 제3권 표상으로서의 세계에 대한 제2고찰:
### 충족이유율에 근거하지 않는 표상, 플라톤의 이데아, 예술의 대상

30. 이데아의 인식…216
31. 플라톤의 이데아와 칸트의 물자체…217
32. 물자체의 객관성인 이데아…222
33. 이데아에 봉사하는 인식…224
34. 순수한 인식 주관…226

35. 의지와 이데아 그리고 현상…229

36. 예술과 천재와 광기…232

37. 예술가와 예술 작품…243

38. 아름다움을 느끼는 주관적 조건…245

39. 숭고한 아름다움…250

40. 매력적인 아름다움…258

41. 이데아를 구현하는 아름다움…259

42. 아름다움에 대한 인상…263

43. 건축술과 아름다움…264

44. 식물과 동물의 아름다움…269

45. 인간의 아름다움…271

46. 라오콘 조각의 아름다움…278

47. 언어 예술의 아름다움…281

48. 역사를 표현한 그림…282

49. 예술 작품의 개념과 이데아…286

50. 예술 작품의 알레고리…290

51. 시에 대하여…297

52. 음악에 대하여…312

## 제4권 의지로서의 세계에 대한 제2고찰: 자기 인식에 다다른 경우의 삶에 대한 의지의 긍정과 부정

53. 철학에 대한 새로운 이해를 위해서…326

54. 삶에 대한 의지…330

55. 인간의 자유에 대하여…343

56. 의지와 무한한 삶의 고뇌…366

57. 인생의 기본 특징인 고뇌…370

58. 소극적인 인생의 행복…379

59. 개개인의 역사는 고뇌의 역사…384

60. 삶에 대한 의지의 긍정…387

61. 투쟁의 출발점인 이기심의 근원…392

62. 국가와 법률에 대하여…395

63. 영원한 정의…413

64. 인간 본성의 두 가지 특성…420

65. '선과 악' 그리고 양심의 가책…423

66. 덕과 선이 생기는 원천…432

67. 동정에 대하여…440

68. 삶에 대한 의지의 부정…443

69. 자살에 대하여…465

70. 그리스도교 교의와 윤리…470

71. 무와 의지, 그리고 세계…476


쇼펜하우어의 생애…481

《의지와 표상으로서의 세계》에 대한 비판…508

쇼펜하우어 연보…510

# 《의지와 표상으로서의 세계》를 읽는 이들에게

권기철

'세계는 나의 표상이다'라는 문장으로 이 저서는 시작된다.

이 문장은 무슨 뜻인가? 우리는 이 세계에서 살며 온갖 것을 인식한다. 그런 세계가 모두 '표상'이라고 쇼펜하우어는 말한다. 그러면 표상이란 무슨 뜻일까? 표상이란 눈앞에서 보듯이 마음속으로 생각하고 그려보는 일, 심상, 상상, 관념 등의 뜻이다. 즉 우리가 무언가를 보고 그것을 상상하는 일이다. 그것을 할 수 있는 것은 인간뿐이라고 한다. 이를테면 인간은 태양 자체를 직접적으로 알지 못한다. 눈으로 빛을 보고서야 태양을 인식할 수 있다. 그때 생겨나는 인식이 태양의 '표상'이다.

주목할 점은 '나의 표상'으로 정해져 있다는 것이다. 내가 인식하는 태양이나 땅은 '나의 표상'이다. '세계는 나의 표상이다'는 이렇게 해석된다. '세계는 표상으로서 존재한다.' 이것이 선천적 진리이다.

여기에 또 하나의 진리가 덧붙는다. 내가 태양을 볼 때에는 시간·공간·인과성에 바탕을 두고 있다. 그때 나는 그곳에 어떠한 이유로 가서 태양을 보는 것이다. 이것을 '충족이유율'이라고 한다. 충족이유율이란 쇼펜하우어가 칸트를 뛰어넘으려고 세운 사고방식의 기본이다.

이때 공통되는 원리가 숨어 있다. 그것은 '주관과 객관의 분열'이다. 이는 태양이나 땅이 주관과의 관계에서 객관에 지나지 않으며, 보는 것(주관)이 있고, 보이는 세계(객관)가 있다는, 즉 '객관은 표상에 지나지 않는다'라는 진리이다. 나라는 주관이 태양이라는 객관을 보았을 때, 태양이라는 표상이 생긴다. 만물은 단지 주관에 대하여 존재하는 객관일 뿐이며 세계는 표상이라는 것은, '주관과 객관의 분열'이다.

그렇다면 주관이란 무엇인가? 모든 것을 인식하며 그 누구에게도 인식되지 않는 것, 이것이 주관이다. 이 주관은 현상하는 모든 것, 곧 태양, 땅, 그 밖의 온갖 존재라는 객관을 성립시킨다. 그때 우리 자신의 몸도 표상이며 보이는 객관이 된다. 또 이때 주관은 인식되는 것이 아니기 때문에 시간·공간이라는 형식에서도 벗어나 단지 주관으로서 존재한다. 또 다수성이나 단일성에서도 벗어나 있는 것이다.

이렇게 보면 표상이 성립하기 위한 두 측면이 있다. 하나는 '보이는 대상=객관'이다. 객관은 공간과 시간, 다수성의 형식에 얽매여 있다. 또 하나는 주관이다. 주관은 공간과 시간 안에는 없으며, 나눌 수도 없다. 그런데 객관과 주관은 나눌 수 없다. 주객 양면이 불리일체(不離一體)인 것이다. 즉 주관이 존재하는 것은 객관이 있을 때이다. 나라는 주관이 있는 것은 태양과 땅 등의 대상, 곧 객관이 있기 때문이다. 이때 주관과 객관도 공간·시간·인과성이라는 '충족이유율'에 매여 있다. 어디에서, 언제, 어떤 이유로 태양을 보았는가—하는 식이다.

주관과 객관의 관계를 일상적인 말로 하자면 '주관=나'이며 '객관=너'이다. 내가 없으면 너도 없고 네가 없으면 나도 없다는 것이다.

그런데 우리의 인식에는 일상적으로 흔히 사용하는 '직관'과 '추상'이 있다. 추상의 경우 '태양과 같은'이라고 할 때, 그것은 태양의 '개념'을 나타낸다. 개념을 추상하는 능력을 갖고 있는 것은 인간뿐이다. 이 개념을 추상하는 능력을 쇼펜하우어는 '이성'이라고 명명했다.

그러면 '직관적 표상'이란 무엇인가? 그것은 맨눈으로 보이는 세계의 총체이며 경험할 수 있는 전부이다. 그리고 그것들은 시간과 공간 속에 있는 표상이다. 이것은 선천적으로 직관에 의해 인식된다.

그러면 시간은 무엇인가? 그것은 한순간 한순간 그 앞에 있는 시간을 죽이는 형식으로 존재한다. 현재는 과거와 미래 사이에 과거를 죽이는, 범위도 지속성도 갖지 않는 경계선이다. 그것은 헤라클레이토스의 '만물은 유전한다', '끊임없이 생성하지만 마지막에는 존재하지 않는 것'과 통한다. 결국 시간이란 '계속'이며, 계속이 시간의 본질이다.

마찬가지로 공간은 '위치'이다. 또 물질이란 '물질의 움직임(작용·영향·활동)'이다. 물질은 움직이는 것으로서 시간과 공간을 채우고 있다.

물질이 직관을 생기게 한다. 물질이 존재하는 것은 직관 안에서뿐이다. 사과를 보면 사과라고 직관하고, 바나나를 보면 바나나라고 직관한다. 이와 같이 사과나 바나나라는 표상을 직관하여 파악한다. 사과나 바나나가 직관에 작용한 결과, 사과나 바나나라는 표상이 생겨난다.

시간과 공간은 '동시 존재'한다. '시간만' 또는 '공간만'이란 있을 수 없다. 공간만 있다면 세계는 고정된 채 변화란 일어나지 않을 것이다. 또 시간만 있다면 모든 것이 덧없고 신속하게 흘러갈 뿐이다. 따라서 시간과 공간의 결합에 의해서 비로소 물질이 발생한다.

한편 사과의 경우도 인과성에 매여 있다. 사과가 떨어질 때 그 일을 인식하는 것은 '오성'이다. 오성이란 인과성을 인식하는 유일한 기능이다. 이렇게 보면 원인과 결과에 나타나는 모든 물질, 바꿔 말하면 현실 전체는 오성에 대응하고 오성을 수단으로 하며 오성 속에 존재하고 있다.

이 오성이 결과에서 원인으로 옮겨갈 때 직관과 같은 세계가 나타난다. 사과가 떨어질 때 결과와 원인을 오성으로 파악하고 오성이 주는 자료에서 직관이 생겨난다. 이때 직관은 단순히 감각적인 것이 아니라 지적인 것이며, 결과에서 원인을 오성적으로 인식하는 것이다.

이것에서 다음과 같은 말을 할 수 있다. 즉 사람이 직관에 의해 표상으로서 알게 되는 것은 객관의 작용이며, 인과성이자 오성에 의한 것이다.

이 오성의 결여가 '우둔'이다. 우둔이란 인과율의 응용에 둔감하다는 것이다.

한편 코끼리는 작은 다리가 자기 몸무게를 지탱할 수 없다고 생각하면(오성으로 파악한다) 건너려고 하지 않는다. 이것은 본능에서 나오는 것이다. 본능은 오성과도, 이성과도 다르지만 오성과 이성을 합친 것에 가깝다. 여기에서 오성과 이성의 차이를 정리하면 다음과 같다.

· 이성에 의해 바르게 인식된 것―진리/대립(현혹)하는 것―오류
· 오성에 의해 바르게 인식된 것―실재/대립(현혹)하는 것―가상

가상의 예로, 물에 잠긴 막대기가 꺾여 보이는 것을 들 수 있다. 막대기는 꺾인 것이 아님을 이성을 통해 알고 있더라도 여전히 꺾인 막대기라는 가상이 남으며 우리는 여전히 그렇게 보고 마는 것이다.

이리하여 다음 결론이 나온다. 오성은 이성으로부터 완전히 구별되어 있다. 이성이 할 수 있는 것은 아는 일뿐이다. 직관하는 것은 오성만의 작용이며, 이

성의 영향은 받지 않는다. 이처럼 표상은 서로 대립하는 객관과 주관을 전제로 하고, 시간·공간·인과성에 종속되며, 오성에 속하는 직관에 의해 파악된다. 세계는 이렇게 해서 나의 '표상'이 된다.

우리는 이 직관적 '표상'에 의존해 있으며, 세계는 나의 표상으로서 나와 대립하여 존재하고 있다. 그러나 이대로는 우리의 운동이나 행동을 설명할 수 없다. 나라는 주관에게 표상은 아무 관계도 없다.

이 표상의 뜻을 인식하고 자기 자신의 현상을 푸는 열쇠가 '의지'이다. 의지가 자신의 본질, 행위, 운동의 뜻을 알게 해준다. 의지란 '생각하는 것만으로는 안 된다, 몸을 움직여야 한다'는 말처럼 몸의 활동을 나타낸다.

몸의 움직임은 두 가지로 나눠 볼 수 있다. 자기 의지로 움직이는 자의적 운동과 의지와는 관계없이 움직이는 비자의적 운동이다. 자의적인 운동은 '동기'에 바탕을 두고 있으며, 비자의적인 운동은 '자극'에 의해 생긴다. 미래를 바꾸려고 하는 의지의 결정을 '결의'라고 부른다. 결의가 아직 '의도'인 경우에는 이성 안에 머문 추상이다. '의욕'과 '행위'는 반성하고 있을 때는 구별되나 현실로 결정이 났을 때는 구별되지 않는다. 따라서 의지에 어긋났을 때는 고통스럽고, 의지에 따랐을 때는 쾌감을 느낀다. 이렇게 육체와 의지는 하나이다. 그러므로 의지에 대해 인식하는 일은 육체에 대한 인식과 분리할 수 없다. 육체를 인식하는 것은 객관의 현상을 인식하는 일이다. 즉 시간 안에서 육체를 인식하고 우리의 의지를 인식하게 된다는 것이다. 이리하여 행위를 했을 때, 나의 의지라는 주관과 육체라는 객관이 분열에서 풀려나 합치한다. 이 합치를 가장 높은 의미의 '기적'이라고 명명한다. 이 '의지와 육체의 일치'는 매우 독자적인 인식을 가져다준다. '나의 몸은 나의 의지이다'라고 바꾸어 말할 수 있다는 것이다.

이때 육체는 이미 인식 주관(認識主觀)의 단순한 표상이 아니다. 자기 육체는 의지로서 나타난다. 육체야말로 세계 속에서 단 하나의 현실적 개체이며 의지의 표현이다. 이 의지는 맨 먼저 육체의 자의적 운동에서 볼 수 있다. 테니스에서 공을 친다는 의지는 발, 허리, 어깨 등의 수의근을 움직여 라켓으로 강하게 공을 치는 자세를 만든다. 공을 치는 모습은 의지가 겉으로 드러나는 자세이다. 그리고 친다는 의지가 달성되었을 때는 쾌감이 생겨난다. 의지에 반하여 잘못 쳤을 경우에는 불쾌감이 생긴다. 의지로부터 쾌·불쾌라는 육체적 자극이 생긴 것이다.

육체의 성장과 유지에 대한 것은 생리학 분야이지만, 이것도 동기와 행동, 원인과 결과라는 구조 속에서 설명할 수 있다. 이리하여 육체를 성립시키는 것은 의지의 현상이며 의지가 눈에 보이는 모양을 가리키는 것이다. 즉 치아, 목, 장(腸)은 객관화된 굶주림이다. 이처럼 육체는 의지의 표현이다. 인간의 일반적 자태는 인간의 일반적 의지에 대응하며, 개인의 자태는 그 사람의 의지나 성격에 대응한다.

쇼펜하우어는 이와 같은 '의지'를 식물이 성장하는 힘이나 광물의 결정이 형성될 때의 힘, 자석을 북극으로 향하게 만드는 힘과 본질적으로 같은 것이라 인정하고, 그것을 '의지'에 의한 것이라고 말했다. 그리하여 '의지'만이 칸트가 말하는 '물자체(物自體)=본체(本體)'가 된다. 의지가 '물자체'인 이상, 모든 표상이나 모든 객관은 의지의 현상이므로 의지는 눈에 보이게 되는 것이다. 이리하여 세계의 내면은 '의지'이며, 만물의 원인은 '의지'이다. 이를테면 의지 자체가 '절대적 근원'이고, 만물을 낳는다. 따라서 의지에는 그 이상의 근거는 없다.

'의지'라는 말은 더 확장되어, 우리가 사용하는 인식에 인도된 의지, 동기에 따라가는 의지라는 뜻을 훨씬 넘어섰다. '물자체로서의 의지=내면'의 본질을 골라내어 자연계의 매우 약하고 희미한 의지까지도 '의지의 확장'을 나타낸다. 이리하여 쇼펜하우어는 단계적으로 식물의 성장이나 결정을 만드는 수정 같은 광물의 힘도 '의지'로 간주한다.

이러한 견해의 결과로서 개체는 이미 의지의 현상으로 일찍이 한정되어 있었고, 행동에는 자유가 없다고 주장한다. 태어난 순간부터 죽을 때까지, 비록 싫은 것일지라도 일단 맡은 역할(절대적 근원인 의지가 명령한 것)은 끝까지 연기하지 않으면 안 된다. 바꿔 말하면 하나하나의 개체는 자신의 본성에 적합한 형태로 현실에 있는 것이며, 그 밖의 모습으로는 있을 수 없다. 곧 의지에 바탕을 둔 개인적 자유를 인정하지 않는다.

그는 의지가 인식에 바탕을 두지 않는 것을 동물의 본능으로 설명한다. 본능에 바탕을 둔 '거미의 거미줄 치기' 등은 동기나 인식이 없는, 목적 없는 의지에 의한 활동이라는 것이다. 이런 목적 없는 의지의 움직임은 인간에게도 있다. 소화, 분비, 성장 등이 그것이다. 육체 안에서 일어나는 것은 철두철미 의지의 현상이다. 그러나 이것들은 인식에 바탕을 둔 동기에 의한 것이 아닌, '자극'이라는 원인에 의한 것이다. '동기'와 '원인'의 중간이 '자극'이다. 예를 들어 식물의 액즙이 상승하는 것, 갑자기 눈을 감는 것, 음경이 발기하는 것 등의 원인은 자극이다.

나아가 쇼펜하우어는 무기적 세계의 의지에 주목하고 있다. 물이 아래로 흐르려는 강렬한 충동, 쇠가 자석에 달라붙는 현상, 전기의 양극이 결합할 때의 격렬함 등은 인간의 소망과 닮아 있다고 그는 말한다.

이리하여 세계의 근저에서 '의지'를 보려고 한 쇼펜하우어는 플라톤의 이데아 인식에 접근한다.

이데아라는 '변함없는 형상'을 인식하는 몇몇 사람들은 '본디 의지에 봉사하기 위해서만 존재하는 인식'을 자유롭고 순수하게 하여 '세계의 본질을 비추는 거울'을 만드는데, 여기에서 예술이 탄생한다(제3권)고 미적인 관조 속에서 깨달음을 찾고자 했다. 또한 미적 관조 속에서 깨달음을 찾은 사람은 '의지의 진정제', 즉 체념이 일어나며 '참된 체념'으로 고통이 '덕과 성스러운 경지'에 다가가 '해탈'에 이른다(제4권)고 의지를 조용히 가라앉혀 동양적 해탈 속에서 구원을 찾고 있다.

# 초판 머리글

　이 책을 이해하기 위해서는 어떻게 읽어야 할 것인가? 나는 이에 대해 먼저 말해 두고자 한다. 내가 이 책에서 전달하려고 하는 것은 다만 하나의 사상이다. 그런데 아무리 애써보아도 나로서는 이 책 전체보다 더 간단하게 이 하나의 사상을 전달하는 방법을 발견할 수가 없었다.—이 사상은 오랜 세월 동안 철학이라는 이름 아래에서 탐구되어 왔다. 바로 그러한 이유 때문에 역사상 교양을 갖는 사람들에게는 이것을 발견한다는 것은 현자(賢者)의 돌과 마찬가지로 불가능한 것이라 생각되었다. 플리니우스가 '사물이 이루어지기까지는 그럴 수가 없다고 생각되는 경우가 얼마나 많은 것인가'(《박물지(博物誌)》 제7권) 말했던 것처럼 말이다.

　전달되어야 할 단 하나의 사상을 여러 각도에서 고찰하다 보면 그것은 이제까지의 형이상학이라고 할 수도 있고, 논리학이라고 할 수도 있으며, 또 미학이라고 할 수도 있음을 알 수 있다. 그리고 만일 이 사상이 내가 이미 고백한 것과 같이 내가 믿는 그대로라면, 말할 필요도 없이 이 모든 것이라는 것은 틀림없는 일이다.

　사상체계라는 것은 늘 건축학적 관련이 없으면 안 된다. 즉 거기에서는 언제나 한 부분이 다른 부분을 지탱하는 반면에 다른 부분으로부터는 아무런 지탱을 받지 않고, 마지막으로 주춧돌은 다른 어떤 부분의 지탱을 받지 않으면서 모든 다른 부분을 지탱하며, 꼭대기는 모든 다른 부분의 지탱을 받고 있으면서도 다른 부분을 떠받고 있지 않은 그러한 관계와 같다. 이에 반하여 유일한 사상이라는 것은 아무리 포괄적인 것이라 하더라도 가장 완전한 통일을 유지하지 않으면 안 된다. 그럼에도 불구하고 만일 이 사상이 전달되기 위하여 여러 부분으로 분해되는 경우에는 이 여러 부분의 관계는 유기적인 것이어야 한다. 즉 각 부분은 전체에 의하여 보전되는 동시에 전체를 유지시키고, 어느 부분이 먼저이고 어느 부분이 마지막이라는 것도 없이, 어느 부분에 의해서도 사상 전체의 명확성이 더하고, 더욱이 어떠한 미미한 부분이라도 앞서 전체가 이해되지 않으면 완전히 이해할 수 없게 된다는 연관성인 것이다.—그런데 책이라는 것은 처음 시작하는 줄과 마지막 끝나는 줄이 있어서 그러한 한계 속에서는 내용이 아무리 유기체와 같다 하더라도 모양으로서는 언제나 같다고 할 수 없을 것이다. 따라서 여기에서는 형식과 실질은 서로 모순을 면치 못하게 된다.

그러므로 이러한 사상을 깊이 이해하려면 이 책을 다시 읽는 길 말고는 방법이 없을 것이다. 더욱이 처음 읽을 때는 시작 부분이 마지막 부분을 전제하는 것과 거의 같을 정도로 마지막 부분이 시작 부분을 전제하고, 마찬가지로 앞부분이 뒷부분을 전제하는 것과 거의 같을 정도로 뒷부분이 앞부분을 전제한다는, 자발적으로 갖게 되는 신념에서만이 생기는 강한 인내심을 가지고 읽어야 할 것이다. 내가 여기서 '거의'라고 말한 것은 꼭 그렇게 되지만은 않기 때문이다. 그리고 내가 뒤에 가서 비로소 약간 해명될 것을 미리 말함으로써 할 수 있는 것과, 또 일반적으로 되도록이면 알기 쉽게 명확히 밝히기 위하여 도움이 될 만한 것은 충실하고 성실하게 행했기 때문이다. 매우 당연한 일이기는 하지만 만일 실제로 독자가 책을 읽는 경우에 그때그때 말해지는 것만을 생각지 않고, 거기에서 생길 수 있는 여러 가지 가능한 결론도 함께 생각하지 않는다고 한다면, 내가 행한 것들은 어느 정도 성공했을는지도 모른다. 그러나 여러 가지 가능한 결론에 의하여 현대의 여러 가지 견해와 또 독자들이 갖는 여러 가지 견해에 아마 실제로 모순되는 점이 많을 것이다. 그 점을 제외하고도 더욱 많은 다른 예견적 결론과 상상적 결론이 여기에 덧붙여지는 경우가 있기 때문에, 그렇게 되면 단순한 오해에 지나지 않았던 것이 크나큰 비난이 되어 나타날 것임에 틀림없다. 하지만 나로서 애쓴 서술의 명확성과 표현의 명석함이 여기서 언급된 내용의 직접적인 의미에 관해서는 아마 의혹의 여지가 없으리라.

그럼에도 동시에 다른 모든 사람에 대한 그것과의 관계를 표현할 수 없기 때문에, 세상 사람들에게 실제의 사태를 인식시켜 주는 데는 어려움이 있다. 그런고로 이미 말한 바와 같이 이 책을 처음에 읽을 적에는, 두 번째 읽게 될 때는 많은 것이, 아니 모든 것이 전혀 다른 모습으로 보일 것이라는 확신과 참을성이 필요하다. 더욱이 몹시 어려운 문제를 다루는 것이기 때문에 그것을 완전히 이해하게 하고, 되도록 쉽게 이해할 수 있도록 노력한 나의 정성을 헤아려 너그럽게 봐주길 바란다. 전체적인 구조가 사슬로 이은 것처럼 유기적일 수 없다는 점에서 이따금 같은 곳에서 두 번 되풀어 언급할 필요도 있었다. 그리고 바로 이러한 구조와 모든 부분 간의 밀접한 연관성 때문에, 다른 경우에는 내가 매우 중요하게 여기지만 이 책에서는 장(章)과 절(節)로서 나누지 못하고, 부득이 네 개의 주편(主篇), 이른바 하나의 사상을 네 가지 관점으로 나누는 데 만족할 수밖에 없다. 이 네 가지 가운데 어느 하나를 읽더라도 거기에서 필요상 논해져야 할 여러 가지 세부적인 일에 마음이 끌려 그런 것들이 소속되어 있는 근본 사상, 서술 전체의 흐름을 놓치지 않도록 특히 조심해야 한다. ― 이것은 여기서(독자 자신도 철학자라는 바로 그 이유 때문에, 철학자에 대하여) 호의를 갖지 못하는 독자에 대한 첫 번째 요구이며, 다음에 말할 요구와 마찬가지로 불가결의 요구사항인 것이다.

두 번째 요구는 이 책을 읽기 전에 그 서론을 읽어달라는 것이다. 사실 그 서론은 이 책에 들어 있지는 않고, 5년 전에 출판되어 《충족이유율의 네 겹의 뿌리에 대하여, 하나의 철학 논문(Über die vierfache Wurzel des Satzes vom zureichenden Grunde : eine philosophische Abhandlung)》이라는 표제를 갖고 있다. ― 이 서론의 예비지식을 갖지 못하고 이 책을 적당히 이해하기란 불가능하다. 더욱이 그 논문의 내용은 마치 그것이 이 책 속에 포함되어 있는 것처럼 이 책 여기저기에서 전제되어 있다. 그런데 만일 그 논문이 이 책보다 몇 해 앞서서 나오지 않았다 하더라도 실제에서는 아마 서론으로서 이 책의 첫머리에 실리지 않고, 제1권에서는 그 논문에서 말한 것은 생각해 놓고 있으므로 그 논문을 참조하며 보충해 주어야 할 것 같다. 나는 지금 같으면 그때의 논문 내용을 더 훌륭하게 표현할 수 있었을는지도 모른다. 특히 그 무렵 나는 너무나 강하게 칸트 철학에 사로잡혀 있었기 때문에 사용한 몇 개의 개념, 이를테면 범주라든가, 외적 직관 및 내적 직관이라 하는 것들을 없애버린다면 더 좋겠지만, 그럼에도 나는 한 번 쓴 것을 고쳐 쓴다든지, 한 번 충분히 말한 것을 고생하여 다른 말로 표현한다든지 하는 것이 몹시 싫어서 감히 이 길을 택한 것이다. 그 논문에도 그러한 개념들이 그대로 사용되고 있으나, 그것은 그때까지 내가 그러한 개념들을 정말로 나의 것으로 만들어 놓고 있지 않았기 때문에 약간의 보충으로서나, 또는 주요 문제에는 전혀 언급하지 않은 것으로 되어 있다. 그러므로 그 논문의 이러한 여러 부분을 정정하는 일은 이 책을 읽음으로써, 자연히 독자의 사상에서 이루어질 것이다.―그러나 우리는 그 논문에 의하여 충족이유율의 뿌리(원리)가 무엇이며 무슨 의미가 있는지, 그 원리의 타당성은 어디까지 뻗치며, 어느 지점 이상은 미치지 못하는지, 그리고 그 원리가 모든 사물에 앞서서 존재하지 않으며, 전 세계가 이 원리의 결과로서 또는 이에 상응하여 이른바 그 계열로서 존재한다는 것을 인식해야 한다. 또한 언제나 주관에 의해서 제약된 어떠한 종류의 객관일지라도 이 원리는, 주관이 인식 작용을 하는 개체인 한에 있어서 어떠한 곳에서도 반드시 인식될 때의 형식에 지나지 않는다는 것을 완전히 인식해야만 한다. 그래야 비로소 내가 이 책에서 시도한, 이제까지의 모든 철학적 사고방식과는 전혀 다른 방법을 배울 수 있을 것이다.

하지만 나 자신이 이미 이전의 논문에서 말한 것을 그대로 옮긴다든지, 혹은 똑같은 것을 다른 말이나 좀 더 서투른 말로서(이것을 나 자신이 그 이상으로 적당한 말이 없다고 생각되는 말을 앞선 논문에서 사용했기 때문이다) 다시 말하기는 싫기 때문에 또 하나의 결함이 이 책 제1권에서 생겼다. 즉 나는 《시력과 색채에 대하여(Über das Sehen und die Farben)》라는 논문 제1장에서 제시했던 내용을, 정상적으로는 이 책에 그대로 포함해야 할 것들임에도 모두 생략해 버렸다. 따라서 이전의 이 논문도 독자들이 알고 있는 것으로 하겠다.

끝으로 독자들에게 해야 할 세 번째 요구는 말하지 않아도 상상할 수 있을 것이다. 왜냐하면 그것은 2천 년 이래 철학에서 나타난 가장 중요한 그리고 우리에게 가장 가까운 현상을 알아달라는 요구이기 때문이다. 곧 그것은 칸트의 주저(主著)에 관한 것이다. 실로 칸트의 주요 저서를 읽는 사람이 그의 정신에 받은 영향은 이미 이전에도 말한 바와 같이 맹인이 백내장 수술을 받는 것과 비할 수 있으리라. 여기서 이 비유를 그대로 적용한다면 나의 목적은 그 수술의 결과가 좋은 사람들에게 안경을 제공하려고 했다는 것으로 표현해야 좋을 것 같다. 다시 말해 안경을 쓰기 위해서는 백내장 수술이 무엇보다 필요한 조건인 것이다.―따라서 나는 위대한 칸트가 이룬 업적에서부터 출발한 것은 물론이고, 그렇기 때문에 더욱 열심히 그의 여러 저서를 연구하게 되었고, 그 속에서 중대한 오류도 발견할 수 있었던 것이다. 여기서 나는 그의 교설 속에 있는 진실한 것과 탁월한 것들을 순전히 그 속에서 정화하고 가정하며 또한 응용할 수 있도록, 그 안에서 오류를 가려내어 버리도록 설명할 것이다. 그러나 너무나 빈번한 칸트에 대한 반론으로 서술이 끊기거나 혼란되지 않기 위하여 반론은 특별한 부록에 삽입토록 했다. 이미 말한 바와 같이 이 책은 칸트 철학을 알고 있을 것을 전제로 하고 있기 때문에 동시에 이 부록도 알고 있는 것으로 한다. 그럼으로 부록을 읽어보는 것이 먼저일 것이다. 그 부록의 내용은 마침 이 책의 제1권과 밀접한 관계가 있으므로 더욱 그러하다. 한편 사물의 성질상 부록의 여러 곳에서 본문 자체를 인용하지 않을 수 없었던 경우도 있었다. 그 결과 부록은 저작의 주요한 부분으로서 다시 읽어야만 하는 것이 된다.

이러한 이유로 이 책에 논술될 사항에 관하여 근본적으로 알아두어야 할 유일한 철학은 칸트 철학임을 전제해 두어야 한다.—여기에다 더욱이, 독자들이 만일 신과 같은 플라톤의 학설을 연구하고 있다면 나의 강의를 듣는 데 더욱 좋은 준비가 될 것이며, 더 쉽게 이해할 수 있을 것이다. 그러나 만일 독자가 여기서 《베다(Veda)》의 은총을 받고 있다고 한다면—《베다》의 길은 《우파니샤드(Upanisad)》에 의하여 열렸던 것이지만 이것은 내가 보는 바에 의하면 얼마 되지 않는 이번 세기(19세기)가 이전 세기에 대하여 자랑할 수 있는 가장 큰 장점이다. 이는 산스크리트 문학의 영향은 15세기에 그리스 문학의 부흥이 미친 영향보다 적지 않을 것이라 생각하기 때문이다—그러기에 되풀이 이야기하지만 만일 독자가 이미 옛 인도의 지혜를 받아 정화했고 혹은 정화되기 위하여 받아들였다면, 그러한 독자는 내가 논술하는 바를 알아듣는 데 더욱이 적의를 품는 자가 적지 않을 것이다. 하지만 앞에 말한 바와 같은 독자라면 그러한 일은 없을 것이다. 그 이유는 불손한 말 같지만 않다면 나는 다음과 같이 단언해도 좋다고 생각하기 때문이다. 즉 《우파니샤드》를 형성하고 있는 하나하나의 단편적인 말은 모두 내가 전하고자 하는 사상에서 결론적으로 도출되는 것들이다. 그러나 그 반대로 나의 사상이 이미 《우파니샤드》 속에서 발견된다고는 말할 수 없다.

여기서 대부분의 독자들은 결국 분통을 참지 못하고 오랫동안 참아온 비난의 소리를 높이면서 다음과 같이 말할 것이다. 도대체 어찌하여 너는 한 권의 책을 대중 앞에 내놓으면서 갖가지 요구와 조건을, 더욱이 처음의 두 가지와 같은 건방지고 불손한 요구와 조건을 내걸 수가 있단 말인가? 특히 오늘날에는 독특한 사상은 어디에서나 나타나며, 독일만 하더라도 그러한 사상이 해마다 내용이 풍부하고 독창적일 뿐 아니라 참으로 필요 불가결한 3천 권이라는 저서로서도 나타났다. 그 밖에도 수많은 정기간행물과 인쇄기로 찍어내는 일간신문들이 대중의 공동소유 재산이 되는 시대에, 특히 독창적이고 심오한 철학자가 얼마든지 있는 독일만 하더라도 과거 수세기에 연이어 나온 것보다 더 많은, 이와 같은 철학자가 동시에 현존하고 있는 시대에 어찌하여 그와 같은 요구와 조건을 내세우며 대중 앞에 한 권의 책을 감히 제시하려고 하는가? 또한 독자는 격분하면서 이렇게도 물을 것이다. 한 권의 책을 읽는 데 그렇게 복잡한 일을 해야만 한다면 도대체 어떻게 해서 결말을 내겠다는 것인가?

　이와 같은 비난에 대하여 나는 조금도 항변할 필요를 느끼지 못한다. 내가 그들에게 미리 경고하고 요구한 조건을 충족하지 않고서는 이 책을 통독해도 아무런 소용이 없기 때문에 읽는 것을 멈춰야 한다고 말해 주는 것이다. 그들이 시간을 허비하지 않게 멈춰준 데 대하여 오히려 나에게 어느 정도 고마워하리라 기대하고 있다. 특히 이 책은 그들의 성향에 맞지 않고 오히려 언제나 소수의 사람(paucorum hominum)의 것일 것이며 그런고로 사고법(思考法)으로 그것을 감상하여 줄 소수자를 침착하고도 겸손하게 기다리지 않으면 안 된다는 것은 더 말할 나위도 없다. 왜냐하면 이 책이 독자에게 요구하는 번잡한 준비와 까다로운 노력은 덮어둔다 하더라도, 역설적인 것을 허위와 아무런 구별 없이 간주해 버리는 엄청난 정도에까지 지식이라는 것을 접근시킨 현대의 지식인들은 스스로 참되고 확정된 것이라 생각하고 있는 것들을 대놓고 반대하는 사상을 페이지마다 읽게 될 테니 참고 견디기가 어려울 것이기 때문이다. 그리고 현존하고 있는 어느 대철학자[1]는 실로 사람의 마음을 감동시키는 책 여러 권을 썼다. 다만 그가 15세 이전에 배우고 승인한 모든 것을 인간 정신의 선천적인 근본 사상이라고 본 것은 그의 과오였다. 아마 독자들 가운데에는 이 책을 읽고 자기 사고법이 위대한 철학자의 그것과 일치된다는 이유로서 자기가 이 책

---

1) 야코비(F.H. Jacobi, 1743~1819) : 독일의 철학자. 신앙철학 및 감정철학을 제창했고 니힐리즘(허무주의)이란 말을 처음 사용했다.

속에서 반드시 찾아내지 않으면 안 된다고 믿고 있는 것(신앙 문제)에 대하여 조금도 언급되어 있지 않는 것을 알면 기대에 어긋나 정말 불쾌하게 생각하는 사람도 적지 않을 것이다. 이러한 모든 것을 잘 감당하고 견딜 사람이 있을까? 그래서 나는 차라리 책을 내려놓으라고 충고하는 것이다.

그러나 나 자신으로서는 이것만으로 어려움에서 벗어난 것 같지가 않다. 이 책을 손에 들어 머리글을 읽고 그 머리글에서 벌써 매정스럽게 거절당한 독자는 이 책값을 어디서 배상해 줄 것이냐고 물을 것이다.—여기서 나의 마지막 도피처는, 책이라는 것은 읽지 않아도 여러 가지 이용 방법이 있다는 것을 그들에게 말해 주는 일이다. 이것은 여러 다른 책과 마찬가지로 책꽂이의 빈칸을 채울 수도 있고 아름다운 장정이면 눈에 띄게 훌륭하게 보일 수도 있을 것이다. 그렇지 않으면 그런 책을 학식 있는 여자친구들의 화장대 위나 테이블 위에 놓아도 좋다. 혹은 끝으로 아마 이것이 가장 좋은 방법일 것 같아 나로서는 특히 권하는 바이지만, 이 책에 대한 평을 쓰는 일일 것이다.

참으로 모호한 이 인생에서는 어느 장을 넘기더라도 농담을 할 여지가 없을 만큼 근엄으로 일관해야 한다는 법은 없으니까 감히 이러한 농담을 해본 것이지만, 그것은 그렇다 치고라도 나는 정말 머잖아 이 책을 합당하게 읽어줄 분들 손에 들어가게 되리라는 확신을 가지고 공개하는 것이다. 그리고 그 이상의 것은 침착하게, 가장 중요한 인식에서는 더욱더 진리에 주어진 대로 그 운명이 이 책에 가차 없이 내려질 것을 각오하고 있다. 그 진리는, 승리의 영광을 누리는 기간은 매우 짧고 그 이전에는 그것이 역설로서 비난받고 그 이후에는 진부한 것으로서 모멸당하는 기나긴 기간이 있을 것이다. 진리의 창도자(唱道者)에게는 역설을 부르짖는 자로서 비난받을 운명이 늘 따라다닌다.—그러나 인생은 짧고, 진리는 멀리 그 힘을 뻗치고 오래 살아간다. 그런고로 우리는 진리를 이야기하도록 하자.

1818년 8월
드레스덴에서 씀

# 제2판 머리글

　나는 나와 동시대의 사람, 같은 국적을 가진 사람들에게가 아니고―인류에게, 이번에 완성한 내 책이 가치 있을 것이라는 확신을 가지고 교부한다. 비록 그 가치가 선한 자의 운명이 언제나 그러하듯 후세에 가서 비로소 인정받는다 하더라도. 왜냐하면 나의 두뇌가 내 의지에 거의 역행하다시피 하여 오랜 생애를 통하여 끊임없이 이 일에 몰두한 것은 오로지 인류를 위한 것이었으며 일시적인 망상에 사로잡혀 있는 경솔한 무리들을 위한 것이 아니었기 때문이다. 이 기간 중 이 일의 가치에 대해서 관심을 보여주는 사람은 없었지만 조금도 당황하지 않았다. 나로서는 언제나 그릇된 것, 나쁜 것, 마침내는 불합리하고 무의미한 것(헤겔 철학)이 대중의 칭찬과 존경을 받고 있는 것을 보았기 때문이다. 순수한 것과 올바른 것을 인식하는 능력의 소유자는 20여 년을 걸려서 찾아보아도 만날 수 없을 정도로 희귀한 존재는 아닐진대, 그와 같은 순수한 것과 올바른 것을 창조할 수 있는 사람이 있어 그러한 사람들의 저작이 후세에까지 남아 이 세상 사물의 무상함에 대해 이의를 제기할 수도 있지 않은가. 만일 그렇지가 않다면 높은 목표를 세운 자가 힘을 얻기 위하여 필요한, 후세에 있을 밝은 희망조차 잃고 말 것이다.―실질적인 이익도 되지 않는 것을 진지하게 생각하고 또 실천하고 있는 자는 동시대인의 관심을 얻으려고 기대해서는 안 된다. 그러나 그러한 사람은 대개 그러는 동안에 그러한 일들의 표면적인 것이 세상에서 행해지게 되고 성황을 이루게 됨을 보게 될 것이다. 이것이 세상의 일반사이다. 왜냐하면 어떠한 일이든 일 그 자체는 그 자신을 위해서도 행해지지 않으면 안 되게 되어 있고, 만일 그렇지 않으면 그것은 성취되지 못하기 때문이다. 하지만 어떠한 경우에도 어떤 의도를 갖는다는 것은 이해를 그르칠 위험성이 있다. 따라서 문학사라는 좋은 증거가 보여주듯, 가치 있는 것은 모두 그것이 인정되기까지 오랜 세월을 요한다. 특히 그것이 이미 있는 것이 아니고 교훈적인 것이었을 때 더욱 그러하고, 그동안에는 거짓이 빛을 던지고 있는 것이다. 왜냐하면 어떠한 일이든 그 일의 겉모습과 일치시킨다는 것은 불가능까지는 아니더라도 꽤 곤란하기 때문이다. 사실 이 고난과 욕심의 세상에서는 모든 것이 그 고난과 욕심을 위하여 사역당하지 않으면 안 된다는 것이 이 세상의 저주이다. 그렇기 때문에 이 세상은 광명과 진리에 대한 고귀하고 숭고한 노력이 조금도 방해를 받지 않고 진전하여 존재하기가 어렵다. 오히려 이와 같은 노력이 일단 유력하게 되어, 그것으로서 이러한 노력의 개념이 수립된다 하더라도 곧 실질적 이해와 개인적 목적이 그 개념을 자기 것으로 삼아 그것을 그러한 것들의 이해와 목적의 도구로 만들든지 혹은 가면으로 이용하든지 할 것이다. 그런고로 철학의 존엄성을 회복한 칸트 이후에도 철학은 얼마 안 되어 위로는 국가적 목적, 아래로는 개인적 목적 등, 여러 가지 목적의 도구가 되어야만 했다.―엄밀하게 말하면 도구가 되는 것은 철학이 아니고 철학과 아주 닮은 것이지만 그것을 철학이라고 한 것이다. 이러한 것들로서 우리는 놀랄 필요는 없다. 왜냐하면 대부분의 인간은 그의 본성(本性)으로 보아 실질적 목적이 아닌 다른 목적은 세울 수도 없기 때문이다.

그러므로 오로지 진리만을 탐구한다는 것은 너무나 높고 또 엄청난 노력이어서 모든 사람이, 아니 몇몇 사람이라도 그러한 노력에 협력한다는 것을 기대하기란 불가능한 일이다. 그럼에도 만일 우리가 한번 마치 현재의 독일에 있어서처럼 철학에 대하여 유별난 활기를 갖고 일반 사람들이 철학을 일삼고 철학에 대하여 쓰고 논하고 있는 것을 보게 된다면, 이와 같은 운동의 근본동인(根本動因, primum mobile), 숨은 동기는 제아무리 점잔을 빼고 단언을 한다손치더라도, 그 목적은 이상적인 것이 아니고 실제적인 데 있는 것이다. 개인적인 목적과 직무상의 목적과 교회의 목적, 그리고 국가적인 목적에 있는 것이며, 요는 이런 경우 염두에 있는 것은 실질적인 이익이라는 것이다. 따라서 단순한 당파적(黨派的) 목적이 이른바 철학자들의 많은 펜을 저토록 활발하게 움직이게 하고 있다는 것은 그들의 목표가 참된 지혜에 있지 않고 어떤 의도가 이 시끄러운 무리들을 움직이게 하고 있다는 것이며, 이 경우 진리는 가장 마지막에 가서 생각해 내는 물건이 된다고 하는 것을 확실히 전제할 수 있다. 진리는 당파적인 사람과는 관계가 없는 것이다. 진리는 오히려 그와 같은 철학적인 소란스런 다툼 속에서도 마치 교회의 도그마에 사로잡혀 겨울밤과 같은 시대를 지나왔듯 조용히 아무도 돌보는 사람 없이 자기 길을 걸어갈 수 있는 것이며, 이 겨울밤과 같은 시대에 진리는 비밀스러운 교리처럼 소수의 숙련된 인사에게만 전달되든지 혹은 옛 사본의 형식으로서만 전달되었던 것이다. 내가 감히 말하고 싶은 것은, 철학이 한편으로는 국가의 수단으로써 보기 흉할 만큼 남용되고 있는 현대처럼 철학으로서 부당한 시대는 없는 점이다. 철학을 위하여 힘을 기울이고 또 떠드는 사이에 전혀 목적한 바 없던 진리가 어쩌다가 나타날 것이라 생각될지도 모른다. 그러나 진리는 창부가 아니다. 때문에 그것을 원치 않는 자에게는 달라붙지 않는 법이다. 오히려 진리는 정숙한 미인으로서, 그녀에게 모든 것을 바치는 자에게도 반드시 정을 주리라고는 기대할 수 없다.

그런데 정부가 철학을 국가 목적을 위한 수단으로 삼는가 하면, 다른 한편으로는 학자들이 철학교수의 지위를 다른 모든 직업과 마찬가지로 거기에 종사하는 자들의 생계를 위한 직업이라 간주한다. 따라서 그 학자들은 자기들의 마음가짐이 훌륭하다는 것, 즉 앞에서 말한 바와 같은 목적에 부응하도록 힘쓴다는 것을 보증하고서 앞을 다투듯 철학교수의 지위를 얻으려고 한다. 그러고서 그들은 그 약속을 지키는 것이다. 다시 말해 진리도 아니고 명백성도 아니며, 플라톤도 아니고 아리스토텔레스도 아닌 그들이 거기에 부응하기 위하여 부과된 목적이 바로 그들의 목표이며, 동시에 참된 것이자 가치 있는 것이고 주목할 만한 것이며, 또 그것과 반대되는 것의 표준이 되는 것이다. 그러므로 그러한 목적에 합당하지 않은 것은 비록 그 부분에 있어서 가장 중요하고 가장 특별한 것이라 하더라도 부정되든지 혹은 위태롭게 보일 때면, 전부로부터 일제히 묵살당하고 만다. 그들이 이구동성으로 범신론(汎神論)에 반대하고 있는 것을 보라. 그들의 반대가 신념에서 나온 것이라 믿는 바보가 있을까?―또 밥을 위한 직업이라고까지 비난받은 철학이 어찌하여 타락의 막바지에서 궤변이 안 될 수가 있을 것인가? 이것 모두가 불가피한 것이며 옛날부터 '신세진 사람에게 편든다'는 규칙이 행해지고 있기 때문에, 고대의 사람들도 철학으로 돈을 번다는 것은 소피스트들의 특징이었던 것이다.―그런데 여기에 덧붙여야 할 것이 있다. 이 세상에서는 어디에서든지 평범한 것 말고는 바랄 수 없고 또 요구하지도 않으며 돈을 주고 구할 수도 없기 때문에 철학에 대해서도 평범한 것으로서 만족하지 않으면 안 된다는 것이다. 여기서 우리는 독일의 모든 대학에서 이 귀중한 평범함이 자기 손으로, 더욱이 규칙적인 표준과 목적에 따라서 이제까지 전혀 존재하지 않았던 철학을 만들어 내려고 애쓰는 모습을 엿볼 수 있다.—이것은 비웃기조차 불쌍한 광경이다.

　이렇게 하여 꽤 오랫동안 철학은 일반에게 한편으로는 공적인 목적의, 다른 한편으로는 사적인 목적의 수단으로써 사용되었지만, 나는 조금도 그러한 것에 구애받지 않고 이미 30여 년 전부터 나의 사상의 길을 걸어왔다. 이것은 나로서는 그렇게 하지 않을 수 없었기 때문이며, 다른 길이란 있을 수 없었다. 어떤 본능적 충동에 자극받은 것이었지만 그 충동의 버팀목이 된 것은, 누군가 한 사람이 진리를 생각하고 숨은 것을 밝혀내면, 그것은 언젠가 한번은 반드시 사유하는 사람에 의하여 파악되고 그 사람의 마음을 끌어 기쁘게 하며 위로해 줄 것이라는 확신이었다. 우리는 이와 같은 사람들에게 말을 거는 것이다. 그것은 마치 옛날 우리와 같은 사람이 우리에게 이야기를 걸어 황량한 삶을 살아가는 우리에게 위안을 주었던 것과 같은 일이다. 그런데 우리는 자신의 문제를, 문제 자체를 위하여 그리고 자기 자신을 위하여 추구하는 것이다. 그렇지만 철학적 성찰에 있어서는 이상하게도 자기 자신 때문에 생각하고 탐구한 자만이 뒤에 가서 타인에게도 도움을 주며, 처음부터 다른 사람을 위한 일이라고 내세웠던 것은 다른 사람에게 도움이 되지 않는다. 사람이 자신을 위하여 생각하고 탐구하는 것은 거의 완벽할 만큼 정직하다. 사람은 자기 자신을 기만하려 하지 않고, 또 자기 자신에게 씨 없는 열매를 주지 않는 법이기 때문이다. 그렇게 되면 모든 궤변과 미사여구는 없어지고, 그 결과 간단히 기록해 둔 문장도 읽을 만한 가치가 있게 된다. 따라서 내 책은 실로 명확하게 성실함과 솔직함이 들어 있는 것이기 때문에 이것만 보아도 칸트 이후 유명한 세 궤변가의 저작과는 뚜렷한 차이가 있는 셈이다. 내 관점은 언제나 반성(Reflexion), 즉 이성적 숙고와 성실한 진술이라는 관점으로서 결코 지적 직관이라든지, 절대 사유라든지 하는, 정확하게 말해서 허풍과 자만이라 할 수밖에 없는 영감(Inspiration)의 관점은 아니다.—따라서 나는 이러한 정신 자세로 연구하면서 그간 끊임없이 거짓된 것과 좋지 못한 것이 일반적으로 인정되고 혹은 허풍(피히테와 셸링)과 자만(헤겔)이 최고도로 존경받고 있는 것을 보아왔으므로, 동시대 사람들에게서 지지받는 것을 일찍부터 단념하고 있었다. 나의 동시대인들은 20년 동안 헤겔과 같은 정신적 괴물을 가장 위대한 철학자라고 소리 높여 선전하여 그 반향은 전 유럽까지 미치게 되었는데, 이러한 상황을 본 사람으로서 그러한 현대인들의 갈채를 구한다는 것은 거의 불가능한 일인 것이다. 그들은 누군가에게 줄 영관(榮冠)을 갖고 있지 않다. 그들의 갈채는 더럽혀지고 있는 것이다. 그러므로 그들의 비난은 일고의 가치도 없다. 나는 정말 그렇게 생각하고 있으며, 이것은 다음의 사실로 미루어 분명한 일이다. 즉 만일 내가 동시대인들의 갈채를 얻으려고 했다면 나는 그들의 모든 견해에 전적으로 반대되는, 더욱이 부분적으로는 그들의 감정을 반드시 상하게 할 20여 개나 되는 부분을 없애지 않으면 안 되었을 것이다. 그러나 내가 그들의 갈채를 얻기 위하여 단 한마디라도 희생시킨다면 그것은 나의 과실이다. 진리만이 나를 인도하는 별이다. 이 진리의 별에 따르면 나는 무엇보다 나 자신에게 충실하면 그만인 것이고, 훌륭한 정신적 노력이 이미 고갈하여 침체되어 버린 시대와 그 상한 언어를 야비한 정신과 결부시키는 기술만이 최고도로 발달한 국민문학, 약간의 예외는 있지만 도덕적으로 타락해 버린 국민문학으로부터는 완전히 돌아선 것이다. 물론 사람들 저마다의 본성에는 그 특유한 결점과 약점이 있듯이, 내 본성에도 필연적으로 있을 결점과 약점을 피하지는 못하겠지만, 나는 그 결점과 약점을 고상하지 못한 순응(順應)으로 더 늘게 하지는 않을 것이다.

이 제2판에 대해서는, 나는 무엇보다 먼저 (초판 이래) 25년이 지난 오늘도 조금도 철회해야 할 사항이 없다는 점, 따라서 나의 근본 사상이 나 자신에 의해 확증되었다는 점이 기쁘다. 그러므로 초판의 본문 내용을 모두 담고 있는 제1권에서의 변화는, 본질적인 점은 한 군데도 손대지 않았으며 일부는 사소한 사항에 대한 일이고 나머지 대부분은 곳곳에 짧은 해설적 보충을 했을 뿐이다. 다만 칸트 철학에 대한 비판만은 많이 고치고 자세하게 덧붙였다. 이런 추가 사항들은 나 자신의 학설을 이야기한 제1판의 각 권 내용이 제2권 안에서 저마다 보충된 것과 마찬가지로, 별책을 만들어서 넣지는 않았다. 이처럼 증보한다든지 수정한다든지 하는 형식을 택한 것은, 초판을 내고 25년이 흐르는 동안에 나의 서술 방법과 강의 방식에 많은 변화가 있었기 때문이다. 또한 제1권과 제2권의 내용을 모두 하나로 묶는 것은 거의 불가능할 뿐만 아니라 양쪽 모두 해를 입게 되기 때문이다. 그러므로 나는 두 저술을 나누어서 이전의 서술에 대하여, 지금 같으면 전혀 다른 표현을 해야 할 부분조차 조금도 고쳐 쓰지 않았다. 그것은 노년에 갖는 흠뜯기 취미로 말미암아 나의 젊은 시절 노작을 망치고 싶지 않기 때문이다.—고쳐야 할 부분이 있다면 제2권의 도움을 빌려 독자의 마음속에서 스스로 정리해 나갈 수 있으리라. 제1권과 제2권은 진정한 의미에서 상호 보충 관계이며, 이 관계는 인간 삶에서 어느 나이가 지적인 면에 있어서 다른 나이에 대한 보충이 되는 것에 기반을 둔 것이다. 따라서 읽어보면 한쪽이 다른 한쪽이 갖고 있지 못한 것을 가지고 있다는 것뿐만 아니라, 한쪽의 장점이 다른 한쪽이 갖고 있지 않은 것에 있다는 사실도 알 수 있으리라. 그런 까닭에 나의 책 앞부분이 뒷부분에 비해 청춘의 정열과 착상이 시작될 때의 힘만이 줄 수 있는 장점을 가진다고 한다면, 뒷부분은 긴 인생행로와 그 노력의 결정으로서 비로소 주어지는 사상의 원숙함과 완전한 정비라는 점에서 앞부분을 넘어설 것이다. 왜냐하면 나는 내 학설의 근본 사상을 맨 처음 파악하고 곧 이것을 가지 네 개로 나누어 추구하면서, 이 나누어진 가지에서 그것을 통일하는 줄기에까지 소급하여 전체를 명료하게 서술하는 힘을 가지고는 있었지만, 그때는 학설의 모든 부분을 철저하고 상세하게 퇴고할 수는 없었기 때문이다.

이와 같은 학설은 성찰을 통해 비로소 얻을 수 있는 것이며, 이 성찰은 무수한 사실과 학설을 대조하여 검사하고, 해명하고, 여러 예증에 의하여 뒷받침하며, 모든 측면으로부터 조명하여 여러 관점을 이에 따라 대담하게 대조시키고, 다양한 소재를 순수한 관점에서 분류하고 잘 정비하여 서술하기 위해 필요한 것이다. 그런고로 독자들이 현재와 같이 나의 책을 두 개로 나누어서 이것을 사용할 적에는 양쪽을 비교하지 말고 작품 전체를 하나의 주형(鑄型)으로서 만들어, 내가 일생의 두 시기에 걸쳐서 이룰 수 있는 일을 한 시기에 성취할 필요가 있었다는 점을 고려해 주기 바란다. 무릇 그러기 위해서는 내가 자연이라는 것이 두 개의 전혀 다른 시기로 나눈 여러 성질을 한 시기에 갖고 있어야 했기 때문이다. 따라서 내 저술을 서로 보충해 주는 두 부분으로 나누어서 낼 필요가 있었다는 것은, 무색의 대물렌즈를 만들 경우 렌즈 하나로는 만들 수 없기 때문에 플린트유리의 오목렌즈와 크라운유리의 볼록렌즈를 맞추어서 그 작용을 하나로 해야만 목적에 다다를 수 있다는 것과 비할 수 있는 것이다. 다른 한 편으로 독자는 이 두 부분을 동시에 사용하는 불편을 어느 정도 보상하는 것 으로서, 같은 문제를 같은 두뇌가 같은 정신으로서 심히 차이가 나는 연대에 서 다룬 데에서 생기는 변화와 위안을 느낄 것이다. 그런데 나의 철학을 아직 모르는 사람이라면 아무래도 제2권을 변용하지 말고 제1권을 통독하여, 제2권 은 두 번째에 읽을 때 비로소 사용하는 것이 좋겠다. 왜냐하면 제1권에서만 논 술하고 있는 내 학설의 전체적 연관성을 파악한다는 것은 상당히 어려울 것이 기 때문이다. 그러나 제2권에서는 근본 사상을 하나씩 들어 세밀하게 그 기초 를 다지고 완전히 전개해 놓았다. 제1권을 다시 한번 통독하려고 마음먹지 못 하는 사람도 제1권을 읽은 뒤에 제2권을 단독으로 장(章)의 순서에 따라서 통 독하는 것이 좋을 것이다. 물론 제2권의 각 장은 상호 간의 연관이 그렇게 긴밀 하지는 않지만 그 사이의 틈을 독자가 제1권을—그것을 충분히 이해했다면— 회상하면 완전히 충족할 수 있을 것이다. 또 이 목적을 위하여 제1권에서는 각 장에 단순히 구분하는 선으로서만 표시해 두었지만, 제2권에서는 장마다 번호 를 붙여두었다.

이미 초판 머리글에서 나는 내 철학이 칸트 철학에서 출발한 것이고 따라 서 칸트 철학을 근본적으로 알고 있다는 것을 전제로 한다고 언명했지만 여기 에서도 나는 이 말을 되풀이하고 싶다. 왜냐하면 칸트의 학설은 그것을 이해 한 사람의 두뇌에, 정신적 재생이라고까지 생각될 정도의 크나큰 근본적 변화 를 초래하기 때문이다. 다시 말해 타고난 지성(知性)의 근원적 규정(規定)에 연 유하는 실재론을 정말로 제거할 수 있는 것은 칸트 철학뿐이며, 버클리와 말브 랑슈의 철학으로서는 불충분하다. 그들은 일반론으로 너무나 일관했지만 칸트 는 아주 면밀하게 파고들었으며, 더욱이 그 방법은 그 이전에 원형도 없고 그 이후에 복제(複製)도 없는, 전적으로 독특하고 직접적이라고도 할 수 있는 영향 을 정신에 끼쳤다. 이 결과 정신은 환상에서 깨어나 모든 사물을 완전히 새롭 게 인식하게 된다. 이로써 처음으로 정신은 내가 해야 할 한층 더 적극적인 해 명을 받아들일 수 있게 된다. 이에 반하여 칸트 철학을 자기 것으로 하고 있지 않는 사람은 무엇을 연구하든 이른바 원시적 관점, 즉 천진난만한 어린이 같은 실재론의 관점에 있었던 것이고, 우리 모두가 타고난 그대로의 상황이며, 다른 모든 가능한 것을 할 수 있는 힘은 있어도 다만 철학을 연구하는 힘은 없는 실정이다. 따라서 이러한 관점에 있는 사람과 칸트 철학을 이해한 사람과의 관계는 미성년과 성년과의 관계와 같다. 이 진리는 《순수이성비판》이 출판되고 30년 동안은 조금도 역설적인 기분은 없었지만 오늘에 와서는 역설적으로 들리게 된다. 그렇게 된 이유는 칸트를 모르는 자들이 많아지고, 칸트의 거작을 소홀하고 성급하게 읽든지 또는 간접적인 소개문으로서 읽는 자가 많기 때문이다. 이것은 다시 그들이 올바르게 지도를 받지 못함으로써 평범한, 따라서 철학하기에 맞지 않는 두뇌들의 철학적 논의와 또는 무책임하게도 세상 사람들이 이런 무리들에게 천거하는 궤변가들의 철학적 논의를 갖고 다니면서 시간을 낭비했기 때문이다. 기초적인 여러 개념의 혼란이나 또 총체적으로 이러한 교육을 받은 무리들이 스스로 철학적인 학설을 세우고 멋대로 과대평가하며 자부심에 도취하는 것과 같은 형용할 수 없는 무례함과 조잡성은 바로 여기에서 유래하는 것이다. 그러나 칸트 철학을 다른 사람들의 서술에서 배울 수 있다고 생각하는 사람은 구제할 수 없는 그릇된 견해에 사로잡힌 자들이다. 특히 나는 요사이 이와 같은 보고에 현혹되지 않도록 진심으로 경고하지 않을 수 없다. 최근 몇 년 동안에 헤겔학파의 여러 저서에서 칸트 철학을 서술한 것이 나왔는데 실로 당치도 않은 것을 써놓고 있다. 이미 청소년기에 헤겔식 헛소리에 두뇌를 마비당하고 상한 사람들이 어떻게 심오한 칸트의 연구를 따라갈 수 있을 것인가? 그들은 일찍부터 공허하기 그지없는 미사여구를 철학 사상이라 생각하고 빈약하기 이를 바 없는 궤변을 예지(叡智)라 생각하며 어린아이 같은 헛소리를 변증법이라 생각하는 데 익숙해졌고, 더군다나 되는 대로 주워 모은 언어를 채용했기 때문에―정신은 이 조어(造語)를 사용하여 무엇을 생각하는 데 쓸데없는 고생을 하여 지쳐버리지만―그들의 두뇌는 조직이 파괴되어 버린 것이다. 그들에게는 이성에 대한 비판도, 철학도 필요하지 않다. 그들에게는 정신의 의약(medicina mentis)이 꼭 알맞고, 먼저 하제(下劑) 대신에 '상식학 소과정'을 주어놓고 그 뒤에도 여전히 그들 사이에서 철학이라는 것이 문제될 수 있는가를 살펴보아야 한다.―그러므로 칸트의 저작은 칸트가 잘못 생각하고 있을 경우에도, 그 틀린 경우마저 모두 우리에게 가르치는 바가 있다. 그의 독창성으로 말미암아 모든 참된 철학자에 대해서 본디적으로 말할 수 있는 것들을, 그에 관한 한 최고도로 말할 수 있다. 즉 참된 철학자는 결코 다른 사람들의 이야기가 아닌, 그들 자신의 저서를 통해서만 알 수 있다는 것이다. 왜냐하면 비범한 정신을 가진 철학자들의 사상은 평범한 두뇌에 의한 여과(濾過)에 지나지 않기 때문이다. 빛나는 두 눈 위 넓고 아름다운 이마에서 나온 사상을, 개인적 목적을 추구하는 둔한 눈초리가 박힌 좁고 압축된 머리뼈 속에 불편스럽게 밀어넣은 뒤 낮은 지붕을 덮어서 쓸모 있게 만들어 놓으면, 힘과 생명을 모두 잃고 완전히 다른 것으로 변질되고 마는 것이다. 말하자면 요철(凹凸) 거울과 같아 거기에 비치면 무엇이든 우툴두툴하게 보이고, 자체가 갖는 아름다움의 조화를 잃은 채 조악하게 되어버린다. 철학적 사상은 다만 그 사상을 수립한 사람 자신으로부터만 얻을 수 있다. 그러므로 철학 연구를 갈망하는 사람은 철학에 대한 영원한 스승을, 그 스승의 저작인 고요한 성전(聖殿) 속에서 구하여야 한다. 참된 철학자들이 만든 저작의 어느 것을 보더라도 그 주요 장절(章節) 속 학설에는 속된 두뇌의 소유자들이 행하는, 산만하고 따분한 학설의 백배에 해당하는 식견이 포함되어 있을 것이다. 더욱이 이와 같은 속된 인간들은 대부분 그때그때의 유행 철학에 심히 사로잡혀 있거나 자기 자신의 생각 속에 파묻혀 있는 것이다. 그렇지만 세인이 제3자의 손에 의해서 서술한 쪽을 더 좋아한다는 것은 실로 놀라운 사실이 아닐 수 없다. 이 경우에는 실제로 친화력이 작용하는 것같이 생각되며, 그렇기 때문에 평범한 사람은 자기와 비슷한 것에 끌리고 위대한 정신의 소유자가 이야기한 것도 자기와 비슷한 사람들의 입을 통해서 들으려고 한다. 이것은 아마 어린이들이 자기 또래로부터 가장 잘 배울 수 있다는 상호교수법과 동일한 원리 위에 서 있는 것 같다.

이제 철학 교수들을 위하여 한마디 해둔다.—나의 철학이 세상에 공개되자 곧 그들은 이 철학을 그들 자신의 지향(志向)과 전혀 이질적인 그 무엇이며, 위험천만한 것이고, 속되게 말해서 그들의 용도에 합당하지 않은 것으로 간주한 것인데, 이 경우 그들의 현명함, 정곡을 짚는 세밀한 분별, 그리고 나의 철학에 대해 취해야 할 유일하고도 적절한 태도를 재빨리 발견하는 그들의 정확하고도 지혜로운 거래, 그들이 그러한 태도를 실행하는 데 있어서 보인 완전한 협동 단합, 끝으로 그들이 끝끝내 이러한 태도를 고수해 왔다는 것—이런 것들에 대하여 나는 이전부터 경탄을 금할 수가 없었다. 이러한 방법은 사실 실행하기가 쉽다는 점에서 그들의 환영을 받은 것이지만 이것은 모두 알다시피 완전히 무시해 버린다는 것이고, 더욱이 무시함으로써 숨긴다(sekretiren)는 것이다. 이 숨긴다는 말은 괴테의 악의에 찬 표현을 따른 것인데 본디 중요한 것이나 귀중한 것을 은폐한다는 뜻을 가졌다. 이러한 비밀 수단의 효과는 그들 마음이 통하는 사람들끼리 서로 자기들의 사상적인 소생을 가진 것을 축하하는 요란스러운 행사와, 이 행사의 소란함에 세인의 주목이 그곳으로 집중되고 화제를 삼게 되며 잘난 체 점잔 빼는 얼굴을 보이게 됨으로써 더욱 강화된다. 이 방법의 효력을 인정하지 않는 자는 한 사람도 없을 것 같다. 사실 '생활하고, 다음에 철학한다'라는 원리에는 항변의 여지가 없기 때문이다. 그와 같은 사람들은 철학으로서 생활하려고 한다. 즉 아내와 자녀들을 거느리고 철학에 의탁하고 있다. 페트라르카도 말한 바와 같이 '철학은 가난과 발가숭이로 걷는다'는데도 불구하고 감히 그렇게 한 것이다. 그런데 나의 철학은 도무지 생활의 수단이 되지 못한다. 내 철학이 생활의 수단이 되기에는 첫째, 충분한 보수를 받을 수 있는 강단철학에 가장 필요한 조건을 구비하고 있지 않다는 점이다. 다시 말해 무엇보다 사변적 철학을 갖고 있지 않는데, 이것은 바로―저 까다로운 칸트가 《순수이성비판》을 내걸고 논했음에도―그들의 관점에서는 모든 철학의 주제(主題)가 아니면 안 되는 것이고, 또 주제가 안 될 수도 없는 것이다. 물론 철학은 이것 없이는 알 수 없는 일을 언제나 이야기할 수는 없는 것이지만 실제로 나의 철학은 이들 철학 교수들이 교묘히 만들어 낸, 그들에게는 없어서 안 될 허구의 이야기처럼 직접적으로, 절대적으로 인식한다든지 직관한다든지 지각하는 따위의 이성은 인정하지 않는다. 그들은 이 이성의 허구를 독자들로 하여금 믿도록 만들어 놓으면 그 뒤부터는 칸트에 의하여 우리의 인식으로서는 영구히 차단된 모든 경험의 가능성을 초월한 영역까지도 아무런 어려움 없이 마치 쌍두마차로서 출입하듯 들어갈 수 있다. 그다음에는 그 영역에서 근대적으로 유대인화해 가는 낙천적 그리스도교의 근본 교리가 직접적으로 계시(啓示)되고 실로 낙관적으로 설명되는 것이다. 그런데 도대체 이러한 중요한 조건을 구비하지 않고 앞뒤 생각 없이 이해타산도 하지 않은 채 꼬치꼬치 캐기만 하는 나의 철학은―이 철학은 다만 이 벌거벗은 보답도 없고 친구도 없으며 때로는 박해도 받는 진리만을 갖고 있을 뿐이고, 좌우를 살피지도 않은 채 일직선으로 진리를 향하여 나아간다─저 alma mater(母校), 즉 훌륭하고 보수도 좋은 대학 철학과는 아무런 관계도 없다. 대학 철학은 여러 가지 목적을 세우고 여러 점을 배려하여 조심스럽게 그들의 길을 열어왔지만 언제나 군주에 대한 두려움과 내각의 의향과 국교의 규칙과 출판자의 희망과 학생들의 요구와 동료 간의 우의와 정치의 흐름과 대중의 경향과 기타 백 가지 일을 염두에 두지 않으면 안 된다. 나의 조용하고 진지한 진리 탐구는 개인적인 목적이 언제나 내면의 동기가 되어 있는 강좌(講座)나 강의석에서 교환되는 학자들의 소란스러운 논쟁과 공통되는 점이란 하나도 없다. 오히려 이 두 개의 철학은 근본적으로 질을 달리 한다. 때문에 나는 아무런 타협도 동행도 없다. 나와의 관련 속에서 덕을 볼 사람은 진리 이외에 아무것도 원하지 않는 사람뿐일 것이며, 따라서 현대의 여러 철학적 당파들은 전혀 덕 될 것이 없다. 왜냐하면 이와 같은 여러 당파는 모두가 각자의 의도를 추구하고 있지만 내가 주려고 하는 것은 순전히 이해관계를 떠난 통찰력으로서, 이것은 어느 철학적 당파에도 비슷한 점이 없기 때문에 그것들과 맞지 않는 것이다. 그러므로 여기서 나의 철학 자체가 강좌에 적합한 것이 되기 위해서는 전혀 다른 시대가 도래하지 않으면 안 된다.─조금도 생활의 수단이 되지 않는, 그러나 철학이 공기와 빛을 얻으며 나아가서 일반의 존경까지도 얻는다고 한다면 얼마나 좋을까? 하지만 그들은 이것을 경계하지 않으면 안 되었고 함께 반대하지 않을 수 없었던 것이다. 그렇다고 그들에게 논쟁과 반박이란 그렇게 쉬운 일이 아니었다. 또 만일 그렇게 할 경우에 일반 독자들의 주의가 이 문제에 집중되는 수도 있고 따라서 일반 독자가 내 책을 읽게 된다면 철학 교수들의 야간 작업의 맛을 상하게 할지도 모르므로 논쟁과 반박이란 현명한 수단이 아니다. 왜냐하면 진지한 것에 깃들여진 사람은 농담, 특히 지루한 농담 같은 것은 들으려고도 하지 않을 것이기 때문이다. 따라서 그들이 이같이 일제히 침묵을 택한 것은 그들로서는 유일하고도 적절한 조치라 할 수 있고, 그럼으로써 내가 되도록이면, 곧 다른 날 무시(無視)로부터 무지가 나올 때까지는 그대로 계속 침묵하도록 권고만 할 수 있다면 그들의 마음이 변할 때까지는 아직 시간적 여유가 있을 것이다. 그사이에는 보통 집에 있으면서 사상의 지나침에 그다지 고민하게 될 기회가 없을 것이기 때문에 때때로 깃

펜의 털을 뽑아 자기가 사용하는 것을 탓할 사람은 아무도 없으리라. 이리하여 무시와 침묵의 방법은 당분간, 적어도 내가 살아 있을 동안만큼은 계속되어 갈 것이다. 이것만 하더라도 그들은 크게 덕 보는 셈이다. 비록 그동안에 분별없는 자들이 무슨 말을 할지라도, 그러한 말은 심각한 얼굴로, 전혀 다른 관심사 때문에 세상을 즐겁게 만드는 기술을 터득하고 있는 교수들의 소란스러운 강의 소리 때문에 귀에 들리지도 않을 것이다. 그렇더라도 나는 그들이 일치단결하여 취하고 있는 이런 태도를 좀 더 엄밀하게 해줄 것을, 그리고 특히 가끔 심한 분별없는 말을 하는 젊은이들을 감시해 줄 것을 그들에게 충고한다. 왜냐하면 그들이 취하고 있는 이런 칭찬할 만한 태도가 영속하리라고는 보증할 수 없는 일이고, 또 최후의 결말도 책임질 수 없기 때문이다. 대체로 선량하고 온순한 대중을 이끄는 것은 귀찮은 일이다. 어느 시대에 있어서나 대개 고르기아스나 히피아스와 같은 궤변가들이 위에 서서 바보 같은 일들이 성행하고 기만하는 자와 기만당하는 자들의 합창에 방해되어, 홀로 가는 자의 소리가 들리지 않을는지 모르지만―그렇더라도 참된 작업에는 그 일에 독특한, 완만한, 강한 작용이 남는다. 그리고 대중은 마침내 그것이 그 소란 속에서 솟아, 높이 올라가는 모습을 볼 수 있을 것이다. 그것은 마치 지구 위의 짙은 대기를 넘어서 청명한 층으로 올라가는 경기구(輕氣球)와 흡사하며, 그것이 한 번 이 층에 도달하면 그곳에 머물러 어느 누구도 다시 아래로 끌어내릴 수는 없는 것이다.

1844년 2월
프랑크푸르트암마인에서 씀

# 제3판 머리글

진실되고 순수한 것은 그것을 만들어 낼 수 있는 능력이 없는 자들이 억압만 하지 않는다면 훨씬 쉽게 이 세상에 기반을 잡을 수가 있을 것이다. 이 세상에 이로운 것이 완전히 진입되지는 않더라도 방해를 받게 된다든지 지연된다든지 하는 일이 있는 것은 이러한 사정 때문이다. 이 책의 초판은 내 나이 서른 살이 되었을 때 나온 것인데 일흔두 살이 된 오늘에 와서 비로소 제3판이 나온다는 것은 역시 이러한 사정의 결과이다. 그러나 나는 여기에 관하여 페트라르카의 '하루 종일 달려 해질녘 목적지에 닿는다면 그것으로 충분하지 않은가《참된 지혜에 대하여》104쪽)'라는 말에 위로를 느낀다. 왜냐하면 나도 이제 목적지에 이르렀고, 삶의 마지막 단계에서 나는 나 자신이 해온 작업이 빛을 발하는 것을 내 눈으로 직접 볼 수 있었으며, 만족을 느꼈기 때문이다. 바라는 게 있다면, 이 빛이 영원하기를.

이 제3판에 있어서 독자는 제2판에 포함되어 있었던 것들이 조금도 삭감되어 있지 않음을 알 것이다. 오히려 이 판을 인쇄할 적에 내용이 덧붙여져서 제2판보다 136페이지나 많아지게 되었다.

제2판이 출판되고 7년 뒤에 나는 《부록과 추가(Parerga und Paralipomena)》 2권을 간행했다. 내가 이 제목 밑에서 해석하고 있는 것은 내 철학의 체계적인 서술에 대한 추가라는 뜻이다. 그러므로 이 책에 넣는 것이 합당한 일이리라. 그런데 내가 제3판의 출판을 살아 있는 동안에 볼 수가 있겠는가 하는 것이 대단히 의심스러웠으므로, 그 무렵 되도록이면 그것을(위의 두 권의 책으로서) 써서 남겨두지 않으면 안 되었다. 이러한 것은 《부록과 추가》 제2권에 기록해 놓고 있으니 각 장의 표제를 보면 쉽게 알 수 있으리라.

1859년 9월

프랑크푸르트암마인에서 씀

# 제1권 표상으로서의 세계에 대한 제1고찰: 충족이유율에 따른 표상, 경험과 학문의 목적

유년기에서 벗어나라, 친구여 잠에서 깨어나라!

—장 자크 루소

## 1. 세계와 나

'세계는 나의 표상이다.' 이것은 살아서 인식하고 있는 모든 존재에 해당하는 진리이다. 이 진리를 반성하고 추상화할 수 있는 것은 오직 인간뿐이며, 인간이 실제로 그렇게 의식할 때 인간의 철학적 사유가 가능하다. 이렇게 보면 인간이 태양을 알고 대지를 아는 것이 아니라, 단지 태양을 보는 눈이 있고, 대지를 느끼는 손이 있음에 불과하다. 인간을 에워싸고 있는 세계는 표상으로서만 존재할 뿐이라는 것이다. 다시 말해서 세계는 자기 자신과 전혀 다른 존재인 인간이라고 하는 표상자와 관계함으로써만 존재한다. 만약 선험적 진리라는 것을 말할 수 있다면, 이것이야말로 그 진리이다. 왜냐하면 이 진리는 시간, 공간, 인과성과 같은 다른 모든 형식보다 한층 더 보편적이며, 생각할 수 있는 모든 경험의 형식을 표현한 것이기 때문이다. 더구나 이러한 형식은 이미 이 진리를 전제로 하고 있다. 우리는 이 형식들을 충족이유율이 특수하고 다양한 형태를 취한 것으로 인식한다. 하지만 이 형식은 각각 여러 표상의 특수한 일부분에 지나지 않는다. 반면에 객관과 주관으로 나누어지는 것은 그 모든 부분의 공통된 형식이며, 이 부분은 표상이란 것이 추상적이든 직관적이든, 순수한 것이든 경험적인 것이든 간에 일반적으로 생각할 수 있는 것이기 위해 없어서는 안 되는 유일한 형식이다.

따라서 이 진리처럼 확실하고 다른 모든 진리에 의존하지 않으며, 또 증명을 필요로 하지도 않는 것은 없으며, 인식에 의해 존재하는 모든 것, 즉 이 세계는 주관과의 관계에서 존재하는 객관에 불과하며, 직관하는 자의 직관, 한마디로 말해 표상이라고 하는 것이다. 물론 이 진리는 현재에도 과거에도 미래에도, 먼 것에도 그리고 가까운 것에도 적용된다. 왜냐하면 이 진리는 이 모든 것을 구별해 주는 유일한 시간과 공간 그 자체에도 해당되기 때문이다. 이 세계에 속하는 것과 속할 수 있는 모든 것은 주관에 의해 필연적으로 이러한 제약을 받으며, 그래서 주관에 의해서만 존재한다. 세계는 표상이다.

이 진리는 결코 새로운 것이 아니다. 이것은 이미 데카르트의 출발점이 된 회의적 고찰 속에도 있었다. 그러나 이 진리를 결정적으로 말한 최초의 사람은 버클리이다. 그의 다른 학설은 존속할 수 없었지만, 이 진리를 말한 것으로 말미암아 그는 철학에 불멸의 공적을 세웠다. 부록(칸트 철학에 대한 비판)에서 자세히 논했지만, 칸트의 첫 번째 오류는 이 원리를 무시한 것이다. 이와 반대로 이 근본 진리는 인도의 현자들이 이미 인식했던 것으로, 브야사[1]의 설이라고 하는 베단타학파의 근본 교리로서 나타나 있다. 윌리엄 존스[2]는 이 사실을 그의 마지막 논문 〈아시아 연구 : 아시아인들의 철학에 대하여(On the philosophy of the Asiatics ; Asiatic researches)〉, 4권 164쪽에서 다음과 같이 입증하고 있다. '베단타학파의 근본 교리는 물질의 존재, 즉 그 고체성·불가입성·연장의 부정에 있는 것이 아니라 물질에 관한 일반의 관념을 바로잡는 데 있고, 물질이란 것이 마음의 지각에 의존하지 않는 본질을 갖고 있는 것이 아니라 존재와 지각 가능성이 동의어라는 것을 주장하는 데 있다.' 이 말은 경험적 실재성과 선험적 관념성과의 양립을 충분히 드러내고 있다.

따라서 우리는 이 제1권에서 세계를 지금 언급한 측면에서만, 즉 세계가 표상인 경우만을 고찰하겠다. 그러나 이 고찰이 비록 진실성을 갖고 있을지라도 일방적인 고찰이며, 따라서 임의적인 추상에 의해 나왔다고 하는 사실로 말미암아 누구든지 세계를 단지 자신의 표상으로 가정할 경우에는 내적인 저항감

---

1) 브야사(Vyasa)는 인도의 전설적 성자로, 많은 힌두교 전통들의 중심적 인물이다. 베단타학파는 인도에서 가장 유력한 학파이며, 《우파니샤드》에 근거해 절대자 브라만을 인식함으로써 해탈에 이른다는 교리가 학설의 근간이다.
2) William Jones(1746~1794) : 영국의 동양학자·법률가. 영국 최초의 산스크리트 연구 및 인도학의 창시자.

을 느끼게 될 것임을 짐작할 수 있다. 하지만 다른 한편으로는 누구도 결코 이 가정을 피할 수 없다. 그리고 이 고찰의 일방성은 다음 권의 다른 진리를 통해서 보완될 것이다. 그것은 제1권에서 출발점으로 하는 진리만큼 직접적으로 확실한 것은 아니며, 거기에 도달하려면 더 깊은 연구와 더 어려운 추상과 서로 다른 것을 구분하고 같은 것을 일치시킴으로써 비로소 가능하다. 이 진리는 대단히 중요하며, 위험한 것은 아니라도 의심을 품게 하는 것임에는 틀림없다. 그 진리란 바로 '세계는 나의 의지이다'라는 것이며, 누구든 이렇게 말할 수 있고 또 말하지 않을 수 없다.

그러나 이 진리에 이르기까지는 제1권에서 눈을 다른 데로 돌리지 말고 여기서 출발점으로 삼고 있는 세계의 측면, 즉 인식할 수 있는 측면을 고찰하는 것이 필요하다. 따라서 현존하는 모든 객관을, 자신의 육체까지도 기꺼이 표상으로만 보고, 단순한 표상이라고 부를 필요가 있다. 여기에서 무시한 것은 나중에 아마 명확하게 이해되겠지만, 유일하게 세계의 다른 일면을 이루고 있는 의지이다. 왜냐하면 세계는 한편으로는 확실히 '표상'이긴 하지만, 또 한편으로는 철저하게 '의지'이기도 한 까닭이다. 이 두 가지 가운데 어느 것도 아니고 객관 자체라고 하는 실재는 꿈에 나타나는 괴물이며(칸트의 물자체도 유감스럽지만 실재로 변질되고 말았다), 그러한 가정은 철학에 있어서 사람을 현혹하는 것이다.

## 2. 주관과 객관

모든 것을 인식하면서 어떠한 것에 의해서도 인식되지 않는 것이 '주관(Subjekt)'이다. 그러므로 주관은 세계의 담당자이며, 모든 현상과 객관에 널리 관통하고 언제나 그 전제적인 조건이다. 왜냐하면 모든 존재하는 것은 주관에 의해서만 존재하기 때문이다. 모든 사람은 그러한 주관으로서 자기 자신을 발견하지만, 그것은 그들이 인식하는 한에서만 그런 것이고, 인식의 대상인 경우에는 그렇지 않다. 따라서 우리 육체는 이미 객관이기 때문에 우리는 육체 그 자체를 이러한 관점에서 표상이라 부른다. 왜냐하면 육체는 모든 객관 가운데 객관이며, 비록 직접적 객관이라고는 하더라도 역시 객관의 법칙에 지배되고 있기 때문이다.[3] 육체는 직관의 모든 대상과 마찬가지로 다수성을 일으키는 모든 인식의 형식, 즉 시간과 공간 속에 있다. 그러나 모든 것을 인식하면서도 어떤 것에 의해서도 결코 인식되지 않는 주관은 이들 형식 속에는 없고, 오히려 이들 형식의 전제가 된다. 그러므로 주관에는 다수성도, 그 반대인 단일성도 없다. 우리는 결코 주관을 인식하지는 못한다. 오히려 주관이란, 인식이 행해질 경우 인식을 행하는 바로 그것이다.

따라서 표상으로서의 세계는 우리가 지금 고찰하는 관점에서만 말한다면, 본질적이고 필연적이며 불가분한 두 가지 측면을 가지고 있다. 그 하나의 측면은 '객관(Objekt)'이며, 그 형식은 공간과 시간이며, 이것들에 의해 다수성이 생긴다. 그런데 다른 측면인 주관은 공간과 시간 속에 존재하지 않는다. 왜냐하면 주관은 표상 작용을 하는 모든 존재 속에 전체로서 분리되지 않은 채 존재하고 있기 때문이다. 따라서 이들 가운데 단 한 사람일지라도 현존하는 수백만의 사람들과 마찬가지로 완전히 객관과 더불어 표상으로서 이 세계를 보완하는 것이다. 그리고 그중 단 하나라도 소멸해 버리면 표상으로서의 세계는 이미 존재하지 않을 것이다. 그러므로 이 두 가지 면은 사상에 있어서도 떼어놓을 수 없다. 그도 그럴 것이 이 두 가지 면의 어떤 쪽도 다른 한쪽으로 말미암아서만, 또 다른 한쪽에 대해서만 의미와 존재를 갖고 있으며, 그것과 생멸을 같이하기 때문이다. 이 양면은 직접 서로 경계를 이루고 있어서, 객관이 시작되는 곳이 곧 주관이 끝나는 곳이다. 이 경계가 서로 공존한다는 것은 모든 객관의 본질적이고 보편적 형식들인 시간, 공간, 인과성은 객관 그 자체에 대한 인식 없이도 주관에서 나온 것으로 간주되고 또 완전히 인식될 수 있다는 것, 곧 선험적으로 우리 의식에 존재한다는 칸트의 말을 생각해 보면 더욱 분명해진다. 이것을 발견한 것이 칸트의 중요한 공적이며 또 위대한 공적이다.

그래서 나는 계속 다음과 같이 주장한다. 즉 이유율은 우리에게 선험적으로 인식되는 이 모든 객관 형식을 공통으로 표현한 것이며, 따라서 우리가 순수하게 선험적으로 알고 있는 모든 것이 이 원리의 내용과 결과에서 생기는 것이다. 그러므로 이유율 속에는 본디 선험적으로 확실한 우리의 모든 인식이 표현

---

3) 《충족이유율에 대하여》 제2판 22장.

되어 있다. 충족이유율에 대한 논문에서 이미 언급했지만, 가능한 모든 객관은 충족이유율에 지배되고 있다. 다시 말해 한편으로는 규정되고, 또 한편으로는 규정하면서 다른 여러 객관과 어떤 필연적인 관계를 맺고 있다. 이것을 다시 확대하여 모든 객관의 모든 존재가 객관이고 표상일 뿐 그 밖의 아무것도 아닌 한, 지금 말한 바와 같은 객관 상호 간의 필연적인 관계에 완전히 환원되어 이 관계에서만 존재하며, 따라서 이것은 완전히 상대적인 것이다. 거기서 곧 여러 객관자가 존재하게 된다. 그리고 그 논문에서는 여러 객관이 그 가능성 차원에서 분류되는 여러 종류에 따라 충족이유율이 일반적으로 나타내는 필연적인 관계는 여러 가지 다른 형태를 취해서 나타나며, 또한 이로 인해 여러 종류의 올바른 구분도 확립된다는 것을 이미 언급했다. 나는 이 책에서 그 논문에서 언급한 모든 것을 언제나 알려진 사실로, 그리고 독자의 마음에 분명히 남아 있는 것으로 전제하고 시작한다. 왜냐하면 그것들이 이미 그 논문에서 언급되어 있지 않다면, 마땅히 이 책에서 다루어야 하기 때문이다.

### 3. 충족이유율의 한 형태인 시간

우리가 하는 모든 표상 사이의 주요 구별은 직관적인 것과 추상적인 것과의 구별이다. 추상적인 것은 여러 표상 중에서 단 하나의 부류를 이루고 있을 뿐이며, 이것이 바로 개념이다. 그리고 개념은 지상에서는 인간만의 소유물이며, 이 개념을 가질 수 있는 능력이 인간을 다른 동물로부터 구별시키는 것인데, 이것은 옛날부터 '이성'이라고 불려왔다.[4] 나는 다음에 이들 추상적 표상만을 따로 고찰하기로 하고, 지금은 우선 '직관적 표상(intuitiven Vorstellung)'만을 문제 삼기로 한다.

직관적 표상은 가시적인 세계 전체, 즉 경험 전체와 경험의 가능성이 갖는 여러 제약을 포괄한다. 바로 이러한 제약들과 경험의 여러 형식들, 곧 경험의 지각에서 가장 보편적인 것, 경험의 모든 현상과 똑같이 고유한 것은 시간과 공간이다. 이것은 그 내용에서 떼어내도 그것만으로도 추상적으로 생각해 낼 수

---

4) 칸트는 이 이성이란 개념을 혼동했다. 이것에 대해서는 이 책의 부록인 〈칸트 철학에 대한 비판〉과 나의 《윤리학의 두 가지 근본 문제》 중에서, '도덕의 기초' 제6장 148~154쪽(제1판)을 참고하기 바란다.

있을 뿐만 아니라 직접적으로 직관할 수도 있다. 또한 이 직관은 반복함으로써 경험으로부터 빌린 환영과 같은 것이 아니고, 경험으로부터 독립해 있다. 따라서 오히려 선험적 직관이 인식하는 것과 같은 공간과 시간의 특성은 모든 가능한 경험에 대해 법칙으로서 타당하고, 경험은 어떠한 경우에도 이 법칙에 따른 결과를 드러내기 때문에 경험 쪽이 직관에 의존하는 것으로 생각하지 않으면 안 된다.

이러한 것들은 앞서도 말했지만 칸트의 아주 중대한 발견이다. 그러므로 나는 충족이유율에 대한 논문에서 시간과 공간이 순수하고 내용이 없는 것으로 직관되는 한, 독립적으로 존재하는 특별한 표상으로 간주한다. 칸트에 의해 발견된 직관의 그와 같은 보편적 형식들의 성질은 아주 중요하다. 이 형식들은 그것만으로도 경험에서 독립하여 직관될 수 있고, 또 그 모든 합법칙성에 의해 인식되는 것이며, 수학의 확실성은 이 합법칙성에 기인한다. 그러나 이 직관 형식의 특성으로서 이에 못지않게 주의해야 할 것은, 경험을 인과관계의 법칙과 동기 유발의 법칙으로 규정하고 사유를 판단의 기초가 되는 법칙으로 규정하는 충족이유율이 여기에 아주 독특한 형태로 나타난다는 것이다. 나는 이것을 '존재의 근거(Grund des Seins)'라 부르며, 이것은 시간에서는 각 순간의 연속이고, 공간에서는 끝없이 서로 규정하는 각 부분의 위치이다.

이 책의 서론에 해당하는 논문인 《충족이유율에 대하여》를 읽고 충족이유율은 그 형태가 아무리 다르다 해도 내용은 같다는 것을 분명히 안 사람은, 이 원리의 가장 깊은 본질을 통찰하기 위해서 원리의 여러 형태 가운데 가장 단순한 형태를 인식하는 것이 정말로 중요하다고 다시 확신할 것이다. 그리고 시간을 가장 단순한 형태로 인식한다. 시간에 있어 각 순간은 오직 선행하는 순간, 즉 그 순간의 앞 순간을 없앤 뒤에만 존재하며, 그 순간 자체도 마찬가지로 곧 없어져 버리는 것이다. 과거도 미래도 그 내용의 연속은 별도로 해도 마치 꿈과 같이 헛된 것이고, 현재는 이 둘 사이에 있는 넓이도 존속성도 없는 경계에 불과하다. 이와 마찬가지로 우리는 충족이유율의 다른 모든 형태에서도 이와 같은 공허함을 다시 인식할 것이다. 그리고 시간과 마찬가지로 공간도, 또 공간과 마찬가지로 시간과 공간 속에 동시에 존재하는 모든 것, 곧 원인과 동기에서 생기는 모든 것은 상대적인 현존을 가지고 있을 뿐이며, 이와 같은 성질은 그것과 동일한 형태로만 존재하는 다른 것에 의해, 또 그러한 다른 것 때문에 존재한다는 것을 알게 될 것이다. 그러한 견해의 근본은 옛날부터 있었다.

헤라클레이토스는 이러한 견해를 이야기하며 사물의 영원한 흐름(변화)을 탄식했고, 플라톤은 그 대상을 언제나 생성될 뿐 결코 존재하지 않는 것이라고 경시했다. 스피노자는 그러한 것을 존재하고 영속하는 유일한 실체의 단순한 우연성이라고 불렀다. 그리고 칸트는 이렇게 인식된 것을 물자체에 대한 단순한 현상으로 간주했으며, 마지막으로 오랜 옛날 인도인의 지혜는 다음과 같이 말해 주고 있다. '그것은 마야⁵다. 인간의 눈을 덮고 이것을 통해 세계를 보게 하는 거짓된 베일이다. 이 세계는 있다고 할 수도 없고 또 없다고 할 수도 없다. 왜냐하면 이 세계는 꿈과 같은 것으로, 방랑자가 멀리서 보물로 생각하는 모래 위에 반짝이는 햇빛과 같으며, 또 그가 뱀이라고 생각하고 던져버리는 새끼줄과도 같은 것이기 때문이다.' 이러한 비유는 《베다》나 《푸라나》의 곳곳에서 수없이 되풀이되고 있다. 이들 모든 사람이 생각하고 또 문제로 삼은 것을 우리는 지금 여기서 고찰하고 있는 것이다. 말하자면 충족이유율에 따른 표상으로서의 세계이다.

### 4. 물질의 인과성을 인식하는 오성

순수하게 시간 속에 나타나며, 모든 셈과 계산의 기초가 되는 충족이유율의 형태를 인식한 사람은 이것으로 시간의 본질을 인식한 것이다. 시간은 바로 충족이유율의 이러한 형태에 불과하며, 그 밖의 특성은 갖고 있지 않다. 연속이란 충족이유율이 시간 속에 나타난 형태이며, 연속은 시간의 본질이다. 또한 순수하게 직관된 공간 속에서만 작용하고 있는 충족이유율을 인식한 사람은, 바로 이것으로서 공간의 본질을 남김없이 다 탐구한 것이다. 공간이란 완전히 여러 부분의 상호 규정 가능성에 불과한 것이며, 이 가능성은 '위치(Lage)'라고 불리기 때문이다. 이 위치를 자세히 고찰하고, 이것을 적절히 응용하기 위해 여기서 생기는 여러 결과를 추상적인 개념 속에 받아들인 것이 기하학의 내용이다.

그런데 이것과 마찬가지로 이러한 형식(시간과 공간)의 내용, 그 지각 가능성,

---

5) māyā. 베단타학파의 술어로 환(幻) 또는 화상(化像)의 뜻. 현상 세계는 진제(眞諦)의 입장에서 보면 마야이다.

즉 물질을 지배하고 있는 충족이유율의 형태, 나아가서 인과관계의 법칙을 인식한 사람은 바로 이것으로써 물질의 본질을 인식한 것이다. 물질이란 완전히 인과성에 불과하며, 이것은 누구나 생각해 보면 직접적으로 알 수 있는 것이기 때문이다. 말하자면 물질이라는 존재는 물질의 작용이며, 작용 이외의 물질의 존재는 생각할 수조차 없다. 작용하는 것으로서만 물질은 공간을 채우고, 시간을 채운다. 그 자체가 물질인 직접적 객관에 대한 물질의 작용은 직관을 제약하는 것이며, 이 직관 속에서만 물질은 존재한다. 물질의 객관이 저마다 다른 객관에게 미치는 작용의 결과는, 이제 작용을 받은 객관이 이때까지와는 다른 방법으로 직접적인 객관에 작용하는 경우에 있어서만 인식되고 존재한다. 따라서 원인과 결과는 물질의 본질이며, 물질이라는 존재는 물질의 작용이다(여기에 대한 상세한 것은 《충족이유율에 대하여》 제21장, p. 77 참조). 따라서 독일어로 모든 물질적인 것의 총체를 '현실성(Wirklichkeit)'이라고 한 것은 정말 적절하며, 이 말은 실재성(Realität)이라는 말보다 훨씬 특징을 잘 나타내고 있다. 물질이 작용하는 것은 언제나 물질에 대해서이다. 그러므로 물질의 존재와 본질은 물질 일부가 다른 부분에 일으키는 규칙적인 변화에 불과하고, 따라서 완전히 상대적이며, 마치 시간 및 공간과 마찬가지로 물질의 한계 안에서만 작용하는 관계에 따른다.

시간과 공간은 모두 독립하여 물질 없이도 직관적으로 표상할 수 있지만, 물질은 시간과 공간 없이는 표상할 수 없다. 물질로부터 떼어낼 수 없는 형상은 '공간'을 전제로 하며, 물질이라는 존재 전체의 본질을 이루고 있는 물질의 작용은 언제나 어떤 변화, 즉 '시간'의 규정에 관계되어 있기 때문이다. 그러나 시간과 공간은 각기 독립하여 물질의 전제가 되는 것이 아니고, 둘이 하나가 되어 물질의 본질을 이룬다. 물질의 본질은 이미 말한 바 있는 작용, 곧 인과관계 속에 존재하고 있기 때문이다. 다시 말해 생각해 낼 수 있는 무수한 현상과 상태는 서로 제한하지 않고 무한한 공간 안에 이웃해 있거나, 서로 방해하는 일 없이 무한한 시간 속에 차례로 생겨난다. 그렇다면 물질 상호 간의 어떤 필연적 관계나 이 관계에 따라 물질을 규정하는 법칙 같은 것은 필요 없고, 있다 하더라도 응용할 수 없을 것이다. 그러므로 아무리 공간 속에 함께 존재하고 시간 속에서 변화한다 하더라도, 이 두 가지 형식이 저마다 독립하여 다른 것과의 연관 없이 존립하며 경과하는 한, 그때까지 인과관계는 전혀 존재하지 않을 것이다. 또한 인과관계야말로 물질의 고유한 본질을 이루고 있기 때문에 물질도 존재하지 않을 것이다.

그런데 변화의 본질은 여러 가지 상태의 단순한 변화에 있는 것이 아니고, 오히려 '공간 속 동일 장소'에 '하나'의 상태가 있고 다음에 '다른' 상태가 존재하는 것에 있다. 또 '일정한' 같은 시간에 '여기에' 이 상태가 존재하고 '저기에' 저 상태가 존재하는데, 인과관계의 법칙은 이것을 통해서만 그 의의와 필연성을 얻는다. 시간과 공간 사이의 이와 같은 상호 제한만이 변화가 따라야 하는 규칙에 의의와 필연성을 준다. 그러므로 인과관계의 법칙에 의해 규정되는 것은 단순히 시간에 있어서 여러 상태들의 연속이 아니라 일정한 공간에 관련된 계속이며, 일정한 장소에서 여러 상태들의 존재가 아니라 일정한 시간과 장소에 있어서 여러 상태의 존재이다. 따라서 변화, 곧 인과율에 의해 생기는 변화는 공간의 일정한 부분과 시간의 일정한 부분에서 동시에 하나가 되어 관계한다. 그러므로 인과관계는 공간을 시간과 결합시킨다.

우리는 물질의 본질적 작용이 인과관계에 존재하는 것을 알게 되었다. 따라서 물질 속에는 공간과 시간이 결합되어 있어야만 한다. 다시 말해 물질은 둘이 아무리 상반될지라도 시간의 특성과 공간의 특성을 동시에 갖고 있어야 한다. 그리고 물질은 그 속에서 둘 중 어느 하나만으로는 독립적일 수 없는 것을 결합해야 한다. 즉 시간의 불안정한 흐름과 공간의 고정적이고 변하지 않는 지속성을 결합시켜야 하는데, 물질은 그 무한한 가분성(可分性)을 이 둘 다에게서 얻고 있다. 그러므로 우리는 물질에 의해서 '동시 존재'라는 것이 최초로 발생한다는 것을 알게 되는데, 이 동시 존재는 함께 존재한다는 것을 모르는 단순한 시간에도, 과거·미래·현재도 모르는 단순한 공간에도 있을 수 없다. 그러나 여러 형태의 '동시 존재'가 실제로 현실의 본질을 이루고 있는데, 이것은 동시 존재에 의해 처음으로 '지속'이 가능해지며, 지속하는 것과 동시에 존재하는 것의 변화를 보고 비로소 지속이라는 것이 인식되기 때문이다. 하지만 변화 속에서 지속이라는 것에 의해서만 변화는 실체를 얻는다. 곧 물질[6]은 변하

---

6) 물질과 실체가 동일하다는 것은 부록에 상세하게 논술되어 있다.

지 않으면서 성질과 형식만 변한다는 '변화'의 특징을 얻는다. 단순한 공간 속에서라면, 세계는 고정되어 움직이지 않을 것이고, 거기에는 아무런 계기도, 아무런 변화도, 아무런 작용도 없을 것이다. 그리고 작용이 없으면 물질의 표상도 없어져 버린다. 또한 단순한 시간 속에서라면 모든 것은 무상할 것이다. 거기에는 아무런 고정된 것도 없고 함께 존재하는 것도 없어서, 아무런 동시도 없으며, 아무런 지속도 없다. 말하자면 거기에는 아무런 물질도 없는 것이다.

시간과 공간의 결합에 의해 비로소 물질이 생긴다. 즉 동시 존재와 지속을 통한 가능성, 그리고 이 지속에 의해 여러 상태가 변화하면서도 실체는 불변한다는 가능성이 생긴다.[7] 시간과 공간과의 결합이 물질의 본질이기 때문에 물질은 철저하게 이 둘의 특색을 구비하고 있다. 물질은 그 근원이 공간에 있으며, 부분적으로는 물질과 불가분인 그 형식을 통해(특히 변화는 시간에만 속하는 것이며 시간에서 홀로 독립해서는 아무것도 영속하는 것이 없기 때문에), 또 물질의 불변(실체)을 통해 나타나 있기 때문에, 물질의 불변이라는 선험적 확실성은 완전히 공간의 선험적 확실성에서 추론할 수 있다.[8] 그러나 물질의 근원이 시간에 있을 경우 물질은 반드시 그 성질(우연성)과 함께 나타나는데, 이 성질은 언제나 인과관계이며, 다른 물질에 대한 작용, 곧 변화(하나의 시간 개념)이다. 하지만 이 작용의 합법칙성은 언제나 공간과 시간에 동시에 관련되며, 바로 이것을 통해서만 의의를 가진다. '이 시간', '이 장소'에 어떤 상태가 생기지 않으면 안 되는가 하는 것이, 인과관계의 법칙이 유일하게 대상으로 하는 규정이다. 이렇게 우리가 선험적으로 의식하고 있는 인식의 형식으로써 물질의 근본적인 모든 규정을 끌어내는 것에 의거하여, 우리는 물질에 선험적인 어떤 특성들을 부여하게 된다. 그 특성들이란 공간의 충실, 불가입성, 작용성이며, 다음으로 연장성, 무한한 가분성, 고정성, 즉 불변성(不變性), 마지막으로 가동성(可動性)이다. 이와 반대로 동력은 어떠한 물질에도 예외 없이 있는 것이지만, 후천적인 인식으로 보아야 한다. 칸트는 《자연과학의 형이상학적 원리》 71쪽(로젠크란츠판, p.

---

7) 칸트는 "물질이 공간 속에서 가동적인 것이다"라고 말하고 있지만, 그 근거도 여기에 있다. 왜냐하면 운동은 공간과 시간의 결합을 통해 비로소 성립되는 것이기 때문이다.
8) 칸트가 주장하듯이, 시간에 대한 인식에서 나오는 것은 아니다. 이것은 부록에 자세히 논술해 두었다.

372)에서, 동력을 선험적으로 인식할 수 있는 것으로 논술하고 있기는 하다.

　그러나 객관은 주관에 대해서만, 곧 주관의 표상으로서만 존재한다. 이와 마찬가지로 아무리 특수한 종류의 표상이라도 인식능력이라 불리는 주관 속의 바로 그러한 특수한 규정에 대해서만 존재한다. 공허한 형식으로서 시간과 공간과의 주관적 상관개념을 칸트는 순수한 감성(Sinnlichkeit)이라고 불렀다. 이 표상은 칸트가 창시한 것이므로 그대로 두려고 한다. 물론 감성은 물질을 전제하기 때문에, 이 말은 사실 적절하지 못하다. 물질 또는 인과관계(둘이 동일하므로)의 주관적 상관개념은 오성이며, 오성은 그 밖의 아무것도 아니다. 인과관계를 인식하는 것이 오성의 유일한 기능이자 힘이다. 그리고 이것은 많은 것을 포괄하는 하나의 커다란 힘이며 여러 방면에 응용되지만, 어떠한 형태로 나타나든지 동일한 힘이다. 이와 반대로 모든 인과관계, 또 모든 물질, 그리고 모든 현실성은 오성에 대해, 오성에 의해, 그리고 오성에 있어서만 존재한다. 최초의 가장 단순하고 끊임없이 현존하는 현실 세계에 대한 직관인 것이다. 이 직관은 결과에서 원인을 인식하는 것이므로 모든 직관은 지적인 작용이다. 그런데도 만약 어떤 결과가 직접 인식되지 않아서 출발점으로는 아무 소용없는 것이라면, 직관은 성립되지 않는다. 그러나 이것은 동물의 육체에 대한 작용이다.

　이러한 관점에서 볼 때 동물의 육체는 주관의 '직접적 객관'이다. 그 밖의 모든 객관에 대한 직관은 동물의 육체를 통해 매개되고 있다. 모든 동물의 육체가 경험하는 변화들은 직접적으로 인식되는, 말하자면 감각되는 것이다. 그리고 이러한 결과가 그 원인에 관계되어 있기 때문에 원인을 하나의 '객관'으로 직관하기에 이른다. 이 관계는 추상적 개념들 속에서 이루어지는 추리가 아니고, 반성으로 행해지는 것도 아니며, 자의로 행해지는 것도 아니고, 직접적으로 필연적으로, 그리고 확실하게 행해지는 것이다. 이 관계는 '순수오성'의 인식 방법이며, 이것이 없으면 직관은 성립되지 않고, 남는 것이라고는 직접적인 객관의 여러 변화에 대한 둔한 식물적 의식에 불과하다. 이 직접적 객관의 여러 변화가 고통 또는 쾌락으로서 의지에 대해 어떤 의의도 갖고 있지 않으면, 무의미하게 꼬리를 물고 뒤따르는 것에 지나지 않는다. 그러나 해돋이와 더불어 세계가 시야에 들어오는 것과 같이, 오성은 그 유일하고 단순한 기능으로 막연하고 무의미한 감각을 단번에 직관으로 변하게 한다. 눈, 귀, 손이 감각하는 것은 직관이 아니고, 단순한 재료이다. 오성이 이 결과로부터 원인으로 옮겨감으로써 비로소 세계가 공간을 점유하는 직관으로서 형상은 변하지만, 물질적으로는 언제나 변함없이 나타난다. 왜냐하면 오성은 공간과 시간을 물질, 즉 작용성이라는 표상에서 결합하기 때문이다. 표상으로서의 이 같은 세계는 오성을 통해서만 존재하는 것과 마찬가지로 오성을 위해서만 존재한다.

나는 이미 《시력과 색채에 대하여》라는 내 논문의 제1장에서 감각기관이 제공하는 재료에서 오성이 직관을 만든다는 것, 동일한 객관에서 여러 가지 감관이 받는 인상들을 비교함으로써 어린아이는 직관을 얻는다는 것, 이렇게 생각하면 비로소 많은 감관 현상이 해명된다는 것, 예컨대 두 개의 눈으로 보는데 하나로 보인다든지, 곁눈으로 보거나 다른 거리에 앞뒤로 서 있는 대상을 동시에 보는 경우 두 개로 보인다는 것, 감각기관의 갑작스러운 변화로 생기게 되는 모든 환각 등을 설명했다. 그러나 이런 중요한 문제를 〈충족이유율에 대하여〉라는 논문의 제21장에서 더 자세하고 철저하게 다루었다. 거기에서 언급한 것은 모두 불가피하게 여기에도 적용되기 때문에, 여기서 다시 한번 엄밀하게 논술되어야 할 것이다. 하지만 나로서는 내가 쓴 것을 다시 논하는 것이 무척 괴로운 일이고, 또 그 논문에서 논술한 것보다 더 잘 표현할 수도 없기에 여기서 되풀이해서 언급하는 것은 그만두고, 그 논문을 참고해 줄 것을 바라면서 이것 또한 이미 알려진 사실로 전제한다.

어린아이나 선천적 시각장애인이 수술을 받고 볼 수 있게 되는 것, 두 눈이 느낀 것을 하나로 보는 것, 감각기관이 그 보통의 위치에서 벗어난 경우에는 사물이 이중으로 보이거나 두 개로 느껴지는 것, 대상의 상(像)이 눈 속에서는 거꾸로 서 있는데 똑바로 서 있는 것으로 보이는 것, 눈 내부의 기능이나 눈의 작용 가운데 분극적인 분할에 지나지 않는 색채가 외적 대상으로 옮겨지는 것, 그리고 마지막으로 입체거울, 이 모든 것이 직관은 단순히 감각적인 것이 아니라 지적인 것, 말하자면 '오성이 결과에서 원인을 순수하게 인식한다'는 것에 대한 부정할 수 없는 확고한 증거이다. 따라서 직관은 인과법칙을 전제로 하고 있으며, 모든 직관, 따라서 모든 경험은 그 첫째 가능성에 의해서 이 인과법칙에 대한 인식에 의존하고 있다. 그와 반대로 인과법칙에 대한 인식은 경험에 의존하는 것은 아니다. 이 후자가 흄의 회의론인데, 이것은 여기서 처음으로 논박된 셈이다. 왜냐하면 인과성에 대한 인식이 어떠한 경험에도 의존하지 않는다는 것, 즉 그것의 선험성은 모든 경험이 인과성에 대한 인식에 의존한다는 것으로써만 설명될 수 있기 때문이다. 그리고 이것은 다시 여기서 말한 것과 같이 조금 전에 언급한 논문의 여러 곳에서 보여준 방법으로, 모든 경험이 속해 있는 영역 안에 있는 인과성 인식이 일반적으로 직관 속에 포함되어 있고, 따라서 경험에 대해 완전히 선험적으로 성장하고 있으며, 경험의 제약으로 전제되는 것이지 경험을 전제로 하는 것은 아니라는 점을 증명함으로써 비로소 설명할 수 있다. 그러나 칸트가 시도한 방법으로는 설명할 수 없는 것으로, 나는 그것을 《충족이유율에 대하여》라는 논문의 제23장에서 비판했다.

### 5. 외부 세계의 실재성에 대한 논쟁

직관이 인과성의 인식에 의해 매개된다는 이유 때문에, 객관과 주관 사이에 원인과 결과의 관계가 있다고 오해해서는 안 된다. 오히려 그러한 인과관계는 언제나 직접적인 객관과 간접적인 객관 사이에서, 즉 언제나 객관들 사이에서만 생기는 것이다. 객관과 주관 사이에 인과관계가 있다는 그릇된 전제에 서기 때문에 외부 세계의 실재성에 대한 어리석은 논쟁이 벌어진다. 이 논쟁에서 독단론과 회의론이 대립된다. 독단론은 실재론으로, 또 어떤 때는 관념론으로 등장한다. 실재론은 객관을 원인으로 하며, 그 결과는 주관 속에 둔다. 피히테의 관념론은 객관을 주관의 작용이라 하고 있다. 그런데 주관과 객관 사이에는 충족이유율에 근거한 아무런 관계도 존재하지 않기 때문에, 이 두 주장은 어느 쪽도 증명될 수 없어서 회의론이 이 양쪽을 공격하여 우세를 보였던 것이다.

인과성의 법칙은 직관이나 경험에 선행하며, 따라서 흄이 말한 것처럼 직관이나 경험에서 얻어지는 것은 아니다. 객관과 주관은 이미 제1제약으로서 모든 경험에 앞서며, 충족이유율 일반에 선행한다. 이것은 충족이유율이 모든 객관의 형식이고 객관의 일반적인 형상에 지나지 않지만, 객관은 반드시 주관을 전제로 하기 때문이다. 그러므로 이 둘 사이의 근거와 귀결과의 관계는 성립될 수 없다. 충족이유율에 대한 논문에서 나는 바로 이것을 분명히 하려고 했는데, 이 논문은 충족이유율의 내용을 모든 객관의 본질적인 형식으로서, 즉 모든 객관의 일반적인 방식으로서 객관 그 자체로 돌아갈 것이라고 설명했다. 그러나 객관은 그런 것으로서 주관을 필연적인 상관개념으로 전제하고 있다. 따라서 주관은 언제나 충족이유율의 타당한 범위 밖에 있다. 외부 세계의 실재성에 대한 논쟁은 충족이유율의 타당성을 주관에까지 잘못 적용하여 생긴 것이다. 이러한 오해에서 출발했기 때문에 논쟁 자체가 결코 해명될 수 없었다.

한편 실재론적 독단론은 표상을 객관의 결과로 보고, 사실 하나의 것임에 틀림없는 표상과 객관을 둘로 나누고, 표상과는 전혀 다른 원인, 곧 주관에서 독립된 객관 자체를 표현하는 것인데, 이것은 도저히 생각할 수 없는 것이다. 왜냐하면 객관은 반드시 주관을 전제로 하며, 주관의 표상에 불과하기 때문이다. 이와 반대로 회의론은 독단론과 같은 그릇된 전제에 의거하여, 표상은 언제나 결과일 뿐이고 결코 원인은 아니라는, 즉 결코 객관의 '존재'가 아니라 언제나 객관의 '작용'만을 알 수 있을 뿐이라고 주장한다. 그러나 객관의 작용은 객관의 존재와는 전혀 비슷하지 않을 것이고, 어쩌면 완전히 잘못된 생각일지도 모른다. 왜냐하면 인과성의 법칙은 경험을 기초로 하여 상정되는 것으로서, 그 경험의 실재성은 오히려 다시 인과성의 법칙에 근거를 두지 않으면 안 되기 때문이다. 이들 두 설에 대해서는 먼저 객관과 표상이 동일하다는 것을 가르쳐야 한다. 그런 다음 직관적인 객관의 존재는 바로 그 '작용'이라는 것, 다시 말해 이 작용이야말로 사물의 현실성이며, 주관의 표상 밖에서 객관의 현존을 요구하거나 사물의 작용과는 다른 현실적 사물의 존재를 요구한다는 것은 완전히 무의미하고 모순된 일이라는 것, 따라서 직관된 객관의 작용 방식을 인식한다면 그 밖에 인식할 만한 것이 객관에서는 아무것도 없기 때문에, 그것이 객관, 곧 표상인 한 객관 자체는 완전히 구명된 셈이라는 것을 가르쳐야 한다. 그러므로 그 한도 내에서는 순전히 인과성으로 나타나는 공간과 시간 속에 직관된 세계는 실재하고 있으며, 완전히 나타나 있는 그대로의 것이며, 오로지 표상으로서 아무런 밑받침 없이 인과성 법칙에 의해 연관성을 가지며 나타난다. 이것이 세계의 경험적 실재성이다.

그러나 한편 인과성은 오성 속에만 있고 오성에 의해서만 존재한다. 따라서 그 현실적인, 즉 작용하는 세계 전체는 그 자체로서는 언제나 오성에 제약을 받고 있고, 오성 없이는 아무것도 아니다. 하지만 이런 이유에서만이 아니라 일반적으로 주관 없이 객관을 생각하는 것은 모순에 빠지기 쉽기 때문에, 외부 세계가 주관에서 독립하여 실재한다고 풀이하는 독단론자에 대해 우리는 그러한 외부 세계의 실재를 정면으로 부정해야 한다. 객관세계 전체는 어디까지나 주관에 제약을 받고 있다. 즉 세계는 선험적 관념성을 갖고 있다. 그렇다고 해서 세계가 허위인 것은 아니며 가상인 것도 아니다. 세계는 있는 그대로의 것이며, 표상으로서 나타나는 것으로, 그 공통적 유대가 충족이유율이다. 세계는 그런 것으로서 건전한 오성에게는 그 가장 내면적인 의의까지도 이해될 수 있고, 또 건전한 오성에게 충분히 이해될 수 있는 말로 설명하고 있다. 세계의 실재성에 대해 논평하는 것은 궤변으로 비뚤어진 정신을 소유한 사람만이 생각할 수 있는 것으로, 언제나 충족이유율을 부당하게 적용하기 때문에 그러한 일이 생긴다. 충족이유율은 어떠한 종류이건 모든 표상을 서로 결합해 주지만, 결코 표상을 주관과 결합시키거나 주관도 객관도 아닌 객관의 근거에 불과한 것과 결합하는 일은 없다. 여러 객관만이 근거가 될 수 있고, 그것은 반드시 또 다른 객관에서 유래하고 있기 때문에, 그러한 주관도 객관도 아닌 객관의 근거라고 하는 것은 무의미한 개념이다.

외부 세계의 실재성을 이렇게 문제 삼는 근원을 더 자세히 살펴보면, 충족이유율이 타당한 영역 밖의 것에까지 잘못 응용되고 있다는 것 말고도, 특히 이 원리의 여러 형태들이 혼동되어 있다. 다시 말해 충족이유율이 개념이나 추상적 표상과의 관련 속에서만 갖는 형태는, 직관적 표상인 실재적 객관에 옮겨져서 생성의 근거밖에는 가질 수 없는 객관에 의해 인식의 근거가 요구되는 것이다. 충족이유율이 개념을 결합하여 판단으로 된 추상적 표상을 지배하는 경우에는 말할 것도 없이, 판단이 판단 이외의 그 무엇, 즉 언제나 거슬러 올라가 추구되어야 하는 판단의 인식 근거와 관계를 가짐으로써만 판단의 가치를 얻고 그 타당성을 얻어, 여기서 진리라고 불리는 판단의 참된 존재를 얻는 방법으로 행해진다. 그런데 실재적 객관, 즉 직관적 표상을 지배하는 경우 충족이유율은 '인식'의 충족이유율로서가 아니라 '생성'의 충족이유율로서, 곧 인과법칙으로 지배하는 것인데, 이러한 판단은 어느 것이나 그 객관이 '생성되었다는' 것, 즉 결과로서 어떤 원인에서 생겼다는 것에 의해 이미 그 객관에 대한 책임을 다한 것이다. 따라서 이 경우 인식 근거를 요구하는 것은 아무런 타당성이나 의미가 없으며, 그것은 전혀 다른 종류의 객관에 대하여 할 일이다. 그러므로 직관적 세계는 거기에 있는 한, 고찰자의 마음에 아무런 망설임이나 의혹도 일으키지 않는다. 이 세계에는 오류도 진리도 없다. 오류나 진리는 추상이나 반성의 영역에 사로잡혀 있는 것이다. 그러나 여기서 세계는 감각과 오성에게 열려 있으며, 있는 그대로의 것으로 법칙에 따라 인과의 고리에 매여 전개되는 직관적 표상으로 소박한 진리성을 갖고 나타난다.

외부 세계의 실재성 문제를 여기까지 고찰해 보면, 이 문제는 이성이 길을 헤매다 자신을 오해하기에 이르러 생겼다는 것을 알게 된다. 그리고 그러한 경우 이 문제는 그 내용을 해명함으로써만 풀린다. 이 문제는 충족이유율의 본질이나 객관과 주관과의 관계나 감각적 직관 본디의 성질을 탐구해 보면 틀림없이 해소된다. 왜냐하면 그것을 알면 이 문제에는 이제 아무런 의미도 없기 때문이다. 하지만 이 문제에는 지금까지 논술한 것과 같은 완전히 사변적인 기원과는 전혀 다른 또 하나의 기원이 있다. 그것은 아무리 이 문제가 사변적인 목적으로 제기된다 하더라도 사실은 경험적인 기원이며, 그런 의미에서 이 문제는 앞서의 사변적 의미에서보다 훨씬 알기 쉬운 뜻을 갖고 있다. 그 의미란 다음과 같다.

우리에게는 꿈이라는 것이 있다. 어쩌면 인생이란 모두 하나의 꿈이 아닐까? 좀 더 분명히 말하면 꿈과 현실, 환영과 실재적 객관을 구별하는 확실한 표준이 있는 것일까? 꿈속에서의 직관은 현실의 직관보다 선명도와 명확도가 떨어진다고 하는 이유는 고려할 가치가 없다. 왜냐하면 아직까지 아무도 이 둘을 비교해 본 사람은 없었고, 다만 꿈의 '기억'과 현재의 현실을 비교할 수 있었을 뿐이기 때문이다. 칸트는 이 문제를 "인과관계의 법칙에 의한 표상 상호 간의 연관이 있는지 없는지에 따라 실생활과 꿈이 구별된다"라는 말로 해결하고 있다. 그러나 꿈에 있어서도 개개의 표상은 현실에서와 마찬가지로 모든 형태로 나타난 충족이유율에 의해 연결되어 있다. 그리고 이 연결은 실생활과 꿈과의 사이, 낱낱의 꿈들 사이에서 깨질 뿐이다. 그러므로 칸트의 해답은 다음과 같은 내용에 지나지 않는다. 즉 '긴' 꿈(실생활)에는 그 자체 속에 충족이유율에 따라 보편적인 연관이 있지만, '짧은' 꿈에는 그것이 없다. 물론 하나하나의 짧은 꿈들 속에는 그와 같은 연관이 있다. 따라서 짧은 꿈과 긴 꿈과의 사이에는 연락이 단절되어 있으며 여기서 짧은 꿈과 긴 꿈이 구별된다.

그러나 무엇을 꿈꾸었는지, 정말 그것이 일어났는지를 표준에 따라 조사해 보는 것은 매우 어려운 일이며 거의 불가능한 일이기도 하다. 우리가 체험한 모든 사상과 현재의 순간 사이에 하나하나 인과의 연관을 찾는다는 것은 도저히 불가능한 일이지만, 그렇다고 해서 우리가 체험한 모든 사상을 꿈이라고 설명할 수는 없다. 따라서 실제 생활에서 꿈과 현실을 구별하려면, 일반적으로 말한 표준에 따라 조사하지는 않는다. 꿈과 현실을 구별하기 위한 유일하고 확실한 표준은 사실상 깨어 있을 때의 경험적 표준밖에는 없고, 실제로 이 표준에 의해 꿈에서 본 사상과 깨어 있을 때의 사상 사이의 인과관계가 명확하고 뚜렷하게 갈라진다. 홉스가 《리바이어던》 제2장에서 언급한 것은 이것에 대한 탁월한 예증이다. 즉 우리가 자신도 모르게 옷을 입은 채 자는 경우, 특히 어떤 목적이나 계획이 우리의 모든 생각을 사로잡아서 깨어 있을 때처럼 꿈속에서도 줄곧 그것에 몰두해 있을 때에는 꿈을 꾼 뒤에 흔히 현실로 착각하는 일이 있다는 것이다. 이러한 경우 깨어 있는 것이나 자고 있는 것의 구별은 명확하지 못하며, 꿈이 현실과 융합하여 현실과 혼합된다. 그럴 때면 또 칸트의 표준이 여기에 응용될 수도 있다. 흔히 있는 일이지만 꿈이 현재와 인과관계나 관련이 없다는 것을 아무리 해도 알아낼 수 없는 경우, 어떤 사건이 꿈이었는지 혹은 실제로 일어난 것인지 하는 것은 영원히 구별되지 않은 채 놓아둘 수밖에 없다. 이런 점에서 실생활과 꿈과의 친근성이 실제로 우리에게 대단히 실감나게 다가온다. 게다가 이 친근성은 예로부터 많은 위대한 사람들에게 인정되었고 또 언급되었기 때문에, 우리도 그것을 떳떳하게 보증할 수 있는 것이다. 《베다》나 《푸라나》는 마야의 직물이라 불리는 현실계에 대한 모든 인식을 꿈과 유사한 것 이상으로는 인식하지 않고 있으며, 이런 표현이 자주 나온다. 플라톤은 한 걸음 더 나아가 평범한 사람은 꿈속에서 살고 있는 것에 불과하지만, 철학자는 깨어 있도록 노력해야 한다고 자주 말했다. 핀다로스(2. p. 135 참조)는 "인간은 그림자의 꿈이다"라고 말했고, 소포클레스는 다음과 같이 말했다.

진실로 우리들 삶을 타고난 자들은,
덧없는 환상의 그림자에 불과한 것임을 나는 안다.

—《아이아스》 125

또한 셰익스피어가 아주 탁월한 표현을 했다.

　우리는 꿈의 재료와도 같은 것,
　보잘것없는 우리네 인생은 잠에 싸여 있다.

—《템페스트》 4막 1장

　마지막으로 칼데론은 이와 같은 견해에 완전히 매혹되어 형이상학적 희곡 《인생은 꿈이다》에서 이것을 표현해 보려 했다.

　이상과 같이 여러 시인들의 구절을 인용해 보았지만, 이번에는 내 생각을 비유로 나타내고자 한다. 실생활과 꿈은 같은 책의 페이지들이다. 이 책에 대한 체계적인 독서가 현실 생활이다. 그러나 그때그때의 독서 시간(낮)이 끝나고 휴식 시간이 되어, 이번에는 가벼운 기분으로 책장을 넘기면서 두서도 연관도 없이 여기저기를 펼쳐보는 일이 있다. 이미 읽은 페이지도 있고 아직 읽지 않은 페이지도 있는데, 어쨌든 같은 책의 페이지인 것이다. 이렇게 해서 띄엄띄엄 읽은 페이지는 물론 체계적인 통독과는 관련이 없다. 하지만 체계적 독서라 해도 여기저기 띄엄띄엄 읽는 것과 같이 즉석에서 시작되어 끝나는 것이며, 따라서 전체를 하나의 큰 페이지로 볼 수 있을 뿐이라고 생각해 보면, 여기저기를 띄엄띄엄 읽는 것도 통독에 비해 그렇게 뒤떨어지는 것만도 아니다.

　이렇게 개개의 꿈과 현실 생활과의 차이는 현실 생활을 줄곧 꿰뚫고 있는 경험의 연관에 꿈이 참여하지 않는다는 점에 있다. 그리고 깨어 있다는 것은 이러한 구별을 나타내는 것이지만, 경험의 연관 그 자체는 이미 현실 생활에 그 형식으로 속해 있고, 꿈 또한 그 속에 이에 대한 연관을 갖고 있다. 만약 판단을 이 둘 밖의 다른 곳에 둔다면, 이 둘의 본질에는 특정한 구별이 없다는 것을 알 수 있다. 그리고 시인들이 인생은 긴 꿈이라고 한 말을 인정하지 않을 수 없게 된다.

　이처럼 완전히 그 자체로서 존재하는 경험적 기원에서 나와서, 외부 세계의 실재성에 대한 문제의 사변적 기원으로 되돌아가 보면, 우리는 이 기원이 무엇보다도 충족이유율을 잘못 응용했다는 것, 즉 주관과 객관 사이에도 이것을 응용했고, 다음으로 이 원리의 형태를 혼동했다는 것, 곧 인식의 충족이유율이 생성의 충족이유율 영역으로 옮겨졌다는 것을 알게 된다. 그럼에도 불구하고 이 문제에 참된 내용이 없고, 또 그 깊숙한 곳에 뭔가 올바른 사상과 의미가 가장 본디적인 기원에서 존재하지 않는다면, 이 문제가 이처럼 언제까지나 철학자들의 주의를 끌 수는 없었을 것이다. 따라서 그러한 본디적 기원이 있다면, 거기서부터 그 기원이 먼저 반성되고 표현되기 위하여 자기로서도 알 수 없는 그릇된 형태와 물음에 빠지게 되었다고 생각해야 한다. 내 생각으로는 틀림없이 그렇다. 그리고 이 문제는 적절하게 표현되지는 못했지만, 나는 가장 내면적 의미의 순수한 표현으로 다음과 같이 말하겠다.— 직관적 세계는 나의 표상이 아닌 다른 무엇이겠는가? 직관적 세계는 확실히 표상으로 의식되지만, 내가 이 중으로 의식하고 있는 나 자신의 육체와 마찬가지로 한편으로는 '표상'이고, 다른 한편으로는 '의지'인가? 이 문제를 더 분명히 밝히고 긍정하는 것이 제2권의 내용이 되겠지만, 이 문제에 생기는 여러 결론은 이 책의 다음 부분에서 다루려고 한다.

### 6. 오성의 성질

우리는 지금 제1권에서 모든 것을 표상으로서, 주관에 대한 객관으로서 고찰한다. 그리고 각 개인에게 있어서 세계에 대한 직관의 출발점이 되는 자신의 육체까지도 실재하는 다른 모든 객관처럼 인식할 수 있다고 하는 측면에서만 본다. 따라서 육체는 우리에게는 하나의 표상에 불과하다. 사람의 의식이 다른 모든 객관을 단지 표상하는 것이라는 설명에는 이미 반대했지만, 자신의 육체가 단순한 표상에 불과하다고 한다면 더한층 반발할 것이다. 이것은 누구에게나 물자체가 그 자신의 육체로 나타나는 한 직접적으로 알려져 있고, 다른 여러 직관 대상 속에 객관화되어 있는 한 간접적으로만 알려져 있다는 데에서 유래한 것이다. 그러나 우리의 연구를 진행해 가다 보면, 이렇게 추상화하거나 일방적인 고찰 방법을 취하거나 필연적으로 서로 의존하여 성립되어 있는 것을 무리하게 분리하게도 된다. 그러므로 위에서 말한 것과 같은 저항감은 이제부터 하게 될 여러 고찰이 현재의 일방성을 보충하여 세계의 본질을 완전하게 인식할 수 있게 될 것이라고 기대함으로써 당분간 억누르고 진정시켜야 한다.

여기서 육체는 우리에게 직접적인 객관, 즉 주관적 인식의 출발점이 되는 표상이다. 다시 말해 이 표상 자체는 직접적으로 인식된 여러 변화와 더불어 인과관계의 법칙을 응용하기 전에 나타나서 이 법칙을 응용하기 위한 재료를 제공한다. 이미 언급한 바와 같이 물질의 모든 본질은 그 작용에 있다. 하지만 결과와 원인은 오성에 대해서만 존재하고, 오성은 결과와 원인과의 주관적 상대 개념에 불과하다. 그러나 오성은 그 출발점이 되는 어떤 다른 것이 없으면 결코 응용될 수 없다. 이 다른 것이 감관적 감각, 즉 육체의 변화에 대한 직접적 의식이며, 이 의식에 의해 육체는 직접적인 객관이 된다. 따라서 우리는 직관적 세계가 인식되는 가능성에 두 가지 조건이 있는 것을 알 수 있다.

첫째 조건은 '이것을 객관적으로 표현하면' 물체가 서로 작용하고, 상대방에게 서로 여러 가지 변화를 일으킬 수 있는 능력이다. 모든 물체가 갖는 이러한 일반적인 특성이 없으면, 동물의 감성을 갖고도 직관은 도저히 얻지 못한다. 그런데 이 같은 첫째 조건을 '주관적으로 표현하려면' 다음과 같이 말하게 된다. 오성은 무엇보다 직관을 가능하게 한다. 왜냐하면 인과관계의 법칙이나 결과와 원인의 가능성은 오성에서만 생기고 오성에 대해서만 타당한 것이며, 따라서 오성에 대해서만, 또 오성에 의해서만 직관적 세계가 존재하기 때문이다.

둘째 조건은 동물의 육체적 감성이다. 혹은 특정한 물체를 주관의 직접적인 객관으로 인식하는 특성이다. 여러 감각기관이 특히 외부로부터 적절한 작용을 받아 생기는 단순한 변화는 그 작용이 고통이나 쾌감을 일으키지 않고, 의지에 대해 직접적인 의의를 갖지 않고 동시에 지각되는 한, 즉 '인식'에 대해서만 현존하는 한 표상이라 불려야 한다. 따라서 그러한 경우, 나는 육체는 직접적으로 '인식'된다 말하고 '직접적인 객관'이라 말한다. 단, 이 경우 객관이란 개념은 본디의 의미로 해석해서는 안 된다. 왜냐하면 오성의 응용에 선행하는 단순한 감성적 감각인 육체의 이와 같은 직접적 인식에 의해서, 육체는 본디 '객관'으로 존재하는 것이 아니고 여기에 작용을 끼치는 물체로 존재하기 때문이다. 그 이유는 본디적인 객관에 대한 인식, 곧 공간 가운데에서 직관할 수 있는 표상의 인식이란 오성에 의해, 또 오성에 대해서만 있으며, 따라서 오성의 응용에 앞서는 것이 아니라 그 응용을 거친 뒤에 비로소 존재하기 때문이다.

육체는 객관으로서, 공간 가운데 직관할 수 있는 표상으로서 다른 모든 객관과 마찬가지로 인과관계의 법칙을 육체 일부에서 다른 부분에 끼치는 영향에 적용함으로써, 즉 눈이 육체를 보고 손이 육체를 만지는 방법을 통해 비로소 간접적으로 인식되는 것이다. 그러므로 우리는 단순한 일반적 감정만으로는 자기 육체의 모습을 모르며, 인식에 의해서만, 표상에 있어서만, 즉 두뇌 속에서만 자기 육체가 팔다리를 가진 것, 유기적인 것, 조직적인 것으로 나타난다. 태어나면서부터 눈이 안 보이는 사람은 이 표상을 촉각이 주는 여러 재료를 가지고 비로소 서서히 얻게 된다. 손이 없는 시각장애인이라면 자기 모습을 절대로 알 수 없거나, 기껏 다른 물체가 자기에게 끼치는 작용을 통하여 자기의 모습을 추정하고 구성하는 길밖에 없을 것이다. 따라서 육체를 직접적인 객관이라고 부르는 경우에는 이러한 제한을 붙여 이해할 수는 있다.

어쨌든 이상과 같이 동물적 육체는 모든 것을 인식하고, 그런 까닭에 어떤 것에 의해서도 인식되지 않는 주관에 대해 직접적인 객관, 곧 세계에 대한 직관의 출발점이다. 그러므로 '인식한다는 것', 인식하는 것이 조건이 되어 동기를 바탕으로 하여 운동한다는 것은 자극에 의해 운동하는 것이 식물의 성질인 것처럼, 근본적인 '동물성의 특성'이다. 그런데 무기물은 가장 좁은 의미에서 본디의 원인에 의해 일어난 이동밖에 할 수 없다. 이런 모든 것에 대해 나는 《충족이유율에 대하여》라는 논문의 제20장, 《윤리학》의 제1논문의 제3장 및 《시력과 색채에 대하여》 제1장에 자세하게 서술했으므로 그것들을 참고해 주기 바란다.

위에서 말한 것에서 모든 동물은 가장 불완전한 것이라 해도 오성을 갖고 있다는 것이 분명해진다. 왜냐하면 동물은 모두 객관을 인식하고, 이 인식이 동기가 되어 동물의 운동을 규정하기 때문이다. 오성은 모든 동물과 인간에게 같은 것이며, 어디에서나 동일하고 단순한 형태를 갖고 있다. 즉 인과관계에 대한 인식, 결과에서 원인으로의 이행, 그리고 원인에서 결과로의 이행이다. 그러나 오성의 예민성 정도나 인식 범위의 넓이는 각양각색이다. 직접적인 객관과 간접적인 객관 사이의 인과관계를 인식하는 것에 불과한 가장 낮은 정도, 곧 육체가 받는 영향에서 그 원인으로 옮겨감으로써 이 원인을 공간 속의 객관으로 직관할 수 있는 정도에서, 더 높은 정도로 올라가 단순히 간접적인 여러 객관 사이의 인과적 연관을 인식하기에 이르며, 이것이 자연의 여러 원인과 결과 사이의 복잡한 연관을 이해하기에 이른다.

이러한 고도의 인식도 오성에 속하는 것이지 이성에 속하는 것은 아니다. 이성의 추상적 개념은 그렇게 직접적으로 이해된 것을 받아들이고 고정하고 결합시키는 데에만 쓰일 뿐 오성적인 이해를 만들어 내는 데에는 쓸모가 없다. 어떠한 자연의 힘이나 자연법칙도, 또 그것들이 나타나는 어떠한 경우도 먼저 오성에 의해 직접 인식되고 직관적으로 파악된 뒤에야 비로소 추상적으로 이성에 대하여 반성적인 의식 속에 들어갈 수 있다. R. 훅이 동력의 법칙을 발견하여 많은 형상을 이 하나의 법칙에 환원한 것도, 또 뉴턴의 여러 계산이 이것을 확증한 것도 오성에 의한 직관적, 직접적 파악이었다. 또 라부아지에가 산소와 자연에 있어서 산소의 중요한 역할을 발견한 것도, 괴테가 물체의 색채 발생 방법을 발견한 것도 같은 것이다. 이들 발견은 모두 결과에서 원인으로 올바르게 직접 소급한 것에 불과하다. 또한 이렇게 하면 곧 같은 종류의 모든 원인 속에 나타나는 자연의 힘이 동일하다는 것이 인식된다. 그리고 이 모든 통찰은 모두 오성의 동일하고 유일한 기능이 그 정도를 달리하여 나타난 데 지나지 않으며, 이 기능에 의해 동물도 자신의 육체에 영향을 끼치는 원인을 공간 속의 객관으로 직관하게 되는 것이다. 따라서 그러한 모든 대발견도 직관이나 오성의 발견과 마찬가지로 직접적인 통찰이며, 또 그러한 것으로서 순간의 작용, 통찰, 착상이지, 추상적 추리의 긴 연속에서 생기는 것은 아니다.

이와 반대로 추리의 연속은 직접적인 오성 인식을 분리하여 추상적인 여러 개념으로 만들어서 이성을 위해 그 인식을 고정시킨다. 다시 말해 그 인식을 다른 사람에게 이해시키는 데에 도움을 준다. 간접적으로 인식되는 여러 객관의 인과관계를 파악하는 경우 오성은 예민하게 작용하는데, 이 예민성은 자연과학에 응용될 뿐만 아니라(자연과학의 발견은 모두 이 오성의 예민성 덕분이다) 실생활에도 응용되는 것으로, 이 예민성을 실생활에서는 '신중함'이라고 부른다. 그런데 자연과학에 응용될 경우에는 명석, 투철, 총명 등으로 부르는 쪽이 낫다. 엄밀히 말해 '신중함'이란 것은 오로지 의지에 쓸모 있는 오성을 가리킨다. 그러나 이 개념들의 한계를 결코 정확하게 정할 수는 없다. 왜냐하면 공간 속의 객관을 직관하는 경우, 이미 동물에서도 언제나 작용하는 오성의 동일한 기능이 가장 예민하게 작용하여, 어떤 경우에는 여러 자연현상 속에 주어진 결과에서 미지의 원인을 탐구하여 자연법칙으로서의 일반법칙을 생각하기 위한 재료를 이성에 제공한다. 또 어떤 경우에는 이미 알고 있는 원인을 응용하여 목적하는 결과가 생기도록 하여 복잡하고 가치 있는 기계를 발명하며, 어떤 경우에는 이를 동기화하는 데에 응용하거나, 교묘한 간계나 음모를 간파하여 이것을 물거품으로 만들거나, 스스로 여러 동기와 이들 어떤 동기에나 쉽게 감동하는 사람을 적당히 배치한다. 그들을 지레와 바퀴로 기계를 움직이듯 마음대로 움직여 자신의 목적을 달성할 수 있기 때문이다.

오성의 결여는 본디의 의미로는 '우둔'이라 불린다. 이것은 '인과관계의 법칙을 응용하는 데 둔감하다는 것', 즉 원인과 결과나 동기와 행위의 연쇄를 직접 파악할 수 없다는 것이다. 우둔한 자는 자연현상이 그대로 나타나는 경우, 또는 어떤 의도에 지배되는 경우, 즉 기계로 쓸모 있게 만들어 놓은 경우에도 그 현상의 연관을 모른다. 따라서 그러한 사람은 마법이나 기적을 믿게 마련이다. 우둔한 자는 다른 여러 사람들이 외관상 서로 관계없는 것처럼 보이지만 사실은 연락을 취하면서 행동하고 있다는 것을 알아차리지 못한다. 그러므로 그는 속임수에 걸리거나 음모에 빠져들기 쉽다. 그는 타인이 주는 충언이나 말이나 행동 뒤에 숨은 동기를 알아차리지 못한다. 어쨌든 그에게 없는 것은 단지 하나, 인과관계의 법칙을 응용하는 예민하고 신속하며 경쾌한 오성의 힘이다.

우둔에 대해 내가 지금까지 만난 최대의 예, 그리고 이제부터 고찰하는 데에 아주 크게 참고가 될 실례는 정신병원에 있던 열한 살쯤 되는 백치 소년이다. 그는 듣기도 하고 말하기도 했으니 이성은 갖고 있었지만, 오성에서는 어떤 종류의 동물보다도 뒤떨어져 있었다. 그는 내가 갈 때마다 내 목에 걸려 있던 안경알 속에 방의 창문과 그 너머에 있는 나무우듬지가 반사되어 비치는 것을 보고, 그때마다 대단히 놀라서 기뻐하며 싫증도 안 내고 이상히 여기며 바라보았다. 그는 반사라는 이 직접적인 인과관계를 오성으로 이해할 수 없었던 것이다.

인간에게 오성의 예민도가 각각인 것처럼, 여러 부류의 동물에서는 더 큰 차이가 있다. 그러나 어떤 동물도, 식물에 가장 가까운 동물이라도 직접적인 객관에 나타난 결과로부터 원인이 되는 간접적인 객관에까지 이행할 수 있는 오성, 즉 어떤 객관을 직관하고 파악할 수 있을 만큼의 오성은 충분히 가지고 있다. 왜냐하면 이 직관이야말로 그들을 동물답게 만드는 것이며 그들에게 동기에 따라 운동하는 가능성을 주고, 나아가서 먹을 것을 찾는다든가, 적어도 먹이를 손에 쥐게 하는 가능성을 주기 때문이다. 이와 달리 식물은 자극에 따라 운동할 뿐이며, 자극의 직접적 영향을 기다려야만 하고, 그렇지 못하면 쇠약해진다. 자극의 뒤를 쫓는다든지 자극을 잡을 수는 없다. 동물의 완전한 총명성에는 우리를 놀라게 하는 것이 많다. 이를테면 개, 코끼리, 원숭이, 여우가 그러한데, 뷔퐁은 여우의 영리함을 정말로 잘 그려냈다. 이 지극히 영리한 동물을 보면 우리는 오성이 이성의 도움 없이, 곧 개념에서 추상적 인식의 도움 없이 얼마 만한 것을 할 수 있을까 하는 점을 상당히 정밀하게 조사할 수 있다. 인간 자신만으로는 오성의 능력을 알 수 없다. 그도 그럴 것이, 인간에게는 오성과 이성이 서로 돕고 있기 때문이다. 따라서 우리는 때때로 동물의 오성 발현이 우리의 기대 이상일 때도 있고 기대 이하일 때도 있음을 안다.

유럽을 여행하는 동안 많은 다리를 건너가 본 일이 있는 코끼리가 보통 때와 마찬가지로 사람과 말이 줄을 지어 지나가는 다리에 이르자, 그 다리의 구조가 자기 체중에는 너무 약하다는 생각이 들어서 그 다리를 건너려 하지 않았다는 이야기가 있는데, 이와 같은 코끼리의 총명함에는 정말 놀라지 않을 수 없다. 그런가 하면 영리한 오랑우탄이 불을 발견하고 그 불을 쬐면서 몸을 따뜻하게 하지만, 나무를 태워서 이 불길이 꺼지지 않게 하지 않는 것을 보면 이상하다. 이것은 이미 사고가 필요하다는 증거이며, 사고는 추상적인 개념 없이는 성립되지 않는다. 인과에 대한 인식이 일반적 오성의 형식으로서 선험적이라고 할 만큼 동물에 내재하고 있다는 것은, 이 인식이 동물에게도 우리 인간에게와 마찬가지로 외부 세계의 모든 직관적 인식의 선행 조건이라고 할 수 있다. 그러나 특별한 예증을 원한다면, 아주 어린 강아지까지도 아무리 하고 싶어도 책상에서 잘 뛰어내리려 하지 않는 것만 보아도 알 수 있다. 그 작은 강아지가 이러한 특별한 경우를 경험을 통해 알지는 못하고 있지만, 자기 체중의 효과를 알고 있기 때문이다.

동물의 오성을 평가하는 데 있어서 본능이 드러나는 것을 오성이라 생각하는 일이 없도록 주의해야 한다. 본능은 오성이나 이성과는 전혀 다른 특성이지만, 이 둘이 공통으로 작용하는 것과 매우 비슷하게 작용한다. 그러나 그것에 대해서는 여기서 논술하지 않기로 한다. 그것은 제2권에서 자연의 조화, 즉 목적론이라고 하는 것을 고찰할 때 논할 것이다. 그리고 부록 제27장은 특히 이를 논하기 위해 쓴 것이다.

 '오성'의 결핍을 '우둔'이라고 한다. '이성'을 실제적 사물에 응용하는 능력의 결핍은 나중에 '어리석은 행동'으로 인식될 것이다. 또 '비판력' 결핍은 '무지'로 인식되고, 마지막으로 '기억'이 일부 혹은 전부 결핍된 것은 '광기'로 인식될 것이다. 따라서 이 모든 것을 각기 그 장에서 논하겠다. '이성'에 의해 옳게 인식된 것이 '진리'이며 이는 충족이유를 가진 추상적 판단이다(《충족이유율에 대하여》 제29장 이하). 오성에 의해 옳게 인식된 것이 '실재', 즉 직접적인 객관에 나타나는 결과로부터 그 원인에 옳게 이행하는 것이다. '진리'에 대해서는 '오류'가 이성의 가상으로서 대립하며, '실재'에 대해서는 '가상'이 오성의 가상으로서 대립한다. 이 모든 것에 대한 자세한 논술은 《시력과 색채에 대하여》라는 내 논문의 제1장을 참고해 주기 바란다.

 '가상'은 동일한 결과가 하나는 아주 빈번하게 작용하고, 또 하나는 아주 드물게만 작용하는 두 개의 전혀 다른 원인에 의해 일어날 수 있는 경우에 나타난다. 오성은 결과가 완전히 동일하기 때문에 이 경우에는 어느 쪽 원인이 작용했는가를 구별할 재료가 없어서, 언제나 더 일반적인 원인을 전제로 한다. 그리고 오성의 작용은 반성적이지도 추리적이지도 않으며, 직접적인 매개가 없기 때문에 그런 그릇된 원인이 직관된 객관으로 우리 앞에 나타나는데, 이것이 바로 그릇된 가상이다. 감각기관에 이상이 생겼을 때 어떻게 해서 사물이 이중으로 보이는가 하는 것은 앞에서 이미 언급했고, 그래서 직관은 오성에 의해서만, 또 오성에 대해서만 존재한다고 하는 증명을 했다. 또한 물속에 넣은 막대기가 굴절되어 보이는 것도, 볼록거울에 비치는 상이 표면이 볼록한 경우에는 표면에서 어느 정도 뒤로 보이고, 표면이 오목한 경우에는 훨씬 앞으로 보이는 것 또한 오성의 미망, 즉 가상의 실례이다. 또 달이 중천에 있을 때보다 지평에 가까울 때가 크게 보이는 것도 가상인데, 이것은 시각에 의한 것이 아니라 오성에 의한 것이다. 왜냐하면 측미계(測微計)가 증명하는 것처럼 눈은 달을 지평선에서보다 중천에서 더 넓은 시각에서 포착하기 때문이다. 지상의 모든 사물을 대기원근법으로 측정하듯이, 달과 모든 별이 지평 가까이에서 약한 빛을 내는 원인을 그것이 원거리에 있기 때문이라고 생각하는 것은 오성이다. 그렇기 때문에 지평 가까이 있는 달을 중천에 있는 것보다도 훨씬 크다고 보거나 하늘이 지평 가까이에서는 더 확대되어 있다고, 곧 평평하다고 보는 것이다.

이처럼 대기원근법을 잘못 응용하여 측정하면, 산꼭대기가 투명한 공기를 통해서만 보이는 높은 산을 실제보다 더 가까이에 있는 것으로 보게 되어 그 높이를 과소평가하게 된다. 이를테면 살랑슈 시내에서 몽블랑을 바라볼 때가 그렇다. 그리고 착각하기 쉬운 이 모든 가상은 직접적인 직관 속에 나타나는데, 이 직관은 이성의 어떤 논증에 의해서도 물리칠 수는 없다. 이성의 논증은 단지 오류, 즉 충족이유를 갖지 않는 판단을 거기에 대립하는 참된 판단으로 피할 수 있을 뿐이다. 말하자면 지평 가까이에서는 달과 별의 빛이 중천에 있을 때보다 흐린 것은 거리가 멀기 때문이 아니라 지평 가까이에 불투명한 습기가 있기 때문이라는 것을 추상적으로 인식하는 데 지나지 않는다. 그러나 아무리 추상적으로 인식해도 위에서 말한 모든 사례에서 가상은 여전히 남아 있게 된다. 왜냐하면 오성은 인간에게만 있는 인식능력인 이성과는 현저하게 다르며, 그것만으로 보면 인간도 비이성적이기 때문이다. 이성은 언제나 '인식할' 수 있을 뿐이다. 직관은 오성만의 작용이며 이성의 영향은 받지 않는다.

### 7. 주관과 객관으로 나누어지는 표상

앞에서 고찰해 온 것에 대하여 그다음의 것을 덧붙여 말해야겠다. 지금까지 우리의 출발점이 되었던 것은 객관도 주관도 아닌, 이 둘을 이미 포함하고 또 전제로 하는 '표상'이었다. 그 이유는 객관과 주관 사이의 나누어짐은 표상에 있어 최초의 가장 보편적이고 본질적인 형식이기 때문이다. 그래서 나는 먼저 이 형식을 고찰하고, 다음으로(이 경우에 주로 그 예비적 논문을 읽으라고 지시하긴 했지만) 이 형식에 종속하는 여러 형식, 즉 '객관'에만 속하는 시간과 공간 및 인과관계를 살펴보았다. 이것들의 형식은 객관 '그 자체'의 본질적인 것이지만, 그 객관은 또한 주관 '그 자체'의 본질적인 것이다. 따라서 이 형식들은 주관에서 발견될 수 있다. 다시 말해 선험적으로 인식될 수 있는 한에서 이들 형식은 객관과 주관과의 공통된 경계라고 보아야 할 것이다. 그러나 예비 논문에서 자세히 설명했던 것처럼 이들 형식은 모두 하나의 공통된 표현, 곧 충족이유율로 환원할 수 있다.

그런데 이러한 방법은 나의 고찰법을 이제까지 시도한 철학들의 방법과 전혀 다르게 만든다. 이제까지의 철학은 모두 객관이나 주관을 출발점으로 삼았다. 따라서 한편을 다른 한편에서 설명하려 했고, 또한 충족이유율로 이것을 설명하려 했다. 하지만 나는 반대로 충족이유율의 지배를 객관에만 국한하고, 객관과 주관과의 관계에는 적용하지 않는다. 최근에 생겨서 일반에 알려진 동일철학(Indentitäts-Philosophie)은 객관이나 주관을 본디적인 최초의 출발점으로 하지 않고 제3의 것, 즉 이성 직관에 따라 인식되는 절대자, 바로 객관도 주관도 아닌 그 둘이 합해진 것을 출발점으로 하고 있다. 그러한 점에서 지금 언급한 대립에 동일철학은 포함되어 있지 않다고 간주할 수 있다. 나에게는 이성 직관 같은 것은 완전히 결여되어 있기 때문에, 그런 대단한 동일이나 절대자 같은 것은 감히 말하지 않겠다. 그러나 모든 사람에게, 또 문외한인 우리에게도 분명히 제시된 이성 직관과 같은 성명서를 기초로 하여, 그런 철학은 위에서 말한 두 가지 오류의 대립에서 벗어날 수 없다고 말하지 않을 수 없다. 그러한 철학은 생각되지 않고 그저 지적 작용으로 직관되거나 자기 자신 속에 침잠함으로써 경험되는 주관과 객관의 동일을 출발점으로 한다고 하면서도, 역시 두 가지 대립적인 오류를 피하지 못한다. 오히려 그 철학 자체가 두 부문으로 갈라짐으로써 둘의 오류를 자기 속에 일치시키고 있기 때문이다.

그 두 부문의 하나는 선험적 관념론이고, 다른 하나는 자연철학이다. 선험적 관념론은 피히테의 자아설인데, 이것은 충족이유율에 따라 객관을 주관에서 만들어 내거나 주관으로 엮어내게 하는 것이다. 자연철학은 이와 같은 방법으로 객관에서 서서히 주관이 생기게 하는 것인데, 이것은 구성이라고 하는 방법의 응용에 의한 것이다. 나는 여기에 대해 잘은 모르지만, 이 방법이 충족이유율이 여러 형태를 취하고 나타난 진보의 하나라는 것은 분명하다. 그러한 구성이 내포하고 있는 깊은 예지를 나는 단념한다. 이성 직관 같은 것을 전혀 갖고 있지 않은 나로서는 이 직관을 전제로 한 그런 모든 강의는 이해할 수 없는 일곱 개의 봉인을 한 책으로밖에 생각할 수 없다. 또 사실 그렇기 때문에 좀 이상한 말이지만, 그런 깊은 예지의 가르침을 듣고 있으면 나는 언제나 무섭고 또한 무척 지루한 허튼소리로밖에 생각되지 않는다.

객관에서 출발한 여러 학설은 언제나 직관의 세계와 그 질서를 문제로 삼아

왔다. 그러나 이들 학설이 출발점으로 다룬 객관은 반드시 이 직관의 세계만은 아니며, 그 근본 요소인 물질도 아니다. 오히려 예비 논문에서 제시한, 가능한 네 가지 객관에 따라 이들 학설을 분류할 수는 있다. 첫째, 실재 세계에서 출발한 사람으로는 탈레스, 이오니아학파 철학자들, 데모크리토스, 에피쿠로스, 조르다노 브루노 및 프랑스의 유물론자들이 있다. 둘째, 추상적 개념에서 출발한 이는 스피노자(단순히 추상적이고 그 정의에 있어서만 존재하는 실체라고 하는 개념에서 출발한다), 그리고 고대에는 엘레아학파 철학자들이다. 셋째, 시간 및 수에서 출발한 이는 피타고라스학파의 철학자들과 《역경(易經)》에 나타난 중국 철학이다. 마지막으로 넷째, 인식에 의해 발달된 의지 활동에서 출발한 이들은 세계 바깥에 있는 인격적인 한 존재자의 의지적 행동에 의해 세계가 무에서 창조되었다고 주장하는 스콜라학파 사람들이다.

객관적인 방법은 본디의 유물론으로 나타날 때 가장 일관성 있고 또 가장 광범위하게 수행된다. 유물론은 물질과 더불어 시간과 공간도 절대적으로 존재하는 것으로 보며, 주관과의 관계 속에서만 모든 것이 존재하는데, 이 관계는 놓치고 만다. 또한 유물론은 인과성의 법칙을 안내자로 하여 이것을 그 스스로 존립하는 사물의 질서, 즉 영원한 진리로 생각하고, 이에 의거하여 전진하려고 한다. 따라서 오성에 있어서만, 또 오성에 대해서만 인과성이 존재하는데, 이 오성도 놓치고 만다. 그런데 유물론은 물질 최초의 가장 단순한 상태를 발견하려고 하면, 다음으로는 단순히 기계적인 구조에서 화학적 현상, 양극성, 식물성, 동물성으로 올라가, 그 단순한 상태에서 다른 모든 상태를 설명하려고 한다. 그리고 이것이 잘되어 간다면, 이 연쇄의 마지막 단계는 인식 작용인 동물의 감성이 되는데, 그것은 이제 물질의 단순한 하나의 변용, 곧 인과성에 의해 초래된 상태로 나타나게 된다.

만약 우리가 직관적 표상을 갖고 여기까지 유물론의 뒤를 따라왔다고 한다면, 유물론과 더불어 그 정점에 이르러 올림포스 신들의 억누를 수 없는 웃음을 사게 될 것이다. 왜냐하면 우리는 꿈에서 깨어난 것처럼, 유물론이 애써 만들어 놓은 최후의 결과인 인식 작용이 이미 최초의 출발점인 단순한 물질에서 필수적인 조건으로 전제되어 있었다는 것, 또 유물론과 더불어 물질을 사유한다고 생각했지만 실제로는 물질을 표상하는 주관, 물질을 보는 눈, 물질에 닿는 손, 물질을 인식하는 오성을 사유하고 있었을 뿐이라는 것을 알게 될 것이기 때문이다. 따라서 뜻밖에 당치도 않은 선결 문제에 대한 요구(petitio principii)라는 것이 드러난다. 왜냐하면 마지막 고리는 최초의 고리가 이미 의지하고 있었던 바탕이며, 연쇄는 원이라는 것을 알았기 때문이다. 그리고 유물론자는 말을 타고 헤엄을 치면서 양쪽 다리로 말을 누르고 앞으로 늘어뜨린 머리카락을 휘어잡고 자기 몸을 끌어올리려고 하는 저 뮌하우젠 남작과도 같다.

따라서 유물론의 근본적 불합리성은 유물론이 '객관적인 것'을 출발점으로 하여 '객관적인 것'을 궁극적인 설명 원리로 한다는 데에 있으며, 아무리 그 객관적인 것이 추상적으로만 '사유'되는 물질이거나 이미 형식 속으로 들어간 경험적으로 주어진 물질, 즉 화학적 원소나 가까운 화합물과 같은 '질료'라 해도 불합리하기는 마찬가지이다. 유물론은 이러한 물질을 그 자체로서 절대적으로 실재하는 것으로 간주하고, 이 물질로부터 이들 유기적인 자연이나 마지막으로 주관적인 인식까지도 나타나게 하며, 그것으로 인해 이러한 자연과 주관을 완전하게 설명한다. 그런데 실제로 모든 객관적인 것은 이미 주관적인 인식과 그 인식의 여러 형식에 의해 여러 가지로 제약되어 있고, 그것들을 전제로 하고 있다. 따라서 주관을 없애고 생각하면 완전히 없어지는 것이다.

또한 유물론은 우리에게 직접적으로 주어진 것을 간접적으로 주어진 것에서 설명하려는 시도이다. 모든 객관적인 것, 연장을 가진 것, 작용하는 것, 곧 모든 물질적인 것을 유물론은 그 자신의 설명을 위한 확고한 기초라고 생각하므로 이것에 환원하면, 특히 이 환원이 충격과 반충격에 귀착된다면 괜찮다. 그런데 되풀이해 말하지만 이 모든 것은 매우 간접적이고 제약적인 방법으로 주어진 것이며, 따라서 상대적으로 존재하는 것일 뿐이다. 왜냐하면 이것들은 뇌수의 조직과 제작을 거쳐 시간과 공간 및 인과성이라는 형식 속으로 들어가게 되며, 이들 형식에 의해 비로소 공간 속에 연장되고 시간 속에 작용하는 것으로 나타나기 때문이다. 그런데 유물론은 이렇게 주어진 것에서 직접적으로 주어진 것, 즉 표상(그 속에 앞서 말한 모든 것이 존재한다)까지도 설명하고, 마지막에는 의지까지도 설명하려고 한다. 하지만 원인을 실마리로 하여 합법칙적으로 나타나는 모든 근본적인 힘은 사실은 의지로부터 설명된다. 따라서 인식은 물질의 변용이라는 주장에는 모든 물질이 주관적 인식의 변용, 곧 주관의 표상이라고 하는 주장이 언제나 정당성을 갖고 대립된다. 그렇지만 모든 자연과학의 목적과 이상은 근본적으로 철저하게 완성된 유물론이다. 그런데 우리가 여기서 유물론을 명확히 불가능한 것으로 인식하는 것은 또 하나의 다른 진리로 이것이 확인되기 때문이다. 그 진리란 우리가 앞으로 고찰해 가면서 분명해질 것인데, 그것은 내가 충족이유율에 근거한 체계적 인식으로 이해하고 있는 본디적 의미의 과학이 모두 궁극적인 목적을 이룰 수 없고, 충분한 설명을 할 수도 없다는 것이다. 왜냐하면 그러한 과학은 세계의 가장 심오한 본질에는 접촉하지 못하고, 표상을 넘어서지도 못하며, 오히려 궁극적으로는 하나의 표상과 다른 표상과의 관계를 가르치는 데 불과하기 때문이다.

어떠한 학문도 반드시 두 개의 근본 재료에서 출발한다. 그 하나는 원칙으로서 언제나 특수한 형태를 취한 충족이유율이며, 또 다른 하나는 과제로서 학문이 갖는 특수한 대상이다. 예를 들면 기하학은 공간을 과제로 가지며, 공간에 있어서 존재의 근거를 보조 수단(organon)으로 갖는다. 수학은 시간을 과제로 하며 시간에 있어서 존재 근거를 수단으로 갖고, 논리학은 개념의 재결합 그 자체를 과제로 하고 인식의 근거를 수단으로 가지며, 역사는 집단을 이룬 인간이 행한 여러 업적을 과제로 하며 동기의 법칙을 수단으로 가진다. 그런데 자연과학은 물질을 과제로 하고 인과성 법칙을 수단으로 가진다. 따라서 자연과학의 목적과 목표는 인과성의 실마리를 따라서 물질의 모든 가능한 상태들을 서로 환원하며, 마지막에는 하나의 상태로 환원시키고, 다음에는 또 상호 간에 이끌어내며, 마지막으로는 하나의 상태에서 끌어내는 데에 있다. 그래서 물질에서는 두 개의 상태가 양극으로 대립한다. 즉 물질이 최소한으로 주관의 직접적인 객관이 되는 상태와 물질이 최대한으로 주관의 직접적인 객관으로 되는 상태이다. 다시 말해 하나는 죽어 있는 거친 물질인 제1원소이며, 다른 하나는 인간의 유기체이다.

자연과학은 이 제1의 것을 화학으로서 찾고, 제2의 것을 생리학으로서 찾는다. 그러나 지금까지 이 양극에 이르지는 못했고, 양극 사이에서 약간의 것이 얻어진 것에 불과하다. 앞으로의 전망도 거의 절망적이다. 화학자들은 물질의 질적 분할은 양적 분할의 경우처럼 무한히 되지 않을 것이라는 전제 아래 현재 예순 가지나 되는 원소의 수를 점점 줄이려 하고 있다. 만약 원소가 두 개로 된다고 하면, 화학자들은 그것을 하나의 원소로 환원하려고 할 것이다. 왜냐하면 동질성의 법칙을 거슬러 올라가면 물질 최초의 화학적 상태를 전제하게 되는 것이며, 그러한 상태는 다른 모든 상태, 곧 물질 그 자체의 본질적인 것이 아니고, 우연적인 형식과 성질에 불과한 여러 상태에 앞서 있으며, 물질 그 자체에만 귀속하는 것이기 때문이다. 한편 이 물질의 최초 상태는 여기에 작용하는 제2의 상태가 아직 존재하지 않았기 때문에 어떻게 해서 화학적 변화가 가능했을까 하는 것은 알 수 없다. 그래서 에피쿠로스가 역학 부분에서 어떻게 하나의 원자가 처음으로 그 근원적인 운동 방향에서 왔는가를 설명하지 않으면 안 되었을 때 마주쳤던 것과 같이 화학 부문에서도 난관에 부딪힌 것이다. 사실 이것은 자연히 발전해 온 것으로 회피할 수도 해결할 수도 없는 모순이며, 아마 화학적 '이율배반'이라 불릴 수 있을지 모른다. 이러한 모순이 자연과학 최초의 한쪽에 있는 것처럼 다른 쪽에도 이에 상응하는 모순이 나타난다. 자연과학이 이 같은 다른 한쪽의 극에 다다르는 것 또한 거의 불가능하다. 왜냐하면 화학적인 것은 역학적인 것으로, 유기적인 것은 화학적인 것이나 전기적인 것으로 환원될 수 없다는 것이 점차 분명해졌기 때문이다.

그러나 오늘날, 이 옛날부터의 미궁에 발을 들여놓은 사람들은 모든 선인들과 같이 곧 남몰래 부끄러워하면서 되돌아간다. 이것에 대해서는 제2권에서 자세하게 논할 생각이다. 여기서 조금 관련해서 언급한 어려움은 본디의 영역에 있는 자연과학에 대립되는 것이다. 또한 자연과학은 철학으로 생각한다면 유물론일 것이다. 그런데 유물론은 우리가 본 것처럼 이미 그 발생 시초부터 가슴에 죽음의 신을 품고 있다. 왜냐하면 유물론은 주관과 인식의 형식들을 뛰어넘고 있지만, 이 형식들은 유물론이 출발점으로 삼으려고 하는 가장 거친 물질이나 유물론의 도달점이 되려고 하는 유기체에도 역시 전제되어 있기 때문이다. 그래서 '주관 없는 객관은 없다'라는 것은 모든 유물론을 불가능하게 만드는 명제이다. 태양이나 유성은 이것을 보는 눈이나 이것을 인식하는 오성이 없으면 말로는 표현할 수 있을지 모르지만, 그러한 말은 표상에 있어서는 한 개의 철목(鐵木, sideroxylon), 즉 지나친 모순인 것이다.

한편 인과성의 법칙을 따라가거나 이 법칙에 따라 자연을 고찰하고 연구해 가면, 더 높은 유기적 인식을 가진 물질 상태는 모두 시간적으로 더 거친 물질

상태 이후에 비로소 생겼다는 것을 가정하지 않을 수 없게 된다. 다시 말해 동물은 인간 이전에, 물고기는 땅의 동물 이전에, 식물은 또 그보다 이전에, 무기물은 모든 유기물 이전에 존재하고 경험된다고 가정해야 한다. 따라서 원시적인 덩어리가 장기간 여러 변화를 거쳐온 뒤에 비로소 최초의 눈이 열릴 수 있었다고 가정하는 것이다. 그리고 그 최초로 열린 눈은 곤충의 눈이었을지도 모르지만, 세계의 현존재는 역시 이 최초의 눈에 의존하며, 이 눈은 인식을 매개하는 데 필수적이다. 전 세계는 인식에 대해서만, 또 인식에서만 존재하며, 인식 없이는 생각할 수조차 없다. 왜냐하면 세계는 오직 표상일 뿐이며, 표상으로서, 그 존재를 떠받치는 것으로서 주관적인 인식을 필요로 하기 때문이다. 그뿐 아니라 물질이 무수한 변화를 겪고 여러 형식을 거쳐 올라가서, 결국 인식하는 능력을 가진 최초의 동물이 나타나기까지의 긴 시간은 의식의 동일성에서만 생각할 수 있다. 시간이란 표상에 대한 의식의 연속이고, 인식하기 위한 의식의 형식이며, 이것을 떠나서는 모든 의의를 잃어버린다. 그래서 인과성은 한편 최초로 나타난 인식능력이 있는 동물이 아무리 불완전한 것이라 하더라도 세계의 모든 존재는 필연적으로 이것에 의존한다는 것을 알게 된다. 또 다른 한편으로 이 최초의 인식능력이 있는 동물은 그것보다 앞서는 긴 인과의 연쇄도 필연적으로 완전히 의존하고 있으며, 그 동물 자체도 그 연쇄의 일환으로 나타난다는 것을 알게 된다. 우리는 실제로 서로 모순되는 두 견해의 어느 쪽도 같은 필연성을 가지고 인정하게 되지만, 이것들은 우리의 인식능력에 있는 '이율배반'이라 불리고, 자연과학의 저 한쪽 극에서 발견된 이율배반의 상대를 이루는 것으로 간주해도 좋을 것이다.

그런데 칸트는 네 가지 이율배반을 설명하고 있지만, 나는 이 책의 부록 〈칸트 철학에 대한 비판〉에서 이것이 근거 없는 기만임을 증명하려고 한다. 그러나 여기서 우리 앞에 필연적으로 생기는 모순에 대한 해결은, 칸트의 말을 빌리면 시간, 공간, 인과성은 물자체에 귀속되는 것이 아니라 물자체의 현상에 귀속되는 것이며, 이 현상의 형식이라는 데에서 발견된다. 이것을 나의 말로 한다면 객관적 세계, 즉 표상으로서의 세계는 세계의 유일한 면이 아니고 단지 일면, 곧 세계의 표면적인 것일 뿐이다. 또 세계에는 이것과는 전혀 다른 면이 있는데, 이것이 세계의 가장 내면적인 본질과 핵심인 물자체이다. 우리는 이것을 세계의 가장 직접적인 객관화라고 하는 점에서 의지라 부르고 제2권에서 고찰하려고 한다.

하지만 우리가 여기서 고찰하고 있는 표상만으로서의 세계는 두말할 것도 없이 최초의 눈이 열렸을 때에야 비로소 시작된다. 이러한 인식의 매개 없이 세계는 존재하지 못한다. 따라서 그 이전에는 세계는 존재하지도 않았던 것이다. 또 그러한 눈이 없다면, 즉 인식 밖에서는 그 이전이라는 것도 시간이라는 것도 없다. 그렇기 때문에 시간에 시작이 있는 것이 아니고, 모든 시작이란 시간 속에 있는 것이다. 그러나 시간은 사물이 인식되기 위한 가장 보편적인 형식이며, 모든 현상은 인과성의 유대에 의하여 이 형식에 적용되는 것이기 때문에 최초의 인식과 동시에 시간도 성립하며, 이와 더불어 그 앞뒤에 무한히 연장된 시간도 성립된다. 그리고 이 최초의 현재를 충족시키는 현상은 동시에 인과적으로 결합된 것으로서, 또 한없이 과거에까지 미치는 일련의 현상에 의존하는 것으로서 인식되어야 하며, 과거는 이 최초의 현재에 제약됨과 아울러 또한 최초의 현재는 이 과거에 제약되어 있다. 따라서 최초의 현재도, 그것이 유래된 과거도 함께 주관적인 인식에 의존하고 있고, 주관적인 인식 없이는 무이다. 그러나 최초의 현재는 최초로서, 다시 말해 과거를 모체로 하지 않는 시간의 시초로서는 나타나지 않는다는 것 또한 필연적이다. 오히려 최초의 현재는 시간에 있어서 존재 근거에 따라 과거의 연속으로 나타나고, 현재를 충족시키는 현상은 인과성의 법칙에 따라 과거를 충족시키는 이전 상태들의 결과로 나타난다. 신화적 해석을 즐기는 사람이라면 거인족 가운데에서 가장 나이가 어린 크로노스가 탄생한 것을 가지고, 지금 언급한 시초가 없는 시간이 나타나기 시작하는 순간에 대한 표현으로 생각할 수도 있을 것이다. 크로노스는 자기 아버지를 거세해 버리기 때문에 천지의 잡다한 산물은 없어지고, 그 대신 신과 인간의 종족들이 그 자리를 차지한다.

나는 객관에서 출발하는 여러 철학 체계 가운데에서 가장 철저한 학설인 유물론을 따라서 이러한 설명에 이르렀다. 하지만 이 설명은 주관과 객관이 지양될 수 없는 대립관계에 있음에도 서로 불가분의 의존관계에 있다는 것을 명확하게 하는 데에 필요하다. 이것을 인식하면 세계의 가장 내면적 본질인 사물 자체를 이제는 표상의 두 요소인 주관과 객관의 어느 쪽에서도 찾지 않고, 오히려 표상과는 전혀 다른 요소, 즉 근본적이고 본질적이며 또한 해소되지 않는 대립이 끼어 있지 않은 요소에서 찾기에 이른다.

지금까지 논술한 객관에서 출발하여 객관에서 주관을 생기게 하려는 관점에는, 주관에서 출발하여 주관에서 객관을 나오게 하려는 관점이 대립하게 된다. 그런데 여태껏 모든 철학에는 객관에서 출발하는 것이 많고 또 일반적이었지만, 주관에서 출발하는 데에는 단지 하나의 실례가 있을 뿐이다. 그것은 새로운 실례, 즉 요한 고틀리프 피히테의 가상 철학(Schein-Philosophie)이다. 따라서 피히테는 이런 점에서 주의를 끌지만, 그의 학설 자체엔 참된 가치와 내적 실질이 거의 없다. 대체로 그는 속임수에 불과한 데에도 아주 엄숙한 얼굴을 하고 침착한 어조와 열렬한 태도를 취하며, 약한 상대인 것을 알면 웅변조의 논쟁으로 변론을 하여 훌륭하게 보일 수 있었고 상당한 인물로 생각되었다. 그러나 어떠한 외부의 영향에도 좌우되지 않고 자기의 목적인 진리만을 확고히 바라보는 참다운 진지성은 사정에 따라 이리저리로 변하는 종류의 다른 철학자와 마찬가지로 피히테에게도 없었다. 물론 그도 별도리가 없었다. 말하자면 철학자란 언제나 난국에 부딪치며 이것을 뚫고 나아가려고 함으로써 철학자가 되는 것이다. 이 난국이란 곧 플라톤의 경이($\theta\alpha\nu\mu\alpha\zeta\epsilon\nu$)이며, 그는 이것을 대단한 철학적 정서($\mu\alpha\lambda\alpha$-$\psi\iota\lambda\sigma\sigma\phi\iota\kappa\sigma\nu$ $\pi\alpha\theta\sigma\varsigma$)라고 했다. 그런데 사이비 철학자와 진정한 철학자 사이의 구별은, 진정한 철학자에게는 이 난국이 세계 그 자체를 바라보는 데에서 생기는 데 비해 사이비 철학자에게는 책, 즉 현존하는 학설에서 생긴다는 데에 있다. 피히테의 경우도 이 후자에 속한다. 왜냐하면 그는 단지 칸트의 물자체에 관여함으로써 철학자가 되었을 뿐이기 때문이다. 만약 그가 칸트의 물자체를 몰랐더라면, 대단한 수사학적 재능을 갖고 있기 때문에 아마 전혀 다른 분야에서 더 훌륭하게 성공했을 것이다. 그러나 적어도 그가 그를 철학자로 만든 책의 의미, 곧 《순수이성비판》을 깊이 연구했다면, 그 중요한 학설의 정신이 다음과 같다는 것을 이해했으리라.

충족이유율은 모든 스콜라 철학이 말하는 것처럼 영원한 진리가 아니며, 세계 이전에, 세계 이외에, 또 세계 이상으로 무제약적인 타당성을 갖고 있는 것이 아니고, 공간 또는 시간의 필연적 연관으로 나타나거나 인과관계의 법칙이나 인식 근거의 법칙으로 나타나는 것이어서, 상대적이며 제약된 현상에 있어서만 타당한 것이다. 따라서 세계의 내적 본질인 물자체가 결코 충족이유율을 실마리로 하여 발견되는 것이 아니고, 이 원리에 이끌려 다다른 것은 모두 그 자신도 의존적이자 상대적인 현상에 불과하며 물자체는 아니다. 더욱이 충족이유율은 주관에는 관계하지 않는 객관들의 형식에 지나지 않기 때문에, 객관들은 물자체가 아니다. 객관과 더불어 주관이 있고 주관과 더불어 객관이 있기 때문에, 단순히 근거에 대한 귀결로서 객관을 주관에, 또는 주관을 객관에 덧붙일 수는 없다.

그런데 피히테는 이것을 조금도 고려하지 않았다. 이 문제에서 그의 유일한 관심사는 '주관에서 출발한다'는 것인데, 이것은 칸트가 기존 철학이 객관을 출발점으로 삼아 객관을 물자체로 한 것이 거짓임을 나타내기 위해 택했던 것이다. 한편 피히테는 이와 같이 주관에서 출발하는 것을 아주 중요한 것으로 생각하고, 모든 모방자들이 그러하듯 이 점에서 자기는 칸트보다 낫고 그를 앞지른 것처럼 생각했다. 이제까지의 독단론이 바로 정반대의 방향에서 오류를 범했고, 그 때문에 칸트의 '비판'이 생기게 된 오류를 되풀이한 것이다. 그러나 본질적으로는 변한 것이 없으며, 지금까지의 근본적인 오류, 즉 객관과 주관과의 관계를 근거 삼아 결과를 보는 가정은 여전히 남아 있다. 따라서 충족이유율은 지금까지 조금도 변하지 않고 무제약적 타당성을 가지고 있으며, 물자체는 이때까지 객관 속에 있었던 대신, 이번에는 인식의 주관 속으로 옮겨진 셈이다. 하지만 이 주관과 객관의 완전한 상대성은 물자체 또는 세계의 내적 본질인 주관과 객관의 어느 것에서도 찾을 수 없고, 상대적으로만 존재하는 이러한 것들 밖에서 찾아야만 한다는 것을 나타내지만, 이 상대성은 여전히 인식되어 있지 않은 상태이다. 마치 칸트가 이 세상에 없었던 것처럼, 충족이유율은 피히테에게 스콜라 철학자들에게서와 마찬가지의 것, 곧 영원한 진리인 것이다. 고대인들이 신들을 지배하는 것으로 영원한 운명이 있었던 것처럼, 스콜라 철학자들이 신을 지배하는 것으로는 영원한 진리, 즉 형이상학적·수학적·초논리적 여러 진리가 있고, 어떤 오성들에게는 도덕률의 타당성까지도 신을 지배하는 것이었다.

이러한 진리는 아무것도 의존하지 않으며, 신도 세계와 마찬가지로 이러한 진리의 필요성에 의해 존재하는 것이다. 따라서 피히테에게는 그러한 영원한 진리로서의 충족이유율에 의거하여 자아가 세계 혹은 비아[9]의 근거이며, 바로 자아의 귀결이자 결과인 객관의 근거이다. 그러므로 그는 충족이유율을 더 이상 시험하거나 검토하는 일이 없도록 조심했던 것이다. 그러나 피히테가 거미가 실을 내듯 자아에서 비아를 내는 데 있어서 그 실마리로 삼은 충족이유율의 형태를 보고, 나는 그것이 공간의 충족이유율임을 알 수 있었다. 왜냐하면 피히테가 애써 생각을 집중하여 자아에서 비아를 산출한 연역은 이때까지 쓰인 책 중에서 가장 무의미하고, 또 그로 인해 가장 지루한 책의 내용을 이룬 것이지만, 그런데도 이 연역의 원리에 관련되어 있는 것만은 의미와 가치를 지니기 때문이다. 그 밖의 점에서는 언급할 가치가 없는 피히테 철학은 먼 옛날의 유물론과 대립되었던 것이 세월이 지나간 뒤에 우리에게 나타났다는 것으로서만, 즉 옛날의 유물론이 철저하게 객관에서 출발한 데 반해 피히테 철학은 철저하게 주관에서 출발한다는 점에서만 의미가 있다. 단순한 객관이라도 그것을 설정함과 동시에 주관도 설정된다는 것을 유물론이 간과했듯이, 피히테는 객관 없이 주관은 생각할 수 없기 때문에 주관(그가 그것을 무엇이라 부르든)과 함께 객관이 설정된다는 것을 간과했다. 게다가 그는 모든 선험적 도출, 그리고 논증은 하나의 필연성에 근거를 두고 있으며, 필연적이라는 것과 주어진 근거의 귀결로 생긴다는 것은 상관개념[10]이기 때문에 모든 필연성은 충족이유율에 기초를 두고 있다는 사실도 잊고 말았다. 그런데 충족이유율은 객관 그 자체의 보편적인 형식에 지나지 않으며, 따라서 이미 객관을 전제하고 있지만 객관보다 앞선다. 그리고 객관 이외의 타당한 것으로서 새롭게 객관을 가지고 나온다든지 충족이유율의 입법에 따라 객관을 생기게 할 수는 없다. 그러므로 주관에서 출발하는 것도 앞서 말한 것처럼 객관에서 출발하는 것과 같이 오류를 범하고 있다. 말하자면 최초에 이끌어 내려고 하는 것, 즉 그 출발점의 필연적 상관자를 미리 가정하고 있다는 것이다.

우리의 방법은 이들 서로 대립하는 두 가지 오류와는 다른 것이다. 우리는 객관에서도 주관에서도 출발하지 않고, 의식의 제1사실로서의 '표상'에서 출발

---

9) 非我, Nicht-Ich : 나 밖의 모든 것. 피히테 철학에서 매우 중요한 개념으로, 자아의 대상으로서 존재하는 모든 세계와 자연을 말한다.
10) 여기에 대해서는 《충족이유율의 네 겹의 뿌리에 대하여》의 제2판 49장 참조.

한다. 표상의 가장 본질적인 근본 형식은 객관과 주관과의 나누어짐이며, 또한 그 객관 형식은 여러 형태로서 나타나는 충족이유율이다. 이들 형태들은 제각기 고유한 종류의 표상을 지배하기 때문에, 이미 언급한 것처럼 그 형태의 원리를 인식하면 모든 종류의 표상의 본질도 동시에 인식된다. 다시 말해 이 모든 종류(표상으로 된)는 바로 그 형태를 취한 원리에 불과한 것이다. 따라서 예를 들면 시간 자체는 시간이라는 형태를 취한 충족이유율, 즉 위치에 불과하며, 물질은 인과성에 불과하고 개념은(다음에 곧 나타나게 되지만) 인식 근거에 대한 관계에 불과하다. 이와 같이 표상으로 본 세계는 그 가장 보편적인 형식(주관과 객관)에서 보거나 이 형식에 종속한 형식(충족이유율)에서 보아도 철저하게 상대적이다. 이는 이미 말한 바와 같이 우리에게 세계의 가장 심오한 본질을 '표상과 전혀 다른' 세계의 측면에서 구하게 하며, 그 측면은 제2권에서 모든 생물의 표상과 마찬가지로 확실한 사실 속에 직접적으로 증명될 것이다.

그러나 그 전에 먼저 인간만이 소유하는 표상의 종류를 고찰하지 않으면 안된다. 그 표상들의 재료는 '개념(Begriff)'이며, 그 주관적 상관자가 '이성(Vernunft)'이다. 이것은 지금까지 고찰해 온 표상의 주관적 상관자가 모든 동물에게까지 주어져 있는 오성 및 감성과 같은 것이다.[11]

## 8. 인간과 동물의 차이와 인간의 이성

직접적인 태양 광선이 달빛이 되듯, 우리는 직관적이고 직접적으로 자신을 대표하고 보증하는 표상에서 반성(Reflexion)으로, 이성의 추상적이고 논증적인 개념으로 옮아가지만, 그러한 이성의 개념은 그 모든 내용을 오로지 직관적인 인식과 그것과의 관계 속에서만 얻는다. 우리가 순수하게 직관적인 태도를 취하는 한 모든 것은 명확하고 견고하며 확실하다. 거기에는 물음도 없으며 의문도 없고 잘못도 없기 때문이다. 우리는 그 이상으로 나아가려 하지도 않고, 또 나아갈 수도 없으며, 직관 속에서 평정을 얻고 현재에 만족한다. 직관은 그 자신 속에 안주한다. 따라서 순수한 예술 작품처럼 순전히 직관에서 비롯되고 언제까지나 직관에 충실한 것은 결코 거짓일 수 없으며, 또 시간의 흐름에 따라

---

11) 이상의 처음 7장은 나중에 보완한 제1권의 처음 4장에 속한다.

부정되는 것도 아니다. 왜냐하면 거기에 있는 것은 의견이 아니라 사물(Sache) 자체이기 때문이다.

그러나 추상적인 인식과 이성이 생기면, 이론적인 면에서는 의혹과 오류가 나타나고, 실제적인 면에서는 불안과 후회가 나타난다. 직관적 표상에서는 '가상'이 한동안 현실을 일그러뜨리지만, 추상적 표상에서는 '오류'가 수천 년 동안 행해지는 일이 있으며, 여러 민족 전체에 그 오류의 강철 같은 멍에를 씌워 인류의 가장 숭고한 활동을 억압하고, 오류의 노예인 미혹된 자들을 부려서 잘 미혹되지 않는 사람들에게까지 족쇄를 채우기도 한다. 모든 시대의 현자들이 오류와 싸워온 적이며, 그들이 이 적에게서 쟁취한 것만이 인류의 소유가 되었다. 그래서 오류가 있는 영역에 발을 들여놓을 때에는 무엇보다 이 오류에 대해 주의해 두는 것이 좋다. 진리의 이익은 간접적인 것이어서 예기치 않은 데에서 생기는 일도 있기 때문에 이익이 없는 것처럼 보이더라도 진리를 탐구하며 나아가야 한다고들 말하고 있지만, 나는 여기에 덧붙여 이렇게 말하고 싶다. 어떠한 오류든 그 내부에 독이 들어 있기 때문에, 모든 오류의 피해는 아주 간접적이며 예기치도 않은 때에 발생하는 일이 있으므로, 피해가 없는 것처럼 보이더라도 진리 탐구의 노력과 마찬가지로 오류를 발견하고 이것을 근절하도록 노력하지 않으면 안 된다고. 인간이 지상의 주인이 된 것이 정신과 인식의 덕이라고 한다면, 해가 되지 않는 오류란 있을 수 없을 뿐만 아니라 귀중하고 성스러운 오류 또한 있을 수 없다. 오류에 대한 고귀하고 괴로운 싸움에서 어떠한 문제를 해결하고자 자기의 힘과 생명을 바치는 사람들을 위로하기 위하여, 여기서 나는 다음과 같이 덧붙여 말하지 않을 수 없다. 물론 진리가 아직 나타나지 않는 동안은 올빼미나 박쥐가 밤중에 배회하듯이 오류가 활개를 칠지 모르지만, 이미 인식되고 완전하게 말로 표현된 진리가 다시 없어지고, 지나간 오류가 아무런 방해도 받지 않고 세력을 펼칠 수 있다고 기대할 바에야 차라리 올빼미와 박쥐가 태양을 다시 동쪽으로 쫓아버리는 것을 기대하는 편이 나을 것이라고. 이것이 진리의 힘이며, 진리의 승리는 얻기 어렵고 힘든 것이지만, 일단 그것을 획득하면 다시는 빼앗기는 일이 없다.

앞서 고찰해 온 여러 표상은 그 구성으로 보아서 객관에서는 시간과 공간과 물질로 환원되며, 주관에서는 순수 감성과 오성(즉 인과성의 인식)으로 환원된 것이다. 이 밖에도 땅 위에 살고 있는 모든 생물 가운데에서 인간에게만 별도의 인식능력이 나타났다. 이것은 아주 새로운 의식인데, 이 의식이 '반성 (Reflexion)'이라고 불리는 것은 적절하고, 또 그 의미를 올바르게 나타내는 것이라 할 수 있다. 왜냐하면 이 의식은 실제로 직관적 인식의 반영물이자 파생체이긴 하지만, 직관적 인식과는 완전히 다른 본성과 성질을 갖추고 있고, 직관적 인식의 여러 형식을 모르며, 모든 객관을 지배하는 충족이유율도 여기서는 전혀 다른 형태를 취하기 때문이다. 직관보다 더 고도의 힘을 가진 이 새로운 의식은 직관적인 것이 비직관적 이성의 개념에 추상적으로 반사된 것이다. 또 인간의 의식을 동물의 의식에서 완전히 구별함으로써 지상에서의 인간 행동을 이성이 없는 동물의 행동과 다르도록 인간에게 사유하게 하는 유일한 것이다.

　인간은 힘에서나 괴로움에 있어서 동물을 뛰어넘는다. 동물은 현재에만 살지만, 인간은 현재와 더불어 미래와 과거에도 산다. 동물은 눈앞의 욕구만을 충족시키는 반면에 인간은 적절한 조치를 취하여 미래를, 그뿐만 아니라 자기가 살아서 체험할 수 없는 시간까지도 배려한다. 동물은 완전히 순간적인 인상과 직관적인 동기의 영향을 받지만, 인간은 현재와는 관계없이 추상적인 개념에 영향을 받는다. 따라서 인간은 환경이나 순간의 우연한 인상을 고려하지 않고, 숙고한 계획을 수행하거나 원칙에 따라 행동한다. 그러므로 인간은 침착하게 자기 죽음에 대해 인위적인 조치를 강구할 수도 있고, 자신을 이해할 수 없는 것으로 가장한다든가 비밀을 무덤에까지 갖고 갈 수도 있으며, 여러 동기들 중에서 현실적인 선택까지 하기에 이른다. 그도 그럴 것이 의식 속에 나란히 존재하는 이들 동기 가운데 어떤 동기가 다른 동기를 배제한다는 것을 인식하고, 의지 위에 있는 그들 동기의 힘들을 서로 비교하는 것은 추상적으로만 가능하기 때문이다. 따라서 우세한 동기에 의하여 사건을 결정하기 때문에 그것은 숙고를 거친 의지의 결정이며, 확실한 표시로서 의지의 성향을 드러내는 것이다. 이와 반대로 동물은 현재의 인상으로 규정된다. 현재의 강압에 대한 공포에 의해서만 동물의 욕망은 제어되고, 결국 그 공포가 습관이 되며, 그 습관으로 동물을 규정하기에 이른다. 이것이 훈련이다.

　동물은 감각하고 직관한다. 인간은 그 밖에 '사유하고 인식한다.' 이 둘은 모두 '욕구한다.' 동물은 자기의 감각이나 기분을 몸짓과 음성으로 전달한다. 인간은 언어로 자기 생각을 타인에게 전하거나 감추기도 한다. 언어는 인간 이성의 최초의 소산이며, 필수적인 도구이다. 그래서 그리스어와 이탈리아어에서 언어와 이성은 같은 단어인 'ὁ λόγος'·'il discorso'로 표현된다. 이성(Vernunft)은 청취(Vernehmen)에서 유래한 말이지만, 그것은 듣는다는 말의 동의어가 아니고, 언어에 의해 전해진 사상을 인지하는 것을 의미한다. 이성은 언어의 도움을 받는 것만으로도 아주 중요한 일을 성취하는 것이다. 말하자면 몇몇 오성이 일치하여 행동하는 것, 수천 사람이 계획에 따라서 공동 작업을 하여 문명을 이루고 국가를 세우는 것, 나아가서 학문, 곧 이전의 경험을 보존하는 것, 공통된 것을 하나의 개념으로 요약하는 것, 진리를 전달하는 것, 오류, 사상, 시, 교리, 미신들을 보급시키는 것도 모두 언어 때문이라는 것이다. 동물은 죽음이 닥쳐서야 죽음을 알지만, 인간은 시시각각 죽음으로 가까이 가고 있음을 의식하고 있다. 이 때문에 모든 삶에는 끊임없는 파멸의 성격이 있다는 것을 아직 깨닫지 못한 사람도 가끔 삶을 불안하게 여긴다. 주로 이러한 이유에서 인간은 철학이나 종교를 갖는다. 그러나 우리가 인간의 행위에서 무엇보다 귀중히 여기는 것, 즉 스스로 나서서 의로운 일을 하고 고결한 마음씨를 갖는 것이 철학이나 종교의 결과인지 아닌지는 알 수 없는 일이다. 여러 학파에 속한 철학자들의 이상하고 진기한 의견들이나 여러 종교 사제들의 이상하고 때로는 잔인하기까지 한 여러 예식은 확실히 철학과 종교 특유의 소산이며, 이 방면에서 이성의 산물이다.

참으로 다양하고 광범한 이 모든 현상은 하나의 공통된 원리, 다시 말해 인간이 동물보다 뛰어나게 가지고 있는 특수한 정신력에서 나오고 있다는 것은 모든 시대와 국가의 일치된 견해이다. 또 이 정신력은 '이성(Vernunft)', 'ὁ λόγος', 'τὸ λογιστικόν', 'τὸ λόγιμον', 'ratio'라 불리고 있다. 사람들은 이성이 인간의 다른 능력들이나 성질들과 대립되는 경우, 이 정신력의 발현을 인식하고 무엇이 이성적이고 무엇이 비이성적인가를 식별하는 법을 잘 알고 있다. 또 마지막에는 아무리 영리한 동물일지라도 동물은 이성이 없기 때문에 결코 기대할 것이 없다는 사실도 잘 알고 있다. 모든 시대의 철학자들은 대체로 이러한 이성의 일반적 인식에 대해 의견을 같이하고 있을 뿐만 아니라 정서와 격정의 억제, 추론하고 일반적인 원리를 정립하는 능력, 또 모든 경험 이전의 것들까지 확실히 아는 능력과 그 밖의 것들을 정립하는 능력과 같은 특히 중요한 이성의 발현 몇 가지를 강조하고 있다. 그런데도 이성의 진정한 본질에 대한 설명은 저마다 다르고, 정밀하게 규정되어 있지도 않고 장황하며, 통일도 중심도 없고, 한쪽의 현상을 강조하는가 하면 또 다른 쪽의 현상을 강조하기 때문에, 흔히들 서로 다르다. 더구나 이성과 계시와의 대립에서 출발하는 사람이 많은데, 이러한 대립은 철학에는 아주 낯선 것이며 혼란을 증대시킬 뿐이다. 다양한 이성의 현상 가운데에 있는 하나의 단순한 기능이 재인식될 수가 있고, 이러한 모든 현상은 이 기능으로 설명될 수 있다. 따라서 이것이야말로 이성의 진정한 내적 본질을 이루고 있는 것이다. 그런데 과거 철학자들은 한 사람도 이성의 이러한 여러 현상들에 그런 단순한 기능을 부여한 사람이 없다는 것은 놀랄 만한 일이다. 물론 탁월한 로크는 《인간오성론》(제2권 11장 10절과 11절)에서 추상적이고 보편적인 개념이 인간을 동물로부터 구별하는 특성이라고 아주 정확하게 말했고, 라이프니츠도 《인간오성신론(新論)》(제2권 11장 10절과 11절)에서 로크의 이 견해에 전적으로 동의하면서 이것을 되풀이하고 있다. 그러나 로크는 (제4권 17장 2, 3절에서) 이성을 근본적으로 설명하는 데에는 이성의 단순한 근본 특성을 완전히 잊어버리고, 이성의 단편적이고 파생적인 여러 현상에 대해 갈팡질팡하면서 일정하지 않은 불완전한 설명을 하기에 이른다. 라이프니츠도 저서 중 이에 해당하는 곳에서 대체로 로크와 같은 태도를 취하고 있지만, 그 혼란과 명확하지 못한 점은 로크의 경우보다 심하다. 칸트가 얼마나 이성의 본질에 대한 개념을 심하게 혼란시켰고 그르쳤는가에 대해서 나는 부록에서 자세하게 논했다. 그러나 칸트 이래 세상에 나온 많은 철학서를 이러한 관점에서 상세하게 조사해 보려고 하면, 군주들의 잘못이 국민 전체에 의해 속죄되는 것처럼, 대사상가들의 과실은 그 시대 전체에, 더 나아가서 수세기에 걸쳐 그 해로운 영향을 점차 더 증대시키고 전파하여 마지막에는 엄청난 결과를 불러일으킨다는 것을 알게 되리라. 이 모든 것은 버클리가 말했듯이, "생각하는 사람은 적지만 의견을 내려는 사람은 많다"는 사실에서 생기는 것이다.

오성은 단지 '하나의' 기능, 즉 원인과 결과와의 관계에 대한 직접적 인식을 가질 뿐이다. 그리고 현실 세계에 대한 직관, 현명, 총명, 그리고 발명의 재능과 같은 것은 아무리 그 응용이 다양하다 하더라도 분명히 이 유일한 기능이 나타난 것에 불과하다. 이와 마찬가지로 이성도 '하나의' 기능, 곧 개념을 형성하는 기능을 가질 뿐이다. 그리고 앞서 언급한 것과 같은 인간의 삶이 동물의 삶에서 구별되는 모든 현상은 아주 쉽게 이 유일한 기능에 의해 설명된다. 어느 곳, 어느 때에도 이성적 또는 비이성적이라고 부르는 것은 단지 이 기능을 응용하느냐 하지 않느냐를 의미하는 것이다.[12]

### 9. 개념과 논리학

개념이란 지금까지 고찰해 온 직관적인 표상과는 다르게 인간 정신에만 존재하는 하나의 특수한 부문을 형성하고 있다. 그래서 개념의 본질에 대한 직관적이고 아주 명확한 인식을 얻는다는 것은 불가능하며, 그 인식도 추상적이고 논증적일 뿐이다. 따라서 우리가 경험으로 실재하는 외부 세계가 직관적 표상에 불과하다는 것을 이해하는 한, 개념들이 경험으로 증명하거나 직관적 객관처럼 우리 눈앞이나 현상 속에 떠오르도록 요구한다는 것은 불합리한 일이다. 개념은 사유할 수 있을 뿐이지 직관할 수 있는 것이 아니며, 개념에 의해 인간이 만들어 내는 결과만이 본디 철학의 대상이다. 그러한 결과들이 곧 언어이며, 신중하고 계획적인 행동이고, 학문이며, 또한 이들 모든 것에서 초래되는 것이다.

분명히 말이란 외적 철학의 대상으로서는 임의적인 기호를 가장 빨리, 그리고 가장 섬세한 분별력을 가지고 전달하는 지극히 완전한 전신기(電信機)이다. 그러나 이 기호란 무엇을 의미하는가? 그 해석은 어떻게 이루어지는가? 다른 사람이 말하는 동안 우리는 그의 말을 곧 상상 속에서 그림으로 바꿔놓고, 이것이 차례로 덧붙는 말과 그 문법적인 어형 변화에 따라 번개와 같은 속도로 우리 눈앞을 지나가면서 움직이고 연결되고 형성되고 묘사되는 것일까? 만약 그렇다면 다른 사람의 말을 듣거나 책을 읽을 때, 우리 머릿속은 얼마나 소란스러울 것인가! 그러나 그런 일은 없다. 말의 의미는 직접적으로 이해되고, 정확하고 분명하게 파악되며, 일반적으로 환상과 뒤섞이지 않는다. 이성은 이성

---

12) 이 절은 《충족이유율에 대하여》 제2판의 26·27장을 비교해 보아야 할 것이다.

을 향해서 말하고, 자기 영역 안에 머무는 것이다. 그리고 이성이 전달하고 받아들이는 것은 추상적 개념이고, 비직관적 표상이며, 이것들은 일단 형성되면 비교적 소수이더라도 현실적 세계의 모든 무수한 객관들을 포괄하고 포함하며 대표한다. 동물이 인간과 마찬가지로 언어의 기관과 직관적 표상을 갖고 있으면서도 말하고 들을 수 없는 것은 이 점에서만 설명될 수 있다. 그러나 언어는 이성을 주관적 상관자로 갖는 독특한 표상이기 때문에, 동물에게는 아무런 의미도 가치도 없다. 그래서 우리가 이성에 귀착시키는 다른 현상들이나 인간을 동물로부터 구별하는 모든 것과 마찬가지로, 언어는 유일하고 단순한 것이면서도 인간의 근원이 되는 것이다. 말하자면 개념인 이것은 직관적이 아니라 추상적인 것이며, 시간과 공간 속에 있는 개별적 표상이 아니라 보편적인 것이다. 개별적인 경우에만 우리는 개념에서 직관으로 옮아가거나 환상을 '개념의' '직관적' 대표로 만들지만, 환상은 결코 개념에 적합한 것은 아니다. 개념의 대표에 대해서는 《충족이유율에 대하여》 28장에서 이미 논했기 때문에 여기서 같은 것을 되풀이하지 않기로 한다. 거기서 내가 언급한 것과 흄이 그의 《오성에 대한 철학 논문집》 제12장 244쪽에서 말한 것, 또 헤르더가 그의 《순수이성비판에 대한 메타비평》(그 밖의 점에서는 좋은 책이 못 되지만) 제1부 274쪽에서 언급한 것을 참고해 주기 바란다. 공상과 이성의 결합으로 가능하게 된 플라톤의 이데아는 이 책 제3권의 주제를 이루고 있다.

개념은 직관적 표상과는 근본적으로 다른 것이지만, 직관적 표상에 대해 표상 없이는 개념도 성립하지 않는다는 필연적인 관계를 맺고 있다. 따라서 이 관계는 개념의 본질과 존재를 이루고 있다. 반성이란 원형이 되는 직관 세계에 대한 필연적인 모사와 반복이다. 물론 완전히 이질적인 재료에 의한 하나의 독특한 모사이긴 하지만, 개념은 표상의 표상이라고 해야만 적절할 것이다. 충족이유율은 개념의 경우에도 독백적 형태를 갖는다. 그리고 어떠한 종류의 표상을 지배하는 형태는 언제나 그들의 표상이 표상인 한, 이 종류의 본질을 남김없이 소모시키기 때문에, 우리가 알고 있듯이 시간은 철저하게 연속에 불과한 것이고 공간은 철저하게 위치에 불과한 것이며, 물질은 철저하게 인과성에 불과한 것이다. 이와 마찬가지로 개념, 즉 하나의 추상적 표상의 모든 본질은 오로지 관계에 있는 것이고, 이것은 충족이유율이 개념 속에서 나타내는 것이다. 이것은 인식 근거에 대한 관계이기 때문에, 추상적 표상은 그 본질을 오로지 그 인식 근거인 다른 표상에 대한 관계 속에서만 갖고 있다. 물론 그 인식 근거인 다른 표상은 개념 내지는 추상적 표상일 때가 있고, 또 이 개념도 같이 추상적 인식 근거를 가질 때도 있다. 그러나 그렇게 하여 한없이 소급하는 것이 아니고, 인식 근거의 계열은 직관적 인식에 그 근거를 갖고 있는 개념으로 끝나게 된다. 왜냐하면 반성의 세계는 그 인식 근거로서 직관의 세계를 기본으로 하고 있기 때문이다. 따라서 추상적 표상의 종류는 다른 표상들과는 다른 점을 갖고 있다. 다른 표상에 있어서 충족이유율은 언제나 '같은' 종류의 다른 표상과의 관계를 요구하지만, 추상적 표상에 있어서는 언제나 '다른' 종류에서 생긴 표상과의 관계를 요구하기 때문이다.

지금 언급한 것과 같이 직접으로는 아니고 다른 하나 또는 여러 개념의 매개에 의해서만 직관적 인식과 관계를 가지는 개념은 특히 추상적 개념(abstracta)이라 불리고, 이에 대해 그 근거를 직접적인 직관적 세계에 갖는 개념은 구체적 개념(concreta)이라 불려왔다. 그러나 구체적 개념이란 명칭은 그것으로 표현되는 개념에는 그리 적합하지 않다. 왜냐하면 이 개념 또한 추상적인 개념이지 직관적 표상이 아니기 때문이다. 추상적 개념 혹은 구체적 개념이라는 호칭은 그것이 의미하는 구별을 매우 막연하게 의식하고 사용한 데 불과하지만, 여기서 설명하는 데 있어서는 그대로 사용해도 괜찮다. 첫째 종류의 예, 즉 뚜렷한 의미로서의 추상적 개념은 '관계, 덕, 조사, 시작' 등과 같은 개념이며, 둘째 종류의 예, 곧 부적당하지만 구체적 개념이라 불리는 것은 '사람, 돌, 말(馬)' 등의 개념이다. 너무 상징적이기 때문에 농담조의 비유가 될지도 모르지만, 둘째 종류의 개념을 반성이라는 건물의 위층이라 부르고 첫째 종류의 개념을 아래층이라 부르면 아주 적절할 것이다.

하나의 개념은 많은 것을 포함한다. 다시 말해 많은 직관적 표상이나 추상적인 표상은 그 개념에 대한 인식 근거로서의 관계를 가지고 있다. 즉 그 개념에 의해 사유된다. 이것은 일반적으로 말하고 있는 것처럼 개념의 본질적인 특색은 아니고, 파생적이고 부차적인 특성이며, 존재할 가능성은 언제나 있지만, 반드시 실제로 존재한다고는 할 수 없다. 그러한 특성은 개념이 표상에 대한 표상이라는 것, 그 본질은 오로지 다른 표상에 대한 관계 속에 있다는 데에서 생기는 것이다. 그러나 개념은 표상 그 자체는 아니며, 또한 이 표상은 대개 전혀 다른 종류의 표상에 속한다. 말하자면 직관적이기 때문에 이 표상은 시간적이고 공간적이며 그 밖의 여러 규정, 그리고 개념 속에서는 전혀 사유되지 않는 많은 관계를 가질 때가 있다. 따라서 본질적이지 않은 점에서 서로 다른 여러 표상을 동일 개념으로 사유할 수 있다. 그러니까 동일 개념 밑에 포괄할 수 있다. 하지만 개념이 이렇게 많은 사물에 적용되는 것은 개념의 본질적 특성이 아니고 우연적 특성에 지나지 않는다. 그러므로 개념에는 오직 하나의 실재적인 객관을 사유하게 하며, 추상적이고 보편적이긴 하지만 개별적인 직관적 표상이 아닌 것도 있을 수 있다. 예를 들면 어떤 사람이 단순히 지리학에서 배워서 알고 있는 어떤 특정 도시에 대한 개념이 그렇다. 이 개념에 의하여 하나의 도시를 생각한다고 하더라도, 어떤 점에서는 다르지만 이 개념에 적합한 여러 도시가 있을 수 있다. 그것은 하나의 개념이 여러 객관에서 추상되었기 때문에 보편성을 갖고 있는 것이 아니고, 반대로 개체를 규정하지 않는 것이 이성의 추상적 표상으로서 개념의 본질을 이룩하는 것이기 때문에 여러 사물들을 동일한 개념으로 생각할 수 있다.

지금까지 언급한 것에서 모든 개념은 추상적이고 직관적인 것이 아니며, 따라서 일반적으로 규정된 표상은 아니라는 점이 밝혀졌다. 그러므로 개념에 상응하는 것이 단지 하나의 실제적 객관에 불과한 경우에도 범위나 구역이라고 하는 것을 가지고 있다. 그런데 우리는 일반적으로 각 개념의 범위와 다른 여러 개념의 범위 사이에는 어떤 공통적인 부분이 있다는 것, 즉 어느 정도는 다른 여러 개념에서 사유하는 것과 동일한 것을 사유하고, 또 이들 여러 개념에도 어느 정도는 먼저의 개념에서 사유한 것과 동일한 것을 사유한다는 것을 알아야 한다. 물론 그것들이 실제로 서로 다른 개념이라면, 각 개념은 적어도 두 개념 가운데 어느 쪽은 다른 쪽이 갖고 있지 않은 무엇을 내포하고 있다. 모든 주어는 그 술어에 대해 이러한 관계를 갖는다. 이 관계를 인식하는 것이 '판단'이다.

이러한 범위를 공간적인 도형으로 설명하는 것은 아주 좋은 생각이다. 처음으로 이러한 착상을 한 사람은 고트프리트 플로쿠에트였는데, 그는 이것을 위해 정사각형을 사용했다. 플로쿠에트 뒤에는 람베르트가 단순한 선을 사용하고, 이것을 위아래에 배치했다. 원은 오일러가 비로소 완성했다. 나는 개념의 여러 관계와 개념의 공간적 도형 사이의 이런 정밀한 유사성이 결국 무엇에 근거를 두고 있는지를 설명할 수가 없다. 그러나 여러 개념의 관계가 그 가능성이라는 점에서도, 다시 말해 선험적으로 이러한 도형에 의해 직관적으로 설명된다는 것은 논리학에는 아주 유리한 상황이다. 그것은 다음과 같은 방법이다.

① 두 개념의 범위가 서로 똑같은 경우, 이를테면 필연성의 개념과 주어진 근거에서 생기는 귀결의 개념, 되새김질동물과 우제(偶蹄)류 동물의 개념, 또 척추동물과 적혈동물과의 개념(여기에 대해서는 환형동물 때문에 좀 이론의 여지가 있을는지 모르지만) 등이 있다. 이것들이 상관개념이다. 그런 경우 하나의 원에 의해 이들 개념이 표시되고, 이 원은 두 개념을 의미한다.

② 한 개념의 범위가 다른 개념의 범위를 완전히 포괄하는 경우.

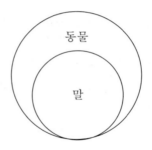

③ 한 범위가 두 개 또는 여러 개의 범위를 포괄하고, 이것들이 서로를 배제하면서 동시에 그 하나의 범위를 채우는 경우.

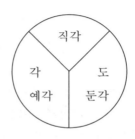

④ 두 개의 범위가 각기 다른 범위의 일부를 포괄하는 경우.

⑤ 두 개의 범위가 그것보다 큰 제3의 범위에 포함돼 있으면서, 이 범위의 전부를 채우지 않고 있는 경우.

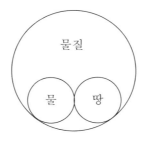

다섯 번째 경우는 각 범위에 직접적인 공통성을 갖지 않는 모든 개념에 적용된다. 왜냐하면 제3의 범위는 대단히 광범위할 때가 많지만, 두 개념을 포괄할 것이기 때문이다.

모든 개념의 결합은 이상의 여러 경우로 분류할 수 있다. 그리고 판단이나 그 위치 바꿈, 질과 위치의 바꿈, 교호 작용, 선언(選言)(이것은 ③의 도형에 따라서) 등의 설은 모두 이것에서 도출된다. 마찬가지로 칸트가 오성의 범주를 기초로 한 판단의 여러 특성도 이것에서 도출되지만 가언적(假言的)인 형태는 예외이며, 이것은 이미 단순한 개념과 개념의 결합은 아니고, 판단과 판단의 결합이다. 그리고 사물이나 현상의 모양이나 상태의 예외에 대해서는 범주를 기초로하고 있는 판단의 모든 특성에 대해 설명하는 것과 마찬가지로 부록에서 상세하게 설명한다.

위에서 말한 여러 가지 개념의 가능한 결합에 대해서는 또 여러 모양으로 결합될 수 있다는 것, 이를테면 ④의 도형이 ②의 도형과 결합될 수 있다는 것을 덧붙여 말해 둔다. 하나의 범위가 다른 범위의 전부 또는 일부를 포함하고, 그것이 제3의 범위로 완전히 포괄되는 경우에만, 이들 범위가 서로 모여 ①의 도형에서의 추리를 나타낸다. 다시 말해 하나의 개념이 다른 개념 속에 전부 또는 일부 포함되어 있고, 동시에 이 개념을 포함하는 제3의 개념에도 포함되어 있다는 것, 또는 그 반대, 즉 부정을 인식시키는 판단의 결합인 것이다. 부정의 경우를 도형으로 나타내면, 물론 결합된 두 범위는 제3의 범위에 없다고 할 수밖에 없다. 이와 같이 많은 범위들이 포함되면, 긴 추리의 연쇄가 이루어진다. 이러한 개념의 도식은 이미 여러 교과서에 제법 상세하게 논술되어 있지만, 이것은 판단론이나 모든 삼단 논법의 기초가 될 수 있는 것이고, 그래서 이 두 가지에 대한 논술은 아주 쉽고 간단하게 된다. 왜냐하면 모든 판단이나 삼단논법의 근원이 이 도식에서 이해되고 도출되며 설명되기 때문이다.

그러나 실제로 논리학에는 전혀 도움이 되지 않고, 철학에는 단지 이론적인 흥미를 줄 뿐이므로, 이들 규칙을 기억해 둘 필요는 없다. 왜냐하면 논리학과 이성적 사유와의 관계는 음표의 저음과 음악과의 관계와 같고, 또 윤리학과 덕 또는 미학과 미술과의 관계와 같은 것이기 때문이다. 그래서 아직 미학을 연구하여 예술가가 된 사람이나 윤리학을 연구하여 고상한 성품을 얻은 사람이 없었다는 것, 라모[13]보다 훨씬 전에 훌륭한 작곡이 이루어지고 있었으며, 불협화음을 식별하기 위해서 음표의 저음을 두루 알고 있을 필요도 없다는 것을 생각해야 한다. 마찬가지로 거짓 추리에 미혹되지 않기 위해 반드시 논리학을 알 필요는 없다. 그렇다고는 하더라도 음악 작곡을 평가하는 데에는 그렇게 큰 도움이 되지 못할지라도 실제로 작곡을 하는 데에는 음표의 저음이 필요하다는 것을 인정해야 한다. 그리고 정도는 덜하지만, 미학이나 윤리학에서도 소극적이긴 해도 실천에 어느 정도의 도움은 될 것이며, 따라서 그것들이 실제적인 가치가 전혀 없다고 말할 수는 없다. 그러나 논리학에서는 미학이나 윤리학에서와는 달리 인과관계조차 받아들여질 수가 없다. 논리학은 말하자면 각자가 구체적으로 알고 있는 것에 대한 추상적 인식에 불과하다. 그러므로 잘못된 추론에 동의하지 않기 위하여 논리학을 필요로 하는 것도 아니고, 올바른 추리를 하기 위하여 논리학의 규칙을 받아들이는 것도 아니다. 논리학에 정통한 학자

---

13) Jean Philippe Rameau(1683~1764) : 프랑스 작곡가·음악이론가. 《클라브생 곡집》과 많은 오페라와 발레곡을 작곡했으며 합리적 기능 화성 이론의 기초를 닦았다.

도 실제로 사유할 경우에는 논리의 규칙을 완전히 무시한다. 이것은 다음의 것으로 분명해진다.

모든 학문은 어떤 대상과 관련된 보편적이고 추상적인 진리, 법칙과 규칙의 체계에서 성립한다. 그래서 이러한 대상 속에 나중에 나타나는 하나하나의 사례가 결정적으로 타당한가는 그때그때 보편적인 지식에 비추어 규정된다. 왜냐하면 보편적인 것을 이렇게 응용하는 것은 새로 나타나는 하나하나의 사례를 처음부터 독립시켜서 연구하는 것보다 훨씬 쉽기 때문이다. 즉 일단 얻은 보편적이고 추상적인 인식은 언제나 개별적 사례의 경험적인 연구보다 손쉽게 다룰 수 있다. 그러나 논리학은 그 반대이다. 논리학은 이성의 자기관찰에 의해 모든 내용을 추상하여 인식하고, 규칙의 형태로 표현된 이성의 사용 방법에 대한 보편적인 지식이다. 이성으로서는 이러한 사용 방법이 필요하며 본질적인 것이다. 따라서 이성은 자신 이외에 의지할 것이 없는 경우에는 반드시 이 방법을 따른다. 각기 특별한 경우에 이성이 그 본질에 따라 진행하게 하는 것은, 이 진행에서 추상으로부터 생기는 이성에 대한 지식을 외부에서 주어진 다른 법칙이란 형태로 이성에 부과하는 것보다 쉽고 확실하다. 그것이 쉬운 이유는 다른 학문의 보편적인 규칙이 개별적 사례를 독립적으로 연구하는 것보다 쉬운 것이긴 해도, 우리 속에 있는 사유하는 작용 그 자체가 이성이므로, 이성을 사용할 경우에 필요한 이성의 진행은 언제나 거기에서 추상된 보편적인 규칙보다 쉽기 때문이다. 그것이 확실한 이유는 그러한 추상적인 지식 또는 그 응용 가운데에는 이성의 본질이나 본성에 위배되는 이성의 진행보다 더 큰 오류가 생기기 쉽기 때문이다. 따라서 다른 학문에서는 개별적 사례들의 진리성을 규칙에 비추어 검토하지만, 논리학에서는 반대로 규칙을 언제나 개별적인 사례에 따라 검토해야 하는 이상한 일이 생긴다. 그리고 가장 숙달된 논리학자까지도 어떤 사례가 규칙에 표현된 것과 다르다는 점을 알아차리면, 언제나 실제 자기가 행한 추리 속에서 잘못된 것을 발견하려고는 하지 않고, 오히려 규칙 속에서 그릇된 것을 발견하려고 할 것이다. 그래서 논리학을 실제로 응용한다는 것은 개별적인 경우, 우리가 직접 확실하게 의식하고 있는 것을 애써 보편적인 규칙에서 도출하려고 하는 것을 의미한다. 그것은 마치 운동할 때는 먼저 역학에, 그리고 음식물을 소화할 때는 생리학에 기대려는 것과 같다.

논리학을 실제적인 목적에 사용하려고 배우는 것은 비버를 훈련시켜 그 집을 짓게 하는 것과 같다. 이렇게 실제적 이익은 없다고 하더라도 논리학은 이성의 조직과 활동의 특수한 지식으로 철학적인 흥미를 갖고 있기 때문에 보존되어야 한다. 논리학은 독립하여 존재하며 그 자체로 완성된 완전하고 완결된 학과이며, 그것만으로 다른 것에서 독립하여 학문적으로 다루어지고, 대학에서 가르치기에 마땅한 것이다. 그러나 그 본디의 가치는 철학과의 관련 속에서의 인식, 더욱이 이성적, 추상적인 인식을 고찰하는 데에서 생긴다. 따라서 논리학 강의는 실용적 학문의 형태를 취해서는 안 되며, 판단을 옳게 환위하고 추리하기 위하여, 단지 나열된 규칙을 포함해야 할 뿐만 아니라 이성과 개념의 본질을 인식하고, 인식의 충족이유율을 자세하게 고찰하도록 방향을 잡아야 한다. 왜냐하면 논리학은 충족이유율의 단순한 해석에 불과한 것이며, 판단에 진리성을 부여하는 근거가 경험적, 형이상학적인 것이 아니라 논리적, 초논리적일 경우에만 사용해야 하기 때문이다. 그런 이유로 인식의 충족이유율 이외에 이것과 유사한 사유의 세 가지 원리, 혹은 초논리적 진리의 판단이 거론되어야 하며, 이것에서 서서히 이성의 모든 기술이 생긴다. 본디의 사유, 즉 판단과 추리의 본질은 개념의 여러 범위의 결합에서 생겨나는 공간적인 도식에 따라 위에서 언급한 방식으로 설명되는 것이며, 이 도식에서 판단과 추리의 모든 규칙이 구성을 통하여 도출된다.

논리학이 논쟁을 하는 경우 실제로 도움이 되는 것은, 적대자의 실제적 잘못을 지적하는 것보다는 오히려 그의 고의적인 오류를 술어로 지적할 때뿐이다. 논리학의 실제적 경향은 이렇게 억제되어 있고, 철학과의 연관에서는 그저 철학의 한 부분으로 다루어지고 있다. 그런데도 논리학에 대한 지식은 지금보다 더 적어서는 안 된다. 왜냐하면 현대는 야만적인 상태에 머무르는 것을 원하지 않으며, 무지몽매한 대중과 동일하게 취급되는 것을 원하지 않는 자는 누구나 사변적인 철학을 배웠기 때문이다. 그리고 그것은 이 19세기가 철학의 세기라는 이유 때문이기도 하다. 철학의 세기란 것은 19세기가 철학을 갖고 있다거나 철학이 19세기에서 우세하다는 의미가 아니라, 오히려 이 세기가 철학에 대한 준비가 되어 있고, 그래서 철학을 필요로 한다는 의미이다. 이것은 고도로 발달된 교양의 표시이며, 여러 시대의 문화 등급에 있어서 견고한 시점이기도 한 것이다.

이렇게 논리학은 실제로 도움이 되지 않는다고는 하더라도, 처음에는 실제로 사용하기 위해 발생했다는 것은 부인할 수 없다. 나는 논리학의 발생을 다음과 같이 설명하고자 한다. 엘레아학파, 그리고 메가라학파와 소피스트들 사이에서 논쟁을 점점 더 즐기게 되었으며, 그것이 심해져서 습관이 되고, 거의 모든 논쟁이 결국은 혼란에 빠지게 되었다. 그 때문에 그들은 결국 지침이 될 만한 어떤 조직적인 방법의 필요성을 느끼고, 이 방법을 위하여 학문적인 변증법을 강구하기에 이르렀던 것이다. 논쟁에서 무엇보다도 알아두어야 할 점은 논쟁하는 두 파가 논쟁의 출발점이 되는 어떤 명제에 대해서는 의견이 일치해야 한다는 것이었다. 조직적인 방법의 시작은 이렇게 공동으로 승인한 여러 명제를 정식으로 그러한 것이라고 밝히고, 탐구의 전제로 세우는 일이었다. 그러나 이들 명제는 처음에는 연구의 재료에만 관련된 것이었다. 그리고 결국 공동으로 승인한 진리로 소급하여 거기에서 자기주장을 끌어내려는 방법 속에 어떤 형식과 법칙을 지켰다는 것을 알게 되었고, 이들 형식과 법칙에는 미리 의견이 일치하지 않아도 결코 논쟁의 여지가 없었던 것이다. 여기에서 이들 형식이나 법칙이 이성의 고유하고 본질적인 방식임에 틀림없다는 것, 즉 연구 방식을 알게 된 것이다. 그런데 이 방식에 대한 의혹이나 의견의 불일치가 없음에도 불구하고, 무슨 일이건 현학적으로 체계를 세우려고 하는 사람은 다음과 같은 것을 생각하기에 이르렀다. 모든 논쟁에 이와 같은 방식, 곧 이성적으로 합법적인 방식이 추상적 명제로 표현되며, 앞에서 말한 것처럼 연구의 재료에 대해 공동으로 승인된 여러 명제와 마찬가지로 연구의 선두에 서고, 이것이 논쟁의 확고한 규범이 되어 언제나 그 규범에서 이 규범을 인용하게 된다면 훌륭하게 보일 것이며, 체계적 변증법의 완성이라 할 수 있을 것이다. 이와 같이 지금까지 묵묵히 동조하면서 추종해 온 것, 또는 본능적으로 진행해 온 것을 이번에는 의식적으로 법칙으로 승인하고 형식적으로 나타내려고 했다. 여기에서 점차로 논리적 원칙에 대하여 완성도를 높이는 여러 가지 다른 표현들을 발견하게 되었다. 말하자면 모순율, 충족이유율, 배중률(排中律), 총체 및 전무(全無)에 대한 원리(dictum de omni et nullo), 나아가 삼단논법의 특수 규칙들, 이를테면 '특칭(特稱)이나 부정만으로는 결론을 얻을 수 없다'는 것들이 그것이다.

그러나 이것은 서서히 아주 힘을 들여 이룩한 것이고, 아리스토텔레스 이전에는 모든 것이 불완전한 상태였다는 것은 플라톤의 대화법에서 논리적인 진리를 이끌어 낼 때 사용하는 졸렬하고 장황한 방법에서도 뚜렷이 드러난다. 또섹스투스 엠피리쿠스는 가장 쉽고 단순한 논리적 원칙들에 대한 메가라학파학자들이 행한 논쟁이나 그들이 그것을 명확히 하기 위해 힘들여 사용한 방법을 우리에게 보고해 주고 있는데, 여기에서는 더 잘 알 수 있다(엠피리쿠스, 《수학자들에 대한 반론》, 제8권, p. 112 이하). 하지만 아리스토텔레스는 그러한 재료를수집, 정리, 정정하여 비길 데 없이 완전한 것으로 만들었다. 이와 같이 그리스문화의 발걸음이 어떻게 아리스토텔레스의 작업을 준비했고, 어떻게 그것을이끌어 내었는가를 생각한다면, 윌리엄 존스가 우리에게 알려준 페르시아 작가들의 소신을 믿는 마음이 생기지는 않을 것이다. 이러한 소신에 편견을 가지고 있는 존스의 말에 따르면, 칼리스테네스가 인도 사람들이 완성한 논리학을발견하고 이것을 숙부 아리스토텔레스에게 보냈다는 것이다(《아시아 연구》, 제4권, p. 163). 황량한 중세에 실제적인 지식이 전혀 없어서 여러 방식들과 말만을일삼았던 스콜라 철학자들은 서로 논쟁에 열중해 있었기 때문에, 이러한 사람들에게 아리스토텔레스의 논리학이 환영받을 수밖에 없었다는 것, 그것도 아라비아어로 쓰인 훼손된 것까지 요구되었고, 결국 모든 지식의 중심이 되었다는 것은 쉽게 이해되기도 한다. 그 뒤로 논리학의 명성은 추락했지만 그래도오늘날에 이르기까지 독립적으로 존재하고, 실제적이고 필요한 학문이라는 신용을 유지해 왔다. 또한 현대에는 본디 그 기초를 논리학에 둔 칸트 철학이 또다시 논리학에 대한 새로운 관심을 왕성하게 했는데, 논리학은 이 점에서, 즉이성의 본질을 인식하기 위한 수단으로서 그와 같은 관심을 끌 가치가 있는 것이다.

옳고 엄밀한 추리는 개념 범위의 관계를 정확하게 고찰함으로써, 그리고 하나의 범위가 별개의 범위 속에 정확하게 포함되고, 이것이 또 그대로 제3범위속에 포함돼 있으며, 또한 제1범위도 제3범위 속에 교대로 포함된 것으로 인정되는 경우에만 성립한다. 하지만 반대로 '설득술'의 기초는 개념 범위의 관계를아주 표면적으로 고찰하고, 그 후에는 자기 생각대로 이 관계를 규정하는 데에 있다. 다시 말해서 설득술을 행하는 사람은 주로 고찰의 대상이 되는 한 개념의 범위 가운데 한 부분만 다른 범위 속에 있고, 나머지 부분은 완전히 제1범위 속에 있다고 말하기도 하고, 또는 완전히 제2범위 속에 있다고 말하기도 한다. 예컨대 '정열'을 문제로 삼을 때, 그들은 이것을 제멋대로 세계에서 최대의 힘, 가장 강한 동인(動因)이라는 개념에 포함시킬 수도 있고, 불합리라는 개념에 포함시킬 수도 있으며, 나아가 이 개념을 무력함, 즉 연약함이라는 개념에 포함시킬 수도 있다. 이와 같은 방법을 계속하여 문제로 부각되는 어떤 개념에도 적용시킬 수 있다. 대부분의 경우 하나의 개념 범위는 다른 여러 개념 범위와 공통된 부분을 갖고 있으며, 이들 범위는 모두 최초의 개념 영역의 한 부분을 자기 영역 안에 내포하고 또한 그 밖의 것도 포괄하고 있다.

그런데 그들은 여러 개념 범위 속에서 그들이 최초의 개념을 포함시키려고 하는 범위만을 문제로 삼고, 그 밖의 범위는 무시하거나 감추어 둔다. 설득술이나 절묘한 궤변이라고 하는 것은 모두 본디의 이러한 계략에 근거를 두고 있다. 그도 그럴 것이 허위, 은폐, 양도논법(兩刀論法)과 같은 논리적 궤변은 실제로 적용시키기에는 좋지 않기 때문이다. 지금까지의 모든 궤변이나 설득의 본질이 이러한 가능성의 궁극적 근거가 되어 그 근거가 개념의 고유한 성질 속에서, 즉 이성의 인식 방법 속에서 입증되었다는 것을 나는 들은 일이 없다. 때문에 내 강론이 여기에 이른 것을 기회 삼아 쉽게 이해될지는 모르지만, 다음과 같은 표로 이 사태를 설명해 보겠다. 이 표로 내가 나타내려고 하는 것은 여러 개념 범위가 어떻게 서로 얽히며, 그로 인해 한 개념에서 다른 개념으로 어떻게 마음대로 옮아가는가 하는 것이다. 단지 나는 독자가 이 표에 잘못 빠져들어 이러한 대단치 않은 부수적 연구에 당연히 가질 만한 가치 이상이 있다고 생각하지 말기를 바랄 뿐이다. 나는 설명의 실례로서 '여행'이라는 개념을 택했다.

그 범위는 다른 네 개의 개념 영역에 관계하고 있고, 설득자는 마음대로 이 네 개의 개념 중 어느 것으로든지 이행할 수 있다. 또 이 네 개의 개념은 다른 여러 범위에 관계하며, 그 가운데 몇 개는 동시에 두 개 내지 여러 개의 범위로 나뉘어서, 설득자는 이들 범위를 통과하여 언제든지 마음대로 그것이 유일한 길인 것처럼 자신의 길을 택하여, 결국은 자기 마음대로 선이나 악에 도달한다. 여러 범위를 추구함에 있어서 언제나 중심(주어진 주개념)에서 주변으로 방향이 유지되어야 하며, 그 반대 방향을 취해서는 안 된다. 이러한 궤변의 표현 양식은 듣는 사람의 약점이 어디에 있는가에 따라 계속적인 연설이 되기도 하고, 엄밀한 추리의 형식을 취하기도 한다. 대개 학문적인 증명, 특히 철학적인 증명의 성질은 요컨대 이것과 크게 다를 것이 없다. 만약 그렇지 않다고 하면, 다른 근원을 갖고 있는 오류 때문에 잘못 가정된 채 논증되고 증명된 여러 시대의 많은 일들이 뒤에 근본적으로 잘못된 것으로 밝혀지게 된다. 예를 들어 라이프니츠-볼프 철학, 프톨레마이오스[14]의 천문학, 슈탈[15]의 화학, 뉴턴의 색채론 등이 그러한 것들이다.

## 10. 이성의 추상적 인식인 지식

이 모든 것을 통하여 확실성에는 어떻게 도달하고, '판단의 기초'는 어떻게 이루어지며, 또 우리가 언어 및 신중한 행위와 더불어 이성에 의해 부여된 제3의 큰 장점이라고 자랑하는 '지식'과 학문의 본질은 어디에 있는가 하는 문제들이 생겨난다.

이성은 여성적인 성질을 갖고 있다. 즉 이성은 받은 것만을 준다. 이성이 갖고 있는 것은 내용 없는 조작의 형식뿐이다. 완전히 순수한 이성의 인식으로는 내가 초논리적 진리라고 열거한 네 가지 원칙 말고는 아무것도 없다. 동일률, 모순율, 배중률 및 인식의 충족이유율이 그것이다. 왜냐하면 논리학에서 이 밖의 어느 것도 여러 개념 범위의 관계와 결합을 전제로 하지 않는 것이 없으므로 이미 순수한 이성의 인식이 아니기 때문이다. 개념이란 일반적으로 그것에 선행하는 직관적인 표상 다음에 비로소 생기는 것이며, 이 표상과의 관계가 개념의 모든 본질을 이루고 있다. 따라서 개념은 이미 표상을 전제로 하고 있다. 그런데 이 전제는 개념의 특정한 내용에는 관계하지 않고 일반적으로 개념의 존재에만 관계하기 때문에, 논리학은 대체로 순수한 이성학으로 간주된다. 다른 모든 학문에서 이성은 그 내용을 직관적인 표상에서 얻는다. 수학에서는 모든 경험에 앞서서 직관적으로 의식된 공간과 시간의 관계에서 이성의 내용을 얻고, 순수 자연과학, 즉 경험에 선행하여 자연의 경과에 대해 알고 있는 사물에 있어서 학문의 내용은 순수오성에서 생긴다. 말하자면 인과법칙의 선험적 인식

---

14) 고대 그리스 천문학자·지리학자.
15) 1660~1734, 독일 화학자.

과 이 법칙의 공간 및 시간에 있어 순수직관과의 결합에서 얻을 수 있다. 다른 모든 학문에 있어서, 지금 언급한 것에서 전용하지 않는 것은 모두 경험으로부터 얻는다.

지식이란 대체로 그러한 판단을 자기 정신력 속에서 마음대로 재현할 수 있다는 것이고, 이들 판단은 그 밖의 어떤 것 속에 그 인식의 충족이유를 갖는다. 말하자면 '참되다는' 것이다. 그래서 추상적 인식만이 지식이다. 따라서 '지식'은 이성에 의해 제약되어 있다. 우리는 동물이 직관적 인식을 갖고 거기에 대해 기억도 하며, 따라서 상상한다는 것으로써 동물이 꿈을 꾼다는 것을 증명할 수 있지만, 엄밀히 말해서 무엇을 '안다'고 말할 수는 없는 것이다. 우리는 동물에게 의식이 있다는 것을 인정한다. 그리고 의식(Bewußtsein)이란 개념은 지식(Wissen)이란 말에서 나온 것이지만, 그것이 어떤 종류든 일반적 표상의 개념과 일치된다. 우리는 또한 식물에게는 생명이 있다는 것을 인정하지만, 의식이 있다고는 인정하지 않는다. 그러므로 '지식'이란 모든 다른 방법으로 인식된 것을 이성의 개념 속에 고정시켜 놓은 추상적 의식이다.

## 11. 감정

이러한 관점에서 볼 때 지식의 정반대는 감정이다. 그래서 여기에서 감정에 대한 논리적 탐구를 덧붙이지 않을 수 없다. '감정(Gefühl)'이란 말이 나타내는 개념은 완전히 소극적인 내용, 즉 의식 속에 현존하는 것은 개념이 아니고 이성의 추상적 인식도 아니라는 내용을 갖고 있다. 다시 말해 추상적 인식 이외의 것은 무엇이든 '감정'이란 개념에 속하며, 따라서 아주 넓은 범위의 이 감정이란 개념은 이질적인 여러 사물까지 포함한다. 이 모든 사물들이 추상적 개념이 아니라는 소극적인 점만을 가지고 있다는 것을 인식하지 못하는 한 그것들이 어떻게 총괄되는지는 알 수 없다. 그도 그럴 것이 아주 다르거나 적대되는 요소도 감정이란 개념 속에서는 서로 평화롭게 공존하고 있기 때문이다. 예를 들면 종교적인 감정, 관능적인 감정, 도덕적인 감정, 촉감이나 고통 같은 신체적 감정, 색채·음향 및 색채와 음향의 조화와 부조화에 대한 감정, 증오·혐오·자기만족·명예·치욕·정(正)·부정(不正)·진리에 대한 감정, 미적 감정, 힘·연약·건강·우정·애정의 감정 등이 그런 것이다. 이것들 사이에는 추상적인 이성 인식이 아니라는 소극적인 공통점 말고는 공통점이 하나도 없다. 그러나 이것이 가장 현저하게 나타나는 것은 공간적인 관계에 대한 선험적이고 직관적인 인식과 순수 오성의 선험적 인식이 감정이란 개념으로 표시되는 경우와, 일반적으로 우리가 먼저 직관적으로 의식하지만 아직 추상적 개념으로 형성되지 못한 모든 인식과 진리들이 '느낀다고' 표현되는 경우들이다.

이것을 해명하기 위하여 최근에 나온 여러 저서 가운데서 그 실례를 들어보겠다. 이것들은 내 설명에 대한 확실한 증거가 될 것이다. 나는 유클리드의 어떤 독일어 번역 서론에 다음과 같이 쓰여 있는 것을 읽은 기억이 있다. 기하학을 배우는 초보자에게는 먼저 모든 도형을 그리게 한 뒤에 증명을 시작하는 것이 좋은데, 그렇게 하면 그들은 증명으로 완전히 지식을 얻기 전에 이미 기하학적 진리를 '느끼기' 때문이라는 것이다. 마찬가지로 슐라이어마허의 《도덕론 비판》에는 논리적 감정, 수학적 감정(p. 339)과 두 공식의 공통점 및 차이점(p. 342)이 언급되어 있고, 테네만의 《철학사》(제1권, p. 361)에는 "사람들은 이 궤변이 옳지 않다는 것을 느꼈지만 그 오류를 발견할 수는 없었다"고 쓰여 있다. '감정'이란 개념을 옳은 관점에서 고찰하지 않고, 본질적이고 유일하며 소극적인 특징을 인식하지 않는 한, 그 범위가 너무 넓기 때문에 내용이 아주 빈약하고, 소극적이고 완전히 일방적으로 규정되어 있어 쉴 새 없이 오해와 논쟁을 일으키는 원인이 된다. 우리는 독일어로 여기에 상당히 가까운 의미의 '감각(Empfindung)'이란 말을 갖고 있는데, 이 말은 한 단계 아래에 있는 종류의 말로 육체적 감정을 나타내는 데에 사용하면 좋을 것이다.

그런데 감정이란 개념이 다른 개념에 비해 균형이 잡히지 않은 까닭은 의심할 여지없이 다음과 같은 사정 때문이다. 말로 표현되는 것은 개념뿐이지만, 모든 개념은 이성에 대해서만 존재하고 이성에서만 비롯되는 것이다. 따라서 개념을 사용한다는 것은 이미 어떤 일방적인 관점에 선다는 뜻이나 마찬가지이다. 그러나 이러한 관점에서 보면, 더 가까운 것은 명확하게 보이고 적극적인 것으로 설정되며, 더 먼 것은 곧 소극적인 것으로밖에 생각되지 않는다. 그래서 어떤 국민이든 다른 국민을 외국인이라 부르고, 그리스인은 다른 국민을 야만인이라고 부르며, 영국인은 영국이나 영국의 것이 아닌 것을 대륙 또는 대륙적인 것이라 부르고, 신자는 다른 사람들을 이단자 또는 이교도라고 부르며, 귀족은 다른 사람을 평민이라 부르고, 학자들은 다른 사람들을 속인이라 부른다. 이러한 일방성은 오만에서 생기는 설익은 무지이며, 이상하게 들릴지 몰라도 이성이 자초한 잘못이다. 왜냐하면 이성은 '자기의' 표상 방법에 속하지 않는, 즉 '추상적 개념'이 아닌 의지의 모든 변화를 '감정'이라는 하나의 개념에 포함시키기 때문이다. 이성에게는 이성이 수행하는 방법이 근본적인 자기 인식으로 명확해지지 않기 때문에, 지금까지 이성은 특별한 감정 능력까지 설정하여 그 이론을 구성한 결과, 위에서 언급한 바와 같은 일방성이나 무지가 생겨나게 되고, 그리하여 이성의 영역에 있는 많은 혼란과 오해가 나타나게 된다.

## 12. 이성의 기능

나는 방금 '지식'의 정반대로서 감정이란 개념을 구명했지만, 지식은 이미 언급한 것처럼 모든 추상적 인식, 곧 이성 인식이다. 그런데 이성은 언제나 다른 방법으로 받아들인 것을 다시 인식 앞에 가져오는 것이기 때문에, 이성은 본디 인식의 작용을 확대하는 것이 아니라 이 작용에 다른 형태를 부여하는 데 불과하다. 말하자면 이성은 직관적, 구체적으로 인식된 것을 추상적, 보편적으로 인식시키는 것이다. 이렇게 말하면 얼핏 아무 일도 아닌 것처럼 생각되지만, 사실은 대단히 중요하다. 왜냐하면 인식한 것을 확실하게 보존하고 전달하여 실제적인 문제에 이것을 광범위하고 확실하게 응용하는 것은 모두 이 인식이 지식, 즉 추상적 인식으로 되어 있기 때문이다. 직관적 인식은 언제나 개별적인 경우에만 적용되고 가까운 것에만 미치며, 거기에만 머문다. 왜냐하면 감정과 오성은 본디 특정한 시간에 '하나의' 객관만을 파악할 수 있기 때문이다. 그래서 영속적이며 복잡하고 계획적인 행위는 원리로부터, 곧 추상적 지식에서 출발하고 또 이에 의해 인도되어야 한다. 따라서 오성이 원인과 결과의 관계에 대해 갖고 있는 인식은 물론 그 자체로서 추상적으로 사유되는 것보다 훨씬 완전하고 깊으며 철저하다. 지레, 도르래, 톱니바퀴의 움직임, 둥근 천장의 안정 같은 것들은 오성만으로 직관적, 직접적으로 완전하게 인식된다.

그러나 지금 언급한 직관적인 인식은 직접적으로 현존하는 것에만 미칠 뿐이라는 특성 때문에, 단순히 오성만으로는 기계를 만들거나 집을 세우는 데는 충분하지 않다. 오히려 이러한 경우에는 이성이 나타나서 직관 대신 추상적인 개념을 정립하여 활동의 기준으로 삼아야 한다. 기준인 이들 개념이 정당하면, 일은 성공을 거둘 것이다. 또한 우리는 순수직관 속에서 포물선, 쌍곡선, 나선의 본질 및 법칙성을 완전하게 인식한다. 하지만 이 인식을 확실하게 실제로 응용하려면, 이 인식은 추상적 인식이 되어 있어야 하며, 이 경우 이 인식은 물론 직관성을 잃고 대신 추상적 인식의 확실성과 현실성을 얻는다. 따라서 어떠한 미분학도 본디 우리의 곡선에 대한 지식을 조금도 더해 주지는 못하며, 곡선에 대한 단순한 순수직관 속에 이미 내포된 것 이상은 아무것도 내포하고 있지 않다. 그러나 미분학은 인식 방법을 변경하여 직관적 인식을 추상적 인식으로 변하게 하며, 이것을 응용하는 데에는 아주 효과가 크다.

여기서 우리 인식능력이 가진 또 하나의 특성이 문제되는데, 이것은 직관적 인식과 추상적 인식과의 구별이 완전히 명확하게 되지 않았을 때까지는 알아차릴 수 없다. 그 특성이란, 공간의 여러 관계는 직접적으로 또 스스로 추상적 인식에 옮겨지지 못하고 시간적인 양, 즉 수가 거기에 적절하다는 것이다. 수는 여기에 정밀하게 상응하는 추상적인 여러 개념으로 표현할 수 있지만, 공간적인 양은 그렇게 할 수 없다. '1000'이라는 개념과 '10'이라는 개념은 두 개의 시간적인 양이 직관에서는 다른 것과 마찬가지로 다르다. 다시 말해 우리는 1000이라는 수를 10의 특정한 배수라고 생각하지만, 시간에 있어서의 직관에 대해서는 그 수를 마음대로 나눌 수 있다. 셀 수 있다는 것이다. 그러나 1마일이란 추상적 개념과 1피트라는 추상적 개념 사이에는 두 개념에 대한 직관적 표상이 없고, 또 수의 도움도 없다면 그 양 자체에 상응하는 차별은 절대로 존재하지 않는다. 이 둘에 있어서는 일반적으로 공간적인 양이 생각될 뿐이고, 만약 이 둘을 확실하게 구별하려면 철저하게 공간적인 직관의 도움을 받든지, 즉 추상적 인식의 영역을 버리든지, 또는 이 구별을 '수'로 생각해야 한다. 그리고 공간적 관계를 추상적으로 인식하려면, 먼저 공간적 관계를 시간적 관계, 곧 수로 바꾸어 놓아야 한다. 그러므로 기하학이 아니라 산술만이 일반적 크기의 학문, 즉 수학이며, 기하학이 다른 것에 전달되고 엄밀하게 규정되며 실제 문제에 응용될 수 있기 위해서는 산술로 변경되어야 한다.

물론 공간적 관계 자체가 추상적으로 생각되는 것도 있다. 예를 들면 '사인(sine)은 각도에 비례해서 크게 된다'는 것이다. 그러나 이 비례의 크기를 표시하기 위해서는 수가 필요하다. 그 필요성, 곧 3차원의 공간 관계를 추상적으로 인식하려고 하면, 다시 말해 단순히 직시할 뿐만 아니라 '알려고' 하면 그 공간을 1차원밖에 갖지 않는 시간에 옮겨놓아야 한다는 이 필요성이야말로 수학을 어렵게 만드는 것이다. 이것은 곡선에 대한 직관과 곡선의 해석적 계산을 비교하거나 삼각함수의 로그표(log表)를 이것에 의해 표시되는 삼각형 각 부분의 변화하는 여러 관계에 대한 직관과 비교해 보면, 아주 잘 알 수 있다. 이 경우 직관은 한 번 보고 완전하고 정확하게 파악할 수 있는 것이다. 이를테면 사인이 커짐에 따라 코사인(cosine)은 감소되고 한 각의 코사인은 다른 각의 사인이라는 것, 즉 두 개의 각이 증감에 있어 반비례한다는 것 등이다. 그런데 이것을 추상적으로 표현하려면 얼마나 복잡한 수를 사용하고, 얼마나 힘에 겨운 계산을 해야 하는지 모른다. 다시 말해 시간이 1차원을 가지고 공간의 3차원을 얼마나 힘들여 재현해야 하는지 모른다고 말할 수 있다. 그러나 이것은 우리가 응용을 위해 공간의 관계를 추상적인 개념에 넣으려고 생각하는 경우에는 필연적인 것이었다. 공간의 관계는 직접적으로는 추상적 개념에 들어가지 못하고, 시간적인 크기, 즉 수의 매개를 거쳐야 하며 수로서만 추상적 인식에 직접 결합된다. 또 주의해야 할 점은 공간은 직관에 적합하며, 3차원이기 때문에 복잡한 관계에서도 쉽게 개관할 수는 있지만, 추상적 인식에서는 멀어진다는 것이다. 이와 반대로 시간은 쉽게 추상적 개념으로 들어가지만, 직관에 줄 수 있는 것은 거의 없다. 수를 단지 그 고유한 요소, 곧 시간에 있어서만 직관하고 공간의 도움을 받지 않는다면 10에 도달하기도 어렵다. 그 이상에는 겨우 수의 추상적 개념이 있을 뿐이고 수의 직관적 인식은 없다. 그런데 우리는 모든 수사와 모든 대수기호에 엄밀하게 규정된 추상 개념을 결합시킨다.

아울러 여기서 말해 두고 싶은 것은 직관적으로 인식된 것으로 완전히 만족하는 감정은 적다는 것이다. 이 감정들이 찾는 것은 존재의 근거와 귀결을 공간에서 직관적으로 설명하는 것이고, 유클리드적 증명, 또는 공간적 문제의 산술적 해결이란 것은 그들의 마음을 끌지 못한다. 반대로 또 다른 사람들은 응용이나 전달에만 유익한 추상적 개념을 요구한다. 이 사람들은 추상적 원칙, 공식, 긴 연결 추리와 계산으로 된 증명에 대한 인내력과 기억력을 가지고 있는데, 이 추리나 계산의 기호는 복잡한 추상 작용을 내포하고 있다. 이러한 사람들은 규정성을 찾고, 앞서 말한 사람들은 직관성을 찾는다. 둘의 차이는 현저한 것이다.

지식, 즉 추상적 인식의 최대 가치는 그것이 전달될 수 있다는 것, 고정시켜 보존될 가능성이 있다는 것이다. 이것이 있기 때문에 추상적 인식은 실용에 있어 대단히 중요하다. 자연적인 물체의 변화와 운동의 인과적 연관을 오성으로 직접적, 직관적으로 인식하고 그러한 인식에 아주 만족하는 사람이 있을지 모르지만, 이것을 타인에게 전달하려면 그 인식이 개념으로 고정된 뒤라야 가능하다. 직관적 인식은 사람이 그 실행을 순전히 혼자서 수행하려고 하는 경우, 그리고 그 직관적 인식이 아직 생생한 동안에 무언가 행할 수 있는 행동을 하려고 하는 경우에는 실용화하기 위해서라는 이유만으로 충분하다. 그렇지만 타인의 도움을 필요로 한다거나, 같은 행위라도 저마다 다른 시기에 행할 필요가 있는 경우, 따라서 숙고를 거친 계획을 필요로 하는 경우에는 직관적 인식으로는 충분하지 않다. 예컨대 당구의 명수라면, 탄성체 상호 충동의 법칙에 대한 인식을 오성 속에서 직접적 직관에 의해 얻고, 그것으로써 충분하다. 그런데 그 법칙에 관한 이성적 지식, 즉 추상적 수학을 가진 사람은 역학자뿐이다. 기계를 조립하는 데에도 그 발명자가 혼자서 조립을 행한다면, 단지 직관적인 오성 수학으로 충분하다. 이것은 마치 숙련공이 학문적인 지식이 전혀 없어도 훌륭히 조립할 수 있는 일이 가끔 있는 것과 마찬가지이다. 반대로 몇 사람들이 여러 기회에 공동으로 작업함으로써 기계를 조작하거나 기계를 만들거나 집을 세우는 경우, 이 진행을 지도하는 사람은 추상적인 계획을 세워두어야 한다. 그리고 이성의 도움을 통해서만 이러한 협동 작업이 가능하다.

그런데 이상하게도 오직 혼자서 연속적인 동작으로 무엇을 하려고 할 경우에는 지식, 이성의 응용, 반성 같은 것이 그의 직관적 수학에 의한 활동에 방해가 되는 수도 있다. 예를 들면 당구, 검도, 악기의 조율, 노래를 할 때가 그러한데, 이런 경우에는 직관적 인식이 활동을 직접 지도해야 하며, 반성이 개입하면 주의가 분열되어 사람을 혼란시키기 때문에 활동이 정확하지 않게 된다. 그래서 그다지 사고하는 습관이 없는 야만인이나 미개인은 사색적인 유럽인들이 도저히 따라갈 수 없는 정확성과 속도를 가지고 여러 가지 육체적 운동을 하고, 동물과 싸우며, 활을 쏜다. 유럽인들이 그들을 도저히 당할 수 없는 것은, 깊은 생각으로 인해 마음이 동요하고 주저되기 때문이다. 왜냐하면 유럽인들은 옳은 장소 또는 옳은 시점을 잘못된 양 극단의 같은 거리에서 찾으려고 하지만, 자연인은 옳은 길에서 벗어나지 않을까를 염려하지 않고 직접 옳은 지점을 맞히기 때문이다. 이와 같이 내가 면도날을 피부에 댈 때의 각도를 몇 도 몇 분이라는 식으로 추상적으로 표시할 수 있어도, 이 각도를 직관적으로 알고 있지 않으면, 즉 요령을 알고 있지 않으면 아무 소용이 없다.

이와 마찬가지로 인상을 이해하는 경우에도 이성을 응용하는 것은 방해가 된다. 이것 역시 직접 오성으로써 행해야 한다. 표정, 곧 용모의 의미는 '느껴질' 뿐이고, 추상적 개념에는 들어가지 않는다고들 말한다. 누구나 직접 직관적으로 타인의 인상을 판단하고 감정을 판단할 힘을 갖고 있지만, 그중에서도 어떤 사람은 다른 사람보다도 더 명확하게 '사상의 표식'(signatura rerum)을 인식한다. 그러나 가르친다거나 배우기 위한 추상적 인간학과 같은 것은 만들어지지 않는다. 그도 그럴 것이, 인상의 섬세한 차이는 아주 미묘한 것이며, 개념은 그렇게 미묘한 점까지는 미치지 못하기 때문이다. 따라서 추상적인 지식과 개념과의 관계는 모자이크의 그림과 반 데르 베르프 또는 데너 그림과의 관계와 같다.[16] 모자이크가 아무리 교묘하게 되어 있어도 그것은 역시 돌(石)로 경계가 지어져 있기 때문에 하나의 색깔에서 다른 색깔로 그리 매끄럽게 옮겨갈 수 없는 것과 같다. 이와 같이 개념들도 각기 엄밀한 한계가 있기 때문에, 그것을 자세한 규정으로 섬세하게 나누어 줄 수 있을지 모르지만, 직관적인 것의 섬세한 변용을 달성할 수는 없다. 이 직관적인 것이 내가 여기 택한 인상학의 예에서 가장 중요한 점이다.[17]

---

16) Adriaen van der Werff(1659~1772)는 네덜란드 바로크풍 화가로 성서와 신화를 소재로 한 그림을 많이 그렸으며, Balthsar Denner(1685~1749)는 독일 초상화가로 특히 만년에는 주름살과 턱, 모공 등을 강조하여 '털구멍의 데너'라고 불리었다.

17) 나는 인상학은 아주 일반적인 몇 가지 규칙만을 제공할 뿐이고 그 이상의 확실성을 보여 줄 수는 없다고 생각한다. 예를 들면 이마와 눈에서는 지적인 요소가 판단되고 입과 얼굴 아래쪽에서는 도덕심과 의지가 판단되어야 한다. 이마와 눈은 서로를 밝혀주기 때문에 어느 한쪽만으로는 반밖에 알 수 없다. 천재는 모두 이마가 넓고 아름답게 튀어나와 있지만, 이마가 그렇다고 다 천재인 것은 아니다. 총명하게 보이면서 용모가 추하면 추할수록 그 사람의 정신은 더욱 총명한 것으로 생각되고, 우둔하게 보이면서 용모가 아름다우면 그 사람은 더욱 우둔한 것으로 생각된다. 그도 그럴 것이 아름다움이란 인간의 전형(典型)에 알맞은 것으로, 그 자체로서 정신적인 명석함을 나타내고, 추함은 그 반대이기 때문이다.

개념에는 이와 같은 성질이 있기 때문에 모자이크 그림의 돌과 비슷하며, 그러므로 직관은 언제나 개념에 점진적으로 접근하는 선에 불과하다. 또한 개념의 그러한 성질 때문에 개념이 예술에서는 아무런 소용이 없다. 가수나 명연주자가 반성을 통하여 연주하려 한다면, 그는 죽은 것이나 마찬가지이다. 이것은 작곡가에게도, 화가나 시인에게도 해당되는 것이며, 개념이라는 것은 예술에 대해서는 아무런 효용도 갖지 못하는 것이다. 예술에서 기술적인 부분은 개념으로 지도할 수 있을지 모르지만, 개념의 본령은 학문이다. 우리는 제3권에서 모든 순수예술은 직관적 인식에서 나오며, 결코 개념에서 나오지 않는 이유를 연구할 것이다. 사람의 행동이라는 점이나 교제에서 개인적으로 호감이 간다는 점에서도 개념은 소극적으로 작용하고, 이기심이나 짐승 같은 성질을 거칠게 폭발시키는 것을 억제할 뿐이다. 예의에 맞는 태도는 사실 개념의 덕분이라 할 수 있지만 우아한 태도, 매력 있는 태도, 매혹적인 태도, 친절이나 호의 같은 것을 개념에서 나온 것이라고 할 수는 없다. 그렇지 않다면 '계획적이라는 것을 느끼게 되는 순간 싫어하는 법이다.' 모든 허위는 반성(Reflexion)의 짓이지만, 그것은 아무 장애도 받지 않고 오랫동안 지속될 수는 없다. 세네카는 그의 책 《자비론》에서 "누구나 가면을 오래 쓰고 있을 순 없다"고 말하고 있다. 가면은 대개 벗겨지고 목적을 이루지 못한다. 과격하게 행동하고 신속하고 단호한 조치를 취해야만 하는 절박한 생활에서는 물론 이성이 필요하다. 그러나 이성이 우세해져서, 그로 인해 옳은 일을 직관적으로 순수하게 오성적으로 발견하고, 동시에 이것을 휘어잡는 것이 방해받고 혼란에 빠져서 결단을 내리지 못하면, 모든 게 엉망진창이 되고 만다.

마지막으로 '덕'이나 '신성'도 반성에서 나오는 것이 아니라 의지의 내적 깊이와 인식에 대한 의지의 관계에서 나오는 것이다. 이에 대해서는 이 책의 다른 부분에서 다루어야 하기에, 여기서는 다음의 것만을 언급하려고 한다. 즉 논리적 문제에 대한 가르침은 모든 국민의 이성에 대해서 동일한 것일 수 있지만, 행동은 각 개인에게 저마다 다르며, 그 반대도 마찬가지이다. 행동은 일반적으로 말하는 것처럼 '감정'에 의해 행해지는 것이며, 개념에 의해, 곧 윤리적인 내용을 따라 행해지는 것은 아니다. 교의(教義)는 한가한 이성이 이것저것 생각해서 만들어 내는 것이지만, 행동은 결국 교의와는 관계없이 독자적인 길을 걷는다. 그리고 대부분은 추상적인 준칙에 따라서가 아니고, 말로 표현할 수 없는 준칙에 따라서이며, 이 말로 표현할 수 없는 준칙을 표현할 수 있는 것이 인격 그 자체이다. 따라서 여러 민족의 종교적 가르침이 아무리 여러 가지로 다르다 해도, 누구의 마음에도 선행을 한 경우에는 말할 수 없는 만족이 따르는 것이며, 악행을 저지르게 되면 한없는 공포가 따라온다. 어떠한 비웃음도 이 만족을 뒤흔들 수 없으며, 고해신부의 어떠한 사죄도 이 공포에서 구해 줄 수는 없다. 그렇다고 해서 덕 있는 생활을 하는 데 이성의 응용이 필요하다는 것이 부인되어서는 안 된다. 단지 이성은 덕이 있는 생활의 원천은 아니며, 이 경우 이성의 기능은 종속적 기능, 다시 말해 찰나의 약점에 항거하여 행동을 일관성 있게 하기 위해서 일단 정한 결심을 지키고 준칙을 고수하는 것이다. 예술에서도 이성은 중요한 점에서는 아무것도 할 수 없지만, 그 완성을 돕고 있다. 즉 예술의 수호신은 언제나 작가의 뜻대로 해주지는 않지만, 작품은 모든 부분에 걸쳐 완성되고 하나의 전체로 완료되어야만 하기 때문에, 거기에 이성의 도움이 필요한 것이다.

## 13. 기지와 어리석음

이렇게 이성을 사용할 때의 장점과 단점을 모두 고찰해 보면, 다음의 것을 명확히 하는 데에 도움이 될 것이다. 추상적인 지식은 직관적 표상의 반영이어서 거기에 기반을 두고 있지만, 그렇다고 해서 추상적 지식이 곳곳에서 직관적 표상을 대신할 정도로 이 둘이 일치되지는 않고, 오히려 엄밀하게는 조금도 일치하지 않는다. 따라서 우리가 이미 알고 있는 바와 같이, 인간의 여러 작업 가운데 대부분은 이성과 숙고를 거쳐 잘 정돈하여 처리한 것을 통해서만 성취되는 것인데, 그중에서는 이것들을 사용하지 않는 것이 더 잘 성취되는 것도 있다. 직관적 인식과 추상적 인식과의 모순은 마치 모자이크와 그림의 경우처럼, 추상적 인식이 직관적 인식과 흡사할 뿐 일치하는 일은 없기 때문에 대단히 독특한 현상의 원인이 된다. 이 현상은 이성과 마찬가지로 오직 인간의 본성에만 있는 고유한 것이며, 이것에 대하여 지금까지 여러 번 추구되어 온 설명들은 모두 불충분한 것이다.

나는 이런 독특한 현상에서 '웃음'이 나온다고 생각한다. 웃음의 기원에 대하여 여기서 논하는 것이 본론의 진행에 방해가 된다고 하더라도 어쩔 수 없는 일이다. '웃음'이라는 것은 언제나 어떤 개념과, 그것에 의해 어떤 관계 속에서 실재하는 객관과의 모순을 갑자기 알아차렸을 때에 생기는 것이다. 그리고 웃음도 이 모순의 표현에 불과하다. 이 모순은 흔히 두 개 또는 그 이상의 실재적 객관들이 '하나의' 개념에 의해 사고되고, 그 개념의 동일성이 이들 객관에 옮겨지는데, 그다음에 그 밖의 점들에서는 이 객관들과 개념이 전혀 다르기 때문에 개념이 오직 일방적으로 이들 객관과 상응하고 있다는 것이 확실하게 드러남으로써 생기는 것이다. 그와 같이 자주 오직 하나의 실재적 객관이 어떤 점에서는 올바르게 그 개념에 포괄되어 있다 하더라도, 그 개념과의 모순이 갑자기 느껴질 때가 있다. 그런데 한편으로 그러한 현실적인 것을 개념에 포함시키는 것이 옳으면 옳을수록, 그리고 다른 한편으로 그 부적합성이 크고 뚜렷할수록 이 대립에서 생기는 우스꽝스러운 것의 효과는 더 크다. 따라서 웃음은 모두 역설적이며 예기치 않은 추론을 기회로 하여 생긴다. 이 경우 그 추론은 말로 표현되든 행위로 표현되든 마찬가지이다. 간단하지만 이것이 우스꽝스러운 것에 대한 올바른 설명이다.

나는 여기서 우스꽝스러운 것의 실례를 들어 여러 가지 일화를 길게 이야기하여 내 이론을 해설하지는 않겠다. 왜냐하면 내 이론은 아주 간단하고 이해하기 쉽기에 그러한 해설을 필요로 하지 않으며, 또 이 이론에 대한 예증으로 독자의 기억에 있는 우스꽝스러운 것을 들어보면 다 같이 도움이 될 것이기 때문이다. 그러나 우스꽝스러움은 두 종류로 나뉘고, 이 두 종류는 앞서 말한 이론에서 생기는 것이다. 하지만 이렇게 두 가지 종류로 나뉨으로써 우리의 이론은 확증되고 해설도 된다. 이를테면 인식 속에 두 개 또는 그 이상의 서로 다른 실재적 객관, 즉 직관적 표상이 생긴 경우 이들 객관은 이것을 포괄하는 한 개념의 통일성에 의해 고의로 동일시된 것인데, 이런 종류의 우스꽝스러움을 '기지(Witz)'라 한다. 그런데 또 한 가지는 이와 반대로 개념이 먼저 인식 속에 존재하고 있다. 이 개념에서 실재로 옮기고 실재에 대한 작용, 곧 행동에 옮기는 경우 이들 객관은 다른 점에서는 아주 다르지만 그 한 개념 속에 사유되고 있기 때문에 같은 방법으로 보여지고 다루어지는 동안, 행동하는 자가 갑자기 이 다른 점의 현저한 차이를 알아차리고 놀랐을 때 생긴다. 이런 종류의 우스꽝스러움이 '어리석음(Narrheit)'이다.

따라서 모든 우스꽝스러움은 객관의 불일치에서 개념의 동일성으로 옮겨지느냐, 개념의 동일성에서 객관의 불일치로 옮겨지느냐에 따라 기지의 착상이 되거나 어리석은 행위가 되는 것이다. 기지는 언제나 고의적인 것이지만, 어리석음은 언제나 무의식적으로 외부에서 강요되는 것이다. 그런데 이 출발점을 뒤바꾸는 것처럼 보이게 하고, 기지를 어리석음처럼 위장하는 것이 궁중 어릿광대나 익살꾼의 기술이다. 그들은 여러 객관의 차이를 충분히 의식하고 있으면서, 숨겨진 기지로써 이들 객관을 하나의 개념으로 통일시켜 놓은 뒤, 이 개념에서 출발하여 다시 객관의 차이를 발견하고, 미리 그들 자신이 준비해 둔 뜻밖의 놀람을 내보이는 것이다. 이상에서 말한 우스꽝스러움에 대한 간단하지만 충분한 이론에서, 분명한 것은 지금 말한 익살꾼의 경우는 그만두고라도 기지는 언제나 말로 표현해야 하지만, 어리석음은 흔히 행위로 표현한다는 것이다. 물론 어리석음이 실재로 행동하는 것이 아니고 오직 그 의도만을 나타내는 경우에는 말로 표현하는 경우도 있고, 또 단순히 판단이나 의견으로 나타내는 일도 있다.

'옹졸함(Pedanterie)'도 어리석음에 속한다. 옹졸함은 자신의 오성을 신뢰하지 않기 때문에, 오성에 의지하지 않아서 직접 인식의 핵심을 얻을 수 없다. 그래서 오성을 완전히 이성의 후원 아래에 두고, 어떤 경우든 이성을 사용한다. 이를테면 언제나 일반적인 개념, 규칙, 준칙 등에서 출발하여 생활과 예술에서도, 또한 윤리적인 선행에서까지도 여기에 꼭 매달리려고 하는 그런 태도에서 생긴다. 형식, 관습, 표현과 어법 등에 구애받는 옹졸함 특유의 태도는 여기에서 오는 것이며, 이것들이 사태의 본질을 대신하고 있다. 그런데 그 개념과 실재 사이의 모순을 알게 되는 것이다. 즉 개념이 개별적인 사태에 어째서 맞지 않는가, 또 개념의 보편성과 고정된 규정성이 현실의 섬세한 차이와 다양한 변용에 어째서 들어맞을 수 없는가를 알게 된다. 그래서 옹졸한 사람은 보편적인 준칙을 가짐으로써 언제나 실생활에서 실패하며, 분명하지 못하고 재미없고 아무런 쓸모도 없게 되는 것이다. 또 예술에는 개념이 효과가 없기 때문에, 옹졸한 사람이 만드는 예술 작품은 생기가 없고 딱딱하며 부자연스럽다. 윤리적인 문제에서도 옳은 행위나 거룩한 행위를 하려는 의도가 반드시 추상적인 준칙에 따라서 실행되는 것은 아니다. 그도 그럴 것이 대부분의 경우 상황은 한없이 섬세한 차이를 가지고 있으므로, 각 개인의 오성에 따라 직접 옳은 것을 선택하는 것이 필요하게 되기 때문이다. 단지 추상적 준칙을 응용해서는 반쯤만 들어맞기 때문에, 오히려 그릇된 결과를 불러오는 일이 있고, 또 그러한 추상적 준칙은 행위자의 개인적 성격과는 거리가 먼 것이다. 또 이 성격은 완전히 무시할 수도 없는 것이기 때문에, 그러한 준칙의 적용은 실현이 불가능한 것이다. 그래서 곧 모순이 드러나게 된다.

'칸트'는 행위의 도덕적 가치의 조건으로서 그 행위가 조금도 어떤 경향이나 순간적인 흥분을 동반하지 않고 순수하게 이성적이고 추상적인 준칙에서 생긴 것이 아니면 안 된다고 하지만, 그런 점에서 칸트는 도덕적인 옹졸함의 계기를 만들었다는 비난을 면할 수는 없다. 〈양심의 가책(Gewissensskrupel)〉이라고 이름을 붙인 실러의 격언적 단시가 말해 주는 것도 이러한 비난이다. 특히 정치적 문제에서 공론가, 이론가, 학자라고 말하면 그것은 옹졸한 사람이라는 뜻이며, 사물을 추상적으로 알고는 있지만 구체적으로는 알지 못하는 사람들이다. 추상이라는 것은 자세한 규정들을 무시하고 사유하는 것이다. 그런데 사실은 이 규정들이 중요하다.

또한 이 학설을 보완하기 위해서 기지의 나쁜 종류인 말장난, 즉 프랑스어로 'calembourg'와 영어의 'pun'에 대해 언급하려 한다. 여기에는 음담(Zote)을 주로 사용하는 언어의 이중성도 이용된다. 기지는 매우 다른 두 개의 실재적 객관을 무리하게 하나의 개념 속에 넣어두는 것이지만, 언어의 멋은 두 개의 다른 개념을, 우연을 이용하여 하나의 말 속에 넣는 것이다. 이 경우에도 기지와 똑같은 대조가 생기지만, 이것은 사물의 본질에서 나온 것이 아니라 우연에서 온 것이기 때문에 기지의 경우보다 훨씬 둔하고 피상적이다. 기지에 있어서 개념은 동일하고 실재하는 것은 다르지만, 말장난에서는 개념이 다르고 실재하는 것이 동일하며, 여기에 언어의 본뜻이 들어 있다. 말장난과 기지의 관계는 거꾸로 된 원뿔형 포물선과 아래로 향한 원뿔형 포물선의 관계와 같은 것이라고 하면, 좀 지나치게 과장된 비유일지 모른다. 그러나 언어의 오해 또는 착오는 자기도 모르는 사이에 나오는 익살(calembourg)이며, 오해와 익살의 관계는 마치 어리석음과 기지의 관계와도 같다. 그래서 귀가 먼 사람도 흔히 어리석은 사람과 마찬가지로 웃음거리를 제공하게 되고, 또 서투른 희극 작가는 사람을 웃기기 위해 어리석은 사람을 이용하지 않고 귀가 먼 사람을 이용한다.

나는 여기서 웃음을 정신적인 면에서만 고찰했지만, 육체적인 면에 대해서는 《부록과 추가》의 초판 제2편 6장 96절 134쪽에서 이에 대해 설명했으니 참고해 주기 바란다.

### 14. 과학의 형식

이러한 다양한 고찰을 통하여 한편으로는 이성의 인식 방법, 지식, 개념들 사이의 차이와 관계, 다른 한편으로는 순수하게 감정적이며 수학적인 직관과 오성에 의한 이해의 차이와 관계가 명확하게 밝혀졌으면 좋겠다. 또 이들 두 종류의 인식 방법의 독특한 관계를 고찰하는 데 있어서 거의 불가피하게 감정과 웃음에 대한 삽화처럼 논술했지만, 이제 나는 이전 상태로 되돌아가 이성이 언어와 분별 있는 행동과 더불어 인간에게 준 제3의 특권인 과학에 대한 논술을 계속하려 한다. 여기서 우리가 해야 할 과학에 대한 일반적 고찰의 일부는 그 형식, 다른 일부는 그 판단의 기초, 나머지는 그 실질에 관한 것이다.

우리는 이때까지 순수 논리학의 기초는 예외로 하고 그 밖의 모든 지식의 근원은 이성에 있는 것이 아니라, 다른 것에서 먼저 직관적 인식으로써 획득하여 추상적 인식 방법으로 옮겨감으로써 이성 속에 지식을 축적한 것임을 알았다. 모든 '지식(Wissen)', 즉 추상적인 의식에까지 옮아간 인식과 본디의 '과학(Wissenschaft)'의 관계는 부분과 전체의 관계와 같다. 모든 사람은 개별적인 사상을 경험하고 고찰함으로써 여러 사물에 대한 지식을 얻지만, 어떤 대상에 대해 완전히 추상적인 인식을 얻는 것을 자기 임무로 하는 사람만이 과학에 대한 노력을 한다. 이런 종류의 대상을 선별하는 것은 개념에 의해서만 가능하다. 따라서 모든 과학의 시초에는 하나의 개념이 있으며, 이 개념에 의하여 모든 사물의 전체로부터 그 과학이 이에 대해 완전한 추상적 인식을 얻으려고 기대하는 부분이 사유되는 것이다. 예를 들면 공간 관계의 개념, 무기물 상호 작용의 개념, 또는 동식물의 성질과 상태 또는 지구 표면의 연속적인 변화의 개념, 또는 인류 전체의 변화 개념, 또는 언어의 구조 개념 등이다. 만약 과학이 그 대상에 대한 지식을 얻는 데에 이러한 개념으로 사고된 모든 사물을 하나하나

연구하여 점차로 전체를 인식하기에 이르려고 한다면, 어떠한 인간의 기억도 여기에서는 힘들 것이며, 또 완전성의 확증도 얻을 수 없을 것이다. 따라서 과학은 먼저 언급한 것과 같은 여러 개념 범위의 특성을 이용하여 이것을 서로 포괄시키고, 그 과학 대상의 개념 내부에 존재하는 더 넓은 범위로 나아간다. 말하자면 과학은 이들 개념 범위의 상호 관계를 규정함으로써 그 속에서 사유된 모든 것이 일반적으로 규정된 것이며, 이렇게 점점 좁은 개념 범위를 선별함으로써 이것들은 점점 정밀하게 규정된다는 것이다. 이렇게 하면 어떤 과학이 그 대상을 완전히 포섭할 수 있게 된다.

과학이 인식에 이르는 이 길, 즉 보편적인 것에서 특수한 것으로의 길, 이것이 과학이 보편 지식과 다른 점이다. 따라서 체계적 형식이 과학의 본질적이고 특수한 특징이다. 각 과학의 보편적인 개념 범위의 결합, 곧 그 과학의 최고 원리에 대한 지식은 그 과학을 습득하는 데에 없어서는 안 되는 조건이다. 이 최고 원리에서 출발하여 어디까지 특수 원리로 갈 것인가 하는 것은 원하는 대로이며, 그 때문에 학식의 깊이가 더해지는 것이 아니라 범위가 넓어지는 것이다. 다른 모든 원리의 기초가 되는 상위 원리의 수는 여러 과학으로 말미암아 다르며, 어떤 학문에서는 상하 종속 관계를 이루고 있다. 그리고 다른 어떤 학문에서는 병렬 관계를 이루고 있다. 그러한 점에서 전자는 판단력을, 후자는 기억력을 필요로 한다. 스콜라 철학자들도 이미 알고 있는 바이지만 추리하는 것은 두 개의 전제를 필요로 하기 때문에, 어떠한 과학도 단 하나의 궁극적 대전제에서 출발하는 것은 불가능하며, 여러 개의 전제, 적어도 두 개의 전제를 가져야만 한다. 본디의 분류적 과학, 즉 동물학이나 식물학, 그리고 모든 무기적 작용을 소수의 근본력에 환원시키려는 점에서는 물리학이나 화학도 대부분 상하 종속 관계를 가지고 있다.

반대로 역사는 본디 종속 관계를 가지고 있지 않다. 왜냐하면 역사에서 보편적 원리는 오직 주요 시대의 개관에 있는 것이지만, 이들 주요 시대에서는 특수한 사건이 도출되지 않으며, 특수한 사건은 그 주요 시대에서는 시간상 종속할 뿐 개념상으로는 병렬하는 것이기 때문이다. 따라서 엄밀한 의미에서 역사는 지식이지만 과학은 아니다. 수학에서는 물론 유클리드적으로 취급하면 여러 공리(公理)는 저마다 증명이 불가능한 대전제이며, 모든 증명은 여기에 단계적으로 엄밀하게 종속해 있다. 그러나 이러한 취급은 수학 본디의 것은 아니다. 실제로 정리(定理)들은 각기 하나의 새로운 공간적 구조를 이루고 있고, 그 구조는 먼저의 모든 정리와는 관계가 없으며, 또 본디 그것들과는 아무런 관계없이 그 자체로서, 곧 공간의 순수직관으로 인식된다. 이러한 공간의 순수직관에서는 복잡한 구조까지도 마치 공리와 마찬가지로 명확한 것이다. 이에 대한 자세한 논술은 뒤로 미루기로 한다.

어쨌든 수학적 원리는 언제나 개개의 무수한 사례에 타당한 보편적 진리이며, 단순한 원리에서 거기에 기초를 둔 복잡한 원리로 단계적으로 진행하는 방법이 수학의 본질을 이루고 있다. 따라서 수학은 어느 점으로 보나 과학이다. 하나의 과학 자체의 완전성, 즉 형식상의 완전성은 될 수 있는 대로 모든 원리의 종속적인 관계가 많고 병렬적인 관계는 적은 데에 있다. 그러므로 과학 일반에 통하는 재능이라는 것은 여러 개념 범위를 그 여러 규정에 따라 상하의 종속적인 관계에 두는 능력이다. 그것은 플라톤이 여러 번 권고한 것처럼 단지 보편적인 원리와, 그 밑의 한없이 다양한 모든 원리가 거기에 직접 병렬되어 있다 하여 과학이 성립되기 때문이 아니고, 보편적인 원리에서 특수한 원리에 이르기까지 여러 중간 개념을 거쳐 점점 작은 규정으로 이루어지는 구분을 통하여 조금씩 나아가기 때문이다. 칸트의 표현을 빌리면, 이것이 동질성의 법칙과 특수성의 법칙을 동시에 충족시키는 것이다. 그런데 이것이 본디의 과학적 완전성을 이룬다고 하면, 과학의 목적은 확실성이 큰 것에 있는 것이 아님이 분명해진다. 왜냐하면 확실성은 가장 일관성 없는 인식까지도 갖고 있기 때문이다. 따라서 과학의 목적은 확실성이 아니라 지식의 형식에 의해 지식을 쉽게 하고, 이것으로 지식의 완전성에 대한 가능성을 주는 것이다. 따라서 인식의 과학성은 더 큰 확실성에 있다는 의견은 지배적이지만 그릇된 것이다.

여기에서 나온 주장으로 수학과 논리학은 그 완전한 선험성 때문에 논박의 여지가 없는 인식의 확실성을 가지고 있다고 하여, 그것들만이 본디적인 의미의 과학이라고 하는 것은 잘못된 것이다. 수학이나 논리학이 확실하다는 장점은 부인할 수 없지만, 그렇다고 해서 이 장점이 수학과 논리학의 과학성에 대한 충분조건이 되는 것은 아니다. 과학성은 정확성에 있는 것이 아니고, 보편적 원리에서 특수한 원리로 단계적으로 내려가는 방법을 기초로 한 인식의 체계적인 형식에 있는 것이다. 이렇게 보편자에서 특수자로 나아가는 과학 고유의 인식 방법은 필연적으로 과학의 많은 것이 선행 원리에서 도출되어 증명으로 기초를 얻도록 하는 것이다. 그리고 이것으로부터 증명된 것만이 완전히 참된 것이고 모든 진리는 증명을 필요로 한다는 예전부터 내려온 오류가 발생한다. 그러나 실제로는 오히려 그 반대이며, 모든 증명은 궁극적으로 그 증명의 기초가 되고, 또한 그 증명에 있어 기초가 되는 증명할 수 없는 진리를 필요로 한다. 따라서 샘에서 나오는 물이 수도에서 나오는 물보다 나은 것처럼, 직접 기초한 진리가 증명으로 기초를 얻은 진리보다 나은 것이다. 수학의 기초가 되는 순수한 선험적 직관과 그 밖에 과학의 기초가 되는 경험적인 후천적 직관이 모든 진리의 원천이며 모든 과학의 기초이다. (논리학은 이성의 법칙에 의해 직관적으로는 아니지만 직접 아는 것에 기반을 두고 성립하는 것이기 때문에, 이 경우 논리학만은 예외이다.)

증명을 거친 판단도 아니요, 그 판단의 증명도 아니며, 직관에서 직접 이끌어 낸 판단, 모든 증명 대신 직관에 기반을 둔 판단이야말로 우주의 태양에 비견할 만한 과학의 태양이다. 왜냐하면 모든 빛은 이러한 판단에서 나왔고, 다른 여러 판단은 이 빛의 반사에 불과하기 때문이다. 직관에 의해 최초로 판단의 진리를 직접 기초 짓고 과학의 그와 같은 기초를 실재하는 무수한 사물 속에 끌어내는 것, 이것이 '판단력(Urteilskraft)'의 작업이다. 판단력이란 직관적으로 인식된 것을 올바르고 정확하게 추상적 의식 속에 옮기는 데 있으며, 따라서 오성과 이성과의 매개물이다. 특히 뛰어나고 강한 판단을 가진 개인만이 과학을 실제로 진보시킬 수 있지만, 누구나 건전한 이성만을 가지고 있으면 명제에서 연역, 증명, 추론할 수가 있다. 그런데 직관적으로 인식한 것을 반성에 상응하는 개념에 옮겨 고정시켜서, 한편으로는 실재하는 많은 객관의 공통점을 '하나의' 개념으로 사유하고, 또 한편으로는 이들 객관의 서로 다른 점들을 그것과 같은 수의 개념으로 사유한다. 그리고 다른 점은 부분적으로 일치하는 것이 있더라도 역시 다른 것으로, 동일한 것은 부분적으로 다른 곳이 있더라도 동일한 것으로 인식하고 사유한다. 이 모든 것을 그때그때마다 작용하고 있는 목적과 고려에 따라 행하는 것이 '판단력'이다. 이 판단력이 결여된 것이 '단순함'이다. 단순한 사람은 어떤 점에서 동일한 것의 부분적이거나 상대적인 차이를 잘 못 보게 되며, 상대적이고 부분적인 차이가 있는 것의 동일성을 제대로 보지 못하게 된다. 칸트는 판단력을 반성적인 것과 포괄적인 것으로 분류하고 있지만, 이렇게 판단력을 설명하는 데에도 칸트의 분류를 적용할 수 있다. 즉 직관적 개념으로 이행하는 것이 반성적 판단력이고, 개념에서 직관적 객관으로 이행하는 것이 포괄적 판단력이며, 어떠한 경우에도 오성의 직관적 인식과 이성의 반성적 인식 사이를 늘 매개하는 것이다.

　무조건 추리만으로 나오는 진리라는 것은 있을 수 없다. 진리에 추리로서 기초를 주는 필연성은 언제나 상대적이고 주관적인 것에 불과하다. 물론 증명은 추리이기 때문에 새로운 하나의 진리에 대해서는 새로 증명을 구해야 하는 것이 아니고 직접적인 명증(Evidenz)을 구해야 한다. 이 직접적인 명증이 없는 경우에만 먼저 증명이 되어야 한다. 어떤 과학이든 철저하게 증명될 수 있는 것은 아니다. 건물이 공중에 떠 있을 수 없는 것처럼 과학의 증명은 모두 거슬러 올라가면 직관적인 것에 따라서 이미 증명할 수 없는 것에 귀착하게 된다. 왜냐하면 반성의 세계 전체는 직관의 세계에 기반을 두고 거기에 뿌리를 박고 있기 때문이다. 모든 궁극적이고 근원적인 '명증'은 '직관적'이다. 그것은 이미 명증이라는 말로도 알 수 있다. 따라서 명증은 경험적인 것이 아니면, 가능한 경험의 모든 제약을 선험적으로 직관하는 것에 기반을 두고 있다. 그래서 명증은 두 가지 중 어떤 경우에도 내재적인 인식을 제공할 뿐, 초월적 인식을 제공하지는 못한다.

　모든 개념은 직관적인 표상에 대해 이렇게 극히 간접적인 관계를 가짐으로써만 그 가치와 존재를 보존한다. 개념에 적용할 수 있는 것은 이들 개념을 조립하여 이루어진 여러 판단에도 적용할 수 있으며, 모든 과학에도 적용할 수 있다. 따라서 추리에 의해 발견되고 증명에 의해 전달되는 모든 진리를 증명과 추리에 의하지 않고 직접 인식하는 것은 어떤 방법으로든 가능하게 마련이다. 복잡한 수학적 명제에 이르려면 우리는 오직 추리를 실마리로 하기 때문에, 이와 같은 경우에 증명이나 추리에 의지하지 않고 직접 인식한다는 것은 확실히 곤란하다. 이를테면 피타고라스의 정리에서 생기는 결론에 의해 모든 호에 대한 현이나 접선을 계산하는 경우가 그런 것이다. 그러나 이러한 진리까지도 본질적으로 오직 추상적인 원리에만 기반을 두고 있는 것이 아니고, 진리의 근저에 있는 공간적 관계나 순수직관에 의해 선험적으로 명확히 할 수 있는 것이며, 그 진리를 추상적으로 언급해도 직접 논거를 갖고 있는 것이 된다. 하지만 수학의 증명에 대해서는 이제부터 자세하게 논할 것이다.

세상에서 흔히 과학이라는 것은 철저하고 확실한 전제에서 나온 옳은 추리에 의거한 것이다. 그러므로 무조건 참된 것이라고 당당하게 말하고 있다. 그러나 순수하게 논리적인 추리의 연쇄로 얻어지는 것은 아무리 그 전제가 참되다고 해도, 그 전제 속에 이미 존재하고 있는 것의 명료화나 상세한 풀이 이상은 아니다. 따라서 함축적으로 이해된 것을 설명해 내보이는 것에 불과하다. 이와 같은 것으로 칭찬받는 학문은 수학적인 것, 특히 천문학이다. 그런데 천문학의 확실성은 천문학에는 선험적인 것이 있다는 것, 따라서 틀림없는 공간에 대한 직관이 존재한다는 것이며, 이 공간적 관계는 선험적 확정성을 부여하는 필연성(존재 근거)을 가지고 하나에서 다른 것으로 추론된다. 그래서 서로 확실하게 도출된다는 것에서 유래한 이들 수학적 규정에 대하여 천문학에는 중력이라는 유일한 자연의 힘이 있지만, 이것은 질량과 거리의 제곱에 정확하게 비례해서 작용하는 것이다.

마지막으로 관성의 법칙이 있지만, 이것은 인과법칙에서 생기기 때문에 선험적으로 확실하며, 또한 그 밖에 이 질량에는 각각 결정적으로 주어진 운동이라는 경험적인 여건이 있다. 이것이 천문학의 재료이며, 이들 재료는 그 단순성과 확실성 때문에 명확한 결과를 내는 기반이 되고, 또 대상이 크고 중요하기 때문에 지극히 재미있는 결과를 가져오는 기반이 된다. 예를 들어 만약 내가 어떤 유성의 질량과 유성과 위성과의 거리를 알면, 케플러의 제2법칙에 의해 나는 이 위성의 주기를 확실히 추정할 수가 있다. 그런데 이 법칙의 근거는 '이 정도의 거리와 함께 이 정도의 속도가 있어야 위성을 유성에 붙들어 놓음과 동시에 유성 속에 떨어지지 않게 할 수 있다'는 데에 있다. 따라서 그러한 기하학적인 기초에서 어떤 선험적 직관에 의하여, 또 어떤 자연법칙을 응용하여 훨씬 앞날의 결론을 추리해 낼 수 있는 것이다. 그것은 이들 추리가 '하나의' 직관적 이해에서 다른 직관적 이해의 단순한 다리인 까닭이지만, 단순한 순수추리와 오직 논리적 방법만으로는 앞날의 결론을 내놓을 수는 없다.

그러나 천문학에서 가장 근본적인 진리의 근원은 사실 귀납이다. 즉 많은 직관 속에 주어진 것을 정리하여 직접 기초한 옳은 판단으로 만드는 것이다. 이 판단에서 나중에 가설이 만들어지며, 가설이 경험에 의해 완전성으로 다가가는 귀납으로서 확증되면 최초의 판단이 증명된다. 이를테면 여러 유성이 운행하고 있는 것처럼 보이는 것은 경험으로 알고 있다. 이 유성 궤도의 공간적 관련에 대해서 많은 가설이 있었지만, 결국 옳은 가설이 발견되었고 다음에는 그 운행을 지배하는 법칙(케플러의 법칙)이 발견되었으며, 마지막에는 그 운행의 원인(만유인력)도 발견되었다. 주어진 모든 사례가 가설과 일치하고, 또 그 가설에서 나온 결론, 곧 귀납과 일치한다는 것이 경험으로 인식되었기 때문에 이 가설들은 모두 확실성을 얻게 되었다. 가설을 발견하는 것은 주어진 사실을 올바르게 파악하고 그것을 적당히 표현하는 판단력의 작업이지만 귀납, 즉 여러 직관이 그 가설의 진리성을 확정하는 것이다. 그러나 만약 우리가 우주를 자유로이 뛰어다닐 수 있고, 또 망원경과 같은 눈이 있다고 하면, 오직 하나의 경험적인 직관에 의해 이 가설의 진리성이 직접 기반을 얻는 일도 있을 것이다. 따라서 이 경우 추리는 인식의 본질적이고 유일한 원천이 아니고, 사실은 응급수단에 지나지 않는다.

마지막으로 우리는 제3의 다른 실례를 들어보려 하는데, 그것은 이른바 형이상학적 진리, 다시 말해 칸트가 자연과학의 형이상학적 기초 속에서 열거한 진리의 명증성은 증명에 의한 것이 아니라는 것이다. 우리는 선험적으로 확실한 것은 직접 인식한다. 그것은 모든 인식의 형식으로서 최대의 필요성을 가지고 우리에게 의식된다. 이를테면 물질이라는 것은 항존하는 것, 즉 발생할 수도 소멸할 수도 없다는 것을 우리는 소극적인 진리로서 알고 있다. 왜냐하면 우리가 갖고 있는 공간과 시간에 대한 순수직관이 운동의 가능성을 주고, 오성이 인과법칙에서 형상과 질료의 가능성을 주지만, 물질이 발생하고 소멸하는 것을 표상할 만한 형식은 우리에게 없기 때문이다. 따라서 이 진리는 어떤 시대, 어떤 곳, 어떤 사람에게도 뻔한 것이며, 또 진지하게 의심받는 일도 없다. 그런데 만약 이 진리의 인식 근거가 칸트가 행한 것처럼 바늘 끝을 걸어가는 것과 같이 어려운 증명이라면, 이렇게 명확하지는 않을 것이다. 뿐만 아니라 나는 (부록에서 언급한 것처럼) 칸트의 증명을 잘못된 것으로 간주하고, 물질의 항존은 시간이 아니라 공간이 경험의 가능성에 관계하는 점에서 연역되어야 할 것이라고 상술했다. 이런 의미에서 형이상학적이라고 불리는 모든 진리, 곧 필연적이고 보편적인 인식 형식의 추상적 표현의 참된 기반은 추상적인 원리 속에는 존재하지 않고, 표상 형식에 관한 필연적이고 반대를 받지 않는 선험적인 표현에 의해 알려지는 직접적 의식에만 존재한다. 그럼에도 형이상학적인 진리를 증명하려고 하는 것은, 조금도 의심할 여지가 없는 진리 속에서 증명해야 할 진리가 이미 부분으로서 혹은 전제로서 포함되어 있다는 것을 입증하는 것밖에 달리 방법이 없다. 예컨대 내가 앞에서 보여준 것처럼 모든 경험적 직관은 이미 인과법칙의 응용을 내포하고 있고, 인과법칙에 대한 인식은 모든 경험의 조건이며, 따라서 흄이 주장한 것처럼 경험에 의해 주어지거나 제약될 수는 없다. 대체로 연구하려는 사람들에게, 증명은 논쟁하려는 사람들에게서와 같이 가치 있는 것은 아니다. 논쟁하는 사람들은 직접적인 기초로 식견을 완강히 부인한다. 그러나 진리만은 어느 면에서 보든지 처음부터 끝까지 한결같다. 그러므로 그런 사람들에게는 그들이 다른 형태로 직접 부인하는 것을 어떤 '특정한' 형태로는 간접적으로 용인하고 있다는 것, 즉 부인된 것과 용인된 것 사이에 있는 논리적으로 필연적인 연관을 보여주어야 한다.

그 밖에도 과학적인 형식은 특수한 모든 것을 보편적인 것에 종속시키고 그렇게 하여 점점 위로 올라가는 것이지만, 이러한 형식의 당연한 결과로서 많은 명제의 진리는 논리적으로만 기초를 이루는 것, 다시 말해 다른 명제에 의존함으로써 동시에 증명으로 나타나는 추리에 의해 기초를 이루는 것이다. 하지만 이 형식은 모두 인식을 쉽게 하는 수단이지 더 큰 확실성을 얻기 위한 수단은 아니라는 것을 잊어서는 안 된다. 어떤 동물의 성질을 그것이 속하는 종(種)에서 다시 올라가서 속(屬)과 과(科), 목(目), 강(綱)에서 인식하는 것은 그때그때 주어진 동물을 그것만 독립시켜 연구하는 것보다 쉽다. 그러나 추리로 이끌어낸 모든 명제의 진리성은 언제나 진리가 아니고 직관을 기초로 하는 어떤 진리에 제약되며, 결국은 거기에 의존하고 있는 것이다. 만약 그러한 직관을 기초로 하는 진리가 추리에 의한 연역과 언제나 같은 것처럼 명확하다고 한다면, 무슨 일이 있어도 직관을 기초로 하는 진리를 택해야 할 것이다. 왜냐하면 개념에서 연역이 되는 것은 모두 앞서 말한 것처럼 여러 범위가 뒤섞여 있기 때문에, 또 여러 가지 오류를 일으키기 쉽다. 여러 그릇된 학설이나 궤변이 이런 종류의 실례가 될 것이다. 물론 추리는 형식상으로는 아주 확실한 것이지만, 그 자료, 즉 개념에 따라서는 불확실하다.

한편 이들 개념 범위는 정확하게 규정되어 있지 않은 것이 더러 있지만, 다른 한편으로는 서로 다양하게 교차되어 있어 하나의 범위가 많은 다른 범위 안에 포함되는 일이 있어서, 이미 언급한 것처럼 마음대로 그 범위에서 이들 범위 속 임의의 범위로 옮긴다거나 거기에서 다음으로 옮기는 것이 가능하다. 바꿔 말하면 소개념도 대개념도 여러 개념에 종속시킬 수 있으며, 이 개념 속에서 마음대로 대개념과 소개념을 끌어내면 결론은 이에 따라 달라진다. 따라서 어떠한 경우에도 직관적인 명증성이 증명을 거친 진리보다 훨씬 훌륭하며, 증명을 거친 진리는 직접적인 명증성의 근원이 아주 먼 경우에만 용인되어야 하는 것이므로, 이것이 증명을 거친 진리와 같은 가까운 거리에 있는 경우나 더 가까운 거리에 있는 경우에는 한층 더 용인되어서는 안 된다. 그러므로 우리가 앞에서 보아온 것처럼 실제로 논리학에 있어서는 직접적인 인식이, 개별적인 경우에 연역된 과학적 인식보다 우리에게 가까이 존재하고 있기 때문에, 우리의 사유를 오로지 사유법칙의 직접적 인식에 따라 운용하고 논리학은 이용하지 않은 채 놓아두는 것이다.

### 15. 진리의 기초와 오류의 가능성

우리의 신념은 직관이 모든 명증의 제1 원천이며, 여기에 직접 또는 간접으로 관계를 갖는 것이 절대적인 진리라는 것이다. 또 개념에 의한 매개에는 많은 착각이 따라다니기 때문에, 이 절대적 진리에 가장 가까운 길이 언제나 가장 확실한 길이다. 그런데 확신을 갖고 되풀이하여 말하지만, 유클리드에 의해 과학으로 확립되고 오늘에 이르기까지 그대로 남아 있는 '수학'을 보면, 수학이 걸어가고 있는 길이 이상한 것이고 전도된 것이라고 생각할 수밖에 없다. 우리가 원하는 것은 모든 논리적 기초를 직접적인 기초로 환원하는 데에 있다. 그런데 수학은 곳곳에서 수학 특유의 직관적인 명증을 제 마음대로 물리치고 여기에 논리적 명증을 대치시키고 있다. 이것은 지팡이에 의지하여 걷기 위해 스스로 다리를 절단하는 것과 같다. 또는 괴테의 《감상주의의 승리》에 나오는 왕자가 현실의 아름다운 자연을 외면하고는 자연을 본뜬 무대장치를 보고 기뻐하는 것과 같다고 하겠다.

나는 여기서 내가 《충족이유율에 대하여》 6장에서 언급한 것을 생각하지 않을 수 없다. 그리고 그것이 독자의 기억에 완전히 새롭게 그려질 것을 전제로 하고 싶다. 나는 논리적으로 주어지는 수학적 진리의 단순한 인식 근거와, 공간 및 시간의 각 부분이 직관적으로만 인식될 수 있는 직접적 연관인 존재의 근거 사이의 차이를 새삼 설명하지 않고, 여기 언급한 소견을 앞에서 말한 것과 결부시키는데, 이 연관을 통찰해야만 참된 만족과 근본적인 지식이 얻어진다. 그런데 단순한 인식 근거는 언제나 표면에 머물고 그것이 '그렇다'는 지식은 줄 수 있지만 '어째서 그런가'라는 지식은 줄 수 없다.

유클리드는 이러한 인식 근거의 길을 택했기 때문에 확실히 과학의 손실을 불러왔다. 왜냐하면 그는 처음에 꼭 한 번은 삼각형에 있어서 각과 변이 서로 규정하며, 서로 근거와 귀결의 관계에 있어 그것은 충족이유율이 단순히 공간 속에서 갖는 형식을 따르는 것이며, 이 형식이 다른 경우와 마찬가지로 그 경우에도 하나의 삼각형이 그런 것은 다른 삼각형이 그런 것에 기인한다는 필연성을 확실히 표시해야 했다. 그런데도 그는 삼각형을 근본적으로 통찰하지 않고 삼각형에 대하여 임의로 선택한 2, 3의 단편적 정리를 들고, 모순율에 따라 논리적으로 행해진 번거로운 증명에 의하여 이들 정리에 이론적인 인식 근거를 주고 있다. 따라서 거기에서 얻어지는 것은 이들 공간의 관계에 대한 인식이 아니라 이들 관계 속에서 임의로 알려진 두세 개의 결과에 지나지 않는다. 그리고 마치 정밀한 기계의 여러 작용을 보면서 그 내부의 연관과 장치는 보지 못하는 것과 같다. '유클리드가 증명하고 있는 것은 모두 그와 같은 것이다'라고 하는 것은 모순율에 의해 꼭 용인되어야 한다. 그러나 어째서 그런가 하는 것은 모른다. 그래서 요술을 보고 난 뒤처럼 뭔가 불쾌한 기분이 든다. 그리고 실제로 유클리드의 증명은 요술과 흡사한 것이 있다. 진리는 거의 언제나 뒷문으로 들어오며, 우연히 부수적인 사정에서 생긴다. 간접적인 논증은 흔히 모든 문을 차례로 닫고 하나만을 열어두기 때문에, 할 수 없이 거기로 들어가게 마련이다. 피타고라스의 정리와 마찬가지로 이유를 모르고도 선을 긋는 일이 이따금 있다. 그리고 나중에 그것이 억지로 학습자의 동의를 얻기 위한 함정이었다는 것을 알게 되지만, 그렇게 되면 학습자는 내적 연관이란 점에서는 전혀 이해가 가지 않는 것도 받아들여야만 한다. 이렇게 해서 유클리드를 모두 학습해도 공간적인 관계의 법칙에 대한 근본적 통찰을 못하고, 그 대신 그 법칙의 몇몇 결론을 암기하는 것에 불과하게 된다. 이렇듯 근본적으로 경험적이고 비과학적인 인식은 병과 이 병에 대한 약을 알고 있어도 둘 사이의 관계를 모르는 의사의 인식과 같은 것이다. 이 모든 것은 어떤 종류의 인식에 고유한 확증과 명증의 방법을 변덕스럽게 거절하고, 그 대신 그 인식의 본질과 관계없는 방법을 무리하게 도입한 결과이다. 그런데 유클리드가 이것을 완수한 방법은 상당한 찬사를 받고 있으며, 이 찬사는 사실 수세기를 두고 유클리드에게 바쳐지고 또 널리 퍼져 있기 때문에, 이와 같은 수학적 취급 방법이 모든 과학적 설명의 본보기라고 하여 다른 과학도 여기에 따라 재건하려고까지 했다. 그러나 나중에는 이유도 모르고 이 방법을 벗어난 사람도 있었다. 우리가 보는 바로는, 수학에서 유클리드의 방법은 정말 심하게 뒤바뀌고 거꾸로 된 상태이다.

그런데 인생에 대한 과실이든, 학문에 대한 과실이든 고의로, 그리고 조직적으로 행해져서 세상의 찬동을 얻은 과실의 근거는 언제나 그 시대에 행해지는 철학 속에 존재한다는 것이 확인된다. 엘레아학파들은 비로소 직관한 것($\phi\alpha\iota\nu o\mu\epsilon\nu o\nu$)과 사유한 것($\nu o o\nu\mu\epsilon\nu o\nu$)[18]과의 차이뿐만 아니라 그 모순까지도 발견하여, 이 차이나 모순을 그들 철학설이나 궤변에 여러 가지로 이용했다. 그 뒤에 그들의 뒤를 따른 것은 메가라학파, 변증학파, 궤변학파, 신아카데미아학파, 회의학파들이지만, 이들은 세상 사람들의 주의를 가상, 즉 감각, 혹은 감각의 재료를 바꾸어 직관으로 만드는 오성의 착각을 향하게 했다. 그 가상, 곧 착각 때문에 가끔 이성이 확실하게 실재하지 않은 것으로 반박되곤 하는데, 물속에서 막대기가 꺾인 것처럼 보이는 것이 그 예이다. 그래서 사람들은 감각적 직관이 반드시 믿을 만한 것은 아니라는 점을 인식하고, 서둘러 이성적이고 논리적인 사고만이 진리의 기초가 된다고 추론했다. 물론 플라톤(《파르메니데스》에서), 메가라학파, 피론, 신아카데미아학파들은 여러 실례에 따라, 나중에 섹스투스 엠피리쿠스가 한 것과 같은 방법으로 추리나 개념도 오류를 범하는 일이 있고, 논리를 펼 때 무의식적으로 오류에 빠지거나 궤변에 빠지는 일까지 있어서, 이것들

---

18) 칸트는 이 그리스어를 잘못 사용하고 있다. 여기에 대해서는 부록에서 비난했지만 여기서는 생각하지 않겠다.

은 오히려 감각적 직관에서 생기는 가상보다 훨씬 생기기 쉽고 또 훨씬 해결하기 어려운 것임을 보여주었다. 그 속에서 경험론에 대립하여 생긴 합리론이 우세해져서 유클리드는 이 합리론에 따라 수학을 만들어 갔다. 즉 공리만은 할 수 없이 직관적 명증에 기초를 두지만, 그 밖의 모든 것은 추리에 기반을 두기로 했다. 그의 방법은 수세기 동안 지배적이었으며, 선험적 순수직관이 경험적 직관에서 구별되지 않은 한 그냥 그대로 유지되어야만 했다. 물론 유클리드의 주석자인 프로클로스는 이미 그 구별을 완전히 인식한 것같다. 그것은 케플러가 그의 저서인 《세계의 조화》에서 프로클로스의 이 문제를 중요시하지 않고, 다른 문제와 고립시켜 제창했기 때문에 세상 사람들의 주의를 끌지 못하고 일반에게 보급되지도 못했다.

그로부터 2000년 뒤에야 나온 칸트의 학설은 유럽 여러 나라의 모든 지식과 사유와 행동에 커다란 변혁을 일으킬 만큼 영향을 미쳤고, 수학에도 영향을 주었다. 우리는 이 위대한 철학자로부터 공간과 시간의 직관이 경험적인 직관과는 전혀 다르며, 감관에 대한 인상과는 관계없이 이 인상에 제약받는 것이 아니고 이 인상을 제약한다는 것, 즉 선험적이어서 착각에 빠지는 일이 없다는 것을 배우게 되었다. 그리고 난 후에 비로소 유클리드가 하는 것과 같은 수학의 논리적 취급 방법이 쓸데없는 조심이고, 건강한 다리를 위한 지팡이이며, 마치 여행자가 밤중에 밝게 보이는 견고한 도로를 강이라고 생각하고 그 도로를 걸어가지 않도록 조심하고는, 쉴 새 없이 그 옆의 울퉁불퉁한 땅을 걸어가면서 강에 떨어지지 않았다고 만족해하는 것과 같다는 사실을 알 수 있다.

이제야 우리는 확실히 다음과 같이 주장할 수 있다. 하나의 도형을 직관하는 경우, 우리에게 필연적이라고 생각되는 것은 종이 위에 불완전하게 그려진 도형에서 오는 것이 아니고, 또 그때 우리가 사유하는 선험적 개념에서 오는 것도 아니며, 우리가 선험적으로 의식하고 있는 모든 인식의 형식에서 직접 오는 것이다. 이 형식은 충족이유율이긴 하지만 여기서는 직관의 형식, 즉 공간에 있어서 존재의 충족이유율이다. 그러나 이 원리의 명증성과 타당성은 인식 근거의 논리적 확실성과 같으며 똑같이 직관적인 것이다. 따라서 우리는 단순히 논리적 확실성을 얻기 위해 수학의 고유한 영역을 떠나 그것과 조금도 관계가 없는 개념의 영역에서 수학을 확인할 필요도 없고, 또 해서도 안 된다. 만약 우리가 수학 고유의 지반에 머물러서 이로운 점을 얻는다면, 그것은 수학에서 무엇이 '그렇다'고 하는 지식이 '왜' 그런가 하는 것과 같은 일이다. 유클리드의 방법에서는 양자를 분리하여 전자만을 인식시키지만, 후자에 대해서는 모른다. 그런데 아리스토텔레스는 《분석론 후편》에서 다음과 같이 말하고 있다. "사물이 그렇게 있다는 것과 왜 그렇게 있는가 하는 것을 동시에 가르치는 지식은 이것을 따로 가르치는 지식보다 더 정밀하며 우수하다." 왜냐하면 우리는 물리학에서 어떤 것이 그렇게 있다고 하는 인식이 '왜' 그렇게 있는가 하는 인식과 하나가 된 경우에만 만족할 수 있기 때문이다. 다시 말해 수은이 토리첼리의 관(管) 속에서 76센티미터 높이에서 멈춘다는 것은 공기 압력에 의해 그렇게 된다는 지식이 덧붙여지지 않으면 그릇된 지식이다. 그러나 수학에서 원 속에서 서로 교차하는 두 개의 현이 만드는 활꼴은 언제나 같은 직사각형을 이룬다고 하는 원의 숨은 성질(qualitas occulta)로 우리는 만족할 수 있을 것인가? 그렇다고 하는 것을 유클리드는 제3권의 제35정리에서 증명하고 있지만, 그 이유는 밝히지 않고 있다. 피타고라스 정리는 우리에게 직각삼각형의 숨은 성질을 알려준다. 유클리드의 거만하고 교활한 증명은 우리가 그 이유를 묻는 경우에는 아무 소용이 없다. 그리고 증명에 도움이 되기 위해 이미 알려진 간단한 도형을 한 번 보면 그 증명보다 훨씬 그 문제를 잘 알 수 있고, 그 필연성과 또 그 성질이 직각에 의존하고 있는 것에 대한 내적 확신이 생긴다.

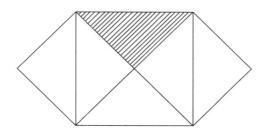

　이 경우에도 직각을 사이에 둔 두 변이 같지 않아도 그러한 직관적 확신이 생긴다. 그것은 대체로 모든 가능한 기하학적 진리의 경우와 마찬가지이며, 그 이유는 그런 진리의 발견은 언제나 이렇게 직관된 필연성에서 나온 것이며, 증

명은 나중에야 비로소 생각해 낸 것이기 때문이라는 데 있다. 따라서 기하학적 진리의 필연성을 직관적으로 인식하려면, 그것을 발견했을 때의 사유 과정을 분석하기만 하면 된다. 내가 수학 강의를 위해 바라는 것은 대체로 분석적인 방법이며, 유클리드가 사용한 것과 같은 종합적인 방법은 아니다. 물론 복잡한 수학적 진리의 경우에는 이 분석적인 방법이 곤란하겠지만, 그것이 극복될 수 없는 것은 아니다. 독일에는 이미 여기저기서 수학 강의의 방법을 변경하여 이 분석적인 방법을 따르려 하고 있다. 이것을 더 대담하게 한 것이 노르트하우젠 고등학교의 수학 및 물리학 교사인 코자크 씨이며, 그는 1852년 4월 6일의 학교 시험 과목에 기하학을 나의 원리에 따라 가르치며 응용했다.

수학의 방법을 개량하기 위해서는 증명을 거친 진리가 직관적으로 인식된 진리보다 어떤 점에서 우수하다거나, 모순율에 의거한 논리적인 진리가 명증하므로 공간의 순수직관도 포함한 형이상학적 진리보다 어떤 점에서 우수하다고 하는 편견을 버려야 한다.

가장 확실하고 어떤 경우에도 설명할 수 없는 것은 '충족이유율'의 내용이다. 왜냐하면 충족이유율은 여러 가지 형태를 취하고 나타나지만, 우리의 모든 표상과 인식의 보편적 형식을 표시하는 것이기 때문이다. 모든 설명은 이 원리에 환원하는 것이며, 이 원리 일반에 의해 표시된 여러 표상 사이의 연관을 개별적인 경우를 통하여 입증하는 것이다. 따라서 이것은 모든 설명의 원리이며, 그런 이유로 그 자체는 설명할 수도 없고 또 설명할 필요도 없다. 왜냐하면 어떠한 설명이든 이미 이 원리를 전제로 하고 있으며, 이 원리에 의해서만 의미를 얻기 때문이다. 이 원리가 나타내는 여러 형태에 우열의 차이는 없다. 이 원리는 존재, 또는 생성, 또는 행위, 또는 인식의 충족이유율로서 똑같이 확실하고 논증이 불가능한 것이다. 근거와 귀결과의 관계는 이 원리가 어떤 형태로 나타나도 필연적이다. 이 관계는 일반적으로 필연성 개념의 근원이기도 하며, 또 유일한 의미이기도 하다. 근거가 주어지는 경우 귀결의 필연성이 있다는 것밖에는 어떠한 필연성도 없고, 또 귀결의 필연성을 동반하지 않는 근거도 없다. 따라서 전제 속에 주어진 인식 근거에서 결론이라고 하는 귀결이 생기는 것이 확실한 것처럼, 공간에서의 존재 근거는 공간에서의 귀결을 제약하는 것처럼 확실하다.

만약 내가 이 둘의 관계를 직관적으로 인식한다면, 이 확실성은 논리적인 것의 확실성과 같은 정도이다. 그러나 기하학적 정리는 모두 12공리 가운데 하나와 같이 그런 관계의 표현이다. 즉 기하학적 정리는 형이상학적 진리이며 모순율과 마찬가지로 직접적으로 확실하지만, 모순율은 하나의 초논리적 진리이며 모든 논리적 논증의 보편적인 기초이다. 어떤 종류의 정리로서 표현된 공간적 관계에 대해 직관적으로 나타난 필연성을 부인하는 사람은, 같은 권리를 가지고 공리를 부인할 수 있고, 또 같은 권리를 가지고 전제로부터 나온 추리의 결론을 부인하고, 나아가서 모순율 그 자체까지도 부인할 수 있다. 왜냐하면 이들 모두의 관계는 똑같이 증명되지 않으며, 직접적으로 명증하고 선험적으로 인식할 수 있기 때문이다. 따라서 직관적으로 인식할 수 있는 공간 관계의 필연성을 새삼 논리적 증명으로 모순율에서 연역하려고 하는 것은, 한 지방의 진짜 영주에게 다른 영주가 진짜 영주의 영지를 새삼스레 봉토로 주려고 하는 것과 같다. 그런데 유클리드가 한 것이 이런 일이다. 그는 단지 그 공리만은 할 수 없이 직접적인 명증에 기반을 두고 있지만, 여기에 따르는 기하학적 진리는 모두 논리적으로 증명한다. 말하자면 공리들을 전제로 하여 공리 속에서 행한 가정이나 이전 정리와의 일치에서, 또는 그 정리의 반대가 가정이나 공리나 이전 정리들 또는 그 정리 자체와 모순된다는 것에서 증명된다는 것이다. 그러나 공리 그 자체는 다른 모든 기하학적 정리보다 직접적인 명증성이 더 많은 것이 아니고, 내용이 적기 때문에 더 간단하다는 것뿐이다.

　　범인을 신문할 경우, 그의 진술을 조서로 작성하고 그 진술과의 일치를 기초로 하여 진실성을 판단한다. 하지만 이것은 단순한 응급조치에 지나지 않으며, 만약 그 범인이 진술한 것에 대한 진실성을 다른 관계와 분리하여 직접 음미할 수만 있다면, 그것으로 만족할 수는 없다. 특히 그는 처음부터 일관되게 거짓말을 했을지 모르기 때문에 더한층 그렇다. 그런데 유클리드가 공간을 연구했을 때의 방법은 앞서 말한 바로 그러한 방법이었다. 물론 그가 출발점으로 삼았던 전제는 옳다. 자연은 곳곳에서 일관되게 있고, 그 근본 형식, 즉 공간에 있어서도 일관하고 있음에 틀림없다. 또 그런 까닭에 공간의 각 부분은 서로 근거와 귀결의 관계에 있으므로, 어떠한 공간적 규정도 다른 규정과 모순되는 것을 제외하고는 다른 것은 있을 수 없다. 그러나 이것은 사실 번거롭고 불만스러운 우회로이며, 간접적 인식을 확실한 직접적 인식보다 우세하다 하고, 또 어떤 것이 '있다'는 인식을 '왜' 그것이 있는가 하는 인식과 '구별하여' 과학에 커다란 손실을 초래하게 한다. 또 마지막으로는 학습자에게 공간에 대한 법칙들을 이해시키지 않을 뿐만 아니라 사물의 근거와 그 내용 사이의 연관을 연구하는 습관을 없애고, 그 대신 오직 '그것이 그렇게 있다'고 하는 역사적 지식으로 만족하도록 인도한다. 이 방법은 통찰력을 연마하는 데 적합하다고 칭찬받고 있지만, 그것은 학생들이 추리를 하는 데, 곧 모순율을 응용하는 데 사용하는 것으로, 모든 자료들이 일치되는 것인지 비교하기 위해 자신의 기억을 동원하려고 노력하는 데에 적합할 뿐이다.

그런데 이상하게도 이 증명법은 기하학에만 응용되고 산술에는 응용되지 않았다. 산술에서 진리는 오직 직관에 의해 알려지는데, 그 직관이란 산술에서는 단지 셈한다는 것뿐이다. 수에 대한 직관은 '오직 시간'에만 있으며, 따라서 기하학의 도형처럼 감각적인 도식에 의해서 대표될 수 없기 때문에, 직관은 단지 경험적이며 가상에 사로잡혀 있을 것이라는 의혹은 없어졌다. 이러한 의혹이 있기 때문에 논리적인 증명법이 기하학에 도입되었던 것이다. 시간은 1차원만 갖고 있으므로, 셈한다는 것은 산술의 유일한 계산이며, 다른 모든 계산은 여기에 환원되어야 한다. 그리고 셈한다는 것은 선험적 직관에 불과하며, 산술에서 이것을 참조하는 데에 조금도 주저하지 않는다. 또 이것에 의해서만 그 밖의 것과 모든 계산과 방정식이 최종적으로 확정된다. 사람들은 예컨대 $\frac{(7+9)\times 8-2}{3}=42$를 증명하지 않고 시간에 있어서 순수직관에 의거하여 계산한다. 그러므로 셈하는 것에 의해 모든 개별적 정리는 모두 공리로 된다. 그러므로 기하학에서는 증명만 있고 산술과 대수의 모든 내용은 그와 달리 계산을 간단하게 하는 방법뿐이다. 본디 시간에 있어서 수에 대해 우리가 갖고 있는 직관은 위에서 언급한 것처럼 10 정도까지만 해당된다. 그 이상이 되면 이미 수의 추상적인 개념을 말로 고정하여 이것을 직관 대신 사용해야 한다. 그러므로 직관은 이제 실제로 행해지는 것이 아니고 일정한 기호로 표시되는 데 불과하다. 그러나 아무리 그렇다고 해도 큰 수를 언제나 작은 수로 대표시키는 수의 질서라고 하는 중요한 수단에 의해 모든 계산의 직관적인 명증이 가능하게 된다. 매우 추상적인 도움을 받는 경우도 그렇다. 그러한 경우에는 단지 수뿐만 아니라 일정하지 않은 양과 계산 전체가 추상적으로만 사유되고, 이런 의미에서 $\sqrt{r-b}$ 처럼 기호로 표시한다. 따라서 이렇게 되면 계산을 하는 것이 아니라 그것을 예시할 뿐이다.

기하학에서도 산술과 마찬가지의 권리와 확실성을 가지고 진리를 오직 선험적인 순수직관 위에 세울 수가 있을 것이다. 실제로 기하학에 명증성을 주고, 각 개인의 의식에 기하학 정리의 확실성이 의존하고 있는 것은 언제나 '존재의 충족이유율'에 따라 직관적으로 인식된 이 필연성이며, 결코 거만한 논리적 증명이 아니다. 논리적 증명은 언제나 문제와는 거리가 멀고 대개는 곧 잊어버리지만, 그것으로 확신이 손상되는 것은 아니며, 또 완전히 없어져 버려도 그것으로 기하학의 명증성이 감소되는 것도 아니다. 왜냐하면 기하학적 명증성은 논리적 증명과는 전혀 관계가 없으며, 증명은 언제나 이미 다른 종류의 인식에 의해 완전한 확신이 있는 것만을 증명하기 때문이다. 그러한 면에서 논리적 증명은 이미 다른 사람에 의해 살해된 적에게 다시 일격을 가하고, 그 적을 죽인 것은 자기라고 말하면서 뽐내는 비겁한 병사와 같다.[19]

이에 따라 모든 명증성의 본보기가 되고 상징이 된 수학의 명증성은 그 본질상 증명에 기반을 둔 것이 아니고 직접적인 직관에 기반을 둔 것이다. 따라서 이 경우에도 다른 모든 경우와 마찬가지로 이 직관이 모든 진리의 최종적인 근거이자 원천이라는 점은 이제 의문의 여지가 없을 것이다. 그러나 수학의 기초가 되고 있는 직관은 다른 어떠한 직관보다, 즉 경험적 직관보다 훨씬 우수하다. 다시 말해 수학의 기초가 되고 있는 직관은 선험적이며, 따라서 언제나 부분적으로 또 연속적으로 오는 경험에 의존하지 않기 때문에 모든 것이 똑같이

---

19) 스피노자는 기하학적 방법(more geometrico)을 취하는 것을 자랑으로 여겼지만, 사실은 자신이 의식하고 있던 것 이상으로 기하학적 방법을 사용했다. 왜냐하면 그는 세계의 본질에 대한 직접적이고 직관적인 파악으로 확실하고 결정적으로 된 것을 이것과는 상관없이 논리적으로 증명하려 하기 때문이다. 그러나 그가 의도적으로 확실하게 한 결론은 자기 마음대로 만든 개념들(실체, 자기원인 등)을 출발점으로 하여 얻을 수 있고, 개념의 범위가 본질적으로 광범위하게 펼쳐져 있어서 임의로 할 수 있는 해석을 가하면서 증명함으로써만 얻을 수 있다. 따라서 그의 학설 가운데에서 참되고 우수한 것들은 기하학에서와 마찬가지로 증명을 완전히 떠나서도 참되고 우수한 것이다.

직관 가까이에 있고, 임의로 근거에서 출발할 수도, 귀결에서 출발할 수도 있다. 그러한 직관에서는 귀결이 근거에서 인식되기 때문에 전혀 오류가 생기지 않는다. 이러한 인식만이 필연성을 갖고 있다. 이를테면 삼각형의 두 변의 등식은 각의 등식에 의해 기초를 얻은 것으로 인식된다.

그런데 모든 경험적인 직관이나 경험의 대부분은 이와는 반대로 귀결에서 근거로 나아가는 것이며, 이런 종류의 인식은 오류가 없다고 할 수 없다. 왜냐하면 필연성은 근거가 주어지고 있는 한 귀결에만 있는 것이며, 여러 가지로 다른 근거에서 동일한 귀결이 생기는 일도 있어서, 귀결에서 근거를 인식한 경우에는 필연성이 없기 때문이다. 이런 종류의 인식은 언제나 귀납적인 것에 불과하다. 이를테면 하나의 근거를 지시하는 많은 귀결에서 그 근거가 확실한 것으로 가정되는 것이다. 그런데 모든 사례가 완전히 수집되는 일은 있을 수 없기 때문에, 이 경우에는 진리도 무조건 확실하다고 말할 수는 없다. 감각적 직관에 의해 얻은 모든 인식이나 대부분의 경험을 갖는 진리는 이런 종류의 것뿐이다. 어떤 감각이 자극을 받으면 오성 추리가 행해져 결과에서 원인을 추론하는 것이 된다. 그러나 기초된 것으로부터 그 기초를 추론하는 것은 확실한 것이 아니기 때문에 착각으로 그릇된 가상이 생길 가능성이 있으며, 또 전에 말한 것처럼 실제로 생기는 일도 가끔 있다. 약간의 감각 또는 오감 전부가 같은 원인을 지시하는 자극을 받았을 경우, 가상의 가능성은 가장 적게 되는 것이지만 전혀 없는 것은 아니다. 왜냐하면 어떤 경우, 예컨대 위조화폐 같은 것은 그것으로 감관 전부가 기만당하기 때문이다. 이런 경우 자연과학은 이 순수한(칸트에 따르면 형이상학적인) 부분을 무시하고 있다. 자연과학에서도 결과에서 원인이 인식된다. 따라서 모든 자연과학은 가설에 기초를 두고 있지만, 가설이라는 것은 이따금 옳지 못한 것이며 점점 더 옳은 가설에 자리를 양보하고 있다.

특정한 의도 아래에서 행해지는 실험의 경우에 한해서 인식이 원인에서 결과로 확실한 길을 걸어간다. 그러나 실험 자체는 가설의 귀결 밑에서 비로소 계획된다. 그래서 자연과학의 어떠한 부분도, 이를테면 물리학, 천문학, 생리학만 하더라도 수학과 논리학처럼 한 번에 발견될 수는 없었고, 어떠한 것이 성립될 때까지는 수백 년 간의 경험을 찾아 모으고 비교해야 했으며, 또 지금도 그래야 한다. 경험적인 확증을 거듭함으로써 가설의 기초가 되고 있는 귀납이 점점 완전하게 되고, 따라서 실제로 확실한 관점으로 간주되기에 이른다. 그리고 그것은 그 근원인 가설에 장해가 되는 것으로 보이지만, 직선과 곡선의 상이점이 기하학에 응용되는 경우나, 또 사실상 얻어질 수 없는 대수의 완전한 정확성을 산술에 응용하는 경우보다는 장해가 적은 것으로 생각된다. 왜냐하면 원의 넓이를 구하는 방법과 대수가 조금씩 무한히 정당성에 접근하도록 하는 귀납, 즉 귀결에서 근거를 추정하는 인식은 여러 번의 경험에 의하여 수학적 명증, 곧 근거에서 귀결을 추정하는 인식으로 무한히 접근한다고 말할 수는 없지만 착각이 있을 수 있기 때문이다. 예를 들어 귀납 추리도 무수한 경우에서 모든 경우, 다시 말해 본디는 그 모든 경우가 기초가 되어 있는 마지막 근거를 추정하는 추리이다. 그래서 이런 종류의 추리로는 모든 사람의 심장이 왼쪽에 있다고 하는 추리보다 확실한 것처럼 생각된다. 그런데 매우 드물긴 해도 특별한 예외로 오른쪽에 심장이 있는 사람이 있다. 이렇듯 감각적 직관과 경험과학은 같은 종류의 명증성을 갖는다.

수학, 자연과학, 논리학이 선험적 인식으로서 감각적 직관이나 경험과학과 비교하여 우수한 것은 오직 모든 선험적 기초가 되는 인식 형식이 완전히, 또 동시에 주어지기 때문에 수학, 순수 자연과학, 논리학에서는 언제나 근거에서 귀결로 나아갈 수 있지만, 감각적 직관이나 경험과학에서는 대개 귀결에서 근거로만 나아간다. 그러나 그 자체로서는 인과성의 법칙이나 경험적 인식으로 인도하는 생성의 충족이유율의 여러 가지 다른 형태와 마찬가지로 확실한 것이다. 개념에서 하는 논리적 증명, 혹은 추리는 선험적 직관에 의한 인식과 마찬가지로 근거에서 귀결을 추정한다고 하는 장점을 가지고 있으며, 이 때문에 논리적 증명 내지 추리는 그 자체로서, 즉 형식적으로는 틀림없는 것이다. 그래서 증명이란 것이 일반적으로 아주 존중되기에 이르렀다. 하지만 그들 추리가 틀림없다는 것은 상대적인 것이다. 바꿔 말하면 이들 추리는 과학의 상위 원리에 포괄될 뿐이지만, 그것은 단순히 증명되는 것이 아니라 직관에 의거해야만 하는 것이다. 이 직관은 상술한 것과 같은 아주 소수의 선험적 과학에서는 순수직관이지만, 그 밖의 경험과학에서는 언제나 경험적인 것이며, 귀납에 의해서만 보편적인 것으로까지 옮아 있다. 따라서 경험과학에서는 개별적인 것이 보편적인 것에서 증명된다고 해도 보편적인 것은 그 진리성을 개별적인 것에서 얻은 데 불과하며, 곧 수집된 화물 창고에 지나지 않으며, 자기 자신이 물건을 생산하는 대지는 아니다.

진리의 기초에 대해서는 이 정도로만 해두기로 한다. '오류'의 기원과 가능성에 대해서는, 비둘기장에서 잘못하여 다른 집 비둘기를 잡는 것과 마찬가지라고 한 플라톤의 비유적 해명(《테아이테토스》 p. 167 이하) 이래 많은 설명이 시도되었다. '칸트'는 대각선 운동의 비유를 사용해 오류의 기원에 대해 정확하지 않은 막연한 설명을 하고 있지만(《순수이성비판》 초판 p. 294, 제5판 p. 350) 진리란 하나의 판단의 인식 근거에 대한 관계이기 때문에, 판단하는 사람이 그와 같은 근거를 갖고 있다고 실제로 믿을 수 있는데도 갖고 있지 않다고 하는 것이 어떻게 있을 수 있는가? 다시 말해 어떻게 오류, 즉 이성의 착각이 가능한가 하는 것은 확실히 문제가 된다. 이것은 그 가능성을 앞서 설명한 가상, 곧 오성이 착각에 빠질 가능성과 유사하다. 내 생각으로는 (이것은 지금 여기서 말하면 그 설명이 되는 것이다) '모든 오류는 귀결에서 근거로 거슬러 올라가는 추리'에서 발생하는 것이며, 또한 그 귀결이 그 해당 근거에서 생긴 것이지 다른 근거에서 생길 리 없다는 것을 알고 있는 경우에는 타당하지만, 그 밖의 경우에는 타당하지 않은 추리이다. 오류를 범하는 사람은 하나의 귀결에 그 귀결이 전혀 가질 수 없는 근거를 설정한다. 이 경우 그에게는 오성이 실제로 부족하다. 말하자면 원인과 결과와의 결합을 직접 인식할 능력이 부족하다는 증거이다.

또한 더 빈번한 경우이긴 해도 오류를 범하는 사람이 귀결에 어떤 근거를 규정하는 경우, 물론 그 근거는 가능하지만 귀결에서 근거로 거슬러 올라가는 그의 추리 전체에 덧붙여, 그 해당 귀결은 '언제나' 그가 진술한 근거에서만 생긴다고 간주하는 것이다. 그것은 그가 완전한 귀납을 행한 뒤에야 비로소 가능하지만, 그는 그렇게 하지 않고 오직 전제만 하고 있다. 따라서 그 '언제나'라는 것은 지나치게 광범한 개념이며, 그 대신 '가끔'이라든가 또는 '대체로'라고 말하기만 하면 별 지장이 없을 것이다. 이렇게 하면 결론은 불확실한 것이 되며, 그러한 결론으로서는 잘못이 없다. 그런데 오류를 범하는 사람이 앞에서 말한 것과 같은 방법으로 추론하는 것은 조급한 탓이 아니면 가능성에 대한 지식이 제한되어 있는 탓에 행해야 할 귀납의 필연성을 알지 못하기 때문이다. 따라서 오류는 가상과 유사하다. 둘 다 귀결에서 근거로의 추리인데, 가상은 언제나 인과성의 법칙에 따라서, 또 단순한 오성, 즉 직접적인 직관에 의해서 행해지지만, 오류는 충족이유율의 모든 형식에 따라서 이성, 곧 본디적인 사유에 따라 행해진다. 그러나 가상과 마찬가지로 인과성의 법칙에 따라 행해지는 경우도 가끔 있으며, 다음에 말하는 세 가지 실례는 이를 증명한다.

이것들은 오류의 세 가지 유형으로 대표적인 것이라 할 수 있다. ①감각의 가상(오성의 착각)에 기인하는 오류(이성의 착각), 이를테면 그림을 돋을새김으로 보고 실제로 그렇게 생각하는 경우, 이것은 다음과 같은 전제에서 생기는 추리에 의한다. 즉 '암회색이 군데군데 여러 가지 짙은 것과 연한 것을 나타내 점점 희게 변하는 경우, 언제나 그 원인은 빛이 볼록한 곳과 오목한 곳에 달리 비치기 때문이다.' 그러므로 ②'내 금고의 돈이 없어졌을 경우, 그 원인은 '언제나' 하인이 진짜 열쇠를 갖고 있는 것이다.' 그러므로 ③'프리즘에 의해 분산된, 즉 위 또는 아래로 옮겨진 한 줄기 햇빛이 그때까지는 둥글고 희게 보였는데, 지금은 길고 색이 섞여 보이는 경우, 그 원인은 반드시 빛깔 속에는 여러 가지 색과 동시에 여러 가지로 분산되는 동질의 광선이 포함되어 있어서, 이 광선이 여러 굴절성에 의해 갈라져 지금은 길고 여러 색이 있는 어떤 상을 나타내는 것이다. 그러므로 자, 마시자!' 이러한 추론은 잘못 보편화된 가정적 귀결에 대해 하나의 근거를 가정하려 하는 데에서 생기는 것으로, 전제에서는 추론이지만 어떤 오류로 인해 이러한 추론에 귀착할 수는 없다. 이것은 계산 착오는 아니다. 계산 착오는 본디적인 오류라고 할 수 없는 단순한 과실이다. 다시 말해 수의 개념이 지시하는 계산은 계수라는 순수직관이 아닌 다른 직관에 의한 것이다.

과학 일반의 '내용'을 말한다면, 그것은 본디 언제나 충족이유율에 따라, 또 이 원리에 의해 비로소 타당하고 의미를 갖는 이유 탐구를 길잡이로 한, 세계의 현상들 사이의 상호 관계이다. 이를 표시하는 것이 '설명(Erklärung)'이다. 따라서 설명은 두 개의 표상을 이 표상들이 속해 있는 부분을 지배하고 있는 충족이유율 형태의 상호 관계에서 나타내는 것 이상으로 보여줄 수는 없다. 설명이 여기까지 진행되면 그 이상은 '왜'라고 질문할 수도 없다. 왜냐하면 거기에 표시된 관계는 오직 그것뿐이며, 그 밖에는 표상할 수 없는 것, 즉 그 관계는 모든 인식의 형식이기 때문이다. 그래서 사람들은 왜 2+2=4인가 하고 질문하지 않으며, 왜 삼각형의 각이 같으면 변도 같은가 하고 묻지 않고, 또 왜 전제가 옳으면 결론도 옳은가 하고 묻지도 않는다. 그 이상 '왜' 하고 물을 수 없는 관계에까지 거슬러 올라가지 않는 설명은 모두 어떤 숨겨진 성질을 상정하여 거기에 머무른다. 그런데 근원적인 자연의 힘은 모두 이런 종류의 숨겨진 성질이다. 어떠한 자연과학적인 설명도 결국은 이러한 자연의 힘, 곧 어떤 컴컴한 곳에 머물러 있어야만 한다. 그래서 자연과학적 설명은 한 인간의 내적 본질과 마찬가지로 돌의 내적 본질에까지도 설명을 가하지 말고 방치해 두어야 한다. 돌이 나타내는 중력, 응집력, 화학적 성질 등을 해명할 수도 없고 또 인간의 인식이나 행동을 해명할 수도 없다. 예를 들면 중력은 하나의 숨겨진 성질이다. 왜냐하면 중력은 없는 것으로 생각할 수도 있는 것이며, 인식의 형식에서 하나의 필연적인 것으로 나오는 것이 아니기 때문이다. 반대로 관성의 법칙은 필연적인 것으로 인과법칙에서 생긴다. 따라서 인과법칙에 환원하면 충분한 설명이된다.

어떻게 해서도 설명이 될 수 없는 것, 즉 충족이유율이 표시하는 관계에 환원할 수 없는 것이 두 가지 있다. 그 하나는 네 개의 형태를 취해 나타나는 충족이유율이다. 왜냐하면 이것은 모든 설명의 근본이며 이 원리에 관련하여 비로소 설명이 의미를 갖기 때문이다. 다른 하나는 충족이유율이 도달할 수 없는 것이지만, 근원적인 것이 모든 현상으로 되어 생기는 것이다. 말하자면 물자체이며, 순전히 충족이유율에 의한 인식은 아니다. 그런데 이 물자체에 대해서 여기서는 전혀 모르는 것으로 놓아두지 않으면 안 되겠다. 왜냐하면 우리는 제2권에서 과학의 가능한 업적들에 대한 이 고찰을 다시 다룰 작정인데, 물자체는 그 뒤에야 이해될 수 있기 때문이다. 그런데 자연과학이나 다른 과학으로서는 물자체를 설명할 수 없을 뿐만 아니라 그 설명의 근본인 충족이유율까지도 이점을 넘어설 수는 없어서 사물을 그대로 놔둔다. 하지만 거기서 철학이 사물을 다시 취급하여 자연과학과는 전혀 다른 철학적인 방법으로 고찰한다. 《충족이유율에 대하여》 제51장에서 나는 여러 과학에서 충족이유율의 어떠한 형태가 주된 지도 원리로 되어 있는가를 보여주었다. 사실 이것이 과학의 가장 적절한 분류가 될 것이라고 생각한다. 그런데 그 지도 원리를 다룬 설명은 언제나 상대적인 것에 불과하다. 그것은 사물들의 상호 관계는 설명하지만, 이미 그 설명의 전제가 되고 있는 어떤 것은 설명하지 않은 채 놓아둔다. 예를 들면 수학에서 공간과 시간이 그렇고, 역학과 물리학 및 화학에서는 질료, 성질, 근원적인 힘, 자연법칙이 그렇다. 식물학과 동물학에서는 종의 차이성과 생명이 그렇고, 역사에 있어서는 인류와 그 독특한 사고와 의욕이 그렇다. 모든 과학에서 충족이유율은 그때그때마다 적용될 형태를 취해 왔다.

'철학'은 독자적인 특성을 가지고 있어서, 철학에는 모든 것이 이미 알고 있는 것이라 전제되지 않으며 낯설고 문제가 되는 것이다. 그리고 현상들의 관계뿐만 아니라 현상 그 자체도 문제가 되고, 다른 과학들이 모든 것을 거기에 환원시키고 만족하고 있는 충족이유율 그 자체도 문제로 삼는다. 철학은 이렇게 충족이유율에 환원해도 얻는 것이 없을 것이다. 철학에서는 이 환원 계열의 일부는 다른 부분과 마찬가지로 미지의 것이고, 또 그 종류의 연관 자체도 문제이다. 왜냐하면 과학이 전제하고 설명의 근거로 삼고 한계로서 설정하는 것이야말로 철학 본디의 문제이며, 그런 점에서 과학이 끝나는 곳에서 철학이 시작되기 때문이다. 증명이란 알려진 명제에서 미지의 명제를 끌어내는 것이기 때문에, 철학의 기초가 될 수 없다. 그러나 철학에는 모든 것이 똑같이 미지의 것이고 낯선 것이다. 최초로 이 세계와 그 모든 현상을 있게 한 원리라는 것은 존재하지 않는다. 따라서 철학은 스피노자가 원했던 것처럼 고정된 원리에서 논증적으로 연역될 수는 없다. 또한 가장 보편적인 지식이기 때문에, 그 지식의 중요한 원리는 그 이상으로 보편적인 다른 지식에서 연역될 수 없다. 모순율은 단지 개념들의 일치를 확립할 뿐이지 그 스스로 개념을 만드는 것은 아니다. 또 충족이유율은 현상들의 결합은 설명하지만, 현상 그 자체를 설명하지는 않는다. 따라서 철학이 세계 전체의 동력 원인이나 목적 원인을 찾는 것을 목표로 할 수는 없다.

적어도 나의 철학은 세계의 '유래와 목적'을 찾는 것이 아니라 오직 세계의 '본질'을 찾는 것이다. 그런데 여기서 '왜'는 '무엇'에 종속하고 있다. 왜냐하면 '왜'라는 것은 세계 현상의 형식, 즉 충족이유율에 의해서만 생기며 그런 점에서만 의미와 타당성을 가지므로, 그 자신도 이미 세계에 속한다. 물론 세계가 무엇이냐 하는 것은 누구나 인식한다고 말할 수도 있다. 누구나 인식의 주관이며, 그 표상이 세계이기 때문이다. 이것은 그런 점에서 참될지 모른다. 그러나 그 인식은 직관적 인식이며 구체적인 것이다. 이 인식을 추상적으로 재현하는 것, 연속적으로 변하는 직관이나 특히 일반적으로 감정이라고 하는 광범한 개념이 포함하고 있는 추상적이고 명확한 지식으로서가 아니라 소극적으로 표현되는 것을 이러한 추상적이며 이해하기 쉽고 지속적인 지식으로 높이는 것, 이것이 바로 철학의 임무이다. 따라서 철학은 세계 전체의 본질을 그 전체와 각 부분에 대해서도 추상적으로 확실하게 말한 것이어야 한다. 그렇지만 한없이 많은 개별적 판단에 휩쓸리지 않으려면, 철학은 추상화를 통하여 모든 개별적인 것을 보편적인 것에서 사유하고, 또 개별적인 것이 갖는 여러 차이까지도 보편적인 것에서 사유해야 한다. 그러므로 철학은 세계 일반의 다양한 모든 것을 그 본질에 따라 얼마 안 되는 추상적 개념에 총괄하여 지식으로 인도하기 위해서 분리하거나 결합하곤 할 것이다.

그러나 철학이 세계의 본질을 어떤 일정한 개념들로 규정하면, 그 개념으로 보편적인 것과 순수하게 개별적인 것도 인식되어야 하며, 양자의 인식은 밀접하게 연결되어야 한다. 따라서 철학을 하는 능력은 플라톤이 말한 것처럼, 많은 것 속에서 하나를 인식하고 하나 속에서 많은 것을 인식하는 데 있다. 따라서 철학은 매우 보편적인 판단의 총체이다. 이 판단의 인식 근거는 아무것도 제외하지 않는 세계의 전체성이다. 즉 인간의 의식에 나타나는 모든 것이다. 철학은 '추상적 개념 속에 세계를 완전히 반복한 것, 말하자면 반영한 것'이며, 이것은 본질적으로 동일한 것을 결합하여 '하나의' 개념으로 하거나 서로 다른 것을 구별하여 다른 개념으로 함으로써만 가능하다. 이 임무는 이미 베룰람의 베이컨이 철학에 부여한 것으로, 그는 다음과 같이 말하고 있다. "요컨대 참된 철학이란 세계 그 자체의 소리를 가장 충실하게 재현하는 것, 말하자면 세계가 구술한 것을 베낀 것이며, 그 세계의 모사나 반영에 불과하다. 따라서 이쪽에서는 자기의 아무것도 덧붙이지 않고 오직 그것을 반복하고 반향하는 것이다." 《학문의 진보》, L, 2, c. 13) 그러나 우리는 이것을 베이컨이 당시 생각해 낸 것보다도 한층 넓은 의미로 생각한다.

세계의 모든 면이나 부분은 하나의 전체를 이루고 서로 일치하는 점을 갖고 있기에, 이 일치는 앞에서 말한 것처럼 세계의 추상적인 모사에도 재현되어야 한다. 따라서 여러 가지 판단의 총체에서는 하나의 판단이 언제나 상호적으로만 다른 판단에서 도출될 수 있다. 그러기 위해서는 이들 판단이 먼저 존재해야 하고, 직접적으로 미리 세계의 구체적 인식에 의해 기초가 주어진 것으로 제시되어야 한다. 모든 직접적인 기초는 간접적인 기초보다 확실하기 때문에, 이상의 것은 더한층 필요하다. 이 판단들은 판단 상호 간의 조화로 통합되어 '하나의' 사상이라는 통일을 얻기에 이르며, 이 조화는 그 공통의 인식 근거인 직관적 세계의 조화와 통일에서 생기는 것이다. 그러므로 이 조화는 판단에 기초를 부여하기 위한 제1의 것으로서는 사용되지 않고, 단지 판단의 진리성을 강화하기 위해 덧붙여질 뿐이다. 이러한 과제 자체는 그것이 해결된 뒤에야 완전히 명확해질 수가 있다.

### 16. 칸트의 실천 이성과 스토아학파의 윤리학

이제까지 우리는 이성을 인간이 지닌 특별한 인식력으로, 또 이 인식력에 의해 일어난 인간성의 특유한 여러 가지 업적과 현상을 만드는 것으로 고찰해 왔다. 하지만 그 밖에도 아직 인간의 행동을 지도하는 것으로서, '실천적'이라 할 수 있는 이성에 대해 언급할 것이 남아 있다. 그러나 여기서는 대부분 다른 데, 즉 이 책의 부록에서 논술했다. 거기에서 칸트는 이른바 그의 실천 이성을 (틀림없이 매우 편리하게) 모든 덕의 직접적인 원천이라 하고, (하늘에서 떨어진) 절대적 명령의 자리라 하고 있지만, 나는 그러한 실천 이성의 존재를 논박했다. 나는 나중에 칸트의 도덕 원리에 대한 상세하고도 근본적인 반박을 《윤리학의 근본 문제》에서 논술했다. 그러므로 여기서는 단지 이성이 행위에 대해 (진정한 의미에 있어서) 현실적으로 어떠한 영향을 끼치는가 하는 것에 대해 조금 언급하는 데 그치겠다.

이미 말했지만, 이성을 고찰함에 있어 처음에는 인간의 행동이 동물의 행동과는 뚜렷하게 다르다. 또한 이 차이는 결국 의식 안에 있는 추상적 개념의 존재를 확인시키는 결과가 된다. 추상적 개념이 우리 인간의 모든 존재에 끼치는 영향은 아주 깊고 또 중대하기 때문에, 인간과 동물과의 관계는 말하자면 눈이 있는 동물과 눈이 없는 동물(어떤 유충, 벌레, 그리고 식충류 동물)과의 관계만큼 다르다. 즉 눈이 없는 동물은 촉각에 의해 공간 속에서 자기들에게 직접 가까이 있는 것, 자기들에게 닿는 것만을 인식하지만, 눈이 있는 동물은 원근의 넓은 시야에 보이는 것을 인식한다. 마찬가지로 이성이 없는 동물은 시간 속에서 직접 마주 대하고 있는 직관적인 표상, 곧 실재적 표상에 대해서만 인식한다. 그런데 우리 인간은 추상적 인식 덕분에 좁은 현실적인 현존 말고도 과거와 미래 전체, 또한 넓은 가능성의 영역을 포괄한다. 다시 말해 우리는 현재와 현실을 훨씬 넘어서 자유롭게 모든 방면으로 인생을 전망한다. 따라서 눈이 공간이나 감각적 인식에 대하여 갖는 가치는 이성이 시간과 내적 인식에 대해 갖는 가치와도 같다. 그러나 대상에 대한 가시성은 감지할 수 있는 것을 우리에게 알려 줄 때에만 그 가치와 의미를 갖기 때문에, 추상적 인식의 모든 가치는 언제나 그것의 직관적 인식에 대한 관계 속에 존재한다.

그러므로 당연히 자연인은 추상적 개념, 즉 그저 사유한 것보다는 직접적으로 또 직관적으로 인식한 것에 더 중점을 두는 것이다. 자연인은 논리적 인식보다도 경험적 인식을 중요시한다. 그런데 실천보다는 오히려 말로 생활하는 사람, 현실 세계를 경험한다기보다는 오히려 문서나 책을 통해 세계를 보는 사람, 그리고 그 결과 현학자가 되고 단지 문자만을 사랑하는 사람이 된 이들은 자연인과는 반대되는 생각을 가지고 있다. 여기에서 어떻게 라이프니츠나 볼프, 그리고 그 모든 후계자들이 혼란의 극치인 던스 스코터스의 선례를 따라 직관적 인식을 혼란스러운 추상적 인식에 불과하다고 말했는가를 알 수 있다. 그런데 스피노자의 명예를 위해 여기에 다음을 언급해 두겠다. 그는 이상의 사람들과는 반대로 모든 일반개념은 직관적으로 인식한 것들의 혼란에서 생긴다고 말했다(《윤리학》, 제2부, 정리 40 비고 1). 수학에서 수학 고유의 명증성을 배격하고 오로지 논리적 명증성만을 인정하는 것, 일반적으로 추상적이 아닌 인식을 감정이라는 이름으로 포괄하여 이것을 경시하는 것, 마지막으로 칸트의 윤리학이 사정을 인식하는 데 직접 작용하여 올바름과 선을 행하게 하는 순수한 선의지(善意志)를 단순한 감정과 감동이라고 하여 가치도 효과도 없는 것이라 하고, 추상적인 준칙에 있어 생긴 행위에만 도덕적 가치를 인정하려고 하는 것은 모두 이상과 같이 그릇된 심정에서 나온 것이다.

인간은 이성을 갖고 있으므로 동물과는 달라서 인생 전체를 모든 면에서 바라볼 수가 있는데, 이런 전망은 인생행로의 기하학적이고 색깔 없는 추상적인 축도(縮圖)에 비교할 수 있다. 인간과 동물과의 관계는 마치 해도, 나침반, 사분의(四分儀) 등으로 자기 항로를 알고 대양의 위치를 정확하게 아는 선장과, 파도와 하늘만을 보고 있는 무지한 선원의 관계와 같다. 그러므로 인간이 구체적인 생활 말고 제2의 추상적인 생활도 하고 있다는 것은 일단은 고려해 볼 가치가 있는 것, 아니 놀랄 만한 사실이기도 하다. 구체적인 생활에 있어서 인간은 현실의 모든 폭풍우와 눈앞의 영향에 몸을 내맡기고 있다. 다시 말해 동물과 마찬가지로 노력하고 고생하고 죽지 않으면 안 된다. 그러나 인간의 이성적 생각을 통해 나타나는 추상적인 생활은 첫째 구체적인 생활, 즉 인간이 살고 있는 세계의 고요한 영상이며, 지금 언급한 축도이다. 이 조용한 숙고의 경지에서는 구체적인 생활에서 인간의 마음을 완전히 점령하고 강렬하게 움직이는 일들이 당장은 관계없는 일처럼 보인다. 이 경지에 있는 동안 인간은 단순한 방관자이자 관찰자이다. 이렇게 인간이 반성의 경지로 후퇴하는 것은 마치 배우가 자기 역할을 끝내고 다시 등장하기 전까지 구경꾼들 틈에 앉아 무대에서 무슨 일이 일어나든, 설사 그것이 자기 죽음(희곡에서)의 준비라 할지라도 태연히 보다가 다시 무대에서 자기 역할을 하고, 모든 것을 감수하는 것과 똑같다. 동물의 생각 없음과는 아주 다른 인간의 침착함은 이러한 인간의 이중생활에서 생기는 것이며, 이 침착함을 갖고 인간은 어떤 경우에는 미리 숙고하거나 단호하게 결심하고, 또 할 수 없다고 인식한 다음에는 자기에게 가장 중요한 일이나 가끔은 가장 무서운 일까지도 냉혹하게 일어나게 놔두거나 스스로 이 일을 완수한다. 이를테면 자살, 사형, 결투, 생명을 위태롭게 하는 여러 가지 모험, 또 일반적으로 인간이 갖고 있는 모든 동물적인 본성이 반항하는 일들이다.

　여기에서 사람들은 이성이 어느 정도까지 동물적인 본성을 지배할 수 있는가를 알고, 강자에 대해 "참으로 당신의 마음은 철과도 같다!"《일리아스》, 제24서, 521행)고 외친다. 이 경우 우리는 이성이 '실천적으로' 나타난다고 말할 수 있다. 즉 행위가 이성에 의해 인도되는 경우, 동기가 추상적 개념인 경우, 직관적이고 개별적인 표상이나 동물을 인도하는 순간적인 인상 같은 것이 결정적인 요소가 되지 않는 경우에도 언제나 '실천 이성'이 나타난다. 그러나 이것은 행동의 윤리적 가치와는 완전히 다르고 또 관계도 없다. 이성적으로 행동한다는 것과 덕이 있게 행동한다는 것은 전혀 별개의 것이다. 이성은 큰 선의와 일치할 때도 있고 큰 악의와 일치할 때도 있는데, 그 어느 쪽이든 이성이 가담함으로써 큰 효과가 생긴다. 이성은 귀중한 목적과 나쁜 목적, 현명한 준칙과 무지한 준칙을 조직적이고 논리적인 일관성을 갖고 실행하는 데 똑같이 도움이 되며, 이 성질은 이성의 여성적이고 피동적이며 보존적인, 그리고 스스로 생산하지 않는 성질을 수반하는 것이다. 이 모든 것을 나는 부록에서 상세히 실례를 들어 설명했다. 거기서 언급한 것은 사실 여기서 논해야 할 것이지만, 칸트의 실천 이성에 대한 논박이기 때문에 거기에 넣지 않을 수 없었다. 그러므로 나는 여기서 다시 그 부록의 여러 곳을 참고해 줄 것을 희망하는 바이다.

참되고 순수한 의미에서 '실천 이성'의 가장 완전한 발전, 즉 인간이 이성을 사용하기만 하면 도달할 수 있는 정점, 그리고 여기에 도달하면 인간과 동물과의 차이가 가장 뚜렷하게 나타나는 정점은 '스토아학파의 현자'에서 이상적으로 풀이되고 있다. 왜냐하면 스토아학파의 윤리학은 본질적으로 덕론은 아니고 정신의 평정에 의해 행복을 얻으려는 것을 목표로 삼는 이성적 생활의 지표에 불과하기 때문이다. 이 경우 유덕한 행위가 나타나는 것은 우연에 지나지 않으며, 수단이지 목적으로서가 아니다. 그러므로 스토아학파의 윤리학은 그 모든 본질과 관점에서 볼 때 베다, 플라톤, 그리스도교, 칸트 등의 학설처럼 직접적으로 덕을 강요하는 여러 윤리학과는 근본적으로 다르다. 스토아학파에게 윤리학의 목적은 행복이다. "목적은 행복에 있다"고 스토바이오스는 스토아학파의 해설에서 말하고 있다(《스토바이오스 선집》, 제2권, 7장, p. 114, 138). 그렇지만 스토아학파의 윤리학은 행복이란 마음의 평화와 정신의 평정 속에서만 발견되며, 이 정신의 평정 속에서만 달성할 수 있다는 것을 확인하고 있다. 그렇다면 덕이 최고의 선이라고 하는 말은 이것을 의미하는 것이다.

그런데 목적은 수단 때문에 점점 잊히고, 자기 행복에 대한 관심과는 전혀 다른 관심을 나타내는 방법으로 덕이 권장되어 행복과는 확실히 모순을 일으키는 것이지만, 이것은 어떠한 학설에서도 직접적으로 인식된 진리, 또는 흔히 말하듯 직접적으로 느낀 진리가 추론에 압력을 가하면서 올바른 길에 들어가게 하기 위해 사용하는 모순적 귀결의 하나이다. 이를테면 스피노자의 윤리학에서도 분명히 볼 수 있는 것으로, 이기주의적으로 각자의 이익을 추구하면서 뻔한 궤변으로 순수한 덕론을 끄집어내고 있다. 내가 스토아학파의 윤리학 정신을 이해한 것에 의하면, 그 근원은 다음과 같은 사상에서 나오고 있다. 이성은 인간의 커다란 특권이며, 간접적으로 계획적인 행동과 거기에서 생기는 결과에 의해 인생과 그 무거운 짐을 현저하게 가볍게 하는 것이지만, 이 이성은 또 직접적으로, 즉 단순한 인식에 의해 인생을 괴롭히고 있는 모든 종류의 고뇌로부터 인간을 완전히 구출할 수는 없을까 하고 생각하는 사상이다. 이성을 부여받은 인간이 이성으로 무한한 사물이나 상태를 포괄하고 전망하면서도 현존에 의해 아주 잠시 동안, 불안한 인생의 수십 년 사이에 일어나는 사건으로 심한 고통을 받는다거나 격한 욕구나 반감에서 생기는 큰 불안과 고뇌에 몸을 맡겨야 한다는 것은 이성의 장점에 어울리지 않는다고 생각했다. 그리고 이성을 적절하게 사용하면, 인간은 틀림없이 이러한 고뇌를 초월하고 불사신이 될 수 있다고 생각했다. 그러므로 안티스테네스는 "이성과 목을 맬 밧줄, 이 둘 가운데 하나를 택하라"(플루타르코스, 《스토아학파의 모순에 대하여》, 제14장)고 말했다. 그 의미는 인생에는 실로 괴롭고 번거로운 많은 일이 있기 때문에 사상을 정돈하여 이것들을 초월하거나, 인생을 버리는 것 가운데 하나를 택하지 않으면 안 된다는 말이다. 결핍이나 고뇌는 직접 또는 사물을 가지고 있지 않은 상태에서 생기는 것이 아니고, 사물을 가지고 싶다는 생각은 있지만 가지고 있지 않다는 데에서 생기는 것이다. 따라서 이 가지고 싶다는 생각이야말로 가지고 있지 않은 상태에서 결핍을 느끼게 하고 고통을 일으키는 유일하고 필연적인 조건이다. "가난함이 고통을 가져오는 것이 아니라 욕망이 고통을 가져온다." (에픽테토스, 《단편》, 제25)

그뿐만 아니라 희망을 낳고 키우는 것은 기대나 요구임이 경험을 통해 알려졌다. 그러므로 우리를 불안하게 하고 괴롭히는 것은 많은 사람, 또는 모든 사람에게 공통된 피할 수 없는 악도 아니고, 도저히 손안에 넣을 수 없는 재물도 아니며, 인간이 피할 수 있는 것이나 손안에 넣을 수 있는 것들이 조금이라도 많으냐 적으냐 하는 문제이다. 또 절대적으로 손안에 넣을 수 없는 것을 손안에 넣었을 때나 절대적으로 피하기 힘든 것을 피할 때만 우리 마음이 평안해지는 것은 아니고, 상대적으로 손안에 넣기 힘든 것을 손에 넣고 상대적으로 피하기 어려운 것을 피할 때도 우리의 마음은 아주 평안해진다. 그러므로 우리의 개성에 이미 깃들어 있는 악과 그 개성이 단념해야만 하는 재물과는 상관 없이 고찰할 수 있다. 그리고 인간에게는 이러한 특성이 있기 때문에, 어떠한 희망도 만약 그것을 기르는 기대가 없다면 곧 소멸하고 더 이상 고통도 생기지 않는다.

이 모든 것에서 행복은 오직 우리의 요구와 우리가 얻는 것과의 관계에 바탕을 두고 있는 것에 불과하다는 사실을 알 수 있다. 이 관계는 둘 다의 양을 감소하는 것으로도 다른 쪽의 양을 증대하는 것으로도 할 수 있다. 마찬가지로 모든 고통은 본디 우리가 바라고 기대하는 것과 실제로 우리에게 주어지는 것과의 불균형에서 생긴다. 그런데 이 불균형은 확실히 인식에 존재하고 있는 데 지나지 않으며, 더 높은 식견이 생기면 그것으로 말미암아 없어지는 것이다. 그러므로 크리시포스는 "본성에서 일어나는 것에 대한 경험에 따라 살아야 한다"(《스토바이오스 선집》, 제2권, 7장, p. 134)고 했는데, 그 의미는 세계 속에 있는 사물에 대한 적절한 지식을 가지고 생활해야 한다는 것이다. 사람이 어떤 일로 마음의 평정을 잃고 불행을 당해 실신하고 화를 내고 기가 꺾이는 일이 가끔 있다. 그것은 사물이 자기 기대대로 되지 않는 것을 알게 되었음을 나타낸다. 즉 그가 오류에 사로잡혀 있다는 것, 세상과 인간을 몰랐다는 것, 무생물은 우연에 의해, 생물은 반대로 목적이나 악의에 의해 어떠한 개인의 의지도 매사에 방해받고 있다는 것을 몰랐음을 나타낸다. 따라서 그의 인생은 이러한 상태를 일반적으로 알기 위해 그의 이성을 사용하지 않았거나, 대체로 알고 있어도 하나하나 자세하게 재인식하지 않아서 이에 놀라 마음의 평정을 잃는 경우 판단력이 부족했거나 어느 한쪽이다.[20]

따라서 큰 기쁨이라는 것도 오류와 망상이다. 왜냐하면 희망이 성취된 만족은 결코 영속하는 것이 아니며, 소유와 행복이라는 것은 모두 우연에서 시간을 정하지 않고 빌려온 것이며, 다음 시간에는 돌려보내 줄 것을 요구받을지 모르기 때문이다. 그러므로 모든 고통은 이러한 망상의 소멸에 기반을 두고 있다. 따라서 고통도 망상도 불완전한 인식에서 생긴다. 그러므로 현자에게는 고통도 언제나 멀리 떨어져 있고 마음의 평정을 방해하는 일도 일어나지 않는다.

스토아학파의 이 정신과 목적에 따라 에픽테토스는 우리가 좌우할 수 있는 것과 좌우할 수 없는 것을 충분히 고려하여 구별했다. 그리고 우리가 좌우할 수 없는 것은 절대로 기대해서는 안 되며, 이것으로 말미암아 모든 고통, 고

---

20) "일반적인 개념을 개별적인 것에 적용할 수 없다는 것이 모든 인간 악의 원인이므로."(에픽테토스 《논문집》, 제3권, 26장)

뇌, 불안 등을 모면할 수 있다는 신념에서 출발하고, 또 이것을 지혜의 핵심으로 하여 쉴 새 없이 이에 마음을 집중한다. 그런데 우리가 좌우할 수 있는 것은 의지뿐이다. 그리고 이 의지에서 서서히 덕론에 옮겨간다. 즉 우리가 좌우할 수 없는 외부 세계가 행복과 불행을 규정한다고 하면, 우리 자신이 마음속으로 만족하는가 안 하는가 하는 것은 우리 의지에서 생긴다고 하는 것을 알기 때문이다.

그러나 선과 악이라는 명칭은 행복과 불행에 부쳐야 하는 것일까, 만족과 불만족에 부쳐야 하는 것일까 하는 것이 나중에 문제가 되었다. 이것은 본디 어떻게 해석하든 관계없는 것이었다. 그런데 스토아학파 사람들은 이 문제에 대하여 페리파토스학파(소요학파(逍遙學派)) 사람들이나 에피쿠로스학파 사람들과 끊임없이 논쟁하여, 비교할 수 없는 두 개의 양을 무리하게 비교하거나 거기서 생기는 대립적이고 모순적 언설을 서로 가했다. 키케로의 《궤변》은 스토아학파 측에서 한 이러한 흥미로운 말을 집대성한 것을 제공하고 있다.

스토아학파의 창시자인 제논은 본디 이것과는 좀 다른 길을 따른 듯하다. 그의 출발점은 다음과 같은 것이었다. "최고선, 즉 복지와 정신의 평정을 얻기 위해서는 자기 자신과 합치하여 생활해야 한다."(일치하여 사는 것, 즉 하나의 로고스에 따라 사는 것. 《스토바이오스 선집》 윤리학, 제2권, 7장, p. 132) 마찬가지로 덕은 일생을 통하여 자기가 영혼에 일치하는 데 있다(같은 책 p. 104). 이것은 철저하게 '이성적으로' 자기규정을 하고, 변화하는 여러 인상과 일시적인 기분에 의해서가 아니라 개념에 의해 자기규정을 함으로써만 가능한 것이다. 그런데 우리가 좌우할 수 있는 것은 우리 행동의 준칙뿐이며 성과나 외부 사정은 어찌할 수가 없기 때문에, 언제나 시종일관하기 위해서는 성과나 외부 사정이 아닌 행동의 준칙만을 목적으로 하지 않으면 안 되었다. 그러기 위해서도 덕론이 소개된다.

하지만 제논의 제자들에게도 자기와 일치된 생활을 한다는 제논의 도덕 원리는 이미 너무 형식적이고 내용이 없는 것으로 생각되었다. 그래서 그들은 이 도덕원리에 실천적인 내용을 다음과 같이 덧붙였다. "자연과 일치되어 생활한다." 이것은 스토바이오스가 위에서 말한 책에서 보고한 바에 의하면 먼저 클레안테스에 의해 부가된 것으로, 개념 범위가 넓고 표현이 일정하지 않기 때문에 아주 모호한 것이 되어버렸다. 왜냐하면 클레안테스는 일반적인 본질 전체를 의미했으나, 크리시포스는 특히 인간의 본질을 의미했기 때문이다(《디오게네스 라에르티오스》, 7의 89). 나중에 이 인간의 본성에만 적합한 것을 덕이라 했고, 동물의 본성에 적합한 것은 동물 본능의 만족이라 하여, 다시 무리하게 덕론으로 향하게 되어, 싫든 좋든 윤리학은 자연학에 의해 기초를 얻게 되었다. 왜냐하면 스토아학파 사람들은 어떠한 경우에도 원리의 통일을 지향했기 때문이다. 그들에게는 신과 세계는 결코 두 개의 다른 것이 아니었다.

스토아학파의 윤리학은 전체적으로 볼 때 실제로 인간의 커다란 특권이 이성을 중요시하고 행복을 가져오는 목적을 위해 이용하려는 중대하고 존경할 만한 시도이다.

> 어떻게 하면 평안하게 일생을 보낼 수 있을까,
> 채울 수 없는 욕망이 언제나 너를 혼란에 빠뜨려 괴롭히지 않도록, 별로
> 이익이 되지 않은 일에 대해 두려워하지 말고 희망을 갖지도 말라.
>
> —호라티우스, 《서간집》 제1권, 18의 97 이하.

말하자면 그것은 지침을 통해 어떤 사람들의 생활에도 있는 고통을 초월하게 하며, 바로 이 일로 하여 인간에게 품위를 최고도로 누리게 하려는 것이다. 하지만 이 품위야말로 동물과는 반대로 이성의 존재자로서 가져야 하는 것이며, 품위는 이런 의미에서만 문제가 될 수 있고 다른 의미에서는 문제로 삼을 것이 아니다.

이렇게 스토아학파의 윤리학에 대한 나의 견해를 드러낸 것은 이성이란 무엇이며 이성은 무엇을 할 수 있는가를 설명할 때 언급하지 않을 수 없었던 것이다. 그런데 물론 이 목적은 이성을 사용함으로써, 그리고 단지 이성적인 윤리에 의해 어느 정도는 달성할 수 있다. 경험이 가르치는 바로는, 대부분 실제적 철학자라 불리는 순전히 이성적인 사람들이(그들은 이론적인 철학자가 실생활을 개념 속에 가져오는 데 반해 개념을 실생활에 가져오기 때문에, 실제적인 철학자로 불리는 것은 당연하지만) 아마도 가장 행복한 사람들일 것이다. 그러나 이것으로는 아직 완전한 것을 성취하고, 실제로 올바르게 사용된 이성이 우리를 인생의 모

든 무거운 짐과 고뇌에서 해방시켜 주며 행복으로 이끄는 데는 도저히 미치지 못한다. 오히려 고뇌 없는 인생을 갖는 것은 완전히 모순된 일이고, 이 모순은 흔히 잘 사용되는 '복된 생활(selig Leben)'이라는 말 속에도 포함되어 있다. 이것은 내가 이제부터 말하는 바를 마지막까지 이해해 주는 사람에게는 명확해질 것이다.

이 모순은 순수이성의 윤리학에서도 이미 다음과 같이 나타나 있다. 즉 스토아학파 사람들은 그 행복한 생활 지침(이것이야말로 스토아학파의 변함없는 윤리이기 때문에)의 하나로서 자살(동양의 전제군주가 갖고 있는 호화스러운 장식이나 도구 속에는 독이 든 귀중한 병이 있는 것과 같이)을 권하지 않으면 안 되었다. 왜냐하면 어떤 원리나 추리를 가지고 철학적으로 생각해도 없앨 수 없는 육체적 고통이 강렬하고 고칠 수 없는 것이면, 유일한 목적인 행복이 소용없게 되고, 고뇌를 벗는 길은 죽음밖에 없기 때문이다. 그리고 이러한 경우에는 다른 모든 약을 복용하는 것과 마찬가지로 대수롭지 않게 죽을 수 있다. 여기에서 스토아학파의 윤리학과 앞서 언급한 다른 모든 윤리학의 대립이 확실해진다.

다른 윤리학에서는 고뇌가 아무리 강렬하더라도 덕을 그 자체로, 또한 직접적인 목적으로 하여 고뇌를 피하기 위해 생명을 끊는 것을 원하지 않는다. 물론 이들 윤리학은 모두 자살을 비난하기 위한 참된 근거를 분명하게 말한 것은 없고, 하나같이 힘들여 그럴듯한 여러 근거를 긁어모았을 뿐이다. 그 참된 근거는 우리의 고찰 순서상 제4권에서 논할 작정이다. 그러나 위에서 말한 대립은 본디 하나의 특별한 행복주의에 지나지 않는 스토아학파와 방금 언급한 윤리학 사이의 근본 원리에 존재하는 본질적인 차이를 나타내고 확증하는 것에 불과하다. 물론 이 둘은 결과에 있어서는 가끔 일치하고, 비슷한 것으로 보일 때가 있다.

그런데 위에서 말한 스토아학파의 윤리학에 있어 그 근본 사상에 내재하는 내적 모순은 다음과 같은 사실에도 잘 나타나 있다. 즉 스토아학파에서 윤리학의 이상인 스토아적 현자는 그들 자신의 설명으로도 결코 생명과 내면적인 시적 진실성을 얻지 못하고, 나무로 만든 굳어버린 모형 인간이어서 우리가 어쩔 수 없는 것이며, 그런 인간은 자기 지혜가 나아가야 할 방향을 모르고, 그가 갖고 있는 완전한 평안, 만족, 행복은 인간의 본성에는 맞지 않는 것이어서 우리는 그것을 직관적으로 표상할 수 없다. 인도의 지혜 속에서 우리가 보았고, 또 실제로 탄생했던 세계의 극복자들이나 자진하여 속죄하는 자들, 또는 깊은 생명이 가득 찬, 시적 진실과 최고의 가치를 가지면서 완전한 덕과 신성 그리고 숭고함을 구비하고, 최고의 고뇌 상태 속에서 우리 앞에 서 있는 탁월한 인물인 그리스도교의 성인들, 이와 같은 사람들을 스토아적 현자들과 비교해 보면 얼마나 다르게 보이는지 모른다.

# 제2권 의지로서의 세계에 대한 제1고찰:의지의 객관화

우리를 집으로 삼아 살고 있는 영혼은 땅속도 하늘의 별도 집으로 삼으
려 하지 않는다. 바로 우리 속에 살고 있는 영혼이 하늘과 땅을 만들었다.
—아그리파 폰 네테스하임, 《서간집》 5, 14.

## 17. 직관적 표상의 의의

이제까지 우리는 표상을 단지 표상으로서, 즉 일반적인 형식을 따라서 살펴
보았다. '추상적 표상'인 개념도 '객관적 표상'과의 관계를 통하여 비로소 그 실
질과 의의를 얻는다. 이것 없이는 가치도 내용도 없기 때문에, 그러한 점에서
우리는 추상적 표상의 실질도 알게 되었다. 따라서 우리는 전적으로 직관적 표
상을 참고로 하여 그 내용, 상세한 규정, 또 그것이 우리 눈앞에 나타나는 형
태들에 대한 지식을 얻으려고 한다. 특히 우리에게 중요한 것은 직관적 표상
에 대한 본디의 의의를 파악하는 것이다. 그 의의는 대개 느껴질 뿐이지만, 만
일 이 의의가 없다면 직관적 표상에 의한 여러 형상은 틀림없이 우리에게는 낯
설고 무의미한 것이며, 우리 앞을 슬쩍 지나가 버릴 것이다. 하지만 우리의 모든
것을 바쳐서 얻을 만한 흥미를 갖고 있는 의의가 있어서, 이해를 바라며 우리
에게 직접 말을 걸어오는 것이다.

우리의 눈길을 수학, 자연과학, 철학에 돌리면, 이것들은 모두 우리가 소망
하고 있는 어떤 것을 해명해 줄 것이라는 희망을 갖게 한다. 그중에서 먼저 철
학을 보면, 철학은 많은 머리를 가진 괴물이며 그 머리들이 저마다 다른 말을
한다는 것을 알게 된다. 물론 지금 말한 것, 즉 직관적 표상의 의의에 대해서
는 이 머리들이 모두 의견을 달리하고 있는 것은 아니다. 회의론자나 관념론자
를 제외하면, 다른 사람들은 대체로 표상의 '근거'로 되어 있는 '객관'에 대해서
는 상당히 의견이 일치한다. 그리고 이 객관은 본디 그 모든 존재와 본질이 표
상과는 다르지만, 하나의 달걀이 다른 달걀과 흡사한 것처럼 모든 점에서 흡사

하다. 그러나 많이 닮았다는 것만으로는 우리에게 도움이 되지 않는다. 왜냐하면 우리가 이러한 '객관을 표상'과 구별하는 것은 불가능하며, 모든 객관은 언제나 영원히 하나의 '주관'을 전제하고 있어서, 결국 표상임에는 변함이 없고 우리는 객관과 표상이 동일한 것임을 알기 때문이다. 우리는 객관적인 존재가 객관과 주관으로 분리되는 가장 보편적인 형식에 속한다는 것을 알고 있다. 뿐만 아니라 이 경우에 우리가 참고로 하는 '충족이유율'은 우리에게는 객관과 마찬가지로 표상의 형식에 불과하다. 그것은 어떤 표상과 다른 표상과의 합법적인 결합이며, 유한의 또는 무한의 모든 표상과 아직 표상이 될 수 없는 것과의 결합은 아니다. 그런데 회의론자나 관념론자에 대해서는 제1권에서 외부 세계의 실재성에 관한 논쟁을 구명하면서 언급했다.

이제 우리가 매우 일반적으로, 단순히 형식적으로밖에 알지 못하는 '직관적 표상'에 대한 더 자세한 지식을 얻기 위해 수학에 눈을 돌려보면, 수학은 이 직관적 표상에 대해서 시간과 공간을 말한다. 다시 말하면 수학은 이 직관적 표상이 양을 갖고 있다는 한도 안에서만 우리에게 말해 줄 뿐이다. 수학은 수량과 용량은 아주 정밀하게 나타낼 것이다. 그러나 수량이나 용량은 언제나 상대적인 것, 곧 어떤 표상과 다른 표상과의 비교, 그리고 위에서 말한 것처럼 크기에 대한 일방적인 고려만 하는 것이므로, 이것들도 우리가 역점을 두고 찾는 지식은 아니다.

마지막으로 많은 분야로 갈라진 광범한 자연과학 영역에 눈을 돌리면, 우리는 그것들을 먼저 크게 둘로 구분할 수 있다. 자연과학은 내가 '형태학(Morphologie)'이라 부르는 형태에 관한 기술과 '원인학(Ätiologie)'이라고 부르는 변화에 대한 설명으로 나뉜다. 형태학은 불변의 형식을 고찰하고, 원인학은 변화하는 물질을 하나의 형식에서 다른 형식으로 이행하는 법칙에 따라 고찰한다. 형태학은 문학적으로는 뜻이 좀 다르지만, 그 모든 범위에 걸쳐 '자연의 역사'라고 부른다. 그리고 특히 식물학이나 동물학으로서 개체가 끊임없이 변천해도 변하지 않고 유기적인, 그러므로 일정한 여러 형태를 우리에게 가르쳐 주는 이들 형태가 대부분의 직관적 표상의 내용을 형성하고 있다. 이것들은 형태학에 의해 분류, 구분, 통일되고, 자연적인 조직이나 인위적인 조직에 의해 질서화, 개념화되며, 그로 말미암아 이들 모든 형태를 훑어보고 알 수 있게 된다. 또 전체적으로도 부분적으로도 모든 형태를 통해 한없는 차이를 갖는 유사성(unité de plan ; 구상의 통일)이 있음을 알 수 있다. 이것이 있기 때문에 모든 형태는 매우 다양한 변화에 들어맞으면서 개별적인 형태가 갖고 있지 않은 근본 이념을 나타내는 것이다. 물질이 이행하여 여러 형태로 된다는 것, 즉 여러 개체가 발생한다는 것은 그 고찰의 주요 부분을 형성하는 것이 아니다. 어떠한 개체도 그것과 동등한 개체의 생식에 의해 생기며, 생식은 대단히 신비스러운 것으로 오늘날까지 명확하게 인식되지 않기 때문이다. 그런데 이 생식에 대해서 알려져 있는 작은 일들은 생리학에서 설명되어야 하는 것인데, 생리학은 이미 원인학적 자연과학에 속하는 것이다. 대체로 형태학에 속하는 광물학까지도 원인학적 자연과학이 되는 경향을 갖고 있다. 특히 광물학이 지질학으로 되는 경우에는 더욱 그렇다. 그런데 곳곳에서 인과의 인식을 주제로 하는 자연과학의 여러 부문은 모두 본디는 원인학이다. 그러한 부문들의 과학은 확실한 법칙에 따라 물질의 '어떤' 상태에서 필연적으로 다른 상태가 생긴다는 것을 가르치고, 또 일정한 변화가 필연적으로 다른 변화의 조건이 되기도 하며 그것을 야기하기도 한다는 것을 가르치는데, 이것을 나타내는 것을 '설명(Erklärung)'이라고 한다. 주로 여기에 속하는 것은 역학, 물리학, 화학, 생리학이다.

그런데 이 과학들의 가르침에 귀를 기울여 보면, 곧 우리가 주로 찾고 있는 지식은 원인학이나 형태학에서는 거의 찾아볼 수 없음을 알게 된다. 형태학은 우리 눈앞에 무수하고 끝없이 다양한, 그리고 지극히 뻔한 친족적 유사성을 통해 친근한 형태들을 보여주지만, 이것은 우리에게 있어서는 표상이며, 이러한 방법으로 나타나는 한 영원히 낯선 것으로 머물고 만다. 그리고 이렇게만 고찰한다면, 그것은 이해할 수 없는 상형문자처럼 우리 앞에 존재하는 표상이다. 반대로 원인학은 인과법칙에 따라 물질의 일정한 상태가 다른 상태를 초래함을 가르쳐 주고, 동시에 이 상태를 설명하여 그 의무를 다한다. 그런데 원인학도 결국은 상태들이 공간과 시간 속에 나타날 때 따르는 법칙인 질서를 알려주고, 모든 사례에 대하여 어떤 현상이 이때 이 장소에서 필연적으로 생기지 않으면 안 되는가 하는 것을 가르치는 데 불과하다. 즉 원인학은 어떤 법칙에 따라 갖가지 상태에, 그것들이 시간과 공간에서 점령해야 하는 위치를 정해 주는 것이다. 그 법칙의 일정한 내용은 경험으로 가르쳐진 것이지만, 그 보편적 형식과 필연성은 경험과는 관계없이 우리가 의식하고 있는 것이다.

그러나 이것만으로는 그 현상들 속에 있는 어떤 현상의 내적 본질에 대해서 조금도 설명을 얻지 못한다. 이 내적 본질은 '자연의 힘(Naturkraft)'이라 불리고 원인학에서 설명하는 영역 밖에 존재하기 때문에, 원인학적 설명은 자연의 힘이 일으키는 불변의 항존성을, 원인학에서 이미 알려진 조건들이 현존할 때마다 '자연법칙(Naturgesetz)'이라 부르는 것이다. 하지만 이 자연법칙과 조건들이 일정한 장소와 일정한 시간에 이렇게 나타난다는 것, 이러한 모든 것이 바로 원인학이 알고 있고 또한 알 수 있는 것이다. 스스로 나타나는 그 힘 자체, 즉 그들 법칙에 따라 생기는 현상들의 내적 본질은 가장 단순한 현상이든 가장 복잡한 현상이든 똑같이 원인학에서는 영원히 비밀이며 완전히 낯선 것이고 미지의 것이다. 왜냐하면 원인학에서 지금까지 가장 완전하게 그 목적을 이룬 것은 역학이고 가장 불완전한 것은 생리학인데, 돌이 그 내적 본성에 따라 땅 위에 떨어지거나 어떤 물체가 그 내적 본성에 따라 다른 물체에 충돌할 때 작용하는 힘은, 동물을 운동시키고 자라게 하는 힘과 마찬가지로 미지의 것이며 신비스러운 것이기 때문이다. 역학은 물질, 중력, 불가입성, 충돌에 의한 운동의 전달성, 강성(剛性) 등을 해명할 수 없는 것으로 전제하여 이것들을 자연력이라 부르고, 어떤 조건 아래 이것들이 필연적이고 규칙적으로 나타나는 것을 자연법칙이라 부른다. 그리고 나서 역학은 그 설명을 시작하는데, 그것은 개별적인 힘들이 어떻게, 언제, 어디서 나타나는가 하는 것을 충실하고 수학적인 정밀성을 가지고 기술하며, 또 역학이 다루는 모든 현상을 이러한 여러 가지 자연의 힘에 환원하는 것이다. 물리학, 화학, 생리학도 각자의 영역에서 이와 같은 일을 하지만, 다만 이들 과학은 역학보다는 전제가 훨씬 많고 그 성과는 훨씬 작다는 차이가 있다. 따라서 모든 자연에 대해 아무리 완전한 원인학적 설명이 행해진다 해도 결국 그것은 설명이 불가능한 여러 힘의 목록이며, 이들 힘의 여러 현상이 시간과 공간 속에 나타나는 것을 계기로 하여 차례로 장소를 점령하는 데에 관한 규칙을 확실하게 나타내는 데 불과할 것이다.

그렇지만 원인학적 설명에 따르는 법칙은 거기까지도 이르지 못하기 때문에, 그 설명은 이렇게 나타나는 힘들의 내적 본질을 설명하지 않은 채 방치하고, 현상과 현상 질서에 대한 설명만으로 만족해야 할 것이다. 그 점에서 이 설명은 대리석의 단면에도 비교할 수 있는 것으로, 계속적으로 늘어선 여러 가지 줄무늬는 알 수 있지만, 이 줄무늬가 대리석 내부를 어떻게 통과하여 표면에 나타나게 됐는지는 모르는 것과 마찬가지이다. 또는 기발한 생각이어서 오히려 우습게 생각할 비유일지 모르지만, 모든 자연에 대한 원인학이 아무리 완전하게 구명되어도, 철학적인 연구가는 여전히 다음과 같은 생각을 가질 것임에 틀림없다. 즉 누군가가 이유도 모르는 채 자기가 전혀 알지도 못하는 사람들 속에 들어가 그 사람들이 차례로 다른 사람을 자기 친구나 종형제라고 소개해 주어서 모든 사람과 알게 되었다. 하지만 자신은 소개될 때마다 기쁘다는 뜻을 확실히 나타내면서도 '도대체 나는 어떻게 해서 이런 알 수 없는 사람들 가운데에 끼이게 되었는가?'라는 의문이 입 밖에 나오려고 하는 것과 마찬가지이다.

따라서 원인학도 우리가 단지 표상으로 알고 있는 현상들에 대해서는 우리가 희망하고 있는 지식 이상의 해명은 해주지 못한다. 왜냐하면 아무리 현상에 대한 설명을 다한다 해도 이 현상들은 여전히 단순한 표상이며, 완전히 낯선 것으로 우리 앞에 존재하는 것이고, 우리는 이런 단순한 표상의 의미를 이해할 수 없기 때문이다. 인과적으로 연결하더라도 현상은 공간과 시간 속에 나타나는 법칙과 그 상대적인 질서를 나타낼 뿐이며, 이렇게 해서 나타나는 것의 본질을 상세히 우리에게 알려주지는 않는다. 그뿐만 아니라 '인과성'의 법칙은 어떤 일정한 표상이나 객관에 대해서만 타당한 것이며, 이 법칙은 이 표상과 객관을 전제로 해서만 의미를 갖는다. 또한 인과성의 법칙은 이들 객관과 마찬가지로 언제나 주관과 관계를 가짐으로써만, 곧 조건부로 존재한다. 따라서 칸트가 우리에게 가르쳐 준 바와 같이, 인과성의 법칙은 주관에서 출발하는 선험적으로도, 객관에서 출발하는 후천적으로도 똑같이 인식되는 것이다.

그런데 우리가 탐구를 계속하는 것은, 우리가 가지고 있는 표상이 이러이러한 것이고, 이러이러한 법칙에 따라 연관성을 가지고 있으며, 이들 법칙을 보편적으로 나타내면 언제나 '충족이유율'이 된다고 하는 것을 아는 것만으로는 만족할 수 없기 때문이다. 우리는 그 표상의 의미를 알고 싶어서 다음과 같이 묻게 된다. 이 세계는 표상 이상의 아무것도 아니란 말인가? 어떠한 경우에도 세계는 실체가 없는 꿈이나 유령과 같은 환영처럼 우리 옆을 슬쩍 지나가는 것으로 우리가 주목할 만한 대상이 아니란 말인가? 그렇지 않으면 세계는 뭔가 다른 것, 그 이상의 무엇이란 말인가? 그렇다면 그것들은 무엇이란 말인가? 이렇게 질문하는 것은 표상과는 그 본질에 있어서 근본적으로 다른 것이어야 하며, 또한 표상의 형식이나 표상의 법칙과는 전혀 관계가 없는 것이어야 한다. 그러므로 표상에서 출발하며 표상의 법칙이 돕는 것으로는 찾고 있는 것에 도달할 수 없다. 이 표상의 법칙들은 객관과 표상을 서로 결합시키는 것에 불과한데, 이것이 곧 충족이유율의 형태이다.

여기서 우리는 '외부'에서는 사물의 본질에 결코 이를 수 없다는 것을 알았다. 외부로부터는 아무리 탐구를 해도 형상이나 명칭을 얻는 데 불과하다. 이것은 마치 성의 주위를 돌고 찾아보아도 출입구를 발견하지 못하고 임시로 그 정면을 그려두는 것과 같다. 그리고 이것은 또한 나 이전의 모든 철학자들이 걸어온 길이다.

### 18. 육체와 의지의 관계

단지 내 앞에 '표상'으로서만 존재하고 있는 세계의 의미를 탐구하거나 인식주관의 단순한 표상으로서의 세계에서 표상 이외의 것일 수도 있는 것으로 옮겨가는 것은, 실제로 탐구자 자신이 순수하게 인식만을 하는 주관(몸은 없이 날개만 가진 천사의 머리)이라고 한다면 절대로 불가능하다. 그러나 탐구자는 그러한 세계에 뿌리를 내리고 있는, 말하자면 세계 속의 '개체'로서 존재하고 있다. 즉 그의 인식 작용은 표상으로 본 전 세계를 제약하는 담당자이긴 하지만, 철저하게 육체에 매개되어 있으며, 육체의 감정적 움직임이 앞서 말한 바와 같이 오성에게는 세계를 직관하는 출발점이 되는 것이다. 이 육체는 순전히 인식만 하는 주관 자체에는 다른 표상과 마찬가지로 하나의 표상이며, 여러 객관들 가운데 한 객관이다. 그러한 점에서 볼 때, 육체의 운동이나 행동도 주관에게는 다른 모든 직관적 객관의 변화들처럼 알려져 있을 뿐이다.

따라서 이들 운동이나 행동의 의미가 완전히 다른 방법으로 해명되지 않는다면, 다른 직관적 객관의 변화와 마찬가지로 낯설고 이해할 수 없는 것이다. 그렇지 않으면 탐구자는 자기 행위를, 마치 다른 객관들의 변화가 원인·자극·동기 등에 따라 생기는 것처럼 주어진 동기를 따라서 자연법칙과 같은 항존성을 가지고 나타나는 것으로 알게 될 것이다. 그러나 그는 이들 동기의 영향을 그 동기의 원인과 그에게 나타나는 다른 모든 결과의 연결보다 더 자세하게 이해하지는 못할 것이다. 그래서 그는 자기 육체의 표출과 동작이 갖는 이해할 수 없는 내적 본질을 힘·성질·성격 등 임의의 이름을 붙일는지 모르지만, 그 본질에 대해서 그 이상의 통찰을 할 수는 없다. 그러나 이것들이 모든 본질은 아니다. 오히려 개체로서 나타나는 인식 주관에 수수께끼의 말이 주어져 있으며, 이 말이 바로 '의지'라는 것이다. 오직 이 말만이 탐구자에게 그 자신의 현상을 푸는 열쇠를 주고, 의미를 계시하며, 그의 본질, 행위, 운동의 내적 동기를 보여준다. '인식 주관'은 육체와 동일하기 때문에 개체로서 나타나지만, 이 인식 주관에서 육체는 전혀 다른 두 가지 방법으로 주어진다. 첫째, 오성에 호소하는 '직관'의 표상으로서, 여러 객관 중의 객관으로서, 또 이들 '객관'의 법칙에 지배되는 것으로 주어진다. 그러나 동시에 전혀 다른 방법, 즉 누구에게나 직접 알려진 것으로 주어지고 있는데, 이것을 '의지'라는 말로 표현할 수 있다.

의지의 참된 행동은 필연적으로 육체의 운동이기도 하다. 그가 실제로 행동하려고 할 경우에는 동시에 그것이 육체의 운동으로 나타난다는 것을 지각하게 된다. 의지 행위와 육체의 동작은 인과의 유대로 결합되고 객관적으로 인식된 서로 다른 상태가 아니고, 원인과 결과라고 하는 관계에 있는 것도 아니며, 그들은 동일한 것으로 단지 전혀 다른 두 가지 방법으로 주어질 따름이다. 다시 말해 하나는 순전히 직접적으로 주어지고, 또 하나는 오성에 대해 직관 속에 주어지는 것이다. 육체의 동작은 의지의 객관화된 행위, 즉 직관 속에 나타난 행위에 불과하다. 또한 이것은 육체의 모든 운동에도 해당되고 동기에 의해서만 생기는 운동뿐만 아니라 자극에 의해 생기는 자기도 모르는 운동에도 해당된다. 그것뿐만 아니라 모든 육체는 의지가 객관화된 것, 곧 표상으로 된 의지에 불과하다는 것을 알게 된다.

이 모든 것들은 이제부터 논하는 가운데 명확해질 것이다. 그러므로 나는 육체를 제1권 및 《충족이유율에 대하여》에서는 일부러 일방적으로 취한 관점(표상의 관점)에 따라 '직접적 객관'이라고 불렀지만, 여기서는 다른 생각에서 '의지의 객관성'이라고 부르기도 한다. 또 어떤 의미에서 의지는 육체의 선험적 인식이고, 의지의 후천적 인식이라고 말할 수도 있다. 미래에 관계하는 의지의 결정은 언젠가 원하게 될 것에 대한 이성의 단순한 고려에 불과한 것이지, 본디의 의지 행위는 아니다. 단지 실행이 결의에 결정적으로 도장을 찍는 것이고, 결의는 그때까지는 언제나 변경할 수 있는 의도이며, 이성 속에 추상적으로 존재하고 있는 것에 지나지 않는다. 의지와 행동은 반성에 있어서만 다르며, 현실적으로는 동일하다. 참되고 순수한 직접적 의지 행위는 모두 그대로 직접적으로 외부에 나타나는 육체 행위이다. 그리고 여기에 따라서 한편으로 육체에 끼치는 작용은 모두 직접적인, 또한 의지에 대한 작용이다. 그 작용을, 그 자체로서 의지에 거슬리는 경우에는 고통이라 부르고, 의지에 맞는 경우에는 유쾌 또는 쾌락이라 부른다. 양자의 단계적 차별은 다양하다. 그러나 고통과 쾌락을 표상이라고 부르는 것은 부당하다. 고통이나 쾌락은 결코 표상이 아니고, 의지의 현상으로서 육체에 있어서는 의지의 직접적 감응이다. 즉 육체가 받는 인상의 강요된 순간적인 의욕 내지 반의욕이다. 이러한 인상들은 직접적인 단순한 표상으로 간주되기 때문에, 위에서 말한 것에서 제외되는 것은 육체에 대한 어떤 소수의 인상뿐이며, 이들 인상은 의지를 자극하지 않고, 또 이들 인상에 의해서만 육체는 인식의 직접 객관이 된다. 왜냐하면 육체는 오성의 직관으로서는 이미 다른 객관과 마찬가지로 간접 객관이기 때문이다.

말하자면 여기서 고려되고 있는 것은 시각·청각·촉각 등의 순수하게 객관적인 감각의 감응이다. 물론 이들 기관이 그 고유하고 독특하고 자연적인 방법으로 촉발되는 한, 그 방향은 이들 육체에 갖는 날카롭고 특별하게 변화된 감수성에 대한 매우 작은 자극이기 때문에, 그것으로서 의지가 촉발되는 일이 없이 의지의 어떠한 자극에도 방해받지 않고 직관을 성립시키는 자료를 오성에 제공하는 것에 지나지 않는다. 그러나 이들 감각기관들의 한층 강한 감응 또는 다른 종류의 감응은 모두 고통을 동반하는 것, 즉 의지에 반대되는 것이어서 이 기관들도 의지의 객관성에 속하고 있다. 여러 가지 인상들이 오성의 자료가 되는 데 충분할 정도의 강도를 갖고 있으면 좋을 테지만, 그것이 한층 강도를 증가시키고 의지를 움직여서, 이를테면 고통이나 쾌락을 느끼게 하는 데서 신경쇠약이 생긴다. 물론 고통도 정도를 거듭하면 부분적으로 둔한 곳도 확실하지 않은 곳도 있기 때문에, 단순히 낱낱의 음향이나 강렬한 빛을 고통으로 느끼게 할 뿐만 아니라 분명하게 인식되지는 않지만 일반적으로 병적인 우울증을 일으키게 된다. 특히 육체와 의지와의 일치는 의지의 모든 강렬하고 과도한 움직임, 곧 모든 정서가 직접 육체와 그 내부 기관을 진동하여 육체의 여러 생명 기능의 진행을 저해하는 것을 보아도 알 수 있다. 이것에 대해서는 《자연에 있어서의 의지에 대하여》(제2판 p. 27, 제3판 p. 28)에 특히 상세하게 논술했다.

결국 내가 내 의지에 대해 갖는 인식은 직접적인 인식이지만 내 육체에 관한 인식과는 분리할 수 없는 것이다. 나는 내 의지를 전체나 통일로서 인식하지 않고, 그 본질에 따라서 인식하지 않으며, 오히려 그 개별적인 행위에서만 인식한다. 즉 모든 객관과 마찬가지로 육체에 현상하는 형식인 시간에서 인식하는 것이다. 그러므로 육체는 내 의지를 인식하기 위한 제약이다. 따라서 내 육체가 없으면 나는 본디 이 의지를 표상할 수 없다. 물론 《충족이유율에 대하여》에서는 의지나 의지 작용의 주체는 여러 표상, 또는 객관 가운데 특별한 것으로 정해져 있긴 하지만, 거기서도 이미 우리는 이 객관이 주관과 일치하는, 곧 완전한 객관을 지양하는 것을 알고 있었기에 우리는 이 일치를 기적이라 불렀다. 이 책 전체는 말하자면 이 기적에 대한 설명이다. 내가 '의지'를 본디적인 객관으로 인식하는 한, 나는 내 의지를 육체로서 인식한다. 그렇다면 나는 또 한 번 《충족이유율에 대하여》에서 열거한 첫 번째 종류의 표상, 즉 실재적 객관에 머무르게 된다. 우리는 이제부터 논술을 진전시켜 가면서 점점 이들 첫 번째 종류의 표상이 그 논문에 열거한 네 번째 종류의 표상, 다시 말해 본디 객관으로서는 좀처럼 주관에 대립하지 않는 표상에 이르러 해명되고 해석된다는 것을 알게 될 테고, 이 네 번째 종류의 표상을 지배하는 동기의 법칙에서 첫 번째 종류의 표상에 적용되는 인과법칙과 이에 따라 생기는 것과의 내적 본질을 이해하는 것을 배우지 않으면 안 된다는 사실을 알게 될 것이다.

지금 언급한 의지와 육체의 일치는 여기서 처음으로 이루어졌고, 계속 논하면서 더 자주 나타나고 증명될 것이다. 다시 말해서 직접적 인식이나 구체적 인식으로부터 이성의 지식에까지 옮아가거나 추상적 인식까지 높아진다는 것이다. 그런데 일치는 그 본질상 결코 증명될 수 없다. 말하자면 일치가 가장 직접적인 인식이기 때문에, 간접적 인식으로서 다른 직접적 인식에서 연역될 수는 없다. 만일 우리가 이 일치를 그러한 가장 직접적인 인식으로 파악하고 확고하게 하지 않으면, 그것을 간접적으로 연역된 인식으로 다시 확보한다는 것은 기대할 수 없다. 이 일치는 아주 독특한 인식이다. 그러므로 나는 《충족이 유율에 대하여》 제29장 이하에서 모든 진리를 네 종류, 즉 논리적, 경험적, 형이상학적, 초논리적 진리로 분류했지만, 이 일치는 본디 이 네 종류의 진리와 마찬가지로 어떤 추상적 표상의 다른 표상에 대한 관계도 아니고, 직관적인 또는 추상적인 표상 작용의 필연적 형식에 대한 관계도 아니다. 직관적 표상인 육체가 완전히 표상이 아니고 표상과는 전혀 다른 것, 곧 의지에 대해 갖는 상대 관계에 대한 어떤 판단의 관계이기 때문이다. 그러므로 나는 이 진리를 특히 강조하여 그것을 뛰어난 '철학적 진리'라 부르고 싶다. 이 진리의 표현은 여러 가지로 응용될 수 있다. 즉 나의 육체와 의지는 동일한 것이라든가, 내가 직관적 표상으로 내 육체라고 부르는 것은 내가 그것을 전혀 다른 비길 데 없는 방법으로 의식하고 있는 한에서는 나의 의지라 부른다라든가, 또는 내 육체는 내 의지의 객관성이라든가, 또는 내 육체가 나의 표상이라는 것은 별도로 하고 내 육체는 내 의지에 불과한 것이다 등.

### 19. 의지이자 표상인 육체

앞에서 우리는 내키지는 않았지만, 우리의 육체를 직관적 세계 속에 있는 다른 객관과 마찬가지로 인식 주관의 단순한 표상이라고 설명했기 때문에, 모든 사람의 의식 속에서 자신의 육체에 대한 표상을 볼 때 그것과 흡사한 다른 표상들과 구별한다는 것이 밝혀졌다. 말하자면 육체는 다른 표상과는 전혀 다른 방법으로 의식 속에 나타나는 것으로, 이것이 '의지'라는 말로 표현된다. 우리가 자기 육체에 대해 갖고 있는 이러한 이중적 인식은 우리에게 육체에 대해, 동기에 따른 육체의 작용이나 운동에 대해, 또 육체가 외부의 영향을 통하여 받는 것에 대해, 그 밖에 육체 '그 자체'의 본질에 대해 표상으로서의 육체는 아니고, 다른 실재적 객관의 본질, 작용, 수동에 대하여 직접 갖고 있지 않은 해명을 주는 것이다.

육체에 대한 이런 특별한 관계를 제외하고 고찰한다면, 육체도 다른 표상과 마찬가지로 하나의 표상에 불과하지만, 인식 주관은 바로 이 특별한 관계에 있기 때문에 개체이다. 그런데 '인식 주관'을 '개체'로 만드는 이 관계는 바로 인식 주관과 그 주관의 모든 표상 가운데 오직 하나의 표상 사이에만 존재한다. 따라서 인식 주관은 이 유일한 표상을 오직 하나의 표상으로 의식하고 있을 뿐만 아니라 동시에 전혀 다른 방법, 즉 하나의 의지로서 의식하고 있다. 만일 인식 주관이 그러한 특별한 관계, 곧 동일한 육체라는 것을 이중으로 인식하고 완전히 다르게 인식한다는 사실을 무시한다면 동일한 것, 즉 육체는 다른 모든 표상과 마찬가지로 하나의 표상이다. 이것을 확인하기 위해서 인식 개체는 다음 중 어느 한 가지를 가정하지 않으면 안 된다. 다시 말해 유일한 표상이 다른 모든 표상과 다른 까닭은 개체의 인식이 유일한 표상에 대하여 이중 관계에 있다는 점에 있다. 이 '유일한' 직관적 객관을 통찰하는 경우에는 개체에게 동시에 두 개의 길이 열려 있지만, 이것은 육체라는 유일한 객관이 다른 객관과 다르다는 것으로 설명해서는 안 된다. 개체의 인식이 육체라고 하는 객관에 대해서만은 다른 객관과는 다른 관계에 있다고 설명해야 한다. 다른 하나는 유일한 이 객관이 본질적으로 다른 객관과 다르며, 모든 객관 가운데에서 이것만 의지인 동시에 표상이고, 다른 객관은 단지 표상, 즉 단순한 환영이라는 것이다.

따라서 인식하는 개체의 육체야말로 세계 안에서 단 하나의 현실적 개체이며, 주관의 오직 하나뿐인 직접 객관이다. 다른 객관들을 단순한 '표상'으로 본다면, 인식 주관의 육체와 똑같다. 다시 말해 육체와 마찬가지로 표상 그 자체로서만 존재하는 공간을 채우고, 또 육체와 마찬가지로 공간에서 작용한다. 이것은 본디 표상에 대해 선험적으로 확실한 인과성의 법칙으로 증명할 수 있다는 것이 명확하게 해준다. 이 법칙은 원인을 갖고 있지 않은 결과라는 것을 인정하지 않는다. 그러나 결과로부터 어떤 원인 일반이 유추될 뿐이며 하나의 동일한 원인이 유추되는 것이 아니라는 점을 무시한다면, 여전히 단순한 표상의 범위에 머물러 있기 때문에, 인과성의 법칙은 그러한 표상에 대해서만 타당하고 이 표상의 범위를 초월할 수는 없는 일이다. 하지만 개체가 표상으로서만 알고 있는 객관이라 해도, 개체 자신의 육체와 마찬가지로 의지의 표현인가 아닌가 하는 것은 이미 제1권에서 언급한 것처럼 외부 세계의 실재성에 대한 문제의 본디 의미이다. 그것을 부인하는 것이 '이론적 이기주의'이며, 이 이론적 이기주의는 그렇게 함으로써 자기 자신의 개체 이외의 모든 현상을 환영이라고 간주하고, 실천적 이기주의는 같은 일을 실천적인 점에서 하는 것이다. 다시 말해 자기만을 실제 인격으로 보고 다른 모든 인격을 단순한 환영이라 보며, 그렇게 다룬다. 본디 이론적 이기주의는 증명으로 논박할 수 없지만, 철학에서는 확실히 회의적 궤변으로서만, 즉 그럴듯한 것으로만 사용했다. 그런데 이것을 진정한 확신이라고 믿는 사람은 정신병원에 가지 않으면 발견할 수 없을 것이다. 그러나 정신병원에서는 그러한 확신으로서 이기주의에 대해서는 증명할 필요가 없고 치료할 필요도 없다. 그러므로 우리는 더 이상 그러한 이기주의에는 관여하지 않고, 그것이 끊임없이 이론을 일삼는 회의론의 마지막 보루에 불과하다고 본다. 그래서 개체성에 얽매이고 또 그런 사실로 제약되어 있는 우리의 인식은 필연적으로 각 개인은 오직 하나의 것이지만 다른 모든 것을 인식할 수 있으며, 이러한 제약이 있기 때문에 진정한 객관에 대한 요구가 생긴다는 사실을 추론한다. 따라서 객관으로써 인식의 한계를 확장하려고 하는 우리는 이 점에서 우리에게 대립되는 이론적 이기주의의 회의적인 논증을 하나의 작은 국경 요새로 볼 것이다. 그것은 물론 영원히 함락되지 않는 요새임에는 틀림없지만, 그 수비병들은 절대로 요새로부터 나와 이쪽으로 쳐들어오지 않기 때문에, 우리는 그곳을 통과하여 아무 위험도 받지 않고 빠져나갈 수 있다.

이렇게 해서 우리 육체의 본질과 작용에 대해 우리가 갖고 있는, 완전히 다른 방법으로 주어진 이중의 인식은 지금까지의 설명으로 명확해졌다. 그러므로 우리는 이 인식을 모든 자연현상의 본질을 푸는 열쇠로 사용할 것이다. 그리고 우리 자신의 육체가 아닌 모든 객관, 따라서 이중의 방법으로 주어진 객관이 아니고 오직 표상으로서만이 우리의 의식에 주어져 있는 객관을 우리 육체를 본보기로 하여 평가할 것이다. 그래서 우리는 이들 모든 객관이 한편으로는 우리 육체와 마찬가지로 표상이며, 표상으로서는 육체와 같은 종류의 것이지만, 또 한편으로 이 객관의 존재들을 주관의 표상으로서 제외하는 경우에도 역시 남는 것은 우리 자신에 근거하여 '의지'라고 부르는 것과 같은 것임에 틀림없다고 생각하리라. 도대체 우리는 육체 이외의 물체계(物體界)에 어떤 종류의 존재나 실재를 귀속시켜야 하는가? 또 우리가 물체계를 구성한 요소를 어디에서 취해야 할 것인가? 우리는 의지와 표상밖에는 아무것도 모르며, 아무것도 생각할 수 없다. 만일 우리가 직접적으로 우리 표상 속에서만 존재하고 있는 물자체에 우리가 아는 최대의 실재성을 부여하려 하면, 우리는 각자의 육체가 갖고 있는 실재성을 그 물체계에 부여하는 것이 된다. 왜냐하면 모든 사람에게는 자기 육체가 가장 실재적인 것이기 때문이다. 그러나 우리가 이 육체와 그 동작을 분석해 보면, 육체가 우리의 표상이라는 것을 제외하고는 의지밖에 만나지 못한다. 육체의 실재성은 이것으로 끝이 난다. 따라서 우리는 물체계에 부여하기 위한 다른 종류의 실재성을 아무 데서도 발견할 수 없다. 만일 물체계가 단지 우리의 표상 이상의 것이어야 한다면 물체계는 표상 밖의 것, 즉 물체계 그 자체로서 가장 내적인 본질에 따라 우리 자신 속에서 직접 의지로 발견되는 것이라고 말할 수밖에 없다. 내가 '그 가장 내적인 본질에 따라'라고 말한 것은, 의지에서가 아니라 여러 가지 정도를 달리한 의지의 표현에 속하는 것을 의지와 구별하는 것을 체득하기 위해서는 의지의 본질을 가장 먼저 배워 알아야 하기 때문이다. 이를테면 인식을 수반하고 있는 것이라든지 동기에 의해 규정된 상태가 인식에 의해 제약되어 있는 것 등이 그러한 현상이다. 이것은 앞으로 분명해질 테지만 의지의 본질에 속하는 것이 아니고, 동물이나 인간으로서 의지의 명확한 현상에 속해 있을 뿐이다. 그러므로 만일 내가 돌을 땅에 떨어뜨리는 힘이 본질적으로 모든 표상 이외에는 의지라고 말한다 해도, 인간에게는 의지가 동기를 인식하고 나타나기 때문에, 돌도 그렇게 인식된 동기에 따라 운동한다는 바보 같은 생각이 이 명제에 내포되어 있다고는 생각하지 않을 것이다.[1] 이제 우리는 지금까지 일반적으로 논술한 것을 상세하고 명확하게 입증하고 기초를 부여하며 그 모든 범위에 걸쳐 이것을 전개하려고 한다.

## 20. 욕망의 표현인 육체

자기 육체의 본질로서, 이 육체를 육체답게 하는 것으로서 육체가 직관의 객체, 즉 '표상'이라는 것을 제외하면, 이미 언급한 것처럼 '의지'는 가장 먼저 육체의 임의 운동 속에서 나타난다. 결국 임의 운동은 개별적인 의지 행위가 가시적으로 나타난 것에 불과하며, 의지 행위에 직접적으로 관련하여 동시에 완전

---

1) 프랜시스 베이컨이 물체의 기계적이고 물리적인 운동은 이 물체들에 대해 선행하는 지각에 의해서만 생긴다고 말한 것이 진리를 예감할 수 있게 하기 때문에 그 명맥을 유지해 오기는 했지만, 우리는 여기에 동의할 수 없다. 또 케플러는 그의 논문 〈De Planeta Martis〉에서 유성들이 그 타원의 궤도를 한 치도 벗어남 없이 운행 속도도 규칙적으로 유지되고, 유성 궤도의 평면삼각형 크기는 유성이 그 삼각형의 밑변을 진행하는 시간에 비례하지만, 이것을 위해 유성이 인식을 가지고 있어야 한다고 주장한다. 그러나 이 또한 우리는 동의할 수 없다.

하게 생기는 것이다. 다시 말해 임의 운동과 의지 행위는 동일한 것이며, 다른 점은 의지 행위가 이행하여 인식할 수 있는 형식을 취하여 표상이 되었다는 것뿐이다.

그런데 의지의 이러한 행위는 자기 밖의 동기 속에서도 근거를 가지고 있다. 그러나 동기는 내가 '이' 시간에 '이' 장소에서 '이' 상황 아래 의지하는 것을 규정할 뿐이고, 그 이상으로 내가 일반적으로 의지한다고 하는 '것'과 또 내가 일반적으로 의지하는 '것', 즉 나의 모든 의지 작용 전체를 특징짓는 준칙을 규정하는 일은 없다. 그러므로 내 의지 작용의 본질은 동기로서는 설명할 수 없는 것이며, 동기는 오직 주어진 시점에서 의지 작용의 발견을 규정하는 것에 그치고, 내 의지가 따로 나타나는 기회가 될 뿐이다.

한편 나의 의지 자체는 동기를 이루는 법칙의 범위 밖에 존재하고, 단지 각각의 시점에서 의지의 나타남이 필연적으로 이 법칙에 의해 규정되고 있을 뿐이다. 나의 경험적 성격을 전제할 때에만 동기는 행동의 충분한 설명 근거가 된다. 그러나 만약 이 성격을 무시하고 왜 내가 이것을 하고자 하고 저것은 하고 싶어하지 않는가 묻는다면, 여기에 대해 답변할 수가 없다. 의지의 현상은 충족이유율에 지배되고 있지만 의지 그 자체는 지배받고 있지 않기 때문이며, 의지는 그러한 뜻에서 '근거가 없는' 것이라고 보아도 좋다. 이 경우 나는 일부분은 칸트의 경험적 성격과 예지적 성격에 관한 설과 내가 《윤리학의 근본 문제》(초판 p. 48~58 그리고 p. 178 이하. 재판 p. 174 이하)에서 이에 대해 논술한 것 등을 전제로 하고, 다른 부분은 제4권에서 상세히 논할 작정이다. 지금 당장 주의해 두어야 할 점은 어떤 현상이 다른 현상에 의해 근거가 된다는 것과, 행위의 본질이 그 자신의 근거를 갖고 있지 않은 의지라는 것은 모순되지 않는다는 것뿐이다. 왜냐하면 충족이유율은 아무리 어떠한 형태를 갖더라도 인식 형식에 지나지 않으며, 이 원리의 타당성은 표상이나 현상, 즉 의지가 가시적으로 된 것에만 미칠 뿐이고, 가시적이 되는 의지 그 자체에는 미치지 못하기 때문이다.

그런데 만일 내 육체의 움직임이 모두 의지의 행위와 표현이며, 이 의지의 행위에 있어서 주어진 동기 아래에서는 내 '의지'라는 일반으로서, 또 전체로서 내 성격이 재현된다고 하면, 모든 동작의 불가결한 조건도 전제도 의지의 표현이어야 한다. 왜냐하면 의지의 현상은 직접적이고 의지에 의존하지 않는 것, 따라서 의지에는 단지 우연적인 것에 지나지 않는 것이고, 의지의 현상 자체를 우연적인 것으로 만드는 것에 의존할 수 없기 때문이다. 없어서는 안 될 조건은 모든 육체 그 자체이다. 따라서 육체는 이미 의지의 나타남이어야 한다. 그리고 내 육체의 의지 전체, 즉 예지적 성격(이것이 시간에서 나타난 것이 나의 경험적 성격이지만)에 대한 관계는 육체 하나하나의 동작과 의지 하나하나에 대한 동작과의 관계와 같은 것이다. 그러므로 육체는 가시적으로 된 나의 의지에 지나지 않고, 의지는 직관적인 객관이며, 제1급의 표상에 한해 육체는 나의 의지 그 자체가 되어야 한다.

이 사실의 확증으로서 이미 열거되어 있는 것은 내 육체에 대한 작용이 모두 직접적으로 나의 의지까지도 촉발하고, 여기에 대해 고통 또는 쾌락을, 낮은 정도로는 쾌감 또는 불쾌감을 일으킨다고 하는 것, 또 반대로 의지의 격한 움직임, 즉 감동과 격정은 육체에 충격을 주어 육체 기능의 진행을 저해한다는 것이다. 원래 내 육체의 발생에 대해서는 매우 불완전한 것이지만 원인학적으로 해명되고, 그 발달과 유지에 대해서는 대체적으로 완전히 해명되었다. 이것을 생리학이라고 하지만 생리학도 그 문제를 설명하는 데 있어서는 동기가 행위를 설명하는 정도밖에 하고 있지 않다. 그러므로 개별적 행위의 근거를 동기를 통해 얻고, 이 동기에서 행위의 필연적인 결과가 생긴다고 생각하는 것은 행위가 일반적으로, 또 본질상 그 자체로서 근거가 없는 의지의 나타남에 지나지 않는다고 보는 것과 모순되지 않는다. 마찬가지로 육체의 기능들을 생리학적으로 설명하는 것도, 이 육체의 전존재와 그 기능들의 전계열은 같은 육체의 외적인 동작 속에 저마다 동기에 따라 나타나는 의지의 객관화에 지나지 않는다는 철학적 진리를 방해하는 것은 아니다. 무릇 생리학도 바로 이들 외적인 동작, 즉 직접적이고 임의적인 운동을 생물체의 원인에 환원하려고 하기 때문이며, 예컨대 근육운동은 체액의 유입이라고 하는 것으로 설명한다(라일은 그의 《생리학에 대한 기록집》, 제6권, p. 153에서 "밧줄이 젖으면 오그라드는 것처럼"이라고 말하고 있다).

그러나 아무리 근본적인 설명을 했다고 해도, 그것으로 모든 임의 운동(동물 기능)이 의지 행위의 나타남이라는 직접적이고 확실한 진리를 결코 사라지게 하지는 않을 것이다. 마찬가지로 생리학이 식물적 생명(자연적 생활 기능)을 아무리 잘 설명하더라도, 그것 때문에 이렇게 발전해 가는 동물적 생명 전체가 '의지'의 나타남이라고 하는 진리는 결코 사라지지 않는다. 두말할 것도 없이 이미 논한 것처럼, 대체로 원인학적 설명이란 것도 모두 개별적인 현상의 시간과 공간에서 필연적으로 정해진 위치를 나타내고, 일정한 규칙에 따라 그 현상이 그 위치에 필연적으로 나타난다는 점을 보여줄 뿐 그 이상을 알려주지는 않는다.

그런데 각 현상의 내적 본질은 이러한 방법으로는 영원히 구명할 수 없고, 원인학적 설명으로 전제되어 힘이나 자연법칙이나 또는 행위가 문제되는 경우에는 성격이나 의지 때문이라고 말할 수 있을 뿐이다. 개별적 행위는 모두 일정한 성격이라는 것을 전제로 한다면, 행위는 반드시 주어진 동기에 따라 생기며, 또 동물의 육체적 성장, 양육 과정 및 여러 가지 변화는 필연적으로 작용하는 원인(자극)에 따라 행해진다. 그렇지만 일련의 행위는 개별적인 행위까지도, 또 행위의 조건도 행위를 수행하는 모든 육체 자체도, 또한 그 육체를 성립하게 한 과정도 의지가 나타난 것에 지나지 않으며, 의지가 가시적으로 나타난 것, 즉 '의지의 객관화'에 지나지 않는다. 인간이나 동물의 육체가 각기 그들의 의지에 적합한 것은 여기에 기반을 두고 있으며, 이 적합성은 의도적으로 만든 어떤 도구가 그것을 만든 사람의 의지와 일치하는 것을 훨씬 넘어선다. 그래서 육체의 합목적성, 즉 목적론적인 설명 가능성으로 보이는 것이다. 그러므로 육체의 부분들은 의지를 실현시키는 주요 욕망과 완전히 들어맞아야 하며, 욕망의 가시적 표현이어야 한다. 다시 말해 치아, 목구멍, 장기는 객관화된 굶주림이며, 생식기는 객관화된 성욕이며, 물건을 잡는 손이나 빠른 다리는 그것들로 표현되는, 이미 어느 정도 간접적으로 된 의지의 노력과 상응한다. 일반적인 인간 형태가 일반적인 인간 의지와 들어맞는 것처럼, 개인적으로 변용된 의지, 즉 개개인의 성격에는 개인적 체형이 상응한다. 그러므로 이 체형은 전체나 각 부분에 있어서도 특질을 갖고 있으며, 그 성격을 잘 나타내고 있다. 이미 파르메니데스가 아리스토텔레스가 인용한 다음과 같은 시구(《형이상학》, 3권, 5)에서 이것을 말하고 있는 것은 주목할 만한 일이다.

자유롭게 움직이는 팔다리가 저마다 결합되어 있는 것처럼, 인간에게 있어서 생각은 그와 같이 나타난다. 정신과 인간의 팔다리의 본성은 같은 것이다.

개인에게도 또 인간 전체로서도. 왜냐하면 가장 지배적인 것이 생각이기 때문이다.[2]

## 21. 의지의 객관화인 표상

이제 이 모든 고찰에서 독자들은 추상적으로, 따라서 분명하고 확실하게 모든 사람이 직접적으로 구체적인 것, 즉 느낌으로서 소유하고 있는 인식을 얻게 되었다. 이것은 각자의 행위와 그 행위의 영속적 기초인 육체에 의해 표상으로서 나타나는 자기 현상의 본질인 자신의 의지이며, 이 '의지'는 그 사람의 의지 가운데 가장 직접적인 것을 형성하는 것이다. 이러한 직접적 의지는 '객관과 주관'이 대립되는 표상의 형식을 취하면서 완전히 나타나는 일이 없고, 주관과 객관이 분명하게 구별되지 않는 직접적인 방식으로 나타난다. 그러나 그것은 전체로서가 아니라 개개의 행위에 있어서만 개인에게 알려진다.

이와 같은 인식은 누구나 구체적으로 직접, 또 느낌으로서 갖고 있지만, 앞서 말한 것과 같은 여러 고찰 덕분에 이 인식을 추상적으로, 곧 분명하고 확실하게 얻은 사람은 나와 더불어 저절로 모든 자연의 내적 본질을 푸는 열쇠를 손안에 넣고 있는 셈이다. 왜냐하면 이 확신을 얻은 이상 그는 자신의 현상처럼 '직접 인식'과 '간접 인식'의 양쪽에서 주어진 현상이 아니라 오로지 간접 인식에 의해, 다시 말해 일방적 '표상'으로서만 주어진 모든 현상에 이 확신을 옮겨도 들어맞도록 되어 있기 때문이다. 그는 자신의 현상과 완전히 닮은 현상 속에, 즉 인간과 동물 속에 그들 현상의 가장 내적인 본질로서 그 의지를 인정할 뿐만 아니라 반성을 계속하고 있는 사이에 식물 속에 작용하며, 성장하고 있는 힘까지도, 또 결정을 만드는 힘도, 확신을 향하게 하는 힘도, 자침(磁針)이 북극으로 향하는 힘도, 성질 다른 두 금속이 접촉할 때 그가 느꼈던 충격적인 힘도 물질의 친화력에 있어 뭉쳤다가 흩어졌다 하며 나타나는 힘도, 또한 모든 물질에 있어 강력하게 작용하여 던져진 돌을 지면으로 당기며 지구를 태양으로 당기는 힘까지도 그 현상만으로 보면 서로 다르지만, 내적 본질로 볼 때는 동일한 것으로 인식해야 한다. 또 그에게는 직접적으로 매우 친숙하며 다른 어떠한

---

2) 내 책 《자연에 있어서의 의지에 대하여》와 《생리학》, 《비교해부학》에서 여기서 설명한 것을 자세히 논했다.

것보다 잘 알려져 있는 것이고, 그것이 명확하게 나타나는 경우에는 '의지'라 부르는 것이다. 이제 우리에게 더 이상 현상 밑에 머물게 하지 않고 이것을 넘어서 '물자체'로 나아가게 하는 것은 오로지 반성을 여기에 적용하기 때문이다. 현상이란 표상을 말하는 것일 뿐, 그 이상의 아무것도 아니다. 어떠한 종류에 속하는 모든 표상, 곧 모든 '객관은 표상'이다. 그러나 '의지'만이 '물자체'이다. 그러한 의지는 표상이 아니고 표상과 완전히 다른 것이다. 모든 표상, 즉 모든 객관은 의지가 나타난 것, 가시적으로 나타난 것, '의지의 객관화'이다. 의지는 개체 및 전체의 내면적인 심오한 부분이며 핵심이다. 의지는 맹목적으로 움직이는 모든 자연의 힘 속에 나타나 있고, 숙고한 인간의 행동 속에도 나타나 있다. 하지만 이 둘의 큰 차이는 드러나는 정도의 차이일 뿐 본질에 대한 차이가 아니다.

### 22. 의지의 개념

물자체(우리는 칸트의 이 표현을 고정된 형식으로 그대로 사용하려 한다)는 그 자체로서는 객관이 아니다. 왜냐하면 모든 객관은 이미 물자체의 단순한 현상이며, 물자체가 아니기 때문이다. 만일 물자체를 객관적으로 사고하려고 하면 물자체는 어떤 객관에서, 즉 어떤 형태로 객관적으로 주어진 것, 따라서 어떤 물자체 하나의 현상에서 명칭과 개념을 빌려와야만 한다. 그런데 이 현상을 이용하기 위해서는 물자체의 모든 현상 가운데에서 가장 완전한 현상, 곧 가장 명확하고 발전된 인식에 의해 직접 밝혀진 현상이 아니면 안 된다. 그런데 이것이 바로 인간의 '의지'이다.

여기서 주의하지 않으면 안 되는 점은 우리는 이 경우 탁월한 것으로 작명하고 있음에 불과한 것이므로, 의지라고 하는 개념은 지금까지 사용된 것보다 더 넓은 범위를 갖고 있다는 것이다. 플라톤이 여러 번 말했듯이 여러 가지 현상 가운데서 동일한 것을 인식하고 유사한 것 속에서 다른 것을 인식하는 것이야말로 철학에 대한 조건이다. 그런데 이때까지 자연 속에 움직이며 작용하고 있는 모든 힘의 본질이 의지와 동일하다는 것은 인식되지 않았다. 그러므로 같은 유의 다른 종에 지나지 않는 다양한 현상이 같은 유라고 생각되지 않고 다른 유로서 생각되었던 것이다. 아직 이러한 유의 개념을 나타내는 말도 없었다.

그래서 나는 이를 가장 탁월한 종에 따라 작명하는 것이며, 이 종의 인식은 우리에게 가깝고 직접적이긴 하지만, 이 인식을 기초로 비로소 우리는 다른 종을 간접적으로 인식하는 것이다. 따라서 의지라는 개념을 이 경우의 필요에 따라 확장하지 못하고, 지금까지 '의지'라는 말로만 표현되어 온 하나의 종을, 말하자면 인식에 의해 인도되고 오직 추상적인 동기만을 따라서 인도되어 온, 이성의 지도 아래 나타나는 의지라고 생각한다.

　이러한 의지를 이미 말한 바와 같이 가장 명확하게 나타나는 의지라고 생각하는 사람은 끊임없는 오해에서 벗어날 수 없을 것이다. 그래서 우리가 직접 알고 있는 이 의지 현상의 가장 심오한 본질을 사유 속에서 끌어낸 다음, 이것을 동일한 본질의 더 약하고, 명확하지 않은 모든 현상에 옮겨서 의지라고 하는 개념에 필요한 확장을 하지 않으면 안 된다. 그런데 모든 현상의 본질 자체를 의지라는 말로써 나타내든 다른 말로 나타내든 결국은 같은 것이라고 생각하는 사람이 있다면, 그 사람은 위에서 말한 것과는 반대되는 방식으로 내가 말하려는 것을 오해하고 있다 하겠다. 만일 그 본질인 물자체가 단지 '추리'에 의해 존재하는 것으로 간주되고, 간접적으로만, 또 추상적으로만 인식되는 것이라고 한다면, 어떠한 말로 표현하든 변함이 없을지도 모른다. 이러한 것이라면, 물론 그 물자체를 무엇이라 부르든 자유이다. 그 명칭은 알 수 없는 단순한 부호로서 존재하는 것이다. 그러나 주문처럼 자연 속에 있는 심오한 본질을 우리에게 나타내줄 '의지'라는 말은 결코 어떤 미지수도, 추리에 의해 얻어지는 것도 아니고 철저하게 직접 인식된 것이며, 사실 우리가 잘 알고 있는 것이다. 그러므로 우리는 의지가 무엇인지는 의지 이외의 어떤 것보다 더 잘 알며 이해하고 있다. 이때까지 '의지'라는 개념은 '힘'이라는 개념에 포함되어 있었지만, 나는 이것을 정반대로 자연 속에 있는 모든 힘이라고 생각하고 싶다. 그런 것은 말의 논쟁에 불과하며, 어떻든 상관없다고 생각한다면 곤란하다. 오히려 이것이야말로 가장 의미심장하고 중요한 것이다. 왜냐하면 힘이라는 개념의 밑바탕에는 다른 개념에서와 마찬가지로 결국 객관적 세계의 '직관적 인식', 즉 현상과 표상이 존재하며, 힘이라는 개념은 이것에서 만들어지고 있기 때문이다. 힘이라는 개념은 인과가 지배하는 영역에서, 곧 '직관적 표상'에서 추상되고 있는 것이기 때문에 원인학적으로는 그 이상의 설명이 불가능하며, 바로 모든 원인학적 설명의 필연적인 전제가 되고 있는 한 점에 서서 원인의 원인인 소재를 뜻하고 있다. 이와 반대로 '의지'라는 개념은 모든 가능한 개념 가운데서 그 근원을 현상 안에 갖고 있지 '않고', 단순한 직관적 표상 속에도 갖고 있지 '않으며', 저마다 내부에서 나오고 가장 직접적인 의식에서 생기는 유일한 개념이다. 각자는 '의지'라는 개념 속에 자기 자신의 개체 본질을 직접 어떤 형식도 없이, 주관과 객관이라는 형식까지도 없이 인식한다. 왜냐하면 의지에 있어서는 인식하는 것과 인식된 것이 일치하기 때문이다. 그러므로 우리가 '힘'이라는 개념을 '의지'라는 개념에 환원하면, 실제로 우리는 미지의 것을 무한히 더 알고 있는 것으로 환원한 것이 된다. 또한 우리가 간접적으로 또한 완전히 알고 있는 유일한 것으로 환원한 것이 되며, 따라서 우리의 인식을 현저하게 확장한 것이 된다. 그런데 지금까지 행한 것처럼 '의지'라는 개념을 '힘'이라는 개념에 포함시키면, 세계의 내적 본질에 대해 우리가 갖고 있는 유일하고 직접적인 인식을 포기하는 것이 된다. 왜냐하면 직접적 인식을 현상에서 추상해 낸 개념 속에 몰입시키기 때문이다. 따라서 이러한 개념을 가지고는 도저히 현상을 넘어설 수는 없다.

## 23. 현상 형식에서 자유로운 의지

'물자체'로서 '의지'는 그 현상과는 전혀 다른 것이며, 또 현상의 모든 형식에서도 완전히 자유로운 것이다. 이러한 현상 형식은 의지가 나타나는 경우에 비로소 취하는 형식이기 때문에 의지의 '객관성'에 관계할 뿐이며 의지 자체에는 관계가 없다. 모든 표현 중 가장 보편적인 형식까지도, 즉 주관에 대한 객관의 형식까지도 의지에는 해당되지 않는다. 이 형식에 종속하고 있는 여러 형식 가운데, 이미 알고 있는 것처럼 시간과 공간을 포함하는 충족이유율이라는 말로 표현되는 형식에 의해 비로소 존립하고, 또 가능하게 된 다원성은 더한층 의지에는 해당되지 않는다.

이 말은 본디 오래전 스콜라 철학에서 사용한 말이지만, 그것을 빌려와 시간과 공간을 개체화한 원리라고 부르기도 한다. 이것을 명확하게 기억해 주기 바란다. 왜냐하면 본질과 개념상 동일한 것을 다원화하여 서로 나란히 나타나게 만드는 것은 오로지 시간과 공간이기 때문이다. 그러므로 시간과 공간은 개체화의 원리이며, 스콜라 철학자들의 여러 궤변과 논쟁의 대상이 되었지만, 이들 궤변과 논쟁은 수아레스의 《형이상학 논쟁》(5, sect. 3)에 수록되어 있다. 이 말에 따르면, 물자체로서 의지는 어떠한 형태를 갖고 나온 '충족이유율'에도 제약받지 않는다. 따라서 그 현상은 어느 것이나 완전히 충족이유율에 따르지만, 의지에는 결과적으로 전혀 근거가 없다. 또한 의지의 시간과 공간에 있어서 현상은 수없이 많지만, 의지 자체는 모든 '다원성(Vielheit)'에서 자유롭다. 의지는 하나이다. 그러나 이 하나라는 것은 어떤 객관이 하나라고 하는 경우, 이 단일성이 가능한 다원성에 대해 인식되는 하나가 아니며, 또 다원성의 추상에 의해 생긴 하나라는 개념도 아니다. 의지는 개체화된 원리인 시간과 공간 밖에, 즉 다원성의 가능성 밖에 존재하는 것으로서 하나이다. 이 모든 것이 다음에 언급하는 것과 같은 여러 현상의 고찰이나 의지의 여러 가지 드러남에 따라 명확해진 다음에야 우리는 시간과 공간, 그리고 인과성이 물자체에는 귀속하지 않고 인식의 형식에 지나지 않는다고 말한 칸트 학설의 의미를 충분히 이해할 수 있으리라.

의지가 근거를 가지고 있지 않다는 것은 실제로도 인정되고 있는 것이며, 그것은 의지가 인간의 의지로서 가장 명확하게 나타나는 경우이다. 그리고 이 의지는 자유와 독립이라고 불렸던 것이다. 그런데 이 의지 자체의 무근거성에 정신이 팔려, 의지 현상을 곳곳에서 지배하고 있는 필연성을 보고도 놓쳐버리고, 자유롭지 않은 행위들을 자유라 말하고 있다. 무릇 개별적 행동은 모두 동기가 성격에 주는 경향으로 인해 엄밀한 필연성을 갖고 귀결되고 있다. 이미 언급한 바이지만 모든 필연성은 귀결과 근거의 관계이며, 그 이상의 아무것도 아니다. 충족이유율은 모든 현상의 보편적 형식이며, 인간의 행위는 모든 현상과 마찬가지로 이 원리에 따르지 않으면 안 된다. 그러나 자기의식에 있어서 의지는 직접 또 그 자체로서 인식되기 때문에, 자기의식에는 자유의 의식이 있다. 그런데 개체, 즉 개인은 물자체로서 의지는 아니고 이미 의지의 '현상'이며, 현상으로서 한정되어 있어 현상 형식, 곧 충족이유율에 따르고 있다는 사실을 지나치게 된다. 그래서 여기에 이상한 사실이 생겨난다. 다시 말해 각자가 선험적으로 개별적인 행위에 있어서까지도 완전히 자유라 생각하고, 어떠한 순간에도 다른 생활 태도를 취할 수 있다고, 즉 타인이 될 수 있다고 말하는 것이다. 하지만 그는 후천적으로, 곧 경험에 의해 자기는 자유로운 것이 아니라 지배되고 있으며, 아무리 결심과 반성을 해도 자기 행동을 바꿀 수 없고, 자기 생활의 처음에서 마지막까지 자신이 싫다고 생각하고 있는 성격을 계속 가지고 있으면서, 맡은 역할을 끝까지 실천해야 한다는 것을 알게 되어 놀란다. 나는 이러한 고찰을 여기서는 더 이상 자세히 논하고 싶지 않다. 이것은 윤리적인 고찰로서 이 책의 다른 곳에서 논해야 할 것이기 때문이다. 여기서는 다만 다음 사실만을 지적하고 싶다. 의지는 그 자체로서는 근거를 갖고 있지 않지만, 의지의 현상은 '현상'으로서는 필연성의 원리, 즉 충족이유율에 지배당한다는 것이다. 이것은 자연의 여러 현상이 발생할 때의 필연성 때문이며, 그 여러 현상 속에 있는 의지의 표출을 인식하는 데 방해되지 않기 위해서이다.

이제까지는 동기, 다시 말해 표상 이외의 근거를 갖고 있지 않는 변화만이 의지의 현상이라고 생각되어 왔다. 그러므로 자연에서는 인간만이, 또는 기껏해야 동물이 의지를 갖고 있다고 생각되었다. 왜냐하면 이미 앞에서도 언급했지만, 인식하고 표상하는 것은 순수하게 동물만이 갖는 성격이기 때문이다. 그런데 의지는 인식에 인도되지 않는 경우에도 작용한다는 것은 가장 가까운 데에 있는 동물의 본능과 예술적 충동을 보면 알 수 있다. 이 경우 동물이 표상과 인식을 갖고 있다는 것은 문제가 되지 않는다. 왜냐하면 동물이 목적을 향해 작용할 때는 그 목적이 마치 인식된 동기인 것처럼 작용하고 있어서 동물은 목적을 인식하고 있지 않기 때문이다. 그러므로 동물의 동작은 이 경우 동기 없이 행해지고 표상에 인도되지는 않는다. 따라서 우리에게 가장 먼저, 그리고 가장 명확하게 의지가 그 어떤 인식 없이 작용한다는 것을 나타낸다.

태어난 지 1년 된 새는 알에 대해서는 아무런 표상을 갖고 있지 않지만, 알을 위해 둥지를 만든다. 어린 거미는 먹이에 대한 표상은 갖고 있지 않지만, 먹이 때문에 거미줄을 친다. 또한 애명주잠자리는 개미에 대해 아무런 표상을 갖고 있지 않지만, 개미를 함정에 빠뜨리기 위해 구멍을 판다. 사슴벌레의 유충은 나무 속에 구멍을 뚫고 거기서 탈바꿈하려고 하는데, 그때 수컷은 뿔을 넣기에 충분한 넓이를 얻기 위해 암컷 두 배 크기의 구멍을 판다. 그러나 유충은 뿔에 대해서는 아무런 표상도 갖고 있지 않다. 동물들의 이와 같은 행위 속에는 다른 행위와 마찬가지로 의지가 작용하고 있다는 것은 분명하다. 하지만 그 의지는 맹목적으로 작용하고 있는 것으로 인식을 동반하고는 있지만, 인식에 의해 인도되고 있지는 않다.

그런데 우리가 동기로서 표상이 의지 활동의 필연적, 본질적인 조건이 아니라는 점을 이해한다면, 의지 작용이 너무 두드러지지 않는 경우에도 의지가 작용하고 있는 것을 쉽게 인정할 것이며, 또한 우리가 세우는 집이 우리 의지와는 다른 의지에 의한 것이 아닌 것과 마찬가지로, 달팽이의 껍데기를 달팽이가 모르는, 그러나 인식에 의해 인도된 어떤 의지로 말미암아 만들어진 것이라고 생각하는 일은 없으리라. 오히려 우리는 인간의 집도 달팽이의 껍데기도 모두 두 가지 현상으로 객관화되고 있는 의지의 소산이라고 인정할 것이다. 이 의지는 인간에게는 동기에 의해 작용하지만, 달팽이에게는 맹목적으로 외부 세계를 향해 일정한 형체를 만드는 본능으로서 작용한다. 인간에게도 이와 같은 의지가 맹목적으로 작용할 때가 가끔 있다. 인식에 의해 인도되지 않는 우리 육체의 모든 기능, 육체의 모든 생명적·식물적 과정, 즉 소화, 혈액순환, 분비, 성장, 재생이 이렇게 작용하고 있다. 육체의 동작뿐만 아니라 육체 자체가 위에서 말한 것처럼 철저하게 의지 현상이고, 객관화된 의지이며 구체적인 의지이다. 그러므로 육체 속에서 행해지는 것은 모두 의지에 의해 행해져야 한다. 물론 이 경우 의지는 인식에 의해 인도되는 것이 아니고, 동기에 의해 규정되는 것도 아니며, 맹목적으로 움직이면서 '자극(Reize)'이라고 하는 원인에 의해 규정되는 것이다.

나는 여기서 '원인(Ursache)'을 가장 좁은 의미로 말하는데, 물질의 어떤 상태가 다른 상태를 필연적으로 일으키는 경우, 그 상태가 원인이 되어 일으키는 변화와 같은 양의 변화를 받는다. 말하자면 그것은 '작용과 반작용은 서로 같다'는 규칙으로 표현되는 것이다. 또 본디의 원인에 있어서 작용은 원인에 정비례하고, 또 반작용도 반드시 같이 비례하기 때문에, 만일 작용의 방법이 먼저 주어지면 원인의 강도로부터 작용의 정도가 측정·계산될 수 있고, 그 반대도 가능하다. 본디 원인이라 말하는 것은 기계적 조직, 화학적 변화 등의 모든 현상, 요컨대 무기물의 모든 변화에 작용하고 있다. 그런데 내가 자극을 원인이라 부를 때, 이 원인이란 자신이 그 작용에 상응하는 반작용을 받지 않고, 또 그 반작용의 강도는 작용의 강도 및 정도와 나란히 변하지 않으며, 따라서 작용의 강도는 반작용의 강도에 의해 측정할 수 없는 것이다. 오히려 이 경우, 자극을 조금만 강하게 해도 작용이 엄청나게 증대되는 일도 있고, 반대로 먼저 있었던 작용이 완전히 없어지는 일도 있다. 생물체에 대한 작용은 모두 이러한 종류의 것이다. 즉 단순한 원인에 의해서가 아니라 자극에 따라서 동물 육체에서 본디의 유기적이고 식물적인 변화가 행해진다.

그런데 자극은 일반적으로 모든 원인과 마찬가지로, 또 동기와도 같이 모든 힘이 시간과 공간에 나타나는 경우의 기점을 규정할 뿐, 그 이상으로 나타나는 힘의 내적 본질은 규정하지 않는다. 우리는 이때까지 행한 연역으로 이 힘의 내적 본질을 '의지'라 인정하는 것이며, 그러므로 우리는 육체의 의식적인 변화나 무의식적인 변화도 똑같이 의지에 의한 것이라고 생각한다. 자극은 인식에 의해 철저하게 규정되는 인과성과 가장 좁은 의미의 원인 사이에 있는 중간자이며, 이 둘의 다리 역할을 하는 것이다. 개개인의 경우에 자극은 동기에 가까울 수도, 또 원인에 가까울 수도 있지만, 여전히 동기와 원인은 다르다. 예컨대 식물에서 수액의 상승은 자극에 따라 행해지는 것이며, 단순한 원인, 곧 물역학의 법칙이나 모세관의 현상으로도 설명할 수 없다. 그럼에도 이 상승 현상은 이들 원인의 도움을 얻으며, 이것만으로도 벌써 단순한 원인에 의한 변화에 아주 가깝다. 이와 반대로 무초(舞草)나 미모사의 운동은 오직 자극에 따라 행해지긴 하지만, 동기에 의한 운동과 흡사하며, 그것에 닮아가려고 하는 것처럼 생각된다. 빛이 강해지면 눈동자가 좁아지는 것은 자극 때문인데, 이것은 이미 동기에 의한 운동에 닮아가고 있는 현상이다. 왜냐하면 빛이 너무 강하면 망막이 아플 정도로 자극을 받으므로, 그것을 피하기 위해 눈동자를 수축시키기 때문이다. 발기의 원인은 하나의 표상이기 때문에, 그것은 동기이다. 그러나 이 원인은 자극과 마찬가지로 필연적인 작용을 한다. 즉 자극에 저항할 수는 없으므로, 발기가 일어나지 않게 하기 위해서는 자극을 멀리해야 한다. 구역질을 나게 만드는 불쾌한 것도 같은 경우이다. 자극에 따르는 운동과 인식된 동기에 의한 행동 사이의 아주 다른 종류의 중간항으로 간주되는 것들이 지금 내가 막 언급한 동물의 본능이다.

이런 종류가 중간항이며, 또 하나 다른 것으로는 호흡이 있다고 말하고 싶을 뿐이다. 무릇 호흡이 임의 운동에 속하는지 비임의적 운동에 속하는지, 다시 말해 본디 호흡이라는 것이 동기에 의해 행해지는지 자극에 의해 행해지는지 하는 것이 지금까지도 논의되어 왔기 때문에, 아마 둘의 중간일 것이라고 설명되고 있다. 마셜 홀(《신경조직 질환에 대하여》, 293절 이하)은 호흡은 일부는 뇌수(임의적인)신경, 일부는 척수(비임의적인)신경의 영향에 의한 것이기 때문에, 이둘의 혼합 작용이라고 설명하고 있다. 그러나 우리는 호흡을 동기에 의해 행해지는 의지의 발현이라고 보지 않으면 안 된다. 왜냐하면 다른 여러 동기, 즉 단순한 표상이 의지를 규정하여 호흡하게 하고 빠르게 할 수 있으며, 또 호흡은 다른 모든 임의 행위와 마찬가지로 완전히 쉽게 할 수도, 자유롭게 질식하게 할 수도 있는 것처럼 생각하기 때문이다. 실제로 이러한 것은 어떤 다른 동기가 아주 강하게 의지를 규정하여 그로 인해 이 동기가 공기에 대한 절실한 욕구를 넘어선다고 하면 생길 수 있을 것이다. 어떤 설에 따르면 디오게네스는 이 방법으로 죽었다고 하는데, 그것은 실제로 있을 수 있는 일이다(《디오게네스 라에르티오스》 VI, 76). 또한 흑인들도 이렇게 죽었다고 말하고 있다(F. B. 오지안더, 《자살에 대하여》, 1813, p. 170~180).

위와 같은 실례에 비추어 볼 때, 우리는 추상적 동기의 영향이 강하다는 것, 즉 정말로 이성적인 의지 작용이 동물적인 의지 작용보다 우세하다고 말할 수 있을 것이다. 호흡이 적어도 부분적으로는 뇌수 작용으로 말미암아 제약된다는 것은 다음과 같은 사실로 증명된다. 시안화수소가 먼저 뇌를 마비시키고 다음에 간접적으로 호흡을 방해하기 때문에 죽음에 이르게 하는 것이지만, 만일 이 뇌가 마비될 때까지 인공적으로 호흡이 지속된다면 결코 죽음에 이르지는 않는다. 말하자면 이 경우 호흡은 동기가 가장 좁은 의미의 단순한 원인이 작용하는 것과 같은 필연성을 가지고 작용하며, 또 압력이 반압력에 의해 그 힘을 잃는 일이 있는 것과 같이 반대의 동기에 의해 그 힘을 잃는다는 매우 당연한 실례를 나타내는 것이다. 왜냐하면 호흡의 경우 이것을 쉬고 있는 것처럼 생각되는 것은 동기에 의해 생기는 다른 여러 운동의 경우보다 훨씬 그 정도가 낮기 때문이다. 대체로 호흡의 경우는 동기가 아주 절박하고 직접적이며, 동기를 충족시키는 근육은 피로를 모르는 것이므로, 동기의 충족은 쉽고 대부분 이것에 저항하는 것이 없고, 호흡 전체가 개체의 가장 오랜 세월을 두고 해온 습관에 의해 유지되고 있기 때문이다. 따라서 본디 모든 동기는 같은 필연성을 가지고 작용한다. 동기에 의한 운동과 자극에 따르는 운동에 똑같이 필연성이 있다는 것이 인식되면, 우리는 쉽게 생물체에서 자극에 따라 완전히 법칙적으로 생기는 일도 결국은 그 본질에서 보면 의지이며, 이 의지는 그 자체로서는 아니지만 현상으로 된 이상 모두 '충족이유율', 곧 필연성에 지배되고 있다는 것을 알게 된다.[3]

따라서 우리는 동물을 그 행동에서나 생활, 체격, 조직에서도 의지 현상으로 인식하는 것에 만족하지 않고, 사물의 본질 그 자체에 대해 우리에게만 주어진 직접적 인식을 오로지 자극에 따라 움직이는 식물에 비교하여 생각해 보기로 한다. 왜냐하면 인식이 결여되어 있다는 것, 이 인식에 제약된 동기에 의거한 운동이 결여되어 있다는 것만이 동물과 식물의 본질적 차이를 이루고 있기 때문이다. 그러므로 식물로서, 단순한 식물적 성장으로서, 또 맹목적으로 작용하는 힘으로서 우리의 표상에 나타나는 것은 그 본질에 의해 의지라고 파악할 것이다. 그것은 우리 현상의 근본을 이루는 것이며, 우리 행동 속에서도, 육체의 모든 존재 속에서도 나타난다.

여기서 우리에게 남겨진 마지막 단계는 우리의 고찰 방법을 넓혀 자연 속에서 보편적이고 변함없는 여러 법칙으로 작용하고 있는 힘, 모든 물체의 운동을 지배하고 있는 힘, 전혀 기관을 갖고 있지 않고 자극에 대한 감수성도 없으며 동기에 대한 인식도 없는 힘, 이러한 여러 힘에까지 미치게 되는 것이다. 따라서 우리의 본질에 대한 직접적 인식만이 사물의 본질 자체를 이해하는 열쇠를 주는 것이지만, 우리는 이 열쇠를 모든 현상 속에서 우리로부터 가장 멀리 떨어져 있는 무기계(無機界)의 현상에도 맞추어 보지 않으면 안 된다. 그런데 이 현상들을 탐구적인 눈으로 살피면 다음과 같은 점을 볼 수 있다. 즉 물이 높은 곳에서 낮은 곳에 이를 때의 강하고 억제할 수 없는 충동이나, 자침이 언제나 다시 북극으로 향하는 집요성, 쇠가 자석에 달라붙는 경우의 동경, 전기의 양극이 다시 합치려고 하는 격정, 마치 인간의 소망처럼 방해를 받으면 점점 더 증대되는 저 격정. 또 격정은 빠르게 그리고 갑자기 만들어지지만, 여기에는 많은 형식적인 규칙이 있고, 이 규칙성에는 분명히 본디부터 여러 방향으로 향하려

---

3) 이 인식은 의지의 자유에 대한 내 현상 논문에 의해 확인된다. 따라서 이 논문(《윤리학의 근본 문제》, p. 29~44)에서 원인, 자극, 동기의 관계도 자세하게 논했다.

는 노력이 있으며, 이것이 응고, 고정되어 완전히 결정되어 정밀하게 규정되고 있는 것을 보여주고 있다. 또 물체가 액체로 됨으로써 자유로워지고 완고한 속박을 벗어나 서로 찾고 사라지고 하나가 되고 분리하는 경우의 선택, 마지막으로 우리가 직접적으로 느끼는 것이지만, 무게를 가진 물건이 대지로 향하려는 것을 우리 육체가 저지하면, 이것은 우리 육체에게 끊임없이 중압을 가하며 그의 유일한 노력을 계속하려고 한다.

이렇게 여러 현상을 보면, 별로 특별하게 노력하여 상상력을 강하게 하지 않아도, 우리와 떨어진 현상 속에서까지도 우리의 본질을 재인식할 수 있을 것이다. 말하자면 그 본질은 우리에게는 인식의 빛줄기에 비치면서 그 목적을 추구하는 것이지만, 무기계 곧 그 본질의 가장 약한 현상계에서는 오직 맹목적이고 일방적으로, 또 변함없이 노력할 뿐이다. 어쨌든 그 본질은 동일한 것이기 때문에, 마치 새벽빛도 낮의 빛줄기도 함께 태양광이라는 이름을 갖고 있는 것처럼, 무기계에서도 현상에서도 '의지'라는 이름을 붙이지 않으면 안 된다. 그리고 이 의지야말로 세계에 있어서 모든 사물의 존재 자체이며, 모든 현상의 유일한 핵심을 나타내고 있다.

그렇지만 무기계의 여러 현상과 우리 본질의 내면이라고 느끼는 의지 사이의 차이는, 일정한 합법칙성이 지배하는 무기계의 현상과 얼핏 보면 규칙 없이 임의로 행해지는 듯한 인간 현상 사이의 대조에서 유래한다. 왜냐하면 인간에게는 개성이 강하게 나타나기 때문이다. 사람은 저마다 자신의 성격을 갖고 있다. 따라서 같은 동기라 할지라도 반드시 모든 사람에게 같은 힘을 미친다고 할 수는 없다. 여러 부수적인 사정이 어떤 개인의 넓은 인식영역 속에는 존재하더라도 다른 개인들은 이것을 모르는 일도 있기 때문이며, 이러한 부수적 사정이 그 동일한 동기의 작용을 변화시키는 것이다. 따라서 동기만으로 행위를 미리 규정할 수는 없다. 거기에는 또 하나 다른 원인인 개인의 성격과 이 성격에 따르는 인식에 관계하는 세밀한 지식이 결여되어 있기 때문이다. 반대로 자연의 힘이 나타내는 여러 현상은 이 경우 정반대이다. 자연의 힘은 조금의 오차나 개성도 없이 일반법칙에 따라 명확하게 현존하는 사정에 따라 작용하며, 또 정확하게 예정에 따라 작용한다. 그리고 이 동일한 자연의 힘은 수없이 많은 현상 속에 완전히 같은 방법으로 나타난다. 의지는 '하나의' 나눌 수 없는 것으로서 가장 약한 현상에서나 가장 강한 현상에서 아무리 큰 차이가 나더라도 결국은 동일한 것임을 증명하기 위해서, 우리는 먼저 사물 자체로서 의지가 현상에 대해 갖는 관계, 즉 의지로 본 세계와 표상으로 본 세계에 대한 관계를 고찰해야 한다. 이로 말미암아 우리는 제2권에서 다룬 문제 전체를 한층 더 깊이 연구하기 위한 최상의 방법을 발견할 것이다.[4]

### 24. 의지의 필연성

우리가 위대한 칸트에게서 배운 것은 '시간과 공간과 인과성'이 그 모든 합법칙성이나 형식의 가능성으로 보아 객관 속에 나타나며, 그 내용을 이루고 있는 여러 객관으로부터 완전히 독립하여 우리 의식 속에 존재하고 있다는 것이다. 다시 말해 시간과 공간과 인과성은 객관으로부터 출발하든 주관으로부터 출발하든 발견할 수 있으며, 따라서 '객관의 객관(칸트는 현상이라 함)', 즉 '표상'인 이들은 똑같은 이유로 주관의 직관 방법 또는 객관의 상태라고 부를 수도 있다. 또 이 형식들은 객관과 주관 사이에 있는 더 이상 줄일 수 없는 한계라고도 볼 수 있다. 그러므로 사실 모든 객관은 이들 형식 속에 나타나야만 하지만, 주관은 객관으로부터는 독립하여 이들 형식을 완전히 소유하고 개관한다. 만일 이들 형식 속에 나타나는 여러 객관이 공허한 환영이 아니라 어떤 의미를 갖고 있는 것이라고 한다면, 이들 객관은 객관이 아닌 그 무엇을 의미하며, 그 무엇의 표현이어야 한다. 그 무엇이라는 것은 다시 이들 객관, 곧 표상이 아니고, 상대적으로 주관에 대해서만 존재하는 것이 아니며, 본질적인 제약으로서 주관에 대립하는 것과 그 형식으로부터 독립하여 존재하는 것, 즉 '표상이 아니라 물자체'가 아니면 안 된다. 그래서 적어도 다음과 같은 질문이 생기게 된다. 이들 '표상'이나 '객관'은 주관의 표상이며, 주관의 객관이라는 것을 제외하더라도 여전히 그 무엇이라 할 수 있는가? 그리고 만일 그 무엇이라고 한다면 그것은 어떠한 의미의 것인가? 이들 객관이 갖고 있는 것으로 표상과는 전혀 다른 것이란 무엇인가? 물자체는 무엇인가? '의지', 이것이 우리의 대답이었지만 나는 지금으로서는 여기에 대해 언급하지 않겠다.

---

4) 제2권 23장 참조. 또 나의 책 《자연에 있어서의 의지에 대하여》의 식물생리학에 대한 장과 형이상학에 있어서 특히 중요한 물리천문학 관련 장 참조.

물자체가 무엇이든 간에 칸트는 시간과 공간과 인과성(우리는 이것들을 나중에 충족이유율의 여러 형태로 인식하고 충족이유율을 현상 형식의 보편적 표현으로 인식한 것이지만)이란 물자체의 여러 규정이 아니라, 물자체가 표상이 된 뒤 또는 표상으로 된 범위 안에서, 즉 물자체가 현상에 속하는 경우에 비로소 물자체에 귀속하는 것이며, 순수 물자체에는 귀속하지 않는다는 정확한 결론을 내렸다. 왜냐하면 주관은 모든 객관으로부터 독립하여 자기 자신으로 이들 형식을 완전히 인식하고 구성하므로, 이들 형식은 표상이 되는 것이 아니라 '표상 존재' 자체에 결부되어야 하기 때문이다. 이들 형식은 표상 자체의 형식이어야 하며, 표상이라는 형식을 취한 것의 성질이어서는 안 된다. 이들 형식은 주관과 객관(개념에서가 아니라 실제에서)의 단순한 대립이라는 것과 동시에 이미 주어져 있지 않으면 안 된다. 따라서 인식 일반의 형식을 더 자세하게 규정한 것에 지나지 않으며, 이것을 가장 일반적으로 규정한 것이 주관과 객관의 대립이라는 것이다. 시간과 공간과 인과성에 의해 다시 현상이나 객관 속에 제약되는 것은 이 형식들을 통해서만 표상될 수 있다. 그런데 그것이 나란히 서고 잇따라 일어남으로써 '다원성(Vielheit)'이 되며, 인과성의 법칙에 의해 '변화와 지속(Wechsel und Dauer)'이 되고, 또 인과성을 전제로 하여 비로소 표상될 수 있는 물질로 되며, 마지막으로 이 물질을 매개로 하여 비로소 표상될 수 있는 모든 것이 된다. 하지만 이들 모든 것은 대체로 현상하는 '그것', 표상이란 형식을 취한 '그것'에 본디부터 고유한 것이 아니고, 표상이란 형식에 속해 있을 뿐이다.

이와 반대로 현상 속에서 시간과 공간과 인과성에는 제약받지 않고 이들 형식에 환원할 수도 없으며, 또 이들 형식에 의해 설명할 수 없는 것, 이것이야말로 직접 현상하는 것, 즉 물자체를 나타내는 것이리라. 따라서 가장 완전한 인식 가능성, 곧 최대의 명확성, 명석성, 그리고 남김 없는 탐구 가능성은 필연적으로 '인식 자체'에 고유한 것, 즉 인식의 '형식'에 귀속하겠지만 그 자체가 표상이 '아닌' 것, 곧 객관이 '아닌' 것, 이들 형식을 취함으로써 비로소 인식이 가능하게 된 것, 다시 말해 표상이나 객관으로 된 것은 귀속하지 않는다. 말하자면 표상된 것에 대한 의존 없이 인식되는 것, 표상 존재 일반과 인식되는 것, 그리고 그 자체에만 의존하는 것, 그러므로 인식되는 모든 것에 차별 없이 귀속하는 것, 그래서 객관에서 출발하든 주관에서 출발하든 발견될 수 있는 것, 그러한 것만이 완전하고 철저하게 명석한 인식을 줄 수 있을 것이다. 그러나 그런 것은 우리가 선험적으로 의식하고 있는 모든 현상의 여러 형식에 존재하고 있는 것에 불과하다. 이들 형식을 총괄하여 '충족이유율'이라고 하지만, 직관적 인식(우리는 여기서 오직 이것을 문제 삼고 있지만)에 관계하는 이유율의 형태가 '시간과 공간과 인과성'이다. 순수 수학 전체와 선험적인 순수 자연과학은 오로지 형식에 바탕을 두고 있다. 그러므로 그러한 수학이나 자연과학에서 인식은 조금도 모호한 점이 없고, 또 근거를 밝힐 수 없는 일(근거 없는 것, 즉 의지)에 맞닥뜨리는 일도 없으며, 또 연역할 수 없는 것에 다다르는 일도 없다. 이와 같은 점에서 '칸트'는 이미 언급한 것처럼 그러한 인식을 논리학과는 달리 과학이라고 이름 붙이려 했다.

그러나 한편으로는 이들 인식은 표상과 표상의 단순한 관계, 즉 전혀 내용이 없는 형식을 나타내는 것에 불과하다. 만일 이들 인식이 내용을 갖고 또 이들 형식에 현상이 들어가면, 그 내용과 현상은 이미 그 본질을 완전하게 인식할 수 없는 무엇, 다시 말해 다른 것으로서는 설명을 다할 수 없는 그 무엇, 즉 그 인식의 명증성을 잃게 하고 완전한 명료성을 잃게 하는 근거 없는 그 무엇을 포함하고 있는 것이 된다. 근거 구명을 벗어나게 하는 그런 것이야말로 '물자체'이며, 이것은 표상도 인식의 객관도 아니며, 그러한 형식을 취해야 비로소 인식될 수 있다. 이 형식은 본디 물자체로서는 관계가 없고, 물자체는 이 형식과는 완전하게 합치할 수도 없으며, 또 단순한 형식에 환원될 수도 없다. 그리고 이 형식이란 충족이유율이기 때문에, 물자체는 완전히 그 '근거를 구명할' 수는 없는 것이 된다. 따라서 아무리 모든 수학이 우리에게 현상에 대해 크기, 위치, 수, 요컨대 공간적 시간적 관계에 대한 충분한 인식을 제공하고, 또 모든 원인학이 현상들이 보이는 그 모든 규정을 동반하고, 시간과 공간 사이에 나타나는 법칙적인 여러 조건을 완전하게 나타내기는 하지만, 아무리 설명을 해도 그때마다 어떤 일정한 현상이 왜 지금 여기에 나타나고, 또 왜 지금 여기에 나타나야만 하는가 하는 필연성 이상의 것은 가르치지 않는다. 결국 수학과 원인학의 도움으로는 영원히 사물의 내적 본질을 구명할 수 없고, 오히려 언제나 설명의 전제가 되는 무엇이 남는다. 즉 자연의 여러 가지 힘, 여러 사물의 일정한 작용 방법, 각 현상의 성질과 성격, 근거 없는 것, 이것들은 현상의 형식인 충족이유율에는 의존하지 않고 이 형식 자체는 충족이유율에 관계가 없지만, 한번 이 형식 속에 들어가면 그 법칙에 따라 나타나는 것이다. 그러나 그 법칙은 바로 현상 방법을 규정함에 불과하며, 현상하는 것을 규정하지는 않는다. 나타나는 방법을 규정할 뿐이지 현상하는 그것을 규정하는 것이 아니다. 말하자면 내용이 아니라 형식만을 규정하는 것이다.

　역학, 물리학, 화학은 불가입성, 중력, 강성, 유동성, 응집성, 탄성, 열, 빛, 친화성, 자기(磁氣), 전기 등을 작용시키는 규칙과 법칙을 가르친다. 그것들은 이들 여러 힘이 시간과 공간 사이에 나타날 때마다 따르는 법칙 및 규칙이지만, 이들 힘 자체는 어떻게 설명을 해도 여전히 숨겨진 여러 성질이다. 왜냐하면 이것이야말로 물자체이며, 나타남으로써 여러 현상으로 바뀌지만, 그들 현상 자체와는 전혀 다른 것이기 때문이다. 물론 물자체가 현상으로 된 경우에는 표상의 형식으로서 충족이유율에 지배되고 있지만, 물자체는 결코 그 형식에 환원되지는 않는다. 따라서 원인학적으로 최종적인 것에까지 거슬러 올라가 설명할 수도 없고 완전히 그 근거를 구명할 수도 없는 것이다. 본디 물자체가 표상의 형식을 취한 경우에 있어서, 다시 말해 현상으로 되어 있는 범위 내에서는 완전히 이해할 수도 있다. 그러나 물자체의 본성은 이해할 수 없는 성질 때문에 조금도 설명할 수가 없다. 그러므로 하나의 인식이 갖고 있는 필연성을 더해감에 따라, 즉 그 인식이 명확도와 충족도를 더해감에 따라 점점 더 객관적 실질은 감소하거나 인식에 있어 본디의 실재성이 점점 더 감소한다. 반대로 인식에 있어 순수하게 우연적인 것으로 이해해야 하는 것이 많으면 많을수록 그만큼 더 그 인식에는 정말로 객관적인 것, 실제로 실재적인 것이 많아진다. 하지만 동시에 설명할 수 없는 것, 더 이상 다른 것에서 연역할 수 없는 것도 많다.

　물론 어느 시대에도 목적을 잘못 세운 원인학은 모든 유기적 생명을 화학적 현상이나 전기에 환원하려고 하거나 모든 화학적 현상, 곧 성질(원자의 형태에 의한 작용인)을 기계적 현상에 환원하려 했다. 또 그 기계적 현상을 일부는 운동학의 대상, 즉 시간과 공간이 합치하여 운동의 가능성으로 된 것에 환원하고, 일부는 단순한 기하학의 대상, 즉 공간에서의 위치에 환원시키려고 했다(정확한 설명으로는 거리의 제곱에 비례하여 작용이 감소한다는 것과 같은 지레의 이론을 순수하게 기하학적으로 구성한다). 마지막으로 기하학은 산술로 인해 문제가 되는 상태를 해결한다. 산술은 차원이 하나이기 때문에 충족이유율의 형태 가운데 가장 이해하기 쉽고 개관하기 쉬운 것으로, 마지막까지 근거를 구명할 수 있는 형태이다. 여기서 일반적으로 나타난 방법의 예증은 데모크리토스의 원자론, 데카르트의 와류(渦流)이론, 르사주의 기계적 물리학 등이지만, 르사주는 18세기 말에 화학적인 친화력과 중력도 압력에 의해 기계적으로 설명하려고 했다. 더 자세한 것은 《뉴턴의 루크레티우스》를 보면 알 수 있다. 또 라일이 동물의 생명 원인으로 형식과 혼합을 들고 있는 것도 이것과 같은 경향이다.

마지막으로 현재, 곧 19세기 한가운데에 다시 나타난 미숙한 유물론은 자신이 무지하기 때문에 독창적이라 생각하고 있지만, 이것 역시 위에서 말한 여러 예와 같은 종류에 속한다. 유물론은 어리석게도 처음부터 생명력을 부정하고 여러 가지 생명 현상을 물리적인 힘과 화학적인 힘으로 설명하려고 했다. 또한 이들 힘을 다시 물질의 기계적인 작용에서, 즉 공상의 소산인 원자의 위치, 형태, 운동에서 발생하는 것이라 간주하고, 이들 자연의 모든 힘을 유물론의 물 자체인 원동(原動)과 반동(反動)으로 환원하려고 하는 이론으로 설명하려 했다. 이런 생각에서라면 빛조차 이와 같은 공상적인 목적 때문에 요청된 에테르의 기계적 진동이며 또한 파동이라고 해야 한다. 이 에테르가 눈에 이르러 망막을 진동시키고, 그 진동수가 매초 483조이면 빨간색을 일으키고, 727조에 이르면 보라색을 일으키게 되는데, 그렇다면 색맹은 이 진동을 헤아릴 수 없는 사람이 되는 것이다. 그렇지 않겠는가? 이처럼 극단적이고 기계적인 데모크리토스류의 서툴고 참으로 형편없는 이론은 괴테의 색채론이 나온 지 50년이 지난 오늘에 와서도 뉴턴이 발표했던 빛의 균질성을 신봉하고 이것을 공언하는 것을 부끄러워하지 않는 이들에게는 안성맞춤이라 하겠다. 이러한 사람들은 같은 일로 어린아이(데모크리토스)는 용서받아도 어른은 용서받지 못한다는 것을 알게 되리라. 이들은 언젠가 명예롭지 못한 결과를 맞이할지 모르는데, 그런 경우 그들은 살짝 빠져나가 그 설을 신봉하지 않았던 것 같은 태도를 취할 것이다. 이렇게 여러 근원적인 자연의 힘을 잘못하여 서로 환원시키는 방식에 대해서 나는 다시 한번 논할 작정이지만, 여기서는 이 정도로 끝내려고 한다.

만약 이러한 설이 허용된다고 하면, 물론 모든 것이 설명되고 근거가 밝혀져 결과적으로 하나의 계산 문제로 환원되고 말 것이다. 그렇게 되면 계산 문제는 지혜의 신전에서 가장 신성한 것이 되고, 충족이유율이 잘 도달하는 곳도 결국 계산 문제로 될 것이다. 그러나 그렇게 되면, 현상의 내용은 모두 없어져 버리고 오로지 형식만 남을 것이다. 다시 말해 '무엇이' 나타나는가 하는 것은 '어떻게' 나타나는가 하는 것에 환원된다. 이 '어떻게'는 선험적으로도 인식될 수 있는 것이기 때문에 오로지 주관에 의존하므로, 주관에 의해서만 존재하여 결국 단순한 환영이자 철저하게 표상과 표상의 형식인 '물자체'는 아무런 문제점을 제공하지 않을 것이다. 그러므로 이러한 설이 허용된다고 하면 전 세계는 실제로 주관에서 연역된 것으로 되어, 피히테가 허풍으로 이룩한 것처럼 '겉보기만' 성취한 것같이 되리라. 그런데 실제는 그렇게 되지 않는다. 그런 방법으로는 공상, 궤변, 환상은 가능할지 몰라도 과학은 불가능하다. 자연에 있어서 다채로운 현상들을 개별적인 여러 근원적 힘으로 환원하는 것은 성공적으로 이루었다. 그리고 잘되어 갈 때마다 참된 진보도 이루어진 것 또한 사실이다. 처음에는 이질적인 것이라고 생각되던 여러 개의 힘과 성질 속에서 어떤 것이 다른 것에서 연역되고, 전기에서 자기가 연역된 것처럼, 이렇게 힘과 성질의 수가 감소되었다. 자연의 모든 근원적인 힘 자체를 인식하고 제시하여 그들 힘의 작용 방법, 즉 인과율에 의해 그들 힘이 시간과 공간 속에 나타나서 서로 그 위치를 규정하는 경우에 존재하는 규칙을 확립하면, '원인학'의 목적은 달성되었다고 하겠다. 그러나 근원적인 힘은 언제나 뒤에 남을 것이다. 다시 말해 녹아 없어지지 않는 잔재로서 언제나 표상의 내용이 남고, 이 내용은 그 형식에 환원할 수 없다.

따라서 '충족이유율'로 설명될 뿐, 다른 어떤 것으로도 설명될 수 없다. 왜냐하면 자연의 모든 사물에는 어떠한 근거도 제시할 수 없고, 어떠한 설명도 불가능하며, 어떠한 원인도 더 이상 밝혀낼 수 없는 것이 포함되어 있기 때문이다. 이것이 그 물체의 독특한 작용 방식이며, 그 물체의 존재 방식이자 본질인 것이다. 물론 사물의 개별적 작용에 있어서는 바로 지금, 그리고 바로 여기서 행해져야 했던 원인을 모두 증명할 수는 있다. 그러나 그 사물이 일반적으로 그렇게 작용하는 원인은 도저히 입증할 수 없다. 비록 그 사물이 다른 아무런 성질도 갖고 있지 않고, 햇빛 속에 모이는 먼지의 하나라고 해도, 그것은 적어도 중력과 불가입성에 의해 그 근거를 밝혀내기 어려운 그 무엇을 나타내고 있다.

이것이야말로 그 사물에게는 인간의 '의지'와 동일한 것이고, 의지와 마찬가지로 그 내적 본성은 설명할 수 없는 것이며, 또한 그 자체로서는 의지와 같은 것이다.

본디 의지의 개별적인 발현에 대해서는, 다시 말해 이 시간, 이 장소에 있어서 의지의 개별적인 동작에 대해서는 인간의 성격이란 것을 전제로 하여 의지를 필연적으로 뒤따르게 한 동기를 알아낼 수 있다. 그러나 인간이 그러한 성격을 갖고 있고, 적어도 무엇을 원하며, 여러 동기들 가운데 이 동기를 선택하고, 어떤 하나의 동기가 그의 의지를 움직인다는 근거는 결코 설명할 수 없다. 인간의 성격은 동기에 의해 행해진 행위를 설명하는 경우에는 역시 전제가 되는 것이고, 그 근거는 밝혀내기 힘든 것이지만, 이것이야말로 무기물에게는 본질적인 성질, 작용 방법이며, 그 발현은 외부 영향에 의해 생기는 것이다. 그런데 그 본질적인 성질과 작용 방법 자체는 이 밖의 무엇에 의해서도 규정되지 않기 때문에 설명할 수 없다. 그 성질은 개별적인 현상에 의해 비로소 가시적으로 되지만, 이 개별적인 현상은 '충족이유율'에 의해 지배되고 있다. 그러나 그 성질 자체는 근거를 갖고 있지 않다. 이미 스콜라 철학자들은 이것을 정확하게 인식하고 '실체의 형식'이라고 불렀다(여기에 대해서는 수아레즈의 《형이상학 논쟁》, 논제 15, 제1절 참고).

우리에게 가장 이해하기 쉬운 것은 가장 자주 일어나고 일반적이며, 가장 단순한 현상이라 말하고 있지만, 이것은 흔히 있는 가장 큰 오류이다. 오히려 이러한 현상은 우리가 늘 보아와서 아무런 궁금증 없이 익숙해져 버린 것이다. 돌이 땅 위로 떨어지는 것은 동물이 운동하는 것과 마찬가지로 설명이 불가능하다. 이때까지 생각되어 온 것은 위에서 언급한 것처럼 가장 일반적인 자연의 여러 힘(동력, 응집력, 불가입성 등)으로부터 출발하고, 이것을 근거로 보다 특수하고 복잡한 사정에서만 작용하는 힘(화학성, 전기성, 자성)을 설명하며, 나아가서 동물의 생명, 또한 인간의 인식 작용이나 의지 작용을 이해하려는 것이었다. 이 경우 암암리에 숨은 여러 성질에서 출발하도록 되어 있지만, 이들 성질을 밝혀낼 생각은 없고, 그것을 기초로 논리를 세우려는 것이기 때문에, 그 성질의 해명은 완전히 포기되어 있었다. 이미 말했듯이 그러한 일은 불가능하다. 아무리 시도한다 해도 그렇게 해서 성립된 논리는 언제나 공중누각일 것이다. 아무리 설명해도 그 설명이 처음의 문제와 같이 미지의 것에 귀착되는 것이라면 아무 소용이 없다. 그러나 결국 그러한 일반적 자연의 힘이 가진 내적 본질에 대해서는 동물의 내적 본질에 관한 것 이상으로 이해되고 있는 것일까? 둘 다 같이 밝혀지고 있지 않은 것은 아닌가? 그 근거가 밝혀지지 않는 이유는 그것이 근거를 갖고 있지 않기 때문이며, 현상의 내용이고 본체이기 때문이다. 이 본체는 결코 현상의 형식, 즉 현상의 방법, 충족이유율에 환원될 수 있는 것이 아니다.

그런데 우리는 여기서는 원인학이 아니라 철학, 다시 말해 세계의 본질에 대한 상대적 인식이 아니라 절대적 인식을 목표로 하고 있기 때문에 위에서 언급한 길과는 반대의 길을 걷는다. 따라서 직접적이고 가장 완전하게 알고 있으며 또 우리에게 충분히 친근한 것, 즉 우리에게 가장 가까운 것에서 출발하여 우리에게 멀리 있고, 부분적 간접적으로 알려진 데에 불과한 것을 이해한다. 그래서 가장 강하고 중대하고 명확한 현상에서 불완전하고 미약한 현상을 배워 알려고 한다. 나 자신의 육체를 제외하면 내가 알고 있는 것은 모든 사물의 '일면'인 표상뿐이다. 그들 사물이 여러 변화를 일으키는 원인은 모르지만, 내가 알고 있다고 하더라도 그 내적 본질은 여전히 나에게는 닫힌 채 속 깊은 비밀로 남아 있다. 어떤 동기로 움직여 내 육체가 어떤 행동을 한다는 것은 외적인 여러 근거에 규정된 나 자신의 변화에 있어 내적 본질이지만, 나는 이 경우에 나의 내부에서 행해지는 것과 비교함으로써만 여러 무생물이 원인에 의해 변화하는 방법을 통찰할 수 있고, 그렇게 해서 무생물의 내적 본질이 무엇인가를 이해할 수 있다. 그리고 원인을 알고 있더라도 그것은 그 본질의 출현이 시간과 공간 속에 들어올 때의 규칙을 나타낼 뿐, 그 이상의 것은 아니다. 내가 이것을 할 수 있는 것은 내 육체만이 특별한 객관이며, 그것이 내가 '일면', 곧 표상뿐만 아니라 '의지'라 부르는 제2의 면까지도 알 수 있는 유일한 객관이기 때문이다. 따라서 자신의 육체와 인식 작용과 의지 작용, 그리고 동기에 의거한 나의 운동을 전기, 화학, 기계 현상에 의한 원인에서 생긴 운동으로 환원할 수 있다면 더 잘 이해될 것이라고 생각해서는 안 된다. 오히려 나는 내가 찾고 있는 것이 원인학이 아니고 철학인 한, 원인에 의해 생기는 무기물의 가장 단순하고 평범한 운동이라도 그 내적 본질은 동기에 의해 행해지는 나 자신의 운동에서 배워야 한다. 그리고 자연의 모든 물체에 나타나는 밝혀내기 힘든 근거의 여러 가지 힘은 그 성질상 내 의지와 동일하며, 정도의 차이에 불과하다는 것을 인식해야 한다. 다시 말해 《충족이유율에 대하여》에서 열거한 네 번째 종류의 표상(동기에 대한 표상)은 내가 생각하는 바로는 첫째 종류의 표상(존재에 대한 표상)의 내적 본질을 인식하기 위한 열쇠가 되어야 하며, 따라서 나는 동기의 원리로부터 인과성의 원리가 갖는 내적 의의를 이해하는 것을 배우지 않으면 안 된다.

어떤 충격으로 돌이 공중을 날 때 만일 돌에 의식이 있다면, 자신의 의지로 나는 것이라 생각할 것이라고 스피노자는 말하고 있다(《서간집》, 62). 나는 여기에 덧붙여 돌의 생각은 옳다고 말하고 싶다. 돌에 있어서 그 충격은 나에게는 동기와 같다. 돌의 경우 응집력, 중력, 불변성으로 가정된 상태에서 나타나는 것이 그 내적 본질상 내가 나의 내면에서 '의지'로 인식하는 것과 동일하며, 돌에도 인식이 있다고 한다면 의지로 인식할 것이 틀림없다. 스피노자는 앞서 언급한 곳에서 돌이 공중을 날 경우의 필연성에 주의를 돌리고, 그 필연성을 인간의 개별적 의지 행위의 필연성에 옮겨서 생각하려 했는데, 그것은 이치에 맞는 일이다.

그런데 내가 고찰하는 것은 모든 실재적 필연성(즉 원인에서 결과가 생기는)을 그 전제로 한 뒤에야 의의와 타당성을 부여할 수 있는 내적 본질이다. 이것을 인간에게서는 '성격'이라 말하고 돌에서는 '성질'이라고 말하지만, 둘 다 동일하며 직접적으로 인식되는 경우에는 '의지'라고 부른다. 그것은 돌에서는 최저의, 인간에게서는 최고의 가시성, 곧 객관성을 갖는다. 모든 경향 속에는 인간의 의지 작용과 같은 것이 있다고 성 아우구스티누스까지도 인정하고 있다. 그래서 나는 여기 그 문제에 대한 그의 소박한 말을 기록하지 않을 수 없다.

만일 우리가 짐승이라면 육신의 생활과 그 감각에 일치하는 것을 사랑할 것이다. 그리고 그러한 것이 우리의 온전한 선일 것이다. 따라서 이 점에서 우리가 잘되어 가면 그 밖에 아무것도 구하지 않을 것이다. 또한 우리가 나무라면, 무언가를 느끼고 운동에 의해 그것을 손안에 넣지는 못할 것이다. 그러나 우리가 그것으로 인해 더한층 번영하고 열매를 맺게 되기를 '욕구하고' 있는 것처럼 보일 것이다. 만일 우리가 돌, 냇물, 바람, 불꽃 혹은 그와 같은 것이라면, 확실히 어떠한 감각이나 생명도 갖고 있지 않지만, 어떤 종류의 장소나 위치에 대한 '욕구'가 우리에게 결핍되어 있지는 않을 것이다. 왜냐하면 무게를 가진 것을 움직이는 힘은 물체의 '사랑'과 같은 것으로, 무거울수록 아래로 내려오고 가벼울수록 위로 올라간다. 물체는 무게에 의해 마치 정신이 사랑에 의해 어디로든지 실려갈 수 있듯 기울어지기 때문이다 (《신국론》, XI, 28).

더욱이 여기에 특기해야 할 것은 이미 오일러가 중력의 본질을 물체의 고유한 '경향과 욕망'(즉 의지)에 환원하지 않을 수 없다는 것을 통찰하고 있었다는 것이다(《독일 왕녀에게 보내는 편지》, 68에서). 또한 이것이 그가 뉴턴이 사용한 중력의 개념을 싫어한 까닭이며, 그는 이전의 데카르트 이론에 따라 이 개념의 변용을 시도하려고 한다. 다시 말해 에테르의 물체에 대한 충돌에서 중력을 연역하려고 하는데, 이것이 '한층 더 합리적이고 명확하며, 이해하기 쉬운 원칙을 좋아하는 사람들에게는' 더 적절하다는 것이다. 그는 인력을 숨은 성질(qualitas occulta)이라 하여 물리학에서 몰아내려고 한다. 이것은 비물질적 정신의 상관자로서 오일러 시대에 성행한 생명 없는 자연관에는 맞지 않는다. 그러한 관점에서 볼 때, 내가 세운 근본적 진리는 주목할 만한 것이다. 말하자면 이미 그 무렵 민감한 두뇌의 소유자인 오일러가 멀리에서 이 근본 진리가 희미하게 빛을 발하고 있는 것을 바라보고 있었으나, 당시의 근본적인 모든 견해가 위험에 처하지 않을까 염려하여 황급하게 되돌아와, 예전부터 내려오는 진부한 부조리에까지 보호를 청했던 것이다.

## 25. 의지의 객관화 단계인 이데아

'다원성(Vielheit)'이라는 것은 대체로 반드시 '시간과 공간'에 의해 제약되어 있고, 그것들 속에서만 사유할 수 있다는 것을 우리는 알고 있다. 이러한 점에서 우리는 시간과 공간을 '개별화의 원리'라고 부른다. 하지만 우리는 시간과 공간을 충족이유율의 형태로서 인식하는데, 이 원리 속에 우리의 선험적 인식은 전부 언급되어 있으며, 시간과 공간은 위에서도 설명한 것처럼 시간과 공간으로서는 사물의 가인식성(可認識性)에만 귀속되는 것이어야 하고, 사물 그 자체에는 귀속될 수 없다. 즉 시간과 공간은 우리의 인식 형식에 지나지 않으며, '물자체'의 특성은 아니다. 물자체는 인식의 모든 형식에서 가장 보편적인 형식, 주관에 대한 객관적 존재라는 형식으로부터도 독립해 있어서 표상과는 전혀 다른 것이다. 이 물자체가 '의지'라는 점에 대해서 나는 지금까지 충분히 입증했고 또 명확하게 해왔다고 생각한다. 의지를 그러한 것으로서 그 현상에서 떼어내 고찰한다면, 시간과 공간 밖에 존재하는 것이며, 다원성이 아니라 '하나'이다. 그러나 하나라고 해도 이미 언급한 것처럼 개체나 개념처럼 하나라는 것은 아니고 다원성을 가질 수 있는 조건인 개별화의 원리와는 관계없는 것으로 하나라는 뜻이다. 그러므로 공간과 시간에 있어서 사물의 다원성은 모두 의지의 '객관성'이지만, 이 다원성은 '의지'에는 관계없고 사물은 아무리 많다고 해도 의지와 여전히 불가분의 관계에 있다. 돌에는 의지의 작은 부분이 들어가 있고, 인간에게는 의지의 큰 부분이 들어가 있다는 것이 아니다. 부분과 전체의 관계는 오직 공간에 속하며, 이 공간이라는 직관 형식을 떠나면 이미 더 이상 아무런 뜻을 갖지 못하기 때문이다. 뿐만 아니라 많다거나 적다거나 하는 것도 현상, 즉 가시성이나 객관에만 관계하는 것이다. 객관화의 정도라면 돌보다 식물이 더 높고, 식물보다 동물이 더 높다. 실제로 의지가 나타나 가시적이 된다. 다시 말해 객관화하는 데는 가장 어둑한 땅거미와 가장 밝은 햇빛 사이처럼, 또 가장 강도가 센 음향과 가장 희미한 여운 사이처럼 실로 한없이 다양한 정도의 차이가 있다. 우리는 나중에 의지의 객관화와 의지가 모사에 필요한 이 가시성의 정도에 대한 고찰로 되돌아갈 것이다. 그런데 의지의 객관화에 있어서 정도의 차이는 의지 자체와는 직접적인 관계가 없지만, 이 단체들에 있어서 현상의 다원성, 즉 모든 형태를 취한 많은 개체 또는 모든 힘이 개별적으로 나타난 많은 것은 더욱 의지에는 관계하지 않는다. 왜냐하면 이 다원성은 직접 시간과 공간에 제약되어 있지만, 의지 자체는 결코 시간과 공간 속에 들어가지 않기 때문이다. 의지는 수백만 그루의 떡갈나무처럼 '하나'의 떡갈나무에도 같은 정도로 완전하게 자기를 구현한다. 떡갈나무의 수, 곧 공간과 시간에 있어서 떡갈나무의 다양화는 의지에 대해서는 아무 의미도 없고, 오직 다양성이라는 점에서만 공간과 시간 속에서 인식하고 그 속에서 스스로 다양화하며 분산된 여러 개체에 대해서만 의미를 갖는 것이다. 그러나 이들 개체의 다원성은 그 자체 또한 의지의 현상에 관계하지 의지 그 자체에는 관계하지 않는다. 따라서 단지 하나의 존재라도, 또 그것이 아무리 미미한 것이라 할지라도 완전히 없어진다면, 그와 더불어 전 세계도 멸망할 수밖에 없다고 주장할 수 있다. 위대한 신비주의자 안겔루스 질레지우스도 이런 기분으로 다음과 같이 말하고 있다.

내가 없으면 신은 한순간도 살 수 없다는 것을 나는 알고 있다.
만일 내가 없어지면 신은 정신을 포기해야만 할 것이다.

오늘에 이르기까지 우주의 측량할 수 없는 크기를 각자에게 이해시키려는 시도가 여러 가지 방법으로 행해졌고, 그것을 이용해 우주의 크기에 비교하여 지구는 얼마나 작으며, 하물며 인간은 얼마나 작은가 하는 것과, 반대로 이렇게 작은 인간의 정신이 우주의 크기를 탐지하고 파악하고 측정할 수 있다고 하는 위대한 점에 대하여 교화적인 고찰을 하기도 한다. 그것은 좋은 일이다. 그러나 세계의 광대함을 고찰하는 경우, 나에게 가장 중요한 것은 그 출현을 세계라 할 수 있는 본질 그 자체(비록 그것이 무엇이든 간에)가 그 참된 자체를 무한한 공간 속에서 분산 및 분할할 수는 없고, 오히려 이 무한한 연장은 오직 그 본질의 현상에만 속하며, 이와 반대로 본질은 자연의 어떠한 사물 속이나 어떠한 생물 속에서도 완전하게 분할되지 않은 채 존재하고 있는 사실이다. 그렇기 때문에 우리가 어떤 특정한 하나의 사물에 전념하더라도 잊어버리는 것이 전혀 없고, 참된 지혜는 무한한 세계를 측정함으로써, 좀 더 엄밀히 말하면 끝없는 세계와 공간을 몸소 돌아다녀 봄으로써 얻을 수 있는 것이 절대로 아니다. 오히려 참된 지혜는 무언가 단 하나의 사물에 대한 고유한 본질을 완전히 이해하고 인식하려고 수련을 쌓으면서 그 하나의 것을 완전하게 탐구함으로써 얻을 수 있는 것이다.

따라서 이 경우 플라톤의 학설을 신봉한다면 인정하지 않을 수 없는 것이지만, 다음에 언급하는 점은 다음 권에서 상세하게 고찰할 것이다. 말하자면 의지가 객관화하는 여러 단계는 무수한 개체로 나타나서 객관화의 유례없는 본보기로서, 또는 사물의 영원한 형식으로서 존재하고 있다. 하지만 그 자체로는 개체의 매질(媒質)인 시간과 공간 속에 들어가지 않고 고정되어 있으며, 어떠한 변화도 받지 않고, 언제나 존재하지만 생성되는 것은 아니다. 한편 무수한 개체들은 생겨났다 사라지며 언제나 생성되지만, 결코 상주하지는 않는다. 다시 말하면 이러한 의지가 객관화하는 여러 단계는 플라톤의 '이데아'와 같은 것이다. 여기서 미리 말해 두는 것은 앞으로 '이데아'란 말을 이런 의미에서 사용하고 싶기 때문이다. 따라서 내가 이 말을 사용하는 경우에는 언제나 플라톤이 여기에 부여한 참된 본디의 의미라고 해석해 주기 바란다. 이 경우 '스콜라 철학'에서 말하는 독단적인 이성이 여러 가지 것을 추상적으로 만들어 내는 것을 의미한다고 생각해서는 안 되는데, 칸트는 이것을 표현하는 데 있어 플라톤이 적절하게 사용한 이데아란 말을 부당하고 이치에 맞지 않게 오용한 것이다. 내가 이데아라고 하는 것은 '의지'가 '물자체'이며, '다원성'과 무관하다는 점에서는 일정하게 고정된 '의지 객관화의 단계들'이다. 이들 단계의 개별적 사물에 대한 관계는 그들 사물의 영원한 형식이나 모범에 대한 관계와 같다. 디오게네스 라에르티오스는 유명한 플라톤의 교의를 다음과 같이 간결하게 표현하고 있다.

> 플라톤은 자연 속의 '이데아들'은 원형과 같은 것으로 존재하며, 그 밖의 것들은 이데아의 유사물로서 만들어져 있기 때문에, 그 이데아와 비슷하다는 것을 가르쳐 준다.

칸트의 오용에 대해서는 이 이상 더 언급하지 않기로 한다. 이에 대해 필요한 것은 부록에 실려 있다.

### 26. 자연의 힘은 충족이유율에 지배되지 않는 의지의 객관화

'의지의 객관화'에서 마지막 단계로 나타나는 것은 가장 일반적인 자연의 힘인데, 이 힘의 일부는 중력이나 불가입성처럼 어떤 물질에도 예외 없이 나타나고, 일부는 현존하는 물질 속에 나뉘어 존재한다. 그래서 강성, 유동성, 탄성, 전기, 자기, 그리고 화학적 특성과 모든 성질들처럼 어떤 힘은 이 물질을, 다른 힘은 저 물질을 지배하며, 그것에 의해 특별한 차이가 있는 물질을 지배한다. 이 힘들은 그 자체로는 인간의 행위와 마찬가지로 의지의 직접적인 나타남이며, 그 힘으로서는 인간의 성격과 마찬가지로 근거가 없다. 다만 그 힘들의 개별적 현상들은 인간의 행위와 마찬가지로 충족이유율에 의해 지배되고 있지만, 힘 자체는 결코 결과나 원인이라고 부를 수 없는 것이다. 오히려 모든 원인과 결과에 선행되는 전제 조건이며, 힘 자체의 본질은 이 원인과 결과를 통해서 전개되며 구현되는 것이다. 그러므로 동력이나 전기의 원인을 묻는 것은 분별 있는 일이 아니다. 중력이나 전기는 근원적인 힘이다. 이 힘은 원인이나 결과에 따라 생기므로, 모든 개별적 현상들에는 각각 그 원인이 있다. 또 그 원인은 자체로서도 개별적인 현상이며, 그 힘이 여기에 구현되어 '시간'과 '공간' 속에 나타나야만 했다는 규정을 표시하는 것이다. 하지만 그 힘은 결코 어떤 원인의 결과도 아니고 또 어떤 결과의 원인도 아니다. 그러므로 '중력은 돌이 낙하하는 원인이다'라고 하는 것은 잘못이다. 오히려 이 경우에는 돌을 끌어당기는 지구가 가깝다는 것이 원인이다. 만일 지구를 없애면 중력이 남아 있어도 돌은 낙하하지 않을 것이다. 힘 자체는 완전히 인과의 연쇄 밖에 있다. 인과의 연쇄는 시간과의 관계에서 비로소 의미를 갖기 때문에 시간을 전제로 하고 있지만, 힘은 시간 밖에 있다. 개별적인 변화는 저마다 반드시 개별적인 변화를 원인으로 하지만, 나타나고 있는 개별적 변화의 기본적인 힘을 원인으로 하는 것은 아니다. 왜냐하면 하나의 원인이 무수하게 여러 번 생긴다고 하더라도 그 원인에 활동력을 주는 것은 언제나 자연의 힘이며, 그러한 것은 근거를 갖고 있지 않기 때문이다. 말하자면 그것은 완전히 원인의 연쇄라든가 대체로 '충족이유율'의 영역 밖에 존재하고, 철학적으로 모든 자연의 즉자태(即自態)인 의지의 직접적인 객관성이라 인정되지만 '원인학', 물리학에서는 근원적인 힘, 즉 숨은 성질로서 표시되고 있다.

의지의 객관성이 높은 단계에 이르면 개성이 두드러지게 나타나는 것을 알 수 있다. 특히 인간에 있어서는 그것이 개인적인 성격의 차이로서, 곧 완전한 인격으로서 이미 외면적으로 확실한 특징을 가진 개별적 모습에 의해 표현되고, 이것이 체격 전체에도 관계한다. 어떠한 동물도 이러한 개성을 인간처럼 명확하게 갖고 있는 것은 없고, 고등동물 중에서 어느 정도 개성의 표현 같은 것을 갖고 있는 것도 있지만 이것도 아직은 완전히 종의 성격이 주가 되어 있기 때문에 개성의 외모는 거의 나타나 있지 않다. 하등동물이 되면 될수록 개별적 성격의 징후가 없어지고 종의 일반적인 성격이 나타나 종의 특질적 외모만 남게 된다. 종의 심리학적인 특성이 분명해지면, 거기에서 그 종에 속하는 개체에 대해 기대할 수 있는 것을 정확하게 추리할 수 있다.

그런데 인간에 있어서 각 개인은 저마다 개별적으로 연구하고 구명해야 하며, 그들 개인의 행동을 확실하게 규정하려면 이성과 동시에 생긴 허위의 가능성 때문에 매우 곤란하게 된다. 뇌수의 주름과 줄무늬는 조류에는 없고, 설치류(齧齒類)에도 아주 조금 있을 뿐이며, 고등동물에서는 그 양측이 훨씬 대칭적으로 되어 있고, 또 각 개체들도 일정하여 동일하다. 이것은 위에서 말한 것같이 인류와 다른 모든 동물과의 차이에 관련되어 있을 것이다.[5] 또 인류가 모든 동물과 다른 개별적인 고유한 특질의 현상이라 볼 수 있는 것은, 동물들은 성욕을 만족시키는 데 있어서 특별히 상대방을 선택하지 않지만, 인류는 이 선택이 참으로 강하고 어떠한 반성에도 좌우되지 않는 본질적인 방식으로 행해지기 때문에, 마지막에는 강렬한 정열에까지 이른다. 그런데 인간은 각기 그와 같이 특별한 규정과 특질을 가진 의지의 표현이라고 간주해야 하며, 또 하나의 독자적인 이데아라고까지 생각해야 하지만, 동물에게 이러한 개별적 특질의 징후는 인류와 거리가 먼 동물이 되면 될수록 상실된다. 결국 식물에 이르러서는 이미 개체의 고유성은 완전히 없어져 버리며, 그 고유성은 토지와 기후라는 영향의 좋고 나쁨이나 기타 우연한 조건에 의해 설명되는 길밖에는 다른 도리가 없다. 따라서 마지막으로 비체계적인 자연의 세계에서 개성은 완전히 없어져 버린다. 오직 결정만을 어느 정도 개체로 간주할 수 있는 것이다.

결정은 일정한 방향으로 향하는 노력이 응고되어 고정된 통일이지만, 이 응고가 일정한 방향으로 노력의 흔적을 남기고 있는 것이다. 이와 동시에 결정은 그 핵심인 형태가 집합하여 생긴 것이며, 그것이 하나의 이데아에 의해 결합되어 통일된 것이다. 이러한 사정은 나무가 제각기 싹트는 섬유의 집합체인 것과 같고, 그 섬유는 어떠한 잎맥, 어떠한 잎, 어떠한 가지에도 나타나 있으며, 그때마다 어느 정도 이들 잎맥, 잎, 가지들은 각각 독자적인 식물이며, 큰 식물에 기생하며 살고 있다. 그러므로 그 전체가 어떤 불가분의 이데아, 즉 '의

---

5) 벤첼, 《인간과 동물의 뇌구조에 대하여》(1812), ch. 3 ; 퀴비에, 《비교해부학 강의》, 강의 9, 글 4, 5 ; 펠릭스 비크 다지르, 《파리의 프랑스 과학아카데미》(1783), p. 470~483.

지의 객관화'와 같은 일정한 단계를 완전하게 표현하는 것이긴 하지만, 그 나무는 결정과 마찬가지로 작은 여러 식물의 조직적 집합체이다. 그러나 같은 유(類)의 결정을 가지는 각 개체는 외적인 우연성에 의해 초래되는 차이밖에는 어떠한 차이도 갖고 있을 수 없다. 다시 말해 어떠한 유도 임의로 큰 결정으로 만들 수 있고 작은 결정으로도 만들 수 있다. 그런데 개체 그 자체로서는, 곧 개별적인 특질의 징후를 가진 것으로서 개체는 무기적인 자연 속에는 전혀 발견되지 않는다. 무기적 자연의 모든 현상은 일반적인 자연의 힘이 나타난 것, 즉 의지의 객관화에서 어떤 단계의 표현이지만, 이들 단계는 결코 이념 전체를 부분적으로 나타내는 여러 개성의 차이를 매개로 하여 객관화하는 것이 아니라(유기적 자연에서처럼) 오로지 종으로서만 나타나고, 개별적인 모든 현상에 있어서 그 어떤 구별도 없이 종만을 나타낸다. '시간', '공간', '다원성', 그리고 원인에 의한 피제약성은 의지에도 이데아에도, 다시 말해 의지의 객관화 단계에도 속하지 않고 의지나 '이데아'가 개별적으로 나타나는 것에만 속해 있기 때문에, 중력이나 전기와 같은 자연의 힘이 아무리 무수한 현상으로 나타나도 그 자연의 힘은 그것으로서 조금도 틀리지 않고 같은 방법으로 나타나며, 단지 외적인 여러 사정에 의해 현상이 바뀌는 데 불과하다. 이렇게 자연의 힘이 가진 본질은 그 현상이 아무리 다양해도 단일하다는 것, 그리고 그 자연의 힘이 나타난 것은 출현해야 하는 여러 조건이 갖추어지기만 하면 '인과율'에 의해 일정불변이라는 것, 이것이 자연법칙이다. 이 '자연법칙'이 경험에 의해 일단 알려지면 자연의 힘이 지닌 성격은 이 법칙 속에 표현되고 포함되어 있으므로, 자연의 힘이 나타내는 현상을 미리 엄밀하게 규정하고 계측할 수 있다. 그런데 의지가 객관화하는 낮은 단계에 나타나는 여러 현상들은 합법칙적으로 행해지기 때문에, 그들 현상이 같은 의지가 객관화한 더 높은 단계, 즉 동물 또는 인간의 행위로서 더 명확한 단계에서 나타나는 현상과는 뚜렷하게 다른 것처럼 보이는 것이다. 이들 높은 단계의 현상에 있어서는 강약의 차이는 있어도 개별적인 성격이 나타나고 또 동기에 의해 좌우되지만, 이 동기도 인식 속에 존재하기 때문에 방관자가 모르고 있는 경우가 가끔 있었다. 그래서 여태까지 이들 낮은 단계의 현상이나 높은 단계의 현상도 그 내적 본질은 동일하다는 것이 오인되어 왔던 것이다.

자연법칙에 오류가 없다는 것은 '이데아'의 인식에서 출발하지 않고 개별적 사물의 인식에서 출발했을 때는 놀랄 만하기도 하고 때로는 몸서리칠 정도이다. 이를테면 어떤 물질이 일정한 조건 아래에 모이면 어떤 화합물이 생기고 가스가 발생하여 연소를 일으킨다. 또 우리가 준비한 조건으로도, 또는 아주 우연히 생긴 조건으로도 어쨌든 여러 조건이 합치하면(그 정확성은 기대되지 않은 결과에 의해 한층 더 놀랄 일이지만) 오늘도 1000년 동안이나 조금도 변하지 않은 일정한 현상이 조금의 지연도 없이 생기는 것이다. 우리가 크게 경탄하게 되는 것은 매우 복잡한 사정에서만 생기는 현상, 또 그중에서도 우리에게 이미 알려진 희귀한 현상에서이다. 예컨대 두 종류의 어떤 금속을 서로 산액(酸液)과 번갈아 가면서 접촉시키면, 이 두 종류의 금속을 연결하기 위해 양단 사이에 놓아둔 은판은 갑자기 푸른 불꽃을 내며 탄다. 또 어떤 조건에서는 단단한 다이아몬드도 탄산으로 변해 버린다. 이들 현상은 자연의 힘이 영혼처럼 곳곳에 흩어져 있다는 증거이지만, 우리는 이들 현상을 보고서야 비로소 놀라는 것이다. 그리고 이 경우에 우리는 일상적인 현상들에 있어서는 생각지도 못한 일들에 놀라게 되는 것이다. 다시 말해 원인과 결과 사이의 연관은, 마치 주문과 이것에 불려서 필연적으로 나타나는 영혼 사이에 있는 것이라고 동화에서 말하고 있듯이 이상한 것이다.

　그런데 우리는 철학적 인식에 들어서면서 자연의 힘이 의지, 즉 우리가 우리 자신의 내적 본질로서 인식하는 것을 객관화하는 일정한 단계라는 것을 알게 된다. 그리고 이 의지는 그 현상이나 형태와는 달라서 시간과 공간 밖에 존재하므로, 시간이나 공간에 의해 제약받는 다원성은 의지에도, 또 직접적으로 의지를 객관화한 단계, 곧 이데아에도 귀속시켜서는 안 되며, 그 현상에 귀속시켜야 한다. 그러나 인과성의 법칙은 시간과 공간에 관계해서만 의미를 갖는 것이며, 이 법칙은 시간과 공간에 있어서 의지가 구현되는 여러 가지 이데아의 다양한 현상에 대해, 이들 현상이 생김에 있어 따르지 않으면 안 되는 질서를 규제하면서 그 위치를 규정한다는 것을 알게 된다. 다시 말해 그러한 인식에 있어서 위대한 칸트 학설의 내면적 의미를 알게 되면, 즉 공간과 시간 및 인과성은 물자체에 귀속되는 것이 아니라 현상에 귀속되어야 할 것에 불과하며, 우리 인식의 형식에 지나지 않는 것이고, 물자체의 성질은 아니라는 것을 알게 되면 우리는 자연의 힘이 합법칙적인 것이자 정확한 것이며, 자연의 힘이 나타난 무수한 현상이 모두 완전히 같다는 것을 이해하게 되리라. 이 현상은 어린아이나 미개인이 다면체 유리를 통해 꽃을 바라보고, 자기가 보는 수없이 많은 꽃이 똑같은 것에 놀라서 그 꽃잎들을 하나하나 세고 있는 것과 정말 똑같다.

따라서 근원적인 자연의 힘은 모두 그 본질에서는 의지가 낮은 단계에서 객관화한 것에 지나지 않는다. 우리는 그 단계를 각기 플라톤의 의미에서 영원한 '이데아'라고 부른다. 그러나 '자연법칙'은 현상 형식에 대한 이데아의 관계이다. 이 형식은 '시간', '공간', 그리고 '인과성'인데, 이것들은 서로 필연적인 불가분의 연관을 갖고 있다. 이데아는 시간과 공간에 의해 다양화되어 수없이 많은 현상이 된다. 그런데 이 현상이 그렇게 다양화한 형태가 될 때 따르는 질서는 인과성의 법칙에 의해 엄밀하게 규정되고 있다. 말하자면 이것은 여러 이데아의 다양한 현상에 대한 한계점의 규범이며, 공간과 시간 그리고 물질은 이 규범에 의해 여러 현상에 할당되어 있는 것이다. 따라서 이 규범은 필연적으로 그들 각종 현상의 공통 밑바탕인 현존 물질 전체의 동일성과 관계한다. 만일 이들 현상이 모두 그 공통 물질에 의지하고 그것을 서로 나누어 갖는 것이 아니라면, 그들 현상의 요구를 규정하는 데 이와 같은 법칙은 필요하지 않을 것이다. 즉 현상들은 모두 동시에, 그리고 나란히 무한한 시간에 걸쳐 무한한 시간을 채우는 것이 된다. 그런데 영원한 이데아의 현상들은 모두 동일한 물질에 의지하고 있기 때문에, 그 출현이나 소멸의 규칙이 없어서는 안 된다. 만일 이 법칙이 없다면 하나의 현상이 다른 현상으로 변하지는 않을 것이다. 그렇게 인과성의 법칙은 본질적으로 실체의 불변성과 결합되어 있어서 양자는 상대적인 의미를 갖는다. 그러나 이 양자에 대해서는 공간과 시간 또한 상호 간의 관계를 갖고 있다. 왜냐하면 동일 물질에 대해 서로 대립하는 규정을 가할 수 있다는 단순한 가능성이 시간이며, 또 서로 대립하는 모든 규정을 받으면서도 동일 물질이 그 동일성을 유지할 수 있다는 단순한 가능성이 공간이기 때문이다. 그러므로 우리는 제1권에서 물질을 시간과 공간의 합일이라고 말했지만, 이 합일은 실체가 고정되어 있는 경우에는 우연성의 변화로 나타나는 것이고, 이러한 것의 일반적 가능성이 곧 인과성 또는 생성이다. 따라서 우리는 물질을 철저하게 인과성이라고 말했던 것이다.

우리는 오성을 인과성의 주관적 상관자라 설명하고 또한 물질(표상으로서 세계 전체)은 오성에 의해서만 존재하며 오성은 물질의 조건, 담당자, 물질의 필연적 상관자라고 말했다. 이 모든 것을 제1권에서 자세히 논했다는 것을 기억해 주기 바란다. 제1권, 제2권을 완전히 이해하기 위해서는 두 권이 내면적으로 일치한다는 것에 주의해야 한다. 다시 말해 현실 세계에서 불가분하게 결합되어 있는 것이 세계의 이면, 즉 의지와 표상이며 이들 두 권에 의해 분할된 것이지만, 그것은 의지와 표상을 개별적으로 다룸으로써 그 관계를 더한층 명확하게 인식시키기 위해서였다.

예를 들어 다음 사실을 좀 더 명확히 하기로 한다. 인과성의 법칙은 여러 자연의 힘이 시간과 공간, 이 둘이 합일하는 데서 성립하는 물질과의 관계에서만 의미를 갖는다. 인과성의 법칙은 여러 자연의 힘이 시간, 공간, 물질을 분담하고 나타남에 있어 규준이 되는 한계를 규정하는 것이다. 하지만 근원적인 자연의 힘은 물자체이며 충족이유율에 지배되지 않는 의지의 직접적인 객관화로서, 이들 시간, 공간, 물질이라는 형식 밖에 있으며, 원인학적인 설명은 모두 이 형식의 범위 내에서만 효력과 의미를 갖고 있다. 그렇기 때문에 어떠한 원인학적 설명도 자연의 내적 본질에까지는 이를 수가 없는 것이다. 역학의 법칙에 의해 구성된 하나의 기계를 예로 들어보자. 쇠로 만든 추는 그 중력으로 운동을 시작한다. 구리로 된 바퀴들은 그 강성에 의해 저항하고, 서로 밀치며 들어올리고, 지레는 그 불가입성을 통하여 이런 일을 한다. 이 경우 중력, 강성, 불가입성은 근원적 설명이 불가능한 힘이다. 역학이 설명하는 것은 이들 근원적인 힘이 밖으로 나타나 일정한 물질, 시간, 장소를 지배하는 것에 대한 여러 조건이나 그 방법에 지나지 않는다. 지금 예컨대 강력한 자석이 추의 쇠에 작용하여 중력에 이겼다고 한다면, 기계 운동은 정지하고 그 물질은 다른 자연의 힘이 작용하는 무대로 바뀐다. 그리고 원인학적 설명은 이 자연의 힘에 대해서 나타나는 조건, 즉 자기의 조건 말고는 아무것도 나타내지 않는다. 또한 그 기계의 구리판을 아연판 위에 두고 그 사이에 산액을 흘려 넣으면, 그 기계와 동일한 물질은 금방 다른 근원적인 힘, 곧 갈바니 전기가 되며, 이번에는 이 전기의 법칙에 지배되고 그 물질에 따라 생기는 전기의 현상들을 통해 갈바니 전기가 나타난다.

원인학은 이들 현상에 대해서도 그렇게 되기 위한 상황과 법칙을 설명하는 것밖에 아무것도 할 수가 없다. 여기서 온도를 바꾸어 순수한 산소를 가하면 기계 전체가 탄다. 여기에 전혀 다른 자연의 힘, 곧 화학적 힘이 이때 이곳에서 그 물질에 대해 어쩔 수 없는 요구를 하게 되고, 이 물질에 따라 이데아로서 의지가 객관화하는 일정한 단계로서 나타나는 것이다. 이렇게 해서 생긴 금속의 산화물이 산과 화합하면 소금이 되고 결정이 된다. 이들은 다른 이데아의 현상이며, 그 이데아의 근거는 또 전혀 밝혀낼 수 없지만, 그 현상의 출현은 원인학이 설명할 수 있는 여러 조건에 의존하고 있었던 셈이다. 결정은 풍화하고 다른 여러 물질과 혼합하여 여기에서 식물을 낳게 한다. 즉 하나의 새로운 의지가 나타난 것이다.

　이렇게 동일한 불변의 물질을 한없이 추구해 가면, 어느 때에는 이 자연의 힘이, 또 다른 때는 저 자연의 힘이 그 물질에 대해 권리를 얻고 곧 그 힘을 발휘하여 그 자연의 힘을 드러내게 되고, 그 힘의 본질을 드러낸다는 것을 알 수 있다. 이 권리의 규정과 그것이 발휘되는 때와 장소는 인과성의 법칙에 의해 설명되지만, 이 법칙에 근거를 둔 설명은 이보다 더 나아가지 못한다. 힘 자체는 의지의 현상이며, 그런 것으로서는 충족이유율의 형태에 지배되지 않는다. 말하자면 근거가 없다. 힘 자체는 시간 밖에 있고 곳곳에 퍼져 있으며 스스로 출현하여 이때까지 이 일정한 물질을 지배한 여러 힘을 몰아내고 이 물질을 점령할 수 있게 되는 사정이 생기는 것을 고대하고 있는 것처럼 여겨진다. 모든 시간은 이 힘의 현상에 대해서만 존재하고 있는 것으로, 힘 자체에 대해서는 아무런 의미가 없다. 수천 년 동안 여러 가지 화학적 힘은 하나의 물질 속에 잠들어 있다가 시약(試藥)에 접촉되어 해방되면서 나타난다. 그러나 시간은 이 현상에 대해서만 존재하며, 힘 자체에 대해서 존재하는 것은 아니다. 수천 년 동안 갈바니 전기는 구리와 아연 속에 잠들어서 은과 더불어 안정되어 있지만, 이 셋이 서로 필요한 조건에 접촉하면 곧 타버리게 된다. 유기물의 세계에까지도 마른 종자가 그 속에서 3000년이란 오랜 세월에 걸쳐 가수면 상태의 힘을 보유하고 있다가 이것이 마침내 기회를 얻으면 식물로 싹틀 때가 있다.[6]

─────────

6) 1840년 9월 16일, 페티그루 씨는 런던 문학·과학협회에서 이집트 고대 유물에 대한 강연을 했을 때 윌킨슨 경이 테베 부근의 고분에서 발견한 밀의 낟알을 보여준 일이 있다. 그 낟알은 고

이제 이와 같은 고찰로 우리에게는 자연의 힘과 그 모든 현상 사이의 차이가 명확해졌다. 그리고 우리는 자연의 힘이란 '의지'가 객관화하는 경우의 일정한 단계에서 의지이지만, 시간과 공간에 의해 '다원성'이 귀속되는 것은 현상뿐이며, 인과성의 법칙은 개별적 현상에 대한 시간과 공간에서의 위치 규정에 불과하다는 점을 인식한 것이다. 그렇다면 우리는 또 말브랑슈가 제창한 기회원인론의 깊은 의미를 인식할 수 있으리라. 말브랑슈의 이 학설은 그의 저서인 《진리의 탐구》, 특히 같은 책 제6권 2부 3장에 덧붙여진 해설에 언급되어 있는데, 이 학설과 지금 나의 설명을 비교해 보고 두 학설의 사유 과정이 현저하게 다른데도 결론이 완전하게 일치한다는 것을 알게 되는 것은 대단히 뜻깊은 일이다. 뿐만 아니라 나는 말브랑슈가 그 시대에 어쩔 수 없이 강요받은 여러 기존 교의에 완전히 사로잡혀 있긴 했지만, 그러한 속박과 중압 아래서 다행스럽게도 진리를 발견하고, 또 그 진리를 그 시대의 기존 교의와 적어도 그 교의의 말만이라도 맞도록 할 수 있었다는 것에 놀라지 않을 수 없다.

왜냐하면 진리의 위력은 믿을 수 없을 만큼 크고, 또 말로 다할 수 없을 만큼 지속적이기 때문이다. 우리는 흔히 진리의 흔적이 가끔 다른 시대와 국가의 모든 교의 속에서, 아니 가장 불합리한 교의 속에서까지도 때때로 기괴한 단계에서 이상한 혼합 상태를 이루고 있지만, 그래도 인정되고 있는 것을 알고 있다. 이렇게 보면 진리라는 것은 큰 돌더미 밑에서 자라나지만, 빛이 있는 곳으로 기어올라가 우여곡절의 노력 끝에 볼품없게 되고 창백해지고 위축되면서도

---

분 속에서 3000년 동안이나 밀봉된 꽃병 속에 그대로 있었던 것이었다. 그는 그중 12알을 파종해 보았는데, 하나의 알에서 밀이 생겨 5피트 높이까지 자랐고 씨는 완전히 여물었다(1840년 9월 21일자 〈타임스〉). 이와 마찬가지로 홀튼 씨는 1830년 런던의 의학식물학회에서, 이집트의 미라가 손에 쥐고 있었던, 그가 발견한 마디 굵은 나무뿌리 하나를 제시한 일이 있었다. 이 뿌리는 어떤 종교적인 미신에서 미라의 손에 쥐어져 있었던 것 같았으며, 적어도 2000년 정도 된 것이었다. 홀튼 씨는 이 뿌리를 화분에 심어보았다. 그랬더니 곧 싹이 트고 잎이 나왔다(이것은 1830년의 의학지에서 인용한 것인데, 1830년 10월의 〈영국왕립협회지〉 196쪽에 실려 있다). "런던의 하이게이트에 있는 식물표본관의 그림스턴 씨의 정원에는 지금 완두가 열매를 많이 맺고 있다. 이것은 페티그루 씨와 대영박물관 직원들이 이집트의 어떤 석관에서 발견한 화분 속에서 손에 넣은 완두에서 생긴 것이다. 따라서 그 완두는 2844년 동안이나 그 관 속에 있었음에 틀림없다."(1844년 8월 16일자 〈타임스〉) 그뿐만 아니다. 석회석 속에서 산 두꺼비가 나온 것을 보면, 동물의 생명까지도 동면을 시작하여 특수한 상황에 의해 유지되기만 하면, 위에서 말한 예처럼 수천 년에 걸쳐 휴식할 수 있다는 것을 짐작할 수 있다.

역시 빛을 향해 나아가는 식물에 비길 수 있을 것이다.

아무튼 말브랑슈는 옳았다. 즉 자연적인 원인은 모두가 다 기회원인에 지나지 않고, 그 유일하고 불가분한 의지가 나타나기 위한 기회나 동기를 주는 데지나지 않는다. 이 의지야말로 모든 물자체이며, 그 단계적인 객관화가 가시적인 이 세계인 것이다. 단지 이 장소와 이 시간에 나타나 가시적으로 되는 것은원인을 통해 일어나는 것이며, 그러한 점에서는 원인에 의존하고 있지만 현상의 전체, 현상의 내적 본질이 원인에 의존하고 있는 것은 아니다. 다시 말해 현상의 내적 본질은 의지 자체이고, 그것에 대해서는 이유율도 적용되지 않기 때문에 의지 자체는 근거가 없다. 세계 속의 어떠한 사물도 절대적이고 일반적인존재의 원인을 갖고 있지는 않으며, 단지 그것으로 하여금 바로 여기에, 바로지금 존재하게 하는 원인을 가지고 있을 뿐이다. 왜 하나의 돌이 어떤 때는 중력을 갖고, 어떤 때는 강성을 갖고, 어떤 때는 전기를 나타내고, 어떤 때는 화학적 성질을 갖는가 하는 것은 원인, 곧 외부의 영향에 의존하고 있으며 원인에서 설명될 수 있다. 그런데 이와 같은 성질 자체, 또한 그 성질들을 근거로 성립하고, 위에서 말한 모든 방식으로 외부에 나타나는 돌의 본질, 즉 돌이라는 것은 일반적으로 그렇게 있듯이 있다고 하는 것, 돌이라는 것이 일반적으로 밖으로 나타나 존재한다는 것, 이것은 그 어떤 근거도 없고, 근거를 갖지 않은 의지의 가시화인 것이다. 따라서 모든 원인은 기회원인이다. 이것은 인식이 없는 자연에서 우리가 알아낸 것이지만, 현상의 발생점을 규정하는 것이 원인이나 자극이 아니라 동기인 경우에도, 다시 말해 동물이나 인간의 행동에 있어서도 마찬가지이다. 왜냐하면 동물이나 인간의 경우에도 자연에서와 마찬가지로 나타나는 것은 동일한 의지이기 때문이다. 단지 의지의 구현 정도가 현저하게 다르며, 의지는 현상에서는 다양하게 나타나 이유율에 지배되는 것이지만, 의지 그자체로서는 이 모든 것들과 관계가 없다.

동기는 인간의 성격을 규정하는 것이 아니고 이 성격의 현상, 즉 행위를 규정할 뿐이다. 바꿔 말해 인간 생활의 외면적 형태는 규정하지만 그 내면적 의의나 실질을 규정하는 것은 아니다. 이들 내면적인 의의나 실질은 성격에서 생기는 것이고, 이 성격은 의지의 직접적인 현상이며, 따라서 근거가 없다. 어째서어떤 사람은 나쁜 사람이며 다른 사람은 착한 사람인가 하는 것은 동기나 외적인 영향, 곧 교훈이나 설교 여하에 따른 것이 아니며, 이러한 의미로서는 설명이 불가능하다.

그러나 나쁜 사람이 그의 주위의 좁은 범위 내에서 행하는 시시한 부정행위, 비겁한 음모, 비열한 파렴치 행위 속에서 악의를 나타내거나, 정복자로서 여러 국가를 억압하고 세계를 고난에 빠뜨리고, 수백만 사람들의 피를 흘리게 하는가 안 하는가 하는 것은, 그 사람이 보이는 현상의 외적 형식이며, 그 현상의 비본질적인 것으로 운명에 의해 그가 놓여진 사정, 환경, 외부의 영향 등의 동기에 의존하고 있다. 하지만 이러한 동기에 근거를 둔 그의 결단은 그 외적인 영향이나 동기로부터는 설명할 수 없으며, 그것의 의지에서 생기는 것이다. 바로 이 의지의 출현이 인간이다. 이것에 대해서는 제4권에서 언급한다. 성격이 그 특질을 전개해 가는 방식은 마치 인식이 없는 자연의 각 물체가 저마다 그 특질을 나타내는 방식에 비교할 만한 것이다. 물은 물에 내재하는 여러 특질들을 가짐으로써 어디까지나 물이다. 그러나 물이 고요한 호수로서 그 기슭을 반사하여 비추거나, 거품을 내뿜으면서 바위에 부딪치거나, 또 인공으로 분수가 되어 하늘 높이 솟아오르거나 하는 것은 외적인 원인에 달려 있다. 물에게는 어느 쪽이든 간에 자연적인 것이다. 하지만 사정이 달라지면서 물은 호수도 되고, 또는 거센 파도도 될 테지만, 어느 것에 대해서도 똑같이 곧 응할 준비가 되어 있으며, 어떠한 경우에도 자기 성격에 충실하고, 또 언제나 자기 성격을 나타낸다. 이렇게 인간의 성격도 어떠한 사정 아래서 구현되기 마련이나, 이 성격에서 생기는 현상은 사정에 따라 달라질 뿐이다.

### 27. 의지의 객관화 과정

궁극적으로 형식만 남아 있을 때 현상의 내용을 단순한 형식에 환원시키려는 바보 같은 노력에 빠지지 않는 한, 설명이 원인으로부터 어디까지 갈 수 있고 어디에서 멈추지 않으면 안 되는가 하는 것을 자연의 힘과 그 표상에 대한 언급에서 분명히 알 수 있게 되었다면, 우리는 이제 무엇을 원인론에서 요구해야 할 것인가를 결정할 수 있다. 우리가 일반적으로 모든 원인학에 대해 요구해야 할 일이란 자연현상에 대해 그 원인을 탐구하는 것이다. 말하자면 현상을 반드시 생기게 하는 상황을 탐구하는 것이다. 그다음 '원인학'은 다양한 상황 아래에서 여러 가지 형태를 취한 현상을, 모든 현상 속 작용 원인의 전제가 되는 것, 즉 자연의 근원적인 힘에 환원시켜야 한다. 또한 현상의 차이가 근원적인 힘의 차이에서 유래하고 있는 것인지 또는 그 힘을 발현시키는 상황의 차이에서 유래하는 것인지를 올바르게 판가름하고, 또 동시에 동일한 힘이 다른 상황 아래서 발현한 데에 불과한 것을 다른 힘의 현상으로 간주하거나 본디 다른 힘에 속하는 것을 동일한 힘의 발현으로 여기는 일이 없도록 특히 주의해야 한다. 그런데 거기에는 직접적인 판단력이 필요하다. 물리학에서 통찰력을 키울 수 있는 사람은 드물지만 경험을 늘리는 것은 누구나 가능하다. 게으름과 무지로 인하여 사람들은 자칫하면 너무 손쉽게 근원적인 힘을 끌어낼 수 있다고 생각한다. 이것은 스콜라 철학자들의 본체나 통성원리(通性原理)[7]에서 볼 수 있는 역설과 유사한 과장법을 지닌 것 같다. 나는 이러한 본체나 통성원리를 다시 거론하지 않게 되기를 바란다. 물리학적인 설명을 하는 대신 신의 창조력이나 '의지의 객관화'를 끄집어내서는 안 된다. 왜냐하면 물리학은 원인을 찾는 것이지만, 의지는 결코 원인이 아니기 때문이다.

　현상에 대한 의지의 관계는 완전히 이유율에 따르는 것이 아니고 그 자체가 의지인 것이 한편으로는 표상으로서 존재하는데, 그것이 현상이다. 그 자체가 의지인 것도 현상으로서는 현상의 형식을 형성하고 있는 법칙에 따른다. 그래서 모든 운동도 아무리 의지의 현상이라 하더라도 하나의 원인을 갖고 있으며, 그 운동은 일정한 시간과 장소에 대해 보편적인 것이 아닌, 즉 그것의 내적 본질이 아닌 '개별적' 현상에 대한 원인에서 설명되어야 한다. 이 원인은 돌의 경우에는 기계적인 원인이고, 인간 운동의 경우에는 동기이지만, 어떤 경우에도 원인이 없다는 것은 있을 수 없다. 이와는 반대로 보편적인 것, 곧 어떤 일정한 종류의 현상 일반에 공통된 본질, 다시 말해 그것을 전제로 하지 않고는 설명이 원인에서 의미도 의의도 가질 수 없게 되는 것이야말로 보편적인 자연의 힘이다. 원인학적 설명은 여기에 이르러 막다른 곳에 다다르며, 거기에서 형이상학적인 설명이 시작되기 때문에 이 자연의 힘은 물리학에서는 숨은 성질로서 보류해 두어야 한다.

---

7) Quiddität. 개성원리에 대립되는 말. 같은 종류의 많은 개체에 통하는, 보편성의 측면에서 본 본질.

그러나 인과의 연쇄는 끄집어내야 하는 근원적 힘에 의해 단절되는 것이 아니고, 또 연쇄의 첫째 항으로서 근원적인 힘에 역행하는 것이 아니라, 연쇄의 가장 가까운 항도 가장 먼 항과 똑같이 이미 그 근원적 힘을 전제로 하고 있다. 그렇지 않으면 아무것도 설명할 수 없다. 인과의 한 계열이 다른 여러 힘의 현상으로 나타날 수도 있는데, 내가 앞서 금속 기계의 예에서 해명한 것처럼 그들 힘은 인과의 계열에 인도되어 연속적으로 나타나 가시적인 것이 된다. 하지만 서로 도출할 수 없는 이들 근원적인 힘의 차이는 여러 원인의 연쇄적 통일과 그 연쇄의 각 항 사이의 연관을 끊는 것이 아니다. 자연의 원인학과 자연의 철학은 결코 서로 방해하지 않으며, 동시에 성립하면서도 같은 대상을 다른 관점에서 고찰하는 것이다. 원인학은 설명해야 하는 개별적인 현상을 낳게 한 원인을 해명하고, 이들 모든 원인과 결과 속에 작용하고 있는 보편적인 힘을 그 모든 설명의 근본으로서 꺼내보며, 이들 힘을 정밀하게 규정하고, 그 수, 그 서로 다름을 규정한다. 또 그 모든 힘이 상황이 달라짐에 따라 여러 가지 형태로 나타나는 결과를, 언제나 확실한 규칙에 따라 전개하는 그 힘의 특유한 성격에 따라 규정하는 것인데, 이 규칙을 '자연법칙'이라 한다. 물리학이 이 모든 것을 다양한 관점에서 완수한다면, 물리학은 그것으로 완성된다. 그러면 무기적 자연 속에는 이미 미지의 힘은 없고, 또 이들 힘 가운데 어떤 힘의 현상이 일정한 사정 아래서 자연법칙에 따라 나타난 것으로 증명되지 않는 결과란 하나도 존재하지 않는다. 그럼에도 자연법칙이란 자연을 보고 깨달은 규칙에 지나지 않는 것이고, 자연은 이 규칙에 따라 일정한 사정 아래서 그 사정이 생기기만 하면 언제나 같은 작용을 보여줄 뿐이다. 따라서 자연법칙은 일반적으로 확실한 사실이라고 정의할 수 있는 것이며, 모든 자연법칙을 완전히 나타냈다고 하더라도 그것은 완전한 사실 목록에 지나지 않을 것이다.

다음으로 전체로서 자연의 고찰은 형태학에서 완성되는데, 이것은 유기적인 자연의 일정한 여러 형태를 헤아리고 비교하며 정리하는 것으로, 개개의 생물의 생성 원인은 거의 문제 삼지 않는다. 왜냐하면 모든 생물의 생성 원인은 생식이고, 생식의 이론은 일반적으로 행해지고 있지만, 우연발생설(generatio aequivoca)은 드물기 때문이다. 그런데 엄밀히 생각해 보면 의지의 객관성에서 모든 낮은 단계의 현상, 즉 물리학적 현상이나 화학적 현상이 개별적으로 나타나는 출현 방식도 이 우연 발생에 속하는 것으로, 이렇게 나타나기 위한 조건을 설명하는 것이야말로 위에서 말한 원인학의 임무이다.

한편으로 철학은 어떠한 곳에서도, 자연에 있어서도 보편적인 것만을 고찰한다. 다시 말해 자연에서는 근원적인 힘만이 철학의 대상이고, 철학은 그들 근원적인 힘을 이 세계의 내적 본질이자 그 자체인 의지의 객관화가 나타내는 여러 단계라 보며, 이 세계는 의지를 떠나 생각하던 주관의 단순한 표상이라고 여긴다. 그런데 만약 원인학이 철학에 대한 준비 작업을 하여 철학적 학설에 여러 증거로 인한 응용을 제공하는 대신, 오히려 모든 근원적 힘을 부인해 버리며 오직 '하나의', 이를테면 불가입성과 같은 일반적 힘만을 남기고, 이 것을 근본적으로 이해할 수 있는 것으로만 생각하고 다른 모든 근원적인 힘까지도 억지로 이 힘에 환원하려는 것이 원인학의 목적이라고 생각한다면, 그것은 원인학의 기초를 버리는 것이며 진리 대신 오류를 제공할 뿐이다. 그렇게 되면 자연의 내실은 형식에 의해 쫓겨나고, 모두 외부에 있으며 영향을 주는 여러 사정에 귀속하여, 사물의 내적 본질에는 아무것도 도달하지 않게 된다. 만약 실제로 이러한 방법으로 원인학이 행해진다면, 이미 말한 것처럼 결국은 하나의 계산을 위한 연습 문제가 세계의 수수께끼를 풀어버리게 될 것이다. 앞서 말한 바와 같이 모든 생리학적 작용을 형식과 화합으로, 즉 전기로 바꾸어 전기를 다시 화학 현상으로 바꾸고, 화학 현상을 또다시 기계 현상으로 바꾸려고 생각하는 것 등은 바로 이 길을 걷는 것이다. 예컨대 데카르트나 원자론자들의 오류는 이렇게 모든 것을 기계 현상에 환원하려는 데 있었던 것이며, 그들은 천체의 운행을 유동체의 충격으로 바꾸고 물의 여러 성질을 원자의 연관과 형태로 바꾸어 자연의 모든 현상을 불가입성과 응집력의 단순한 나타남이라 설명하려고 노력한다.

이러한 사고는 없어졌지만 오늘날도 전기적이고, 화학적이며 기계적인 관점을 취하는 생리학자들은 같은 설명을 하고 있고, 그들은 완고하게 생물체의 생명 전체와 그 모든 기능을 생물체 성분의 '형식과 화합'에서 설명하려 하고 있다. 생리학적 설명의 목적이 유기적 생명을 물리학이 고찰하는 일반적인 힘으로 바꾸는 것에 있다고 하는 것은 메켈의 《생리학 총서》(1820, 제5권, p. 185)에도 언급되어 있다. 프랑스의 라마르크도 그의 저서 《동물철학》(제2권, 3장, p. 16)

에서 생명을 열과 전기의 작용에 불과한 것이라 말하고 있다. "생명의 본질적인 원인을 동시에 포함하기 위해서는 열과 전기 물질만 있으면 충분하다." 그렇다면 본디 열과 전기가 물자체이고, 동식물계는 이 물자체의 현상이 되는 셈이다. 이러한 사고의 불합리성은 그 책 306쪽 이하에 명확하게 나타나 있다. 이 견해는 지금까지 사실 여러 번 논박되곤 했지만, 최근에 이르러 불손하게도 그것이 새롭게 등장하기 시작했다는 것은 우리 모두에게 널리 알려진 사실이다.

이 견해를 더 자세히 살펴보면, 그 밑바탕에는 생물체라는 것을 물리적이고 화학적이며 기계적인 힘의 현상들로 이루어진 집합체로 보고, 이들 힘이 여기에 우연히 모여 아무 의미도 없이 자연의 유희로써 생물체를 만들어 놓은 것이라는 전제가 서게 된다. 그러면 철학적인 고찰로서는 동물이나 인간의 생물체는 어떤 독자적 이념의 표현, 즉 그 자체는 의지가 일정한 고차원의 단계에서 직접 객관화한 것이 아니고, 생물체에 나타난 이념은 전기나 화학이나 기계 현상 속에 의지를 객관화하는 이념에 불과한 것이다. 따라서 생물체는 인간이나 동물의 모습이 구름이나 종유석에서 날아온 것처럼 우연히 이들 힘의 만남에서 만들어진 것으로, 그 자체로서는 아무 흥미도 없는 것으로 되어버릴 것이다. 그럼에도 어떤 범위 내에서 그렇게 물리적이고 화학적인 설명 방법을 생물체에 적용한다는 것은 허용되어야 하며, 또 유익한 것이다. 하지만 그것이 어느 정도까지 인정되어야 할 것인가 하는 점은 이제 곧 알 수 있으리라. 즉 내가 설명하려고 하는 것은, 생명력은 무기적 자연의 모든 힘을 이용하기도 하고 적용하기도 하지만, 결코 그들 힘으로 성립되는 것은 아니며, 마치 대장장이가 망치와 쇠판으로 만들어지는 것이 아닌 것과 마찬가지라는 것이다. 그러므로 아무리 단순한 식물 생활이라 해도 무기적인 자연의 모든 힘, 예컨대 모세관의 힘이나 삼투작용과 같은 것으로 설명하는 일은 도저히 불가능할 것이며, 더구나 동물의 생활은 말할 것도 없다. 이와 같이 상당히 곤란한 논술의 길을 개척하기 위해 다음과 같은 고찰을 해 보기로 한다.

위에서 말한 모든 것으로 본다면, 의지의 객관성에서 고차적인 여러 단계를 저차원적인 여러 단계로 환원하려고 하는 것은 자연과학의 오류이다. 왜냐하면 근원적이고 그 자신으로 성립되어 있는 여러 자연의 힘을 오인하거나 부인하는 것은 이미 알려진 힘이 특수 방식으로 나타난 데 불과한 것을 근거도 없이 무엇인가 독특한 힘이라고 여기는 것과 마찬가지로 잘못된 일이기 때문이다. 따라서 칸트가 뉴턴 같은 사람에게 풀의 줄기에 대한 설명을 구한다는 것은 아무 의미가 없는 일이라고 말한 것은 참으로 옳은 일이다. 다시 말해서 뉴턴은 풀의 줄기를 물리학적인 힘이나 화학적인 힘의 여러 현상으로 돌리고 이들 힘의 우연한 결합, 다시 말해 단지 자연의 유희가 풀의 줄기가 된 것이며, 풀의 줄기에는 그 어떤 독특한 이념이 나타나는 것이 아니고, 의지가 고차적인 특별한 단계에 직접 구현되는 것이 아니라 무기적 자연현상에서와 마찬가지로 우연히 이 풀의 줄기라는 형태로 나타남에 지나지 않는다고 생각하는 사람이라는 것이다.

스콜라 철학자들은 이러한 설명을 허용하지는 않았을 테지만, 이 설명이 실체 형식(forma substantialis)을 부정하고 우연한 형식(forma accidentalis)으로 깎아내리는 것이라고 말했으리라. 왜냐하면 아리스토텔레스가 말하는 실체 형식은 마치 내가 하나의 사물에서 의지의 객관화가 나타내는 정도라고 부르는 것과 같은 의미이기 때문이다. 그러나 한편으로는 모든 이념 속에, 즉 무기적 자연의 모든 힘과 유기적 자연의 모든 형태 속에 나타나 표상의 형태를 취하고, '객관성'의 형태를 취하는 것은 '하나의 동일한 의지'임을 간과해서는 안 된다. 따라서 의지의 단일성은 의지의 모든 현상 사이의 내적인 유사성에 의해 인정되어야 하는 것이다. 그런데 이 단일성은 의지의 객관성 가운데 더 고차적 단계에 나타나는 것으로서, 그러한 단계, 곧 식물계 및 동물계에서는 현상 전체가 모든 형식 전반에 널리 통하는 유사성에 의해, 다시 말해 어떠한 현상에서도 발견되는 근본 유형에 의해 더 명확해지고 있다. 따라서 이 근본 유형이라는 개념은 금세기 프랑스 사람들이 시작한 탁월한 동물학적 분류의 중요한 원리가 되었으며, 비교해부학에서는 완전하게 구상의 통일(l'unité de plan)이나 해부학적 요소의 획일성(l'uniformité de l'élément anatomique)으로서 확인되고 있다.

이 근본 유형을 발견하는 것이 셸링파 자연철학자들의 중요한 일이며 그 공적이 어느 정도 있다고 한다면, 이것은 분명히 그중에서도 가장 칭찬할 만한 일이다. 그런데 그들은 자연에서의 유사성을 찾는 것에만 급급한 나머지 대부분의 경우 시시한 소리로 끝나고 만다. 아무튼 그들이 무기적 자연의 여러 이념 속에서, 예컨대 전기와 자기(이 둘의 동일성은 나중에 확인되었다) 사이, 화학적 인력과 중력 사이 등에서 일반적인 친화성과 동족성을 확인한 것은 옳았다. 그들은 특히 '양극성(Polarität)'이 자석이나 결정에서 인간에 이르기까지 자연의 거의 모든 현상의 근본 유형이라는 것을 지적했다. 이 양극성이란 하나의 힘이 질적으로 다른 두 개의 작용으로 갈라져, 서로 대립하면서 다시 하나가 되려고 노력하고 있는 상태이며, 이것은 공간적으로도 반대 방향으로 분리되어 나타나는 것이다. 그러나 중국에서는 오랜 옛날부터 이러한 인식이 음양 대립설로 나타나고 있다. 사실 세계의 모든 사물은 동일한 의지가 객관화한 것이며, 그 본질은 동일한 것이기 때문에 그것들 사이에 유사성이 있게 되고, 또 불완전한 것 속에도 반드시 그다음에 위치하는 것보다 더 완전한 것의 흔적, 전조, 소질 등이 나타나고 있다는 것은 말할 필요도 없다. 뿐만 아니라 이들 형식은 결국 모두 표상으로서의 세계에만 속해 있기 때문에 표상의 가장 일반적인 형식 속에까지도, 즉 공간과 시간이라고 하는 이 현상 세계의 고유한 근본 구조 속에까지도 그와 같은 형식을 채우는 모든 것의 근본 유형, 전조, 소질을 발견하고, 이것을 확증하는 것이 가능하다고도 생각된다. 이것을 막연히나마 인식했기 때문에, 카발라[8]나 피타고라스학파의 모든 수리철학이나 중국인의 《역경》이 생겨났을 것이라고 생각한다. 앞서 말한 셸링파에서도 자연의 모든 현상 사이에 있는 유사성을 나타내려고 여러 가지로 고심하고 있는데, 그중에는 실패하긴 했지만 공간 및 시간의 단순한 법칙으로부터 여러 자연법칙을 연역하려는 시도도 있기는 했다. 그러나 훗날 천재가 나온다 해도 이 두 노력을 어느 정도까지 실현할 수 있을 것인지는 알 수 없는 일이다.

　이제 현상과 물자체의 차이를 언제나 염두에 두어야 하며, 또 모든 이념 속에 객관화되어 있는 의지의 동일성(의지에는 그 객관성의 일정한 여러 단계가 있는 것이기 때문에)을 왜곡하여 의지가 나타내는 개별적 이념의 동일성이라고 보아선 안 된다. 그러므로 화학적, 전기적 인력과 중력에 의한 인력 사이에는 내적인 유사성이 있다는 것이 인정되어 있으며, 또 화학적, 전기적 인력은 중력에 의한 인력의 고차적인 세력이라고 생각할 수도 있지만, 전자를 후자로 환원하여 버리는 것은 절대로 안 된다. 그것은 마치 모든 동물의 구조가 내적으로 유

---

8) Kabbala. 히브리어로 '이어받은 것'이라는 뜻을 가진, 9세기에서 13세기에 걸쳐 성립한 밀교적 신비설. 그 중심 사상은 유출설이다.

사하기는 하지만, 그 종을 혼동하거나 동일하게 보거나, 혹은 더 완전한 종을 불완전한 종의 변종이라고 언명할 수 없는 것과 마찬가지이다. 따라서 결국 생리적인 기능 역시 화학적이거나 물리적인 과정으로 바꾸어서는 안 되는 것이지만, 이 방법이 어떤 제한 안에서는 정당하다는 것을 보이기 위해서는 확실하게 다음의 것을 인정해야 한다.

의지의 객관화에서 낮은 단계, 즉 무기물에서는 의지의 현상 가운데 인과성의 실마리에 의해서 서로 눈앞의 물질을 내 것으로 하려고 싸우기에 이르는 일이 있다. 그렇게 되면 이 싸움에서 더 높은 이념의 현상이 생기고, 이 이념은 이제까지 존재했던 더 불완전한 이념을 모두 압도해 버리지만, 그 유사성을 자기 안에 받아들임으로써 그 이념의 본질을 종속적인 방식으로 존립시키는 것이다. 이러한 일이 행해지는 것은 드러나는 의지가 모든 이념에 있어서 동일하다고 하는 것과 의지가 점점 고도의 객관화를 향해 노력한다는 것으로써만 이해될 수 있다. 그래서 우리는 뼈가 굳어지는 것을 본디 석탄에서 행해지던 결정의 유사성이라고 보는 것이다. 물론 뼈는 절대로 결정으로 바뀌어서는 안 된다. 이 유사성은 살의 고체화에서는 훨씬 적게 나타난다. 동물의 육체 안에서 여러 체액의 화합이나 분비에도 화학적 화합이나 분리의 법칙은 여전히 작용하고 있지만 종속적인 것이며, 현저하게 변화하며 더 높은 이념에 의해 정복된 형태를 취하고 있다. 따라서 생물체 외에서 단지 화학적인 힘은 절대로 그러한 액을 만들지는 않을 것이다. 오히려,

> 화학에서는 이것을 자연의 조작이라 부르지만,
> 스스로를 비웃을 뿐 이치는 모르고 있다.
>
> —괴테의 《파우스트》

좀 더 완전한 이념은 여러 차원이 낮은 이념이나 의지의 여러 객관화를 이와 같이 정복한 뒤에 나타나지만, 제압된 차원이 낮은 이념 속에서 고도의 세력을 가진 유사성을 자기 속에 받아들임으로써 전혀 새로운 성격을 획득했다. 즉 의지는 더 명확하게 새로운 방식으로 자기를 객관화한다. 생물체의 체액, 식물, 동물, 현상은 본디는 우연 발생에 의한 것이지만, 그 후에는 이미 있는 새싹과

동화하여 발생하는 것이다. 이와 같이 차원 낮은 현상의 투쟁에서 이들 현상을 모조리 삼키는 것과 같은, 그러나 이들 현상의 노력을 더 고도로 실현하는 높은 현상이 생긴다. 따라서 여기에도 이미 '뱀은 뱀을 잡아먹지 않으면 용이 될 수 없다'라는 법칙이 전용되고 있다.

나는 이들 사상의 주요 내용에 밀착되어 있는 불명확성이 서술의 명확성으로 극복되었기를 바란다. 하지만 내가 말하고자 하는 것이 이해되지 못한 채 방치되어 있거나 오해받지 않기 위해서는 독자들의 고찰이 크게 작용한다는 것을 잘 알고 있다. 위에서 언급한 것과 같은 견해에 따르면, 생물체에는 화학적인 작용이나 물리적인 작용의 흔적이 확인될 테지만, 생물체를 이러한 작용을 통해 설명할 수는 없다. 왜냐하면 생물체는 여러 힘의 합치된 작용에 의해, 즉 우연히 생긴 현상이 아니고 낮은 여러 이념을 '압도적인 동화작용'으로 자기에게 예속시킨 높은 이념이기 때문이다. 또 모든 이념 속에 자기를 객관화하는 '유일한' 의지는 될 수 있는 한 고도의 객관화를 향해 노력하면서 이념의 싸움을 거친 뒤에 이 현상의 낮은 단계를 포기하고, 한층 높은 단계에서 그만큼 더 강력히 나타나기 때문이다. 투쟁 없는 승리는 없다. 높은 이념 또는 의지의 객관화는 낮은 이념을 압도함으로써만 나타날 수 있기 때문에, 낮은 이념의 저항을 받는 이들 이념은 높은 이념에 봉사하면서도 역시 자기의 본질을 독립시켜 완전하게 표출하려 노력하고 있다. 철을 들어올린 자석은 의지의 가장 낮은 객관화이며 그 철의 물질에 대한 근원적인 권리를 갖고 있는 중력과 연속적으로 투쟁하지만, 이 끊임없는 투쟁에서 자석은 저항을 위해서 더한층 큰 힘을 내게 되므로 강화되기까지 한다. 마찬가지로 의지의 현상은 인간의 육체에 나타나는 낮은 이념으로서 그 물질에 대해 전부터 권리를 갖고 있는 많은 물리학적이고 화학적인 힘에 대항하여 끊임없는 투쟁을 계속하고 있다. 중력을 제압하고 한동안은 팔을 높이 들고 있다가 얼마 안 가서 내려놓게 되는 것도 이것 때문이다. 또 건강하고 쾌적한 기분은 자기의식을 갖는 생물체의 이념이 본디 체액을 지배하고 있는 물리적이고 화학적인 법칙을 이긴 것을 나타내는 것이지만, 이러한 기분도 사실 여러 번 중단되어 버리며, 또 실제로 이 기분에는 언제나 그들 저항에서 생기는 어떤 크고 작은 갖가지 불쾌한 기분이 붙어 다니는 것도 이것 때문이다.

이것으로 말미암아 이미 인과성과 인간의 생명에 있어 식물적인 부분은 쉴 새 없이 어떤 비밀스러운 괴로움에 결부되어 있는 것이다. 또 소화가 모든 동물적 기능을 저하시키는 것도 이 때문이다. 소화는 동화작용에 의해 화학적인 자연력을 제압하기 위해서 모든 생명력을 필요로 하기 때문이다. 따라서 일반적으로는 육체적인 생활에 무거운 짐이 있고, 수면의 필요성과 마지막에는 죽음의 필연성이 있는 것도 이것 때문이다. 그것은 이제까지 억눌려 있던 여러 가지 자연의 힘이 조건이 좋아지면, 쉴 새 없이 자연의 힘을 제압해 온 까닭에 지쳐버린 육체로부터 그때까지 빼앗겼던 자기의 물질을 탈환하기 때문이다. 그러므로 이렇게도 말할 수 있다. 야코프 뵈메는 각 생물체는 이념의 모사이며, 생물체와 물질이 싸우고, 낮은 여러 이념을 제압하기 위해 사용되는 힘의 부분을 빼버린 뒤의 이념을 나타낸 데 불과하다고 생각한 듯하고, 그의 저서 어디선가에서 인간이나 동물의 육체, 식물까지도 모두 사실은 반은 죽어 있는 것이라 말하고 있다. 그런데 의지의 객관성에서 낮은 단계를 나타내는 여러 자연의 힘을 제압하는 정도의 크고 작음에 따라, 생물체는 좀 더 완전하게 또는 더욱 불완전하게 그 이념을 표현하게 된다. 다시 말해 그 종족 가운데 아름다움을 구비하는 이상에 더 가까워지기도 하고 더 멀어지기도 한다.

우리는 자연 곳곳에서 항쟁, 투쟁, 그리고 승리의 교체를 본다. 그리고 바로 거기에서 의지와의 근본적인 분열을 한층 더 명확히 인식하게 될 것이다. 의지의 객관화에서 각 단계는 다른 단계의 물질, 공간, 시간과 투쟁한다. 기계적, 물리적, 화학적, 유기적인 여러 현상은 저마다 자신의 이념을 구현하고 싶기 때문에, 어떻게 해서라도 발현시키려고 애쓰면서 인과성의 실마리를 따라 서로 물질을 빼앗으려고 하므로 지속적인 물질은 끊임없이 그 형태를 바꾸지 않으면 안 된다. 이런 싸움은 모든 자연 속에서 볼 수 있다. 그렇다. 자연은 이 투쟁을 통해서 비로소 성립하는 것이다. "만약 사물 속에 투쟁이 없다면, 모든 것은 하나일 것이다"라고 엠페도클레스는 말하고 있다.(아리스토텔레스, 《형이상학》, B, 5) 왜냐하면 이 투쟁이야말로 의지와 자신과의 근본적인 분열의 표현이기 때문이다.

이와 같은 보편적 투쟁이 가장 명확하게 보이는 것은 동물계이며, 동물계는 식물계를 그 영양으로 갖고, 또 각 동물은 다른 동물의 먹이가 되고 영양이 된다. 다시 말해 그 이념을 나타낸 물질은 다른 이념을 나타내기 위하여 물러서지 않으면 안 되며, 각 동물은 다른 동물을 끊임없이 파괴함으로써만 그 존재를 유지할 수 있다. 그래서 생에 대한 의지는 철저하게 자기 자신을 먹어 치우고 여러 가지 형태로 자신의 영양이 되고 있지만, 결국 인류는 다른 존재를 제압하는 것이기 때문에, 자연을 자기가 사용하기 위한 제품이라고 본다. 제4권에서 언급할 작정이지만 그 인류도 자신 속에 투쟁, 즉 의지의 자기 분열을 무서울 정도로 명확하게 드러내고 있고, '인간은 인간에 대한 늑대(homo homini lupus)'가 되는 것이다.

한편 이러한 투쟁, 이러한 제압은 다같이 의지의 객관화 가운데 낮은 단계에서도 볼 수 있다. 많은 곤충(특히 맵시벌)은 그 알을 다른 곤충의 유충 피부나 체내에다 낳지만, 알에서 깨어 나온 곤충 애벌레가 처음 하는 일은 그 유충을 서서히 없애는 것이다. 새로 나온 히드라는 옛 히드라의 가지에서 나와서 여기에서 나뉘지만, 옛 히드라에 붙어 있는 동안 이미 거기에 나타나는 먹이를 쟁탈하여 서로 다른 히드라의 입에서 먹이를 빼앗는다(트랑블레, 《다족류》, II, p. 110과 III, p. 165). 그런데 이런 종류의 가장 확실한 실례를 보이는 것이 오스트레일리아의 불독개미(bulldog ant)이다. 이 개미는 두 동강으로 잘라놓으면, 머리 부분과 꼬리 부분이 서로 싸우기 시작한다. 머리 부분이 꼬리 부분을 물면, 꼬리 부분은 머리 부분을 찌르면서 용감하게 싸운다. 싸움은 30분이나 계속되며, 결국 둘 다 죽거나 다른 개미들에게 먹히게 된다. 언제나 이와 같은 경과를 밟는다(《W. Journal》에 게재된 호윗의 편지에서, 또 1855년 11월 17일 〈갈리냐의 메신저〉에 발표됨). 미주리 강가에는 가끔 거대한 떡갈나무가 줄기와 가지를 큰 야생 포도나무 덩굴에 휘감긴 채 묶이고 얽매여서 질식된 것처럼 시들어 버릴 것이라고 생각되는 경우가 있다.

이와 같은 현상은 가장 낮은 단계에서도 볼 수 있다. 예를 들면 생물체의 동화작용에 의해 물이나 석탄이 식물의 즙으로 변화하고, 식물이나 빵이 혈액으로 변하는 것이 그렇다. 또 화학적인 힘을 제한하여 부차적 방식으로 작용하게 되면 동물적인 분비작용이 일어나는데, 그 경우에는 언제나 이러한 현상이 생긴다. 또한 무기적 자연에도 이런 현상이 있는데, 결정(結晶)이 서로 만나고 교차하고 방해하여 순수한 결정의 형태를 나타낼 수 없는 경우가 그러한 예로,

실제로 거의 모든 결정군(群)도 의지가 그 객관화의 극히 낮은 단계에서 행하는 이러한 투쟁의 모사이다. 또 자석이 철에 억지로 자성을 넣어 거기에 자기 이념을 나타내려고 하는 경우나 직류 전기가 친화력을 제압하여 가장 굳게 맺어진 화합물까지 분해해 버리고 화학법칙을 무효로 만들 정도로 작용한 결과, 음극에서 분해한 소금의 산(酸)이 도중에 있는 알칼리와 화합하지 않거나 리트머스시험지를 대도 이것을 빨갛게 하지 않고 양극으로 가버리는 경우 등이 그렇다.

이것을 크게 보면, 중심 천체와 유성의 관계에도 나타나고 있다. 유성은 유기체에서 화학적인 힘과 마찬가지로 중심 천체에 결정적으로 의존하고 있으면서도 여전히 이에 반항하고 있다. 거기에서 구심력과 원심력의 부단한 긴장이 생기고, 이 긴장이 우주의 운행을 유지시키고 있으며, 그 자신이 이미 우리가 지금 고찰하고 있는 의지의 현상에 고유한 보편적인 투쟁을 나타내는 하나의 표현이다. 왜냐하면 모든 물체는 의지의 현상으로, 그리고 하나의 노력 속에서 필연적으로 나타나는 의지로서 보아야만 하므로, 구형을 이루게 된 천체의 원상태는 정지가 아니고 휴식도 목표도 없이 앞을 향해 무한한 공간으로 나아가는 운동이었을 것이기 때문이다. 여기에는 관성의 법칙도 인과의 법칙도 대립하지 않는다. 관성의 법칙에 의하면 물질은 정지나 운동에 대해 무관심하며, 물질의 근원적인 상태는 정지이기도 하고 운동이기도 하기 때문이다. 따라서 그 물질이 지금 운동하고 있을 경우, 우리는 그 운동에 선행하여 정지 상태가 있었다고 전제할 권리도 없고, 운동이 시작된 원인을 질문할 권리도 없다. 그와 반대로 그 물질이 정지하고 있다 하더라도, 우리는 이 정지 상태에 선행하는 운동을 전제하거나 운동이 그치고 정지가 시작된 원인을 질문할 수도 없는 것이다. 그러므로 원심력을 일으키는 최초의 충격은 찾아도 얻을 수 없다. 이 원심력은 칸트와 라플라스의 가설에 따르면, 유성의 경우 중심 천체 본디의 회전 잔재이며, 여러 유성은 이 중심 천체가 수축할 때 거기에서 분리되었던 것이다. 그러나 이 중심 천체는 그 자체는 본질적으로 운동하고 있다. 즉 중심 천체 언제나 계속 회전하고 동시에 무한한 공간 속을 날고 있으며, 우리 눈에 보이지 않는 더 큰 중심 천체의 주위를 돌고 있을 것이다. 이러한 견해는 천문학자들의 중심 태양에 대한 억측과 완전히 일치하며, 또 우리의 모든 태양계나 우리의 태양이 속해 있는 모든 별들의 이동이 지각되는 것과도 일치한다.

결국 여기에서 중심 태양을 포함한 모든 항성이 이동한다는 추론도 나오지만, 이러한 이동은 무한한 공간에서는 아무런 의미도 없는 것이 된다(왜냐하면 절대공간에서 운동은 정지와 구별되지 않기 때문이다). 또 바로 그것 때문에 이미 직접적으로 목적 없는 노력이나 비상에 의한 것과 마찬가지로 허무와 궁극적인 목적 없는 표현이 되는 것이지만, 우리는 이 허무와 궁극적 목적의 결여를 제2권의 마지막에서 의지의 노력에 의한 결과로 모든 현상 속에서 인정해야만 한다. 따라서 또다시 무한한 공간과 무한한 시간이 의지의 모든 현상에서 가장 보편적이고 본질적인 형식이 아니면 안 되며, 모든 현상은 의지의 본질을 표현하기 위해 현존하고 있다.

마지막으로 인과성을 물질로 본다면, 이 단순한 물질 속에서도 이미 이때까지 고찰한 것과 같은 모든 의지 현상 상호 간의 투쟁이 행해지고 있는 것을 재인식할 수 있다. 다시 말해 물질 현상의 본질을 칸트는 반발력과 견인력으로 표현하고 있으며, 물질이 실재하는 것은 상반된 두 개의 힘이 투쟁함으로써 가능하다는 점에서 이상과 같은 재인식이 가능하다. 만약 우리가 물질의 모든 화학적 차이를 무시하거나 인과의 연쇄를 거슬러 올라가 아직 아무런 화학적인 차별이 없는 것까지 생각하게 되면, 거기에 남는 것은 단순한 물질이다. 또 구상(球狀)으로 된 세계로서 생활, 즉 의지의 객관화를 형성하고 있는 것은 위에서 말한 것과 같은 견인력과 반발력의 투쟁이다. 견인력은 중력으로 사방에서 중심을 향해 모든 사물을 밀어붙이고, 반발력은 강성에 의해서든 타성에 의해서든 불가입성으로서 견인력에 대항하는 것이지만, 끊임없는 압력과 저항은 최저 단계에서 의지의 객관성으로 간주할 수 있으며, 또 이미 이 단계에서도 의지의 특질을 나타내고 있다.

그래서 우리는 여기에서, 최저 단계에서는 의지가 어떤 맹목적인 충동, 어떤 어둡고 막연한 활동으로 나타나 있어서 직접 인식하는 것은 도저히 불가능하다는 것을 알 수 있다. 이것은 의지의 객관화 가운데 가장 단순하고 미약한 방식이다. 그런데 의지는 이러한 맹목적 충동이나 인식 없는 노력으로서는 무기적 자연 전체에도, 모든 근원적인 힘에도 나타나 있다. 이들의 힘을 탐구하고 그 법칙을 배우는 것이 물리학과 화학의 일이다. 그리고 이 힘들은 백만 가지의 동질적이고 규칙적인 현상에 자신을 드러내어 우리에게 나타나는데, 개별적인 물질은 전혀 나타내지 않고 오직 시간과 공간에 의해, 즉 개별화의 원리에 의해 다양화되어 있다. 그것은 마치 하나의 상이 유리의 다각면을 통해 다양하게 보이는 것과 마찬가지이다.

의지는 한 단계 한 단계 명확하게 자신을 객관화하지만, 식물계에서는 의지의 현상을 맺는 관계가 이미 본디의 원인이 아니고 자극이기 때문에, 아직 의지는 전혀 인식을 갖고 있지 않으며 흐릿한 동력으로서만 작용할 뿐이다. 그래서 결국 동물적 현상의 식물적인 부분에 있어서도, 다시 말해 동물의 발생과 성장, 그 내부적인 원리와 법칙의 유지라는 점에 있어서도 여전히 단순한 자극이 그 현상을 필연적으로 규정하는 것이다. 의지의 객관화 단계가 점점 높아가면 결국 이념을 나타내는 개체는 자기에게 동화되어야 할 식물을, 이미 자극에 응하는 단순한 운동을 통해서는 얻을 수 없는 단계에 이른다. 왜냐하면 이와 같은 자극은 기다려야 하지만, 여기에서 식물은 특정한 것이며 또 현상은 점점 그 다양성을 더해 가서 붐빔과 혼란이 극심하게 되고, 그 결과 여러 현상은 서로 방해하기에 이르기 때문이다. 단순한 자극에 의해 움직이던 개체가 식물을 얻으려고 기다려야 하는 우연한 기회는 탐탁지 않은 것이니 말이다. 따라서 식물은 동물이 그 속에서 인식도 갖지 않고 자라온 알 혹은 모태에서 이탈한 때부터 찾고 선택하지 않으면 안 된다. 여기에 동기에 순응하는 운동과 이로 말미암아 인식이 필요하게 되는 것이다. 그러므로 인식은 의지의 객관화 가운데 이 단계에서 필요로 하는 수단, 즉 메카네(μηχανη)로서 개체를 유지하고 종족을 번식시키기 위해 나타나는 것이다. 인식은 뇌수 또는 큰 신경절에서 나타나는데, 마치 자기를 객관화하는 의지의 다른 모든 노력과 규정이 하나의 기관에 의해 나타나는 것과 같은 것으로, 인식이 표상에 대해 하나의 기관으로서 표시되는 것이다.[9] 그러나 이 수단, 즉 이 메카네가 생김과 동시에 '표상의 세계'가 그 모든 형식인 객관, 주관, 시간, 공간, 다원성, 그리고 인과성과 더불어 성립한다. 여기서 세계는 제2의 면을 드러내는 것이다. 지금까지 세계는 단순히 '의지'였지만, 이제는 이와 동시에 '표상'이며, 인식하는 주관의 객관이다. 의지는 이때

---

9) 제2권 22장 참조. 또한 나의 저서 《자연에 있어서의 의지에 대하여》(제1판 p. 54 이하와 p. 70~79, 제2판 p. 46 이하와 p. 63~72, 제3판 p. 48 이하와 p. 69~77) 참조.

까지 어둠 속에서 아주 확실하고 정확하게 자기 충동을 추구했지만, 이 단계에 이르면 하나의 수단으로 빛에 점화된 것이며, 이 수단으로서의 빛은 가장 완전한 의지의 현상에 대해 혼잡과 복잡한 상태의 성질에서 생길지 모르는 폐해를 제거하기 위해 필요하게 된다.

의지가 이때까지 무기적인 자연이나 단순히 식물적인 자연에서 작용하는 경우에 나타낸 확실성과 합법칙성은, 의지가 오로지 그 근원적인 본질에 있어서, 곧 맹목적인 충동으로 작용하고 있었기 때문이었다. 또 그때에 완전히 다른 제2의 세계, 즉 표상의 세계로부터 보조도 받지 않았고, 동시에 방해도 받지 않았다는 것에 근거한다. 이 제2의 세계는 물론 의지의 고유한 본질 모사에 불과하지만 그래도 완전히 다른 성질을 갖고 있으며, 이번에는 이것이 의지 현상의 연관에 관여하는 것이다. 그래서 의지 현상의 확실성은 없어져 버린다. 동물도 환각과 착각에 빠지는 경우가 있다. 그렇지만 동물에게는 직관적 표상이 있을 뿐이고, 아무런 개념도 반성도 없다. 따라서 현재에 구속되어 있어서 미래를 생각지 못한다. 이러한 이성이 없는 인식은 어떤 경우에도 그 목적을 달성하는 데 충분하다고는 할 수 없고, 그래서 가끔 보조적인 것이 필요하게 된 것 같다. 왜냐하면 의지의 맹목적인 작용과 인식으로부터 깨달은 작용에서 두 종류의 현상이 실로 놀랄 만한 방식으로 서로의 영역에 개입하는 뚜렷한 현상이 발생하기 때문이다.

한편 충동에서는 직관적 인식과 거기에 따른 여러 동기로 말미암아 인도된 동물의 행동 가운데 이들 인식과 동기를 갖지 않는 행동, 또한 맹목적으로 작용하는 의지의 필연성을 갖고 수행한 행동이 보이며, 그런 충동은 동기와 인식에는 지배되지 않지만, 추상적이고 이성적인 동기에 따라 그 업적을 이룩한 것같이 생각된다. 이와 달리 서로 상대되는 경우는 인식의 빛이 맹목적으로 작용하는 의지의 작업장에 침입하여 인간 육체의 식물적 기능을 발현한다. 즉 자기적 투시의 경우이다. 마지막으로 의지가 그 객관화의 가장 높은 정도에 달했을 경우 오성은 감성으로부터 재료를 제공받지만, 이들 재료에서는 현재에 얽매인 단순한 직관밖에는 생기지 않기 때문에, 동물에 나타난 오성의 인식으로는 불충분하게 된다. 인간이란 복잡하고 다면적이며 부드럽고 매우 부족하며 한없이 상처받기 쉬운 존재이기 때문에, 계속 생존하기 위해서는 이중의 인식으로 발현되어야 했던 것이다. 말하자면 직관적 인식에 더하여 고차원적인 인식, 곧 직관적 인식의 반성이며 추상적 개념 능력을 갖춘 이성이 필요했던 것이다. 이 이성과 더불어 깊은 생각이 생기고, 여기에는 미래와 과거의 객관이 포함되어 있으며, 또 그 결과 숙고와 배려, 현재와는 관계없이 예측되는 행위를 하는 능력이 포함되고, 마지막으로 자기 의지 결정의 명확한 의식도 포함되어 있다.

그런데 단순한 직관적 인식에서도 벌써 환각과 착각의 가능성이 나오고, 이로 말미암아 인식이 없는 의지 활동에 이때까지 있었던 것과 같은 정확성은 없어진다. 따라서 본능과 충동은 인식이 없는 의지의 발현으로서, 인식에서 나온 의지의 발현 가운데에서 의지를 도와야 했던 것이다. 따라서 이성이 등장한 이상, 위에서 말한 의지 발현의 확실성과 정확성(이것은 다른 극, 즉 무기적 자연에 있어서는 엄밀한 합법칙성으로 나타나는)은 거의 완전히 없어져 버리게 된다. 다시 말해 본능은 완전히 퇴장하고 이제는 모든 것을 대신할 깊은 생각(제1권에서 자세히 논한 것과 같은)이 마음의 동요와 불확실성을 낳게 한다. 또 오류의 가능성이 생기고, 행위에 의한 의지의 적절한 객관화를 방해하는 경우가 흔히 있게 된다. 왜냐하면 의지는 이미 성격에 일정한 불변의 방향을 취하고 있으며, 그래서 의지의 작용 그 자체가 틀림없이 동기에 따라 생기는 것이지만, 그래도 오류가 의지 작용의 발현을 그릇되게 하는 일이 있기 때문이다. 즉 그러한 경우에는 착각의 동기가 현실의 동기와 똑같이 나타나 현실의 동기를 정지시켜 버린다.[10] 예컨대 미신 때문에 망상적 동기를 잘못 이해하는 경우, 이러한 망상에 의한 동기는 인간에게 보통 현존하는 상황 아래 의지가 자기를 발현하는 방식과는 반대되는 방식으로 행동하게 한다. 아가멤논이 자기 딸을 죽이는 것, 수전노가 오직 이기심으로 언젠가는 백배로 돌려받게 되리라는 기대를 걸고 구호금을 내는 것 등의 경우가 그렇다.

이와 같이 인식 일반의 이성적인 것도, 단순히 직관적인 것도 근원적으로는 의지에서 나온 것이며, 개체나 종을 유지하기 위한 수단인 단순한 메카네로서 육체의 각 기관과 마찬가지로 의지의 객관화 가운데 높은 단계의 본질에 속하

---

10) 그래서 스콜라 철학자들은 다음과 같이 말했다. "궁극 원인은 자기의 현재 있는 존재에 따라 움직이는 것이 아니라 인식되는 존재에 따라 움직인다."(수아레스, 《형이상학 논쟁》, 논제 23, 제7절과 8절)

는 것이다. 따라서 인식은 본디 의지가 그 목적을 실현하도록 도와주는 사명을 갖고 있으며, 실제로 거의 모든 곳에서, 곧 모든 동물과 거의 모든 인간의 의지에 도움을 주고 있다.

제3권에서 고찰하겠지만, 개별적 인간에게는 인식이 이러한 의지에 예속되는 것을 벗어나 그 속박을 물리치고 의욕의 어떠한 목적에도 구애받지 않으며, 세계를 그대로 반영하는 거울로서 순수하게 존재할 수 있다. 예술은 이와 같은 거울에서 생기는 것이다. 그리고 마지막으로 제4권에서 고찰할 점은, 이와 같은 종류의 인식이 반대로 의지에 작용을 가하면, 의지의 자기 포기가 이루어지는 경우가 있다는 것이다. 이것이 체념이며, 모든 미덕과 성스러운 것의 궁극 목표이자 그 가장 내적인 본질이고, 또 세계로부터의 해탈이다.

## 28. 의지의 객관화에 나타나는 합목적성

우리는 의지가 객관화하여 나타나는 현상이 매우 다양하고 차이가 많은 것을 보아왔다. 그리고 그 현상 서로의 무한하고 화해 없는 투쟁도 보아왔다. 그렇지만 지금까지 해온 우리의 설명으로 보면 의지는 물자체로서, 결코 다원성이나 변화의 지배 아래 있는 것이 아니다. (플라톤의) 이데아의 차이성, 즉 객관화의 모든 단계, 그 속에서 제각기 자신을 나타내고 있는 개체들의 집합, 질료를 획득하려는 형상들의 투쟁, 이 모든 것은 의지와는 관계없고 의지의 객관화 방식에 지나지 않으며, 이 객관을 매개로 하여 의지에 대해 간접적인 관계를 갖고 있음에 불과하며, 이러한 관계를 가짐으로써 표상에 대해 의지의 본질을 표현하는 데 필요한 것이다. 환등기가 비쳐내는 그림은 많이 있고 또 각양각색이지만, 이 그림이 보이는 것은 단지 하나의 불꽃 때문이다. 마찬가지로 서로 나란히 세계를 채우고 연속적 사건으로 발생하는 각양각색의 모든 현상에서도 현상하는 것은 오직 '하나의 의지'이며, 만물은 이 의지가 가시적으로 되고 객관적으로 된 것으로, 이러한 변화 속에서도 의지는 여전히 움직이지 않는다. 의지만이 물자체이고, 객관은 모두 현상, 칸트의 말을 빌려서 현상(Phänomen)인 것이다.

(플라톤의) 이데아로서 인간에게 의지는 가장 명확하고 완전하게 객관화한 것이지만, 의지의 본질은 인간의 이념만으로는 표현될 수 없었다. 인간의 이념

이 당연한 의의를 갖고 나타나기 위해서는 그것만 다른 것에서 떼어내 표현되는 것이 아니며, 그 이하의 모든 형태의 동물이나 식물계를 거쳐 무기물에 이르는 단계적 순서를 따라야만 했다. 이 모든 단계들이 있어서 비로소 서로 보충하여 의지의 완전한 객관화가 가능한 것이다. 나무의 꽃이 잎, 가지, 줄기, 뿌리를 전제로 하고 있는 것처럼, 인간의 이념도 그런 단계들을 전제로 하고 있다. 이것들은 인간을 정점으로 하는 피라미드를 형성하고 있다. 또 비유를 든다면, 다음과 같이 말할 수도 있다. 그 현상들이 필연적으로 인간의 현상을 따르는 것은 마치 그림자가 없는 빛이 어두워지기까지는 차츰 그림자를 섞은 빛을 통과하지 않으면 안 되는 것과 마찬가지이다. 또는 이것들을 인간의 잔영이라고 불러 다음과 같이 말할 수도 있으리라. 동물이나 식물은 인간보다 음정이 5도나 3도 낮고, 무기물질의 세계는 한 옥타브 아래에 있다. 우리는 제3권에서 음악이 갖고 있는 깊은 의미를 구명하려 하는데, 그런 뒤에 비로소 지금 말한 비유의 참된 진실성이 밝혀질 것이다. 다시 말해 경쾌한 고음을 유지하면서 진행하는 선율은 어떤 의미에서는 반성과 연관된 인간 생활이나 노력을 나타내는 것으로 볼 수 있지만, 이와 반대로 음악의 완전성에 없어서는 안 될 화음을 생기게 하는 연관이 없는 보충 음성과 장중한 저음은 다른 나머지 동물계나 인식을 갖지 않은 자연을 나타내는 것임을 알게 되리라. 그러나 여기에 대해서는 제3권의 적당한 곳에서 논하겠다. 그렇게 되면 여기서 느끼는 것과 같은 이상한 인상은 받지 않을 것이다.

그런데 의지가 적절한 객관성을 얻기 위해서는 단계를 이루고 나타나야 하지만, 이러한 '내적 필연성'도 이 단계적 현상의 전체에서는 어떤 '외적 필연성'으로 표현되어 있다는 것을 알 수 있다. 그 외적 필연성이란, 인간이 자기를 유지하기 위해서는 여러 동물을 필요로 하고, 이들 동물은 단계적으로 하위의 동물 그리고 식물까지도 필요로 하며, 식물은 또한 땅을 필요로 하고, 물이나 화학적 요소와 그 화합물들을 필요로 하며, 유성이나 태양, 태양을 중심으로 한 회전, 순환, 황도(黃道)의 경사 등을 필요로 한다는 것 등이다. 이것은 마지막에는 의지 말고는 아무것도 없고, 또 의지는 굶주린 의지이기 때문에 의지가 자신을 다 먹어 치우지 않으면 안 된다는 데 기인한다. 추구, 불안, 그리고 고뇌는 여기에서 유래한다.

현상은 매우 다양하지만, 물자체로서 의지는 하나이다. 이것을 인식해야 비로소 자연의 모든 산물들 사이에 존재하는 경탄할 만하고 지극히 명확한 유사성과, 동시에 주어지지는 않더라도 결국 동일종의 변종이라고 생각되는 것과 같은 종족의 유사성이 이해되는 것이다. 이와 마찬가지로 위에서 말한 화음, 세계 모든 부분의 본질적 연관, 방금 고찰한 그들 각 단계의 필연성, 이런 것들을 분명하게 깊이 인식하게 되면, 우리는 모든 유기적 자연의 산물이 갖는 부정할 수 없는 '합목적성(Zweckmäßigkeit)'의 내적 본질과 의의를 올바르고 충분하게 통찰할 수 있게 된다. 이 합목적성은 유기적인 자연 산물을 고찰, 평가하는 경우에는 선천적이라고 할 수 있을 정도로 앞서 존재하고 있다.

이 '합목적성'에는 두 종류가 있는데 그 하나는 내적 합목적성, 즉 유기체의 각 부분이 어떤 질서에 의한 일치를 나타내기 때문에 여기에서 유기체와 그 종의 유지가 결과로서 생기며, 그 질서의 목적으로서 나타나는 것과 같은 합목적성이다. 그런데 또 하나는 '외적' 합목적성, 곧 무기적 자연의 유기적 자연 일반에 대한 관계, 혹은 유기적 자연의 개별적인 부분 상호 간의 관계이기도 하며, 유기적인 자연 전체의 유지 내지는 동물에 있어 개별 종족의 유지를 가능하게 하는 합목적성이다. 따라서 그러한 외적 합목적성은 이 목적에 대한 수단으로서 우리의 평가 대상이 된다.

'내적 합목적성'은 다음과 같이 하여 우리의 고찰 속에 들어온다. 이미 말한 것처럼 만약 자연에서 여러 형태의 차이와 개체의 다원성이 의지에 속하는 것이 아니라 대상, 즉 그 형식에 속하는 것일 뿐이라면, 그 결과 필연적으로 의지의 객관화 정도, 곧 (플라톤의) 이데아는 매우 다양하지만 의지 그 자체는 나눌 수 없는 것이며, 어떠한 현상 속에도 널리 존재하고 있다. 쉽게 이해할 수 있게 하기 위해, 우리는 이 여러 가지 개별적 이념이 그 자체로서는 단순한 의지 행위이고, 거기에 의지의 본질이 어느 정도 표현되는 것으로 고찰할 수 있다.

그런데 여러 개체는 또다시 시간과 공간과 다원성에 있어서 이념, 즉 그와 같은 행위의 현상이다. 이와 같은 행위(또는 이념)는 객관성의 최저 단계 현상이 되어도 단일성을 보유하고 있지만, 의지는 고차원의 여러 단계에서 나타나기 위해 시간 속에 나타나는 많은 상태와 전개를 필요로 하는 것이고, 이 모든 것을 총괄하여 비로소 의지의 본질은 완전히 표현되기에 이른다. 그래서 무언가 일반적인 자연의 힘으로 구현되는 이념은 언제나 단순한 표현만을 갖는다. 물론 이 단순한 표현은 외적인 상황에 따라 각색되어 나타난다. 그렇지 않으면 이념의 동일성도 전혀 확인되지 않는 것이지만, 실제로는 외적 사정에서 생기는 차이로 인해 동일성이 확인되는 것이다. 마찬가지로 결정에는 결정 작용이라는 오직 '하나의' 생명 표출만이 있고, 이 생명 표출은 나중에 순간적 생명의 시체인 굳어진 모습으로 남김없이 표현된다.

하지만 식물인 경우, 그 식물이라는 현상이 되어 나타나는 이념은 한꺼번에, 그리고 단순한 표출에 의해 표현되는 것이 아니라, 식물의 여러 기관이 시간 속에서 계속적으로 발달함으로써 표현되는 것이다. 동물도 이와 마찬가지로 가끔 현저하게 다른 형태가 뒤를 이어 생기는 것(변태)에 의해 유기 조직을 발달시킬 뿐만 아니라 이 단계에서 형태가 의지의 객관성을 나타내고 있지만, 동물의 이념을 완전하게 표현하기에는 불충분하다. 오히려 동물의 종 전체를 통해 동일한 경험적 성격이 표출되어 있고, 이 성격이야말로 이념의 완전한 구현이다. 또 구현에서 이념은 일정한 생물체를 근본 제약으로 전제하고 있다. 그런데 인간인 경우에는 각 개인의 경험적 성격이 이미 독특한 것이 된다(제4권에서도 언급할 작정이지만, 종의 성격을 완전히 없애버리는 것이 된다. 그것은 의욕 전체의 자기 폐기에 의한 것이다). 시간 속에 필연적으로 전개됨에 따라서, 또 여기에 제약되어서 개별적인 행동으로 나누어서 나타남으로써 인식되는 것은 현상이라는 시간적 형식을 추상하면, 칸트가 말하는 '예지적 성격(intelligible Charakter)'이 된다. 그러나 칸트는 이 두 성격을 구별하고, 또 자유와 필연과의 관계, 즉 본디 물자체로서 의지와 그 시간의 현상과의 관계를 설명하고, 이로써 그의 불후의 공적을 과시하기에 이르렀다.[11]

따라서 예지적 성격은 이념과 일치한다. 또 이념 속에 구현하는 근원적인 의지 행위와 일치한다. 그러한 점에서 단지 인간의 경험적 성격뿐만 아니라 동물 종과 식물 종의 경험적 성격, 나아가서 무기물질의 근원적이고 경험적인 성격까지도 예지적 성격, 곧 시간을 초월한 불가분의 의지 행위 현상으로 여겨야

---

11) 《순수이성비판》의 세계 사건을 그 원인으로부터 끌어내는 도출의 총체성에 대한 우주론적 이념의 해결(제5판 p. 560~586. 초판, p. 532 이하), 그리고 《실천 이성비판》(제4판 p. 169~179. 로젠크란츠판, p. 224 이하) 참조. 또 나의 《충족이유율에 대하여》 43장도 참조.

할 것이다. 이제 여기서 식물이 각기 소박하게 그 성격 그대로 모습을 표출하고, 그 존재와 의욕 전부를 구현하고, 그것 때문에 식물의 외관이 흥미 있는 것이 된다는 점을 주의해 둘 필요가 있다. 동물의 이념이 인식되기 위해서는 그 행위 동작 내에서 관찰되어야 하며, 나아가 인간에게는 이성이 있기 때문에 이념을 최고도로 속여 나타낼 수가 있으므로 이념에 대한 탐구를 시도해야 한다. 식물이 동물보다 소박한 것과 마찬가지로 동물은 인간보다 소박하다. 동물에게는 살고자 하는 의지가 인간보다 확실하게 나타나 있지만, 인간에게는 이 의지가 많은 인식에 의해 덮여 있고, 게다가 속여서 나타내는 능력으로 감춰져 있기 때문에 그 참된 본질은 거의 우연히, 그리고 군데군데에서 나타날 뿐이다. 식물에게 이 의지는 훨씬 미약하긴 하지만, 목적도 목표도 없이 생존하려고 하는 맹목적 충동으로 나타난다. 왜냐하면 식물은 첫눈에 완전한 순결성을 가지고 모든 본질을 완전히 드러내기 때문이며, 그래서 식물은 동물들에게 가장 은밀한 곳에 있는 생식기를 드러내 보이는 것을 대단치 않게 생각한다. 식물의 이와 같은 순결성은 식물에게 인식이 없다는 것에 근거하고 있다. 다시 말해 허물은 의욕에 있는 것이 아니라 인식을 동반한 의욕에 있는 것이다. 그런데 모든 식물은 먼저 고향과 고향의 기후와 식물이 발생한 토지의 성질을 나타낸다. 그래서 별로 숙련되지 않은 인간이라도 어떤 외국산 식물이 열대의 것인지 온대의 것인지 또는 들에 생기는 것인지를 쉽게 안다. 또한 식물들은 저마다 그 종족의 특수한 의지를 표명하고, 다른 말로는 표명할 수 없는 무엇을 표명한다.

그러나 이번에는 지금까지 언급한 것을 생물체의 목적론적 고찰에 응용하여, 생물체가 내적 합목적성을 갖고 있는 것을 관찰해 보자. 무기체의 자연에 있어 곳곳에서 유일한 의지 행위로 간주되어야 할 이념은 또한 유일하고 언제나 동일한 표출로 나타난다. 그래서 무기체의 자연에서는 경험적 성격이 예지라는 성격의 단일성을 직접 나누어 가지고 있으며, 이것과 합치되고 있다고 할 수 있다. 따라서 여기서는 내적 합목적성은 나타낼 수 없다. 이와 반대로 모든 생물체는 뒤따라 이루어지는 계속적인 발전을 통해 그 이념을 나타내고, 계속되는 발전은 부분 상호 간의 다양성에 의해 제약된다. 따라서 생물체에 있어 경험적 성격의 표출 총계는 전체를 통합하고 난 뒤에야 비로소 예지적 성격을 보여준다. 그렇다면 이렇게 각 부분이 필연적으로 나란히 늘어서거나 계속 발전해도 현상하는 이념, 곧 표출되는 의지 행위의 단일성은 없어지는 것이 아니며, 이 단일성은 이번에는 인과성의 법칙에 따라 부분과 발전의 서로 필연적인 관계와 연쇄에서 나타난다. 어떤 행위에 나타나는 것과 마찬가지로, 이념 전체에 나타나는 것은 유일하고 불가분한 것이기 때문에 자신과 완전히 일치되는 의지이다. 그래서 의지의 현상이 아무리 여러 부분과 상태로 갈라질지라도, 그것들이 널리 일치한다는 점에서 다시 단일성을 나타낼 수밖에 없다. 이것은 부분 상호 간의 필연적 관계와 의존성에 의한 것이지만, 이로 인해 현상에서도 이념의 단일성이 재현된다. 그래서 우리는 생물체의 여러 부분과 기능을 교대로 수단과 목적으로 보고, 생물체 그 자체를 그들 부분과 기능 전체의 궁극적인 목적으로 인정한다. 그러므로 그 자체로는 단일한 이념이 갈라져서 생물체의 많은 부분과 상태로 되는 것도, 또 한편에서는 그 단일성이 생물체의 각 부분과 기능의 필연적인 연결에 의하여, 즉 그들이 서로 원인과 결과가 되고 수단과 목적이 되어 재현되는 것도 현상하는 의지, 곧 물자체에 고유한 본질적인 것이 아니고, 공간, 시간, 그리고 인과성에 나타난 의지의 현상(이유율의 단순한 여러 형태, 즉 현상의 형식)에 고유한 본질적인 것에 지나지 않는다.

이러한 이념의 단일성에서 분열과 재현도 표상의 세계에 속하는 것이며, 의지의 세계에 속하는 것은 아니다. 그것들은 의지가 객관성의 이와 같은 단계에서 객관, 곧 표상으로 되는 방식의 하나이다. 칸트의 학설에 의하면, 생물체의 합목적성과 무기체의 합법칙성도 먼저 우리의 오성에 의해 자연 속에 받아들여진 것이고, 따라서 둘 다 물자체가 아니라 현상에 속해야 하는 것이다. 하지만 위에서 말한 것같이 어느 정도 어려운 문제를 탐구하는 의미를 깊이 살펴보면, 칸트의 이 학설을 잘 이해할 수 있으리라. 우리는 앞에서 무기적 자연의 합법칙성이 언제나 같다는 것에 대한 놀라움을 말했지만, 이 놀라움은 본질적으로는 유기적 자연의 합목적성에 관한 놀라움과 같은 것이다. 왜냐하면 이 둘의 경우 우리가 놀라는 것은 현상에 대해 다원성과 차이성이라는 형식을 취한 이념이 본디 단일성이라는 것을 알기 때문이다.[12]

이제 위에서 언급한 구분으로 보아 나머지 하나의 합목적성, 즉 '외적' 합목

---

12) 《자연에 있어서의 의지에 대하여》의 〈비교해부학〉 장 끝부분 참조.

적성에 대해 말하자면, 이것은 생물체의 내적 원리와 법칙에 나타나는 것이 아니라 생물체가 외부에서, 곧 무기적 자연에서 받거나 다른 생물체에서 받거나 하는 지지와 원조 속에 나타나며, 이 합목적성은 일반적으로는 지금 언급한 논리에서도 똑같이 설명될 수 있다. 다시 말해 전 세계는 그가 갖는 모든 현상과 더불어 유일하고 불가분한 의지의 객관성이기 때문이다. 또 그 이념 자체와 다른 여러 이념에 대해서는 화음이 개별적 음성에 대하는 것과 같은 관계에 있지만, 그 이념 자체, 따라서 앞에서 말한 의지의 단일성은 의지의 모든 현상 상호 간의 합치에도 나타나기 때문이다. 그러나 만약 우리가 이러한 외적 합목적성의 현상과 자연의 각 부분들 상호 간의 합치 현상을 더 자세히 연구한다면 이 견해를 지금보다 더 명확하게 밝힐 수 있으며, 이전 연구까지도 분명하게 밝힐 수 있을 것이다. 그런데 거기에 이르기까지는 다음과 같은 유사한 고찰을 해두는 것이 좋으리라.

개인의 성격은 인류라고 하는 종의 성격으로서가 아니라 완전히 개인적인 것으로 파악되는 한, 의지 객관화의 독특한 행위에 적응한 하나의 특별한 이념으로 간주될 수 있다. 그렇다면 의지의 이러한 행위 자체는 개인의 예지적 성격이며, 그 현상이 경험적 성격이라고 할 수 있다. 예지적 성격은 근거를 갖고 있지 않는 의지, 즉 물자체로서 이유율(현상의 형식)에 지배되지 않는 의지이지만, 경험적 성격은 철저하게 이 예지적 성격으로 규정되어 있다. 경험적 성격은 인간의 생활 과정에서 예지적 성격을 모사해 내지 않으면 안 되고, 결국에는 예지적 성격의 본질이 요구하는 것 말고는 아무것도 할 수 없다. 그러나 이 규정은 이렇게 하여 현상하는 인간 생활 과정의 본질적인 점에만 미치는 것이며, 비본질적인 점에는 미치지 못한다. 이 비본질적 부분에는 경험적 성격이 나타나는 데 대한 재료인 사건과 행동의 자세한 규정이 속한다. 이들 사건과 행동은 외적 상황들에 의해 규정되고, 이것이 계기가 되어 성격은 그 본성에 따라 동기에 반응한다.

그리고 외적인 사정은 여러 종류일 수 있기 때문에 경험적 성격 현상의 외적 형식, 다시 말해 생활 과정에서 일정한 사실적 또는 역사적 형성은 그 영향에 따라 다르다. 이 현상의 본질, 곧 내용은 그대로 있지만 사실적 또는 역사적 형식은 각양각색일 수도 있다. 예컨대 도박을 하는 경우, 호두를 걸 것인가,

왕관을 걸 것인가는 중요하지 않다. 그러나 내기에서 승부를 가릴 때 사람을 속이느냐 정직하게 하느냐 하는 것은 중요한 일이다. 후자는 예지적 성격에 의해 규정되고, 전자는 경험적 성격에 의해 규정된다. 하나의 주제가 많은 변주곡으로 나타날 수 있듯이, 하나의 성격은 다양한 생활 과정으로 나타난다. 사실 외적 영향은 각양각색일 수 있지만, 그것이 어떤 결과로 나타나더라도 생활 과정 속에 표현되는 경험적 성격은 그 객관화를 사실적 사정의 현존하는 재료에 적응시키므로, 예지적 성격을 자세하게 객관화해야 한다. 생활 과정은 본질적으로는 성격에 의해 규정되지만, 의지가 그 객관화의 근원적 행위에 있어서 의지 자신이 객관화되는 여러 가지 이념, 즉 다양한 형태의 자연물을 규정하고, 의지는 그 객관화를 이러한 형태로 분할한다. 따라서 이들 형태는 필연적으로 현상 속에서 상호 관계를 갖지 않을 수 없다는 것을 생각하면, 우리는 위에서 말한 생활 과정에 미치는 외적인 사정의 영향과 유사한 것을 상정해야만 한다. '유일한' 의지의 그러한 모든 현상과 현상 사이에는 서로 간의 적응과 순응이 이루어진다는 것을 가정해야 한다. 곧 명확해지겠지만 이념은 시간 밖에 있기 때문에, 그럴 경우 모든 시간 규정은 제외되어야 마땅하다. 따라서 어떤 현상도 그것이 놓여진 환경에 적응해 나가야 되지만, 아무리 시간적으로 늦게 나타난 것일지라도 환경은 환경대로 또한 현상에 적응하지 않으면 안 된다. 그러므로 우리는 곳곳에서 자연의 합의(consensus naturae)를 본다. 식물은 각기 토지와 기후에 적응하고, 동물도 자기의 생활 원소와 식량이 될 수확물에 적응하며, 자연적인 박해자에 대해 어느 정도 보호를 받고 있다. 눈은 빛과 굴절에 적응하고, 허파와 피는 공기에 적응하며, 부레는 물에, 물개의 눈은 그 매질의 변화에, 물이 들어 있는 낙타의 위장 속에 있는 세포는 아프리카 사막의 가뭄에, 앵무조개의 돛은 그 작은 배를 움직이게 하는 바람에 적응하는 등, 외적 합목적성은 특수하고 놀랄 만한 데에까지 이르고 있다.[13]

그런데 이들 외적 합목적성은 이념의 현상에 불과하며, 이념 그 자체에 관계할 수는 없기 때문에, 이 경우 시간 관계는 무시하고 생각해야 한다. 따라서 앞에서 말한 설명법은 반대로 소급하여 사용할 수도 있으며, 모든 종은 현존

---

13) 《자연에 있어서의 의지에 대하여》의 〈비교해부학〉 장을 참조.

하는 사정에 순응할 뿐 아니라, 시간상으로 선행하는 이들 사정 자체도 마찬가지로 장차 나타날 것을 고려에 넣고 있다는 것을 생각해야 한다. 왜냐하면 세계 속에서 객관화하는 것은 오직 하나의 같은 의지이기 때문이다. 의지가 시간을 모른다고 하는 것은 이유율의 형태인 시간이 의지에 속하는 것이 아니고, 또 의지의 근원적 객관성인 이념에 속하는 것도 아니며, 오직 이념이 무상한 개체에 의해 인식되는 방식, 즉 이념의 현상에 속하는 데 지나지 않기 때문이다. 그러므로 현재 의지가 객관화하여 여러 이념에 나뉘어 나타나는 방식을 고찰하는 데 있어서 시간의 순서는 아무런 의의가 없다. 그리고 이념의 현상이 현상으로서 지배받고 있는 인과성 법칙에 따라서 시간적으로 먼저 나타난 경우, 그 이념은 먼저 나타났다는 이유로 현상으로서 뒤에 나타나는 이념보다 우위를 차지할 수는 없다. 오히려 뒤에 나타난 현상이야말로 의지를 가장 객관적으로 나타내며, 현상이 뒤의 현상에 적응해야 하는 것처럼 앞의 현상도 이 뒤의 현상에 적응하지 않으면 안 된다. 그래서 유성의 운행, 황도의 경사, 지구의 회전, 육지와 바다의 배분, 대기, 빛, 열, 그리고 모든 유사한 여러 현상들은 자연에 있어 화음의 기초 저음에 해당하고, 장차 출현할 생물의 종에 순응하며, 이로써 그 지지자가 되고 유지자가 되려고 한다. 마찬가지로 토양은 식물의 자양분에, 식물은 동물의 자양분에 순응하고, 또 반대로 앞의 것의 자양분으로 이용된다. 자연의 모든 부분은 서로 일치한다. 왜냐하면 모든 부분에 나타나는 것은 오직 하나의 의지이기 때문이다.

그러나 시간의 순서는 의지의 근원적이고 유일하며 '적절한 객관성'(이 말은 다음 권에서 설명한다), 즉 이념과는 전혀 관계가 없는 것이다. 현재 종족은 자기를 유지할 뿐이고, 새로 발생할 필요는 없다. 그래도 역시 가끔 그러한 미래에까지 미치는 본디 시간의 순서를 간과했다고 할 수 있는 자연의 사전 배려가 보인다. 다시 말해서 현재 존재하는 것과 장차 나타나게 될 것에 대한 순응이다. 그래서 새는 아직 보지 못한 새끼를 위해 둥지를 짓고, 비버는 스스로 그 목적도 모르고 굴을 파며, 개미나 들쥐, 꿀벌은 알지도 못하는 겨울을 위해 식량을 저축해 두고, 거미와 애명주잠자리는 마치 깊은 생각 끝에 간사한 꾀를 꾸며낸 것처럼 그들이 모르는 장래 또는 언젠가는 다가올 수확물을 빠뜨릴 함정을 만들며, 여러 곤충들은 앞으로 생길 애벌레가 장차 음식물을 얻을 수 있을 만한 장소를 골라 알을 낳는다. 암수딴그루의 나사말 암꽃이 만발할 시기에, 이제까지 물 밑바닥에 붙이고 있던 나선형으로 감긴 줄기가 펴져서 물 위로 올라오면, 이와 때를 같이하여 물 밑바닥에 있는 짧은 줄기에서 자라고 있던 수꽃은 이 줄기에서 분리된다. 그리고 자기 생명을 희생해 가면서 물 위에 떠올라 여기저기 암꽃을 찾아 떠다닌다. 이렇게 하여 수정이 끝나면 암꽃은 나선의 수축으로 다시 쪼그라들고, 물 밑으로 가라앉아 거기서 열매를 맺는다.[14]

나는 여기서 다시 한번 사슴벌레 애벌레의 수컷에 대해 언급하지 않을 수 없다. 이 애벌레는 탈바꿈하기 위해 나무 속에 구멍을 뚫고 들어가지만, 그 구멍은 장차 생겨날 뿔을 고려해 애벌레의 암컷이 만드는 구멍의 두 배가 된다. 그러므로 일반적으로 동물의 본능은 자연의 다른 목적론에 대한 최상의 해설인 셈이다. 사실 본능은 목적 개념에 따른 행위처럼 하나의 행위이며 또한 목적 개념이 결여된 것인데, 마찬가지로 자연의 모든 형성은 목적 개념에 따른 형성과 같이 완전히 목적 개념을 결여하고 있다. 왜냐하면 자연의 외적 목적론이나 내적 목적론에 있어 수단과 목적으로서 생각하지 않으면 안 되는 것은, 어떤 경우에도 '자신과 어디까지나 일치하는 의지의 단일성 현상'이 우리 인식 방법에 대해 공간과 시간으로 분리되어 나타난 것에 불과하기 때문이다.

그런데 이 단일성에서 생기는 여러 현상들 상호 간에 적응과 순응이 이루어져도, 앞서 말한 자연 전반에 존재하는 투쟁에 나타나는 내부 항쟁이 없어질 리는 없으며, 이 내부 투쟁은 의지의 본질을 이루는 것이다. 앞서 말한 화음(조화)은 세계와 세계의 존재물과의 존립을 가능하게 하는 한도 내에서만 존속한다. 그러므로 이 조화가 없었다면 세계와 그 존재물은 벌써 옛날에 멸망했을 것이다. 그러므로 조화는 종과 일반적인 생활 조건의 존립에 영향을 미칠 뿐이고, 여러 개체의 존립과는 관계가 없다. 따라서 그러한 조화와 적응이 있기 때문에 유기체의 여러 종과 무기물의 여러 '일반적 자연력(allgemeinen Naturkräfte)'은 공존하고, 서로 지지하는 경우도 있다. 하지만 앞서 말한 것과 같은 모든 이념을 통해 객관화하는 의지의 내부 항쟁은, 그 종에 속하는 여러

---

14) 《과학아카데미 학회지》, 1855년 제13호, 샤탱의 〈발리스네리아 스피랄리스에 대하여〉.

'개체의' 끊임없는 싸움과 여러 자연의 힘이 나타내는 '현상'들 상호 간의 영속적인 사슬 속에 나타나 있다. 이것은 앞서 상세히 말한 대로이다. 이 투쟁의 싸움터와 대상이 되는 것이 물질이며, 종과 자연의 힘은 서로 적으로부터 이 물질을 탈취하려고 한다. 공간과 시간도 마찬가지이지만, 제1권에서 설명한 것처럼 본디 인과성의 형식에 의해 이 공간과 시간이 합일한 것이 물질이다.

### 29. 목표도 한계도 없는 의지

나는 다음과 같은 기대를 갖고, 여기서 내 서술의 두 번째 부분을 끝맺으려고 한다. 내 사상은 지금까지 존재하지 않았던 것이고, 따라서 이 사상을 최초로 만들어 낸 내 개성의 흔적이 전혀 남지 않을 수는 없지만, 이 사상을 처음 전달함에 있어 가능한 한 다음과 같은 사항에 대해 확실하게 전달할 수 있었다고 믿고 있다. 다시 말해 우리가 생활하고 존재하고 있는 이 세계는 그 본질로 보면, 철저하게 '의지(Wille)'이면서 동시에 철저하게 '표상(Vorstellung)'이다. 이 표상은 이미 하나의 형식, 즉 주관과 객관을 전제하고 있으며, 따라서 상대적이다. 여기서 만일 이 형식과 여기에 종속하는 모든 형식, 곧 이유율이 표현하는 형식을 제외한 뒤에 무엇이 남을 것인가를 보면, 이것은 표상과는 전혀 다른 것이고 '의지' 이외의 다른 것일 수 없다. 따라서 이것이야말로 본디의 '물자체(Ding an sich)'이다. 어떠한 사람도 자신이 이 의지라는 것을 알고, 세계의 내적 본질이 이 의지 속에 존재한다는 것을 안다. 마찬가지로 그는 자신이 인식하는 주관이라는 것도 알고 있으며, 전 세계가 이 주관의 표상이며, 세계는 그러한 한도 내에서 그 필연적인 담당자로서 주관의 인식에 대해서만 현실적 존재를 갖는다는 것을 안다.

그러므로 누구든지 이 두 가지 점에서 전 세계는 그 자체가 소우주이며, 세계의 두 면을 완전히 자신 속에서 발견하는 것이다. 그리고 그가 이렇게 해서 자신의 본질을 인식할 것은 물론이요, 전 세계, 즉 대우주의 본질까지도 충분히 구명한다. 따라서 전 세계 또한 그 자신과 마찬가지로 철저하게 의지이고, 철저하게 표상이다. 우리는 여기서 대우주를 고찰한 탈레스의 철학과 소우주를 고찰한 소크라테스의 철학이 합치하고, 이 둘의 철학적 대상이 동일하다는 것을 알게 된다. 그러나 제1권과 제2권에서 전달한 모든 인식은 다음에 계속될 제3권과 제4권으로 한층 더 완전하게 될 것이고, 또 이렇게 하여 더욱 확실하게 될 것이다. 제3권과 제4권에서는 이제까지의 고찰에서 명확하게, 혹은 막연하게 제기된 많은 문제에 충분한 해답을 줄 수 있을 것이라 믿는다.

그러나 여기서 한 가지 문제는 밝히고 싶다. 이 문제는 내가 지금까지 설명해 온 뜻이 충분히 이해되지 못했다면 제기될 수 있고, 따라서 그러한 점에서는 이 설명이 해설에 도움이 될 수 있기 때문이다. 그것은 다음과 같다. 모든 의지는 어떤 것에 대한 의지이고, 그 의지 작용의 객관과 목표를 갖고 있다. 우리에 대한 세계의 본질 자체로서 표시되는 그 의지는 결국 무엇이며, 무엇을 지향하고 있는 것인가? 이 물음은 사실 다른 많은 질문과 마찬가지로 물자체와 현상을 혼동하는 것에 기인하고 있다. 이유율은 현상에 대해서만 그 효력을 갖고, 물자체에 대해서는 효력이 없으며, 동기 부여의 법칙도 이 이유율이 형태를 지니고 나타난 것이다. 어떠한 경우든 근거를 예로 제시할 수 있는 것은 여러 가지 현상 자체, 곧 개별적인 사물에 대해서뿐이고 의지 자체에 대해서도, 또 의지가 적절히 객관화되는 이념에 대해서도 결코 근거를 예로 제시하지 않는다. 그래서 어떠한 개별적 운동에 대해서도, 또 자연의 일반적인 변화에 대해서도 원인을 탐구할 수 있다. 그 원인이란 이들 운동과 변화를 필연적으로 일으킨 상태이다. 그러나 이들 운동과 변화, 이것과 흡사한 무수한 현상에 나타난 자연의 힘 자체에 대해서는 결코 원인을 찾을 수 없다. 그러므로 중력과 전기 등의 원인을 묻는 것이야말로 생각 없이 나온 진짜 무지이다. 만약 중력과 전기가 근원적인 자연의 힘이 아니고 이미 알고 있는 더 일반적인 자연의 힘이 나타내는 현상 공식에 불과하다는 것이 밝혀졌다고 하면, 그때 비로소 이 자연의 힘이 여기서 중력과 전기의 현상을 일으키게 하는 원인을 물을 수 있으리라. 이 모든 것에 대해서는 앞에서 자세히 논술했다.

이와 마찬가지로 인식하는 개인(그 자신은 물자체인 의지의 현상에 지나지 않지만) 개개의 의지 행위는 모두 필연적으로 하나의 동기를 갖고 있으며, 이 동기가 없으면 그 의지 행위는 생기지 않았을 것이다. 그러나 물질적 원인은 자연의 힘이 이것저것에서 표출하여 이때 이곳에 이 물질에 적응해 나타나야 한다는 규정을 포함하고 있는 것뿐이지만, 마찬가지로 동기라고 하는 것은 인식하는 자의 의지 행위를 이때 이곳에 이들 사정 아래서 하나의 개별적인 것으로서 규정할 뿐, 결코 인식하는 자가 의지를 작용시키고, 또 이러한 방식으로 의지한다는 것을 규정하는 것이 아니다. 이것은 인식하는 자의 예지적 성격의 표출이고, 이 성격은 의지 자체, 즉 물자체로서는 근거를 갖고 있지 않으며, 이 유율의 영역 밖에 존재한다. 그러므로 어떠한 인간도 언제나 자기 행동을 이끄는 목적과 동기를 갖고 있으며, 언제나 자기의 개별적 행위에 대해 해명할 수 있다. 하지만 만일 그가 무엇 때문에 의지를 작용시키는가, 또는 무엇 때문에 존재하려고 의지하는가 하고 묻는다면, 그는 대답이 궁할 것이다. 오히려 이러한 질문은 그에게는 우습게 여겨질 것이다. 그리고 이 점이야말로 정말 그 자신이 의지 이외의 아무것도 아니라는 의식을 나타내고 있는 것이다. 따라서 이 의지 작용은 본디 명확한 것으로서, 그때그때 그 개개의 행위에 있어서만 동기에 의한 세세한 규정을 필요로 한다.

실제로 목표와 한계가 없다는 것이 무한의 노력인 의지의 본질이다. 앞서 원심력을 언급했을 때에 말했지만 그것은 의지의 객관성 가운데 최저 단계, 즉 중력에서 가장 간단명료하게 나타나 있는 것이며, 그 궁극적 목표가 분명히 불가능한데도 불구하고, 쉬지 않고 중력의 노력을 나타내고 있다. 왜냐하면 중력의 의지에 따라 존재하는 모든 물질이 한 덩어리가 되었다 하더라도, 그 덩어리 내부에서 중력은 여전히 중심점으로 향하려고 하면서, 강성 혹은 타성인 불가입성과 투쟁할 것이기 때문이다. 그러므로 물질의 노력은 언제나 저지당하기만 할 뿐, 절대로 채워지거나 완수되는 일은 없다. 모든 의지 현상의 노력은 이것과 똑같다. 목표가 달성되면 또다시 새로운 길의 출발점이 되고, 이렇게 한없이 계속된다. 식물은 자기의 현상을 싹으로 시작하여 줄기와 잎을 거쳐 꽃과 열매로까지 높이지만, 열매는 또다시 새로운 싹, 즉 새로운 개체의 시작에 불과하며, 이것이 또 처음부터 경로를 따라서 자라며, 한없이 계속된다. 동물의 생활 과정도 이와 마찬가지이다. 생식이 동물 생활 과정의 정점이고 이 정점에 도달한 뒤에는 그 처음 개체의 생명은 급속하게 혹은 서서히 쇠퇴하지만, 그 대신 새로운 개체가 자연에 대해 종의 유지를 보증하며 같은 현상을 되풀이한다. 뿐만 아니라 각 생물체의 끊임없는 갱신까지도 이 영구적인 충동과 변화의 단순한 현상이라고 간주해야 할 것이다.

그런데 생리학자들은 이 갱신을 운동할 때 소비되는 물질의 필연적 보충이라고는 생각하고 있지 않다. 왜냐하면 소모 가능한 물질의 양이 반드시 영양을 끊임없이 주입하는 양과 동일하다고 할 수 없기 때문이다. 다시 말해 영원한 생성, 무한한 유동은 의지의 본질을 나타내는 것에 속한다. 마지막으로 이와 같은 것은 인간의 여러 노력과 소원에도 나타나 있으며, 이들 노력과 소원이 이루어지는 것이 의지 작용의 궁극적 목표인 것처럼 생각하지만, 사실은 그것들이 달성되자마자 이제는 궁극적인 목표와는 전혀 다른 것이 되어 곧 잊혀버린다. 또 언제나 공공연하게는 아닐지라도 궁극적 목표가 소멸된 것으로 착각하고 목표를 제거하기에 이른다. 무언가 바라고 노력할 여지가 남아 있을 때가 가장 행복한 것이다. 그렇게 되면 소원에서 충족으로, 다시 이 충족에서 새로운 소원으로 끊임없이 옮겨가는 여지가 있어 정체에 빠지지 않게 되지만, 이 경우 소원에서 충족으로, 충족에서 새로운 소원으로의 이행이 빠른 것을 행복이라고 부르고, 늦은 것을 고뇌라고 부르며, 정체는 생명을 굳어지게 하는 무서운 권태로서 일정한 대상이 없이 숨 막히는 우울로서 나타나는 김빠진 동경이라고 부른다.

　이러한 것으로 볼 때 의지는 인식의 빛으로 조명되는 경우에는 언제나 내가 지금 여기서 무엇을 뜻하고 바라고 있는가를 알고 있지만 의지의 본질이 무엇인가는 모른다. 즉 개개의 행위는 제각기 목적을 갖고 있지만, 의지 작용 전체에는 목적이 없다. 그것은 마치 개별적인 자연현상이 이곳에, 이때에 나타나는 것에 대해서는 어떤 충족 원인으로 설명할 수 있지만, 이 현상 속에 구현하는 힘에는 원인을 찾을 수 없는 것과 마찬가지이다. 왜냐하면 그러한 개별적인 현상은 물자체, 즉 근거 없는 의지의 현상 단계이기 때문이다. 그러나 전체로서 의지와 유일한 자기 인식은 전체에 대한 표상이며, 직관적 세계 전체이다. 이 직관적 세계 전체는 의지의 객관성, 의지의 구현, 의지의 반영이다. 우리는 이제부터 세계가 이러한 특성에 대하여 표시하는 것을 고찰해야 할 것이다.

# 제3권 표상으로서의 세계에 대한 제2고찰:
## 충족이유율에 근거하지 않는 표상, 플라톤의 이데아, 예술의 대상

영원히 존재하고 발생한 게 아닌 것, 그것은 무엇인가? 그리고 발생하고 소멸하여 사실은 절대로 존재하지 않는 것, 그것은 무엇인가?

—플라톤, 《티마이오스》 27d.

### 30. 이데아의 인식

우리는 제1권에서 세계를 단순한 '표상'으로서, 또 주관에 대한 객관으로서 설명했고, 제2권에서는 다른 측면에서 고찰해 세계가 '의지'라는 것을 발견했으며, 세계는 표상을 제외하면 단지 의지라는 것을 분명히 했다. 여기서 우리는 이 인식에 따라 표상으로서 세계를 전체로든 부분적으로든 '의지의 객관성'이라 불렀다. 따라서 그것은 객관, 즉 표상으로 된 의지를 뜻한다. 그런데 우리는 의지의 객관화에는 많은 일정한 단계가 있어서, 이 단계를 거쳐 점점 명확함과 완전함을 더해 가면서 의지의 본질이 표상으로 되었다는 것, 곧 객관으로서 나타났다는 것을 기억한다. 우리는 이미 이 단계가 플라톤의 '이데아'라는 것을 인식했다. 다시 말해 이 단계가 명확하게 규정된 종들이거나, 또는 유기적이거나 무기적인 모든 자연 물체의 근원적이고 변함없는 형식 및 특성들이며, 또한 자연법칙에 따라 나타나는 보편적인 힘들인 경우가 그렇다. 따라서 이들 이데아는 모두 무수한 개체와 개별성에 나타나고, 그 이데아를 본떠 만든 상에 대해서 본디의 상이 되는 관계를 갖는다.

이러한 여러 개체의 다원성은 시간과 공간에 의해서만 표상되고, 개체가 생기고 없어지는 것은 인과성에 의해서만 표상될 수 있는 것이며, 우리는 이러한 모든 형식에 있어서 비로소 이유율의 여러 가지 형태를 인식한다. 이 원리야말로 모든 유한성, 모든 개체화의 궁극적 원리이며, 개체 그 자체의 인식으로 들어가는 표상의 보편적 형식이다. 그런데 이데아는 그 원리에는 관계하지 않는다. 그러므로 이데아에는 다원성도 없고 변화도 없다. 그런데 이데아가 나타나는 여러 개체는 수없이 많고, 끊임없이 생겨나고 없어지고 있지만, 이데아는 동일한 이데아로 변하지 않으며, 이유율은 이데아에 대해서는 아무런 의의도 없다. 그래서 이유율은 주관이 '개체'로서 인식하는 한 주관의 모든 인식에 따르는 형식이기 때문에, 이데아는 또한 주관의 인식 영역 밖에 존재한다. 그러므로 이데아를 인식의 객관으로 하려고 한다면, 그것은 인식하는 주관이 개체인 것을 그만둘 때에 비로소 가능할 것이다. 이제 이것에 대해 더 자세히 설명하는 것이 우리가 먼저 풀어야 할 과제이다.

### 31. 플라톤의 이데아와 칸트의 물자체

그러나 먼저 다음과 같은 중요한 사항을 말해 두어야겠다. 칸트 철학에 있어서 '물자체'라고 부르며, 매우 의미 있으면서도 막연하고 역설적인 학설이라 보고 있는 것, 특히 칸트가 도입한 방식인 근거지어진 것에서 근거를 추론한다는 것 때문에 그의 철학에서 약점으로까지 보이는 것은, 거듭 말하지만 우리처럼 전혀 다른 길을 거쳐 여기에 다다른다면, '의지'라는 개념의 영역을 앞서 말한 방식으로 확대하여 규정한 것에 불과한 것임을 나는 제2권에서 확신할 수 있었으면 하고 바란다. 또한 사람들이 지금까지 논한 것을 통하여 아무런 망설임 없이, 세계의 즉자태를 이루는 의지 객관화의 일정한 단계를 플라톤이 '영원한 이데아' 또는 변함없는 형상(ειδη)이라 부른 것으로 생각해 주기를 바란다. 그런데 이들 영원한 이데아, 변함없는 형상이란 플라톤 학설의 주요한 것이기는 하지만, 동시에 애매하고 역설적인 독단으로 인정되고 있으며, 수세기 동안 많은 사상가들의 비난, 논쟁, 조롱의 대상이 되었다.

그런데 우리의 관점에서 볼 때 의지는 '물자체'이고 '이데아'는 일정한 단계에서 그 의지의 직접적 객관성이라 한다면, 칸트의 물자체와 플라톤의 이데아는 그들에게는 유일한 실재(οντως ον)인 셈이다. 서양의 가장 위대한 두 철학자가 주장하는 이들 두 개의 애매한 역설은 똑같지는 않더라도 밀접한 관계를 갖고 있으며, 다른 점은 오직 하나의 규정에 의할 뿐이라는 것을 알 수 있다. 뿐만 아니라 이 두 역설은 내면적으로는 아무리 일치하고 관련되어 있다 할지라도, 그것을 주장한 사람들의 개성이 저마다 다르기 때문에 설명하는 내용이 아주 다른 것처럼 보인다. 그러나 한쪽이 다른 한쪽의 가장 좋은 풀이가 되며, 이 두 역설은 '하나'의 목적지로 통하는 두 개의 전혀 다른 길로 비교될 수 있다. 이러한 것은 간단하게 설명될 수 있다. '칸트'가 설명하고 있는 핵심은 다음과 같다.

"시간과 공간 및 인과성은 우리 인식의 형식에 지나지 않기 때문에, 물자체의 규정이 아니라 그 현상에 속한다. 그런데 모든 다원성과 생멸은 오직 시간과 공간 및 인과성에 의해서만 가능하기 때문에 다원성과 생멸 또한 오로지 현상에 속하며, 결코 물자체에 속하는 것이 아니다. 그러나 우리의 인식은 시간, 공간 및 인과성의 여러 형식에 의해 제약을 받고 있기 때문에, 경험은 단지 현상의 인식일 뿐이고 물자체의 인식은 아니다. 따라서 인식의 법칙은 그 효력을 물자체에까지 미치게 할 수 없다. 이것은 우리의 자아에도 해당되는 것이며, 우리는 자신의 자아를 현상으로서 인식할 뿐, 자아 자체의 실상태(實狀態)는 인식할 수 없다."

우리가 고찰한 중요한 점에 있어서 이상이 칸트 학설의 의미와 내용이다. 그런데 플라톤은 다음과 같이 말하고 있다.

"우리 감각이 지각하는 이 세계의 여러 사물은 결코 참된 존재를 갖고 있지는 않다. '사물들은 끊임없이 생성되지만 결코 존재하는 것은 아니다.' 사물들은 상대적인 존재를 갖고 있을 뿐이고 대체로 상호 관계에서 또는 상호 관계에 의해서 존재하는 것에 불과하다. 그러므로 이들 사물의 현실적 존재(Dasein)는 모두 비존재(Nichtsein)라고 말할 수도 있다. 따라서 이것들은 참된 인식의 객관은 아니다. 왜냐하면 그러한 참된 인식이라는 것은 스스로 존재하고 또 언제나 같은 방식으로 존재하는 것에 대해서만 있을 수 있지만, 감각이 지각하는 이들 물(物)은 감각에 기인하는 억견(臆見, eines durch Empfindung veranlaβten Dafürhaltens)의 객관에 지나지 않기 때문이다. 그런데 감각의 지각에 한정되어 있는 한, 우리는 컴컴한 동굴 속에 손발이 꽁꽁 묶여 앉아 있는 사람에 비교될 수 있다. 그 때문에 머리를 돌리는 일도 할 수 없고, 볼 수 있는 것은 우리 뒤에서 타고 있는 불빛에 비쳐 우리 앞에 있는 벽에 반영되는, 우리와 불 사이를 지나가는 실재하는 것의 영상밖에는 없으며, 또한 사람들이 서로 바라보아도, 또 각자가 자기를 보아도 벽에 비치는 그림자뿐이다. 이런 사람들의 지혜란 경험에서 얻은 그림자의 계열을 미리 말하는 것이다. 그런데 참으로 존재하는 유일함이라고 부를 수 있는 것은 언제나 존재하며, '결코 생성하지도 소멸하지도 않는 것'이다. 하지만 그것은 영상의 실재적인 본디 상태이며, 모든 사물의 영원한 이데아이자 근원 형식이다. 그러한 참된 존재에는 '다원성'은 없다. 왜냐하면 그러한 존재는 어느 것이나 그 본질상 오직 하나이며, 그것을 본뜬 상이나 영상은 본디의 상과 같은 이름을 가진 같은 종으로 개별적이고 생멸하는 것이기 때문이다. 따라서 참된 존재에는 생성도 소멸도 없다. 그것은 참으로 존재하는 것으로, 소멸해 가는 모상(模像)처럼 생성하고 소멸하는 것이 아니기 때문이다.(그런데 이들 두 개의 부정적인 규정에는 필연적으로 시간과 공간 및 인과성은 이들 참된 존재에 대해 의의와 효력을 갖지 않고, 따라서 참된 존재는 이들 형식 속에는 존재하지 않는다는 전제가 포함되어 있다.) 그러므로 참된 인식은 이들 존재에 대해서만 있는 것이다. 왜냐하면 참된 인식의 객관은 어떤 점에서 보아도(즉 그 자체로서) 존재하는 것일 뿐, 보기에 따라서 존재한다거나 존재하지 않는다고 할 수 있는 것은 아니기 때문이다."

　이것이 플라톤의 학설이다. 이 두 학설의 내면적 의미가 동일하고, 둘 다 가시적인 세계를 하나의 현상이라고 간주하고 있는 것은 확실하며, 더 이상의 증명을 필요로 하지 않는다. 그 현상이란 그 자체로 공허한 것이며, 이 세계 속에 자신을 표현하는 것(칸트에게는 물자체, 플라톤에게는 이데아)을 통해 비로소 의의를 갖고, 빌려온 실재성을 갖는 것이다. 그런데 두 학설에 따르면, 이 궁극적인 참된 존재에게는 이러한 현상의 모든 형식이 아무리 보편적이고 본질적인 형식이라 해도 아무런 관계가 없다. 칸트는 이 형식들을 부정하기 위해 직접 추상적인 말로 표명하고, 단정적으로 시간과 공간 및 인과성은 현상의 단순한 형식으로서 물자체에 관여할 수 없는 것임을 인정했다. 그런데 플라톤은 궁극적 표현에까지는 이르지 못했으며, 이러한 현상의 여러 형식들은 그가 말한 이데아에 관여할 수 없다는 것을 간접적으로 인정한 데 불과하다. 다시 말해 그는 이들 형식에 의해서만 가능한 것, 즉 같은 종의 다원, 발생, 소멸을 이데아를 통해 부인했던 것이다. 적합한 예는 아니지만, 나는 하나의 실례를 들어 이 이상하고도 중요한 일치를 확실하게 하려고 한다. 우리 눈앞에 생기가 넘치는 어떤 동물이 있다고 하자. 플라톤은 이렇게 말할 것이다.

"이 동물은 참된 실재성을 갖고 있지 않고, 외관상으로 실존성을 갖고 있는 데 불과하며, 끊임없는 생성, 상대적인 현존을 갖고 있을 뿐, 이러한 현존은 '존재' 또는 '비존재'라고 말할 수 있는 것이다. 참으로 존재하는 것은 모상으로서 그 동물의 원상(原像)인 이데아 또는 그 동물 자체(das Tier an sich selbst)뿐인데, 이 것은 무엇에도 의존하지 않고 그 자체로서 독립하여(an und für sich) 존재하며, 생성하는 것이 아니고 소멸되는 것도 아니며 언제나 같은 방식으로 존재하는 것이다. 그런데 우리가 동물 속에서 그 이데아를 인식하는 한, 이 동물이 지금 우리의 눈앞에 있든 천년 전에 살고 있었든, 그 조상이든, 또 그것이 여기에 있 든 먼 나라에 있든, 또한 어떠한 방식, 어떠한 모양, 어떠한 행동으로 나오든, 또 그 동물이 그 종 속의 어떠한 개체든 아무런 의미가 없다. 이 모든 것은 아무 것도 아니며 현상에만 관계된 것이다. 그 동물의 이데아만이 참된 존재를 갖고 있으며, 실질적 인식의 대상이다." 이것이 플라톤의 의견이고 칸트라면 다음과 같이 말할 것이다.

"이 동물은 시간과 공간 및 인과성에 있어 하나의 현상이며, 이들 형식은 모 두 우리의 인식능력에 의존하는 경험의 가능한 선험적 제약이며, 물자체의 규 정은 아니다. 이 동물은 우리에게 이 일정한 시간에, 이 주어진 장소에서 하나 의 개체로서 경험의 연관, 즉 원인과 결과의 연쇄에 의해 생성한 것이다. 따라 서 필연적으로 무상한 개체로서 지각하는 이 동물은 물자체는 아니고, 우리의 인식에 대한 관계에서만 가능한 현상이다. 이 동물을 그 자체의 상으로, 시간 과 공간 및 인과성 속에 존재하는 모든 규정에서 독립하여 인식하기 위해서는 감각과 오성에 의한 인식 방법 이외의 방법이 필요하다."

칸트의 표현을 플라톤의 표현에 좀 더 접근시키기 위해 다음과 같이 말할 수도 있다. 시간과 공간 및 인과성은 우리 지성의 조직이며, 이 조직이 있기 때 문에 여러 종류 가운데 본디 홀로 존재하는 '하나의' 본질이 우리에게는 언제 나 새로이 발생하고 소멸하여 무한히 계속하는 다원성으로 나타난다. 이러한 조직을 통해, 또 이러한 조직에 따라 사물을 해석하는 것이 '내재적(immamente)' 해석이지만, 이와는 반대로 이것에 대한 상황을 의식하는 해석은 '초월적 (transscendentale)' 해석이다. 초월적 해석은 순수이성을 비판함으로써 추상적으로 얻을 수 있지만, 예외적으로 직관하여 얻는 일이 있다. 이것은 내가 덧붙인 것이며, 이것이야말로 내가 제3권에서 설명하려는 것이다.

만일 지금까지 누군가가 칸트 학설을 정말로 제대로 파악하고, 또 칸트 이후에 플라톤을 정말 제대로 이해한 사람이 있다면, 함부로 칸트의 술어를 휘두르고 플라톤의 문체를 야유조로 흉내 내 쓰지 않을 것이다. 이들 두 사상가의 학설이 지닌 내적 의미와 실질을 충실하고 진지하게 고찰한다면, 이미 오래전에 이 두 위대한 철학자가 아주 잘 통하고 있으며, 두 학설의 의미와 지향점이 같다는 것을 알게 되었으리라. 그렇다면 플라톤을 그의 정신을 조금도 계승하고 있지 않는 라이프니츠와 비교한다든지, 아직 생존해 있는 유명한 모 씨[1]와 비교함으로써 옛날 대사상가의 영혼을 욕되게 하는 일은 없었을 것이다. 뿐만 아니라 우리는 현재 상태보다는 훨씬 더 진보할 수 있었거나 최근 40년 동안에 그랬던 것처럼 이렇게 비참한 퇴보 상태에 빠지지 않았으리라. 우리는 오늘은 이것, 내일은 저것 하듯이 허풍쟁이들에게 이리저리 끌려다니지 않아도 되었을 테고, 또 매우 '중요한 세기'라 불리고 있는 19세기를 독일에서는 철학적인 소극(笑劇)으로 시작하지 않아도 되었을 것이다. 이 소극은 칸트의 무덤 위에서 상연되었는데(고대인들은 자기 집안사람들의 장례식 때 이런 소극을 상연했다), 다른 국민들이 이것을 보고 비웃은 것도 일리가 있었다.

왜냐하면 이런 소극은 엄숙하고 딱딱한 독일 사람에게는 정말 어울리지 않기 때문이다. 그러나 진정한 철학자를 아는 대중은 사실 극소수이며, 그 철학자를 이해하는 제자들도 수세기 동안 아주 적은 숫자만 나타나는 법이다. 티르소스[2]를 들고 다니는 사람은 많지만, 참된 바커스는 적다(플라톤, 《파이돈》69c) 철학이 불명예스러운 비난을 받는 것은 정당한 평가를 받지 못한 탓이다. 왜냐하면 가짜 철학자가 아니라 진짜 철학자가 철학에 종사해야만 하기 때문이다(플라톤, 《국가론》, VII, 535c).

사람들은 여러 가지 말들을 추구해 왔다. '선험적 표상, 경험으로부터 독립하여 의식되는 직관과 사유의 형식, 순수오성의 근본 개념' 등. 그리고 이번에는 플라톤의 이데아를 문제 삼았다. 물론 플라톤의 이데아도 근본 관념이며, 또한

---

1) Friedrich Heinrich Jacobi.
2) Thyrsos : 바커스와 그의 추종자들의 지팡이. 끝에는 솔방울이 달려 있고 덩굴과 담쟁이 잎으로 장식되어 있다.

현실 생활에 앞서 참으로 실재하는 물(物)을 직관한 그 기억이라는 것이며, 어쩌면 칸트의 직관과 사유의 형식도 선험적으로 우리의 의식 속에 존재하는 것이라고 말한다. 그런데 이 이질적인 두 학설, 즉 개인의 인식을 현상에 한정하는 칸트의 형식에 대한 견해와 이와 같은 형식을 이데아의 인식으로 단호하게 부정하는 플라톤의 이데아에 대한 견해는, 그 점에서는 극단적으로 대립되는 학설이다. 다만 그 언어의 사용법이 흡사하기 때문에 면밀히 비교되고, 그 동일성이 협의되고 논쟁을 유발했다. 하지만 결국 두 학설은 같지 않다는 것이 알려져, 플라톤의 이데아설과 칸트의 이성비판은 전혀 일치하지 않는다는 결론이 나왔다.[3]

### 32. 물자체의 객관성인 이데아

지금까지 우리가 살펴본 바에 따르면, 칸트와 플라톤 사이에 아무리 내면적인 일치가 있고, 그들이 생각한 목표가 같은 것이라고 해도, 또 그들을 고무시켜 철학적 사유를 하게 한 세계관이 동일한 것이라 해도 우리가 보기에는 플라톤의 이데아와 칸트의 물자체는 전혀 동일한 것이 아니다. 오히려 이데아는 물자체의 직접적이고 적절한 객관성이다. 그런데 물자체는 '의지', 다시 말해 아직 객관화되지 않고 표상되지 않은 의지이다. 칸트에 의하면 물자체는 인식 작용에 속하는 모든 형식으로부터 독립되어 있는 것이기 때문이다. 그리고(부록에서 언급하겠지만) 칸트가 이들 형식의 하나로서 먼저 주관에 대한 객관으로서의 존재(das Objekt-für-ein-Subjekt-sein)를 열거하지 않은 것은 그의 잘못이라고 말하지 않을 수 없다. 왜냐하면 이것이야말로 모든 현상, 즉 표상의 가장 우선적이고 보편적인 형식이기 때문이다. 그러므로 칸트는 물자체에는 객관으로서의 존재는 없다고 확실하게 언명했어야 했다. 그렇게 했다면, 이미 발견된 모순에 빠지지 않아도 되었을 것이다.

그런데 플라톤의 이데아는 필연적으로 객관, 곧 인식된 것인 표상이며, 또 그 때문에 물자체와 다른 것이다. 플라톤의 이데아는 우리가 이유율 아래에서 이해하고 있는 현상의 종속적인 여러 형식을 벗어난 것에 불과하다. 어쩌면 그들

---

3) 이를테면 부터베크(Fr. Bouterweck)의 《임마누엘 칸트》 p. 49 및 불레(Buhle)의 《철학사》 제6권 p. 802~815, p. 823 참조.

형식에 전혀 들어가지 않았다고 할 수 있다. 그러나 근원적이고 가장 보편적인 형식, 즉 표상 일반의 형식, '주관에 대한 객관으로서의 존재'라고 하는 형식은 가지고 있다. 표상 일반의 형식은 이 형식에 종속하는 여러 형식들(이유율)에 대한 이데아를 다양하게 하여 개별적이고 덧없는 개체로 만드는 것이며, 이들 개체의 수는 이데아와는 전혀 관계가 없다. 이데아가 개체로서 주관의 인식으로 들어가는 것이기 때문에 이유율은 또한 이데아가 들어가는 형식이다.

그래서 이유율에 따라서 나타나는 개별적인 물(物)은 물자체(이것은 의지이다)의 직접적인 객관화에 지나지 않으며, 이 물자체에 나타난 물 사이에는 여전히 의지의 유일하고 직접적인 객관성으로서 이데아가 존재한다. 그것은 이데아가 인식 자체의 고유한 형식, 다시 말해 표상 일반의 형식인 '주관에 대한 객관으로서의 존재'라는 형식만을 취하고 있기 때문이다. 따라서 이데아만이 의지 또는 물자체의 적절한 객관성일 수 있다. 그뿐만 아니라 표상이라는 형식 아래 있는 것을 제외하면, 이데아는 그대로 물자체라고도 할 수 있다. 그리고 여기에 플라톤과 칸트의 공통점이 존재한다. 물론 엄밀하게 볼 때 두 사람이 문제 삼고 있는 것은 동일하지는 않다.

그런데 개별적인 사물은 의지의 적절한 객관성이 아니며, 이 객관성은 이미 이유율로 총괄하여 부르는 여러 형식에 의해 흐려져 있다. 그러나 이 형식들은 개인에게는 가능한 인식의 제약이다. 만약 우리가 인식의 주관도 아니고 개체도 아니라고 하면, 즉 우리 직관이 육체에 의해 매개되지 않는다고 하면 본디 직관은 육체의 감정적 변화에서 출발하는 것으로 육체 그 자체는 구체적 의지의 작용이며, 의지의 객관성이므로 객관 가운데 객관이다. 이러한 객관으로서는 육체가 인식하는 의식 속에 들어오자마자 이유율의 여러 형식에 따를 수밖에 없다. 다시 말해 시간과 그 밖의 이유율이 표현하는 형식을 이미 전제하고 그것을 통하여 들어오기 때문에, 만일 불가능한 전제로부터 추론할 수 있다면 우리는 실제로 전혀 개별적인 사물, 사건, 변화, 다원성 등을 인식하지 않고 이데아만을 유일한 의지, 곧 참된 물자체를 객관화하는 단계를 순수하고 맑은 인식으로 파악할 것이며, 결과적으로 우리의 세계는 현재 속에 영속하는(Nunc stans) 것이 될 것이다. 시간은 시간 밖에 존재하므로 '영원한' 것인 이데아에 대하여 개체적 존재자가 가지는 부분적이고 단편적인 견해이다. 그래서 플라톤은 시간이란 영원히 움직이는 상이라 말하고 있다.

### 33. 이데아에 봉사하는 인식

이렇게 우리는 개체로서 이유율에 지배되는 인식밖에 가질 수 없다. 그런데 이 형식으로서 이데아를 인식하는 것은 불가능하므로 우리가 개별적인 사물의 인식에서 이데아의 인식으로까지 올라갈 수 있으려면, 주관에 있어서 다음과 같은 변화가 일어나야만 한다. 그 변화는 객관의 모든 종류가 완전히 변하는 것과 유사하며, 이 변화 때문에 주관이 이데아를 인식하는 한에 있어서 주관은 이미 개체가 아니라는 것이다.

앞에서도 말했지만 인식 작용은 일반적으로 의지의 높은 객관화에 속하며 감성, 신경, 뇌수는 유기체의 다른 부분과 마찬가지로 그 정도에 있어서 의지의 객관화를 나타낸다. 따라서 이것들로 말미암아 생기는 표상도 의지에 도움이 될 사명을 갖고 의지의 복잡한 목적을 이루기 위한, 즉 여러 가지 요구를 갖는 유기체를 유지하기 위한 수단으로 정해져 있다. 그러므로 근원적으로 말한다면, 인식은 완전히 의지에 봉사해야 한다. 그리고 인과성 법칙을 사용함으로써 인식의 출발점이 되는 직관적인 객관이 객관화된 의지에 불과한 것과 마찬가지로, 이유율에 따르는 인식도 원근의 차이는 있지만 모두 의지에 관계하고 있다. 왜냐하면 개체는 자기 육체를 여러 객관 가운데 한 객관으로 인정하고, 이들 객관에 대해 육체는 이유율에 따라서 여러 관계를 가지고 있는 것이라고 인정하기 때문이다.

그래서 이들 관계를 고찰하면, 언제나 그 과정상 원근의 차이는 있지만 결국은 자신의 육체, 곧 그 의지에 되돌아가는 것이 된다. 여러 객관을 육체에 대한, 또 의지에 대한 관계에 두는 것은 이유율이기 때문에, 의지에 봉사하는 인식도 전적으로 여러 객관 속에서 이유율에 의해 정립된 관계만을 알려고 할 것이다. 다시 말하면 공간, 시간, 그리고 인과성에서 인식에 대한 여러 관계를 추구할 것이다. 왜냐하면 이들 공간과 시간 및 인과성에 의해서만 객관은 개체에게 관심을 가져 의지와 어떤 관계를 갖기 때문이다. 따라서 실제로 의지에 봉사하는 인식은 여러 객관에 대해서는 이들의 관계밖에는 아무것도 인식하지 않고, 여러 객관을 이 시간 여기서, 이 상황 아래, 이 원인과 결과에서, 현재 존재하고 있는 한에서만 개별적 사물로서 인식한다. 인식은 여러 객관에 대해 이들 관계 밖에는 아무것도 인식하는 것이 없었기 때문에, 만일 이들 관계를 없앤다면 인식에서는 객관도 소멸할 것이다. 또 우리가 과학적으로 여러 사물에 대해 고찰하고 있는 것은 본질적으로는 이들 관계, 다시 말해 시간과 공간의 연관, 자연적 변화의 원인들, 형태의 비교, 사건의 동기, 그리고 관계 이외의 아무것도 아니다.

과학이 보편적 인식과 구별되는 것은 그저 그 형식과 조직적인 면에서이며, 여러 개념의 종속 관계를 정하는 것에 따라 개별적인 것을 보편적인 것에 총괄하여 인식을 쉽게 하고 완전한 인식을 얻는다는 점이다. 모든 관계는 그 자신의 상대적인 현존을 가지고 있을 뿐이다. 예컨대 시간 속에 존재하는 것은 모두 비존재이기도 하다. 왜냐하면 시간이란 같은 것에 반대의 규정을 줄 수 있는 것이기 때문이다. 따라서 시간 속에 있는 현상은 또한 없는 것이다. 그 현상의 처음을 마지막과 구별하는 것은 시간에 불과하고, 본질적으로 소멸해 버리며 영속하지 않는 것, 상대적인 경우에는 지속이라 부르는 것이기 때문이다. 그러나 시간은 의지에 봉사하는 인식의 모든 객관에 있어 가장 보편적인 형식이며, 인식 형식의 근본 유형이다.

그런데 인식은 보통 이데아에 봉사하도록 되어 있으며, 의지에 봉사하기 위해 나타난다. 말하자면 머리가 몸통에서 나와 있는 것처럼 의지에서 나와 있다고 말할 수 있다. 여러 동물에 대해서는 이제부터 자세히 살펴볼 작정이지만, 이 봉사는 예외적으로 폐기되는 경우도 있다. 인간과 동물의 이러한 구별은 겉으로는 머리와 몸통과의 차이로 나타난다. 하등동물은 머리와 몸통이 구별 없이 붙어 있다. 고등동물도 머리와 몸통은 인간보다 훨씬 구별하기 쉽지만, 인간에게 머리는 몸체 위에 자유롭게 있는 것처럼 보이고 몸체는 오로지 이것을 받들 뿐이지, 머리는 몸체에 봉사하고 있지 않다. 이러한 인간의 장점을 최고로 나타내고 있는 것이 벨베데레[4]의 아폴로 상이다. 멀리 주위를 둘러보고 있는 시신(詩神)의 머리는 구속을 받지 않고 양쪽 어깨 위에 있어, 완전히 몸의 무게로부터 벗어나 이미 몸체의 일은 전혀 신경을 쓰고 있지 않는 것처럼 보인다.

---

4) 이탈리아어로 '아름다운 경치'를 뜻하며, 좋은 전망을 위해 건물의 윗부분에 만들어 놓은 건축 구조를 말한다. 여기에서는 바티칸 궁전의 조각 전시관을 가리킨다.

## 34. 순수한 인식 주관

　이미 말했듯이 각 사물의 일반적 인식에서 이데아의 인식으로 이행하는 것은 가능하지만 예외로만 고찰할 수 있고, 이런 이행은 갑자기 일어난다. 다시 말해 인식은 의지에 대한 봉사로부터 해방되고, 주관이 단지 개체적인 주관이 아니라 이제는 의지가 없는 순수한 인식 주관이 된다. 또 이유율에 따라 여러 관계를 추구하지 않고 주어진 객관을 다른 객관과의 관련을 떠나 깊이 관조하며, 여기에 몰입하는 경우에 일어난다.

　이것을 명확히 하기 위해서는 자세한 해설이 필요하지만, 이 해설에서 의심스러운 점은 이 책 전체에서 내가 말하고자 하는 사상이 총괄된 뒤에 저절로 해소될 것이므로 한동안 그냥 넘어가기 바란다.

　만일 우리가 정신적으로 고양되어 사물에 대한 관습적인 고찰 방법을 단념하고, 즉 이유율의 여러 형태를 가지고 자기 의지에 대한 관계를 궁극적 목표로 하는 사물 상호 간의 관계만 추구하는 것을 그만둔다면, 다시 말해 사물의 어디, 언제, 어떻게, 왜 등을 고찰하지 않고 다만 '무엇(das Was)'만을 고찰하며, 또 추상적 사유, 이성의 개념들, 의식 등에 사로잡히지 않고 이들 대신 정신의 모든 힘을 직관에 몰입하여 하나의 풍경, 한 그루의 나무, 한 개의 암석, 한 채의 건물 등 무엇이든 눈앞에 있는 자연적인 대상을 조용히 관조함으로써 의식 전체를 채운다고 하자. 독일어의 표현법 가운데 이러한 대상 속에 자신을 완전히 '잠기게 한다(verlieren)'는 것이 있는데, 그것은 자신의 개체, 자신의 의지를 잊고 오직 순수한 주관으로서 객관을 비치는 거울로 존재하는 것이다. 따라서 거기에 존재하는 것은 대상뿐이며, 대상을 지각하는 사람은 없는 것처럼 생각된다. 그래서 직관하는 사람과 직관은 이미 구별될 수 없으며, 둘은 하나가 되는 것이다. 왜냐하면 의식 전체가 오직 하나의 직관적인 상으로 채워지고 점령되어 있기 때문이다.

　말하자면 이렇게 하여 객관이 모든 관계를 떠나 객관 이외의 것에 도달하고 주관이 모든 관계를 떠나 의지에 도달하면, 인식되는 것은 이미 개별적인 사물이 아니라 이데아이며 영원한 형식이요, 이 단계에서 의지의 직접적인 객관성이다. 또 이것 때문에 그렇게 직관하고 있는 사람은 이미 개체가 아니다. 왜냐하면 개체는 이 직관 속에 자신을 잠기게 했기 때문이다. 오히려 그는 '순수한'

의지가 없고 고통이 없는, 시간이 없는 '인식 주관(Subjekt der Erkenntniβ)'이다.

지금 이것만을 다루면 좀 이상할지 모르겠으나(나는 그것이 토머스 페인이《이성의 시대》2부에서 "숭고에서 익살까지는 한 계단이다"라고 한 말을 확증한다는 것을 알고 있다), 다음을 말함으로써 더 명확해질 것이다. 스피노자가 "정신이 사물을 영원한 형식 밑에서 생각하는 한, 정신은 영원한 것이다(《에티카》V, 정리 31, 비고)"[5]라고 썼을 때, 그가 생각한 것도 이것이었다. 그런데 이러한 관조에 있어 개개의 사물은 한꺼번에 그 유의 '이데아'가 되고, 직관하는 개체는 '순수한 인식 주관'이 된다. 개체는 여러 개별적인 사물만을 인식하고, 인식 주관은 이데아만을 인식한다. 왜냐하면 개체는 그것이 의지의 일정한 개별적 현상에 대해 관계하는 경우의 인식 주관이며, 이 현상에 봉사하는 것이기 때문이다. 이 개별적인 의지 현상은 여러 가지 형태를 취한 이유율에 지배되고 있다. 따라서 여기에 대한 모든 인식도 이유율에 따른다. 그리고 의지를 위해 소용되는 것은 관계만을 객관으로 갖는 인식 말고는 없다. 인식하는 개체와 그 개체에 의해 인식된 개별적 사물은 언제나 인과의 연쇄에 있어서 어떤 장소와 시간의 일환으로 존재한다. 순수한 인식 주관과 그 상관자인 이데아는 그러한 이유율의 모든 형식에서 이탈하고 있다. 다시 말해 시간, 장소, 인식하는 개체, 인식되는 개체, 이것들은 순수한 인식 주관과 이데아에 대해서는 아무런 의의도 없다. 무엇보다 지금 말한 것처럼 인식하는 개체가 순수한 인식 주관으로 높여지고 동시에 고찰된 객관은 이데아로 높여지므로 '표상으로서의 세계'가 완전히 순수하게 나타나, 이로써 의지가 객관화를 이룬다. 그것은 이데아만이 의지의 '적절한 객관성'이기 때문이다.

객관과 주관은 이데아의 유일한 형식이기 때문에 이데아에는 양자가 똑같이 포함되어 있다. 이들은 이데아에 있어서는 완전히 균형을 유지하고 있다. 또 객관은 이 경우도 주관의 표상일 뿐이지만, 이와 더불어 주관도 직관된 대상에 침입함으로써 이 대상 자체가 된다. 즉 의식 전체가 이미 그 명확한 상(像)

---

5) 또한 나는 스피노자가 같은 책(II, 정리 40 비고 2 그리고 V, 정리 25~38)에서 세 번째 종류의 인식, 즉 직관에 대하여 말한 것을 여기에 문제되고 있는 인식의 방식을 해명하는 데 보충하려고 한다. 또한 특히 정리 29의 비고, 정리 36의 비고, 그리고 정리 38의 증명 및 비고는 가치가 있다.

이상의 아무것도 아니다. 모든 이데아 또는 의지의 객관화 단계는 일일이 이 의식을 통해서 차례로 생겨나기 때문에, 이 의식이야말로 참된 '표상으로서의 세계' 전체를 이루고 있다. 모든 시간과 공간 속의 개별적 사물은 이유율(개체 그자체의 인식 형식)에 의해 다양화되고, 이로 말미암아 순수한 객관성을 흐리게 만든 여러 이데아에 지나지 않는다. 이데아가 밖으로 나타나면, 이데아에 있어서 주관과 객관은 이미 구별이 없어진다. 왜냐하면 여기서 주관과 객관은 서로 채우고 스며들어 의지의 적절한 객관성인 이데아, 곧 본디의 표상으로서의 세계가 물자체로서 구별되지 않기 때문이다. 만일 이러한 본디의 '표상으로서의 세계'를 완전히 무시한다면, '의지의 세계'밖에 남는 것이 없으니까 말이다.

의지는 이데아의 즉자태이며 이데아는 의지를 완전히 객관화한다. 의지는 또 개별적인 사물과 그것을 인식하는 개체의 즉자태이며, 이것은 의지를 불완전하게 객관화한다. 의지는 표상과 그 모든 형식 이외에 의지로써 관조된 객관에 있어서도, 순수주관으로서 자각하는 개체에 있어서도 동일한 것이다. 그러므로 이 양자는 즉자적으로는 구별할 수가 없다. 왜냐하면 즉자적으로 양자는 여기서 자신을 인식하는 의지이기 때문이다. 인식이 의지가 되는 방식, 즉 현상으로서만 다원성과 차이성이 이유율인 형식으로 존재할 뿐이다. 객관이 없고 표상이 없으면, 나는 인식 주관이 아니라 단지 맹목적 의지인 것이다. 마찬가지로 '인식 주관으로서의 나'라고 하는 것이 없으면 인식된 사물은 객관이 아니라 단순한 의지요, 맹목적인 충동이다. 이 의지는 즉자적으로는, 곧 표상 이외로는 나의 의지와 동일하다. 적어도 주관과 객관이라는 형식을 갖는 표상의 세계에서 우리는 인식된 개체와 인식하는 개체로 갈라진다. 인식 작용, 다시 말해 표상으로서의 세계가 없어지자마자 남는 것은 단순한 의지와 맹목적 충동뿐이다. 의지가 객관성을 얻어 표상이 되기 위해서는 의지는 주관인 동시에 객관이어야 한다. 그런데 이 객관이 완전히 의지의 적절한 객관성이기 위해서는 객관은 이데아로서 이유율의 여러 형식으로부터 독립하고, 또 주관은 순수한 인식 주관으로서 개체성과 의지에 대해 봉사하는 것에서 독립해 있어야 한다.

그러면 위에서 말한 것처럼 자연의 직관에 몰입하여 순수하게 인식하는 주관이 되어버린 사람은, 바로 그 때문에 자신이 그 주관으로서 세계와 모든 객관적 현존의 조건, 즉 담당자라는 것을 안다. 왜냐하면 모든 객관적 현존은 이

제 그 사람의 존재에 의존하는 것으로서 나타나기 때문이다. 따라서 그는 자연을 자기 속에 끌어들여 자기 본질의 우유성(偶有性)에 불과한 것으로 착각하게 된다. 이런 의미에서 바이런은 다음과 같이 노래했다.

산, 파도, 하늘도 나의 일부가 아닐까?
또한 내 영혼의 일부가 아닐까?
내가 그들의 일부듯이.

—바이런의 《차일드 해럴드의 편력》, III, 75

그러나 이렇게 느끼는 사람이 무상하지 않은 자연과 반대로, 어찌 자신을 무상하다고 느끼겠는가? 그의 마음은 오히려 베다의 《우파니샤드》에서 언급되고 있는 말에 감동될 것이다. "이들 모든 피조물은 모두 나이다. 그리고 나 말고는 아무것도 존재하지 않는다."《우프네카트(Oupnek'hat)》,[6] I, 122)

### 35. 의지와 이데아 그리고 현상

세계의 본질에 대해 깊이 통찰하기 위해서는 물자체로서 의지를 그 적절한 객관성에서 구별하고, 다음으로 이 객관성이 점점 명확하고 완전하게 나타나는 여러 단계, 즉 이데아들이 이유율의 여러 형태를 취해 나타나는 이데아의 단순한 현상, 바로 개체들이 사로잡힌 인식 방법과 구별하는 것을 배워야 한다. 그렇게 되면 사람들은 플라톤이 이데아에만 본디의 존재를 부여하고, 공간과 시간 속의 사물인 개체에게는 실재적인 이 세계가 외견적이고 몽상적인 존재에 불과하다고 규정한 것에 동의할 것이다. 그러면 동일한 이데아가 많은 현상으로 나타나고, 이데아의 본질은 인식하는 개체에게 단편적으로밖에 나타나지 않는다는 것도 알게 되리라. 또 이데아와 이데아의 현상이 개체를 관찰할 때 나타나는 방식과도 구별되어 이데아는 본질적으로, 그 현상은 비본질적으로 인식하게 될 것이다.

우리는 이것을 중요하지 않은 것이 중요한 것으로 변하는 예를 들어 고찰해

---

6) 19세기 초 프랑스의 동양학자 앙크틸 뒤페롱(1731~1805)이 쓴 《우파니샤드》의 라틴어 번역본이다.

보려고 한다. 구름이 지나갈 때 이루는 형태는 구름에게 본질적인 것이 아니고 구름과는 상관이 없다. 그러나 구름은 탄력이 있는 증기로서 바람의 충격을 받아 압축되어 날아가고 팽창되어 산산이 흩어진다. 이것은 구름의 본성이며, 구름 속에 객관화되는 힘의 본질이자 이데아이다. 단지 개인적으로 이것을 관찰하는 자에게만 구름은 그때그때 다른 형태를 나타낸다. 돌 위를 흘러내려가는 시냇물은 소용돌이가 되든, 파도가 되든, 물거품을 이루든 상관없으며, 이는 비본질적이다. 하지만 시냇물이 중력에 따라 완전히 자유자재로 위치가 변하며, 일정한 형태가 없는 투명한 유체 상태에 있다는 것은 시냇물의 본질이다. 이것은 '직관적으로' 인식하면 이데아이다. 우리가 개인적으로 인식하는 한, 우리에게만 그러한 형태들을 나타낸다. 유리창의 얼음은 결정의 여러 법칙에 따라 생기는 것이며, 이들 법칙은 여기에 나타나는 자연의 힘과 그 본질을 드러내고, 이데아를 표시한다. 그러나 그 유리창의 얼음이 형성하는 나무나 꽃 모양은 비본질적인 것이며, 우리에게만 존재하는 것이다.

구름, 시냇물, 결정에 나타나는 것은 매우 미약한 의지에 따른 것이나, 이 의지는 식물에게는 비교적 완전하게, 동물에게는 좀 더 완전하게, 인간에게는 가장 완전하게 나타난다. 하지만 의지를 객관화하는 모든 단계들 속에서는 '본질적'인 것만이 '이데아'를 이룬다. 이와 반대로 이데아가 이유율의 형태들을 취하고 갈라져서 다양한 현상이 되어 전개하는 것은 이데아에 있어서는 비본질적이다. 그것은 개체의 인식 방식에 존재하고 있음에 불과하며, 또 개체에 대해서만 실재성을 갖고 있다. 의지의 가장 완전한 객관성인 이데아의 전개에 대해서도 필연적으로 같은 것이 적용된다. 따라서 인류의 역사, 사건들의 군집, 시대의 변화, 각 나라와 각 세기에서 인간 생활의 여러 모습, 이 모든 것은 이데아의 현상에 우연한 형식을 취한 것에 지나지 않으며, 의지의 적절한 객관성이 거기에만 존재하는 이데아에 속하는 것이 아니라, 개체의 인식에 들어오는 현상에 속하는 것에 불과하다. 그러므로 구름이 표시하는 형태나 시냇물의 소용돌이나 물거품의 형태는 얼음에 있어 그 나무나 꽃 모양이 그런 것처럼, 이데아 자체에도 비본질적이며 상관이 없다.

이것을 잘 이해하고 의지와 이데아를 구별하며 이데아와 그 현상을 구별할 수 있다면, 세계에서 일어나는 사건은 인간의 이데아가 해독할 수 있는 문자인 한에서만 의의를 가지며, 그 자체로서는 아무런 의의도 없다는 것을 알 수 있다. 사람들은 시간이란 것이 무언가 실제로 새로운 것과 뜻있는 것을 만들어 내고, 시간에 의해 또는 시간에서 무언가 완전히 실재하는 것이 현존하는 것에 이르며, 또 시간이 전체로서 시작과 끝을 갖고, 계획과 발전을 가지며, 최근 30년 간 인류의 최고 완성(그들이 이해하는 바에 따르면)에 이르러 궁극적인 목표를 달성했다 생각하고 있지만, 위에서 말한 것을 구별할 수 있는 사람은 그렇게 믿지 않을 것이다. 따라서 그는 호메로스와 더불어 올림포스 산꼭대기에 있는 모든 신에게 그 시대 사건들의 관리를 위임하지 않을 것이고, 또 오시안[7]과 같이 구름의 모습을 개인적 존재자로 간주하지도 않을 것이다. 왜냐하면 양쪽 다 거기에 나타나는 이데아에 대해서는 같은 의의를 갖고 있기 때문이다. 그는 인간 생활의 다양한 모습과 사건의 부단한 변화 속에서 이데아만을 영속적이고 본질적인 것으로 본다. 이데아에서는 살려고 하는 의지가 가장 큰 객관성을 갖고 있으며, 그것은 인간의 특성인 열정, 오류, 덕성, 또한 이기심, 증오, 정, 공포, 대담, 경솔, 우둔, 교활, 기지, 천재 등에서 그러한 여러 가지 다른 면들을 보인다. 그러나 이들 모든 것은 모이고 뭉쳐 수천 가지 모습(개체)이 되고 계속하여 크고 작은 세계사를 상연해 보이며, 이 경우 그 세계를 움직이는 것이 호두든 왕관이든 그 자체로는 마찬가지이다.

결국 그는 '세계 안의 일'은 고치[8]의 '희곡 속의 일'과 같다는 것을 알게 되리라. 고치의 희곡에는 언제나 같은 인물이 등장하여 같은 목적을 갖고, 같은 운명을 짊어지고 있다. 물론 동기와 사건은 희곡에 따라 다르다. 그러나 사건의 정신은 동일하다. 희곡에 나오는 인물들은 다른 희곡의 사건을 전혀 모르기는 하지만, 결국 거기서도 같은 그들이 연기를 하고 있다. 따라서 전에 아무리 그의 희곡을 많이 보았어도 역시 판탈로네는 이때까지 그 이상으로 민첩하거나 너그럽지 못하고, 타르타글리아는 그 이상으로 정직할 수 없으며, 브리겔라는 그 이상으로 용감할 수 없고, 콜롬비네는 그 이상으로 정숙해질 수 없다.

예컨대 우리가 인과의 모든 연쇄에 대하여 명확하게 통찰할 수 있다고 한다면, 그리고 대지의 영혼이 나타나서 한 폭의 그림을 통해 아주 훌륭한 개인, 선

---

7) Ossian. 3세기 무렵에 아일랜드에 살았다고 전해 오는 전설적인 전사. 음유 시인.
8) Carlo Gozzi(1720~1806). 이탈리아의 극작가로 많은 아동극을 썼다.

각자, 영웅들이 힘을 발휘하기도 전에 우발적인 사건으로 멸망해 간 일, 또 세계사를 일변하거나 최고의 변화와 계몽 시대를 가져와야 할 여러 사건이 맹목적이고 우발적인 사건이나 보잘것없는 우연 때문에 일어나지 못하고, 시대에 큰 열매를 주어야 할 위대한 인물의 빛나는 힘이 그들의 과오와 정열 때문에 몸을 망친다거나, 어쩔 수 없이 그 힘을 쓸데없는 일에 낭비하거나, 또는 하는 일 없이 탕진해 버린 것들을 보게 된다면, 우리는 세계의 모든 시대에서 잃어버린 재산과 보물을 생각하고는 전율을 느끼고 비탄에 잠길 것이다. 그러나 대지의 영혼은 미소를 띠고 다음과 같이 말하리라.

"개인과 그 힘이 흘러나오는 샘물은 시간이나 공간과 마찬가지로 무궁무진하다. 왜냐하면 시간과 공간이 모든 현상의 형식인 것처럼 개인이나 그 힘은 의지가 밖으로 나타난 것, 눈에 보이게 된 것에 불과하기 때문이다. 이들의 근원인 무한한 샘물은 유한한 척도로는 도저히 퍼낼 수가 없다. 따라서 발생하려다 억눌린 사건이나 성립되려다 방해받은 사업에도 언제나 재생의 여지가 있고, 그 원천의 무한성은 조금도 줄어들지 않는다. 이 현상계에는 참된 이득도 없고 참된 상실도 없다. 존재하는 것은 오직 의지뿐이다. 의지는 바로 물자체이고, 그 모든 현상들의 원천이다. 의지의 자기인식과 거기에 근거를 두고 판단되는 긍정 또는 부정, 이것이 유일한 사건인 것이다."[9]

### 36. 예술과 천재와 광기

역사는 사건들의 실마리를 따라 진행한다. 역사가 사건들을 동기의 법칙에 따라 이끌어 내고 인식이 의지를 조명할 경우, 이 법칙이 현상으로 나타나는 의지를 규정하는 한 역사는 실용적이다. 의지가 인식 없이 작용하는 경우처럼 아직 의지의 객관성이 낮은 단계에서, 자연과학은 의지 현상들의 변화 법칙을 원인학이라 보고, 변화하지 않는 것을 형태학이라 본다. 이 형태학에 의해 자연과학은 무한히 많은 주제들을 개념의 도움을 얻어 경감하고, 보편적 요소를 총괄하여 거기에서 특수한 요소를 이끌어 낸다. 마지막으로 개체로서 주관의 인식을 위하여 이데아가 갈라져 다원성으로 나타나는 단순한 형식, 즉 시간과

---

9) 이 마지막 문장은, 다음 권을 알지 못하고는 이해할 수 없다.

공간을 고찰하는 것이 수학이다. 이 모든 것은 여러 형태를 취한 충족이유율에 따르며, 이들 과학의 주제는 현상이고, 현상의 법칙이며, 연관이고, 거기에서 생기는 관계들이다. 그런데 모든 관계 밖에서 이것들로부터 독립하여 성립하는 것, 그것만이 세계의 참된 본질적인 것, 다시 말해 세계 현상의 참된 실질이며 아무런 변화도 받지 않기 때문에 언제나 동일한 진리성을 갖고 인식된다. 한마디로 말하면 물자체, 곧 의지의 직접적이고 적절한 객관성인 '의지'를 고찰하는 것은 어떤 인식 방식일까? 그것이 '예술(Kunst)'이자 천재의 작업이다.

예술은 순수한 관조에 의해 파악된 영원한 이데아, 즉 세계의 모든 현상에서 본질적인 것과 영속적인 것을 재현한다. 그리고 재현할 때의 소재에 따라 예술은 조형미술이 되거나 시 또는 음악이 된다. 예술의 유일한 기원은 이데아의 인식이며 유일한 목적은 이 인식의 전달이다. 한편으로 과학은 네 가지 형태를 가진 원인과 결과의 부단하고 변하기 쉬운 물결에 따르면서, 하나의 목표에 이를 때마다 앞으로 앞으로 나아가 궁극적인 목표에 도달하지도 못하고 또 완전한 만족을 얻지도 못해, 마치 구름이 지평선에 접해 있는 곳으로 달려가도 도달하지 못하는 것과 같다. 반면에 예술은 목표를 달성한다. 왜냐하면 예술은 그 관조의 대상을 세계 흐름의 물결 속에서 끄집어내어 그것만을 고립시키기 때문이다. 그리고 이 개별적인 것은 그러한 물결 속에서는 소멸할 것처럼 보이는 작은 부분이지만, 예술에는 전체의 대표가 되고 공간과 시간 속에서 무한히 많은 것의 등가물이 된다. 따라서 예술은 이 개별적인 것의 곁에 머무르고, 시간의 수레바퀴는 정지된다. 관계들은 예술에서는 소멸해 버린다. 오직 본질적인 것, 곧 이데아만이 예술의 객관이다. 그러므로 경험과 과학의 길이 완전히 이유율에 따르는 고찰인 데 반해, 예술은 '사물을 이유율과는 관계없이 고찰하는 방식'이라고 말할 수 있다.

경험과 과학의 고찰 방식은 무한하고 수평하게 달리는 선에 비할 수 있고, 예술의 고찰 방식은 이 선을 임의의 점에서 절단하는 수직선에 비할 수 있다. 또한 이유율에 따르는 고찰 방식은 이성적인 방식인데, 이것은 실제 생활이나 과학에만 적합하고 도움이 된다. 이유율의 내용에서 떠난 고찰 방식은 천재적인 방식이며, 예술에만 적합하고 도움이 된다. 또한 이유율에 따르는 것은 아리스토텔레스의 고찰 방식이고, 이유율의 내용에서 떠난 것은 대체로 플라톤의 방식이다. 이유율에 따르는 것은 처음과 끝이 없이 전진하여 모든 것을 굽히고 움직이게 하고 끌고 가는 강력한 폭풍우와 흡사하며, 이유율의 내용에서 떠난 것은 이 폭풍우의 길을 뚫고 폭풍우에는 조금도 흔들리지 않는 온화한 햇빛에 비길 수 있다. 또 이유율에 따르는 것은 끊임없이 변하면서 한순간도 쉬지 않는 무수한 폭포수의 물방울에, 이유율의 내용에서 떠난 것은 이 사납게 날뛰는 물방울 위에 걸려 있는 무지개에 비길 수 있다.

  이데아는 위에서 언급한 것과 같이 오직 객관에 몰입해 버린 순수한 관조에 의해서만 파악된다. 그리고 '천재'의 본질은 바로 그러한 빼어난 관조의 능력에 있다. 그런데 관조는 자신과 그의 관계에 대해 망각을 필요로 하기 때문에, 천재성이란 바로 가장 완전한 '객관성', 즉 자기 자신 곧 의지로 향하는 정신의 주관적 방향과는 다른 정신의 객관적 방향이다. 따라서 천재성이란 순전히 직관적으로 행동하고 직관에 몰입할 수 있는 능력이며, 본디 의지에 봉사하기 위해서만 존재하는 인식을 이러한 봉사로부터 떼어놓는 능력, 다시 말해 자기의 관심, 의욕, 목적을 안중에 두지 않고 자신을 한순간 완전히 포기하고 순수한 인식 주관으로서 분명한 세계의 눈이 되는 능력이다. 그리고 이것이 일시적인 것이 아니고 영속적이며, 또 필요한 만큼 숙고하는 것으로 파악된 것이 예술로서 재현된다. "흔들리는 현상으로서 떠돌아다니는 것을 영속하는 사상으로 고정시켜라.[10]

  그것은 천재성이 어떤 개인에게 나타나기 위해서는 개인의 의지에 봉사하는 데 필요한 정도보다 더 많은 인식력이 개인에게 부여되지 않으면 안 되는 것처럼 생각되는 것이며, 자유롭게 된 이 인식의 초과분이 이제 의지를 떠난 주관이 되어 세계의 본질을 비추는 거울이 된다. 이것으로 천재적인 개인들이 멈출 줄 모를 만큼 활동적임을 알 수 있다. 다시 말해 현재는 그들의 인식을 충족시키지 못하기 때문에, 그들은 현재에 거의 만족하지 못한다. 그들의 인식은 그들을 쉼 없이 노력하게 하여 새롭게 고찰할 가치가 있는 객관을 끊임없이 탐구하게 하고, 그들과 흡사하고 상대가 될 만하며 자기 사상을 전달할 수 있을 만한 사람들을 찾게 된다. 그러나 보통 사람은 평범한 현재에 만족하여 몰두하

---

10) 괴테의 《파우스트》 제1부 〈천상의 서곡〉에서 주인공이 한 말.

며, 곳곳에서 자기 동류를 발견하고 일상생활에서 안락함을 누리는데, 이 안일성은 천재에게는 허용되지 않는다. 보통 천재성의 본질적 요소는 공상이라고 하거나, 때때로 천재는 공상가와 동일한 것으로 취급되기도 했지만, 앞의 것은 옳고 뒤의 것은 옳지 않다. 천재의 객관은 영원한 이데아이고 세계와 세계의 모든 현상의 지속적이고 본질적인 형식들이지만, 이데아의 인식은 반드시 직관적인 것이지 추상적인 것이 아니기 때문이다. 만일 천재가 공상에 의해 시야를 개인적 경험의 현실성보다 더 넓히고, 실제로 자기 지각에 들어온 얼마 안되는 재료에서 그 밖의 것을 구성하여 인생의 영상들을 전개할 수 없다면, 천재의 인식은 개인에게 지금 존재하고 있는 객관들의 이데아에 한정되고, 또 이 객관들을 그가 다루기에 이른 여러 상황에 의존하게 될 것이다. 현실적인 객관은 거의 언제나 그 속에 나타나는 이데아의 매우 불완전한 예에 불과하다.

　따라서 천재는 사물들 속에서, 자연이 실제로 만든 것이 아니라 자연이 만들려고 노력은 했으나 앞 권에서 논한 바와 같이, 그 형식들 상호 간의 투쟁 때문에 실현시키지 못한 것을 보기 위해서 공상을 필요로 한다. 이에 대해서 우리는 조각술을 고찰할 때 다시 논할 생각이다. 따라서 공상은 천재의 시야를 질적으로나 양적으로나 그 개인에게 현실에서 부여한 객관 이상으로 확대한다. 그러므로 공상의 강렬성이란 것이 천재성의 원인, 즉 천재성의 조건이다. 그러나 반대로 강렬한 공상이 천재성의 증거가 되지는 않는다. 천재적이지 못한 사람도 때때로 공상을 할 때가 있다. 하나의 현실적 객관을 순수하게 객관적이고 천재적으로, 곧 그 객관의 이데아를 파악하면서 고찰하는 것과 그저 이유율에 따라 그 객관이 다른 객관들과 자기 의지에 대해 갖는 관계에서 고찰하는 두 가지 대립된 방식이 있을 수 있는 것과 마찬가지로, 환상도 두 가지 방식으로 볼 수 있기 때문이다. 먼저 환상은 이데아를 인식하기 위한 수단이며 그 인식을 전달하는 것이 예술이다. 또 한 가지 환상은 이기심이나 변덕에 안성맞춤이며, 일시적으로 누구를 속인다든지 즐겁게 한다든지 하는 여러 가지 공중누각을 그리는 데 사용된다. 이 경우 공상 속에서 정말로 인식되는 것은 그 관계들뿐이다. 이런 놀이에 몸을 맡기고 있는 자는 공상가이다. 그는 자기만 생각하고 즐거워하는 여러 공상을 자칫하면 현실 속에 한데 섞어, 그로 인해 현실에 소용없는 인간이 된다. 그는 아마 모든 종류의 평범한 소설들에 있는 것처럼 자기 공상의 환영들을 써 나갈 테지만, 독자는 그 작품의 주인공이 된 것 같은 상상으로 그 묘사를 '기분 좋게' 생각하기 때문에, 그 작품은 작가와 같은 부류의 사람이나 일반 대중에게 인기를 얻는다.

앞에서 말했듯이 평범한 사람은 자연이 날마다 수천 가지로 만들어 내는 제조품과 같으며, 이해하지 못하는 고찰(이것이 완전하게 이해관계를 떠난 인식이지만)을 오래 계속할 수 없다. 그가 사물에 주의를 기울일 수 있는 것은 그 사물이 간접적으로라도 그가 가진 의향에 어떤 관계를 갖는 한도 안에서만 그렇다. 언제나 관계들의 인식을 필요로 하는 점에서는 사물의 추상 개념이 있으면 충분하다. 또 대부분의 경우 그 편이 한층 더 효력이 있기 때문에, 평범한 사람은 언제까지나 단순한 직관에 머무르지 않고, 마치 게으른 자가 의자를 찾는 것처럼 자기에게 나타나는 모든 것 가운데 개념만을 급히 찾아다닌다. 또한 언제까지나 하나의 대상을 보고 있지 않기 때문에, 하나의 개념을 얻으면 곧 그 사물에 흥미를 잃어버리고 만다. 그러므로 평범한 사람은 예술 작품, 아름다운 자연, 여기저기서 깊은 의미를 이야기해 주고 있는 인생의 여러 모습 등을 접해도 곧 결정을 내린다. 그는 머무르지 않는다. 그가 찾고 있는 것은 자기가 걷는 인생의 길뿐이며, 무릇 자기 길이 될 수 있는 것이면 무엇이든 좋다. 넓은 의미로 말해 지형 측량으로 메모하는 것이다. 그는 인생의 고찰 같은 것에 시간을 낭비하지 않는다. 이와는 반대로 천재의 인식력은 우세하기 때문에, 어떤 때에는 의지에 대한 봉사를 떠나서 인생의 고찰에 시간을 보내며, 사물을 다른 것과의 관계에서가 아니라 그 사물의 이데아를 파악하려 한다. 이것이 지나쳐서 이따금 그는 인생에서 자신의 길을 소홀히 하며 대개 실생활에 서투르다.

평범한 사람에게 인식능력은 인생길을 비추는 등불이지만, 천재에게는 세계를 비추는 태양이다. 인생을 보는, 이와 같은 다른 방법은 곧 두 사람의 외모에서도 나타난다. 천재성을 가지고 있는 사람의 눈초리는 날카로운 동시에 흔들림이 없어 명상과 지각의 성격을 갖추고 있으므로 쉽게 알 수 있다. 자연은 수백만이라고 하는 헤아릴 수 없이 많은 사람들 가운데서 가끔 몇 안 되는 천재만을 생산하는데, 이들의 닮은 점을 보아도 이것을 쉽게 알 수 있다. 이와 반대로 평범한 사람의 눈초리는 대부분 둔하지 않으면 얼빠진 모습인데, 그렇지 않다 해도 명상이나 지각과는 정반대로 엿보는 듯한 모습이 나타나게 마련이다.

따라서 '천재적인 표정'은 의욕보다 인식에서 결정적으로 우세하고, 의욕과는 아무런 관계도 없는 인식, 즉 '순수인식'이 거기에 나타나 있다는 점이 특징이다. 반면에 평범한 두뇌를 가진 사람에게는 의욕의 표현 쪽이 우세하여, 인식은 언제나 의욕의 자극을 받아 비로소 발동하며 동기에 근거를 두고 있다는 것을 알 수 있다.

천재적인 인식 또는 이데아의 인식은 이유율에 따르지 않지만, 이유율에 따르는 인식은 실생활에서는 사려와 분별을 주고, 과학을 성립하게 한다. 그러므로 천재적인 사람들에게는 평범한 사람들의 인식 방법을 무시하는 결과로 생기는 여러 가지 결함이 따르는 법이다. 그러나 이 경우 다음과 같은 제한이 있다는 점에 주의해야 한다. 다시 말해 내가 이 고찰에서 인용하려는 것이 천재적 인식 방법으로 행해지고 있는 한, 또 행해지고 있는 동안만 해당하는 것이며, 결코 천재적인 인간 생활의 모든 순간에도 그와 같다고 할 수 없다는 것이다. 왜냐하면 의지를 떠나 이데아를 파악하기 위해서는 자연적이라 해도 의식적인 긴장이 필요하므로, 아무래도 도중에서 해이해져 간격이 생기며, 이 간격이 있는 동안은 천재라 하더라도 장점과 단점이 보통 사람과 다를 것이 없기 때문이다. 따라서 예전부터 세상 사람들은 천재의 작용을 영감이라 보았는데, 그 명칭이 표시하는 것처럼 개인과는 다르며, 천재가 주기적으로만 갖는 무언가 초인간적 존재자의 작용으로 보았다.

천재적인 사람들은 이유율의 내용에 관심을 갖는 것을 싫어하는데, 이 경향은 가장 먼저 존재의 근거, 곧 수학에 대한 혐오로 나타난다. 즉 수학의 고찰은 현상에서 가장 보편적 형식인 공간과 시간에 대한 것인데, 이들 자체는 이유율의 형태에 불과하다. 그러므로 수학의 고찰은 모든 관계를 떠나 오직 현상의 내용, 다시 말해 현상 속에서 나타나는 이데아만을 찾는 고찰과는 정반대이다. 게다가 수학의 논리적 취급 방법이 천재에게는 마음에 들지 않는다. 왜냐하면 논리적인 취급 방법은 참된 이해를 가로막고 만족을 주지 않으며, 인식의 이유율에 따라 단순한 추리의 연쇄를 나타내면서 모든 정신력을 동원하여 가장 많은 기억 작용을 필요로 하기 때문이다. 즉 이 기억에 의해서만 언제나 증거로 인용하는 이전의 모든 명제를 확실히 할 수 있다.

경험상으로도 예술에 있어 대천재는 수학에 재능이 없다는 것이 확실하다.

예술과 수학 모두에 훌륭한 사람은 하나도 없다. 알피에리[11]는 유클리드의 제 4정리까지도 이해하지 못했다 말하고 있다. 괴테의 색채론에 대해 분별심 없이 반박하는 사람들은 괴테에게는 수학적 지식이 결여되어 있다면서 마구 비난했다. 물론 색채론에서는 가설적인 자료를 근거로 하는 계산이나 측정이 중요한 것이 아니라 인과관계를 직접 오성에 의해 인식하는 것이 중요하기 때문에, 그 사람들의 비난은 엉뚱하고 과녁도 빗나갔다. 그들은 그러한 비난을 했기 때문에 미다스와 마찬가지로 판단력이 결여되어 있다는 것이 폭로되었다. 괴테의 색채론이 나온 지 거의 반세기가 지난 오늘날, 아직도 독일에서는 뉴턴의 거짓 학설이 당당히 교단을 점령하고 있으며, 여전히 일곱 가지 동질의 색과 그것들의 각기 다른 굴절성을 논하고 있다는 것은 장차 인류, 특히 독일인의 큰 지적 특성 가운데 하나로 지적될 것이다. 이와 반대로 널리 알려진 사실이지만, 훌륭한 수학자는 미술 작품에 대해 그다지 감수성을 갖고 있지 않다는 것도 위에서 말한 이유로 설명될 수 있다. 이것을 단적으로 말해 주는 유명한 일화가 있는데, 프랑스의 대수학자가 라신의 《이피제니》를 읽은 뒤 어깨를 으쓱하면서 "이것은 무엇을 증명하려는 것인가?" 하고 물었다는 것이다.

또 인과성 법칙이나 동기 유발 법칙에 따라 여러 관계를 날카롭게 파악하는 것이 본디 목적이지만, 천재의 인식은 관계를 목표로 하지 않는다. 그러므로 현명한 사람은 그가 현명한 한 천재는 아니고, 또 천재는 그가 천재인 한 현명하지 않을 것이다. 결국 이데아는 그 영역 내에 존재하고 있는 직관적 인식과 인식의 이유율에 인도되는 이성적 또는 추상적 인식과는 대체로 정반대이다. 또 대천재가 훌륭한 이성의 작용을 갖추고 있는 일이 드물다는 것도 알려져 있고, 오히려 천재적인 사람들은 격한 감정과 비이성적 격정에 움직이는 경우가 많다. 그러나 그것은 이성이 약하기 때문이 아니라 일부는 그 천재적인 개인과 의지 행위의 격렬성에 의해 밖으로 나타나는 의지 현상 전체의 이상한 에너지 때문이고, 일부는 감성과 오성에 의한 직관적 인식이 추상적 인식보다 우세하기 때문이다. 다시 말해 명확하게 직관적인 것을 목표로 하기 때문이며, 감성이나 오성이 받는 직관적인 것에 있어 매우 강한 인상은 무색의 개념을 압도해 버리

---

11) Vittorio Alfieri(1749~1803). 이탈리아의 비극 작가. 고전적 형식으로 된 희곡들을 남겼다.

므로 행동이 개념에 의해 인도되지 않고 직관적 인상에 의해 인도되며, 그래서 행동이 비이성적으로 되는 것이다. 따라서 현재의 인상이 그들에게 지극히 강하게 새겨져서 그들을 몰지각으로, 격노로, 정열로 몰고 간다. 대체로 이러한 천재적인 사람들의 인식은 어느 정도 의지에 대한 봉사로부터 떠나 있기 때문에, 그들은 사람과 대화를 해도 상대편을 생각하는 것보다는 오히려 화제가 되고 있는 문제가 더 생생하게 머리에 떠오르므로 그쪽을 생각한다. 따라서 그들은 자기들의 흥미 때문에 직관적으로 판단하고 말하며, 가만히 있는 것이 상책인 경우에도 잠자코 있지 않으려 한다. 결국 그들은 독백을 하게 되고 실제로 광기에 가까운 약점을 나타낼 때가 있다.

천재와 광기는 서로 경계를 접하고 있으며, 또 서로 어울리는 일면을 갖고 있다고 가끔 얘기한다. 시인의 감격은 하나의 광기라고까지 불리고 있다. 호라티우스는 그것을 "사랑스러운 광기"(《서정시집》, III, 4)라 했고, 빌란트[12] 〈오베론〉의 처음에 "사랑스러운 광기"라고 말하고 있다. 세네카에 따르면, 아리스토텔레스까지도 "광기가 없는 위대한 재능은 예전부터 없었다"라고 말했다. 플라톤은 이것을 앞서 인용한 컴컴한 동굴 이야기(《국가론》, VII) 속에서 다음과 같은 말로 표현하고 있다.

동굴 밖에서 햇빛과 현실에 존재하는 사물(이데아)을 본 사람들은 그 눈이 어두움에 길들여 있지 않기 때문에 나중에 동굴에 들어와서는 사물을 보지 못하며, 거기에 있는 여러 영상을 식별할 수도 없다. 따라서 그들은 실패를 하고 이 동굴에서 한 발짝도 바깥으로 나가지 않으며, 이 영상들만을 보고 있는 다른 사람들에게 바보 취급을 당한다.

또 플라톤은 《파이드로스》에서 솔직하게 어떤 종류의 광기 없이는 참된 시인이 될 수 없다(p. 317)고 말하고 있으며, 또한 무상한 사물 속에 영원한 이데아를 인식하는 자는 모두 광인처럼 생각된다(p. 327)고까지 말하고 있다. 또한 키케로는 다음과 같은 것을 인용하고 있다.

---

12) Christoph Martin Wieland(1733~1813). 독일의 시인, 작가, 번역가. '독일의 볼레로'라 불리기도 했으며, 그의 장편서사시 〈오베론〉은 괴테의 절찬을 받기도 했다.

왜냐하면 데모크리토스는 어떠한 시인도 영감 없이는 위대해질 수 없다고 말하고 있기 때문이다. 플라톤도 같은 말을 하고 있다(《신성론》, I, 37).

마지막으로 포프는 다음과 같이 말하고 있다.

위대한 기지는 광기에 아주 가깝고
그들의 경계를 가르는 엷은 칸막이가 있을 뿐이다.

이런 점에서 괴테의 《타소》는 특히 가르쳐 주는 바가 많다. 이 희곡에서 괴테는 천재의 순교라고 할 수 있는 고뇌뿐만 아니라 그 고뇌가 점점 광기로 변해 가는 것도 묘사하고 있다. 마지막으로 천재와 광기가 직접 그 경계선을 접하고 있다는 사실은 루소, 바이런, 알피에리 등 천재적 인물의 전기를 보아도 확인할 수 있고, 천재의 생애에 대한 일화를 보아도 확인된다.

나는 지금껏 여러 번 정신병원을 방문한 적이 있는데, 환자 가운데에는 확실히 위대한 소질을 가진 자가 있었다는 것을 언급하지 않을 수 없다. 그들의 천재성은 분명히 광기 속에서 번뜩였지만, 그들의 경우에는 광기가 더 우세했던 것이다. 이것을 우연이라고 말해 버릴 수는 없다. 왜냐하면 미친 사람의 수는 비교적 소수이지만, 천재라는 사람은 보통 생각하고 있는 것보다 훨씬 적고 자연에서 예외로 생기는 현상이기 때문이다. 참으로 위대한 천재라고 할 수 있는 사람은 인류에 대해 만고불변의 가치 있는 업적을 남긴 사람들에 한하지만, 고금을 통해 전유럽의 문화 제국이 생산한 참으로 위대한 천재들, 이 사람들을 열거하여 그 수를 30년마다 갱신하면서 유럽에 사는 2억 5000만의 인구와 비교해 보면, 위에서 말한 천재가 매우 예외적인 현상이라는 것을 이해하게 된다.

여기서 잠깐 언급해 두려고 하지만, 아는 사람들 가운데는 출중하다고는 할 수 없다 해도 꽤 우수한 정신을 가지고 있고, 조금 광기의 징조를 나타내고 있는 사람이 몇몇 있다. 따라서 평균보다 지능이 높아진다는 것은 어떤 기형이라고 생각되며, 그것만으로도 벌써 미치기 쉽다고 생각될는지 모른다. 그럼에도 나는 천재성과 광기의 유사성에 대한 순수하게 지적인 근거에 대하여 나의 의견을 될 수 있는 한 간단히 말해 보려고 한다. 왜냐하면 이것을 논하는 것은 틀림없이 천재성의 참된 본질, 즉 참된 예술 작품을 생산할 수 있는 유일한 정신적 특질의 참된 본질을 설명하는 데 도움이 되기 때문이다. 그런데 그러기 위해서는 광기를 간단히 논해 둘 필요가 있다.

광기의 본질에 대해 명확하게 이해하고, 미친 사람을 건강한 사람과 엄밀하게 구별하는 개념은 내가 알고 있는 한 아직 발견되지 않고 있다. 이성이나 오성이 미친 사람에게 결여되어 있다고 할 수는 없다. 왜냐하면 미친 사람도 이야기를 하고 듣고 올바른 추론을 내리는 일이 가끔 있으며, 또 눈앞의 일을 올바르게 직관하고 인과의 연관을 통찰하기 때문이다. 환각은 열병 환자의 망상과 마찬가지로 광기의 일반적 징후는 아니다. 헛소리는 직관을 그르치게 하지만 광기는 사상을 그르치게 한다. 다시 말해 미친 사람은 대부분의 경우 직접적으로 '현재의 것'에 대한 지식에서는 결코 틀리지 않는다. 그들의 헛소리는 언제나 '현재 존재하지 않는 것'이나 '지나간 것'에 대한 것이며, 따라서 나는 그들의 병은 특히 기억에 관한 것이라고 생각한다. 그렇다고 해서 그들이 완전히 기억을 잃고 있다는 뜻은 아니다. 왜냐하면 그들 대부분은 많은 것을 외우고 있고, 때로는 오랫동안 만나지 않은 사람까지도 식별하기 때문이다.

그들의 병이 기억에 관한 것이라고 하는 것은 오히려 기억의 실마리가 끊어져서 연속적인 연관이 없어지고, 균형잡힌 연관을 유지하면서 과거를 기억해낼 수 없다는 것이다. 과거의 하나하나 장면은 현재의 개별적인 경우와 마찬가지로 올바르게 기억되고 있다. 그러나 과거의 기억에는 간격이 있고, 그들은 그 간격을 허구로 채운다. 그 허구가 언제나 같은 것이면 고정관념이 되고, 망상과 우울증이 된다. 그렇지 않고 그 허구가 그때마다 다른 것이고 순간적인 착각이면 어리석음(Narrheit)이나 우둔(fatuitas)이 된다. 그러므로 미친 사람이 정신병원에 입원할 때, 그의 경력을 묻는 것은 곤란한 일이다. 그의 기억에는 언제나 진실과 허위가 뒤섞여 있기 때문이다. 직접적인 현재는 옳게 인식되어도 그 현재가 망상된 과거와 허구로 결합되어 있기 때문에 진실이 아닌 것이 되어버린다. 그러므로 미친 사람은 자신과 타인을 단지 자기의 거짓된 과거 속에만 있는 인물과 동일시하고, 아는 사람을 전혀 아는 사람으로 인정하지 않으며, 현재의 개별적인 사물을 옳게 표상하고 있으면서도 그것과 현재에 없는 사물과의 관계에 대해서는 옳게 표상하지 못한다. 광기가 고도로 진행되면, 완전한 기억상실 상태가 된다. 그렇게 되면 미친 사람은 현재에 없는 것이나 과거의 것에는 전혀 고려하는 능력 없이 오직 그의 머릿속에서 과거를 채우고 있는 여러 허구를 그때그때의 변덕스러운 기분에 따라 이리저리 결합하고 규정하게 된다. 이렇게 미친 사람이 눈앞에서 자신이 우세한 것을 보지 않으면 사람을 학대, 살해하지 않는다고 한순간도 보장할 수 없다.

미친 사람의 인식은 현재에 국한되어 있다는 점에서 동물의 인식과 같다. 그러나 동물은 본디 과거에 대한 표상은 갖고 있지 않다. 물론 과거는 습관을 매개로 하여 동물에게 작용하는 일이 있다. 따라서 개는 여러 해가 지나서 전 주인을 만나도 그 사람을 주인으로 식별한다. 즉 그 사람을 보면 전에 길들여졌던 인상이 새삼 떠오르는 것이다. 하지만 지나간 시간에 대해서는 아무런 기억도 하지 못한다. 이와 반대로 미친 사람은 그 이성 속에 추상적으로 언제나 과거를 가지고 다닌다. 하지만 그 과거는 허구이며 그에게만 존재하고, 또 언제나 존재하든가 지금에만 존재하든가 한다. 이러한 허구적인 과거의 영향은 동물조차도 올바르게 인식할 수 있는 현재의 모습까지 방해한다.

격한 정신적 고뇌나 예측할 수 없는 무서운 사건들이 원인이 되어 미쳐버리는 일이 이따금 있는데, 나는 이것을 다음과 같이 설명한다. 이러한 고뇌는 어느 것이나 실제 사건으로 현재에 국한되어 있다. 다시 말해서 일시적인 것에 불과하며, 그런 한에서는 그렇게 중요한 것은 아니다. 그 고뇌가 영속적인 고통으로 있는 것은 사상뿐이며, 따라서 '기억'에 존재하는 것이다. 그런데 이러한 마음의 고통, 괴로운 지식 또는 추억이 아주 심해 도저히 참을 수가 없어서 그 사람이 여기에 패배하게 되면, 그래서 그 고뇌로 번민하는 사람은 인생 최후의 탈출 수단으로써 '광기'에 호소한다. 그러므로 심하게 상처받은 정신은 기억의 실마리를 절단하여 그 간격을 허구들로 채우고, 그 힘으로 견딜 수 없는 정신적 고통에서 광기로 도피하는 것이다. 이것은 육체가 썩어가는 병에 걸려 팔다리를 절단하여 의수나 의족으로 대치하는 것과 마찬가지이다. 그 실례로 미쳐가는 리어왕과 오필리아를 들 수 있다. 이 작중인물들이야말로 여기서 인용할 수 있는 사람인데, 이들은 실제 생활에서 빈번하게 일어나는 진실성 띤 현실적 경험을 보여주기 때문이다. 우리는 모두 잊고 싶은 추억이 갑자기 가슴속에 떠오를 때, 기계적으로 무언가 큰 소리를 낸다든지 몸을 움직인다든지 하여 이 추억을 몰아내고, 억지로 기분 전환을 하려고 하는 일이 있다. 이것은 앞서 말한 것과 같은 고통으로부터 광기로의 이행과 닮은 점을 갖고 있다.

위에서 말한 것처럼 미친 사람도 개별적인 현재의 일이나 많은 과거의 일을 어느 정도 하나하나 올바르게 인식하지만, 그 연관이나 관계를 오인하기 때문에 틀리거나 헛소리를 한다. 바로 이것이 미친 사람과 천재의 공통점이다. 천재도 이유율에 따르는 관계들의 인식을 버리고 사물 속에서 오직 이데아만을 보고 찾으며, 직관적으로 나타나 있는 그 사물의 참된 본질을 파악하려고 하기 때문이다. 또 이 본질이라는 점에서 하나의 사물은 그 사물 전체를 대표하고 있다. 따라서 괴테가 말한 것처럼 한 가지 예가 수천 가지로 적용되는 것이다. 그래서 천재도 사물의 연관에 대한 인식을 무시한다. 그의 관조적 객관 또는 지나치게 생생하게 파악한 현재는 아주 선명하게 나타나기 때문에, 그 객관이나 현재가 소속하고 있는 연쇄의 다른 부분이 암흑 속으로 물러가 버린다. 그러므로 전부터 광기의 현상과 흡사하다고 하는 현상이 생기는 것이다. 현존하는 개개 사물 속에는 불완전하게만 있고 또 여러 변용으로 약화되어 존재하는 것에 불과한 것도, 천재가 보는 바에 따라 이데아나 완전한 것으로까지 높여진다. 따라서 천재는 어디서나 극단을 본다. 또 그렇기 때문에 천재의 행동은 극단으로 달린다. 그는 중용을 지키는 것을 모르며, 절도가 없어서 그 결과는 위에서 말한 대로이다. 그는 이데아를 완전히 인식하지만 개체들을 인식하지는 않는다. 그러므로 세상 사람들이 말하듯이 시인은 인간을 깊이 근본적으로 알 수는 있지만, '사람들을' 안다는 점에서는 아주 서툴다. 그렇기 때문에 그는 사람들에게 잘 속고 사기꾼에 농락당하기도 한다.

## 37. 예술가와 예술 작품
그런데 지금까지 언급해 온 것에 의하면 천재라는 것은 이유율과 무관하고, 관계 속에서만 실존을 갖는 개별적인 사물 대신 이데아 자체를 인식하며, 이 이데아에 스스로 관계할 수 있는 능력, 즉 개체가 아니라 순수한 인식을 가질 수 있는 능력 속에 있다. 이러한 능력은 천재보다 정도가 작고 다르긴 하지만 누구에게나 내재해 있음에 틀림없다. 그렇지 않다면 사람은 예술 작품을 창조할 수도 없을 것이며, 또 아름다움이나 숭고함에 대해 아무런 감수성도 갖지 못할 것이다. 뿐만 아니라 아름다움이나 숭고함이라는 말조차 그들에게는 아무런 의미도 갖지 못할 것이다. 따라서 미적 쾌감을 맛보는 능력이 전혀 없는 인간은 없다고 한다면, 모든 인간 속에도 사물 안에서 그 이데아를 인식하고 또한 자기의 개인적 관점을 떠날 수 있는 힘이 존재한다고 가정해야 할 것이다. 천재는 그러한 인식 방식을 일반 사람들보다 훨씬 높은 정도로 지속적으로 갖고 있다. 이렇게 지속된 인식 방식으로 파악한 이데아를 어떤 임의의 작품으로 재현해 내는데, 이 재현이 예술 작품이다. 천재는 자기가 파악한 이데아를 예술 작품을 통해 다른 사람들에게 전달한다. 그 이데아는 이 경우 동일 불변한 것이다. 그러므로 미적 쾌감이란 예술 작품에 의해, 또는 직접 자연과 인생을 직관함으로써 생긴 것이라 해도 본질적으로는 똑같다. 예술 작품은 그러한 미적 쾌감이 성립하는 인식을 쉽게 하는 수단에 지나지 않는다.

우리는 이데아를 직접 자연이나 현실에서 만나기보다는 예술 작품에서 만나기가 쉬운데, 예술가는 이데아만을 인식하고 현실을 인식하지 않기 때문이다. 다시 말해 그 작품에서도 오로지 이데아만을 순수하게 재현하고 방해될지도 모르는 모든 우연적인 요소를 제거하여 이데아를 현실에서 골라내기 때문이다. 예술가는 그의 눈을 통해 우리에게 세계를 보여준다. 예술가에게 이와 같은 눈이 있고, 모든 관계를 떠나 존재하는 사물의 본질을 인식하는 것이 바로 천재의 타고난 자질이다. 그러나 예술가는 우리에게도 이 타고난 자질을 빌려주며 그의 눈을 달아주는 위치에 있는데, 이것은 습득할 수 있는 것이며 예술의 기교이다.

나는 앞서 미적 인식 방식의 내적 본질에 대하여 매우 일반적인 윤곽을 설명해 두었기 때문에, 이번에는 아름다움과 숭고함에 대해 상세한 철학적 고찰을 자연과 예술에서 양자를 분리하지 않고 논하고자 한다. 먼저 인간이 아름다운 것에 감동하거나 숭고한 것에 감동하는 경우 어떻게 되는가를 고찰해 보기로 하자. 하지만 이 감동이 자연과 인생에서 직접 유래하는가 또는 예술을 매개로 해서만 얻어지는가 하는 본질적인 구별은 하지 않고 외적인 구별에 불과한 것임을 미리 말해 둔다.

## 38. 아름다움을 느끼는 주관적 조건

우리는 미적인 고찰 방식에 '두 가지 분리시킬 수 없는 요소'가 있다는 것을 알았다. 하나는 개체가 아니라 플라톤의 '이데아'로서 객관의 인식이다. 그 객관은 사물들 속 사물 전체의 지속적인 형식으로서 객관이다. 또 하나는 개체로서가 아니라 '순수하고 의지가 없는 인식주체'로서 인식자의 자의식이다. 이 두 요소가 언제나 합일하여 나타나기 위한 조건은 이유율에 구속된 인식 방식을 포기하는 것이다. 그런데 포기해야 할 그러한 인식은 의지에 봉사하는 것이다. 아름다운 것을 바라봄으로써 느끼는 '쾌감(Wohlgefallen)'도 이 두 요소에서 생긴다는 것을 알 수 있다. 또한 미적 관조의 대상이 어떤 것인가에 따라 두 요소 가운데 어느 한쪽이 주된 요소가 된다.

모든 '의욕(Wollen)'은 욕구나 결핍이나 고뇌에서 생긴다. 욕구는 충족되면 끝난다. 그러나 하나의 소원이 채워지더라도 적어도 열 가지 소원은 채워지지 않은 채로 남는다. 따라서 욕망은 오래 계속되며 요구 또한 끝없이 이어진다. 그 충족은 일시적이고 매우 작다. 아무리 궁극적인 만족이라 해도 표면적일 뿐이고, 하나의 소원이 채워지면 곧 새로운 소원이 생긴다. 채워진 소원은 인식된 오해이며, 새로 생긴 소원은 아직 인식되지 않은 오해이다. 소망한 대상을 얻어도 줄어들지 않는 '지속적인 만족'은 도저히 얻을 수 없다. 그것은 마치 거지에게 던져주는 자선이 그의 생명을 이어주어서 오늘의 괴로움을 내일로 연장시키는 것과 같다. 그러므로 우리 의식이 의지에 의해 충족되지 않는 한, 우리가 소원들의 충동에 몰려 끊임없이 기대를 하거나 두려워하고 있는 한, 우리가 의욕의 주체인 한 우리에게는 영원한 행복도 불안도 부여되지 않는다. 우리가 자진해 추구하거나 도망하거나, 불행을 두려워하거나 또는 향락을 얻으려 노력하거나 하는 것들은 근본적으로는 같은 일이다. 계속해서 요구하는 의지는 어떠한 형태로 나타나든 같은 것인데, 그러한 의지에 대한 배려가 끊임없이 의식을 충족시키고 움직인다. 그러나 참된 행복은 불안 없이는 결코 있을 수 없다. 그래서 의욕의 주체는 언제나 익시온(Ixion)의 회전하는 수레바퀴 위에 실려 있는 것과 같으며, 다나이스(Danais) 자매가 밑 빠진 독에 끝없이 물을 퍼 넣는 것과 같으며, 영원히 목마름과 배고픔에 시달리는 탄탈로스(Tantalos)와 같다.

그런데 외적인 동기 또는 내적인 정서에 의해, 그것들이 갑자기 의욕의 무한한 흐름에서 벗어나 인식이 의지의 사역을 면하고, 이미 의욕의 동기에는 주의를 기울이지 않게 되어 사물을 그 의지에 대한 관계를 떠나서 파악하며, 또한 이해와 관심과 주관성도 없이 순수하게 객관적으로 사물을 고찰하고, 그것이 동기인 경우가 아니라 단순히 표상인 한에 있어 완전히 그 사물에 몰두하여 살피게 되면, 처음에 말한 의욕의 길을 찾아가서는 언제나 사라져 버리는 평안이 한꺼번에 저절로 생겨서 우리는 완전히 행복해진다. 그것이 고통 없는 상태이며 에피쿠로스가 최고의 선과 신들의 상태로 찬양했던 것이다. 그 순간에 우리는 천한 의지의 충동을 빠져나와 의욕이 부추기는 강제 노동에서 벗어나 안식일을 지키고, 익시온의 수레바퀴도 멈춘다.

이 상태가 바로 전에 이데아를 인식하는 데에 필요하다고 말한 것이며 순수한 관조의 상태이다. 직관에 몰입하고 객관에 빠져 모든 개별성을 망각하고 이유율에 따라 관계만을 파악하는 인식 방식을 단념하는 것인데, 이 경우 동시에 불가분하게 직관된 개체는 의지 없는 인식의 순수주관에까지 높아지고, 그래서 그 양자는 이미 시간의 흐름이나 그 밖의 모든 관계의 흐름에 제약되지 않는다. 이렇게 되면 해넘이를 감옥에서 바라보든 궁중에서 바라보든 마찬가지라는 결론이 나온다.

내적 정서, 의욕에 대한 인식의 우세, 이러한 상태는 어떠한 환경에서도 생길수 있다. 이것을 우리에게 보여주는 것이 탁월한 네덜란드 사람들인데, 그들은 보잘것없는 대상에게도 순수하고 객관적인 직관을 기울여 그들의 객관성과 정신적 평안의 영원한 기념비를 '정물'의 모습으로 세웠다. 심미안이 있는 사람은 이것을 바라보고 감동을 금할 수 없는데, 그 그림이 작자의 평정하고 온건하며 의지를 떠난 심상을 또렷이 생각나게 하기 때문이다. 이처럼 보잘것없는 사물을 객관적으로 바라보고 주의 깊게 살피며, 이 대조를 신중하게 재현하려면 그와 같은 심상이 필요한 것이다. 그 그림은 보는 사람에게 이러한 상태에 공감할 것을 요구하기 때문에, 그의 불안하고 격한 의욕에 의해 흐려진 심경과 대조를 이루어 감동은 더욱 증대되는 일이 흔히 있다. 이와 같은 정신으로 풍경화가들, 특히 라위스달[13]은 풍경을 그렸는데, 그는 그 효과를 한층 훌륭하게 나

---

13) Jacob van Ruysdael(1628~1682). 네덜란드 풍경화가로, 지평선을 낮게 잡고 드넓은 하늘을 그리는 파노라마적 풍경화의 새 경지를 개척했다.

타냈다.

예술적 심정의 내적인 힘은 그것만으로 이와 같은 작용을 하는데, 순수하게 객관적인 정서는 친화력 있는 객관에 유혹당하는, 아니 바라보지 않고서는 못 견디게 되는 아름다움에 찬 자연에 의해 쉽게 일어나고, 또 외부로부터도 촉진된다. 자연의 아름다움이 일단 우리 눈앞에 전개되면 거의 언제나 우리는 아무리 짧은 사이라도 주관성이나 의지의 속박으로부터 순수한 인식 상태로 들어갈 수 있다. 그러므로 격정 또는 고난이나 근심 등으로 괴로워하고 있는 사람도 오직 자유로운 심정으로 자연을 바라보는 것만으로도 갑자기 기운이 나고, 명랑해지며, 위안을 얻게 된다. 그래서 격정의 폭풍, 소원과 공포의 충동, 의욕의 모든 고뇌는 이상하게도 순식간에 가라앉아 버린다. 왜냐하면 의욕을 떠나 의지가 없는 순수한 인식에 몰입한 순간, 우리는 별세계에 들어간 셈이며, 거기에는 이미 우리의 의지를 움직여서 격하게 마음을 어지럽히는 것은 아무것도 없기 때문이다.

이렇게 인식이 자유로워지면 우리는 마치 잠과 꿈에 의해 현실 세계에서 완전히 떠나버리게 되는 것처럼 모든 것에서 벗어나게 된다. 행복과 불행은 사라져 버리고 우리는 이미 개체가 아니며, 개체는 잊히고, 오직 순수한 인식 주관일 뿐이다. 우리는 오직 '하나'의 세계에서 눈으로서 존재할 뿐인데, 이것은 인식의 힘을 갖고 있는 모든 생물에 작용하고 있지만, 오직 인간에게는 의지의 역할에서 완전히 해방될 수 있고, 그 때문에 개별성의 차별이 완전히 없어져 버리고, 보는 눈이 강대한 왕의 눈이든 불쌍한 거지의 눈이든 별로 차이가 없다. 왜냐하면 행복도 고뇌도 모두 이러한 한계를 넘은 경지에는 들어갈 수 없기 때문이다.

모든 고뇌를 완전히 이탈한 경지는 언제나 이렇게 우리 가까이에 있다. 하지만 누가 이 경지에 오래 머무를 힘을 갖고 있는가? 이처럼 순수하게 관조된 객관과 우리의 의지나 인격과의 어떠한 관계가 다시 인식되자마자 마법은 곧 사라져 버리고, 우리는 이유율이 지배하는 인식으로 다시 떨어져서 이미 이데아를 인식하지 않고 개체, 즉 우리도 속해 있는 연쇄의 일부를 인식한다. 그래서 우리는 다시 모든 고뇌를 짊어지게 되는 것이다. 대부분의 인간에게는 객관성, 곧 천재성이 없기 때문에 그들은 거의 언제나 이러한 상태에 있다. 따라서 그들은 홀로 자연을 상대하는 것을 좋아하지 않고 교제를 필요로 하며, 적어도 책을 필요로 한다. 왜냐하면 그들의 인식은 의지에 예속되어 있기 때문이다. 그러므로 그들은 대상들에서 자신의 의지에 대한 관계만을 찾고, 그러한 관계가 없는 것에서 마음속에는 기초 저음처럼 '그런 것은 나에게는 소용이 없다'고 하는 절망적인 목소리가 끊임없이 들려온다. 그래서 혼자 있으면, 주위가 아무리 아름다워도 그에게는 스산하고 음산하며 서먹서먹하고 적의가 있는 것처럼 보인다.

의지를 떠난 관조의 행복은 지나간 일과 멀리 떨어진 곳에 대해 이상한 매력을 갖게 하고, 우리의 환상으로 이것들을 참으로 아름다운 것으로 생각하게 한다. 우리가 먼 곳에서 살았던 과거의 일을 생각할 때 우리의 상상력이 회상해 내는 것은 객관들뿐이며, 현재와 마찬가지로 당시도 회복될 수 없는 고뇌를 짊어진 의지의 주체는 아니었기 때문이다. 그 무렵 그와 같은 고뇌는 그 뒤 이미 다른 고뇌로 바뀌었기 때문에 잊혀버렸던 것이다. 그런데 기억에 있어서 객관적 직관은 만일 우리가 의지를 떠나서 거기에 몰입할 수 있다면, 현재의 직관과 동일하게 작용할 것이다.

따라서 우리가 평상시보다 더 심하게 어떤 고난으로 괴로워하는 경우, 먼 과거의 일과 멀리 떨어진 장소의 일에 대한 갑작스러운 회상이 사라져 버린 낙원처럼 뇌리를 스치는 일이 있다. 상상이 불러일으키는 것은 객관적인 것뿐이며, 개별적이고 주관적인 것은 아니다. 그리고 이들 객관적인 것이 당시에도 현재 상상하는 모습과 똑같이 순수하게 의지에 대한 어떠한 관계에도 흐려지지 않고 우리 눈앞에 있었다고 상상한다. 그런데 실제로는 오히려 우리의 의지에 대한 객관들의 관계는 지금과 마찬가지로 우리를 괴롭히고 있었던 것이다. 만일 우리가 현재의 객관을 순수하게 객관적으로 고찰하는 경지에까지 올라가고, 우리 자신이 아니라 이들 객관만이 현존한다고 하는 환상을 품는 것이 가능하다면, 과거의 객관과 마찬가지로 현재의 객관도 우리를 고뇌에서 해방시켜 준다. 그렇게 되면 우리는 괴로운 자아를 벗어나고, 순수한 인식 주관으로서 이 객관들과 완전히 합치한다. 그리고 고난이 이 객관들과 무관한 것과 마찬가지로, 고난은 그러한 경지에 있는 우리와도 무관하다. 이렇게 하여 남는 것은 표상으로서의 세계뿐이며, 의지의 세계는 없어져 버린다.

이상의 여러 고찰로 나는 주관적 조건이 미적 쾌감에 대하여 어떠한 성질의 것이며, 또 어느 정도의 것인가 하는 것을 분명히 했다고 생각한다. 말하자면 그것은 인식이 의지의 사역에서 해방되는 것이며, 개체로서의 자신을 망각하고, 의식을 높여 순수한 의지를 떠나서 시간을 초월한 모든 관계에 의존하지 않는 인식 주관에 도달하는 것이다. 미적 관조의 이 주관적 측면과 더불어 언제나 필연적 상관자로서 그 객관적 측면이 나타난다. 그것이 플라톤의 이데아에 대한 직관적 파악이다. 그러나 이것을 상세히 고찰하여 이에 관한 예술 업적을 논하기에 앞서, 잠시 미적 쾌감의 주관적 측면에 관심을 돌려, '숭고함(das Erhabene)'에 대한 인상을 규명함으로써 그 고찰을 완성하는 것이 적절하리라. 왜냐하면 숭고함의 인상은 오로지 미적 쾌감의 주관적 측면에 의존하고 그 변용으로 생기는 것이기 때문이다. 그러면 나중에 미적 쾌감에 대한 우리의 연구는 그 객관적 측면의 고찰로 완전해진다.

그러나 그 전에 지금까지 언급한 것에 덧붙여 다음과 같은 것을 말해 두어야 하겠다. 빛은 사물에서 가장 즐거운 요소이다. 그것은 모든 선한 것, 모든 구원을 가져오는 상징으로 되어 있다. 어떠한 종교에서도 빛은 영원한 구원을 나타내며 암흑은 영원한 벌을 의미한다. 오르무즈드는 가장 순결한 빛 속에 살고, 아리만은 영원한 밤의 어둠 속에 산다. 단테의 천국에서는 축복받은 모든 영혼이 빛의 초점으로서 나타나고, 그것들이 모여서 규칙을 바른 형태로 이룩한다고 하기 때문에, 대체로 런던의 복스홀 공원과 흡사한 모양이라고 생각된다. 빛이 없어지면 우리는 곧 슬퍼하고 빛이 돌아오면 기뻐한다. 색채는 곧 생생한 기쁨을 느끼게 되고 그 색채가 선명해지면 기쁨은 최고도에 달한다. 이것은 모두 빛이 가장 완전한 직관적 인식의 상관자이자 조건이기 때문이며, 이러한 인식 방식이야말로 직접적으로 의지를 촉발하지 않는 유일한 방식이다. 왜냐하면 시각은 그 밖의 감각과는 달리 그 자신으로서 직접, 그리고 자신의 감각적 작용으로 기관에서 감각의 쾌감 또는 불쾌감을 느낄 능력이 없기 때문이다. 말하자면 의지와 직접 결합되지 않는다. 이성에 근거를 두고 생기는 직관에 이르러 비로소 의지와의 결합이 가능한 것이며, 그러한 결합은 객관과 의지와의 관계 속에 존재한다. 이 관계는 청각의 경우와는 다르다. 음악은 직접 고통을 일으킬 수도 있고, 화성이나 음률에 관계하지 않고 직접 감각적으로 기분을 즐겁게 할 수도 있다. 온몸으로 느끼는 촉각은 의지에 대한 이와 같은 직접적 영향을 가장 강하게 받는다. 그러나 고통이나 쾌감을 동반하지 않는 촉각도 있다. 그런데 후각은 언제나 쾌감 아니면 불쾌감을 느낀다. 미각은 더 심하다. 따라서 후각과 미각이 가장 심하게 의지에 오염되어 있다. 이것은 언제나 가장 천한 감각이며 칸트는 이것을 주관적 감각이라 불렀다. 그렇다고 하면 빛에 의한 기쁨은 실제로는 순수하고 가장 완전한 직관적 인식 방식에 대한 객관적 가능성으로 말미암아 우리가 느끼는 기쁨에 불과하며, 모든 의욕을 초탈한 순수한 인식이야말로 가장 즐거운 것이다. 그러한 것은 이미 미적 향락에 많은 몫이 있다는 사실에서 연역할 수 있다.

우리는 객관이 물에 비치면 믿을 수 없을 정도로 아름답게 보인다는 것을 알고 있는데, 그것 또한 빛의 이와 같은 해석에서 연역할 수 있다. 우리가 자신의 여러 지각들 가운데에서 가장 완전하고 순수하게 지각할 수 있는 것은 물체들 상호 간의 신속하고 미묘한 영향 방식 중 간접적인 반사광선의 영향 때문이다. 이 영향은 아주 쉽게 간과할 수 있는 것으로, 인과 속이나 전체로 우리 눈앞에 나타난다. 우리가 빛에 대해 미적인 기쁨을 느끼는 것은 이 때문이며, 이 기쁨은 실제로 미적 쾌감의 주관적 근거에 기반을 두고 있고, 순수인식과 그 방식에 대한 기쁨이다.

### 39. 숭고한 아름다움

이때까지 행한 모든 고찰은 미적 쾌감의 주관적인 부분을 들어 논했다. 다시 말해 의지와는 반대로 그 쾌감이 단순히 직관적 인식에 대한 기쁨인 쾌감이지만, 이 고찰에 이어 이것과 직접 연관되는 것으로 '숭고함'이라 부르는 정서를 다음과 같이 설명해 두기로 한다.

앞에서 말했듯이 대상들을 순수직관으로 받아들이면, 즉 대상이 그 다양하고 일정하며 명확한 형태에 의해 쉽고 객관적인 의미에서 아름다움을 성립시키는 이데아를 대표하는 것이 되면 순수직관의 상태로 변하는 것은 쉽다. 무엇보다도 아름다운 자연이 이러한 물질을 가지고 있다. 그러므로 자연은 가장 감각이 둔한 사람에게까지 적어도 잠시 동안은 미적 쾌감을 느끼게 한다. 그뿐만 아니라 참으로 심한 것은 특히 식물이 우리에게 그것을 미적으로 고찰할 것을 요청하여, 어쩔 수 없이 그렇게 만드는 것이다. 따라서 다음과 같이 말하고 싶을지 모른다. 곧 식물이 인간의 미적 고찰에 영합해 온다는 것은 다음의 사정과 연관되어 있다. 식물은 동물의 육체처럼 그 자체로서는 인식의 직접적 객관이 아니기 때문에, 맹목적 의욕의 세계에서 표상의 세계로 들어가기 위해서는 오성을 가진 다른 개체를 필요로 한다. 그래서 식물은 의욕의 세계에서 표상의 세계로 들어갈 것을 동경하고, 직접 자신이 할 수 없는 일을 적어도 간접적으로 달성해 보려고 한다. 그러나 나는 이런 대담한 공상과 비슷한 사상을 결정짓지 않고 놓아두기로 한다. 왜냐하면 이러한 사상을 부르짖고 시인하는 것은 자연을 아주 진지하고 열성적으로 고찰한 뒤에야 가능한 일이기 때문이다.[14]

그런데 이렇게 자연이 우리 마음에 영합한다는 것, 다시 말해 자연의 형태들이 깊은 의미와 명확성을 갖고 그 형태들을 취하여 개별화된 이데아가 쉽게 우리의 마음을 울린다고 하는 것이, 우리를 의지에 봉사하는 단순한 대상적 관계의 인식에서 미적 관조로 옮기게 하고 의지를 이탈한 인식 주관에까지 높이는 한, 우리 마음에 작용해 오는 것은 '아름다운 것'뿐이며, 거기에서 생기는 것은 미적 감정이다. 그러나 저마다 의미 깊은 형태를 갖기 위해 스스로 우리를 순수하게 관조하도록 하는 대상들이야말로 인체라고 하는 객관적인 모습으로 나타나는 인간의 의지 일반에 대하여 적대 관계를 갖는다. 또 이에 대립해서 어떠한 저항도 제압할 수 있는 우세를 가지며 의지를 위협하고, 또 그 측량할 수 없는 위대함에 대하여 의지를 깎아내려 무력하게 만든다. 하지만 그럼에도 이것을 바라보는 자는 자신의 주의를 의지에 대한 압도적인 관계에 향하지 않고, 그것을 지각하고 승인하면서도 의식적으로 피하여 의지나 그 관계로부터 벗어나 오직 인식에만 몰두한다. 즉 의지에 대해 무서운 이 대상들을 의지를 떠난 순수한 인식 주관으로 관조하고, 모든 상대적 관계를 초월한 그 대상의 이데아만을 파악한다. 그러므로 그러한 사람은 대상에 대한 고찰에 전념하는 것을

---

14) 여기에 언급한 사상은 내가 40년 전에 조심조심 망설이면서 쓴 것이기 때문에, 이미 같은 사상을 성 아우구스티누스가 표명했다는 것을 지금 발견하고, 나는 오히려 기쁘고 놀라지 않을 수 없다. "나무들은 이 눈에 보이는 세계의 구조를 장식하는 데 쓸모 있는 여러 모습들을 감각에 나타내 보이고, 그들 자신은 '인식할' 수 없기 때문에, 말하자면 인식되는 것을 원하고 있는 것처럼 보인다."(《신국론》, X, 27)

즐기고, 때문에 자기의 인격과 의욕 및 모든 의욕을 초월하는 것이다. 이러한 경지에 이르렀을 때 그의 마음을 채우는 것이 '숭고'의 감정이며, 그는 충만한 상태에 있다. 따라서 그러한 상태를 유발하는 대상도 '숭고한' 것이라 부른다.

숭고함에 대한 감각과 아름다움에 대한 감각과의 차이는 다음과 같은 점에 있다. 아름다움의 경우는 순수한 인식이 투쟁 없이 우리를 차지한다. 왜냐하면 객관의 아름다움, 즉 그 객관의 이데아 인식을 쉽게 만드는 성질이 의지와 의지에 사용되는 관계들의 인식을 아무런 저항도 받지 않고 자기도 모르는 사이에 의식에서 멀어져 인식의 순수주관으로 남게 하며, 자신의 의지에 대한 추억까지도 남기지 않기 때문이다. 이와 반대로 숭고의 경우는 그러한 순수인식의 상태는 불리한 것으로 인식된 그 객관의 의지에 대한 관계로부터 의식적으로, 또 무리하게 이탈함으로써, 즉 의지와 그것에 관계하는 인식을 의식적으로 자유롭게 극복함으로써 달성된다. 이 초월은 의식적으로 달성될 뿐만 아니라 지속되어야 한다. 따라서 끊임없이 의지에 대한 기억이 따라다니지만, 그것은 공포나 소망과 같은 개별적이고 개인적인 의욕이 아니라 객관성을 통해 인간 육체에 의해 일반적으로 표현된 경우에 있어 인간의 의욕에 대한 기억이다. 만일 대상에서 오는 현실적이고 개인적인 압박이나 위험에 의해 실제적이고 개별적인 의지 행위가 의식에 나타난다고 하면, 이렇게 현실적으로 움직여진 개인적 의지가 곧 우위를 차지하고, 관조의 고요함은 불가능하게 되어 숭고의 인상은 없어져 버리고 만다. 숭고의 인상은 불안으로 변하고, 그러한 압박이나 위험에서 도피하려는 개인의 노력이 다른 사상을 몰아내기 때문이다.

여기서 몇 가지 예로 드는 것이 미적 숭고에 대한 이데아를 분명히 하고 의심을 푸는 데에 크게 도움이 될 것이다. 또 이 예들에 의해 숭고함의 여러 정도의 차이가 드러날 것이다. 왜냐하면 숭고함에 대한 감각은 주요 규정에서는 아름다움에 대한 감각과 동일하기 때문이다. 이 둘은 순수하고 의지를 떠난 인식이며, 필연적으로 생기는 인식, 다시 말해 이유율에 의해 규정되는 모든 관계를 초월하여 존재하는 이데아의 인식이라는 점에서는 동일하다. 또 숭고함에 대한 감각은 부가물에 의해서만, 즉 관조된 그 객관이 의지 일반에 대해 갖는 적대 관계를 인정하면서도 이것을 초월한다는 점에 의해서만 아름다움에 대한 감각과 구별된다. 여기서 이 부가물이 강렬하고 명확하고 절실하고 가까운 것인가, 아니면 허약하고 멀고 단지 막연한 것인가에 따라 숭고의 여러 정도가 생기고, 또한 아름다움에서 숭고로의 이행이 생긴다. 나는 먼저 이것들의 이행과 일반적으로 미약한 정도의 숭고에 대한 인상을 예를 들어 보이는 것이 설명에 적합하다고 생각한다. 물론 미적 감수성이 그다지 강하지 않은 사람들, 상상이 풍부하지 않은 사람들은 더욱 명확한 숭고의 인상에 대한 실례만을 이해할 것이다. 그러므로 그러한 사람들은 고도의 인상만을 믿고 앞서 말한 극히 미약한 정도의 인상은 그대로 두지 않으면 안 된다.

인간은 의욕의 격하고 어두운 충동(그 초점은 생식기라고 하는 극으로 표시되는)을 가지면서 동시에 순수인식의 영원하고 자유롭고 밝은 주관(뇌수라는 극으로 표시되는)을 가진다. 이와 마찬가지로 태양은 이 대립과 상응하여 '빛'의 원천, 곧 가장 완전한 인식 방법이 되는 조건의 원천이다. 그렇기 때문에 가장 즐거운 것의 원천인 동시에 '열'의 원천, 생명의 제1조건, 즉 고도의 단계들에서 모든 의지 현상의 원천이다. 의지에 해당하는 것은 열이고 인식에 해당하는 것은 빛이다. 그러므로 빛은 아름다움의 왕관에 있어 최대의 금강석이며, 모든 아름다운 대상들을 인식하는 데 가장 결정적인 영향을 끼치는 것이다. 무릇 빛이 있다는 것은 없어서는 안 되는 조건이며 가장 아름다운 것까지도 빛이 알맞은 위치에 있으면 그 아름다움이 더해진다. 그러나 뭐니 뭐니 해도 빛의 은혜로 그 아름다움이 더하는 것은 건축으로, 빛의 은혜가 있으면 보잘것없는 것도 아름다운 것이 된다. 한겨울에 자연이 온통 얼어붙어 있을 때, 낮게 기울어진 햇빛이 돌덩어리에서 반사하는 것을 보면 거기에는 빛은 있지만 열은 없다. 다시 말해 의지가 아니고 가장 순수한 인식 방식에만 이로운 것이다. 그래서 빛이 돌덩어리에 주는 아름다운 효과의 고찰로 인해 모든 아름다움을 보던 때와 같이 우리는 순수인식의 상태로 들어간다. 하지만 이 경우 이 순수인식의 상태는 바로 그 빛에 의한 가열, 즉 생명체의 원리가 결여되어 있다는 것을 상기함으로써 의지의 관심을 어느 정도 초월할 것을 요구하고, 모든 의욕을 벗어나 언제나 순수인식에 머무르려고 하는 희미한 요청을 품고 있다. 그러나 그렇기 때문에 아름다움에서 숭고함으로 옮아간다. 아름다움에서 엿볼 수 있는 숭고의 흔적은 참으로 미약한 것이긴 하지만, 아름다움은 이때 미약한 정도로만 나타난다. 이와 거의 같을 정도로 미약한 실례는 다음과 같다.

예컨대 끝없는 지평선이 보이고, 하늘에는 구름 한 점 없고 바람 한 점 일지 않으며, 초목은 움직이지 않고, 동물도 사람도 전혀 보이지 않으며, 흐르는 물도 없고, 깊은 정적이 깔려 있는 아주 한적한 곳에 간다면, 이러한 환경은 모든 의욕과 궁핍으로부터 벗어나서 관조하라는 외침과도 같다. 그런데 바로 이것이 그렇게 쓸쓸하고 한적하기만 한 환경에 숭고한 맛을 주는 것이다. 왜냐하면 이러한 환경은 줄기차게 무엇을 추구하고 이것을 얻고자 하는 의지에게 이해와 관계있는 어떠한 객관도 제공하지 않기 때문이며, 거기에 남는 것은 순수한 관조의 상태뿐이기 때문이다. 그리고 순수한 관조가 불가능한 사람은 의지를 작용할 대상이 없는 공허함을 느끼고, 지루함을 못 이겨 깊은 절망에 빠져버린다. 그러한 점에서 이 환경은 우리에게 지적 가치의 척도가 되는 것이며, 우리의 지적 가치에 있어서는 일반적으로 우리가 외로움을 어느 정도 견디는가, 또는 어느 정도 좋아하는가 하는 좋은 척도이다. 요컨대 위에서 말한 환경은 차원이 낮은 숭고의 한 예인데, 거기에는 순수인식 상태에 평화와 만족이 있고, 그와 대조적으로 끊임없는 활동을 필요로 하는 의지의 독립성이 없는 가련한 모습에 대한 추억이 섞여 있다. 북아메리카 내륙의 끝없는 대초원을 바라본 뒤에 생기는 숭고함이 이러한 종류의 것이다.

하지만 이러한 지방에서 초목을 없애버려서 벌거벗은 암석만 드러난다면 우리의 생존에 필요한 유기물이 없기 때문에, 그것만으로도 벌써 의지는 불안하게 되고, 황야는 무서운 성질을 띠며, 우리의 기분은 무겁게 가라앉는다. 따라서 순수인식을 높이려면 더욱 결연히 의지의 관심으로부터 이탈해야 한다. 그리고 순수인식의 상태를 지켜 나가면, 숭고감(感)이 분명히 생긴다.

이러한 감정을 높은 수준에서 생길 수 있게 하는 것은 다음과 같은 환경이다. 폭풍우에 휘말린 채 사방으로 펼쳐진 자연, 위협적인 검은 천둥과 번개로 덮인 어스레함, 중첩되어 시야를 가리며 거대하게 절벽을 이룬 발가벗은 바위들, 거품을 일으키며 흐르는 격류, 사방으로 펼쳐진 황무지, 골짜기에 몰아치는 통곡하는 듯한 바람 소리. 이러한 환경 속에서 우리는 확실히 자신이 독립성이 없는 존재라는 것, 우리가 적대적인 자연과 투쟁하고 있다는 것, 이 투쟁에 우리의 의지는 패배했다는 것을 알게 된다. 그러나 일신상의 궁핍에 빠져들지 않고 미적 명상에 몰입하고 있는 한 그 자연의 투쟁 사이에도, 또 이 패배한 의지의 모습 사이나 의지를 위협하고 무섭게 하는 대상에 접해도, 순수한 인식 주관이 작용하여 평정하고 침착하고 태평하게 그 이데아를 포착한다. 바로 이 대조 속에 숭고감이 존재한다.

　그러나 이 인상은 사납게 날뛰는 자연의 힘이 대규모로 서로 싸우는 것을 보면, 즉 위에서 말한 환경에서 흘러 떨어지는 물결의 웅장한 소리에 자신의 목소리조차 들을 수 없을 때 한층 강해진다. 또는 폭풍우에 미친 듯 날뛰는 아득하게 넓은 바다에 접하여 집채 같은 파도가 오르락내리락하면서 맹렬한 세력으로 기슭에 부딪쳐 부서지고, 하늘 높이 그 물방울을 튕기고, 폭풍우가 사납게 치며 으르렁거리고, 번개는 시커먼 구름 사이에서 번뜩이고, 천둥소리는 폭풍우와 바다의 소리를 압도할 때, 이러한 광경을 바라보는 사람이 평정을 가진 경우에는 그 의식의 이중성이 명확해진다. 그는 한편으로는 자기를 개체로서 허약한 의지 현상으로 느낀다. 하지만 이것은 그 자연의 힘으로부터 충격을 조금만 받아도 붕괴될 수 있으며, 강력한 자연에 대해서는 어떻게 손을 쓸 수 없이 예속적이어서 우연의 힘에 좌우되는 것이고, 거대한 힘에 비하면 자기는 실로 무(無)라고 할 만큼 미미한 것이다. 그러나 동시에 그는 자신을 영원히 평정한 인식 주관으로 느끼는 것이고, 이것은 객관의 조건으로서 이 세계의 담당자이며, 자연의 무서운 투쟁은 이 인식 주관의 표상에 지나지 않아서 인식 주관은 모든 의욕과 궁핍을 떠나서 태연히 이데아를 포착한다. 이것이 숭고의 완전한 인상이다. 여기서 이러한 인상이 일어나는 것은 개체를 파멸로 위협하는 모든 비교를 멈추고 개체보다 우월한 힘을 바라보았기 때문이다.

　공간과 시간의 크기는 참으로 엄청난 것이어서, 여기에 비하면 개인은 무라고 할 만큼 작은 것이라는 점을 생각하며, 전자의 경우와 전혀 다른 방식으로 숭고의 인상이 생길 수 있다. 전자의 경우를 역학적 숭고로, 후자의 경우를 수학적 숭고로 부를 수 있는데, 이것은 칸트의 호칭과 그가 행한 옳은 분류를 답습한 것이다. 하지만 그 이데아의 내적 본질에 대해서 우리는 칸트와 견해를 달리하고, 여기에는 도덕적 반성도, 스콜라 철학에서 말하는 실체도 관련되어 있지 않다고 생각한다.

　공간과 시간에서 세계의 무한대를 생각하고 한동안 자기를 잊어버리거나, 과거 수천 년과 미래의 수천 년에 대해 생각하거나, 또는 밤하늘의 무수한 세계를 눈앞에 실제로 보여주어서 우리가 세계를 미리 알 수 없다는 것을 의식하게 되면, 우리는 자신이 무라고 할 만큼 미미하다는 것을 생각하고, 개체로서는 생명을 가진 육체이면서 사라져 가는 의지 현상으로서, 바다에 있는 물 한 방울처럼 줄어들어 무로 돌아가는 것을 느낀다. 그러나 동시에 우리 자신의 허무성이라고 하는 이러한 환영에 대해, 즉 이러한 거짓된 불가능성에 대해 이 모든 세계는 참으로 우리의 표상 속에만 순수인식에 대한 영원한 주관의 여러 변용으로 존재하는 것에 불과하다는 직접적 의식이 생긴다. 또 우리가 개체성을 잊어버리기만 하면 곧 우리 자신이 그 영원한 주관이라는 것을 자각하는데, 이것이 바로 모든 세계나 시간의 조건이 되는 담당자이다.

이때까지 우리를 불안하게 만든 세계의 광대함은 우리 속에 편히 쉬고, 우리가 세계의 광대함에 의존했다는 것을 잊어버리고 세계의 광대함이 우리에게 의존하게 된다. 하지만 이 모든 것은 곧 반성되는 것이 아니라 단지 느낌으로서의 인식, 다시 말해 어떤 의미(이 의미를 명확하게 하는 것은 오로지 철학의 작업이다)에서 세계와 하나이기 때문에 세계의 불가측성에 압도되어버리지 않고 높여진 의식으로 나타난다. 이것은 베다의 《우파니샤드》가 여러 가지 표현법으로 여러 번 표현하고 있는 느낌으로서의 의식이며, 특히 이미 앞에서 말한 바 있는 "이들 모든 피조물은 모두 나이다. 그러나 나 말고는 아무것도 존재하는 것이 없다(《우프네카트》, I권, p. 112)"라는 것이다. 이것이 자신의 개체를 뛰어넘는 것이자 숭고함에 대한 감각이다.

하나의 공간은 본디 우주의 크기에 비하면 작지만, 우리에게 직접 지각할 수 있는 것으로 되어 있고, 삼차원의 어떠한 방면에서도 그 크기 전체로 작용하여 우리 육체를 거의 무한소로 만들 정도이기 때문에, 우리는 이러한 하나의 공간에 의해서도 위에서 말한 수학적 숭고의 인상을 직접적 방식으로 얻는다. 이러한 인상을 일으키는 것은 지각함이 없는 공간, 따라서 눈을 방해하는 것이 없는 공간에서는 도저히 불가능하며, 모든 삼차원의 한계를 통해서만 직접 지각할 수 있는 공간에 한한다. 이를테면 로마의 성 베드로 사원이나 런던의 성 바울 사원처럼 아주 높고 큰 둥근 천장을 들 수 있다. 이때 숭고감은 우리 육체가 어떤 큰 것에 비해 무와 같은 정도로 미미하다는 것을 자각함으로써 생기는 것이지만, 또한 그 크기 자체는 우리의 표상 속에 존재하는 데 지나지 않으며, 그 담당자는 인식 주관을 가진 우리이다. 따라서 이때에도 다른 경우들과 마찬가지로 우리 자신이 개체로서, 의지 현상으로서, 무가치한 것과 독립성이 없는 것에 대하여 우리 인식이 순수주관인 인식과 대립함으로써 숭고감이 생기는 것이다. 별들이 총총한 아치형 하늘까지도 반성을 하지 않고 바라보는 경우에는 아치형 석조의 모습과 같은 효과를 줄 뿐이며, 그 숭고감은 실제가 아니라 바라본 크기에 의해 생기는 것에 불과하다. 우리 직관의 여러 대상이 숭고감을 일으키는 것은 이 대상들의 공간적 크기와 오래된 햇수, 즉 시간적인 지속으로 인해 우리가 그 존재 앞에서 무라고 할 만큼 작아지는 느낌에 빠지면서도 그것을 바라보는 즐거움에 도취되기 때문이다. 아주 높은 산, 이집트의 피라미드와 태고의 거대한 폐허 등이 이런 종류의 것이다.

또한 숭고에 대한 우리의 설명은 윤리적인 것, 곧 숭고한 성격이라고 하는 것에도 전용될 수 있다. 이 숭고한 성격 또한 의지가 특히 그것을 자극하기에 적합한 대상에 접해도 자극되지 않고, 인식이 우위를 차지하고 있는 것에서 생긴다. 따라서 그러한 성격의 사람은 사람들을 객관적으로 고찰하고, 그들이 그의 의지에 대해 가질지 모를 관계에 따라 고찰하지는 않는다. 예컨대 그들이 자신을 미워하고 자기에게 부당한 것을 알면서도, 자신의 잘못을 깨달아 그 때문에 자기 쪽에서 그들을 미워하지는 않는다. 그는 그들의 행복을 보아도 질투를 느끼지 않는다. 그는 그들의 착한 성질을 인정해도 그들에게 더 가까이하려고 하지도 않을 것이다. 그는 여자의 아름다움을 보아도 그것을 손안에 넣으려고 하지는 않는다. 그 자신의 행복이나 불행은 그다지 그의 마음을 움직이지 않고, 오히려 햄릿이 호레이쇼에 대해 묘사하고 있는 것 같은 심경이리라.

> 인생의 갖은 고초를 겪으면서도 조금도 내색하지 않고,
> 운명의 신이 희롱하거나 은혜를 주거나
> 다같이 고마운 마음으로 받아들이는,
> 자네는 그런 사람이지.(3막 2장)

그러한 성격의 사람은 자신의 생활 과정이나 거기서 생기는 불행도 개인의 운명이라 보기보다는 오히려 인류 일반의 운명이라 생각하고, 이 직관에 괴로

위하기보다는 이것을 인식한다는 태도를 취할 것이기 때문이다.

## 40. 매력적인 아름다움

대립은 서로의 설명을 돕는 것이기 때문에, 여기서 다음과 같은 의견을 말해 보는 것이 적절하리라. 즉 숭고의 정반대는 '매력적인 것(das Reizende)'이다. 물론 이것은 첫눈에 보았을 때에는 숭고의 정반대라고는 생각할 수 없다. 그러나 내가 매력적인 것이라고 해석하는 까닭은 의지에 승낙, 곧 만족을 직접 약속함으로써 의지를 자극하기 때문이다. 의지에 반갑지 않은 대상이 순수한 관조의 객관이 되면, 이 순수관조는 의지를 끊임없이 벗어나 의지의 관심을 뛰어넘음으로써 유지된다. 이것이 바로 숭고한 기분을 만드는 것이고, 여기에서 숭고감이 생긴다. 이와는 반대로 매력적인 것은 아름다움을 파악하는 데에 반드시 필요한 순수관조에서 바라보는 사람을 끌어내리고, 그의 의지에 직접 맞는 대상에 의해 그의 의지를 자극하기 때문에, 바라보는 사람은 언제까지나 인식의 순수주관으로 있을 수 없어서, 무엇을 바라는 독립성이 없는 의욕의 주체로 되어버린다. 흔히 명랑한 종류의 아름다움을 매력적이라고들 하지만, 이것은 개념을 너무 넓게 해석한 잘못된 구별이므로 나는 이 개념을 무시하고 부인하지 않을 수 없다.

그러나 위에서 예를 들어 설명한 의미로 보면, 미술의 영역에는 두 가지 매력적인 것이 있을 뿐인데, 나는 이 둘이 모두 미술에는 어울리지 않는다고 생각한다. 그 하나는 네덜란드인들이 그리는 정물화로, 거기에 그려진 식물은 그릇된 묘사로 인해 식욕을 자극하는 경우에는 사실 저속한 것이다. 이러한 것이 바로 의지의 자극이며, 대상의 미술적 관조에 종말을 고하는 것이다. 과일을 그리는 것은 허용될 수 있다. 왜냐하면 과일은 꽃이 더욱 발전한 것으로 나타나고, 그 형태와 색으로 말미암아 아름다운 자연의 산물로서 나타나므로, 그것을 먹는다는 것을 생각할 필요는 없기 때문이다. 하지만 유감스럽게도 잘못된 자연 묘사로 식탁 위에 준비한 요리, 굴, 청어, 가재, 버터빵, 맥주, 포도주 등이 그려져 있는 것을 가끔 보는데, 이것은 좋지 않다. 역사적 그림이나 조각에서 매력적인 요소는 발가벗은 모습에 있는데, 그 자세, 반쯤 몸을 가린 옷, 그 취급 방법 등이 보는 사람에게 음탕한 기분을 준다. 그것이 결국 순수하게 미적인 견해를 없애고 미술의 목적을 방해한다. 이 결점은 지금 막 네덜란드인들에 대해 비난한 결점과 일치한다. 고대 사람들은 아무리 아름답고 그 모습이 완전한 나체라고 해도, 거기에 대해서 거의 거리낌이 없다. 그것은 예술가가 주관적인 비열한 욕망이 아닌 이상적인 아름다움으로 충만하고 순수하게 객관적인 정신으로 창작했기 때문이다. 이렇게 미술에서는 곳곳에서 매력적인 것을 기피하고 있다.

또한 소극적인 매력도 있는데, 이것은 지금 언급한 적극적인 매력보다 훨씬 혐오할 만한 것이다. 이것은 구토를 불러일으키는 것이다. 이것도 본디의 매력과 마찬가지로 바라보는 사람의 의지를 자극함으로써 순수하게 미적인 견해를 방해한다. 그러나 이 때문에 생기는 것은 심한 혐오감과 반감이다. 이것은 바라보는 사람의 의지에 그 혐오의 대상을 보여줌으로써 그 의지를 자극하는 것이다. 따라서 예전부터 예술에서는 전혀 허용되지 않은 것으로 알려져 있다. 그런데 추한 것이라도 구토를 불러일으키는 것이 아닌 경우 적당한 장소에서 허용될 수 있다. 이것은 나중에 설명하기로 한다.

### 41. 이데아를 구현하는 아름다움

우리는 아름다움에 대한 논의의 전반, 다시 말해 그 일면에 불과한 주관적 측면의 논의를 끝낸 데서 필연적으로 숭고에 대한 논의를 하지 않을 수 없었다. 왜냐하면 이 주관적 측면의 특수한 변용이 바로 아름다움을 숭고함과 구별하는 것이기 때문이다. 즉 모든 미적 관조가 전제로 하고 요청하는, 순수하고 의지가 없는 인식의 상태가 객관에 의해 그 경지까지 유도되고 끌려 들어감으로써, 아무런 저항도 없이 의지가 의식에서 없어져 버림으로써 생긴 것이거나, 또는 이 상태가 자유로이 의식적으로 의지를 초월함으로써 비로소 얻어진 것으로서, 관조된 대상 자체는 의지에 대해 불리한 적대 관계에 있고, 만약 이 관계에 사로잡혀 있으면 관조가 소멸해 버리는 그러한 상태이다. 이것이 아름다움과 숭고의 차이이다. 객관에 있어서 이 둘은 본질적으로는 차이가 없다. 왜냐하면 어떠한 경우에도 미적 고찰의 객관은 개별적인 사물이 아니라 그 속에 구현되려고 노력하는 이데아, 곧 일정한 단계에 있는 의지의 적절한 객관화이기 때문이다. 이데아의 필연적인 상관자로서 이데아와 마찬가지로 이유율을 이탈하고 있는 것이 인식의 순수주관이며, 개체의 상관자는 인식하는 개체인데, 이 둘은 다 이유율의 영역에 존재한다.

우리가 어떤 대상을 '아름답다'고 말할 때, 그것은 미적 고찰의 객관임을 표현하는 것이며, 여기에는 두 가지가 포함되어 있다. 하나는 그 대상을 바라보면 우리가 객관적이 된다는 것, 다시 말해 그 대상을 보고 있는 동안 우리는 자신을 개체라고 의식하지 않고, 순수하고 의지를 떠난 인식 주관으로 의식하고 있다는 것이다. 그리고 다른 하나는 우리가 대상 속에서 개체를 보지 않고 이데아를 본다는 것인데, 이것은 대상에 관한 우리의 고찰이 이유율에 얽매이지 않고, 그 대상과 그 밖의 것과의 관계(이 관계는 결국 언제나 우리의 의욕에 대한 관계와 관련하는 것이지만)에 구속받지 않으며, 객관에 안주하는 경우에만 생길 수 있다. 왜냐하면 이데아와 순수한 인식 주관은 필연적인 상관자로서 언제나 동시에 의식에 들어오는데, 이들의 출현과 더불어 시간적 구별이 곧 없어지기 때문이다. 그것은 이데아와 순수한 인식 주관이 모든 형태의 이유율에 의해서 생기는 여러 상대적인 관계 밖에 존재하기 때문이다. 마치 무지개와 태양이 떨어지는 물방울의 끊임없는 운동의 연속과는 아무런 관계가 없는 것과 마찬가지이다.

예컨대 내가 한 그루의 나무를 미적으로, 즉 예술적인 안목으로 본다면, 그리고 나무가 아니라 나무의 이데아를 인식한다고 하면 그 대상이 이 나무인가 또는 1000년 전에 무성했던 그 조상인가는 당장은 의미가 없다. 마찬가지로 그것을 보는 개인이 이 사람인지 또는 어디서 생활하고 있는 다른 사람인지 하는 것도 아무래도 상관이 없다. 그렇게 되면 이유율과 더불어 개체와 인식 개체는 없어지고, 남는 것은 이데아와 순수한 인식 주관뿐이다. 이 둘이 결합하여 이 단계에서 의지의 적절한 객관성을 이룩하는 것이다. 그리고 이데아는 시간뿐만 아니라 공간도 초월한다. 왜냐하면 내 눈앞에 있는 공간적인 형태가 아니라 그 형태의 표현, 곧 순수한 의미, 자신을 드러내어 내 마음을 끄는 가장 내적인 본질이 바로 이데아이며, 따라서 형태의 공간적 관계들이 아무리 달라도 완전히 같은 것일 수 있기 때문이다.

현존하는 사물은 모두 한편으로는 순수하게 객관적으로 모든 상대적 관계를 떠나 고찰될 수 있으며, 또 한편으로는 어떠한 사물 속에도 의지가 그 객관성의 어떤 단계를 표시하면서 나타난다. 따라서 그 사물은 어떤 이데아를 표현하고 있기 때문에 모든 사물은 저마다 '아름다운' 것이다. 아주 보잘것없는 것도 순수하게 객관적으로 의지를 떠나 관찰할 수 있으며, 아름다운 것으로 보인다. 이것은 이미 앞서(제38장) 이 점에 대해 언급한 네덜란드인들의 정물화를 보아도 알 수 있다. 그런데 어떤 것이 다른 것보다 한층 아름답다는 것은 그것이 순수하게 객관적인 관찰을 쉽도록 하거나, 형편이 좋거나, 좋든 싫든 어쩔 수 없이 그렇게 하도록 강요하는 것인데, 그때 우리는 그 사물을 매우 아름답다고 한다. 이것은 한편으로는 그 사물이 개체로서 각 부분의 분명하고 알기 쉽게 규정된, 매우 중요한 관계들로 이데아를 순수하게 표현하고, 가능한 모든 표현이 그 개체 속에 완전히 통일되어 있어서 그 사물이 그런 종류의 이데아를 완전하게 구현하므로, 관찰자는 쉽게 개체로부터 이데아를 파악할 수 있고, 또한 순수관조의 상태로 들어갈 수 있기 때문이다. 또 한편으로 어떤 객관이 특히 아름답다는 장점은 그 객관 속에서 우리의 마음을 끄는 이데아가 의지의 객관성 가운데 높은 단계이며, 아주 중요하고 의미심장한 것이기 때문이다. 그런 까닭에 인간이 다른 어떤 것보다도 아름답고, 인간의 본질 구현이 예술의 지상 목표인 것이다. 인간의 자세와 표정은 조형미술의 가장 중요한 대상이며, 또 인간의 행위는 시(詩)의 가장 중요한 대상이다.

그러나 사물에는 각기 특유한 아름다움이 있다. 유기적인 것으로 통일되어 나타나는 것뿐만 아니라 무기적인 것, 무형적인 것, 모든 제조품까지도 아름다움을 가지고 있다. 왜냐하면 이것들은 모두 의지가 가장 낮은 단계에서 자신을 객관화하는 이데아를 구현하며, 자연의 가장 깊은 곳에서 울리는 저음을 표시하고 있기 때문이다. 중력, 강성, 유동성, 빛 등은 암석, 건물, 물 속에서 나타나는 이데아들이다. 아름다운 조원술(造園術)이나 건축술은 이 이데아들을 도와 그 특질을 분명하게 여러 가지로 완전하게 전개시키고, 이 이데아들에게 순수하게 자신을 나타낼 기회를 주어 미적 관찰을 하게 하며 이것을 쉽게 만드는 것뿐이다.

그런데 자연이 소홀히 했거나 기술이 망쳐놓은 졸렬한 건물 등에는 이러한 것이 거의 없다. 그렇지만 이것들로부터 자연의 보편적인 근본 이데아가 완전히 없을 수는 없다. 이데아를 찾으면서 관찰하는 사람에게는 그 경우에도 이데아가 말을 걸어, 졸렬한 건물에서도 미적인 관찰이 가능하다. 다시 말해 이것들 속에서도 그 소재의 보편적 특질의 이데아를 인식할 수 있는데, 단지 이것들에게 인공적으로 주어진 형태는 미적 관찰을 쉽게 만드는 수단이 아니라 오히려 그것을 곤란하게 만드는 장애이다. 따라서 제조품들도 이데아의 표현에 도움이 된다. 단지 표현되는 것은 이 제조품들의 이데아가 아니라 인공적으로 형태를 부여한 소재의 이데아이다. 스콜라 철학자들에 의하면 이것은 적절하게 두 가지 말로 표현된다. 즉 제조품 속에는 그 실체 형식(forma substantialis)의 이데아가 표현되고 우유 형식(forma accidentalis)의 이데아는 표현되지 않는데, 이 우연히 갖추어진 형식이 도입되는 곳은 이데아가 아니라 그것의 출발점이 된 인간적 개념이다. 이 경우 물론 제조품은 분명히 조형미술의 작품을 의미하는 것이 아니다. 그러나 어쨌든 스콜라 철학자들이 실제로 실체 형식으로 이해하고 있었던 것은 내가 어떤 사물에서 의지의 객관화 정도라고 부르는 것이다. 따라서 우리는 아름다운 건축물을 고찰할 때 소재의 이데아 표현으로 되돌아가 논할 것이다. 한편 플라톤은 책상이나 의자는 책상이나 의자의 이데아를 나타낸다고 주장하고 있는데(《국가론》, X, p. 284~285, 《파르메니데스》, p. 79, ed, Bip.), 우리의 견해로는 이 주장에 동의할 수 없다. 우리는 오히려 책상이나 의자는 이미 단순한 그 소재 자체 속에 나타나 있는 이데아를 표현한다고 말한다. 하지만 아리스토텔레스에 의하면(《형이상학》, XI, 3장) 플라톤은 자연물에 대해서만 이데아를 확정했다 말하고 있다. "플라톤은 이데아는 자연에 의존하고 있는 것의 숫자만큼 있다고 말했다." 그리고 제5장에서는 플라톤학파 사람들의 견해에 따르면 집이나 반지의 이데아는 없다고 말하고 있다. "그들은 이데아를 자연에 의존하는 것의 영원한 본보기라고 정의한다. 플라톤학파의 대부분은 기술에 의해 만들어진 것, 예컨대 방패나 칠현금의 이데아가 존재하지 않고, 또 자연에 거역하는 것, 예컨대 열병이나 콜레라와 같은 것에 대한 이데아도 없다. 또 개인, 예를 들어 소크라테스나 플라톤 같은 것의 이데아도 없고, 하찮은 것, 이를테면 먼지나 파편 같은 것의 이데아도 존재하지 않으며, 관계적인 것, 더 위대한 것이라든지 도를 지나친 것의 이데아도 존재하지 않는다는 생각을 한다. 왜냐하면 이데아는 신이 그 자신 속에 완결한 영원한 사유이기 때문이다."

또한 이 기회에 우리의 이데아설과 플라톤의 것은 대단히 다르다는 점을 말해 두고자 한다. 플라톤은《국가론》, X, p. 288) 미술이 그리려고 하는 대상, 즉 그림과 시의 본보기는 이데아가 아니라 개별적인 사물이라고 설명하고 있다. 우리는 이때까지의 설명을 통해 이것의 정반대를 주장했다. 그런데 그 설이 바로 이 위대한 철인 플라톤이 갖고 있었던 가장 크고 널리 알려진 결점의 근원이기 때문에, 우리는 그의 이 설에는 조금도 현혹되지 않는다. 다시 말해 그의 결점이란 예술, 특히 시에 대한 경멸과 비난이다. 그는 시에 대한 그릇된 판단을 지금 말한 것에 결부시키고 있다.

## 42. 아름다움에 대한 인상

나는 다시 미적 인상에 대한 설명으로 돌아간다. 아름다움에 대한 인식은 언제나 순수한 인식 주관과 객관으로서 인식된 이데아를 나누지 못한 채 동시에 정립한다. 그러나 미적 기쁨의 원천은 인식된 이데아의 파악 속에 존재하는 일도 있고, 모든 의욕 또는 개성이나 개성에서 생기는 고뇌 등을 벗어난 순수 인식의 더없는 행복과 정신의 평안 속에 존재할 때도 있다. 이렇게 미적 쾌감의 요소 어느 한쪽이 우세하게 되는 것은 직관적으로 파악된 이데아가 의지의 객관화에 있어 높은 단계인가 낮은 단계인가에 달려 있다. 따라서 무기물과 식물의 세계에 있는 아름다운 자연이나 아름다운 건축술의 작품을 (실제로 또는 예술의 매개를 통해) 미적으로 관찰하는 경우, 순수하게 의지를 떠난 인식의 쾌감 쪽이 우세할 것이다. 왜냐하면 이때 파악된 이데아는 의지의 객관성 가운데 낮은 단계에 지나지 않으며, 깊은 의미와 중요한 내용을 갖고 있는 현상은 아니기 때문이다.

이와 반대로 동물이나 인간이 미적 관찰이나 묘사의 대상인 경우, 쾌감은 오히려 의지의 가장 명확한 구현인 이것들에 대한 이데아의 객관적 파악 속에 존재한다. 왜냐하면 이것들에 대한 이데아는 아주 다양한 형태를 보이고, 또 풍부하고 뜻깊은 현상들을 나타내며, 결국 우리에게 의지의 격렬함, 공포, 만족 등의 형태에 있어서든, 또는 좌절의 형태에 있어서든(이것은 비극적인 묘사에 있어서이다), 마지막으로 의지의 전환이나 자기 포기라는 형태에 있어서든 가장 완전하게 의지의 본질을 나타내기 때문이다. 특히 이 의지의 자기 포기는 그리스도교 그림의 주제이다. 일반적으로 역사화나 희곡은 인식의 빛에 비쳐진 의지의 이데아를 객관으로 하고 있다. 여기서 우리는 이제부터 예술들을 하나하나 검토하려고 하는데, 이렇게 함으로써 아름다움에 대해 위에서 말한 이론은 완전하고 명료하게 될 것이다.

### 43. 건축술과 아름다움

물질 자체가 이데아의 표시일 수는 없다. 왜냐하면 제1권에서 밝혀진 것처럼 물질은 철저하게 인과성이기 때문이다. 즉 물질이라는 존재는 순수한 작용이다. 그런데 인과성은 이유율의 형식이지만, 이데아에 대한 인식은 본질적으로 이 원리의 내용을 배제한다. 또한 제2권에서 우리는 물질이 이데아의 모든 개별적 현상에 공통된 기본형이고, 따라서 이데아와 현상 또는 개체 사이의 연결 고리임을 알게 되었다. 이 두 가지 이유로 해서 물질은 그 자신으로는 이데아를 표시할 수 없다. 이것은 물질을 직관적으로 표상하는 일이 불가능하며, 단지 추상적 개념으로만 가능하다는 사실로 확인된다. 다시 말해 직관적 표상에 나타나는 것은 물질이 갖는 형식이나 성질뿐이다. 이 모든 것에 이데아가 명확하게 나타나는 것이다. 이것과 상응하는 것으로 인과성(물질의 본질)은 그 자체로서 직관적으로 표시될 수 없고, 직관적으로 표시될 수 있는 것은 오직 특정한 인과 연결뿐이다. 그런데 한편으로는 이데아의 '현상'은 모두 현상으로서는 충족이유율의 형식에 들어가거나 개별화의 원리에 들어가 있는 것이기 때문에, 물질에 따라 그 성질로서 표시되지 않으면 안 된다. 따라서 이미 말한 것처럼 물질은 이데아와 개별화의 원리를 결합시키는 것이며, 또한 이 개별화의 원리는 개체의 인식에 대한 형식 또는 이유율이다. 이데아와 그 현상인 개체, 이 둘은 보통 세계의 모든 사물을 포함하고 있지만, 플라톤이 물질을 이 둘과 다른 제3의 것으로 열거한 것은 옳다(《티마이오스》, p. 345). 개체는 이데아의 현상으로서 언제나 물질이다. 또한 물질의 성질들은 어느 것이나 언제나 하나의 이데아 현상이며, 그러한 것을 미적으로 관찰할 수 있다. 곧 거기에 표시되는 이데아를 인식할 수 있다. 그런데 이것은 물질의 가장 일반적인 성질들에도, 즉 그것 없이는 물질이 있을 수 없는 성질들에도 해당된다. 그리고 그 성질의 이데아는 의지의 가장 미약한 객관성이다. 그것은 바로 중력, 응집력, 강성, 유동성, 빛에 대한 반응 등이다.

'건축술'은 유용한 목적에 도움이 되게 한다는 용도가 있어서 이 목적을 가지는 경우에는 순수인식에 사용되는 것이 아니라 의지에 사용되는 것이며, 따라서 이미 우리가 말하는 의미의 예술은 아니다. 하지만 이 용도를 제외하고 단지 미술로서 고찰한다면, 건축술이 의도하는 바는 의지의 객관성 가운데 가장 낮은 단계인 여러 이데아의 일부를 명확하게 직관할 수 있도록 하는 것이다. 즉 중력, 응집력, 강성, 견고성 등은 돌이 갖는 특질들이며, 다시 말해 의지의 가장 기본적이고 단순하며 둔한 가시성이고, 자연의 기초 저음이다.

그리고 다음으로 이것들 외에 빛은 많은 점에서 앞에서의 성질들과는 대립한다. 의지의 객관성 가운데 이러한 깊은 단계에서까지 의지의 본질은 둘로 분열되어 나타나 보인다. 왜냐하면 본디 중력과 강성의 투쟁이 아름다운 건축술의 유일한 미적 요소이기 때문이다. 이 미적 요소를 여러 방식으로 완전하고 명료하게 나타나도록 하는 것이 건축술의 사명이다. 이 사명을 다하기 위해 건축술은 근본적인 여러 힘으로부터 이 힘들을 충족시키기 위한 가장 가까운 길을 빼앗아 우회로로 이 힘들을 지속시키며, 그로 인해 투쟁이 길어지고, 두 가지 힘의 끝없는 노력이 여러 방식으로 눈에 보이게 된다. 건물 전체를 그 본디의 경향에 맡겨버린다면, 가능한 한 굳건한 대지에 붙은 단순한 덩어리를 나타낼 뿐이며, 이 경우에 의지가 나타난 중력은 대지를 향해 끊임없이 압박을 가하지만, 마찬가지로 의지의 객관성인 강성은 이에 저항한다. 그런데 건축술은 바로 이 경향, 이 노력이 직접 충족되는 것을 방해하고, 우회로를 통해 간접적으로 충족되도록 하는 것이다.

예를 들면 구조물 전체는 기둥의 힘을 빌려서야 비로소 대지를 압박할 수 있고, 천장은 스스로 지탱해야 하며 땅으로 향하려는 노력은 기둥을 매개로 비로소 충족되는 것 등이다. 그러나 이렇게 우회로를 강요당함으로써, 거친 돌에 내재하는 힘들은 명료하고 다양하게 전개된다. 그리고 건축술의 순수하게 미적인 목적은 그 이상으로 나아갈 수는 없다. 건축물의 아름다움은 물론 각 부분의 합목적성에 있는데, 그 목적이란 인간의 외부적이고 제멋대로인 목적(그러한 목적인 점에서는 그 건물은 실용적인 건축에 속한다)이 아니라 직접 전체의 존립에 적절하다는 의미이고, 이 전체에 대해서는 각 부분의 위치와 크기 및 형태가 매우 필연적인 관계를 갖고 있어야만 하며, 그 어떤 한 부분이라도 없애버리면 전체가 무너질 수밖에 없다. 왜냐하면 각 부분들은 저마다 힘에 알맞게 할 수 있는 만큼 서로를 지지하고, 또 그래야만 하는 장소에 그래야만 하는 정도로 지지되고 있기 때문이다. 또 돌의 생명인 의지의 표출을 이루고 있는 적대 행위, 즉 강성과 중력 사이의 투쟁이 전개되는 것을 볼 수 있고, 이러한 의지의 객관성에서 가장 낮은 단계들이 명확하게 나타나기 때문이다.

이와 마찬가지로 각 부분의 형태도 그 목적과 전체에 대한 부분의 관계에 의해서만 규정되어야 하고, 제멋대로 규정되어서는 안 된다. 기둥은 그러한 목적을 위해 규정된 가장 단순한 지지의 형태이다. 구부러진 기둥은 몰취미하고, 사각의 기둥은 실제로는 둥근 기둥처럼 단순하지는 않지만, 가끔 둥근 기둥보다 더 쉽게 만들어질 때도 있다. 마찬가지로 중인방(中引枋), 들보, 아치, 천장의 모양은 오직 이 직접적인 목적에 의해 규정되며, 또한 그것들로 설명된다. 기둥머리 등의 장식은 건축에 속하는 것이 아니라 조각에 속하는 것이고, 건축에 덧붙인 장식으로 인정될 뿐이어서 제거해도 지장이 없다. 위에서 말한 것에 따르면, 건축 작품을 이해하거나 이것을 미적으로 바라보며 즐기기 위해서는 그 재료에 대하여 중량, 강성, 응집력의 직접적이고 직관적인 지식을 가질 필요가 있다. 그리고 어떤 건축물을 보고 있을 때 다공질의 가벼운 돌이 건축 재료로 사용되었다는 사실을 들으면, 그 건축물을 보고 느끼는 우리의 기쁨은 갑자기 줄어들 것이다. 왜냐하면 그때의 그 건축물이 우리에게는 어떤 신기루처럼 생각될 것이기 때문이다. 우리가 돌이라고 생각했던 것이 목재라는 것을 알아도 역시 이것과 거의 같은 영향을 받을 것이다. 사실상 강성, 중력, 자연의 힘은 목조 건물에서는 석조 건물보다 훨씬 미약하게만 나타나므로, 우리가 돌이라고 생각했던 것이 나무라는 것을 알게 되면 강성과 중력의 관계가 변하고, 또 각 부분의 의의와 필연성이 변하기 때문이다. 따라서 실제로 목재로는 본디 어떠한 형태를 취해도 아름다운 건축 작품은 되지 않는다. 이것을 설명할 수 있는 것은 오로지 우리의 학설뿐이다.

그러나 우리에게 다음과 같이 말하는 사람이 있을지 모른다. 우리가 보고 기쁨을 느끼는 건물은 사실 여러 가지 재료로 되어 있고 중력과 밀도도 아주 다르지만, 이것들을 눈으로 보아 구별함은 불가능하지 않은가 하고 말이다. 만약 그렇다면 모르는 말로 쓰인 시를 읽는 것처럼, 우리는 그 건물 전체를 바라보고 즐길 수 없을 것이다. 이 모든 것이 건축의 효과가 단순히 수학적이 아니라 역학적이고, 또 건축을 통해 우리가 얻는 것이 단순히 형식과 균형이 아니라, 앞에서 말한 것처럼 자연의 근본력, 즉 근본적 이데아이며 의지의 객관성 가운데 가장 낮은 단계들이라는 것을 증명하고 있다. 건물과 그 각 부분의 질서는 전체의 존립을 위해 각 부분이 합목적적으로 만들어져 있다는 것에도 연유하지만, 이 질서는 건물 전체를 둘러보고 이것을 이해하는 것을 쉽게 하는 데에도 도움이 된다. 또 마지막으로 질서 있는 여러 형상은 공간 그 자체의 합법칙성을 구현함으로써 미관(美觀)에 공헌하게도 된다. 그러나 이것은 모두 그 가치나 필요성이 부차적인 것이지 주된 것은 아니다. 왜냐하면 실제로 폐허까지도 아름다운 것이 있다는 점을 생각하면, 균형이라는 것도 반드시 필요 불가결한 것이라고는 말할 수 없기 때문이다.

또한 건축물은 빛과 아주 특별한 관계를 가지고 있으며, 푸른 하늘을 배경으로 햇빛을 최대한으로 받으면 그 아름다움은 배가되고, 달빛을 받아도 완전히 다른 효과가 있다. 그러므로 실제로 아름다운 건물을 만드는 데는 언제나 빛의 효과와 방향이 고려된다. 이것들은 주로 밝고 강한 조명이 있어야만 모든 부분들과 그 부분들의 관계가 명확하게 보이게 된다는 것에 근거를 두고 있다. 하지만 이 밖에 나의 생각으로는 건축에는 중력과 강성을 나타내는 사명이 있는데, 이것들과 또한 정반대인 빛의 본질도 나타낼 사명이 있다고 생각된다. 즉 빛은 크고 불투명하며, 윤곽이 확실한 여러 가지 형태를 취한 덩어리에 가리고 방해되고 반사되어서, 그 본성과 특질을 가장 순수하고 명료하게 전개하여, 이것을 바라보는 사람을 즐겁게 하는 것이다. 왜냐하면 빛은 가장 완전한 직관적 인식 방법의 조건 및 객관적 상관태로서, 여러 사물 가운데 가장 우리의 마음을 즐겁게 해주기 때문이다.

그런데 건축술에 의해 명료하게 직관되는 이데아는 의지의 객관성 가운데 가장 낮은 단계들이며, 건축술이 우리에게 나타내 보이는 것의 객관적 의미는 비교적 작기 때문에, 아름다운 조명이 구석구석까지 비치는 건물을 바라보고 느끼는 미적인 기쁨은 이데아를 파악한 것에서 생긴다기보다는 오히려 이데아의 파악과 동시에 정립된 주관적 상관태에서 유래하는 것이다. 다시 말해 이러한 건물을 바라보는 사람은 의지에 봉사하고, 또한 이유율에 따르는 개체의 인식 방법에서 벗어나 순수한 무의지의 인식 주관으로 높여진다. 미적인 기쁨은 의욕과 개성의 모든 고뇌에서 벗어난 순수한 관조 자체에 있다. 이 점에서 건물과 대립하면서, 일련의 미술 양식 가운데 하나로서 건축에 대한 대치점에 있는 것이 희곡이다. 이것은 가장 뜻깊은 이데아를 인식시키는 것이기 때문에, 희곡을 미적으로 즐기는 경우에는 객관적인 측면이 현저하게 우위를 차지한다.

건축술이 조형미술이나 시와 다른 점은 건축은 다른 사물의 묘사가 아니고, 그 사물 자체를 나타낸다는 것이다. 건축은 미술이나 시처럼 인식된 이데아를 반복함으로써 작자가 감상자에게 보는 눈을 빌려주는 일은 하지 않으며, 작자가 감상자의 눈앞에 단지 대상을 놓아주고 실제의 개별적 대상의 본질을 명료하고 완전하게 표현함으로써 감상자에게 이데아의 파악을 쉽게 해주는 것이다.

다른 미술 작품들과 마찬가지로 건축 작품도 순수하게 미적인 목적 때문에 만들어지는 일은 드물다. 건축 작품의 목적은 오히려 예술과는 무관한 다른 목적의 하위에 있다. 그리고 건축가의 업적은 순순히 미적인 목적을 다른 필요성들 밑에 두면서도, 결국 이것을 관철하여 달성하는 데 있다. 즉 건축가는 이 미적인 목적을 여러 가지 방식으로 그때그때 임의의 목적에 적합하게 하여, 어떠한 미적 건축적인 아름다움이 신전에 어울리는가, 왕궁에 어울리는가, 병기창에 어울리는가 등을 올바르게 판단하여 정하는 것이다. 기후가 험악하여 필요성과 실용성에 대한 요구가 증가하고 이 요구들이 확고하게 규정되고 불가피하게 지정받으면 받을수록, 건축에서 아름다움의 자리는 그만큼 좁혀지게 된다. 인도, 이집트, 그리스, 로마 등 기후가 온화한 곳에서는 필요에서 생기는 요구가 가볍고 낮은 정도여서 건축은 그 미적인 목적을 가장 자유롭게 추구할 수 있었다. 북쪽 하늘 아래에서는 건축의 이러한 목적이 가장 심하게 방해받는다. 상자 모양의 집, 뾰족한 지붕과 탑을 필요로 했던 북쪽에서 건축은 그 고유한 아름다움을 매우 좁은 범위에서 전개할 수밖에 없었기 때문에, 고딕풍 건축미술에서 볼 수 있는 것처럼 조각에서 빌려온 장식을 한층 많이 사용하여 장식해야만 했다.

이와 같이 건축은 필요와 실용의 요구에 따라 제한받지 않으면 안 되지만, 한편으로는 바로 이러한 제한이 건축의 강력한 지주가 되어 있다. 왜냐하면 건물은 규모가 크고, 비용이 많이 들고, 미적인 효과 방식의 범위가 좁으므로, 만일 건축이 아름다우면서도 실용적이며 필요한 실업(實業)으로서 인간의 일들 가운데에서 확고하고 명예로운 지위를 차지하고 있지 않다면, 미술만으로서는 성립될 수 없을 것이기 때문이다. 그런데 미적인 점에서라면 당연하게 건축의 일부로 부속시킬 수 있는 다른 미술도, 실용적인 면이 부족하다면 건축과 함께 그 곁에 놓을 수 없다. 내가 여기서 다른 미술이라고 말한 것은 아름다운 수도 설비를 말하는 것이다. 왜냐하면 건축이 강성과 함께 나타나는 중력의 이데아를 성취하는 것과 같은 일을, 아름다운 수도 설비는 그러한 이데아에 유동성, 즉 무형성, 대단한 운동성, 투명성 등을 합한 이데아로 성취하기 때문이다. 거품을 세차게 일으키며 바위를 넘어 떨어지는 폭포, 조용히 물보라를 일으키는 물줄기, 높은 물기둥이 되어 올라가는 분수, 맑은 거울 같은 수면, 이것들은 모두 유동하는 무거운 물질의 이데아를 구현하고 있지만, 건축물이 강성을 가진 물질의 이데아를 전개하는 것과 마찬가지이다. 아름다운 수도 기술은 실용적인 수도 기술에서는 아무런 도움도 받지 않는다. 왜냐하면 아름다운 수도 기술의 목적은 실용적인 수도 기술의 목적과는 일치하지 않는 것이 보통이어서, 예컨대 로마의 트레비 분수처럼 둘이 일치하고 있는 곳은 매우 예외적이기 때문이다.

## 44. 식물과 동물의 아름다움

위에서 열거한 두 가지 기술이 의지 객관화의 최저 단계에서 하는 일을 그것보다 높은 식물계의 단계에서는 조원술이 하고 있다. 어떤 지역의 경관적인 아름다움은 주로 거기에 모여 있는 자연물이 다양하기 때문인데, 이 자연물들이 각기 달라서 특성을 명확하게 나타내면서도 적합하게 결합, 변화하면서 나타나기 때문이다. 이 두 가지 조건을 조장하는 것이 조원술이다. 그러나 조원술은 건축처럼 자기 재료를 언제나 잘 다루고 있다고는 할 수 없기 때문에, 그 효과는 제한된 것이다. 조원술이 나타내는 아름다움은 거의 완전히 자연의 아름다움이며, 조원술 자체는 별로 가해지지 않았다. 그리고 자연의 적의에 대해서는 거의 속수무책이기 때문에, 자연이 조원술에 도움이 되지 않고 방해가 될 경우에는 조원술이 달성하는 일은 보잘것없는 것이다.

기술의 매개에 의하지 않고 곳곳에서 미적인 희열을 주는 식물계가 예술의 객관인 한에 있어서는, 식물계는 주로 풍경화에 속한다. 식물과 더불어 인식이 없는 그 밖의 자연도 풍경화의 영역에 들어간다. 정물이나 그림에 그려진 단순한 건물, 폐허, 교회의 내부 등을 보는 경우에는, 미적인 희열의 주관적 면이 우세하다. 곧 이것들을 보고 느끼는 우리의 기쁨은 주로 직접 거기에 나타난 이데아를 파악한다는 점이 아니라, 오히려 그러한 파악의 주관적 상대 개념, 즉 순수한 무의지의 인식에 있다. 말하자면 화가는 우리에게 화가의 눈으로 사물을 보게 하기 때문에, 우리는 여기서 그와 더불어 같은 감정을 느끼고, 그가 느낀 깊은 정신의 평안과 의지의 완전한 침묵을 느낀다. 이러한 것은 인식의 생명이 없는 이 대상들에 몰입하게 하고, 애정을 갖게 한다. 다시 말해 여기서 그런 종류의 객관성을 가지고 파악하는 것이 필요했던 것이다. 본디 풍경화의 효과는 대체로 이런 것이다. 그러나 나타난 이데아는 의지의 객관성 가운데 높은 단계로서는 의미가 보다 더 깊고 가치가 보다 더 많은 것이기 때문에, 이미 미적 쾌감의 객관적 측면도 그만큼 많이 생겨서 주관적인 측면과 균형을 유지한다. 순수인식은 이미 주된 것이 아니며, 인식된 이데아, 즉 표상으로서 이 세계가 순수인식과 같은 힘으로 의지 객관화의 중요한 단계에서 작용하는 것이다.

그러나 이것보다 훨씬 높은 단계를 나타내고 있는 것은 동물화와 동물 조각인데, 동물 조각에는 지금도 고대의 걸작이 남아 있다. 예를 들어 베네치아나 몬테카를로의 말, 엘긴 백작이 수집한 대리석 부조의 말, 또 피렌체의 청동이나 대리석으로 된 말, 거기에는 고대의 멧돼지와 울부짖는 늑대의 모습도 있고, 또 베네치아의 병기창에는 사자의 모습도 있으며, 바티칸 궁전에는 대부분 고대의 여러 동물들이 가득히 진열되어 있는 방이 있다. 이것의 표현에 있어서는 미적 쾌감의 객관적 측면이 주관적 측면보다 단연 우세하다. 이 이데아들을 인식하는 주관은 자신의 의지를 억제하기 때문에 모든 미적 관찰에서와 마찬가지로 평안을 가지고 있지만, 작품에 표현된 의지의 불안과 격렬함이 우리 마음을 사로잡기 때문에 평안의 효과는 느낄 수 없다.

여기서 우리 눈앞에 나타나는 것은 인간의 본질을 이루고 있는 의욕인데, 그 의욕이 모습으로 되어 나타난 현상이 인간에게와 마찬가지로 사려에 의해 지배되거나 완화되지 않고, 강렬한 모습으로 그려져 있거나 기괴한 괴물같이 그려져 있다. 하지만 그렇다고 해서 왜곡되어 있지는 않고, 소박하게 있는 그대로 자유롭고 명확하게 나타나 있다. 우리가 동물에게 흥미를 느끼는 것은 바로 이 점이다. 종의 특성은 식물을 묘사할 때 이미 나타났지만, 그것은 형식 위에서만 나타나는 것이었다. 그런데 동물에게는 이 종의 특성이 훨씬 중요한 것으로, 단지 형태에만 나타나는 것이 아니라 동작, 자세, 몸짓에도 나타난다. 물론 동물은 개체의 성격으로서가 아니라 종의 성격으로 나타나는 것에 불과하다. 우리는 회화에서 타인의 매개를 통해 높은 단계의 이데아들을 인식할 수 있지만, 또 식물을 순수하게 관조적으로 직관하거나 동물, 특히 자유롭고 자연스럽고 쾌적한 상태에 있는 동물을 관찰함으로써 이러한 인식을 직접 얻을 수도 있다. 동물의 여러 기묘한 모습과 그 행동을 객관적으로 바라보는 일은 자연이라고 하는 큰 책을 읽고 배우는 것이며, 참된 사물 기호(Signatura rerum)[15]의 해독인 것이다. 우리는 그 속에서 의지를 나타내는 여러 가지 정도와 방식을 보는데, 이 의지는 만물에 동일한 것이며 어떠한 곳에서도 바로 생명으로서, 현존으로서 객관화되기를 원하면서 무한히 변주하고 다양한 형태를 취하며 나타난다. 이 형태들은 모두 여러 가지 외적 조건에 대한 적응으로 같은 주제의 변형이라고도 말할 수 있다. 그러나 우리가 이것을 바라보는 사람에게 이 기호의 내적 본질을 해명하여 반성하고, 한마디로 이것을 전달하라고 말한다면, 우리는 인도의 성서들에 자주 나타나는 'Mahavakya', 즉 '위대한 말'이라 불리는 다음과 같은 산스크리트의 문구를 사용하면 좋으리라 생각한다. 그것은 "탓 트밤 아시(Tat twam asi)", 곧 "이렇게 살아 있는 것이 당신이다"라고 하는 문구이다.

## 45. 인간의 아름다움

마지막으로 의지가 그 객관화의 최고 단계에 다다른 경우의 이데아를 직접 직관적으로 표명하는 것이 역사화와 조각의 커다란 임무이다. 여기서는 아름다움에 대한 기쁨의 객관적 측면이 압도적으로 우위를 차지하고, 주관적 측면

---

15) 야코프 뵈메는 그의 저서 《사물의 표시》 제1장, 15, 16, 17절에서 다음과 같이 말하고 있다. "자연 속에서 자신의 내적인 형태를 외부로 나타내지 못하는 것은 하나도 없다. 왜냐하면 내적인 것은 언제나 밖으로 나타나려 노력하고 있기 때문이다. ……어떤 것이든 표현할 입을 가지고 있다. ……이것이 자연의 말인데, 이것으로 모든 것은 자기 특성을 이야기하고 언제나 자신을 나타내고 표시한다. ……왜냐하면 모든 것은 그 어머니를 나타내는데, '본질'과 형태에 대한 '의지'를 그 어머니가 주기 때문이다."

은 배후로 물러나 버린다. 또 주의해야 할 점은 이것보다 바로 아래의 단계, 즉 동물화에서는 그 특징과 아름다움이 완전히 동일하다는 것이다. 가장 특징이 두드러진 사자, 늑대, 말, 양, 소들은 언제나 가장 아름답다. 그 이유는 이 동물들에게 종의 특질만이 있고 개체의 특질이 없기 때문이다. 그런데 인간을 묘사하는 경우에는 종의 특질과 개체의 특질이 구별된다. 종의 특질은(완전히 객관적인 의미에서) 아름다움이라고 불리지만, 개체의 특질은 성격이나 표정이라고 하는 명칭을 갖고 있으며, 여기서 이 둘을 동시에 같은 개체에서 완전하게 묘사하기 위해서는 새로운 어려움이 생긴다.

'인간의 아름다움'은 의지가 인식될 수 있는 최고 단계에서 가장 완전하게 객관화된 것을 객관적으로 표현한 것이며, 인간 일반의 이데아가 직관된 형식으로 완전하게 표현된 것이다. 그런데 여기서 아름다움의 객관적 측면이 너무나 뚜렷하게 나타나 있어서 주관적 측면 역시 끊임없이 함께하고 있다. 그리고 가장 아름다운 인간의 용모만큼 우리를 순수하게 미적 직관의 경지로 매혹하는 객관은 없으며, 이렇게 아름다운 용모를 바라보면 우리는 곧 말할 수 없는 쾌감을 느끼고 자신과 자신을 괴롭히는 모든 것을 초월하게 된다. 이것이 가능한 것은 오직 이렇게 가장 명료하고 순수한 의지의 인식 가능성이 우리를 가장 쉽고 빠르게 순수인식의 상태로 높여주기 때문이다. 이 상태에서 순수하게 미적인 기쁨이 지속하는 한, 우리의 인격과 의욕은 끊임없는 고뇌와 함께 사라져 버린다. 그러므로 괴테는 "인간의 아름다움을 바라보는 자에게는 악한 생각이 일어날 여지가 없다. 그는 자기 자신과 하나로, 또 세계와 하나가 된 느낌을 갖는다" 말하고 있다.

우리는 자연이 아름다운 인간의 모습을 만들어 낸다고 하는 것을 다음과 같이 설명해야 한다. 즉 의지는 인간이라고 하는 최고 단계에서 하나의 개체로서 객관화되고, 형편이 좋은 사정과 의지의 힘을 통해 모든 장해와 저항을 배제하는 것인데, 이것들은 낮은 단계에 있는 의지 현상들을 이 의지에 대립시킨다. 자연의 힘도 그와 같은 것이며, 의지는 언제나 이 자연의 힘에서 모든 것이 갖추고 있는 물질을 먼저 제거해야 한다. 또한 높은 단계에서 의지의 현상은 언제나 그 형태가 다양하다. 나무는 이미 무수하게 반복되는 발아 섬유가 집합하여 조직을 이룬 것에 불과하다. 이 조직은 단계가 올라감에 따라 점점 증대하는데, 인체는 전혀 다른 각 부분들이 최고도로 조합된 조직이며, 그 각 부분은 전체에 속하면서도 저마다 고유한 생명을 갖는다. 그런데 이 각 부분들은 모두 전체에 종속하면서도 상호 간에 공존적 질서를 유지하고, 부족함 없이 조화하면서 전체를 표현하고 있다. 이 모든 것이 아름다움이라고 하는 결과, 다시 말해 완전히 표현된 종속적 특질을 낳게 만드는 희귀한 조건이다. 그것이 자연이다.

그러면 예술은 어떠한가? 예술은 자연의 모방이라 생각되고 있다. 그러나 만일 예술가가 '경험에 앞서서' 아름다움을 예견하고 있지 않다면 어떻게 모방할 만한 자연의 작품을 식별하며, 어떻게 자연의 실패작들을 가려낼 것인가? 또 자연은 일찍이 모든 부분이 완전하게 아름답다고 말할 수 있는 인간을 한 사람이라도 만들어 낸 일이 있는가? 여기서 다음과 같이 생각한 사람도 있다. 예술가는 많은 사람들에게 개별적으로 배당된 아름다운 부분을 찾아 모아서, 이것들을 조립하여 하나의 아름다운 전체를 만들어 내지 않으면 안 된다는 것이다. 이것은 엉뚱하고 무의미한 생각이다. 왜냐하면 예술가가 이 형태는 아름다움이고 저 형태는 아름다움이 아니라고 인식하는 것은 무엇을 근거로 하고 있는가 하는 점이 문제되기 때문이다. 또한 우리는 옛날 독일의 화가들이 그린 나체화를 보면 그들이 자연의 모방을 통하여 아름다움을 어떻게 묘사했는지 알 수 있다. 완전히 후천적인 것과 단순한 경험에서는 결코 아름다움에 대한 인식은 생길 수가 없다. 아름다움에 대한 인식은 언제나 선험적이며, 우리가 의식하고 있는 이유율의 형태들과는 다른 종류긴 하지만, 적어도 부분적으로는 선험적이다. 이유율의 형태들은 인식 일반에 대한 가능성의 기초가 되는 현상의 보편적이고 예외 없는 '방식'과 관계한다. 그리고 이 인식에서 수학과 순수한 자연과학이 나오는 것이다.

한편 아름다움에 대한 묘사를 가능하게 하는 다른 종류의 선험적 인식은 현상의 형식보다는 그 내용, 즉 현상의 방식보다도 그 '본질'에 관계한다. 우리도 인간의 아름다움을 보면 그것을 인식하지만, 참된 예술가는 이것을 아주 명확하게 인식하여 자기 눈에 보이지 않는 것까지 나타내며, 그 묘사는 자연을 뛰어넘는다. 이러한 것은 의지가 '우리 자신'이어야 비로소 가능한 것인데, 그 의지의 적절한 객관화가 최고 단계에서 평가되고 발견되어야 한다. 이렇게 하여 비로소 우리는 실제로 자연이(물론 이것이 바로 우리 자신의 본질을 이루는 의지이지만) 표시하려고 노력하는 것을 예견하는 것이다. 참된 천재에게는 이 예견에 사려가 뒤따르기 때문에 개별적인 사물 속에서도 그 '이데아'를 인식하고, '설명'을 '반만 듣고도 자연을 이해'하며, 자연이 헤아릴 수 없이 시도하여 실패하고 있는 형태의 아름다움을 딱딱한 대리석에 새겨 자연과 대립시킨다. 그것은 마치 자연을 향해 "당신이 나타내려는 것은 이것이 아닌가!" 하고 환호하는 것과 같고, 학식 있는 자들로부터는 "그렇다, 그것이었다"라고 하는 소리가 되울려 오는 것과 같다. 그렇게 하여 천재적 그리스인들은 인간 형태의 근본형을 발견하고, 이것을 조각 수업의 규범으로 삼을 수 있었다. 또 이러한 예견의 힘이 있어서 우리도 모두 자연이 개체 속에 실제로 나타내고 있는 아름다움을 인식할 수 있다. 이 예견이 '이상'인데, 그것이 적어도 반쯤은 선험적으로 인식되어 있고, 후천적으로 자연을 통해 주어진 것에 적응하고 보충함으로써 예술에 이익이 되는 한, 그 이상은 '이데아'이다.

예술가가 선험적으로 아름다움을 예견할 수 있고 또한 학식 있는 이들이 아름다움을 후천적으로 인지할 수 있는 것은 예술가와 학식 있는 이들이 자연의 즉자태(das Ansich der Natur), 곧 스스로를 객관화하는 의지이기 때문이다. 엠페도클레스가 말한 것처럼, 같은 것에 의해서만 같은 것이 인식되기 때문이다. 자연을 이해할 수 있는 것은 자연뿐이며, 자연의 근거를 밝히는 것도 자연뿐이다. 그러나 또 정신을 인지하는 것은 정신뿐이다.[16]

그리스인들은 위에서 말한 인간미의 이상을 선험적으로 '여기서는 무릎을, 저기서는 팔을' 하는 식으로 들추어내어 표시하면서, 아름답고 개별적인 부분들을 주워 모음으로써 예견했다고 하는 의견을 크세노폰이 그린 소크라테스가 말해 주고 있지만(《스토바이오스 대선집》, 2권, p. 384), 이것은 옳지 못하다. 그런데 시가(詩歌)에 대해서는 이와 아주 유사한 의견이 있다. 예를 들어 셰익스

---

16) 이 마지막 명제는 엘베시우스의 'il n'y a que l'esprit qui sente l'esprit'를 독일어로 번역한 것인데, 이 책의 초판에서는 주석을 붙일 필요가 없었다. 그런데 그 이후 사람들을 어리석게 만드는 헤겔의 사이비 철학의 영향을 받아 시대 흐름이 너무 타락하고 거칠어졌기 때문에, 이 책을 보고 여기에도 '정신과 자연'의 대립이 풍자되어 있다고 망상하는 사람들이 적지 않을지 모른다. 그러므로 나는 할 수 없이 그러한 속류 철학설과 바꿔치기를 당하지 않도록 단호히 지키기로 한 것이다.

피어는 그의 희곡에 그려져 있는, 실감나거나 내성적이거나 마음속 깊은 곳에서 흘러나오는 성격 등 실로 헤아릴 수 없을 정도로 다양한 성격을 사회생활에서 그 자신의 경험을 통해 재현했을 것이라는 가정이다. 이러한 가정이 불가능하며 어리석다는 것은 설명할 필요가 없다. 천재가 조형미술의 작품을 아름다움에 대한 예감과 예견에 의해서 생산하는 것처럼, 시가 작품을 만들어 내는 데에도 성격적 특질의 예감과 예견에 의할 뿐이라는 것은 명확하다. 물론 그 어느 쪽이든 경험은 규준(規準)으로서 필요하며, 이것을 근거로 해서만 선험적으로 막연하게 의식되어 있던 것이 분명해지고, 거기서 사려를 갖고 인식하는 것이 가능해진다.

앞에서 설명한 것처럼, 인간의 아름다움이란 의지가 인식할 수 있는 것으로서는 최고 단계에서 완전하게 객관화한 것이다. 이 아름다움은 형식을 통해 표현되는데, 이 형식은 공간에만 있는 것이며, 운동처럼 시간에 대해서는 아무런 필연적 관계를 갖고 있지 않다. 그러한 점에서 우리는 단지 공간적인 현상만을 통해 행해지는 의지의 적절한 객관화가 객관적 의미에서 아름다움이라고 말할 수 있다. 식물은 의지의 공간적 현상에 불과하다. 왜냐하면 식물의 본질을 표현하려면, 운동과 시간에 대한 관계 같은 것은(식물의 발육은 별도로 하고) 필요하지 않기 때문이다. 식물의 형태만으로 그 본질이 표현되고 설명된다. 그런데 동물이나 인간은 그 속에 나타나는 의지를 완전히 나타내기 위해서 일련의 동작이 필요하며, 이것으로 말미암아 동물이나 인간 속에 나타나는 현상이 시간에 직접 관계하게 된다. 이것에 대해서는 이미 앞에서 논술했지만, 다음에 말하는 것을 매개로 하여 지금 우리가 고찰하고 있는 것과 결부되어 있다.

의지의 단순한 공간적 현상은 의지를 저마다 일정한 단계에서 완전하게, 또는 불완전하게 객관화할 수 있고, 이것이 바로 아름다움이나 추함이 되는 것이다. 하지만 마찬가지로 의지의 시간적 객관화, 즉 동작과 운동도 그 속에 객관화되는 의지에 순수하고 완전하게 상응하며, 또한 다른 사물의 흡입도 없고, 부족하지 않으며, 그때그때의 일정한 의지 행위를 표현한다. 그렇지 않으면 이것들은 모두 반대의 관계에 있다. 전자의 경우에 운동은 '우아하게' 행해지고, 후자의 경우에는 운동하지 않는다. 다시 말해 아름다움이란 의지 일반이 단지 공간적으로만 현상함으로써 적당하게 표현된 것이지만, '우아'란 의지가 시간적으로 현상함으로써 적당히 표현된 것, 곧 의지를 객관화하는 운동과 자세로 말미암아 각 의지 행위를 완전히 올바르고 적절하게 표현한 것이다. 운동이나 자세는 이미 육체를 전제로 하는 것이기 때문에, 빙켈만이 "우아란 동작하는 사람과 그 동작의 고유한 관계이다"(《그리스 모방 미술론》, 제1권, p. 258) 말한 것은 지당하고 적절하다. 여기서 당연한 결과로서 명확해지는 것은, 비교적 의미라면 몰라도 식물은 아름답다고는 할 수 있지만 우아하다고는 말할 수 없다는 것이다. 그런데 동물이나 인간에게는 아름다움도 있고 우아함도 있다. 앞에서 언급한 것에서 말한다면, 우아함이란 모든 운동이나 자세가 가장 경쾌하고 적당하며 기분 좋게 이루어져서 그 목적이나 의지 행위에 꼭 들어맞는다는 표현으로, 거기에는 맹목적이거나 무가치한 작용이나 비뚤어진 자세로 나타나는 지나친 것도 없고, 어색하고 딱딱하게 나타나는 부족한 것도 없다. 우아함은 그 조건으로서 육체 전체의 올바른 균형과 정상적이고 조화로운 체격을 전제로 한다. 이러한 조건에 맞아야 비로소 자세나 운동에 있어서 경쾌함이나 명확한 합목적성이 가능하기 때문에, 우아함은 어느 정도 육체의 아름다움 없이는 있을 수 없다. 이 둘이 완전하게 일치하면, 의지가 그 객관화의 최고 단계에서 명확하게 나타난다.

앞에서 논한 것처럼 인류의 특징으로는 종의 성격과 개인의 성격이 다르다. 그래서 사람은 저마다 어느 정도는 독자적 이데아를 표시하고 있다. 따라서 인류의 이데아를 표시하는 것을 목적으로 하는 예술의 과제는 종의 성격인 아름다움 말고도 특히 '성격(Charakter)'이라고 말하는 개인의 성격을 나타내는 것이다. 그러나 이 성격도 무엇인가 우연적인 것으로 간주되거나 완전히 개인의 고유한 개별성으로 간주되어야 할 것이 아니라, 개인에게 특별하게 나타나 있는 인류의 이데아 가운데 일면이라고 생각할 수 있는 성격이다. 인류의 일면을 나타낸다는 목적 때문에, 그 성격을 묘사하면 도움이 된다는 의미의 성격이다. 다시 말해 성격이란 그 자체로서는 개인적이지만, 이상적으로 인류 일반의 이데아에 대하여 갖는 의의를 강조하여(이 이데아를 객관화하기 위해 성격이 제각기 방식으로 기여하고 있다) 파악되고 또 묘사되어야 한다. 그 밖의 묘사는 초상화인데, 모든 우연성과 더불어 개별적인 것의 세부적인 면을 재현하는 것이다. 그리고 초상화까지도 빙켈만이 말하듯이 개인의 이데아여야 한다.

그러면 이렇게 파악되어야 하는 '성격'은 인류에게 이데아의 독특한 면을 강하게 나타낸 것이지만, 일부는 지속적인 용모와 체격에 의해 나타나고, 또 일부는 일시적인 정서와 격정, 인식과 의욕의 상호 간 제한에 의해서도 나타난다. 이러한 것들은 모두 외모와 운동으로 나타나는 것이다. 개인은 언제나 인류의 일원이고, 한편으로 인류는 자신을 언제나 개인 속에, 그것도 그 개인이 갖는 독특한 이상적 의의를 갖추고 나타낸다. 따라서 아름다움이 성격에 의해 폐기되거나, 또 성격이 아름다움으로 인해서 폐기되어서는 안 된다. 왜냐하면 개인의 성격에 의해 종의 성격을 폐기하면 희화화되어버리고, 종의 성격에 의해 개인의 성격을 폐기하면 무의미한 것으로 되기 때문이다. 따라서 조각처럼 아름다움을 목표로 하는 묘사는 아름다움(종의 성격)을 언제나 어느 정도 개인의 성격에 따라 변용하고, 인류의 이데아를 언제나 일정한 개인적 방식으로 그 특수한 면을 강조하면서 표현해야 한다. 왜냐하면 개인은 어느 정도는 스스로 자신의 이데아에 대한 품위를 갖고 있으며, 인류의 이데아가 독특한 의미를 갖는 개인에게 나타나는 것이 본질적인 것이기 때문이다. 그러므로 우리는 고대인들의 작품에서는 그들이 명확하게 파악한 아름다움이 한 인물을 통해서가 아니라 여러 가지 성격을 가진 많은 인물들을 통해 표현되어 있음을 알 수 있다. 즉 언제나 다른 면에서 파악하고 있기 때문에 아폴로, 바쿠스, 헤라클레스, 안티노오스 등이 각기 다르게 묘사되어 있다. 뿐만 아니라 개인적인 성격 묘사가 아름다움을 제한하여, 결국 술 취한 실레노스나 파우누스에 이르면, 추하게까지 되어버린다.

그런데 개인적인 성격 묘사가 종의 성격을 실제로 폐기하기에 이르고, 부자유한 것으로까지 되어버리면 희화가 생긴다. 그러나 우아함은 아름다움보다는 개인적인 특질에 방해되는 일이 훨씬 적다. 아무리 성격을 표현하는 데에 어떠한 자세나 운동이 필요하다고 해도, 그것들은 그 사람에게 가장 적합하고 목적에 맞으며 쉬운 방식으로 이루어져야 한다. 이것은 조각가나 화가뿐만 아니라 모든 훌륭한 배우에게도 적용되는 것이다. 그렇지 않으면 여기에도 또한 찡그림이나 일그러짐으로 희화가 나타난다.

조각에서는 여전히 아름다움과 우아함이 중요하다. 정서, 격정, 인식과 의욕의 교호 작용에 나타나는 정신의 본디 성격은 얼굴이나 몸짓의 표정에 의해서만 묘사될 수 있는 것인데, 이것이 특히 '회화'의 고유 영역이다. 왜냐하면 조각의 영역 밖에 있는 눈이나 색은 아름다움에 기여하는 것도 크지만, 성격에 있어서는 한층 본질적이기 때문이다. 또한 아름다움은 여러 가지 관점에서 보면 볼수록 완전하게 되지만, 표정이나 성격은 '하나의' 관점으로도 완전히 파악할 수 있다.

아름다움은 분명히 조각의 주목적이기 때문에, '레싱은 라오콘[17]이 고함을 지르고 있지 않다'고 하는 사실을 고함 소리가 아름다움과 일치할 수 없다는 것에서 설명하려고 했다. 레싱에게 이 문제는 한 책의 주제가 되거나 적어도 공통점이 되었고, 또 레싱 이전에도 레싱 이후에도 이 문제에 대해 쓰인 것이 대단히 많기 때문에, 나도 여기서 하나의 일화로 이에 관한 나의 의견을 말해 보기로 한다. 물론 이 특별한 연구는 완전히 보편적인 것을 목적으로 하고 있는 우리의 고찰과 연관되는 것은 아니다.

### 46. 라오콘 조각의 아름다움

그 유명한 군상 속에서 라오콘이 고함치고 있지 않다는 것은 확실하다. 누구든 이것을 볼 때마다 의아하게 여기겠지만, 그것은 우리가 그와 같은 처지가 되면 누구나 고함을 지를 것이라고 생각하기 때문이다. 그리고 자연의 요구로 봐도 그렇다. 왜냐하면 육체적인 고통이 아주 심할 때나 커다란 불안이 갑자기 일어났을 때에는, 잠자코 감수하겠다는 생각을 할 수 있을 만한 생각은 모두 의식에서 추방되어버리고, 본능적으로 고함을 지르기 때문이다. 그렇게 함으로써 고통과 불안을 표현하고, 구조자를 불러오며, 적을 놀라게 하는 것이다. 그래서 빙켈만도 라오콘이 고함을 지르는 표정을 하고 있지 않다는 것을 알았지만, 그는 작자를 변호하려고 라오콘을 정말로 스토아적 인물로 보고, 극기주의자에게는 고함을 지르는 것이 적당하지도 않고 필요하지도 않기 때문에, 억지로 자신의 고통스러운 표정을 꾹 참고 괴로워하고 있다고 해석한다. 그러므로

---

17) 그리스 신화에 나오는 트로이의 왕자이며 아폴론 신전의 사제. 트로이 전쟁에서 그리스군이 남긴 목마가 계략이었다는 것을 알아냈기 때문에 신의 노여움을 사 두 아들과 함께 큰 뱀에게 물려 죽었다. 레싱은 그의 저서 《라오콘, 또는 회화와 시의 한계에 대하여》에서 라오콘 부자의 고통을 나타낸 조상에서 라오콘이 입을 벌려 부르짖고 있지 않음을 논했다.

빙켈만은 그에게서 "고통에 몸부림치고 감정의 표현을 억제하며 마음속에 감추어 두는 베르길리우스의 라오콘처럼 큰 소리로 울부짖지 않고 괴로운 신음 소리만 내는 시련받는 위인의 영혼"을 보고 있다(《그리스 모방 미술론》, 제7권 p. 98, 같은 문제가 제6권 p. 104 이하에 더 자세히 논술되어 있다).

　그런데 레싱은 라오콘론에서 빙켈만의 이 견해를 비판하고, 이를 위에서 말한 방식으로 수정했다. 다시 말해 그는 심리적인 이유 대신 고대 미술의 원리인 아름다움이 절규하는 표정을 허용하지 않았다는, 순수하게 미학적인 이유를 내세웠던 것이다. 그가 여기에 덧붙인 또 하나의 논거는 일시적이며 지속할 수 없는 상태는 움직이지 않는 미술품에서는 묘사할 수 없다는 것인데, 이 논거에 대해서는 춤추고 격투하고 서로 붙잡고 싸우는 등의 순간적인 운동을 포착한 훌륭한 여러 상이 반증되고 있다. 실제로 괴테는 《프로필레엔》[18]의 서론을 이루고 있는 라오콘론(p. 8)에서 이런 아주 짧고, 스쳐가는 순간을 택하는 것이야말로 중요하다고 보고 있다.

　그런데 현대에 와서 히르트(《호렌》, 1797)는 모든 것을 표정에서 읽을 수 있는 최고 진리로 환원하고, 라오콘은 질식하여 죽어가고 있어서 이미 소리를 낼 수 없기 때문에 절규하지 않는다고 단정했다. 마지막으로 페르노브(《로마 연구》, 제1권 p. 426 이하)는 이 세 가지 견해를 논하고 세밀하게 비교했지만, 새로운 견해를 덧붙이지 않고 그 세 가지를 절충, 통일했다.

　깊이 생각하고 명석한 두뇌를 가진 사람들이, 솔직한 사람은 곧 알 수 있는 이유를 설명하기 위하여 고생스럽게 불충분한 이유를 멀리서 끌어오거나, 심리적이거나 생리적인 논증까지 하는 것을 보면, 이상하게 생각하지 않을 수 없다. 특히 레싱이 올바른 설명에 접근하면서도 정곡을 찌르지 못한 것을 보면 말이다.

　라오콘이 그의 처지에서 절규할 것이라는 점을 나로서는 전적으로 긍정하고 싶지만, 절규를 하는가 안 하는가 하는 것을 심리적으로나 생리적으로 연구하기에 앞서, 이 군상에 대해서는 절규하는 상태를 그려낼 수 없다는 것이 고려되지 않으면 안 된다. 그 이유는 절규하는 상태를 묘사하는 것은 조각의 영역

---

18) 1798년부터 1800년까지 괴테가 발행한 미술잡지. 'Propyläen'이란 말의 뜻은 '앞뜰'로, 고대 아테네 아크로폴리스 입구를 이루는 성문을 가리킨다. 따라서 미술품 안내서란 뜻도 된다.

밖에 있기 때문이다. 대리석으로는 절규하는 라오콘상을 만드는 것이 불가능했고, 만들 수 있었던 것은 입을 벌리고 외치려 해도 외칠 수 없었던 라오콘, 즉 목소리가 목구멍에 달라붙은 라오콘이다. 절규의 본질과 그것을 보는 사람에게 끼치는 효과는 소리에 있는 것이지 입을 벌리는 데 있는 것이 아니다. 입을 벌린다는 것은 절규할 때 필연적으로 생기는 현상이지만, 이것은 절규 때문에 나오는 소리로 말미암아 비로소 이유가 정당화된다. 그렇다면 입을 벌린다는 것은 아름다움을 해치는 일이지만, 이 행위의 특질을 나타내는 것이고 허용될 수 있는 것이며, 또한 필요한 것이기도 하다. 그러나 조형미술에서 절규를 그려내는 것은 걸맞지 않고 불가능하기 때문에, 무리한 절규의 수단으로 벌린 입을 그리는 것은 참으로 분별없는 일이다. 왜냐하면 그로 말미암아 다른 점에서 많은 희생을 치르게 되며, 한편으로는 목적, 곧 절규도 그 효과를 나타내지 못하기 때문이다. 뿐만 아니라 더 나쁜 것은 그런 짓을 하면 언제까지나 헛수고가 되어 웃음거리가 될 것이다. 이것은 마치 야경꾼이 잠을 자고 있는 동안에 익살꾼이 호루라기를 밀랍으로 굳게 막아놓고, '불이야!' 외쳐 야경꾼을 깨워서는, 그가 호루라기를 불려고 애쓰는 꼴을 보고 흥겨워하는 것과도 같다.

그런데 절규의 묘사가 문학예술 영역에 있는 경우에는 허용되어야 한다. 왜냐하면 그 경우 절규는 진리, 즉 이데아를 표현하는 데 도움이 되기 때문이다. 다시 말해 직관적인 묘사 때문에 독자의 공상을 요구하는 시에서 그렇다. 따라서 베르길리우스가 묘사하는 라오콘은 도끼로 일격을 받은 뒤 사나워진 황소처럼 절규하며, 또 호메로스의《일리아스》, 제20서, p. 48~53) 마르스와 미네르바는 신으로서의 품위와 아름다움에도 불구하고 무섭게 절규하고 있다.

연극에서도 이는 마찬가지이다. 무대 위의 라오콘은 당연히 절규하지 않으면 안 되었다. 소포클레스도 필로크테테스에게 절규하게 하고 있다. 그리고 고대 무대에서 그는 실제로 절규했을 것이다. 이것과 아주 흡사한 예로 나는 런던에서 유명한 배우 '켐블'이 독일의 번역극 〈피사로〉 속에서 로라라는 미국인 역을 맡은 것을 본 적이 있다. 이 로라는 반쯤은 야만인인데 성품은 아주 고상하다. 그런데도 그가 상처를 받았을 때에는 고함을 지르고 격하게 울어댔다. 이는 특성을 잘 나타낸 것으로 사실성에 기여하는 바가 컸기 때문에 훌륭한 효과가 있었다.

이와 반대로 절규하는 사람을 그림으로 그리거나 돌에 새기면 목소리를 낼 수 없기 때문에 이미 괴테가 《프로필레엔》에서 비난했던 것처럼, 그림으로 그린 것은 음악보다 훨씬 우스운 것이 된다. 왜냐하면 절규하는 것은 그 밖의 표정이나 아름다움을 해치는 것이 음악보다 더 심하기 때문이다. 음악은 대체로 손과 팔을 사용할 뿐이어서, 그 인물의 특성을 나타내는 동작으로 보인다. 그뿐만 아니라 음악 때문에 몸을 무리하게 움직이거나 입을 비뚤어지게 할 필요만 없다면, 이것을 그림에 그려도 적합하다. 예를 들어 〈오르간을 연주하는 성녀 체칠리아〉나 로마의 시아라 화랑에 있는 라파엘로의 〈바이올린 연주자〉 같은 것이 이렇다. 그리고 이렇게 예술에 한계가 있어서 라오콘의 고뇌를 외침으로써 표현할 수 없었기 때문에, 작자는 고뇌의 다른 표정을 모조리 작용시키지 않으면 안 되었다. 작자는 이것을 참으로 완벽하게 성취한 것으로서, 빙켈만이 교묘하게 설명하고 있는(《그리스 모방 미술론》, 제6권, p. 104 이하) 대로이다. 그러므로 빙켈만의 탁월한 설명은 그가 라오콘을 스토아적 성향을 가진 사람이라고 말한 것을 제외하기만 하면, 충분한 가치와 진실성이 있다.

## 47. 언어 예술의 아름다움

조각의 주요 대상은 아름다움과 우아함이기 때문에 조각에서는 나체를 즐기고, 옷은 몸의 형태를 감추지 않는 한에서만 허용된다. 몸에 걸치는 천도 몸을 가리기 위해서가 아니라, 몸의 형태를 간접적으로 나타내기 위해 사용하는 것인데, 이러한 묘사 방식에 의해 오성이 활발하게 작용하는 것이다. 다시 말해 오성은 단지 직접 주어진 결과로서 주름의 짜임새를 통해서만 원인, 즉 몸의 형태를 직관하기에 이른다. 따라서 조각에서 천의 주름은 그림에서 축소된 것에 해당한다. 둘 다 암시이긴 하지만, 상징적인 암시가 아니라 성공을 하면 오성이 그 암시된 것을 현실에 있는 것과 마찬가지로 직관하지 않으면 안 되는 그러한 암시이다.

나는 여기에다 언어 예술에 대한 비유를 덧붙여 보고자 한다. 다시 말해 육체의 아름다운 형태는 경쾌한 옷을 입거나 차라리 옷을 입지 않는 경우에 가장 잘 보이며, 따라서 아름다운 몸을 가지고 있고, 또한 취미와 그 취미를 따를 수 있는 사람이라면 거의 알몸으로, 기껏해야 고대인들 정도의 옷차림으로 다니는 것을 좋아할 것이다. 마찬가지로 아름답고 사상이 풍부한 사람은 적어도 가능한 한 자기 사상을 다른 사람들에게 전달하여, 현세에서 느낄 수밖에 없는 고독을 줄이려 노력하고, 언제나 가장 자연스럽고 감춤이 없으며 자기 심정을 소박하게 표시할 것이다. 이와 반대로 정신이 빈곤하고 뒤죽박죽되고 생각이 외곬인 사람은 억지스러운 표정과 모호한 말투로 꾸며대고, 사소하고 보잘것없고 따분한, 또는 흔히 있는 사상을 어렵고 젠체하는 상투어로 메우려고 할 것이다. 그것은 마치 아름다움의 위엄이 모자란다고 해서 이 모자람을 옷으로 보충하고자 야만스런 장신구, 금붙이, 깃털, 주름잡힌 옷깃 장식, 커프스, 외투 등으로 자신의 초라하고 추한 인물을 감추려고 하는 사람과 같다. 이러한 사람들이 나체로 다녀야 한다면 당황할 것처럼, 저작자 중에도 겉멋만 든 난해한 책을 보잘것없는 내용 그대로 확실하게 다시 쓰라고 강요당하면 당황할 사람들이 적지 않으리라.

### 48. 역사를 표현한 그림

'역사화'는 아름다움과 우아뿐만 아니라 성격을 주요 대상으로 하고 있는데, 이것은 의지가 객관화하는 데 있어서 최고 단계에서 나타나는 것으로 해석해야 할 것이다. 이 단계에서 개인은 인류의 이데아에 대해 특수한 면을 나타낸 것으로 특유한 의미를 가지고 있으며, 이 이데아는 단순한 형태가 아니라 모든 종류의 동작에 의해, 또 그 동작을 일으키고 거기에 뒤따르는 인식과 의욕의 상호 변용에 의해 용모나 몸짓으로 나타나 인식된다. 인류의 이데아는 이 범위에서 표현되어야 하므로 그 다면성이 개인들 속에 전개되는 것이 보여야 하며, 이 개인의 의미심장함은 여러 가지 장면, 사건, 행동을 통해 비로소 눈에 보이게 된다. 그런데 역사화는 모든 종류의 생활 장면을 의미의 깊이와는 관계없이 눈앞에 전개시킴으로써 그 무한한 임무를 다하는 것이다. 어떠한 개인도, 어떠한 행동도 의미가 없는 것은 없다. 모든 개인 속에, 또한 행동을 통해 인류의 이데아는 전개된다. 그러므로 인간 생활에서 일어나는 사건치고 그림에서 제외되는 것은 하나도 없다. 따라서 네덜란드파의 훌륭한 화가들이 흔히 일상생활에서 대상을 구한다고 하여, 그들의 기교적인 능력은 존중하지만 다른 점에서는 그들을 경멸하거나, 반대로 세계사 속 사건이나 성서적 역사만을 중요하다고 생각하는 것은 커다란 잘못이다.

　무엇보다 어떤 행동의 내적 의미는 외적 의미와는 완전히 다르며, 이것들은 흔히 서로 다른 모습을 하고 있다는 점을 고려해야 된다. 외적 의미란, 어떤 행동이 현실 세계에 미치는 영향과 또 현실 세계에서 가지는 결과에 대한 중요성이며, 또한 이유율에 따르는 것이다. 내적 의미란, 그 행위에 의해 나타나는 인류의 이데아에 대한 통찰의 깊이이다. 즉 행위는 자신을 분명하게 드러내는 개인에게 목적에 알맞도록 상황을 정비하고 이 개인들의 독자성을 발휘하게 함으로써, 인류의 이데아에서 희귀하게 나타나는 측면을 드러내는 것이다. 예술에서 중요한 것은 이 내적 의미뿐이며, 외적 의미는 역사에서 중요한 것이다. 이 둘은 전혀 상호 관계가 없고, 함께 나타나는 일도 있지만 따로따로 나타날 때도 있다. 역사에서는 중요한 행동도 내적 의미에서는 일상적인 행동인 때가 있고, 반대로 일상생활 가운데 한 장면이라도 거기에 개인과 인간의 행위와 의욕이 감추어진 세세한 점에 이르기까지 명확한 빛 속에 드러난다고 하면 내적 의미는 크다. 외면적 의미가 아주 다르더라도 내면적 의미가 같을 수 있다. 예컨대 장관들이 지도를 보면서 나라와 국민에 대하여 논하는 것과 농민들이 선술집에서 카드나 주사위를 가지고 놀면서 서로 그 권리를 주장하려고 하는 것은, 금으로 만든 장기를 두든, 나무로 만든 장기를 두든 마찬가지인 것과 같다. 그 밖에 수백만 인간의 생활을 이루고 있는 장면들이나 사건, 인간의 행위, 인간의 괴로움이나 기쁨, 이것들은 이미 그것만으로도 예술의 대상이 될 수 있을 만큼 충분히 중요하다. 그리고 그 풍부한 다양성으로 인류의 다양한 이데아를 전개시키기에 족한 재료를 제공하지 않으면 안 된다. 뿐만 아니라 예술이 그런 그림(오늘날에는 풍속화라 부르고 있다)으로 고정시켜 놓은 덧없는 순간적 정경은 어떤 독특하고 가벼운 감동을 일으킨다. 왜냐하면 끊임없이 변천하는 이 덧없는 세상을, 또 세상 전체를 대표하는 개별적 사건을 영속적인 모습으로 꼭 붙들어 두는 것이 회화의 일이며, 그렇게 함으로써 회화는 개별적인 것을 그 종의 이데아로 높여서 시간을 정지시켜 놓은 것처럼 만들기 때문이다.

　마지막으로 회화의 역사적이고 외적인 의미를 갖는 주제는 흔히 그 의미가 직관적으로 묘사되지 않고 사유를 곁들이지 않으면 안 된다는 결점을 가지고 있다. 이러한 점에서 일반적으로 그림의 명목상 의미와 실질적 의미가 구별되어야 한다. 명목상 의미는 외적이지만 개념으로서만 덧붙는 의미이며, 실질적 의미는 그 그림의 상을 통하여 직관에 대해 명확해지는 인류 이데아의 면이다. 모세가 이집트의 왕녀에게 발견되었다는 것은 명목상의 의미인데, 이것은 역사에서는 아주 중대한 순간이다. 그런데 실질적 의미, 즉 실제로 직관에 주어져 있는 것으로는 어떤 버려진 아기가 물에 뜬 요람 속에서 한 귀부인에 의해 구조되고 있는 것과 같은 것으로, 이러한 사건은 여러 번 있었던 일일 것이다. 이때 옷을 본 것만으로도 학자는 그 특정한 역사적 사건을 알지 모른다. 그러나 옷은 명목상 의미에만 적용되며, 실질적인 의미와는 관계가 없다. 왜냐하면 실질적 의미는 인간 그 자체를 아는 것뿐이고, 그 자의적 형태들을 아는 것은 아니기 때문이다. 역사에서 취한 그림의 제목은 단순한 가능성에서 취한 제목으로 일반적인 이름만 붙이게 되는 제목에 비해 뛰어난 점이 없다. 왜냐하면 역사화라고 해도 그 본디의 의미는 개별적인 것이나 개별적인 사건이 아니라 그 사건에 포함되어 있는 일반적인 것, 곧 인류의 이데아가 그 사건을 통해 나타내는 면이기 때문이다.

그러나 그렇다고 해서 특정한 역사적 주제를 결코 버려서는 안 된다. 이러한 주제에 대한 예술적 견해는 화가는 물론 관객조차도 이 주제들 속에서 본디 역사적인 요소를 이루고 있는 개별적 개체에는 무관심하고, 거기에 표현되어 있는 보편적인 것, 즉 이데아에 관심을 둔다는 것이다. 또 역사적인 주제로 선택되어야 할 것은 요점이 실제로 묘사할 수 있는 것이고, 사유가 덧붙어야 하는 것이어서는 안 된다. 그렇지 않으면 명목상 의미와 실질적 의미가 너무도 멀어져 버려, 그림과는 달리 사유된 것이 중요하게 되어 직관에 방해가 된다. 연극에서도(프랑스의 비극처럼) 핵심적인 사건을 무대 뒤에서 행하는 것은 좋지 않지만, 그림에서 그렇게 행하는 것은 큰 잘못이다. 역사적 그림의 제목이 결정적으로 나쁜 효과를 나타내는 것은 그림 제목이 화가를 예술적인 목적에 따라 선택한 분야가 아닌, 임의로 다른 목적에 따라 선택한 분야에 제한하는 경우에만 그렇다. 또 이 분야가 회화인 그림의 소재나 의미 있는 그림의 소재로서는 빈곤한 것일 때 특히 그렇다.

이를테면 유대 민족처럼 작고, 고립되고, 성직자가 다스리는, 말하자면 망령된 생각이 지배하는 동시대 동서양의 여러 대국민에게서 멸시를 받았던 소수

민족의 역사가 그렇다. 한때 우리와 고대의 민족 사이에는 민족 이동이 있었는데, 그것은 마치 현재의 지구 표면과 화석으로만 조직을 나타내는 옛날 지구의 표면 사이에 일어났던 해저 지반의 변동과 마찬가지이다. 그런데 그들의 지난날 문화가 우리 문화의 주된 기초가 되어, 여기에 봉사하게 된 민족이 인도인도 아니고, 그리스인도 아니고, 로마인조차도 아닌, 바로 이 유대인이었다는 것은 큰 불행이라 생각한다. 특히 15~16세기 이탈리아의 천재적 화가들이 그림의 제목을 선택하는 데 있어서 임의로 정해진 이 좁은 범위 안에서 모든 종류의 비참한 사건들을 파악해야만 했던 것은, 그들에게 불행한 운명이었다. 왜냐하면 《신약성서》의 역사적 부분은 《구약성서》보다 그림에 적합하지 않으며, 또 거기에 따르는 순교자나 성직자들의 이야기는 그림에서는 좋지 않은 대상이다. 그러나 유대교나 그리스도교의 역사적 이야기나 신화를 대상으로 하는 그림과 그리스도교의 참된 정신, 즉 윤리적 정신에 충만한 인물을 묘사함으로써 직관할 수 있게 구현되는 그림과는 엄밀히 구별되어야 한다. 그러한 묘사가 사실상 회화예술에 최고로 칭찬할 만한 업적이다. 또한 이것은 라파엘이나 코레조 같은 이 방면의 거장들만이, 특히 코레조의 경우는 그 초기 그림에서 이룰 수 있었다.

이런 종류의 그림은 근본적으로는 역사화라고 할 수 있는 것이 아니다. 왜냐하면 이것들은 대체로 사건이나 행동을 묘사하고 있는 것이 아니라 단지 성자들을 나란히 그리거나, 구세주를 가끔 어린아이로, 그 어머니와 천사들과 함께 그렸기 때문이다. 이들의 용모, 특히 눈초리에는 완전한 인식의 표현과 반영이 보인다. 다시 말해 개체를 보지 않고 이데아, 즉 세계와 인생의 모든 본질을 완전히 파악한 인식의 표현이다. 이러한 인식은 이들에게는 의지에 반발하여 앞서의 다른 인식처럼, '동기'를 주는 것이 아니라 오히려 모든 의욕의 '진정제(Quietiv)'로 된 것인데, 그리스도교나 인도 철학의 정신인 완전한 체념, 의욕의 포기, 의지의 억제, 그와 더불어 세계 모든 존재의 억제와 포기, 즉 구제는 여기에서 생긴 것이다. 영원히 칭찬할 만한 거장들은 그 작품을 통하여 이러한 최고 진리를 직관적으로 표현했다. 이것이 모든 예술의 장점이다. 말하자면 예술은 의지를 그 적절한 객관성인 이데아 속에서 모든 단계를 거쳐 추구하는데, 의지가 원인에 의해 움직이는 가장 낮은 단계에서 시작하여 자극에 따라 움직이는 단계를 거치고, 마지막으로 동기에 의해 여러 가지로 움직여 그 본질을 전개하는 단계에 이른다. 그 뒤에 의지가 자신의 본질을 가장 완전하게 인식하는 데서 생기는 하나의 진정제로 의지가 자유롭게 자신이 포기하는 것을 그림으로써 끝나는 것이다.[19]

### 49. 예술 작품의 개념과 이데아

이때까지 우리가 해온 예술에 관한 고찰의 밑바탕에는 예술가의 목적인 예술의 대상을 묘사할 때, 이 대상에 대한 인식이 그 근원으로서 작품에 선행해 있어야 한다는 점이 자리잡고 있다. 예술의 대상은 플라톤의 의미에서 '이데아'이며, 그 밖의 것은 아니라는 진리가 여러 곳에 있다. 다시 말해 일반적으로 파악할 수 있는 대상인 개체가 아니고, 또한 이성적 사유와 과학의 대상인 개념도 아니다. 이데아와 개념은 둘 다 단일성으로서 현실적 사물의 다양성을 대표한다는 점에서는 어느 정도 공통점을 가지고 있지만, 그 차이는 심하다. 그 차이는 제1권에서는 개념에 대해, 제3권에서는 이데아에 대해 논술한 것으로서 충분히 명확해졌다고 생각한다.

그러나 나는 플라톤이 이미 이 차이를 순수하게 파악하고 있었다고 주장하지는 않겠다. 오히려 플라톤이 열거한 이데아에 대한 실례나 이데아에 대한 논술에는 개념에만 적용되는 것이 적지 않다. 어쨌든 우리는 우리의 길을 가려고 한다. 위대하고 고매한 사람의 발자취를 따라갈 때마다 기쁨을 금할 수 없지만, 추구하는 것은 그의 발자취가 아니라 우리의 목표이다.

'개념'은 추상적이고 논리적이며 그 범위 안에서는 불확실하지만, 그 범위의 경계가 정해져 있고, 적어도 이성을 가진 사람은 누구나 이것을 달성하고 또한 이해할 수 있다. 또 다른 매개 없이 언어를 통해 전달될 수 있고, 정의를 통하여 완전히 밝혀낼 수 있다.

그런데 '이데아'는 개념의 적절한 대표라고 정의할 수는 있지만, 순수하게 직관적이고 무수한 개체를 대표하면서도 또한 철저하게 규정된 것이다. 이데아는 개체에 의해서는 결코 인식되지 않으며, 모든 의욕과 개성을 넘어서 순수한 인

---

19) 이 부분을 이해하기 위해서는 다음 4권이 절대적인 전제가 된다.

식 주관에까지 올라간 사람에 의해서만 인식된다. 따라서 이데아에 이를 수 있는 능력은 오직 천재와 많은 경우 천재의 작품에 자극되어 자기의 순수한 인식력이 고양된, 천재적인 정서를 갖게 된 사람만이 가진다. 그러므로 이데아는 그대로 전달되는 것이 아니라 어떤 제약 밑에서만 전달될 수 있다. 즉 예술 작품으로 재현된 이데아는 사람의 마음을 각자의 지적 가치 정도에 따라 끌어당기는 것이다. 그러므로 예술에서 가장 훌륭한 작품, 곧 천재의 가장 고귀한 작품은 어리석은 대중에게 영원히 닫힌 책으로 머물러야만 하고, 또 폭넓은 심연으로 갈라져 접근할 수 없어서, 마치 왕들의 교제가 서민들에게는 접근할 수 없는 것과 같다.

아주 평범한 사람들도 정평 있는 걸작의 권위를 인정하여 자기 약점을 보이지 않으려고 한다. 그러나 그들은 남몰래 언제나 그러한 걸작에 유죄 선고를 내릴 준비를 하고 있다가, 자기를 노출하지 않을 수 있다는 자신만 서면, 전부터 마음이 끌리지 않았고, 바로 그 이유로 그들을 굴욕스럽게 한 위대한 것과 아름다운 것에 대해, 또 이것들을 창조한 사람들에 대해 오랫동안 억눌러 온 증오심을 터뜨리고 만다. 그도 그럴 것이 적어도 타인의 가치를 자유롭게 인정하고 반대하지 않으려면, 자신도 가치를 가져야 하기 때문이다. 모든 아름다움 가운데에서도 겸손이 꼭 필요한 것은 여기에 근거를 두고 있으며, 이것과 유사한 덕 가운데 겸손이 비교할 수 없을 만큼 큰 명성을 얻는 이유도 여기에 있다. 어떻게 해서라도 뛰어난 사람을 찬양하려고 하는 사람은 누구나 이 덕을 그 사람에 대한 찬사에 덧붙여서, 타인의 환심을 사고 무가치함에 대한 노여움을 진정하려고 한다. 비열한 질투로 가득 찬 이 세상에서 겸손이란, 장점이나 공적을 가진 사람들이 그것을 가지고 있지 않은 사람에게 용서를 구걸하는 수단으로 취하는 거짓 겸손 말고 또 무엇이겠는가? 정말로 가지고 있지 않은 자가 그것을 가지고 있지 않다고 말하지 않는 것은 겸손한 것이 아니라 정직한 것에 지나지 않기 때문이다.

'이데아'는 우리가 직관적으로 파악한 시간 및 공간 형식에 의해 단일성이 다원성으로 분열한 것이다. 반면에 개념은 이성의 추상에 의해 다원성에서 또다시 단일성으로 돌아온 것이다. 이 단일성은 사후의 단일성(unitas post rem)이라 부르고, 앞의 단일성은 사전의 단일성(unitas ante rem)이라 부를 수 있다. 마지막으로 개념과 이데아의 차이를 다음과 같이 비유적으로 말할 수 있다. 즉 '개념'은 생명 없는 그릇과 비슷한데, 그 속에 넣은 것은 그대로 실제로 들어가 있지만, 거기에(종합적 반성에 의해) 들어갈 수 있었던 것보다 더 많은 것을 거기에서 (분석적 판단에 의하여) 끌어낼 수는 없다. 이에 대하여 '이데아'는 그것을 파악한 사람의 마음속에서 그것과 같은 이름의 개념에 대해서 새로운 표상을 전개한다. 따라서 이데아는 생명이 있고 성장하며 생식력을 갖춘 유기체와 흡사하여, 자기 속에 들어오지 않는 것을 산출한다.

이러한 것들을 보면 개념은 생활에 아주 유용하고, 과학에는 아주 유익하고 필요하며 또한 생산적인 것이지만, 예술에는 무익한 것이다. 이와 반대로 파악된 이데아는 진정한 예술 작품의 참되고 유일한 원천이다. 이데아는 생활로부터, 자연으로부터, 세계로부터 그 풍부한 원천 속으로 도출되며, 이것을 도출하는 것은 진정한 천재나 순간적인 감격에 의해 천재의 경지에 도달한 사람뿐이다. 불멸의 생명을 가진 참된 작품은 이러한 이데아의 직접적인 통찰에서 생긴다. 이데아는 직관적이며, 또 그렇기 때문에 예술가는 자기의 의도와 목적을 추상적으로 의식하고 있지 않다. 그의 눈앞에 떠오르는 것은 개념이 아니라 이데아이다. 따라서 그는 자기 행위를 설명할 수는 없다. 그는 세상에서 말하는 것처럼 단지 감각적으로, 무의식적으로, 또한 본능적으로 작업한다.

그런데 모방자, 타성에 젖은 자, 맹목적인 모방자, 노예 같은 자들은 예술을 개념에서 출발한다. 그들은 참된 작품을 보면 마음에 들거나 효과가 뚜렷한 점에만 관심을 두고, 이것을 명확하게 하여 개념으로서, 즉 추상적으로 파악한 다음에 공공연하게 또는 은밀하게 교활한 생각을 품고 모방한다. 그들은 기생식물처럼 타인의 작품에서 양분을 섭취하고, 해파리처럼 그 양분의 색깔을 갖는다. 비유를 사용한다면 다음과 같이 말할 수도 있으리라. 그들은 끌어넣은 것을 잘게 깨어 섞을 수는 있지만, 영원히 소화할 수 없는 기계와 같다. 따라서 그 혼합물 속에서는 언제나 다른 성분을 발견할 수 있고 그것을 거기에서 가려낼 수 있다. 이와 반대로 천재는 유기체처럼 동화하고 변화하고 생산한다. 왜냐하면 천재도 선배나 그 작품에 의해 계발되고 교화되는 것은 물론이지만, 그에게 직접 직관적인 것의 인상에 의해 예술적으로 열매를 맺게 하는 것은 생활과 세계 그 자체이기 때문이다. 그러므로 아무리 교양이 높아도 천재의 독창성에는 지장을 주지 않는다. 모방자나 타성에 젖은 자는 타인의 걸작을 개념으로 파악한다. 그러나 개념은 결코 작품에 내적 생명을 부여할 수 없다. 시대 일반, 곧 그 시대의 다수를 점하는 어리석은 대중은 언제나 개념을 알고 그것에만 집착한다. 따라서 그런 대중은 기교를 부린 작품에 기꺼이 갈채를 보내며 환영한다. 하지만 이러한 작품은 2, 3년이 지나면 재미가 없어져 버린다. 왜냐하면 시대정신, 즉 유행의 개념이 변했기 때문인데, 이러한 작품의 유일한 근거는 이 유행의 개념이다.

자연과 인생에서 직접 이끌어 낸 참다운 작품만이 자연이나 인생과 마찬가지로 영원히 젊고 언제까지나 근원적인 힘을 가지고 있다. 왜냐하면 그러한 참된 작품은 특정한 시대의 것이 아니라 인류의 것이기 때문이다. 또 그렇기 때문에 이러한 작품은 그 시대에 영합하는 것을 경멸하고 시대로부터는 냉담한 대우를 받으며, 그때그때의 잘못이 그 작품에 의해 간접적이고 소극적으로 발견되기 때문에 나중에는 진가를 인정받게 된다. 또 이러한 작품은 진부해지지 않고, 시대가 지난 뒤에도 여전히 신선하고 언제나 새롭게 사람의 마음에 호소한다. 이렇게 인정받은 이상, 이제는 무시되거나 오인받을 염려는 없어진다. 왜냐하면 이것들은 판단력이 뛰어난 몇몇 사람들의 칭찬으로 영광의 왕관을 쓰고 진가를 인정받게 되기 때문이다.

이들 뛰어난 몇몇 사람들은 100년 동안에 아주 적게 나타나지만[20] 그들이 말하는 의견은 점차 권위가 확립되는데, 이 권위야말로 세상 사람들이 이 작품들의 진가를 후세에 호소하는 유일한 근거가 된다. 잇따라 나타나는 위대한 개인이야말로 이 유일한 전거이다. 왜냐하면 동시대의 대중이 언제나 어리석고 둔했던 것과 마찬가지로, 후세의 대중도 여전히 어리석고 둔할 것이기 때문이다. 어느 시대에나 위인들이 그 시대 사람들에게 한 말을 읽어보라. 인간은 언제나 같기 때문에 위인들의 탄식도 지금이나 옛날이나 변함이 없다. 어느 시대에나 또 어떠한 예술에서도 작풍이 정신을 대리하며, 정신을 소유하는 것은 언제나 위대한 개인뿐이다. 그러나 작풍이란 모든 시대에 존재하여 그 가치를 인정받은 정신의 현상이 벗어버린 낡은 옷이다. 그렇기 때문에 보통 후세의 갈채는 동

---

20) "격랑을 헤엄쳐 가는 사람은 드물게 나타난다."(베르길리우스, 《아이네이스》 1권, V 118)

시대의 갈채를 희생하여 얻는 것이며, 또 동시대의 갈채는 후세의 갈채를 희생하여 얻는 것이다.

### 50. 예술 작품의 알레고리

예술의 목적은 파악된 이데아를 전달하는 데 있다. 하지만 이데아가 예술가의 정신에 의해 모든 이질적인 것에서 순화되어 나타난다면, 감수성이 약하고 생산력이 없는 사람에게도 포착될 수 있는 것이 된다. 또 예술은 개념에서 출발하는 것이 좋지 않다. 그렇기 때문에 우리는 예술 작품을 일부러, 또 공공연하게 어떤 개념을 표현하기 위해 사용하는 것은 승인할 수 없다. 그러한 목적에 사용하는 것은 '알레고리(Allegorie)'이다. 알레고리(비유)란 어떤 예술 작품이 묘사하고 있는 것과 다른 어떤 의미를 갖는 경우이다. 그러나 직관적인 것, 또한 이데아는 스스로를 직접적이고 완전하게 나타낸다. 따라서 스스로를 암시하게 하는 다른 매개를 필요로 하지 않는다. 그러므로 스스로는 직관할 수 없기 때문에 전혀 다른 것에 의해 암시되고 대표되는 것은 언제나 개념이다. 비유로 표시되어야 하는 것도 언제나 개념이며, 이것을 바라보는 사람의 정신은 묘사된 직관적인 표상을 떠나 그 예술 작품의 밖에 있는, 전혀 다른 추상적이고 비직관적인 표상을 따라가야 한다. 이 경우 문장으로 표현하면 훨씬 완전하게 할 수 있는 것을 화상(畵像)이나 조상(彫像)으로 나타내려고 하는 것이다. 그래서 우리가 예술의 목적이라고 표명하는 것, 즉 직관적으로만 파악되어야 하는 이데아를 그려낸다는 것은 목적 없는 일이 된다. 여기서 목적으로 하는 것을 위해서는 예술 작품의 완성은 필요하지 않고, 그 사물이 무엇인가를 알기만 하면 족하다. 왜냐하면 그것을 알게 되면 목적은 달성되며, 정신은 전혀 다른 종류의 표상, 곧 본디 지향한 목적인 추상적 개념에 끌려가기 때문이다.

따라서 조형미술에서 비유는 상형문자일 뿐이다. 어쨌든 그것이 직관적 묘사로서 예술적 가치를 갖고 있다고 하면, 그것은 비유의 면에 있는 것이 아니라 그 밖의 면에 있는 것이다. 코레조의 〈밤〉이나 안니발레 카라치의 〈명예의 수호신〉이나, 푸생의 〈계절의 여신〉 등이 아름다운 그림이라는 것은 이것이 비유라는 것과는 구별되어야 한다. 이 그림은 비유로 보면 비문(碑文) 이상의 가치는 없고 오히려 그 이하이다.

여기서 다시 앞서 행한 회화의 실질적 의미와 명목적 의미의 구별을 상기해 주기 바란다. 명목적 의미란 여기서는 바로 비유적인 것이며, 예컨대 명예의 수호신이다. 실질적 의미는 실제로 묘사된 것이며, 이 그림에서는 날개를 가진 아름다운 젊은이의 주위에 아름다운 어린아이들이 날아다니는 것이다. 이것은 하나의 이데아를 나타내고 있다. 그런데 이 실질적 의미는 명목적, 비유적 의미가 잊혀 있는 한에 있어서만 그 효과를 발휘한다. 비유적 의의를 염두에 두면 직관은 그 힘을 잃고, 정신은 추상적 개념에 정신을 팔게 된다. 이데아에서 개념으로 옮겨가는 것은 언제나 하나의 타락이다. 뿐만 아니라 명목적 의미, 즉 비유적 목적은 실질적 의의인 직관적 진리를 손상하는 경우도 가끔 있다. 예컨대 코레조의 〈밤〉에서 부자연스러운 조명이 그렇다. 아름답게 그려져 있긴 하지만 비유적인 동기를 갖고 있을 뿐이며, 실제로는 불가능하다. 따라서 비유적인 그림에 예술적인 가치가 있다고 해도, 그것은 그 그림이 비유로서 표시하는 의미와는 전혀 다르며 관계가 없다. 다시 말해 그러한 예술 작품은 동시에 두 가지 목적, 곧 개념의 표현과 이데아의 표현에 봉사한다. 이 가운데 이데아의 표현만이 예술의 목적이고, 개념의 표현은 다른 목적이다. 그리고 하나의 그림에 동시에 비문, 즉 상형문자로서 역할을 다하게 하려는 유희적 오락이며, 예술의 참된 본질을 이해하지 못하는 사람들을 위해 생각해 낸 것이다.

따라서 하나의 예술 작품이 예술 작품인 동시에 유용한 도구이기도 한 경우는 두 개의 목적에 봉사하는 것이 된다. 예컨대 조형이 동시에 촛대이고 여인상 기둥이며, 또는 얕은 돋을새김이 동시에 아킬레우스의 방패이기도 한 것이다. 순수한 미술 애호가들은 그 어느 쪽에도 동의하지 않을 것이다. 비유적인 그림도 이 특질을 가지고 사람들의 마음에 생생한 인상을 줄 수 있다. 그러나 사정이 같으면 비문도 같은 효과를 낼 것이다. 이를테면 어떤 사람의 마음에 명예를 얻으려고 하는 소원이 언제나 굳게 뿌리를 내리고 있고, 명예를 자기의 당연한 소유라고까지 생각하며, 자기가 아직 재산 증서를 제출하지 않았기 때문에 그것을 제출할 때까지만 소유자로서 명예가 보유되어 있는 것이라고 생각한다 하자. 만약 이 사람이 월계관을 쓴 〈명예의 수호신〉이라는 그림 앞으로 나간다고 하면, 그의 마음은 이 그림에 자극되어 행동이 일어난다. 그러나 이러한 효과라면, 그가 벽 사이에 크고 분명하게 써놓은 '명예'라는 말을 보아도 같을 것이다. 또는 어떤 사람이 실생활에 대한 주장으로 중요하거나 과학에 대한 식견으로 중요한 진리를 밝혀 알렸으나 사람들의 믿음을 얻지 못했을 경우, 시간이 베일을 젖히고 적나라한 진리를 나타내는 것을 그린 비유화를 본다면, 그는 깊은 감명을 받을 것이다. 그러나 '시간이 진리를 발견한다'고 하는 격언도 같은 효과가 있을 것이다. 왜냐하면 이 경우 정말로 사람의 마음을 움직이는 것은 언제나 추상적인 사상이고, 직관적인 것은 아니기 때문이다.

이렇게 조형이 미술에서 비유를 사용하는 것은 예술과는 전혀 다른 목적 때문에 하는 잘못된 노력인데, 그것이 너무 지나쳐서 부자연스럽고 무리한 묘사와 억지로 끌어다 붙인 가당치도 않은 말이 황당무계하게 되어버리면 견딜 수 없게 된다. 예를 들어 거북을 여성적 은둔성을 암시하기 위해 그리거나 율법의 여신 네메시스가 자기 가슴 언저리를 내려다보고 있는 것을 비밀을 보고 있는 암시라고 보거나, 또 이탈리아 미술사가 벨로리의 해석처럼 안니발레 카라치가 관능에 누런 옷을 입힌 것을 관능의 쾌락은 얼마 안 가서 지푸라기처럼 누렇게 시들게 될 것임을 암시하려고 했기 때문이라고 보는 것 등이 그렇다. 그런데 그려진 것과 이것에 의해 암시된 개념 사이에는 그 개념을 포함하는 결합 관계, 또는 연상에 근거를 둔 결합 관계도 존재하지 않으며, 표시와 표시의 의미가 완전히 습관적으로 우연히 된 기성 규칙에 의해 결합되어 있는 경우, 나는 이 비유의 변종을 '상징(Symbol)'이라고 부른다. 장미는 침묵의 상징이고, 월계관은 명예의 상징이며, 종려나무는 승리의 상징이고, 조개껍데기는 순례의 상징이며, 십자가는 그리스도교의 상징이다. 또 노랑은 허위의 색이고 파랑은 진실의 색이라고 하는 것과 같이 색으로 직접 암시하는 것도 모두 상징에 속한다. 이러한 상징은 실생활에서는 가끔 유용할지 모르지만, 예술에서는 아무런 가치가 없다. 이것들은 완전히 상형문자나 중국 문자처럼 보이는 것이고, 실제로 문장(紋章)과 같은 것으로서 여인숙을 나타내는 가시나무 나뭇단, 시종의 직업 표지로 된 열쇠, 광부의 직업 표지로 된 가죽 같은 종류이다.

마지막으로 어떤 종류의 역사적이거나 신화적인 인물, 또는 인격화한 개념이 반드시 하나의 정해진 상징으로 표시된다고 하면, 이것은 본디 '표징(Embleme)'이라고 불러야 할 것이다. 복음 전도자들의 동물, 미네르바의 부엉이, 파리의 사과, 희망의 닻 등이 이것이다. 그런데 표징이라고 말하면, 많은 사람들은 도덕적 진리를 직관적으로 알리기 위해 비유적이고 단순한, 그리고 표어로 해설한 묘사처럼 해석하고 있다. 그런 것으로는 카메라리우스, 알키아투스[21]와 그 밖의 사람들이 수집한 것이 많이 있지만 이것들은 시적 비유로 이행하는 것으로, 이에 대해서는 나중에 다시 말하기로 한다. 그리스의 조각은 직관에 호소하기 때문에 '미학적(ästhetisch)'이지만, 인도의 조각은 개념에 호소하기 때문에 '상징적 (symbolisch)'이다.

우리는 지금까지 예술의 내적 본질에 대해 행한 여러 고찰을 기초로 하여 이것과 긴밀히 관련시켜서 알레고리(비유)를 이렇게 판단한 것이지만, 이것은 빙켈만의 견해와는 정반대이다. 그는 우리처럼 비유를 예술의 목적과는 무관하고 예술의 목적을 손상시키는 것으로는 생각하지 않았으며, 여기저기에서 비유를 변호하고, 나아가(《그리스 모방 미술론》, 제1권, p. 55 이하) 예술의 최고 목적이 "보편적 개념과 비감각적 사물의 묘사"에 있다고까지 말하고 있다. 어느 쪽 견해에 따를 것인가 하는 점은 각자의 의사에 맡겨두도록 한다. 그러나 아름다움의 참다운 형이상학에 대한 이러한 빙켈만의 견해와 이것과 비슷한 견해를 검토하여, 나는 다음과 같은 진리를 분명하게 했다. 즉 감수성이 강하고, 예술미에 대한 올바른 판단을 가진 사람이라도 아름다움과 예술의 본질을 추상적으로, 또 철학적으로 해명할 수 없는 경우가 있다. 그것은 마치 아주 고상하고 덕이 있으며, 개별적인 사례에서 금으로 된 저울과도 같은 정밀성으로 사물을 결정하는 의식을 가진 사람이라도, 행위의 윤리적 의의를 반드시 밝혀내고, 철학적으로 이것을 확증하며, 추상적으로 이것을 설명할 수 있다고 말할 수 없는 것과 마찬가지이다.

그런데 비유(알레고리)는 '시(詩)'에서는 조형미술과는 다른 관계를 갖는다. 비유는 조형미술에서는 배척해야 하지만, 시에서는 인정되어야 할 것이며 유용하다. 왜냐하면 조형미술에서 비유는 예술의 본디 대상인 주어진 직관적인 것에서 보는 사람의 마음을 추상적인 사상으로 끌어가지만, 시에서는 그 반대이기 때문이다. 다시 말해 시에서 언어에 직접적으로 주어진 것은 개념이고, 가장 가

---

21) Joachim Camerarius(1500~1574)는 독일의 루터파 신학자이자 언어학자로, 그리스 고전들을 라틴어로 번역했고 튀빙겐 및 라이프치히 대학에서 그리스어와 라틴어를 가르쳤다. Andreas Alciatus(1492~1550)는 이탈리아의 법률학자로 로마법을 역사적으로 연구했다.

까운 목적은 언제나 이 개념에서 직접적인 것으로 마음을 끌어가며, 그 직관적인 것을 묘사하는 것은 시를 듣는 자의 상상이 받아들여야 한다. 조형미술에서는 직접 사실에서 다른 것으로 마음을 끌어가지만, 여기서는 추상적인 것만이 직접적인 사실일 수 없기 때문에, 그 밖의 것은 언제나 개념이어야 한다. 그러나 개념은 예술 작품의 근원이어서는 안 되며, 또 개념의 전달이 예술 작품의 목적이어서도 안 된다. 그런데 시에서는 개념이 소재이며 직접적인 사실이므로, 전혀 다른 직관적인 것을 불러일으키고 거기에서 목적이 이루어지게 하기 위해서는 이 소재가 계속 버려져도 괜찮다. 시의 통일성은 여러 가지 개념이나 그 자체로서는 직접적으로 직관할 수 없고, 시에 사용될 때 가끔 그 개념에 포함되는 어떤 실례에 의해 직관된다. 이것은 비유적인 표현과 우화에도 행해지고 있는 것으로, 그 묘사의 깊이와 상세함에 차이가 있을 뿐이다.

이 때문에 언어 예술에서는 우화와 비유가 훌륭한 효력을 갖는다. 세르반테스는 잠이 우리의 모든 정신적, 육체적 고뇌를 없애준다는 것을 표현하려고, "잠은 인간의 온몸을 덮는 외투"라고 아름답게 말했다. 또 클라이스트[22]가 철학자나 연구가들은 인류를 계몽시킨다는 사상을 다음과 같은 시구를 가지고 비유적으로 말하고 있는 것도 아름다운 표현이다.

그들은 그 밤의 등불로 전 세계를 비춘다.

호메로스가 화근을 가져오는 아테 여신을 그려 "그녀는 부드러운 발을 갖고 있다. 왜냐하면 그녀는 딱딱한 대지를 밟지 않고 인간의 머리 위만을 걸었기 때문이다"(《일리아스》, 제19서, p. 91)라고 말하고 있는 것은 직관에 호소하는 묘사이다. 메네니우스 아그리파[23]가 위(胃)와 팔다리에 대해 말한 우화가 이주해 온 로마 서민에게 준 영향은 실로 막대한 것이었다. 플라톤의 《국가론》 7권의 처음

---

22) Bernd Heinrich Wilhelm von Kleist(1777~1811). 독일 극작가·소설가. 객관적이고 사실적인 작풍을 지녀 근대 사실주의 선구자가 되었다.

23) Agrippa Menenius Lanatus(?~B.C. 493). 고대 로마 귀족. 평민의 철수(총파업), 곧 제1차 성산사건(聖山事件) 때(B.C. 494) 귀족 측을 대표하여 평민을 방문, 교묘한 우화로 그 분노를 누그러뜨리고 양자를 화합케 하는 데 성공했다.

에 있는 동굴의 비유는 추상적인 철학적 교리를 참으로 아름답게 표현하고 있다. 이와 마찬가지로 페르세포네에 대한 우화도 철학적인 경향을 가진 뜻깊은 비유라고 보아야 한다. 즉 페르세포네는 저승에서 석류 열매를 먹었기 때문에 저승의 주민이 되어버렸다는 것이다. 괴테는 이 이야기를 일화로 꾸며 《감상주의의 승리》 속에 엮어 넣었는데, 그 뛰어난 수법으로 이 우화의 깊은 의미는 특히 두드러지게 된다.

비유의 작품으로 내가 자세히 알고 있는 것이 세 개 있다. 눈에 띄게 명확한 비유는 발타자르 그라시안[24]의 《비평가》인데, 이것은 대단히 의미 깊은 비유를 결합한 대규모의 구성으로 되어 있지만, 이들 비유가 도덕적 진리를 흥미 있게 표현하는 데 도움이 되고 있으며, 그렇기 때문에 그는 도덕적 진리를 직관적으로 이해할 수 있게 했고, 그 풍부한 착상에는 그저 놀랄 뿐이다. 비유가 감추어져 있는 다른 두 개는 《돈키호테》와 《걸리버 여행기》이다. 《돈키호테》의 비유는 일반인들처럼 단지 자신만의 행복을 고려하는 것이 아니라, 객관적이고 이상적인 목적을 추구하여 자기 생각과 의욕을 억누르고, 그로 인해 당연히 이 세상에서 괴짜로 보이는 사람의 생활이다. 《걸리버 여행기》에서는 햄릿 같으면 이 작가를 풍자가라고 부를 테지만, 이 작가가 말하려고 하는 바를 알기 위해서는 이 이야기 가운데 물질적인 것을 모두 정신적으로 해석하기만 하면 된다.

이처럼 문학적 비유에서 개념은 언제나 이의 없이 받아들여지는 사실이며, 문학적 비유는 이것을 어떤 형상에 의해 직관적으로 만들려고 하기 때문에, 이러한 비유는 때때로 그림 형식으로 표현될 수도 있고 유지될 수도 있다. 그렇다고 이 그림이 조형미술 작품으로 간주되는 것은 아니고 기호인 상형문자로 보일 뿐이다. 따라서 회화적 가치를 요구하는 것이 아니라 문학적 가치를 요구할 뿐이다. 라바터[25]가 그린 아름다운 비유적 장식화는 이런 종류의 것으로, 진리를 위하여 싸우는 고매한 사람의 마음에 깊은 감명을 준다. 즉 등불을 든 손이 말벌에 쏘였지만, 위에서는 불길에 모기가 타고 있다. 그 밑에는 다음과

---

24) Baltasar Gracián y Morales(1601~1658). 스페인 소설가로 기상주의(奇想主義)를 대표하는 작가이며, 기발한 작법과 은유적 표현을 많이 썼다.
25) Johann Kaspar Lavater(1741~1801). 스위스 목사, 저작가, 인상학 제창자. 담즙, 다혈, 점액, 우울의 4기질론과 동물 모습과의 유사함에 기초한 성격 판단은 한때 유럽에서 유행했다.

같은 표어가 있다.

> 아무리 등불이 모기의 날개를 태우고,
> 머리뼈와 뇌수를 모두 망가뜨린다 해도,
> 등불은 역시 등불로 남고,
> 아무리 무서운 말벌이 나를 쏜다 해도,
> 나는 등불을 놓지 않으리.

여기에 속하는 것으로 또 묘비가 있는데, 그 옆에는 꺼져서 연기가 나는 등불이 있고, 다음과 같이 적혀 있다.

> 불이 꺼지면 확실해진다.
> 그것이 짐승의 기름이었는지 밀랍이었는지.

마지막으로 고대 독일의 어떤 가계도가 있는데, 이것을 보면 대단히 오래된 가문의 마지막 자손이 자기 생애를 동정(童貞) 속에서 끝맺으려 생각하고, 자기 일족의 계승을 끝내려 한다. 그래서 가위로 자기 위에 있는 나무를 자르고 자기를 많은 뿌리 곁에 있는 가지로 묘사하고 있다. 앞서 말한 흔히 표징이라 불리는 비유는 일반적으로 이와 비슷한 것인데, 이것들은 아직도 확실한 교훈을 포함하고 있고, 간단하게 묘사한 우화라고도 할 수 있다. 이러한 종류의 비유는 언제나 문학적 비유에서 다루어야 하는 것이고 회화적 비유에 넣을 것은 아니며, 그래야만 마땅하다. 이 경우 실제로 그림의 성과는 언제나 부수적인 것에 그치며, 그림의 성과가 요구하는 것은 그 사물을 알기 쉽게 묘사하는 것에 지나지 않는다. 그런데 조형미술과 마찬가지로 문학에서도 직관적으로 나타낸 것과 그것이 지시하는 추상적인 것 사이에 자의적인 연관밖에 없는 경우, 비유는 상징으로 변화된다. 상징적인 것은 결국 합의에 근거를 두고 있기 때문에, 상징은 다른 여러 결점과 더불어 그 의미가 시간이 흘러감에 따라 잊히고, 결국은 상징으로서의 작용을 멈추어 버리는 결점을 갖고 있다. 사정을 알지 못하면 왜 물고기가 그리스도교의 상징인가 하는 것은 누구도 알 수 없다. 이것을 알 수 있는 사람은 오직 샹폴리옹[26]뿐이다. 왜냐하면 그것은 순전히 발음에서 온 상형문자에 불과하기 때문이다. 따라서 문학적 비유로서 〈요한계시록〉에 '위대한 태양의 신 미트라(magnus Deus sol Mithra)'로 기록된 돋을새김이 지금도 여러 가지로 해석되고 있는 것과 같은 상황이다.

### 51. 시에 대하여

예술 일반에 대해 우리가 지금까지 고찰해 온 것을 조형미술에서 '시'로 전용해 보면, 시 또한 의지의 객관화 단계인 이데아를 시적인 마음에 의해 파악되는 명확함과 생생함으로 듣는 사람에게 전달하려는 의도를 갖고 있다는 사실을 의심하지 않을 것이다. 이데아는 근본적으로 직관적이다. 시에서는 언어를 통해 직접 전달되는 것은 추상적 개념에 지나지 않지만, 거기에는 분명히 이 개념들을 대표하는 것 속에 듣는 사람에게 인생의 이데아를 직관시키려고 하는 의도가 있다. 그리고 이러한 것은 듣는 사람의 상상력이 작용해야 가능한 것이다. 그런데 상상력을 이 목적에 알맞도록 작용하려면, 시와 무미건조하기 짝이 없는 산문의 직접적 재료인 추상적 개념들이 서로의 범위를 정해 줄 정도로 결합되어야 한다. 그래서 어떤 개념도 그 추상적 보편성을 고집하지 않고, 이것들을 대표하는 직관적인 것이 상상으로 나타나는 상태가 되지 않으면 안 되는데, 이렇게 상상을 시인의 말이 의도하는 바에 따라 여러 가지로 바꾸는 것이다. 이것은 마치 화학자가 여러 가지 잘 알려진 맑은 액체들을 화합하여 거기에서 고체의 침전물을 얻는 것과 마찬가지인데, 시인은 여러 개념의 추상적 보편성으로부터 시인다운 방식으로 이것들을 결합시킴으로써 구체적인 것, 개성적인 것, 직관적 표상 등을 침전시킬 수 있다. 왜냐하면 이데아는 직관적으로만 인식되는 것이며, 이데아의 인식이 예술의 목적이기 때문이다. 시에 통달한 사람이면 화학에서와 마찬가지로 언제나 목표로 삼고 있는 침전물을 얻을 수 있게 된다. 시에서 많은 형용사는 이 목적에 도움이 되는 것으로, 어떠한 개념의 보편성도 이 형용사들로 말미암아 더 한정되고 결국 직관성을 얻기에 이른다. 호메로스는 거의 모든 명사에 형용사를 붙여 꾸미는데, 그 형용사의 개념에 의해

---

26) Jean-François Champollion(1790~1832). 프랑스의 이집트 학자로, 1822년 로제타석의 상형문자를 해독하는 데 성공했다.

명사의 개념 범위가 확정되어 좁혀지고, 그것만으로도 벌써 훨씬 직관에 가까이 간다.

> 반짝이는 햇빛은 대양으로 가라앉았다,
> 어두운 밤을 결실에 넘치는 대지 위로 끌어당기면서
>
> ―《일리아스》

> 미풍은 푸른 하늘에서 불어오고,
> 떨기나무는 조용히, 월계수는 높이 솟아 있다.
>
> ―괴테의 《미뇽》

이런 시들은 소수의 개념들로써 남국 기후의 황홀경을 상상하게 한다.

시의 독특한 보조 수단은 리듬과 운율이다. 이 효과가 얼마나 두드러진 것인가에 대해서는 다음과 같은 설명을 하는 수밖에 없다. 즉 우리의 표상력은 본질적으로 시간과 결합되어 있지만, 이 리듬과 운율의 힘에 의해 어떤 특색을 띠고, 그로 인해 규칙적으로 되풀이되는 음을 마음속에서 따라가며 공명하는 것이다. 이렇게 해서 리듬과 운율은 한편으로 우리를 기꺼이 낭독에 귀 기울이게 함으로써 우리의 주의를 연결하는 수단이 된다. 또 한편으로 이로 말미암아 우리는 마음속에서 판단을 기다리지 않고 맹목적으로 낭독된 시에 공명하게 된다. 그래서 시는 근거와는 관계없이 강한 설득력을 얻게 된다.

이데아를 전달하기 위해 시가 사용하는 재료는 개념이지만, 이 개념이라는 재료는 보편적인 것이기 때문에, 시의 영역 범위는 대단히 넓다. 모든 자연, 모든 단계의 이데아는 시로 묘사할 수 있다. 다시 말해 시는 전달할 수 있는 이데아에 따라 기술적으로 또는 이야기풍으로, 또는 직접 희곡적인 묘사로 표현한다. 그러나 의지의 객관성이라는 차원 낮은 여러 단계를 묘사하는 경우에는 대부분 조형미술이 시를 능가한다. 왜냐하면 인식이 없는 자연이나 동물적인 자연은 오직 하나의 요점을 파악하면 거의 모든 본질이 나타나기 때문이다. 그런데 인간은 단지 자세나 얼굴 표정만으로 자신을 나타내는 것이 아니라, 일련의 행위나 여기에 따르는 사상이나 정서에 의해 자신을 표시한다는 점에서 시는 중요한 대상이며, 이 점에서는 다른 어떤 예술도 시에 비견될 수 없다. 왜냐하면 그러한 인간을 묘사하는 경우에는 조형미술에 결여되어 있는 진행이라는 것이 시에는 도움이 되기 때문이다.

의지의 객관성에서 최고 단계인 이데아를 나타내고 인간의 노력과 행위의 연관을 통해 인간을 묘사하는 것이 시의 커다란 주제이다. 본디 경험이나 역사는 인간을 가르치기는 한다. 그러나 인간의 본질을 가르쳐 주기보다는 잡다한 인간들의 행동양식을 가르치는 경우가 많다. 즉 경험과 역사는 인간의 내적 본질을 깊이 통찰하게 하기보다는 오히려 인간 상호 간의 행동을 경험적으로 알리고, 거기에서 자신의 태도를 어떻게 정할 것인가 하는 규칙을 발견하게 하는 것이다. 그렇다고 해서 경험이나 역사에서 인간의 본질이 영구히 나타나지 않는다는 것은 아니다. 하지만 역사나 자신의 경험에서 해명되는 것이 인간성의 본질인 경우, 이미 우리는 언제나 이 경험을, 또 역사가는 그 역사를 예술적인 눈으로, 시적으로, 다시 말해 현상적으로가 아니라 이데아적으로, 상대적인 관계가 아니라 내적 본질로 파악하고 있다. 자신의 경험이라는 것은 시를 이해하는 데에도, 역사를 이해하는 데에도 없어서는 안 되는 조건이다. 자기 경험은 시와 역사가 말하는 '말의 사전'이라 할 수 있기 때문이다.

그런데 역사와 시의 관계는 초상화와 역사화의 관계와 같다. 역사는 개별적 진리를 나타내고 시는 보편적 진리를 나타낸다. 또한 역사는 현상의 진리를 갖고 진리를 현상에서 증명할 수 있지만, 시는 이데아의 진리를 갖는다. 이것은 어떠한 개별적인 현상 속에서도 발견할 수 없지만, 모든 현상을 통해서 나타나고 있다. 시인은 선택과 의도를 가지고 뚜렷한 성격의 인물을 분명한 위치에 세우고 묘사한다. 역사가는 성격과 위치를 나타나는 대로 받아들인다. 오히려 역사가는 사건이나 인물들을 그 내적인 순수한 이데아를 나타내는 의미를 따라서 보거나 선택해서는 안 되며, 연결과 결과에 대한 외면적이고 피상적이며 상대적으로 중요한 의미를 따라서 보거나 선택해야 한다. 그는 어떤 일이든 그 본질적 성격과 표현을 따라서 고찰해서는 안 되며, 모든 것을 상대적인 관계에 따라서 연관의 상태, 다음 사건에 대한 영향, 특히 그 자신의 시대에 대한 영향이라는 점에서 고찰해야 한다. 그러므로 역사가는 국왕 한 사람의 별다른 의미가 없는 행위, 아니 그 자체로서는 평범한 행위도 놓치지 않을 것이다.

왜냐하면 그 행위는 결과와 영향이 있기 때문이다. 이와 반대로 그 자체로서는 뜻깊은 개개인의 행위나 뛰어난 개인도 아무런 결과도 일으키지 않고 아무런 영향도 미치지 않으면, 역사가는 이것을 언급해서는 안 된다. 왜냐하면 역사가의 고찰은 이유율에 따라 이유율을 형식으로 하는 현상을 포착하기 때문이다.

그러나 시인은 이데아를 파악한다. 다시 말해 모든 상대적인 관계를 떠나고 모든 시간을 떠난 인간성의 본질, 물자체의 적절한 객관성이 그 최고 단계에 도달한 것을 파악한다. 모든 겉껍데기 속의 핵심이 완전히 보이지 않는 것이 아니라, 적어도 핵심을 찾은 자는 이것을 발견하고 인식하는 것이 가능하지만, 상대적인 관계에서가 아니라 그 자체로서 의미 있는 것, 즉 이데아 본디의 나타남은 역사에서보다는 시 쪽이 훨씬 정당하고 또 명확하게 보인다. 그러므로 역설적으로 들릴지 모르지만, 시가 역사보다 훨씬 근본적이고 순수하며 내적인 진리를 갖고 있다고 하겠다. 왜냐하면 역사가는 개별적 사건들을 원인과 결과의 복잡다단한 연쇄를 통해 시간 속에 전개된 대로 더듬어가야 하는 것이지만, 그로 인해 모든 자료를 소유하지 못하면서 모든 것을 보고 모든 것을 탐지해 낸다는 것이 불가능하기 때문이다. 그는 언제나 본원적 사실에서 일탈해 버리거나, 그릇된 묘사가 자기도 모르는 사이에 들어와 버린다. 사실 이러한 것은 가끔 있는 일인데, 나는 역사에는 진리보다 허위가 더 많다고 보아도 괜찮다 생각한다. 반대로 시인은 인간성의 이데아를 일정하고 바로 묘사해야 할 면에서 파악한다. 그가 파악한 인간성의 이데아 속에서 객관화되어 표시되는 것은 자신의 본질이다. 말하자면 앞서 조각의 경우에 설명한 것처럼 시인의 인식은 반은 선험적이다. 그가 본보기로 삼는 것은 그의 정신 앞에 확고하고 명확하고 밝게 비쳐 나와 있으므로 그에게서 떠날 수 없다. 그러므로 그는 마음의 거울에 이데아를 순수하고 분명하게 반영하여 우리에게 보여준다. 묘사는 개별적인 것에 이르기까지 생명과 마찬가지로 진실이다.[27] 그래서 고대의 대역사가들

---

27) 당연한 일이지만 나는 어떠한 경우에도 위대하고 참다운 시인만을 언급하고 있으며, 특히 오늘날 독일에서 대단히 증가하고 있는 평범한 시인이나 엉터리 시인이나 우화작가 등 어리석은 무리들은 문제 삼고 있지 않다. 이러한 무리들의 귀에는 사방에서 쉴 새 없이 다음과 같이 외쳐주어야 한다.

은 자료가 없는 세부적인 데에서는, 예컨대 그들이 다루는 영웅들의 연설 등을 서술하는 경우에는 시인이 된다. 뿐만 아니라 그들이 재료를 다루는 방식은 서사시에 가깝다. 그런데 그 때문에 그들의 묘사에는 통일이 생긴다.

외적인 진리를 파악하지 못하고, 전혀 잘못 그려진 경우까지도, 그 때문에 내적 진리가 있는 것이다. 우리는 방금 역사화와 상응하는 시에 대비시켜서 초상화와 역사를 비교했지만, 초상은 개인의 이상이어야 한다는 빙켈만의 말은 고대의 대역사가들도 신봉했다는 것을 알 수 있다. 예전의 역사가들은 세부적인 묘사를 하는 데도 거기에 나타나는 인간성의 이데아적 측면이 나타나게 그렸기 때문이다. 그런데 근대의 역사가는 소수의 예외는 별도로 하고 대부분이 '쓰레기통이나 너절한 것을 넣어두는 광이 아니면, 기껏해야 겉모양만 번드르르한 사극'만을 서술한다. 따라서 인간성의 내적인 현상이나 발전을 통해 동일한 본질, 즉 인간성의 이데아를 인식하기 원하는 자에게는 불후의 대시인들의 작품이 역사가들이 나타낼 수 있는 모습보다 훨씬 충실하고 명료한 모습을 보여줄 것이다. 왜냐하면 역사가 가운데 가장 우수한 사람들도 시인으로서는 일급에 훨씬 미치지 못하며, 또한 자유로이 붓을 놀릴 수가 없기 때문이다.

이 관점에서 역사가와 시인의 관계를 다음과 같은 비유로 해명할 수 있다. 자료만을 기초로 연구하고 있는 순수하고 단순한 역사가는 수학에 지식이 전혀

---

사람도 신도 서점의 기둥도
시인이 평범하게 되는 것은 허락하지 않는다.

—호라티우스, 《시론》

이 평범한 시인들의 소동이 자기들과 타인들의 시간과 종이를 얼마나 망쳐놓으며, 또 그 영향이 얼마나 해로운가 하는 점은 신중히 고려해 보아야 한다. 왜냐하면 대중은 한편으로는 언제나 새로운 것을 붙잡으려 하고, 또 한편으로는 자기들과 동질인 불합리한 것과 범속한 것에 기울어지는 성향이 있기 때문이다. 그러므로 이 평범한 작가들의 작품은 대중을 참다운 걸작에서 멀어지게 하고, 그러한 작품들로 대중의 교양을 억제한다. 따라서 천재의 좋은 영향을 정면으로 방해하고, 좋은 취미를 점점 해쳐서 시대의 진로에 역행한다. 그러므로 비평이나 풍자를 할 때는 용서나 동정을 하지 말고, 평범한 시인들에게 혹평을 가해서, 그들이 졸작을 쓰기보다는 좋은 작품을 읽는 데에 여가를 이용하도록 해야 할 것이다. 왜냐하면 천재적인 재능이 없는 시인들의 졸렬한 작품은 온화한 시신(詩神)인 아폴론까지도 마르시아스의 살가죽을 벗기게 할 정도로 격노하게 한다. 나는 평범한 시가 무엇을 근거로 관용을 요구하는 것인지 모르겠다.

없는 사람이 우연히 발명한 도형에서 이 도형들의 관계들을 측정해 탐구하는 것과 비슷하다. 따라서 경험적으로 발견된 과제에는 그 그려진 도형의 모든 오류가 따라다닌다. 이와 반대로 시인은 이 관계들을 선험적으로 순수직관 속에서 구성하고, 그것들을 그려진 도형 속에 실제로 있는 것이 아니라 그림으로 그림으로써 지각할 수 있는 이데아 속에 있는 것으로 언급하는 수학자와도 같다. 그러므로 실러는 다음과 같이 말하고 있다.

이때까지 한 번도 어떠한 곳에서도 일어나지 않았던 일,
이것만은 결코 쇠퇴하지 않는다.

나는 인간성의 본질을 인식한다는 점에서는 본디의 역사, 적어도 일반적으로 다루어지고 있는 역사보다는 전기, 특히 자서전이 더 우수하다고까지 말하고 싶다. 예를 들어 전기에서는 역사보다 자료를 더 정확하고 완전하게 모을 수 있고, 또 일반적인 역사 서술에서는 인간보다는 오히려 국민들이나 군대가 주로 나타나서 개개인이 등장하는 일이 있어도 아주 멀리에, 많은 수행원들과 부하들을 거느리고 나오며, 또 딱딱한 대례복이나 무겁고 몸을 잘 놀릴 수 없는 갑옷으로 몸을 치장하고 있기 때문에, 이것을 통해 인간의 움직임을 인식하는 것은 어려운 일이다. 이와 반대로 개인의 생활을 충실하게 묘사한 것은 좁은 범위 안에서 다양한 모습을 가진 인간의 행동 방식, 개개인의 지혜와 미덕과 신성함, 대다수 사람들의 어리석음과 비열함과 교활함, 그리고 몇몇 사람들의 악랄함을 섬세하게 보여준다.

물론 이 경우 여기서 문제되고 있는 점만으로 볼 때, 즉 나타나는 사건의 내적 의의에 대해 말한다면 행위의 중심이 되는 문제의 사건이 상대적으로 보아 사소한 일인가, 중대한 일인가, 또는 농가의 일인가, 왕국의 일인가 하는 것은 아무 의미가 없다. 왜냐하면 이 사건들은 그 자체로서는 아무런 의미를 갖지 않고, 오직 그것들이 의지를 움직임으로써만, 또 그러한 한도 내에서만 의미를 갖기 때문이다. 다시 말해 주제가 되는 사건은 의지에 관계함으로써만 의미를 갖는다. 그런데 그 사건이 사물로서 다른 사물에 대해서 갖는 관계는 전혀 문제되지 않는다. 지름이 1인치인 원이나 지름이 4000만 마일인 원이 동일한 기

하학적 성질을 갖고 있는 것과 같이, 한 마을의 사건과 역사도 한 나라의 사건과 역사와 본질적으로는 같다. 그리고 그 어느 쪽을 놓고 보아도 인간을 연구할 수 있고, 알 수 있다.

또 자서전에는 허위나 위장이 많다고 생각하는 것도 좋지 않다. 오히려 거짓말을 한다는 것은(어떤 경우에도 할 수 있는 일이지만) 자서전에서는 다른 경우보다 어려울 것이다. 위장하는 것은 단순한 담화의 경우에 가장 쉽다. 역설적으로 들릴지 모르지만, 편지에서는 벌써 근본적으로 위장이 어려워진다. 왜냐하면 인간은 편지를 쓸 때면 자기에게 몰두하여 외부는 바라보지 않고, 낯선 것이나 먼 것을 떠올리기 어려우며, 상대방에게 주는 인상의 척도를 눈앞에 갖고 있지 않기 때문이다. 또한 이것을 받아들이는 상대방은 침착하게 그 편지를 쓴 사람과는 다른 기분으로 그 편지를 보고, 되풀이하여 다른 시간에 읽으며, 그래서 무엇인가 숨겨진 의도가 있으면 쉽게 발견할 수 있기 때문이다. 우리는 저자의 인간됨도 그의 저서를 통해 쉽게 알 수 있다. 왜냐하면 저서에서는 자신을 위장하는 것이 어렵기 때문에 일반적으로 다른 모든 역사에 비해 진실성이 적은 자서전은 하나도 없을 것이기 때문이다. 자기 생애를 기술하는 사람은 그 전체를 꿰뚫어 본다. 따라서 개별적인 사물은 작아지고, 가까운 것은 멀어지고 먼 것은 가까워지며, 각종 고려하는 것은 줄어든다. 그는 스스로 참회의 자리에 앉아 자진하여 고백하는 것이다. 이 경우 그렇게 쉽게 거짓말을 할 수 있는 것은 아니다. 왜냐하면 어떠한 인간에게도 진실을 향한 경향은 있는 법인데, 거짓말을 하려면 먼저 이 경향을 억눌러야 하며, 또 이 경향은 이런 경우일수록 강해지기 때문이다.

전기와 민족사의 관계는 다음과 같은 비유로 직관할 수 있다. 역사를 통해 우리가 보는 인간성은 높은 산에서 내려다보는 자연과 같다. 우리는 일시에 많은 것을 보고, 멀리서 많은 양을 바라본다. 그러나 아무것도 분명해지지는 않으며, 그 본질도 인식되지 않는다. 이와 반대로 개인의 생애를 그린 것을 통해 우리에게 제시되는 인간은 자연 속의 나무, 식물, 바위, 냇물 사이를 걸어다니면서 인식한 자연과도 같다. 풍경화에서는 예술가의 눈을 통해 자연을 바라보게 하는데, 이 풍경화로 인해 우리는 자연의 이데아를 쉽게 인식하게 되며, 그 때문에 의지를 떠난 순수인식의 상태에 이르는 것도 쉬워진다. 이렇게 우리가 역사와 전기 속에서 찾을 수 있는 이데아를 묘사하는 데에는 시가 많은 점에서 앞서 있다. 왜냐하면 여기서도 천재가 우리 눈앞에 맑은 거울을 보여주기 때문이며, 거기에는 본질적인 것, 의미 있는 것이 모여서 밝게 비쳐 나와 우리에게 보이고, 우연적인 것과 이질적인 것은 배제되기 때문이다.

인간성의 이데아를 묘사하는 것이 시인의 의무이며, 그는 이것을 두 가지 방식으로 수행할 수 있다. 그 하나는 묘사된 사람이 동시에 묘사하는 사람인 경우인데, 이것은 서정시, 곧 본디 가요에서 행해지는 것으로서 거기에는 시를 짓는 사람이 자신의 상태를 생생하게 직관하고 기술할 뿐이며, 그 주제 때문에 이런 종류의 시에는 주관성이 본질적이다. 또 하나는 묘사되어야 할 사람과 묘사하는 사람이 다른 경우인데, 이때 얼마쯤 차이는 있지만 묘사된 사람의 배후에 있는 꿈이 나타나고, 마지막에는 묘사하는 사람이 완전히 모습을 감춰 버린다. 이야기시에는 묘사하는 사람은 전체의 색조와 태도로써 자신의 상태를 표현한다. 그렇기 때문에 이야기시는 가요보다는 훨씬 객관적이긴 하지만, 그래도 주관적인 것을 갖고 있다. 이 주관적인 것은 전원시가 되면 없어지고, 소설에서는 훨씬 적어지며, 본디의 서사시가 되면 거의 완전히 없어지고, 결국 희곡에 이르러서는 그 흔적만 겨우 남길 뿐이다. 희곡은 시 가운데 가장 객관적이고 여러 가지 점에서 가장 완전하며, 또한 가장 어려운 종류이다. 그렇기 때문에 서정적 종류의 시가 가장 쉽다.

예술은 일반적으로 비범하고 참된 천재만이 잘할 수 있는 것이지만, 전체적으로 볼 때 그렇게 우수하지 못한 사람도 외부에서의 강렬한 자극을 통해 어떤 감격이 그의 정신력을 고양시킨다면 아름다운 가요를 만들 수 있다. 가요를 만들려면 감격한 순간에 자신의 상태를 생생하게 직관하기만 하면 되기 때문이다. 이것을 증명하는 것으로 이름 모를 개인들이 만든 가요, 특히 독일의 민요들이 있는데, 《소년의 마술피리》[28]는 이러한 것들이 잘 모아진 작품이다. 그리고 모든 국어로 쓰인 많은 사랑의 노래와 그 밖의 노래도 증거가 된다. 순간의 정서를 포착하여 이것을 노래로 구현하는 것이 이런 종류의 시 작업이기 때문이다. 그럼에도 진정한 시인의 서정시에는 인류의 속마음이 반영되어 있으

---

28) 《Des Knaben Wunderhorn》(1808). 후기 낭만파 시인 아르님(1781~1831)과 브렌타노(1778~1842)가 함께 편집한 독일 민요집.

며, 과거, 현재, 미래의 수백만 인간이 끊임없이 되풀이하기 때문에, 동일하다고 할 수 있는 경우에 느낀 것과 느낄 것이 모두 그 속에 적절하게 표현되어 있다. 이 경우는 인간과 마찬가지로 쉴 새 없이 되풀이됨으로써 영속적으로 존재하고 끊임없이 동일한 감정을 불러일으키기 때문에, 진정한 시인의 서정적인 작품은 수천 년을 통해 효력을 갖고 신선하게 존속한다.

무릇 시인이란 보편적 인간이다. 어떤 사람의 마음을 움직이게 한 것, 또 인간의 본성이 어떤 상황 속에서 자신을 내부로부터 생산한 것, 인간의 가슴속 어디엔가에 머무르며 깨어나려고 하는 것, 이런 것들이 모두 시인의 주제와 소재이다. 그 밖에 모든 자연도 마찬가지이다. 그러므로 시인은 관능적 쾌락도 신비도 노래하고, 아나크레온[29]도 안겔루스 질레지우스도 될 수 있으며, 비극도 희극도 쓸 수 있다. 또 숭고한 심정도 그려낼 수 있고, 평범한 심정도 그릴 수 있다. 그때의 기분과 사명감에 따라서 누구나 시인에게 고상하고 숭고해야 한다든지, 도덕적이고 경건하며 기독교적이어야 한다든지, 혹은 이래야 하고 저래야 한다고 지시해서는 안 되며, 더구나 그가 지시하는 대로 하지 않는다고 비난을 해서도 안 된다. 시인은 인류의 거울이며, 인류가 느끼고 행하는 것을 인류에게 의식시켜 준다.

가요의 본질을 더 상세히 살피고 다른 종류의 시, 예컨대 이야기시, 비가, 송가, 단시 같은 어떤 방식으로 접근하는 시가 아니라 정교하고 순수한 본보기를 실례로서 보면, 가장 좁은 의미에서 가요의 독특한 본질이 다음과 같다는 것을 알 수 있다. 노래 부르는 사람의 의식을 채우고 있는 것은 의지의 주제, 즉 자신의 의욕인데, 그것이 가끔 속박을 벗은 충족된 의욕(기쁨)으로서, 그러나 더 자주 방해받은 의욕(슬픔)으로서 정념, 격정, 마음의 감동 상태로서 의식을 채우고 있다. 하지만 그 밖에도 노래 부르는 사람은 주위의 자연을 바라봄으로써 자신을 순수한 무의지의 인식주체로서 자각하는데, 이때부터 천국과도 같은 평온은 끊임없이 제한을 받으며 언제나 욕구하는 의욕의 충동과 대조를 이루게 된다. 이러한 대조, 이러한 변동의 느낌이야말로 전체를 통해 나타나는 것이며, 대체로 서정적인 상태를 만들어 내는 것이다. 이 상태가 되면 순수인식이

---

29) Anacreon(B.C. 582?~B.C. 485). 그리스 서정시인으로, 술과 사랑을 주제로 한 아나크레온풍을 유행시키고 많은 모방자를 배출했다.

우리를 의욕과 그 충동에서 구해 준다. 그래서 우리는 이것에 따른다. 그러나 그것도 한순간뿐이고, 쉴 새 없이 새롭게 의욕이나 개인적인 목적에 대한 소망과 의지가 우리를 평온한 관조에서 떼어놓는다. 하지만 또다시 다음의 아름다운 환경이 우리를 의욕에서 벗어나게 해서 이 환경 속에서 우리는 순수한 무의지의 인식을 얻는다. 그러므로 가요나 서정적인 정서 속에는 의욕(목적에 대한 개인적인 관심)으로 나타나는 환경의 순수직관이 기묘하게 뒤섞여 나타난다. 그래서 이 의욕과 직관의 관계가 추구되고 상상된다. 주관적인 정서, 곧 의지의 흥분 상태는 그 색채를 직관된 환경에 주고, 그 환경은 또 그 색채를 반사적으로 정서에 준다.

참된 가요란 이렇게 혼합되고 분열된 심상들의 복제품이다. 추상과는 인연이 먼 상태를 추상적으로 분석하여, 그것을 실례에 따라 이해하기 쉽게 하기 위해서는 괴테의 불멸의 가요 가운데 어떤 것을 들춰봐도 좋다. 이 목적을 위해 특히 나는 다음과 같은 가요를 추천하기로 한다. 〈양치기의 비가(Schäfers Klagelied)〉, 〈환영과 이별(Willkommen und Abschied)〉, 〈달에게(An den Mond)〉, 〈호수 위에서(Auf dem See)〉, 〈가을 느낌(Herbstgefühl)〉 등이 있고, 또한 《소년의 마술피리》 속의 가요도 그 훌륭한 실례이며, "오, 브레멘이여, 이제 나는 당신의 곁을 떠나야 한다"로 시작하는 노래는 특히 좋은 예이다. 서정적인 성격을 갖고 있고 적절하게 익살스런 희곡적인 시로서 내가 주목하고 있는 것은 포스[30]의 가요이다. 그는 가요에서 술에 취해 탑에서 떨어지는 기와장이의 기분을 그리고 있는데, 이 기와장이가 떨어질 때 탑의 시계가 때마침 11시 반이라고 말하고 있다. 즉 그의 상태와는 거리가 먼, 의지를 떠난 인식에 속하는 것을 말하고 있는 것이다.

서정적 상태에 대하여 내가 위에서 말한 견해에 동조하는 사람은 다음의 것도 인정할 것이다. 인식의 주체와 의욕의 주체가 일치하는 것이 확실한 기적이라고 할 수 있다는 명제는 《충족이유율에 대하여》에서도 다루었고 또 이 책에서도 이미 언급했지만, 위에서 말한 서정적인 상태는 본디 이 명제를 직관적이고 시적으로 인식한 것이다. 따라서 가요의 시적 효과는 결국 근본적으로 이

---

30) Johann Heinrich Voss(1751~1826). 독일 시인·언어학자. 괴팅겐 시파(詩派) 창립자의 한 사람이며, 호메로스 작품을 번역했다.

명제의 진실성에 근거를 두고 있다. 인생의 경과에 따라 이 두 개의 주체, 통속적으로 말하면 머리와 마음은 점점 떨어져 주관적인 느낌은 객관적인 인식에서 점점 멀어진다. 어린아이에게는 이 두 가지가 완전히 섞여 있다. 어린아이는 자신을 그 환경에서 거의 구별할 줄 모르며, 환경과 한 몸이 되어 있다. 젊은이에게는 모든 지각이 주로 느낌과 기분을 생생하게 하고 또한 이것들을 뒤섞기까지 한다. 이것은 바이런이 다음과 같이 훌륭히 표현하고 있는 대로이다.

> 나는 나 자신 속에 살고 있지 않다.
> 나는 나를 둘러싼 것의 일부가 된다.
> 그리하여 나에게는 높은 산도 하나의 느낌일 뿐이다.
> — 〈차일드 해럴드의 편력〉 III

이 때문에 젊은이는 사물의 직관적인 외면에 그토록 집착한다. 그래서 젊은이는 서정시에 걸맞고, 성인이 되어야 비로소 희곡적인 시에 적합해진다. 우리는 노인을 오시안과 호메로스와 같은 서정시인으로 생각할 수 있다. 왜냐하면 이야기를 한다는 것은 노인의 특성에 속하기 때문이다.

더 객관적인 종류의 시, 특히 소설과 서사시 및 희곡에서는 인간성의 이데아를 구현하려고 하는 목적이 두 가지 수단에 의해 달성된다. 바로 의미심장한 성격을 깊이 파악하여 묘사하는 것과 이 성격들의 전개에서 뜻깊은 상황을 생각해 내는 데에 있다. 왜냐하면 화학자가 해야 할 일은 단일한 원소들과 주요 화합물을 순수하고 올바르게 나타내는 것뿐만 아니라 그것들의 특성을 명확하고 뚜렷하게 나타나도록 하는 시약들을 써서 그 영향을 알아보기도 해야 하는 것처럼, 시인도 뚜렷한 의지를 갖는 성격을 자연 그대로 진실하고 올바르게 보여줄 뿐만 아니라 이 성격들을 인식시키기 위해서 이것의 특성이 완전히 전개되고 또렷한 윤곽으로 묘사되고, 그래서 명확한 의미가 있는 상황이라 부를 만한 상황에 놓도록 하지 않으면 안 되기 때문이다. 현실적인 생활과 역사에서는 이러한 성질은 우연히 드물게 생기며, 생겨도 개별적으로만 존재하며, 많은 하찮은 것들에 묻혀 감추어진다. 상황이 대체로 깊은 의미를 가지려면 뜻있는 성격들을 모으고 선택하는 것처럼 소설, 서사시, 희곡을 현실적인 생활과 구별해야 한다. 그러나 어느 경우에도 성격에 있어 통일성이 없거나, 성격이 자신이나 인간성 일반의 본질에 모순되거나, 또 있을 수 없는 일이나 거기에 가까운 것은, 아무리 그것이 부수적이라 해도 시에서는 불쾌감을 준다. 이것은 회화에서 형상의 그릇된 묘사, 원근법의 오용, 명암의 오류가 불쾌감을 주는 것과 같다. 왜냐하면 우리는 시에서도 그림에서처럼 인생, 인간성, 세계의 충실한 거울을 바라는데, 그것이 묘사에 의해 명확해지고 의미가 깊어질 뿐이다.

　모든 예술의 목적은 오직 하나, 즉 이데아를 묘사하는 것인데, 본질적인 차이는 그 묘사되어야 하는 이데아가 의지의 객관화 가운데 어떠한 단계인가 하는 것뿐이며, 묘사의 재료도 여기에 따라 정해진다. 그러므로 서로 거리가 먼 예술들이라도 비교함으로써 해명할 수 있다. 이를테면 물에 나타나는 이데아들을 완전히 파악하기 위해서는 잔잔한 연못이나 강물을 보는 것만으로는 충분하지 않다. 물의 이데아는 모든 상황이나 장해가 물에 작용하여, 물이 그 모든 성질을 완전하게 발휘하는 경우에 비로소 완전히 나타난다. 따라서 우리는 물이 떨어지고, 물결치고, 물거품을 일으키고, 다시 솟아오르고, 떨어지면서 물보라를 날리거나, 또는 분수가 되어 위로 올라가면 아름답다고 생각한다. 이렇게 여러 상황 아래서 여러 가지 모습을 나타내면서도 물은 언제나 충실하게 자기 특징을 유지하고 있다. 다시 말해 물은 거울처럼 잔잔해지는 것도 본성이지만, 위로 솟아나는 것도 본성이다. 그런 상황이 생기면 곧 잠잠해질 수도, 솟아날 수도 있다. 이처럼 물을 재료로 사용하는 기술자가 유동체를 가지고 만들어 내는 것을 돌을 재료로 사용하는 건축가는 고체를 가지고 만들며, 또 이와 같은 것을 서사 시인이나 희곡 시인은 인간성의 이데아를 가지고 이루어 낸다. 각 예술의 객관에 나타나는 이데아, 곧 각 단계에 객관화되는 의지를 전개하고 명확하게 하는 것이 모든 예술의 공통된 목표이다. 현실에 많이 나타나는 인간의 생활은 물이 대부분 연못이나 강으로 나타나는 것과 같다. 그러나 서사시나 소설 그리고 비극에서는 선택된 성격이 선택된 상황 아래 놓여서, 그것 때문에 그 특성이 모두 전개되고, 인간 마음의 깊이가 드러나서, 비범하고 의미심장한 행위가 되어 눈에 띈다. 이렇게 시는 인간의 이데아를 객관화하지만, 인간 이데아의 독특함은 자기를 가장 개성 있는 성격 속에 나타낸다.

　그 효과가 크다는 점에서, 그리고 그 성취가 어렵다는 점에서 비극은 시문학의 최고봉이라고 보아야 하며, 또 그렇게 인정받고 있다. 이 최고의 시적 작업의 목적이 인생의 어두운 면을 묘사하는 데 있다는 것과, 형언할 수 없는 인류의 고통과 비애, 악의의 승리, 우연의 횡포, 정당한 자나 죄 없는 자의 절망적 파멸 등이 우리 눈앞에 펼쳐진다는 것은 우리의 고찰에 아주 뜻깊은 일이고 또 충분히 주의하지 않으면 안 되는 일이다. 왜냐하면 여기에는 세계와 생존의 성질에 대한 중요한 암시가 있기 때문이다. 의지의 객관화 가운데 최고 단계에 있어서, 의지와 의지의 충돌은 가장 완전하게 전개되고 무서울 정도로 드러난다. 이 충돌은 인간의 고뇌로 나타나는데, 이 고뇌의 일부는 우연과 오류에 의해서 초래되고, 또 일부는 인간에게서 생긴다. 우연과 오류는 세계의 지배자로서 등장하며, 고의라고 보여질 정도의 교활함으로 말미암아 운명으로 인격화되어 등장한다. 인간에게 생기는 충돌은 여러 개인의 의지와 노력이 서로 엇갈리게 됨으로써 많은 사람의 악의나 어리석음을 통해 나타난다.

이 모든 것들 속에 살면서 나타나는 동일한 의지이긴 하지만, 그 의지의 현상은 자신과 충돌하고 자신을 파괴한다. 의지는 어떤 개인에게는 강하게 나타나고 다른 개인에게는 약하게 나타나며, 또 어떤 개인은 이것을 명확하게 의식하고 다른 개인은 그보다 덜 명확하게 의식한다. 또 인식의 빛을 통해 이것을 완화시키는 정도에도 차이가 있다. 결국 인식은 개인에게 고뇌로 정화되고 승화되어, 이제는 마야의 베일인 현상에 속아 넘어가지 않고, 개별화의 원리 (principium individuationis)인 현상의 형식을 꿰뚫어 보며, 동시에 이 원리에 근거를 둔 이기심이 죽어 없어져 버리는 경지에 이른다. 이렇게 되면 이때까지 그렇게 강렬했던 '동기'들은 그 힘을 잃고, 그 대신 세계의 본질에 대한 완전한 인식이 의지의 '진정제'로서 작용하는 체념을 불러오는데, 그것은 단지 삶에 대한 무관심뿐만 아니라 인생에 대한 모든 의지를 내버리는 것이다.

따라서 우리는 비극에서 결국 가장 고귀한 사람들이 긴 투쟁과 고뇌를 거친 뒤에, 지금껏 그렇게 강렬하게 추구했던 목적과 인생의 모든 향락을 영원히 단념하거나 인생 자체를 스스로 기꺼이 포기하는 것을 보게 된다. 칼데론이 그린 강직한 왕자가 그렇고, 《파우스트》에서의 그레트헨이 그렇고, 셰익스피어의 햄릿이 그렇다. 호레이쇼는 자진하여 햄릿을 따르려고 하지만, 햄릿은 자신의 운명을 확실히 하고 자기 추억을 정화하기 위해, 살아남아 한동안 이 거친 세파에 괴로워하더라도 머물러 달라고 호레이쇼에게 부탁한다. 또 오를레앙의 처녀도, 메시나의 신부도 그러하다. 그들은 모두 고뇌로 정화되어, 즉 살려고 하는 의지가 먼저 마음속에서 사라져 버린 뒤에 죽는다. 이것이 볼테르의 《무함마드》에서는 죽음을 앞둔 팔미라가 무함마드에게 한 "세계는 폭군을 위한 것이다. 그러니 살아라"라는 마지막 말에 그대로 표현되어 있다.

이와 반대로 이른바 시적 정의를 요구하는 것은 비극의 본질을 완전히 오해하고, 또한 세계의 본질까지도 잘못 생각하는 데에서 생긴다. 그러한 요구는 새뮤얼 존슨 박사가 셰익스피어의 희곡들에 대한 비평에서 터무니없게도 어리석은 이론의 극치를 드러내고 있는데, 그는 셰익스피어의 희곡이 시적 정의를 완전히 무시했다며 탄식하고 있다. 물론 시적 정의는 무시되어 있다. 왜냐하면 오필리아, 데스데모나, 코델리아에게는 아무런 죄도 없기 때문이다. 그러나 시적 정의를 요구하여 그것이 채워지면 자기 자신의 요구도 채워진 것이라고 생각하는 일은 어리석고 낙천적이며, 프로테스탄트적, 합리주의적, 또는 정말로 유대적 세계관일 뿐이다. 비극의 참된 의미는 주인공이 속죄하는 것이 자기 개인의 죄가 아니라 원죄이며, 생존 그 자체의 죄를 속죄한다는 것을 깊이 통찰하는 데에 있다.

인간 최대의 죄는
그가 태어났다는 것이기 때문에.

위와 같이 칼데론이 표현한 대로.

비극에 대한 취급 방법을 좀 더 상세하게 하기 위해 한 가지 의견만 말해 두고자 한다. 큰 불행을 묘사하는 것은 비극에만 본질적이다. 그런데 시인에 의해 초래되는 서로 다른 여러 불행의 길은 세 가지 종개념으로 나뉜다. 첫째로, 불행의 장본인인 한 인물의 비상한, 도저히 있을 수 없을 만큼 극단적인 악의에서 생기는 경우가 있다. 이런 종류의 예로는 리처드 3세, 《오셀로》의 이아고, 《베니스의 상인》의 샤일록, 프란츠 모어, 에우리피데스의 파이드라, 《안티고네》에서 크레온 등등이다. 둘째로, 불행이 맹목적인 운명, 곧 우연과 오류에 의해 생기는 경우가 있다. 이런 종류의 예로는 소포클레스의 《오이디푸스왕》이나

《트라키스 여인들》이 있으며, 대체로 고대인의 비극은 대부분 여기에 속한다. 근대인의 것으로 예를 들면 《로미오와 줄리엣》, 볼테르의 《탕크레드》, 《메시나의 신부》 등이 있다. 마지막으로 불행이 인물들 상호 간의 단순한 위치에 의해, 즉 상황에 의해 생기는 경우도 있다. 그러한 불행을 생기게 하기 위해서는 커다란 과오도, 또는 한 번도 본 적 없는 우연도, 극악무도한 인물도 필요하지 않다. 그저 도덕적으로 평범한 성격을 가진 사람들이 흔히 있을 수 있는 상황 아래서 서로 대립하는 위치, 강요된 자리에서 대립하여 최대의 불행을 초래하는데, 이 경우 어느 한쪽이 나쁘다는 것은 있을 수 없다. 이런 종류의 불행은 다른 두 종류의 불행보다 훨씬 비극에 적합하다. 왜냐하면 이런 종류의 불행은 어떤 상황이나 기괴한 인물에 의해 일어난 것이 아니라, 인간의 행위와 성격에서 쉽게, 또 거의 본질적인 것으로 생긴다는 것을 우리에게 보여주고, 그렇게 함으로써 그 불행을 무서울 정도로 우리 가까이에 접근시키기 때문이다. 다른 두 종류의 불행에서 우리는 엄청난 운명이나 끔찍한 악의를 보면서 무서운 것으로는 생각하지만, 이것은 아주 먼 곳에서 우리를 위협하는 힘에 불과하여 체념하고 도피하지 않아도 벗어날 수 있다. 그런데 마지막 종류의 불행은 행복과 생활을 파괴하는 종류의 힘을 가리키고, 그 힘은 언제나 우리에게 닥칠 수 있는 것이다. 가장 큰 고뇌라 해도 근본적으로는 우리의 운명까지도 빠지기 쉬운 혼란스러움에 의해 초래되고, 또 우리도 할 수 있는, 그래서 그것을 부당하다고 불평할 수 없는 행위들로 생겨나는 것이다. 이러한 힘을 보면 우리는 오싹해져서 자기가 이미 지옥 한가운데에 있는 것처럼 느낀다.

그러나 이러한 종류의 불행을 주제로 한 비극에서는 연출이 아주 어렵다. 왜냐하면 이런 종류의 비극에서는 수단과 원인은 가장 적게 사용하고, 단지 그 위치와 배분으로 가장 큰 효과를 거두어야 하기 때문이다. 따라서 많은 훌륭한 비극에서도 이러한 어려움은 피하고 있다. 하지만 이런 종류의 완전한 전형으로는 한 편의 희곡을 들 수 있는데, 이것은 거장들의 많은 작품들에 비해 다른 점에서는 훨씬 미치지 못한다. 바로 《클라비고》이다. 《햄릿》도 레어티스와 오필리어에 대한 관계만을 본다면 이런 종류의 비극이며, 코르네유의 《르 시드》도 같다. 단 《르 시드》에는 비극적인 대단원이 없지만, 반대로 막스의 테클라에 대한 비슷한 관계에는 비극적 대단원이 있다.

## 52. 음악에 대하여

지금까지 우리는 예술을 우리의 견해에 일치하는 보편성에서 고찰해 왔다. 먼저 건축술에서 출발했는데, 그 목적은 의지가 객관화하여 가시적으로 된 것의 최저 단계를 명확하게 하는 것이다. 여기서 의지는 물질의 흐릿하고 인식 없는 규칙적인 노력으로 나타나지만, 또한 자기 분열과 투쟁, 즉 중력과 강성의 투쟁을 나타낸다. 우리의 고찰은 비극에서 끝났는데, 이것도 의지의 객관화 가운데 최고 단계에 있으면서 역시 자신과의 갈등을 명료하게 우리 눈앞에 보여준다. 그런데 우리의 고찰에서 지금까지 제외되어 왔고 또 제외되지 않으면 안되었던 예술이 하나 있다. 우리가 서술하는 체계적인 연관 속에는 여기에 적합한 장소가 없었기 때문인데, 그것은 바로 '음악'이다.

음악은 다른 예술과 다르다. 우리는 음악이 세계에 있는 어떤 이데아를 모방한 것이라거나 재현한 것으로는 인정하지 않는다. 또 음악은 대단히 위대하고 멋있는 예술이며, 인간의 마음속에 참으로 강한 영향을 끼치고, 인간에게 직관적 세계의 명료성까지 능가하는, 명료성을 가진 보편적인 언어로서 완전하고 깊이 이해되는 것이다. 그러므로 우리는 음악에서 "정신은 자기가 가르친다는 것을 의식하지 않고 자기도 모르는 사이에 수학을 연습하고 있다"고 하는 것 이상의 것을 찾아야 한다. 이것은 라이프니츠가 음악에 대해서 한 말인데,[31] 그가 음악의 직접적이고 외면적인 의미, 곧 그 껍데기만을 고찰한 점에서는 옳았다. 그러나 음악이 그 이상의 것이 아니라고 한다면, 음악이 주는 만족은 계산 문제가 올바르게 맞아떨어졌을 때 우리가 느끼는 만족과 비슷한 것임에 틀림없을 터이며, 우리 본질의 깊은 내면을 표명했을 때 느끼는 마음의 기쁨은 아닐 것이다. 따라서 미적 효과라는 것을 목표로 하는 처지에서, 우리는 음악에서 이것보다 훨씬 진지하고 깊은 세계와 우리의 가장 내면적인 본질이 관계하는 의미를 인정해야 한다. 이 의미에 대해서 음악이 마지막으로 귀착하는 수적 관계는 기호가 나타내려고 하는 것이 아니라, 그 자신이 먼저 기호로서 관계하는 것이다.

음악과 세계에 대한 관계는 어떤 의미에서는 묘사와 묘사되는 것의 관계, 모

---

31) 라이프니츠, 《서간집》, 코르트홀트 모음집 : 편지 154.

상과 원상의 관계와 비슷하다는 점을 다른 예술과의 유사성에서 추론할 수 있다. 그 밖의 예술은 모두 이런 성격을 가지고 있으며, 음악이 우리 마음에 주는 효과도 이것들의 효과와 대체로 같지만, 단지 음악 쪽이 더 강하고 빠르고 필연적이며 더 확실하다는 차이가 있다. 음악은 누구에게나 곧 이해되고, 그 형식은 숫자로 표시할 수 있는 일정한 규칙으로 바뀐다. 음악은 이 규칙에서 떠날 수 없으며, 만약 떠난다면 음악임을 포기해야 한다는 의미이므로 세계에 대한 음악의 묘사적 관계는 매우 절실하고, 무한히 진실하며, 핵심을 찌른 관계여야 한다. 그러나 음악과 세계의 비교점, 즉 음악이 세계에 대해 모방 또는 재현이라는 관계에 서 있다는 점은 깊이 감추어져 있다. 어떤 시대에도 사람들은 음악을 영위하면서도 이 점을 설명할 수 없었다. 그들은 음악을 직접 이해하는 데 만족하여, 이 직접적인 이해를 추상적인 개념으로서 파악하는 것은 단념해 버린다.

나는 여러 가지 형태를 취한 음악의 인상에 정신을 집중하고, 거기에서 다시 이 책에 언급한 내 사상의 과정으로 되돌아갔다. 이렇게 나는 음악의 내적 본질의 유추를 통하여 필연적으로 전제되어야 할 세계에 대한 음악의 묘사적 관계 방식에 대한 해명을 얻었다. 이 해명은 나에게는 흡족한 것이고 내 연구에는 만족할 만한 것이며, 또 지금까지 나를 따라와 나의 세계관에 찬동해 준 사람들에게도 명확해질 것이다. 왜냐하면 이 해명은 표상으로서의 음악과 본질적으로 결코 표상일 수 없는 것과의 관계를 받아들이고 확립하여, 음악이 결코 직접적으로는 표상할 수 없는 원상을 모사한 것으로 간주하려 하기 때문이다. 따라서 내가 할 수 있는 일은 주로 예술의 고찰에 해당하는 제3권을 여기서 끝낼 때, 음악과 관련된 예술에 대하여 만족할 만한 해명을 주는 길밖에는 없다. 그리고 내 견해에 동의하거나 부인하는 것의 일부는 음악으로 독자들에게 주어지고, 또 일부는 내가 이 책에서 전달한 사상에 의해 독자들에게 주어질 것이다. 또한 내가 여기서 하려고 하는 음악의 의의에 관한 설명에 독자가 확신을 갖고 찬성하기 위해서는 가끔 이 설명을 염두에 두고 음악에 귀를 기울여야 하며, 그러기 위해서는 내가 말한 사상 전체를 잘 이해하고 있어야 한다.

의지의 적절한 객관화는 (플라톤의) 이데아이다. 개별적 사물의 묘사를 통해 이데아의 인식(예술 작품 자체는 결국 언제나 개별적인 사물이기 때문이다)을 작용하게 하는(이것은 인식 주관 내에 상응하는 변화가 있어야 비로소 가능한 것이다) 것이 다른 모든 예술의 목적이다. 따라서 이 예술들은 모두 의지를 간접적으로만, 즉 이데아를 개입시켜서만 객관화한다. 그리고 우리의 세계는 이데아들이 개별화의 원리(개인이 인식 가능한 형식)에 들어감으로써 다원성으로 되어 현상된 것에 불과하지만, 음악은 이데아를 뛰어넘는 것이기 때문에 현상 세계에도 의존하지 않고 세계가 존재하지 않아도 어느 정도는 존재할 수 있다. 다시 말해 음악은 결코 다른 예술들처럼 이데아의 모상이 아니라 '의지' 전체의 '직접적' 객관화와 모사이며, 그런 점에서 세계 그 자체와 같고, 곧 다양하게 현상하여 개체의 세계가 되는 이데아들과 같다. 따라서 음악은 결코 다른 예술들처럼 이데아의 모상이 아니라 '의지 그 자체의 모상'이며, 이데아도 이 의지의 객관성에 지나지 않는 것이다. 그러므로 음악의 효과는 다른 예술들의 효과보다 훨씬 강하고 감명 깊다. 다른 예술은 그림자에 대해 이야기하는 것에 불과하지만, 음악은 본질에 대해 이야기하기 때문이다. 이데아가 되어 객관화하는 것도 같은 의지인데, 이 둘은 객관화되는 방식이 완전히 다르기 때문에 음악과 이데아, 곧 다원성과 불완전성이 되어 가시적인 세계로 되는 이데아와의 사이에는 직접적인 유사성은 없다 하더라도 어떤 병행적 유사성은 있어야 한다. 이 유사성을 증명하면, 해설로서 주제가 모호해져 있기 때문에 이 설명을 이해하는 데 도움이 될 것이다.

나는 화성의 최저음, 다시 말해 기초 저음에서 의지의 객관화에 있어 최저 단계를 인식한다. 즉 무기적인 자연, 유성의 집단이다. 주지하는 바와 같이, 모든 높은음은 움직이기 쉽고 음향보다 빠르고 낮은음의 버금 울림으로 생긴 것으로 간주해야 하며, 고음은 이 낮은 음이 울리기 시작하면 언제나 희미하게 공명한다. 그리고 저음부와 조화할 수 있는 고음은 사실 버금 울림으로 그 저음부와 동시에 울리는 음(즉 그 조화음)뿐이라는 것이 화음의 법칙이다. 그런데 이것은 자연의 모든 물체나 조직이 유성(流星) 집단으로부터 점차적인 발전을 통하여 생긴 것이라고 간주해야 한다는 것과 유사하다. 유성 집단은 물체나 조직의 바탕이기도 하고 근원이기도 하다. 그리고 고음의 기초 저음에 대한 관계도 이와 같다. 저음에는 한계가 있어 이것을 넘으면 아무런 소리도 들리지 않는다. 이것은 어떠한 물질도 형태와 성질 없이는 지각될 수 없다는 것과 상응한다. 다시 말해 물질은 그 이상으로 설명할 수 없는 힘, 바로 이데아가 나타나는 힘의 표출 없이는 지각할 수 없는 것이다. 더 일반적으로 말하면 어떤 물질도 의지 없이는 있을 수 없다. 음 자체와 어느 정도의 높이는 나눌 수 없는 것처럼, 물질과 어느 정도의 의지 표출도 나눌 수 없다. 따라서 우리가 보는 바로는 화성에서의 기초 저음은 세계에서는 만물의 기초가 되고 만물의 발생과 발전의 시작점이 되는 무기적 자연, 즉 가장 근원적인 물질이 된다. 그런데 나는 저음과 가락을 노래하는 성음 사이에서 화음을 만들어 내는 가성 성음(Ripienstimmen)을 의지가 객관화되는 이데아의 모든 단계로 인식한다. 저음에 가까운 음은 이 단계들의 낮은 쪽이며, 또 무기물이긴 하지만 이미 여러 가지로 나타나는 물체이다. 높은 쪽의 음은 내게는 식물계나 동물계를 대표하는 것이다. 음계의 음정은 의지의 객관화에 있어 일정한 단계, 곧 자연에서의 일정한 종과 일치한다. 온도에 의해 음정의 산술적인 정확성에 차질이 생기거나, 선택된 조(調) 때문에 이러한 차질이 생기는 것은 종의 형태에서 벗어난 개체가 생기는 것과 비슷하다. 또한 일정한 음정이 없는 불순한 불협화음은 다른 부류의 동물 사이, 또는 인간과 동물 사이의 기이한 기형아와 비교할 수 있다.

그런데 '화성(Harmonie)'을 만들고 있는 이들 저음과 가성 성음에는 가락을 노래하는 상부의 성음만이 갖고 있는 진행에 대한 연결이 부족하고, 이 상부의 소리는 빠르고 가볍게 조바꿈이나 경과구(經過句)를 일으키면서 움직이지만, 저음이나 가성 성음은 모두 완만한 움직임만 보이며 저마다 독립된 연결을 갖고 있지 않다. 물론 근원적인 물질을 대표하는 낮은 저음은 가장 둔중하게 움직인다. 그 음의 상하는 3도 음정, 4도 음정, 5도 음정 같은 큰 단계에서만 행해질 뿐이고, 결코 '1음'씩의 단계에서는 행해지지 않는다. 1음을 낸다고 하면 그것은 이중대위법(二重對位法)에 의해 바꿔놓은 저음이다. 이런 완만한 움직임은 저음에는 물리적으로도 본질적인 것이다. 저음부에서 빠른 경과구나 트릴(trill)과 같은 것은 상상도 할 수 없다. 동물계에 해당하는 높은 가성 성음은 빨리 움직이지만 선율적인 연결도 없고 의미 있는 진행도 없다. 가성 성음의 진행에 연관이 없고 규칙대로 규정되어 있는 것은, 결정체에서 가장 완전한 동물에 이르기까지 이성이 없는 세계 전체에는 참으로 연관 있는 의식을 갖고, 그것으로 자기 삶을 의미 있는 전체로 만드는 존재는 없으며, 또 지속적인 정신의 발달을 경험하는 존재도 없고, 수양을 통해 자신을 완성해 가는 존재도 없으며, 모든 것은 언제나 균형을 이루고 저마다 자기 나름의 방식대로 정한 법칙을 통해 규정되어 있는 것과 비슷하다.

마지막으로 '선율(Melodie)'은 노래하고 전체를 인도하며 구속받지 않는 자유 의지로 '하나의 사상'에 대해 끊임없이 의미 있는 연관을 유지하면서 처음부터 마지막까지 하나의 전체를 나타내는 주성음(主聲音)이다. 나는 이 선율에서 인간의 사려 깊은 생활과 노력인 의지의 객관화에 있어 최고 단계를 인식한다. 인간은 타고난 이성이 있기 때문에, 끊임없이 앞뒤를 보면서 그 현실과 무수한 가능성의 길을 가고, 그리하여 사려가 깊어서 전체로서 연관이 있는 생애를 완성한다. 이에 상응하여, '선율'만은 처음부터 끝까지 의미와 목적이 있는 연관을 갖고 있다. 따라서 선율은 깊은 생각에 비친 의지의 역사를 이야기하지만, 현실에서 의지의 모상은 그 행위의 계열이다. 그러나 선율은 그 이상을 표현한다. 선율은 의지의 가장 비밀스런 역사도 이야기하며, 의지의 어떠한 감동도, 노력도, 동작도, 그리고 이성이 감정이라는 넓고 소극적인 개념 아래서 총괄하여 그 이상은 추상 작용에 취할 수 없는 모든 것을 그린다. 그러므로 음악은 언제나 감정과 격정의 언어이며, 언어는 이성의 언어라고들 말했다. 이미 플라톤은 음악을 "영혼이 격정에 사로잡히는 경우 그것을 모방하여 만들어 낸 선율의 운동"이라 설명했고, 아리스토텔레스도 "리듬과 선율은 소리에 불과한데 왜 마음 상태와 비슷한가?"라고 말하고 있다.

노력하고 충족되고 새로 노력하고, 이렇게 영원히 계속되는 의지가 인간의 본질이다. 오히려 이렇게 소원에서 충족으로 옮겨지고 또한 충족에서 새로운 소원으로 빨리 옮겨가는 것이야말로 인간의 행복이고 안녕이다. 충족을 얻지 못하는 것은 괴로움이며, 새로운 소원이 없는 갈망은 권태, 즉 지루함이기 때문이다. 이에 상응하여 선율의 본질은 으뜸음에서 끊임없이 떨어져 빗나간다는 것이다. 또한 거기에는 무수한 길이 있어 제3도 딸림음이라고 하는 화음의 단계에 이를 뿐만 아니라, 모든 소리, 불협화음의 제7도, 증음정(增音程)[32]의 단계에도 이르지만, 결국 언제나 으뜸음에 돌아온다. 이 모든 길에 있어 선율은

---

32) 완전 어울림 음정이나 장음정을 반쯤 넓힌 음정. 안어울림 음정이며 증1도, 증2도, 증5도, 증6도 등이 있다.

여러 가지 형태를 취하는 의지의 노력을 나타내고, 동시에 결국 어떤 화성의 단계에 되돌아가며, 그 위에 으뜸음으로 되돌아감으로써 충족도 표시한다. 선율을 창작하는 것, 선율 속에 인간의 의욕과 감각의 가장 깊은 비밀을 드러내는 것은 천재의 작업이며, 그 작용은 다른 어떤 예술에서보다 음악에서 더 명료하게 나타나고, 어떠한 반성이나 의식적인 계획성에서도 멀리 떨어져 있는 영감(靈感)이라고 말할 수 있다. 여기서 개념은 다른 예술에서도 마찬가지이지만 도움이 되지 않는다.

작곡가는 그의 이성으로는 이해할 수 없는 말로 세계의 가장 내면적인 본질을 구현하고, 가장 깊은 지혜를 표출한다. 그것은 마치 최면술에 걸린 몽유병자가, 깨어 있을 때에는 아무런 지식도 갖고 있지 않던 사물을 해명하는 것과 같다. 그러므로 작곡가에게는 다른 어떤 예술가보다 뚜렷하게 인간으로서의 그와 예술가로서의 그는 별개이다. 이러한 이상한 예술을 설명하는 데에 있어서도 개념은 그 빈곤과 한계를 드러낸다. 그러나 나는 우리의 유추를 진행해 보려고 한다. 소원에서 충족으로, 또 그 충족에서 새로운 소원으로 빨리 옮겨 가는 것이 행복이고 안녕인 것처럼, 으뜸음에서 심하게 벗어나지 않는 빠른 선율은 즐겁다. 답답한 불협화음이 되고 다시 완만한 소절을 많이 거친 뒤 비로소 으뜸음으로 되돌아가는 것은 충족이 쉽게 이루어지지 않거나 곤란해진 것과 같아 슬프다. 새로운 의지 활동의 멈춤, 즉 권태는 으뜸음이 언제까지나 계속되는 것과 같은 표현이며, 그 효과는 곧 견딜 수 없어질 것이다. 아주 단조롭고 의미가 없는 선율도 이와 비슷하다. 속도가 빠른 무용 음악의 짧고 알기 쉬운 주제는 쉽게 얻을 수 있는 평범한 행복을 말해 주고 있는 것같이 생각된다. 반대로 주제가 크고 진행이 길며 주제에서 크게 벗어난 알레그로 마에스토소(위엄 있는 쾌속조)는 먼 목표를 향해 크고 귀중한 노력을 하여, 결국 이것을 달성하는 것을 나타낸다. 아다지오(느리게)는 사소한 행복들은 모두 무시하고 지나가 버리는 크고 귀중한 노력의 괴로움을 말해 준다.

그러나 단조나 장조의 효과는 얼마나 놀랄 만한 것인가! 반음의 교체, 장3도를 대신한 단3도의 출현은 우리에게 곧 괴롭고 아픈 감정을 갖게 하지만, 장조는 마찬가지로 곧 우리를 이 감정에서 구해 주는 참으로 이상한 것이다. 아다지오는 단조에서 가장 높은 고통의 표현을 얻어 사람의 마음을 가장 감동시키는 비탄으로 바뀐다. 단조의 무도곡은 무시할 만한 사소한 행복을 찾다가 실패하는 것을 나타내는 것처럼 생각되며, 여러 가지 고생이나 고초를 겪고 저급의 목적을 달성하는 것을 말해 주는 것같이 생각된다. 가능한 선율이 끝없이 많은 것은 자연 속에 여러 개인, 용모, 경력의 차이가 무한히 많은 것에 해당된다. 어떤 음조에서 이것과의 연관을 끝내버린 다른 음조로 옮기는 것은 개체가 끝나는 죽음과 같다. 하지만 그 개체에 나타났던 의지는 의식적으로는 그 개체와 아무런 연관이 없는 다른 개체들에 나타나 여전히 살고 있다.

그런데 여기에 열거한 모든 유사성을 증명할 때, 음악은 그것들과 아무런 직접적 관계가 없고, 단지 간접적인 관계만 있다는 것을 잊어서는 안 된다. 왜냐하면 음악은 현상을 표현하는 것이 아니라 모든 현상의 내면적 본질, 즉 의지 그 자체를 표현하는 것이기 때문이다. 그러므로 음악은 이것저것의 개별적인 일정한 기쁨이나 이것저것의 비애, 고통, 공포, 환희, 흥겨움, 평온을 표현하는 것이 아니라, 기쁨·비애·고통·공포·환희·흥겨움 '그 자체'를 어느 정도 추상적으로 추가물 없이, 또한 동기도 없이 표현하는 것이다. 그럼에도 우리는 정제된 것으로 이들의 감정을 이해한다. 우리의 공상이 쉽게 음악에 자극되고, 눈에는 보이지 않지만 활발하게 움직여 직접 우리에게 말을 걸어오는 영혼의 세계를 만들고, 살과 뼈를 붙여 유사한 실례를 구체화하는 것은 여기에서 유래한다. 이것이 언어를 동반하는 노래, 그리고 오페라의 기원이다. 그러기에 오페라의 가사는 이 종속적 위치를 버리고, 스스로 주인이 되어 가사를 표현하기 위한 단순한 수단으로 음악을 만들 수는 없으며, 그렇게 하는 것은 큰 오류와 심한 부조리이다. 음악은 어떤 경우에도 인생과 그 사상의 진수만을 표현하는 것이지, 여러 사상 자체를 드러내는 것은 아니기 때문이다. 따라서 이 사상들의 차이는 음악에는 영향을 주지 않는다. 음악에 매우 엄밀한 규정성이 있다는 점과 더불어 음악에만 이러한 고유한 보편성이 있다는 점이야말로 음악이 우리의 괴로움에 대한 만병통치약으로서 높은 가치를 갖는 것이다. 그러므로 음악이 너무 심하게 언어와 결합하려 하거나 사건에 따라 변화하려고 하는 경우에는, 음악이 자기 언어가 아닌 언어를 사용하여 말하려고 하는 것이다. 이 오류를 범하지 않도록 오페라 작곡가인 로시니처럼 순수하게 자기를 지킨 사람도 없다. 그의 음악은 참으로 명료하고 순수하게 음악 '고유의' 언어로 말하기 때문에, 전혀 언어를 필요로 하지 않고, 따라서 오직 악기만을 연주해도 충분히 그 효과를 거둘 수 있다.

이 모든 것으로 미루어 볼 때, 우리는 현상계 또는 자연과 음악을 동일한 사물에 대한 두 가지의 다른 표현으로 볼 수 있다. 그러므로 그 사물 자체는 이 둘의 유사점을 매개하는 유일한 것이며, 그 유사점을 통찰하려면 이 매개가 되는 것을 인식할 필요가 있다. 따라서 음악은 세계의 현상으로는 최고도로 보편적인 말이며, 그것과 개념의 보편성에 대한 관계는 개념의 개체에 대한 관계와 비슷하다. 그러나 음악의 보편성은 결코 추상적이고 공허한 보편성이 아니고, 철저하게 명확한 규정성과 결합된 것이다. 이런 점에서 보면 음악은 기하학적 도형이나 숫자와 비슷하며, 경험으로 가능한 객관의 보편적인 형식으로서, 그리고 모든 객관에 대하여 선험적으로 적용할 수 있는 것이지만 추상적인 것이 아니고, 직관적이고 철저하게 규정된 것이다. 의지의 가능한 노력, 흥분, 표출, 이성에 의해 감정이라는 넓고 소극적인 개념 속에 던져져 버리는 인간 마음속의 사건, 이것들은 한없이 많은 가능한 선율로 표출될 수 있다. 그러나 이것에는 언제나 실질은 없고 형식의 보편만 있으며, 언제나 현상이 아니라 그저 의지 자체가 표시된다. 말하자면 육체 없이 그 가장 내면적인 영혼이 표시되는 것이다.

음악이 모든 사물의 참된 본질에 대해 갖는 이런 긴밀한 관계에서 다음의 것도 설명할 수 있다. 즉 어떤 장면, 행위, 사건, 환경에서 적절한 음악이 울리면, 그로 인해 우리는 이것들의 가장 심오한 의미가 명확해진 것으로 여기고, 그 음악을 가장 옳고 분명한 해설로 생각한다. 또 교향악의 인상에 젖어 있는 사람은 자기 앞에 인생과 세계의 모든 가능한 사상이 지나가는 것을 바라보는 듯한 느낌을 갖는다. 그렇지만 잘 생각해 보면 그 음악과 자기 눈앞에 떠오른 사상 사이의 유사성은 무엇 하나 열거할 수가 없다. 왜냐하면 이미 언급한 것처럼 음악은 현상, 더 정확하게 말하면 의지의 적절한 객관성의 모사가 아니라 의지 자체에 대한 직접적인 모사이며, 세계의 모든 형이하학적인 것에 대해 형이상학적인 것을 나타내고, 현상에 대해 물자체를 나타낸다는 점에서 다른 예술과 다르기 때문이다. 따라서 세계는 의지를 구체화한 것이라고 말할 수도 있고, 음악을 구체화한 것이라고 말할 수도 있다. 음악이 어떻게 실제 생활과 세계의 모든 양상과 장면을 의미 있는 것으로 나타낼 수 있을까 하는 점도 이것에 의해 설명할 수 있다. 물론 음악의 선율이 주어진 현상의 내적인 정신과 유사하면 할수록 그러한 작용은 증가된다. 시를 노래로, 또는 직관적인 모사를 무언극으로, 또는 이 양자를 가극으로 음악에 맞추어 만들 수 있는 것은 여기에 근거를 두고 있다.

음악의 보편적인 언어로 표현된 인간 생활의 개별적 모습은 결코 절대적인 필연성을 갖고 음악과 결합하거나 상응하는 것이 아니고, 어떤 임의의 보편적인 개념에 대한 관계 속에서만 음악과 결합하거나 상응한다. 이 모습들이 현실의 규정성에서 나타내는 것은 음악이 단순한 형식의 보편성에서 표현하는 것에 해당한다. 왜냐하면 선율이란 것은 보편적 개념과 마찬가지로 현실의 추상성이기 때문이다. 결국 현실, 즉 개체의 세계는 직관적인 것, 특수한 것과 개별적인 것, 개개의 사례 등을 제시하여 선율의 보편성에도, 개념의 보편성에도 도움을 주는 것이지만, 이 양자의 보편성은 어떤 점에서는 서로 대립하고 있다. 왜냐하면 개념은 먼저 직관에서 추상된 형식에 불과하기 때문이다. 말하자면 개념은 사물에서 벗겨낸 겉껍질을 포함하고 있을 뿐이고, 본디는 완전한 추상 개념이다. 하지만 이와 반대로 음악은 모든 형태에 선행하는 가장 내면적인 핵심, 곧 사물의 심장을 제공하기 때문이다. 이 관계는 스콜라 철학자들의 말 속에 적절하게 표현되어 있다. 개념은 개체의 뒤에 있는 보편(universalia post rem)이지만, 음악은 개체에 선행하는 보편(universalia ante rem)을 주며, 현실은 개체 속에 있는 보편(universalia in re)인 것이다. 하나의 시에 부여된 선율이 갖는 보편적 의미에는 그 선율에 나타난 보편적인 것과 똑같이 임의로 선택된 다른 실례도 같은 정도로 상응할 수 있었다. 따라서 동일한 작곡이 많은 시에 적합한 보드빌(vaudeville) 또한 그런 것이다.

그러나 대체로 어떤 악곡과 직관적 묘사 사이에 관계가 가능한 것은 이미 언급한 것처럼 이 둘이 세계의 같은 내적 본질의 다른 표현이라는 점에 근거를 두고 있다. 그래서 개별적인 경우에 그러한 관계가 실제로 존재하고 있으면, 즉 어떤 사건의 핵심을 이루는 의지의 흥분을 작곡가가 음악의 보편적인 언어로 표현하는 것을 터득하고 있으면 가요의 선율과 가극의 음악은 표현이 풍부해진다. 하지만 작곡가가 발견한 이 둘의 유사성은 그의 이성에는 알려지지 않고 세계의 본질에 대한 직접적 인식에서 생긴 것이어야 하며, 의식적인 의도를 갖고 개념을 매개로 한 모방이어서는 안 된다. 그렇지 않으면 음악은 내적 본질, 곧 의지 그 자체를 표현하는 것이 되지 않고, 의지의 현상을 불충분하게 모방하는 것에 그친다. 본디 모사적인 음악은 모두 그런 것으로, 하이든의 〈사계〉 속 많은 곳에서 직관적 세계의 현상들이 직접 모방되어 있다. 전쟁곡도 이와 마찬가지인데, 이것들은 완전히 배척해야 할 것이다.

음악의 형언할 수 없는 그윽함, 이것이 있기 때문에 음악은 우리에게 친근하고 또 영원히 먼 천국으로서 우리 곁을 지나가며, 알기 쉬운 것이면서도 참으로 설명하기 어려운 것이 된다. 하지만 음악이 그윽한 것은 우리의 가장 내면적인 본질의 모든 움직임을 재현하면서, 완전히 현실을 포함하지 않고 현실의 고뇌로부터 멀리 떨어져 있기 때문이다. 마찬가지로 음악의 본질적 진지함은 직접적으로 고유한 영역으로부터 우스운 것을 완전히 배제해 버리는 것이다. 이 진지함은 음악의 객관이 오로지 착각과 우스움이 생길 수 있는 근거가 되는 표상이 아니라 직접적인 의지이며, 의지야말로 본질적으로 모든 것이 의존하는 가장 진지한 것이라는 점에서 설명될 수 있다. 음악의 언어가 얼마나 내용이 풍부하고 의미심장한 것인가는 반복 기호들이나 다카포(처음부터)를 보아도 알 수 있다. 만일 이것이 언어적 표현에 의한 작품이라면 견딜 수 없는 것이지만, 음악에서는 이들 반복이 합목적적이고 즐거운 것이다. 왜냐하면 음악이 말하려 하는 것을 완전히 파악하려면 이것을 두 번 들어야 하기 때문이다.

음악에 대한 지금까지의 서술에서 내가 분명히 하려고 노력한 것은 음악은 보편적인 언어로서 우리가 의지라는 개념으로 사유하고 있는 세계의 내적 본질을 한결같은 재료인 단순한 음으로 최대의 규정성과 진실성을 가지고 표현한다는 것이다. 또 내 견해와 성향에 의하면, 철학이란 세계의 본질을 보편적인 개념으로 정확하게 재현하고 표현하는 것에 불과하다. 왜냐하면 그러한 보편적 개념을 갖지 않으면 세계의 본질을 충분하고 적절히 개관하는 것은 불가능하기 때문이다. 나의 주장에 동의하고 내 사고방식을 이해해 주는 사람은 내가 다음과 같이 말해도 그리 역설적이라고는 생각하지 않을 것이다. 즉 음악이라는 것을 아주 올바르고 완전하게, 그리고 세부적인 것까지도 설명할 수 있다면 다시 말해 음악이 표현하는 것을 개념으로 자세히 재현할 수 있다면, 그것은 세계를 개념으로 충분히 재현하고 설명하는 것이 되며, 또 이것과 완전히 같은 의미도 되지만, 참된 철학 또한 될 것이다. 따라서 앞서 인용한 라이프니츠의 말은 비교적 낮은 관점에서는 옳은 것이지만, 우리의 높은 음악관의 의미에서는 다음과 같이 달리 만들 수가 있다. "음악은 자기가 철학하고 있는 것을 모르는 정신의 숨은 형이상학 연습이다." 왜냐하면 안다는 것은 언제나 추상적 개념에 옮겨 넣었다고 하는 것을 뜻하기 때문이다. 그런데 라이프니츠의 말이 각 방면에서 진리로서 확인된 바에 의하면, 음악은 미적이거나 내적인 의미는 별도로 하고 단지 외면적이고 순수하게 경험적으로 보면, 우리가 개념적 이해를 통하여 간접적으로밖에 인식할 수 없는 큰 숫자나 복잡한 수의 비례를 직접 구체적으로 파악하기 위한 수단에 지나지 않는다. 그래서 우리는 두 개의 아주 다른, 동시에 올바른 음악관을 일치시킴으로써 어떤 수철학(數哲學)의 가능성을 이해할 수 있다. 피타고라스의 수철학이나 《주역》에 있는 중국인의 수철학도 이와 비슷한 것이며, 섹스투스 엠피리쿠스(《수학에 반대하여》 L. Ⅶ)가 인용하고 있는 피타고라스학파의 잠언 "모든 것은 수와 비슷하다"는 이런 의미로 해석되고 있다. 마지막으로 이 견해를 앞서 행한 화성과 선율에 대한 해석에 비추어 보면, 우리는 소크라테스가 도입하려고 한 것과 같은 자연의 설명이 결여된 도덕철학은 루소가 절대적으로 원했던 화성이 결여된 선율과 비슷하다는 것을 알게 될 것이다. 반대로 윤리가 결여된 단순한 물리학이나 형이상학은 선율이 결여된 단순한 화성에 해당될 것이다. 나는 이와 같은 고찰을 해보았지만, 다시 여기에 덧붙여 음악과 현상 세계의 유사성에 대한 몇 가지 점을 논하려 한다.

우리는 앞 권에서 의지의 객관화에 있어 최고 단계인 인간은 단독으로 다른 것으로부터 떨어져 나타날 수는 없으며, 인간보다 아래 단계들을 전제로 하고, 이 단계들은 또 그 이하의 단계를 전제로 한다는 것을 알았다. 그런데 이와 마찬가지로 세계처럼 의지를 직접 객관화하는 음악도 완전한 화성에서 비로소 완전한 것이 된다. 선율의 지도적인 높은 성음이 충분한 인상을 주기 위해서는 모든 성음의 근원이라고 볼 수 있는 최저 저음까지 포함하여, 다른 모든 성음을 동반할 필요가 있다. 즉 선율은 주요한 부분으로서 화성에 포함되고, 마찬가지로 화성도 선율에 포함된다. 그리고 다성음의 전체를 가지고 비로소 음악은 그 표현하려고 하는 바를 표현하는 것이다. 마찬가지로 시간을 떠난 오직 하나의 의지는 무수한 정도를 거쳐 점점 명확하게 그 본질을 구현해 가는 단계들을 완전히 합일한 뒤에 비로소 객관화되는 것이다.

또한 다음과 같은 유사성은 참으로 이상한 것이다. 우리가 앞 권에서 본 바로는 종에 대해서는 모든 의지 현상 상호 간의 적응이 가능하고, 이것이 목적론적 고찰의 기초가 되지만, 그럼에도 개체로서 이 현상들 사이에는 멈출 수 없는 투쟁이 지속된다. 이 투쟁은 현상의 모든 단계에서 나타나며, 이것이 세계를 모든 동일 의지 현상의 끊임없는 투쟁의 장으로 만드는 것이며, 이것에 의해 의지와 의지 자신과의 내적 모순이 나타나는 것이다. 음악에도 이것에 상응하는 것이 있다. 다시 말해 음의 완전히 순수한 화성적 체계는 물리적으로 불가능할 뿐만 아니라 산술적으로도 불가능하다. 음을 나타나게 하는 수에는 풀 수 없는 비합리성이 있다. 모든 5도가 으뜸음에 대해서는 2 대 3의 비례를 이루고 있고, 모든 장3도는 4 대 5의 비례를 이루고 있으며, 모든 단3도는 5 대 6의 비례를 이루고 있다고 계산할 수 있는 음계는 하나도 없다. 왜냐하면 음들이 으뜸음에 대해 비례가 옳을 것 같으면, 그 음들 사이는 틀어져 버리기 때문이다. 예를 들어 5도는 3도에 대해서는 단3도여야 한다. 왜냐하면 음계의 음들은 이 역할 저 역할을 해야만 하는 배우에 비할 수 있기 때문이다. 그러므로 완전히 옳은 음악이라는 것은 생각할 수조차 없으며, 더욱이 그것을 성취한다는 것은 불가능하다. 따라서 가능한 음악은 언제나 완전한 순수성과는 거리가 멀다. 그것은 오직 음악이 피할 수 없는 불협화음을 모든 음들에 분할함으로써, 즉 평균율로 감출 수 있을 뿐이다. 이것에 대해서는 클라드니의 《음향학》 제30장, 그의 《음향적 개론》 12쪽을 참고해 주면 좋겠다.

또한 그 밖에 나는 음악이 지각되는 방식에 대해 몇 가지 덧붙이려 한다. 음악은 오직 시간 속에서, 시간을 통해서만 지각되는 것이며, 공간은 제외되어 있고 인과관계의 인식인 오성의 영향까지도 없다. 왜냐하면 음은 그것만으로도 이미 효과로서, 직관의 경우처럼 그 원인에 소급하지 않아도 미적 인상을 주기 때문이다. 나는 이미 제3권에서 너무 자세하게, 또는 너무 깊이 들어갔는지 모르기 때문에, 음악에 대한 이 고찰들을 이 이상 끌지 않으려고 한다. 그러나 예술의 중요성이 충분히 인식되는 것은 아주 드물기 때문에 이 고찰이 필요했다.

또 예술에는 높은 가치가 있다는 것을 생각하면, 이것을 비난하는 사람은 없을 것이다. 우리의 견해에 의하면 가시적 세계는, 그 자체를 인식하기 위해 곧 보겠지만, 의지 구제의 가능성 때문에 의지에 따라가면서 이것을 객관화한 것이며 의지의 거울이다. 그리고 표상으로서의 세계는 의욕을 떠나서 그것만이 홀로 의식을 받아들이는 것이며, 그것만 떼어놓고 생각하면 인생의 가장 즐겁고 유일하게 순결한 면이다. 이리하여 우리는 예술을 이 모든 것 가운데 더 높이 향상된 것, 더 완전하게 발전한 것으로 보아야 한다. 왜냐하면 예술은 가시적인 세계가 하는 것과 똑같은 것을 하는데, 다만 더 집중적이고 완전하게, 또 계획과 깊은 생각을 갖고 하는 것이기 때문이다. 그러므로 예술은 언어의 완전한 의미에서 인생의 꽃이라고 말할 수 있다. 표상인 세계 전체가 의지의 가시성에 지나지 않는다면, 예술은 이 가시성의 명확화이며 대상들을 더욱 순수하게 보이고, 더욱 잘 객관화하고 통합시키는 암실이며, 극 중의 극이며, 《햄릿》에서 무대 중의 무대이다.

모든 아름다움의 향수, 예술이 주는 위안, 예술가에게 인생의 고뇌를 잊게 하는 정열, 다른 사람들보다 우수하다는 천재의 우월성, 이런 것 때문에 그는 의식이 또렷해지는 데 비례해서 같은 정도로 증대하는 고뇌와, 또한 이질적인 사람들 사이의 적막한 고독을 홀로 느끼게 된다. 이 모든 것은 나중에 알게 될 테지만 삶의 의지, 생존 그 자체, 부단한 고뇌이고, 한편으로는 슬프고 한편으로는 무서운 것인데도 이 생존을 오직 표상으로서 순수하게 직관하거나, 또는 괴로움에서 벗어나 예술을 통하여 재현하면 뜻깊은 연극이 된다고 하는 것에 근거를 두고 있다.

이렇게 세계를 순수하게 인식할 수 있는 면과 예술로의 재현이 예술가의 근본적인 특징이다. 그는 의지가 객관화된 연극을 보는 데에 마음을 쏟게 된다. 그는 언제나 이러한 것에 집착하고 고찰하고 이것을 묘사하여 재현하는 것에 싫증을 느끼지 않는다. 그리고 그동안에는 스스로 이 연극을 상연하는 비용을 부담한다. 그 스스로가 객관화되어 끊임없는 고뇌에 머무는 의지이다. 그리고 그에게는 세계를 그렇게 순수하고 진실하게, 그리고 깊이 인식하는 것이 목적이 된다. 그는 그러한 인식 곁에 머무른다. 그러므로 그에게 인식은, 다음 권에서 체념에 다다른 성자에게서 볼 수 있는 의지의 진정제가 되지 않고, 영원히 인생에서 구제하는 길이 아닌 단지 한순간 인생으로부터 구제받는 것에 지나지 않는다. 그래서 그는 아직도 인생에서 해탈한 것이 아니고, 잠시 동안만 인생에서 위로받을 뿐이다. 그러는 동안 그의 힘은 이것들에 의해 증대하지만, 결국 연극에 싫증을 느끼고 진지해진다. 이 이행을 상징하는 것으로 라파엘로의 〈성녀 체칠리아〉를 볼 수 있다. 그러므로 우리도 다음 권에서는 진지한 쪽으로 방향을 돌려볼 생각이다.

# 제4권 의지로서의 세계에 대한 제2고찰:
# 자기 인식에 다다른 경우의 삶에 대한 의지의 긍정과 부정


지식이 나타나는 그 순간, 동시에 거기에서 욕망이 생긴다.

—《우프네카트》, 앙크틸 뒤페롱 역, II권 p. 216.


### 53. 철학에 대한 새로운 이해를 위해서

우리가 고찰하는 마지막 부분이 가장 중요하다. 왜냐하면 이 부분은 인간의
행위에 대한 것이기 때문이다. 이것은 누구에게나 직접적인 관계가 있으며, 어
느 누구도 무관심할 수 없는 문제이다. 아니 다른 모든 것도 이 문제와 관계를
맺고 있다. 이 문제는 인간의 본성에 적합한 것이기 때문에, 인간은 관계가 있
는 연구를 할 때에는 언제나 그 행위에 관련되는 부분을, 적어도 그의 관심을
끄는 한 연구 내용의 결과로 간주하고, 다른 부분에는 주의를 기울이지 않아도
이 부분에서는 진지하게 주의를 기울이게 될 것이다. 이러한 점에서 지금부터
우리가 고찰할 부분은 이때까지 논술해 온 이론철학에 비해 실천철학이라 부
를 수 있으리라. 그러나 나의 견해로는 연구의 당면 문제가 무엇이든 철학에 필
요한 것은 언제나 순수한 고찰 태도를 취하고 탐구하는 것이지 지시를 해서는
안 되기 때문에 철학은 언제나 이론적이다.

이와 반대로 실천적으로 되고, 행동을 지도하고, 성격을 개조한다는 것은 진
부한 요구이며, 원숙한 안목을 갖게 되면 결국은 포기해야 하는 것이다. 왜냐
하면 어떤 존재가 가치가 있는가 없는가, 구제를 받는가 천벌을 받는가 하는 것
이 문제가 되는 경우, 사물을 결정하는 것은 철학의 죽은 개념이 아니라 인간
의 내적 본질이기 때문이다. 이 내적 본질은 플라톤이 말하고 있는 것처럼 인
간을 인도하고 또 인간을 선택한 것이 아니라 인간 자신에 의해 선택된 초자연
적 힘이며, 칸트가 표현한 것과 같은 인간의 예지적 성격이다. 덕은 천재와 마찬

가지로 가르칠 수 없는 것이다. 실제로 개념은 덕에 대해서는 예술에 대해서와 마찬가지로 효과가 없으며, 도구로서만 사용될 수 있다. 그러므로 우리의 도덕설이나 윤리학이 덕이 있는 사람이나 고상한 사람, 신성한 사람을 북돋우도록 기대하는 것은 미학이 시인이나 조각가, 음악가를 북돋우도록 기대하는 것과 마찬가지로 어리석은 일이다.

철학은 어떠한 경우에도 현존하는 것을 해석하고 설명하며 구체적으로, 즉 느낌으로 누구에게나 이해되도록 표시되어 있는 세계의 본질을 명확하고 추상적인 이성의 인식에까지 이르도록 하는 것 이상의 일은 할 수 없다. 그러나 철학은 이 작업을 가능한 모든 관점에서 행하는 것이다. 이와 같은 일은 지금까지는 철학 고유의 보편성을 가지고 다른 관점에서 행하려고 한 것이지만, 제4권에서는 같은 방식으로 인간의 행위를 고찰하려고 한다. 내가 앞서 주의해 둔 것처럼, 이러한 세계의 면은 확실히 주관적 판단에 의해서뿐만 아니라 객관적 판단에 의해서도 가장 중요한 것으로 간주될 것이다. 여기서 나는 우리가 지금까지의 고찰 방법을 충실하게 지키고, 지금까지 언급해 온 것을 전제로 의지하며, 또 이 책 전체의 내용인 하나의 사상만을 지금까지 다른 문제에서 전개한 것과 마찬가지로, 이 권에서는 인간의 행위를 따라 전개할 것이다. 그래서 이 사상을 가능한 한 완전하게 전달하기 위해 할 수 있는 최후의 노력을 다하려고 한다.

주어진 관점과 지금 말한 방법으로 보면, 이 윤리의 권에서는 제시나 의무론을 기대할 수 없으며, 보편적인 도덕원리나 모든 덕을 생기게 하기 위한 만능적 처방은 더더욱 지시되어서는 안 된다는 점이 암시되어 있다. 또 우리는 '무제약적 당위(Unbedingten Sollen)'도 문제 삼지 않을 것이다. 왜냐하면 그러한 당위는 부록에서 자세히 논한 것처럼 모순을 내포하고 있기 때문이다. 또한 같은 경우에 있는 '자유를 위한 법칙'도 문제 삼지 않을 것이다. 우리는 당위는 전혀 언급하지 않을 것이다. 왜냐하면 그와 같은 것은 어린아이들이나 유치한 민족에게 말할 것이지, 성숙한 시대에 교양을 충분히 지닌 사람들에게는 말할 만한 것이 못 되기 때문이다. 의지를 자유라고 말해 두고 또 의지에 대해 의지가 의욕을 가질 때 따라야 할 법칙을 지시한다는 것은 이치에 맞지 않다. 다시 말해 '의욕해야 한다!'는 것은 '나무로 만든 철'이라는 말과 같다.

그런데 우리의 견해에 따르면, 의지는 자유일 뿐만 아니라 전능이기도 하다. 의지의 행위뿐만 아니라 의지의 세계도 의지에서 생기며, 의지 본연의 자세 그대로 의지의 행위와 의지의 세계가 나타나기 때문이다. 즉 의지의 자기 인식이 행위와 세계일 뿐이다. 의지는 자신을 규정하는 것과 더불어 행위와 세계를 규정한다. 왜냐하면 의지 밖에는 아무것도 없고, 행위와 세계는 의지 그 자체이기 때문이다. 이렇게 보아야만 의지는 참으로 자율적인 것이고 그 밖에 다른 견해에 따르면 타율적이다. 우리의 철학적 노력이 추론할 수 있는 곳은 오직 인간의 행위와 여러 가지로 대립되기까지 하는 규범(이것이 생생하게 표현된 것이 행위이다)을 가장 심오한 본질과 내용을 따라서 지금까지의 고찰과 연관시키고, 우리가 여태껏 세계의 여러 다른 현상들을 해석하여, 그 심오한 본질을 명확하게 추상적으로 인식하려고 노력한 것처럼 해석하고 설명하는 것에 불과하다. 여기서 우리의 철학은 지금까지의 고찰에서와 마찬가지로 '내재성(Immanenz)'을 주장할 것이다. 우리 철학은 칸트의 학설과는 달리 이유율을 그 보편적인 표현으로 하는 현상의 형식들을 장대높이뛰기의 장대로 사용하여, 이 형식들에 의미를 부여하는 형상을 뛰어넘고, 공허한 모방의 끝없는 영역에 도달하려고는 생각하지 않는다. 오히려 이 인식할 수 있는 현실 세계—이 현실 세계는 우리 속에 있지만—는 여전히 우리 고찰의 재료인 동시에 한계이기도 하다. 이 현실 세계야말로 내용이 풍부하며, 인간 정신이 할 수 있는 가장 깊은 탐구까지도 다 논할 수 없을 정도이다. 그러면 이렇게 인식할 수 있는 현실 세계는 지금까지의 고찰과 마찬가지로 윤리적 고찰에도 재료나 실재로서 모자라는 일은 없을 것이기 때문에, 우리는 내용이 공허한 소극적인 개념들로 도피하고, 우리 자신도 그렇게 믿어버리고, 눈썹을 추켜올리고 '절대적인 것', '무한한 것', '초감각적인 것'이라든지 이와 비슷한 부정에 불과한 것을 말할 필요는 없다. 그런 것을 말하느니 차라리 짧게 이상향이라고 말하는 편이 나을 것이다. 이렇게 말하면 우리는 뚜껑은 덮여 있지만 텅 비어 있는 이런 종류의 접시를 식탁에 올릴 필요가 없으리라.

마지막으로 우리는 이 권에서도 지금까지와 마찬가지로, 역사를 이야기하고 그것을 철학이라고 부르지는 않을 것이다. 왜냐하면 우리가 생각하는 바에 따르면, 아무리 교묘하게 말을 꾸며대더라도 세계의 본질을 '역사적으로' 파악할 수 있다고 생각하는 사람은 세계의 철학적 인식에서는 무한히 멀어져 있기 때문이다. 그런데 세계의 본질에 대한 그의 견해 속에 어떤 종류의 '생성(Werden)' 또는 과거나 미래가 발견될 때는, 또한 어떤 시간상의 전후가 조금이라도 의미를 가질 때는, 그러니까 숨겨져 있던 세계의 시작과 마지막, 그리고 그 둘 사이의 과정이 추구되고 또 발견되어서 철학하는 개인이 이 과정에서 자신의 위치까지 인식하게 되면, 세계의 본질을 역사적으로 포착할 수 있다. 이러한 '역사적인 철학적 사색(historisches Philosophiren)'은 대개의 경우 여러 가지 변종이 있는 우주진화론을 산출하거나 유출론, 타락설을 낳는다. 또는 결국에는 그러한 방법에 입각하여 행한 추구에 효과가 없는 것에 절망하여 최후의 길에 몰리게 되면, 이번에는 반대로 암흑, 애매한 근거 또는 근원, 무근거에서 광명으로 끊임없이 생성, 발아, 발생, 출현한다는 설을 낳거나 그 밖에 이와 비슷한 허튼소리를 한다. 그런데 이러한 허튼소리는 영원 전체, 즉 무한한 시간은 지금 순간에 이르기까지 이미 지나가 버린 것으로, 생성될 수 있는 것과 생성될 것은 이미 생성되었어야 한다는 것을 말함으로써 간단하게 마무리된다. 왜냐하면 모든 역사적 철학은 아무리 고상한 척해도 칸트가 이 세상에 없었던 것처럼 '시간'을 물자체의 하나의 규정으로 보고, 이렇게 하여 칸트가 물자체에 대해 현상이라 부르며, 플라톤이 존재하는 것, 다시 말해 생성되지 않는 것에 대해 생성되는 것, 곧 존재하지 않는 것이라 부르고, 또는 마지막으로 인도 사람들에게는 마야의 직물이라고 불린 것에 만족하고 있기 때문이다. 이것은 바로 이유율에 위임된 인식인데, 이러한 인식을 갖고서는 사물의 내적 본질에는 이르지 못하고, 현상들만을 무한히 추구하는 것에 불과하며, 쳇바퀴 안의 다람쥐처럼 움직여서 결국 피로하여 아래위 어디서든 제멋대로 멈춰 서서 그 멈춘 장소를 다른 사람도 억지로 존중하게 하는 것과 마찬가지이다.

세계에 대한 참다운 철학적 고찰 방법, 즉 우리에게 세계의 내적 본질을 인식시키고 현상을 초월하게 하는 고찰 방법은 세계가 어디에서 오고 어디로 가며 왜 있는가 하는 것은 묻지 않고, 언제 어디서나 세계의 '무엇(Was)', 곧 본질만을 묻는 것이며, 사물들을 어떤 상대 관계에 따르지 않고 생성하고 소멸하는 것이 아닌 것으로, 요컨대 이유율의 네 가지 형태 가운데 하나를 따르지 않는 것으로 고찰한다. 반대로 이유율에 따르는 그러한 고찰법을 완전히 배제해도 여전히 남는 것, 즉 모든 상대 관계 속에 나타나긴 하지만, 그 자신은 이것들의 관계에 종속하지 않고 언제나 동일성을 유지하는 세계의 본질, 세계의 이데아들을 대상으로 하는 것이다. 예술과 마찬가지로 철학도 이러한 인식에서 출발한다. 또 제4권에서 알게 되겠지만, 참된 신성과 세계의 해설에 인도되는 유일한 정서도 이러한 인식에서 출발하는 것이다.

### 54. 삶에 대한 의지

앞의 세 권에서 다음과 같은 분명하고 확실한 인식이 생겨났다고 생각하고 싶다. 즉 표상인 세계에서는 의지에 대해 그 세계에 비치는 거울이 생기고, 의지는 이 때문에 자신을 인식한다. 그리고 그 명백성과 완전성은 점차 정도를 더하여 그 최고는 인간이 되는데, 인간의 본질은 서로 연관이 있는 행위의 계열로 완전하게 표상된다. 이 행위의 자각적 연관은 인간에게 언제나 전체를 추상적으로 객관화시키는 이성에 의해 가능해지는 것이다.

의지는 순수하게 그 자체로 보면 인식이 없는 것이고, 무기적 자연이나 식물적 자연이나 그들의 법칙들에서 또 우리 생활의 식물적 부분에서 나타나 보이는 맹목적이며 제어할 수 없는 충동에 지나지 않는다. 그런데 그것에 도움이 될 만큼 발전된 표상의 세계가 덧붙음으로써, 의지는 자신의 의욕에 관한 인식과 자신이 의욕을 가지는 것이 무엇인가에 관한 인식을 얻는다. 다시 말해 의지가 의욕을 가지는 것은 이 세계이며, 바로 현재 있는 그대로의 '삶'만이라는 것을 인식한다. 그러므로 우리는 현상 세계를 의지의 거울, 의지의 객관성이라 부른다. 그리고 삶이란 의지의 의욕이 표상에 대해 나타난 것에 지나지 않기 때문에, 의지가 의욕을 가지는 것은 언제나 삶에 대해서이다. 따라서 우리가 단적으로 '의지'라 하지 않고 '삶에 대한 의지'라고 말해도 같은 것이며, 말의 중복에 불과하다.

의지는 물자체이고, 세계의 내적 실질이며 본질적인 것이지만, 삶과 가시적 세계, 현상은 의지의 거울에 지나지 않는다. 그래서 마치 육체에 그림자가 따르는 것처럼, 의지에는 삶과 세계와 현상이 불가분으로 따른다. 그리고 의지가 있는 곳에는 삶과 세계도 있다. 따라서 삶에 대한 의지에는 삶은 확실한 것이며, 이 삶에 대한 의지로 충만되어 있는 한, 아무리 죽음에 직면하더라도 우리는 생존을 염려할 필요는 없다. 물론 우리는 개체가 생성되고 소멸하는 것을 본다. 그러나 개체는 현상일 뿐이며 이유율, 즉 개별화의 원리에 결박된 인식을 통하여 존재하는 것에 불과하다. 물론 이 인식으로써 개체는 그 삶을 선물처럼 받아들이고, 무(無)에서 생긴 다음 죽음에 의해 그 선물을 잃어버리고 무로 돌아간다. 우리는 바로 그 삶을 철학적으로, 곧 그 이데아를 따라서 고찰하려고 한다. 그래서 우리는 의지, 즉 모든 현상에서 물자체도, 인식의 주관, 곧 모든 현상의 방관자도 출생과 죽음에는 영향을 받지 않는다는 것을 알게 된다. 출생과 죽음은 바로 의지의 현상, 다시 말해 삶에 속하는 것이다.

삶은 아무런 시간도 모르지만 자신의 본질을 객관화하기 위해 이러한 방법으로 표시되어야 하는 것이 시간의 형식을 취해 나타난 일시적 현상으로서, 생성하고 소멸하는 개체들 속에 표시된다는 것은 본질적이다. 출생과 죽음은 같은 방식으로 삶에 속해 있고, 서로 번갈아 가며 제약해 균형을 유지하고 있으며, 이런 표현이 좋을지 모르지만 현상 전체의 양극으로서 균형을 유지하고 있다고도 할 수 있다. 모든 신화 가운데서 가장 지혜로운 인도의 신화는 이것을 다음과 같이 표현하고 있다. 인도 신화는 파괴와 죽음을 상징하는 신(삼신 일체 중에서도 가장 죄 많고 가장 낮은 지위의 신인 브라흐마는 생식과 발생을, 비슈누는 보존을 상징한다)인 시바에게 해골의 목걸이와 동시에 링가를 상징물로 부여하고 있다. 이것은 생식의 상징이며, 여기서 생식은 죽음에 대해 균형을 유지하는 것으로 나타나 있다. 그것으로써 생식과 죽음은 서로 중화 및 상쇄하는 본질적인 상대 개념이라는 것을 의미한다. 지금도 우리가 보고 있듯이 그리스인과 로마인들을 몰아붙여서 사치스러운 석관을 장식하게 만든 것도 이것과 꼭 같은 것이다. 그 장식에는 축제, 무용, 결혼식, 사냥, 짐승 싸움, 바쿠스제 등 가장 강렬한 삶의 충동에 대한 묘사들이 있는데, 그것들은 이 충동을 단지 오락으로서 우리에게 보여줄 뿐만 아니라 사티로스와 염소의 교미 장면까지도 보여주고 있다. 그 목적은 개인의 죽음을 애도하고, 거기에서 자연의 죽지 않는 생명을 특히 강조하며, 그리하여 추상적 지식은 없지만 모든 자연이 삶에 대한 의지의 표현인 동시에 그 의지의 충족이기도 하다는 점을 암시하려는 것이다.

이러한 현상의 형식은 시간과 공간 및 인과성인데, 이 형식들에 의해 개체화가 행해지고 그 필연적인 결과로서 개체는 생성되었다가 소멸하지 않으면 안 된다. 그런데 개체는 삶에 대한 의지의 현상, 말하자면 하나의 실례나 본보기에 지나지 않으며, 이 삶에 대한 의지는 자연 전체가 한 개체의 죽음에는 아무런 상처를 받지 않는 것처럼 생멸에는 아무런 어려움도 겪지 않는다. 왜냐하면 자연에서 중요한 것은 개체가 아니라 오직 종족이며, 자연은 종족의 보존에는 모든 열성을 기울여서 무수한 씨앗과 생식 충동의 강렬한 힘을 통해 낭비라고 할 정도로 배려하고 있기 때문이다. 이와 반대로 개체는 자연에 있어 아무런 가치도 없고 또 가치를 가질 수도 없다. 왜냐하면 무한한 시간, 무한한 공간, 그리고 그 안에 있는 무한히 많은 개체들이 자연의 나라이기 때문이다. 그러므로 자연은 언제나 필요하다면 개체를 저버린다. 따라서 개체는 무수한 방식으로 보잘것없는 우연으로 파멸에 몸을 맡기고 있을 뿐만 아니라, 이미 근본적으로 멸망할 것으로 정해져 있고, 종족 보존에 봉사한 그 순간부터 자연에 의해 멸망으로 인도된다. 이렇게 하여 자연은 개체들이 아니라 이데아들만이 본디의 실재성, 즉 의지의 완전한 객관성이라고 하는 위대한 진리를 소박하게 나타내고 있다. 그런데 인간은 자연 그 자체이고, 또한 자연의 자기의식에서 최고도에 있는 것이다. 하지만 자연은 삶에 대한 의지가 객관화된 것에 불과하기 때문에, 인간은 이 관점을 포착하여 거기에 머물면 자연의 불멸하는 생명을 돌이켜봄으로써 자기와 친구의 죽음에 대해 위안을 얻을지 모른다. 따라서 링가를 가진 시바도, 맹렬하게 타오르는 생명의 모습들을 가지고 있는 옛날 석관도 비탄하는 슬픈 관찰자에게 "자연은 슬퍼할 것이 아니다" 외치고 있는 것으로 이해해야 하리라.

생식과 죽음이 삶에는 필수적인 것이고, 이 삶이라는 의지 현상에서 본질적인 것으로 생각되는 까닭은 생식과 죽음이 그 밖의 생명 전체까지 성립되게 하고 있는 것을 강하게 표현한 것이라는 사실 때문이다. 삶을 성립시키고 있는 것은 물질이 철저하게 형태를 고집하면서 끊임없이 교차하는 것에 지나지 않는다. 그리고 이것이 바로 종족은 영속하지만 개체는 소멸하는 까닭이다. 지속적인 양육과 재생산은 그 정도에 있어서만 생식과 다를 뿐이고, 지속적인 분비도 그 정도에 있어서만 죽음과 다른 것이다. 양육과 재생산은 식물에서 가장 단순하고 명확하게 나타난다.

식물은 동일한 충동, 즉 가장 단순한 섬유의 끊임없는 반복에 지나지 않고,

이 섬유가 모여서 잎과 가지가 되며, 서로 소유하고 소유되는 같은 종류의 조직적인 집합체가 된다. 이것을 쉬지 않고 재생산하는 것이 식물의 유일한 충동이다. 이 충동을 더 완전하게 만족시키기 위해서 식물은 여러 가지 생장의 단계를 거쳐 꽃을 피우고 열매를 맺기에 이른다. 꽃과 열매는 식물의 생존과 노력의 집약이며, 식물은 그 유일한 목적을 이 집약 속에서 이루고, 이번에는 식물이 지금까지는 하나하나 작용하여 만든 것을 한꺼번에 1000배로 완성한다. 식물 자체가 반복을 한다. 열매를 맺기까지의 활동과 맺어진 열매의 관계는 저술과 인쇄와의 관계와 같다. 이것은 동물에서도 마찬가지이다. 양육 과정은 끊임없는 생식이며, 생식 과정은 더 고차적인 양육이다. 생식에서 성욕은 생명감의 더 고차적인 즐거움이다.

한편 물질을 쉬지 않고 발산하고 뿜어내는 분비작용은 더 높은 차원에서 생식의 반대인 죽음과 같다. 그런데 우리는 이 경우 언제나 형태를 유지하는 데 만족하여 내보낸 물질을 아까워하지 않지만, 마찬가지로 죽음에 있어서도 날마다 시시각각 개별적인 분비작용에 행해지고 있는 것과 같은 것이 더 높은 차원에서 전체적으로 행해진다는 식으로 행동해야 할 것이다. 분비작용에 태연할 수 있다면 마찬가지로 죽음에 있어서도 두려워할 필요가 없다. 그러므로 이런 처지에 놓이면 다른 개체들에 의해 대체되는 자기 개체성의 존속을 원하는 것은, 끊임없이 새로운 물질로 대체되는 자기 육체의 영속을 원하는 것과 마찬가지로 불합리하게 생각된다. 또 시체를 미라로 만들어 보존하는 것도 배설물을 성심껏 보존하여 두는 것처럼 어리석어 보인다. 육체에 묶여 있는 개인의 의식을 보아도 그것은 날마다 잠으로 완전히 중단된다. 잠은 얼어 죽는 경우처럼 가끔 완전히 연속적으로 죽음으로 옮겨가는 일이 있는데, 깊은 잠은 현재에서는 죽음과 다를 바 없으며, 단지 다시 깨어난다는 점에서 다를 뿐이다. 죽음이란 개체성이 잊혀버리는 잠이다. 다른 것은 모두 다시 깨어나거나, 깨어 있는 것이다.[1]

---

1) 다음과 같은 고찰은 그것을 지나치게 미묘하다고 생각하지 않는 사람에게, 개체는 현상에 지나지 않고 물자체는 아니라는 것을 분명히 자각하는 데 도움이 될지 모른다. 한편으로 개체는 어느 것이나 인식의 주체, 즉 모든 객관적 세계의 가능성을 보충하는 제약이며, 다른 한편으로는 의지, 즉 모든 것 속의 자신을 객관화하는 의지의 개별적 현상이다. 그러나 우리 본질의

무엇보다 우리가 분명히 인식해야 하는 것은 의지 현상의 형식, 즉 삶 또는 실재성의 형식은 '현재'뿐이며 미래도 과거도 아니라는 것이다. 미래나 과거는 개념 속에 존재할 뿐이며, 이것들이 이유율에 따르는 한 인식의 연관 속에 존재하고 있을 뿐이다. 과거에 살았던 사람도 없고, 또 미래에 살 사람도 없다. '현재'만이 모든 삶의 형식이고, 삶으로부터 절대로 빼앗아 갈 수 없는 삶의 확실한 소유이다. 현재는 그 내용과 더불어 언제나 현존한다. 현재와 그 내용은 폭포수 위에 걸린 무지개처럼 확고하여 움직이지 않는다. 왜냐하면 의지에 있어서 삶은 확실하고, 삶에 있어서 현재는 확실하기 때문이다. 물론 수천 년의 과거를 회상하고, 그 수천 년 사이에 살았던 그 수백만의 인간을 회상하면, 우리는 그 수천 년은 무엇이었는가, 그 수백만의 사람은 어떻게 되었는가 하고 묻는다.

그러나 이에 대해 우리는 자기 삶의 과거를 불러내어 그 장면들을 생생하게 공상 속에 부활시키고, 거기서 다시 이 모든 것은 무엇이었던가, 그것은 어떻게 되었는가 하고 물을 수밖에 없다. 우리의 삶도 저 수백만 인생들의 삶과 같은 것이다. 아니면 우리는 과거가 죽음에 의해 봉인되어 있기 때문에 새로운 존재를 얻었다고 생각해야 할 것인가? 우리의 과거는 아주 가깝고 바로 어제의 일이라 해도 헛된 공상의 꿈에 지나지 않으며, 저 수백만 사람의 과거도 마찬가지이다. 과거에 있었던 것은 무엇인가? 현재 있는 것은 무엇인가? 그것은 의지와 무의지의 인식이다. 그리고 삶은 이 의지의 거울이고, 무의지의 인식은 이 거울 속에서 의지를 명확히 바라본다. 이것을 아직 인식하지 못하는 사람이나 인식하는 것을 원하지 않는 사람은 과거 사람들의 운명에 대해 앞서 언급한 물음에 다시 다음의 물음을 덧붙여야 할 것이다. 참으로 많은 사람들이, 당시의 영웅도 현자도 과거라는 밤의 암흑 속에 묻혀 무로 돌아가 버렸는데도, 왜 이렇게 묻는 자신이 이 귀중하고 순간적이며 홀로 실재하는 현재를 소유하는 행복

---

이러한 이중성은 스스로 존재하는 단일성에 근거를 두고 있는 것은 아니다. 그렇지 않다면, 우리는 자신을 '스스로만으로 인식과 의욕의 객관에서 독립하여' 의식할 수 있을 것이다. 그런데 우리에게는 그것이 안 된다. 우리가 그것을 시도하여 내부에 들어가 인식을 내면으로 향하게 하여 우리를 알아보려고 하자마자, 우리는 밑바닥이 없는 공허 속에 빠져 들어가 속이 빈 투명한 공과 같다는 것을 알게 된다. 그 텅 빈 공 속에서 하나의 목소리가 들리긴 하지만, 우리는 몸서리를 치며 정체 없는 유령을 붙잡을 뿐이다.

을 얻고 있는가? 그런데도 보잘것없는 자신의 자아가 실제로 존재하고 있는 것은 무엇 때문일까? 이상하게 들릴지 모르지만 더 간단하게 말하면 왜 지금은, 자신이 소유하고 있는 지금은 바로 지금 있고 이미 오래전에 '있었던' 것은 아닌가? 그는 이렇게 진지하게 물음으로써 그의 현재와 시간을 서로 관계없는 것이라 보고, 현존을 시간 속에 던져진 것이라고 본다. 다시 말해 그는 본디 두 개의 지금을 상정하여 하나는 객관에 속하고 다른 하나는 주관에 속한다 생각하고, 이것들이 합치한 다행스러운 우연을 이상하게 여긴다.

하지만 실제로는(《충족이유율에 대하여》에서 언급한 것처럼) 시간을 그 형식으로 소유하고 있는 객관과 이유율의 어떠한 형태와 그 형식으로 소유하고 있지 않는 주관과의 접촉점이 현재를 만들고 있다. 그런데 의지가 표상으로 된 경우에 모든 객관은 의지이며, 주관은 객관의 필연적인 상대 개념이다. 한편 실재적인 객관은 현재에만 존재할 뿐, 과거와 미래는 단지 개념과 환영을 포함할 뿐이다. 그러므로 과거는 의지 현상의 본질적 형식이고, 이것에서 떼어놓을 수 없는 것이다. 현재만이 언제나 현존하며, 움직이지 않고 확립되어 있다. 현재는 경험적으로 포착하면 모든 것 가운데에서 가장 덧없는 것이지만, 경험적 직관의 형식들을 초월하는 형이상학적인 눈으로 보면 지속하는 유일한 것, 즉 스콜라 철학자들의 '지속하는 지금(Nunc stans)'으로 표시된다. 현재 내용의 원천과 담당자는 삶에 대한 의지 또는 물자체이며, 그것은 우리 자신이다. 과거에 이미 있었거나 장차 생기기로 되어 있어 끊임없이 생멸하는 것은, 그 생성과 소멸을 가능하게 하는 현상의 형식들에 의해서 현상 자체에 속하는 것이다. 따라서 '무엇이 있었는가?(Quid fuit?)' '있는 그것(Quod est)' '무엇이 있을 것인가?(Quid erit?)' '있었던 것(Quod fuit)'이라고 생각해야 한다. 엄밀한 의미로는 그렇다. 왜냐하면 의지에서는 삶이 확실하고, 삶에는 현재가 확실하기 때문이다. 그러므로 누구든지 "뭐라 해도 나는 현재의 주인이다. 그리고 현재는 그림자처럼 영원히 나에게 따라올 것이다. 따라서 나는 현재가 어디에서 왔든, 또 어떻게 되어가든 그것이 바로 지금 있다고 하는 것을 이상하게 생각지 않는다" 말할 수 있다.

우리는 시간을 한없이 회전하는 원에 비교할 수 있는데, 언제나 아래로 내려가는 반원은 과거이고, 위로 올라가는 반원은 미래이다. 그런데 상부의 접선에 맞닿는 분할될 수 없는 점은 연장이 없는 현재이다. 접선이 원과 더불어 굴러

갈 수 없는 것과 마찬가지로 시간을 형식으로 갖는 객관과, 아무런 형식도 갖고 있지 않는 주관과의 접촉점인 현재도 굴러가 버릴 수는 없다. 주관이 형식을 갖고 있지 않는 것은 그것이 인식할 수 있는 것에는 속하지 않고, 오히려 모든 인식할 수 있는 것의 조건이기 때문이다. 또 시간은 끊임없이 흐르는 강물에 비교되는데, 현재는 이 강물이 부딪쳐서 부서지지만 물결과 더불어 쓸려가 버리지 않는 바위에 비교된다. 의지는 물자체로서 결국 어떤 의미에서는 의지 자체이고 의지의 표현인 인식 주관과 마찬가지로 이유율에 따르지는 않는다. 그리고 의지에서 의지의 현상인 삶이 확실한 것처럼, 현실적 삶의 유일한 형식인 현재도 확실한 것이다. 따라서 우리는 삶 이전의 과거나 죽음 이후의 미래를 탐구할 것이 아니라, 오히려 의지가 나타나는 유일한 형식으로서 '현재'를 인식해야 한다.[2]

현재는 의지로부터 탈출하지는 않을 것이며, 의지도 실제로 현재로부터 탈출하지 않을 것이다. 그러므로 삶에 만족하고 있는 사람, 삶을 긍정하는 사람은 확신을 갖고 삶을 끝이 없는 것으로 간주한다. 반면 죽음의 공포는 언젠가는 현재를 잃어버릴지 모른다는 어리석은 공포를 불어넣어, 현재를 포함하지 않는 시간이라도 있는 것처럼 착각하게 만들어 현재를 몰아내 버린다. 이것은 시간에 대한 착각이지만, 공간에 대한 그러한 착각은 모두 상상 속에서 자기가 차지하고 있는 지구상의 장소는 위이고 그 밖의 곳은 아래라고 보는 것이다. 마찬가지로 모두 현재를 개체성과 결부시키고, 개체와 더불어 모든 현재는 소멸한다고 생각한다. 그렇게 되면 과거와 미래는 현재 없이 존재하는 것이다. 그러나 지구 위에서는 어디에 있어도 위에 있는 것처럼, 모든 삶의 형식도 역시 '현재'이다. 그러므로 죽음이 우리에게서 현재를 박탈해 간다고 해서 죽음을 두려워하는 것은 우리가 지금 다행히 이 둥근 지구의 정상에 있지만, 거기서 미끄러져 떨어질는지 모른다고 두려워하는 것과 같이 어리석은 일이다.

의지의 객관화는 본질적으로 현재의 형식이다. 이 형식은 연장이 없는 점으로서 과거와 미래에 걸쳐 무한한 시간을 절단하여, 서늘한 저녁이 없는 영원한

---

2) 스콜라 철학자들은 다음과 같이 가르치고 있다. 영원이란 시작과 끝이 있는 연속이 아니고, 지속적인 현재이다. 말하자면 우리는 아담이 가졌던 것과 같은 현재를 갖고 있으며, 다시 말해 현재와 그때 사이에는 아무런 차이가 없다.─홉스, 《리바이어던》, c. 46.

정오처럼 움직일 수 없이 고정되어 있다. 마치 태양이 밤의 품에 빠져버린 것처럼 보이지만, 실제로 태양은 끊임없이 타고 있는 것과 마찬가지이다. 그러므로 사람이 죽음을 절멸이라고 무서워하는 것이라면, 그것은 태양이 저녁때 "아, 슬프다. 나는 영원한 밤 속으로 빠져 들어간다" 탄식하고 있다고 생각하는 것과 다를 바 없다.[3]

이와 반대로 삶의 무거운 짐에 짓눌린 사람, 삶을 좋아하고 삶을 긍정하지만 삶의 고뇌를 싫어하고 특히 자기 몸에 엄습해 온 가혹한 운명을 더 이상 참을 수 없다고 생각하는 사람, 그러한 사람은 죽음으로부터의 해탈을 기대할 수 없으며 자살로 구제받을 수도 없다. 캄캄하고 차디찬 저승이 안식처로서 그의 마음을 끈다는 것은 착각에 지나지 않는다. 지구는 회전하여 낮에서 밤으로 되고 개체는 죽는다. 그러나 태양은 끊임없이 불타는 영원한 낮이다. 삶에 대한 의지에서 삶은 확실하고, 삶의 형식은 끝없는 현재이며, 이데아의 현상인 개체들이 시간 속에서 생멸하는 것은 어쨌든 잠깐 동안의 꿈에 비교할 수 있다. 따라서 자살은 무익한 것으로 보이고, 또한 어리석은 행위이다. 우리가 더 고찰해 가면, 자살이 더 좋지 않은 것으로 밝혀질 것이다.

교리는 변하고 우리의 지식은 믿을 수가 없다. 하지만 자연은 그릇됨이 없다. 자연의 진행은 확실하며 자연은 그것을 감추지 않는다. 모든 것이 자연 속에 있고, 자연은 또 모든 것 속에 있다. 어떤 동작 속에도 자연은 그 중심점을 갖고 있다. 동물은 자기 생존의 길을 확실히 발견하고 또 거기에서 벗어나는 길도 발견할 것이다. 그러는 동안 동물은 멸망 앞에서도 두려워하지 않고 아무런 걱정도 하지 않으며, 자기는 자연 자체이고 자연과 같이 불멸한다는 의식을 가지

---

3) 에커만의 《괴테와의 대화》(제2판 1권 p. 154)에서 괴테는 "우리의 정신은 완전히 파멸하지 않는 성질의 존재이다. 그것은 영원에서 영원으로 작용을 계속한다. 우리의 맨눈으로는 태양이 서쪽으로 지는 것처럼 보이지만, 사실은 지지 않고 끊임없이 빛을 발하고 있는 것과 마찬가지이다" 말하고 있다. 괴테가 그 비유를 나에게서 취한 것이고, 내가 그에게서 취한 것은 아니다. 이 대화는 1824년에 한 것이지만, 틀림없이 그는 이 대화에서 앞의 1절을 무의식적으로 사용한 것이다. 왜냐하면 그것은 여기서와 똑같은 말로 제1판 401쪽에 씌어 있고, 528쪽에도 다시 나오며, 이곳의 65장 끝부분에도 나온다. 나는 제1판을 1818년 12월에 그에게 보냈고, 그는 1819년 3월 나폴리에 있던 나에게, 내 누이동생을 통하여 축하의 편지를 보내주었다. 그는 그 편지에 특히 그의 마음에 들었던 페이지들의 번호를 적은 쪽지를 동봉했다. 그러니까 그는 나의 책을 읽었던 것이다.

고 살아간다. 인간만이 추상적인 개념으로 죽음의 확실성을 이리저리 끌고 다니지만, 이 죽음의 확실성은 아주 드물게 어떤 특정한 순간에, 어떤 기회가 있어 그것을 상상 속에 떠올리는 때에만 인간에게 불안을 품게 한다. 자연의 강한 목소리에 대해 반성하는 것은 거의 힘을 발휘하지 못한다. 사고 작용이 없는 동작에서와 마찬가지로, 인간에게도 자기가 자연이며 세계라는 내면적 의식에서 생기는 확신이 지속적인 상태로서 우위를 차지하고 있다. 이 확신이 있기 때문에, 인간은 죽음이 머지않아 찾아온다고 하는 생각에 그다지 불안해하지 않고, 누구나 영원히 살 것이라는 듯이 살아가고 있다. 게다가 죽음의 확실성을 생생하게 확신하고 있는 사람은 아무도 없다고까지 말할 수 있다. 그렇지 않다면 각자의 기분과 사형선고를 받은 죄인의 기분 사이에 그렇게 큰 차이가 있을 리 없기 때문이다. 그러므로 인간은 누구나 죽음에 대해 추상적으로나 이론적으로는 확실성을 인식하고 있지만, 다른 이론적 진리들도 실제에는 적용될 수 없는 것처럼 그것을 생생한 의식 속에 받아들이지 않고 버리는 것이다.

인간적인 성향의 이와 같은 특성을 잘 살펴보면, 그것을 심리적으로 설명하는 공식, 즉 습관으로부터, 불가피한 것에 대한 만족으로부터 설명하는 방식은 충분하다고 말할 수 없으며, 그 근거는 앞서 말한 바와 같은 더욱 깊은 것에 있음을 알 수 있다. 어떠한 시대에도, 어떠한 민족에게도 죽은 뒤 영속에 대한 교리들이 있고, 이것들이 믿음을 얻고 있는 것도 역시 같은 근거에서 설명할 수 있다. 왜냐하면 이 교리에 대한 증명은 대단히 불충분하며, 그와 반대되는 것이 강하고 많기 때문이다. 오히려 이것은 그 어떤 증명을 필요로 하지 않는 것이며, 상식적인 사실로 인식된다. 또 자연은 거짓말을 하지 않고, 자연의 행위와 본질은 명확하게 표시되어 있으며, 있는 그대로 표현되는 것이다. 그런데 우리는 이치에 맞지 않는 생각으로 자연의 행위와 본질을 어둡게 하고, 우리의 좁은 견해에 알맞은 것만을 골라서 해석하는 것에 불과하다는 확신으로 이 교리를 사실로 인식한다.

우리가 지금 명확하게 의식한 것은 의지의 개별적인 현상은 시간적으로 시작과 끝이 있지만, 의지 자체는 물자체로서 시간적인 것에는 관계가 없고, 또 모든 객관의 상대 개념, 곧 인식할 뿐 인식되지는 않는 주관도 그것에는 관계가 없다는 것과 삶에 대한 의지에서 삶은 언제나 확실하다는 것이다. 이것은 앞에서 말한 개체의 사후 영속에 대한 설로 볼 것은 못 된다. 왜냐하면 의지는 물자체로서 보면 영원한 세계의 눈인 순수한 인식 주관과 마찬가지로 지속도 소멸도 없기 때문이다. 이러한 것들은 시간 속에서만 타당한 규정이며, 의지와 주관은 시간 밖에 있는 것이기 때문이다. 그러므로 개인(즉 인식 주관에 의해 비친 이 개별적인 의지 현상)의 이기심은 무한한 시간에 걸쳐 자신을 유지하려고 하는 자신의 소원을 위해서는, 지금 언급한 견해에서는 도움이나 위안을 얻을 수 없고, 개인이 죽은 뒤에도 그 밖의 다른 외부 세계는 시간 속에 존속할 수 있다는 인식에서도 도움이나 위로를 얻을 수 없다. 이 인식은 앞서와 같은 견해의 표현에 불과하지만, 이것을 객관적으로, 시간적으로 본 것이다. 인간은 누구나 오직 현상으로서는 덧없는 것이지만 물자체로서는 무시간적이며, 또한 무한한 것이기 때문이다. 또 현상으로서 인간은 세계의 다른 사물과 같지 않지만, 물자체로서 인간은 모든 것에 나타나는 의지이며, 죽음은 인간의 의식이 그 밖의 것의 의식과 다르다는 착각을 없애버린다. 이것이 영속이다. 인간이 죽음에서 벗어나는 것은 그가 물자체가 됨으로써만 얻을 수 있는데, 이것은 현상에서는 외계의 영속이라는 것과 합치한다.[4]

　　그러므로 우리가 방금 분명한 인식에까지 떠올린 것에 대한 진지하고 단지 느낌만인 의식을 갖게 되면, 이미 말한 것처럼 죽음을 생각하더라도 이성이 있는 사람들은 그 생활을 해치지 않고 지내게 된다. 그러한 의식은 모든 생물을 유지시키고, 마치 죽음이 존재하지 않는 것처럼, 생물이 삶을 바라보고 삶에 향하고 있는 한 활기차게 계속 살아가게 하는 생기의 기초이다. 그러나 이런 의식이 있다고 해서 죽음이 개별적이고 현실적으로 또는 단지 상상 속에서 개인에게 다가와서, 죽음을 직시하지 않으면 안 되는 때에 죽음에 대한 불안에 마음을 빼앗기고, 어떻게 해서든지 그것을 피하려고 하는 것이 없어지지는 않는다. 왜냐하면 그의 인식이 삶을 향하고 있는 한 그는 삶을 불멸의 것으로 인식

---

4) 《베다》에는 이것이 다음과 같이 표현되어 있다. 즉 인간이 죽으면 그의 시력은 태양과 하나가 되며, 그의 후각은 대지와 하나가 되고, 그의 미각은 물과 하나가 되고, 그의 청각은 공기와 하나가 되며, 그의 말은 불과 하나가 된다고 한다(《우프네카트》 제1권 p. 249 이하). 또 어떤 특별한 의식에서는 죽어가는 사람은 그의 감각과 능력을 하나하나 그 자식에게 양도하고, 그것들은 자식 속에서 계속 살아간다고 한다(같은 책, 제2권, p. 82 이하).

하지 않으면 안 되었지만, 마찬가지로 죽음이 그의 눈앞에 다가왔을 때는 죽음을 있는 그대로의 것, 즉 개별적인 시간적 현상의 종말로 인식할 수밖에 없기 때문이다. 우리가 죽음에 있어 무서워하는 것은 결코 고통이 아니다. 고통은 분명히 죽음의 이쪽에 있는 것이며, 한편으로 우리는 고통이 두려워서 죽음으로 도피하는 일도 가끔 있으며, 반대로 때로는 죽음이 빠르고도 쉽다고 생각되지만 그 죽음을 잠시라도 피하기 위해 실로 엄청난 고통을 감수하는 일도 있기 때문이다. 그러므로 우리는 고통과 죽음을 전혀 다른 것으로 구별한다. 우리가 죽음에 있어 무서워하는 것은 사실 죽음으로 명확히 표시되는 개체의 멸망이다. 그리고 개체는 삶에 대한 의지 자체가 개별적으로 객관화된 것이기 때문에, 개체의 본질은 죽음에 저항한다.

감정은 이와 같이 도움이 될 만한 보상을 주지 못하지만, 거기에 이성이 나타나서 불쾌한 인상을 극복할 수 있다. 이성이 더 높은 위치에 서게 하기 때문에, 거기에서 우리는 개별적인 것을 보지 않고 전체를 보는 것이다. 그러므로 세계의 본질에 대한 철학적 인식은 우리가 지금 고찰하면서 도달하고 있는 점까지는 이르러도 그 이상으로는 나아갈 수 없는 것처럼 생각된다. 하지만 이 위치에서도 이미 그러한 인식에 의해 죽음의 공포는 개인에 있어서 반성이 직접적 감정을 지배함에 따라 극복될 것이다. 지금까지 언급해 온 여러 진리를 자기 성향에 굳게 결합시키기는 했지만, 동시에 자신의 경험이나 더 발전된 견문과 학식으로 모든 삶에는 영속적인 고뇌가 따라다니게 마련이라는 것을 인식하는 데에는 이르지 못하고, 삶에 만족하고 삶을 완전히 행복하게 느끼고 또 조용히 숙고해 보고는 자기가 지금까지 거쳐온 것과 같은 생애가 한없이 계속되기를 원하거나, 언제나 새로 되풀이되기를 원하는 사람, 그래서 그 생기가 참으로 대단하여 삶의 즐거움에 비하면 삶에 따라다니는 모든 번뇌와 고통은 개의할 필요가 없다며 기꺼이 이것을 감수하는 사람, 이런 사람은 '굳건하고 힘 있는 뼈를 갖고 기초가 든든한 영속적인 대지에' 서서 아무것도 무서워할 것이 없으리라. 이러한 사람이 우리가 주는 인식으로 무장하면, 그는 시간의 날개를 달고 날아오는 죽음을 태연히 맞이한다. 또 죽음은 약한 자를 위협하는 거짓 그림자이자 무력한 유령이며, 자신은 의지이고 세계 전체는 이 의지의 객관화이거나 모상이라는 것을 분명히 알고 있는 사람에게 죽음은 아무런 힘도 갖고 있지 못하다고 생각할 것이다. 따라서 그는 삶을 언제나 확실하게 붙잡고, 의지 현상 본디의 형식인 존재도 확실하게 붙잡으며, 또 존재하지 않는 무한한 과거나 미래에 위협받는 일도 없을 것이다. 왜냐하면 그는 과거나 미래를 마야의 헛된 환영이라고 생각하기 때문이다. 그러므로 그는 태양이 밤을 무서워할 필요가 없는 것처럼, 죽음을 무서워할 필요가 없다. 《바가바드 기타》를 보면 크리슈나는 제자인 아르주나가 막 전투에 돌입하려는 군대를 보고(크세르크세스와 일맥상통하는 데가 있다) 비탄에 빠져 기력을 잃고 수천 명의 죽음을 피하기 위해 전투를 중지하려고 할 때, 그를 이 관점으로 이끈다. 그러자 수천 명의 죽음도 이제는 그를 막을 수 없게 된다. 그래서 그는 전투하라고 신호를 내린다. 이 관점은 괴테의 《프로메테우스》에도 나타나 있는데, 특히 그가 다음과 같이 말하는 것이 그렇다.

> 나 여기 앉아 인간을 만들어 낸다.
> 내 모습을 따라
> 나처럼,
> 괴로워하고, 울고
> 흐뭇해하고, 즐거워하고,
> 그리고 당신을 존경하지 않는
> 나를 닮은 종족을!

조르다노 브루노의 철학이나 스피노자의 철학도 자기 결점이나 불완전성으로 인해 확신이 흔들리거나 약화되지 않는 사람들을 이 관점까지 끌어올 수 있을 것이다. 브루노의 철학에는 참다운 윤리는 없고, 스피노자의 철학 속 윤리는 결코 그 학설의 본질에서 나온 것이 아니다. 그것만으로는 칭찬할 만하고 훌륭한 것이긴 하지만, 약하고 분명한 궤변으로 철학에 붙어 있는 것에 지나지 않는다. 마지막으로 많은 사람들이 만일 그 인식과 의지의 보조를 맞춘다면, 즉 모든 망령된 생각에서 떠나 자신을 분명하게 자각하는 것이 가능하다면 지금 말한 관점에 서 있을 것이다. 왜냐하면 이것은 인식에 있어 '삶에 대한 의지'를 완전히 '긍정하는' 관점이기 때문이다.

의지가 자신을 긍정한다는 것은 다음과 같은 것을 의미한다. 의지의 객관화, 곧 세계와 인생 가운데에는 의지의 본질이 의지에 대해 표상으로서 완전하고 명확하게 주어지기 때문에, 이 인식은 의지의 의욕을 방해하는 것이 아니라 오히려 이렇게 인식된 인생이야말로 의지로 인해 이때까지 인식 없는 맹목적 충동으로 의욕된 것처럼, 이제는 인식과 더불어 의식되고 숙고되는 것이다. 이것과 반대되는 '삶에 대한 의지의 부정'은 의욕이 지금 말한 인식에서 끝나는 경우에 생긴다. 왜냐하면 그 경우에는 인식된 개별적인 현상이 의욕의 '동기'로서는 작용하지 않고 이데아들을 파악함으로써 생긴, 의지를 반영하는 세계의 본질에 대한 인식 전체가 의지의 '진정제'가 되고, 의지가 자유롭게 자신을 포기하기 때문이다. 바라건대 지금까지 전혀 알려지지 않았고 이러한 일반적인 표현으로는 이해되기 어려운 이 개념들이 현상들에 대한 이제부터의 설명을 통해서, 다시 말해 여기에서 한편으로는 긍정이 여러 가지로 정도를 달리하여 나타나고, 다른 한편으로는 부정이 나타나는 행위의 방식들을 설명함으로써 명확해졌으면 좋겠다. 왜냐하면 긍정도 부정도 '인식'에서 생기지만, 말로 표현되는 추상적 인식에서 생기는 것이 아니고, 행위나 품행에 의해서만 나타나며, 추상적 인식으로서 이성이 문제 삼는 교리들과는 거리가 먼 생생한 인식에서 생기기 때문이다.

나의 목적은 오직 긍정과 부정을 설명하고 그것을 분명한 이성의 인식으로 만드는 것인데, 둘 가운데 어느 한쪽을 지정하거나 권장하는 것은 무익할 뿐만 아니라 어리석은 일이다. 왜냐하면 의지는 완전히 자유롭고, 오직 자신만으로 규정되는 것이며, 의지에 대해서는 아무런 법칙도 존재하지 않기 때문이다. 그러나 우리는 앞에서 언급한 설명에 들어가기 전에 이 '자유'와 필연성과의 관계를 논의하고 상세히 규정해 두지 않으면 안 된다. 또 우리의 문제는 삶의 긍정과 부정이지만, 그 삶에 대해서도 의지와 그 객관에 관한 보편적인 고찰을 해두지 않으면 안 된다. 이 모두를 하고 나면, 우리는 행위 방식들에 대한 윤리적 의미에 대해 가장 내면적인 본질을 따라서 쉽게 이것을 인식하고 목적을 이루게 될 것이다.

이미 언급한 것처럼 이 책은 단지 하나의 사상을 전개한 것에 불과하기 때문에, 그 귀결로서 모든 부분들은 서로 긴밀하게 결합하고, 각 부분들은 바로 앞의 부분과 필연적인 관계가 있다. 따라서 일련의 추론으로만 성립되어 있는 철학들의 경우와 마찬가지로, 먼저 바로 앞의 부분만을 독자의 기억에 있는 것으로 전제할 것이 아니라, 이 책의 어떤 부분을 들고 보아도 다른 부분과 친밀하게 연결되어 있다는 것을 전제로 하고 있다. 그러므로 독자는 바로 앞의 사항을 기억할 뿐 아니라 앞서 말한 모든 사항도 기억하고, 또 여기에서 지금까지 말한 다른 사항도 그때그때의 현재 일에 결부시킬 수 있어야 한다. 플라톤도 그의 독자에게 이러한 요구를 했는데, 그의 대화편은 복잡 미묘한 방황을 거쳐 긴 일화를 말하고 난 뒤, 이와 같이 하여 전보다 더욱 명확하게 근본사상을 다시 다루었다. 우리의 유일한 사상을 분할하여 여러 가지로 고찰하는 것은 물론 그것을 전달하기 위한 유일한 수단이지만, 사상 자체에 대한 본질적인 형식이 아니고 하나의 인위적인 형식에 불과하기 때문에, 우리의 경우 이 요구는 꼭 필요하다. 설명과 그 이해를 쉽게 하기 위해서는 네 가지 근본 관점, 즉 네 권으로 나누어서 서로 비슷한 점이나 동질점을 신중히 결합시켜야 한다. 그렇지만 그 소재는 역사적인 진행과 같은 직선적 진행을 허락하지 않고 더욱 복잡한 표현을 하고 있다. 그래서 바로 이 책을 되풀이하여 연구할 필요가 생긴다. 그렇게 함으로써만 각 부분과 다른 부분과의 연관이 분명해지고, 모든 부분이 서로 명확하게 결합하는 것이다.

## 55. 인간의 자유에 대하여

의지가 '자유롭다'고 한다면, 이미 의지는 우리의 견해로 보아 모든 현상의 실질인 물자체라고 하는 결론에 다다른다. 그런데 우리는 현상을 네 개의 형태를 취한 충족이유율에 완전히 지배되는 것으로 본다. 또 필연성이란 주어진 원인에서 생긴 결과와 동일한 것이고, 원인과 결과는 상대 개념이라는 것을 알고 있기 때문에 현상에 속하는 모든 것, 곧 개체로서 인식하는 주관에 대한 객관은 한편으로는 원인이고 다른 한편으로는 결과이다. 또한 이 결과는 특성에 있어 필연적으로 규정되어 있으며, 어떠한 점에서도 있는 그대로밖에는 있을 수 없다. 그러므로 자연의 모든 내용, 모든 현상은 완전히 필연적이며 어떠한 부분, 어떠한 현상, 어떠한 사건의 필연성도 그때그때 증명할 수 있다. 왜냐하면 그 필연성이 결과로 의존하고 있는 원인은 발견될 수밖에 없기 때문이다. 여기에 예외는 없다. 그것은 이유율의 무제한적 타당성을 따르는 것이다.

또 한편으로 보면 모든 현상으로 나타나는 이 같은 세계는 의지의 객관성인데, 의지는 현상이 아니고 표상도 객관도 아닌 물자체이기 때문에, 객관의 형식인 이유율에는 지배되지 않는다. 따라서 결과로서 어떤 원인을 통해 규정되지 않고, 결국 아무런 필연성도 모르는, 말하자면 '자유로운' 것이다. 따라서 자유의 개념은 본디 부정적이다. 왜냐하면 그 내용은 필연성, 즉 이유율에 따르는 결과의 원인에 대한 관계의 부정에 불과하기 때문이다. 그런데 여기에 우리 앞에 커다란 대립의 통일점, 곧 자유와 필연성의 합일이 명확하게 존재한다. 이에 대한 논의가 가끔 있었지만, 내가 알고 있는 바로는 분명하고 적절하게 논한 것은 없다. 모든 사물은 현상과 객관으로서는 필연적이다. 그 같은 것도 '그 자체'로서는 의지인데, 그것은 완전히 그리고 영원히 자유롭다. 현상과 객관은 원인과 결과의 연쇄에서 필연적이고 불변적으로 규정된 것이며, 이 연쇄에는 중단이 있을 수 없다. 그런데 이 객관의 현존 일반과 그 현존의 방식, 즉 그 속에 나타나는 이데아, 바꾸어 말하면 그 객관의 성격은 의지의 직접적인 현상이다. 따라서 이 의지가 자유라고 한다면, 그러한 객관은 결국 현존하지 않거나 근원적이고 본질적으로 전혀 별개의 것이다. 그 경우라면 객관이라는 하나의 고리를 이루고 있으며, 그 자체로 동일한 의지의 현상인 모든 연쇄도 완전히 별개일 것이다. 그러나 객관은 일단 현존하므로 원인과 결과의 계열에 들어가고, 그 계열에서 필연적으로 규정되어서 별개의 것은 되지 못한다. 다시 말해 변화하지 못하고 또 그 계열에서 떨어지지도 소멸되지도 않는다.

인간은 자연의 다른 부분과 마찬가지로 의지의 객관성이다. 그러므로 지금까지 언급한 것은 모두 인간에게도 해당된다. 자연에 있는 것은 어느 것이나 일정한 작용에 대해 일정한 반응을 나타내며, 그 성격을 이루는 여러 힘과 성질을 갖고 있다. 이와 마찬가지로 인간에게도 '성격'이 있으며, 거기에서 동기들이 그의 행위를 필연적으로 산출한다. 이 행위 방식 속에 인간의 경험적 성격이 구현되고, 또한 이 경험적 성격 속에는 인간의 예지적 성격, 곧 의지도 구현되며, 인간은 이 의지의 결정적인 현상이다. 그러나 인간은 의지의 가장 완전한 현상이고, 이 현상이 존립하기 위해서는 제2권에서 제시한 것처럼 고도의 인식으로 비추어지지 않으면 안 되었다. 그 결과 이 인식에서는 세계의 본질이 표상이라는 형식 아래 적절하게 재현되어 세계가 파악되고 순수하게 비춰지기까지 했던 것이다. 이것은 제3권에서 우리가 배운 바와 같다. 따라서 인간은 의지를 완전한 지각에 다다르게 하며, 전 세계에 반영되어 있는 자기 본질의 명확하고 남김 없는 인식에 이를 수 있다. 우리가 앞에서 보았듯이 이 정도의 인식이 실제로 존재하면, 거기에서 예술이 생기는 것이다.

그런데 우리가 한 고찰의 마지막에 이르면 의지가 그 인식도 자신에게 관련시킴으로써, 그 같은 인식으로 의지의 가장 완전한 현상에서 의지의 포기와 자기부정도 가능하다는 사실이 나타날 것이다. 자유는 물자체에만 속하는 것으로서 현상에는 나타날 수 없다. 하지만 그 경우에는 현상 속에도 나타나고, 현상은 시간 속에 계속 존속한다. 그렇지만 자유는 현상의 밑바탕에 존재하는 본질을 폐기하기 때문에 여기에서 현상과의 모순이 생기며, 그렇게 해서 성스러움과 극기라는 현상이 나타난다. 그러나 이 모든 것은 이 책의 마지막에 이르러서야 완전히 이해될 수 있을 것이다. 그렇기 때문에 당분간은 인간이 다른 의지 현상들과 어떻게 다른가 하는 점을 일반적으로만 지적해 두려고 한다. 자유, 즉 이유율로부터의 독립성은 물자체인 의지에만 속하고 현상과는 모순되는 것이다. 그렇지만 인간에게는 이 자유가 경우에 따라서는 현상에도 생길 수 있다. 하지만 이 경우 자유는 반드시 현상과의 모순으로 나타난다. 이러한 의미에서는 의지뿐만 아니라 인간까지도 자유라고 말할 수 있으며, 그렇게 되어 다른 존재와 구별될 수 있다. 이것을 어떻게 이해해야 할 것인가는 이제부터 말하는 것으로 분명해질 수 있으며, 지금은 생각하지 않는 것이 좋다. 왜냐하면 먼저 피해야만 하는 오류는 특정한 개인의 행위가 필연성에는 지배되지 않으며, 다시 말해 동기의 힘이 원인의 힘보다, 또는 전제로부터 추론의 귀결보다 확실하지 않다고 생각하는 것이기 때문이다. 물자체로서 의지의 자유는 이미 말한 것처럼 단지 하나의 예외와 관계하는 것으로, 위에서 언급한 경우를 제외한다면 이 현상이 최고 단계의 가시성에 다다른 경우에도 결코 직접 의지의 현상으로 이해되는 일이 없다. 따라서 개인적인 성격을 가진 이성적 동물, 즉 사람으로 이해되는 일도 없다.

사람은 자유로운 의지의 현상이긴 하지만, 자유롭지는 않다. 왜냐하면 이 의지의 자유로운 의욕이 이미 결정된 현상이 사람이기 때문이다. 그리고 이 현상이 모든 객관의 형식, 곧 이유율로 들어가면 그 의지의 단일성은 전개되어 행위의 다원성으로 되지만, 이 다원성은 의욕의 시간을 뛰어넘은 단일성 때문에 자연의 힘 자체가 갖는 합법칙성과 함께 나타난다. 그렇지만 그 자유에 대한 의욕은 사람과 그 행동 전체에 있어 가시적이 되고, 이에 대해 개념의 정의에 대한 관계처럼 되기 때문에, 사람의 모든 개별적 행동도 자유의지에 돌려야 하며, 의식은 직접 그 행동으로써 나타난다. 그러므로 제2권에 말한 것처럼 각자는 선험적으로(즉 이 경우 자신의 근원적인 감정에 따라서) 자기가 개별적인 행위에서 자유롭다고 생각한다. 다시 말해 어떠한 경우에도 자기가 어떤 행위든 할 수 있다는 의미에서 자유롭다고 생각한다. 그리고 그는 후천적으로, 즉 경험과 경험에 대한 반성에서 그의 행위가 필연적으로 성격과 동기의 일치에서 생기는 것임을 인식한다. 그러므로 교양 없는 사람은 그 느낌에 따라 개별적인 행위에 있어서 완전한 자유를 주장하지만, 모든 시대의 대사상가는 물론이고, 또 심오한 교리까지도 그런 완전한 자유를 부인하기에 이른 것이다.

인간의 본질은 의지이고 인간 자체는 이 의지의 현상에 지나지 않지만, 이 현상은 이유율을 주관에서도 인식할 수 있는 필연적인 형식으로 되어 있다. 이 형식이 인간의 경우에는 동기의 법칙이라는 형태를 취하고 있다는 것을 알게 된 사람에게는, 주어진 성격과 당면한 동기가 있으면 반드시 그 결과로 행위가 일어날 수밖에 없다는 것을 의심하는 일이 삼각형의 3각의 합은 2직각과 같다는 사실을 의심하는 일과 똑같이 생각될 것이다. 개별적 행위의 필연성에 대해서는 프리스틀리가 《철학적 필연성 학설》에서 자세하게 풀이하고 있다. 그러나 이 필연성과 의지의 자유, 즉 현상 이외의 자유와 공존을 입증한 것[5]은 칸트가 처음이고 이것이 특히 그의 위대한 공적인데, 그 입증에서 그는 예지적 성격과 경험적 성격의 구분을 세웠다. 나는 그 구분을 그대로 받아들인다. 왜냐하면 예지적 성격은 일정한 개인에게 일정한 정도로 나타나는 경우에 물자체로서 의지이지만 경험적 성격은 이 현상이며, 또 그것이 시간적으로는 행위의 방식으로 나타나고 공간적으로는 육체로도 나타나는 것이기 때문이다. 이 두 성질의 관계를 이해하기 위해서는 다음과 같은 표현법이 적절하다. 곧 각자의 예지적 성격

---

5) 《순수이성비판》 제1판 p. 532~558, 제5판 p. 560~586, 그리고 《실천 이성비판》 제4판 p. 169~179, 로젠크란츠판 p. 224~231.

은 시간을 초월한다. 따라서 불가분·불가변의 의지 행위로 간주되어야 하고, 의지 행위가 시간과 공간 및 이유율의 모든 형식 속에 전개 및 분산되어 나타난 것이 경험적 성격이며, 그것이 이 사람의 행위 방식 전체와 생활 과정 속에 경험적으로 나타난다. 나무도 가장 단순하게는 섬유 속에 나타나고, 잎, 꽃자루, 가지, 줄기로 구성된 것 속에 되풀이하여 나타나며, 그 속에서 쉽게 인식되는 하나의 동일한 충동이 끊임없이 반복되어 나타나는 현상에 불과하다. 이와 같이 인간의 행위도 그 예지적 성격이 그 형식 속에서 어느 정도 변화하면서 끊임없이 반복하며 나타난 것에 지나지 않는다. 그리고 행위들의 총화에서 생기는 귀납이 인간의 경험적 성격을 나타낸다. 그러나 칸트의 탁월한 설명을 달리 표현하면서 되풀이하지 않고, 독자들이 알고 있는 것으로 전제해 두기로 한다.

1840년에 나온 의지의 자유에 대한 나의 현상 당선 논문에서 이 중요한 주제를 자세히 논했다. 그리고 특히 사람들이 경험적으로 주어진 의지의 절대적 자유, 즉 무관계의 자유의지(liberum arbitrium indifferentiae)를 의식의 사실로서 자기의식 속에서 발견했다고 생각하는 데에서 비롯된 착각의 근거를 밝혀냈다. 왜냐하면 현상 문제가 목표로 했던 것이 바로 이 점이었기 때문이다. 따라서 나는 독자에게 이 논문과 더불어 《윤리학의 두 가지 근본 문제》라는 제목으로 출판된 〈도덕의 기초에 대하여〉라는 현상 논문의 제10장을 참고해 줄 것을 바라면서, 이 책에서는 의지 행위의 필연성에 대해 아직 설명이 불완전하지만 지금은 그만두기로 한다. 그 대신 앞에서 언급한 착각을 지금 당장 간단한 설명으로써 해명해 두려고 한다. 이 해설은 이 책을 다시 보완해서 새롭게 구성한 제2편 제19장을 전제로 하고 있고, 앞에서 열거한 현상 논문에서는 언급할 수가 없었다.

의지는 참된 물자체로서는 실제로 근원적인 것이며 독립적인 것이기 때문에, 자기의식에 있어서도 근원성과 독립성의 느낌이 의지 행위(이 경우 이미 결정된 행위이긴 하지만)에 수반되지 않을 수 없다. 그러나 이것은 별개로 하고 (의지만이 갖는다고 하는 초월적 자유가 아니라) 의지의 경험적 자유의 가상, 즉 개별적인 행위에 자유가 있다고 보는 가상은 지성이 의지에 대해 별개의 종속적 지위에 서는 데서 생기는 것이며, 이것에 대해서는 제2편 제19장, 특히 3 이하에 설명해 놓았다. 말하자면 지성은 의지의 결정을 후천적, 경험적으로 비로소 아는 것이다. 따라서 지성은 당면한 선택에 있어서는 의지가 어떻게 자기 결정을 하는가에 대한 재료를 갖고 있지 않다. 왜냐하면 예지적 성격에 따르면 주어진 동기가 있는 경우에는 오직 '하나의' 현상만 가능하며 이 현상은 필연적인 것이고, 예지적 성격은 지성의 인식에는 이르지 않고 경험적 성격만을 그 개별적인 행위를 통해 아는 것이기 때문이다. 그러므로 인식하는 의식(지성)은 당연히 의지에는 상반되는 두 가지 결정이 어느 것이나 가능한 것처럼 생각하는 것이다. 그런데 이 관계는 마치 수직으로 서 있는 막대가 균형을 잃고 흔들리는 것을 보고, '이 막대는 오른쪽으로 넘어질 수도 있고 왼쪽으로 넘어질 수도 있다'고 하는 것과 같다.

그러나 이 '가능성'은 주관적인 의미만을 갖고 있을 뿐이며, 본디는 '우리에게 알려진 재료에 의하면'이란 뜻이다. 왜냐하면 객관적으로 보면 막대가 움직이자마자 쓰러질 방향은 이미 필연적으로 규정되어 있기 때문이다. 그러므로 자기 의지의 결정도 의지의 관찰자, 즉 지성에 결정되어 있지 않고 단지 상대적이고 주관적일 뿐이며, 인식의 주관에 대한 것이다. 그런데 그 자체로서 객관적으로 보면, 당연히 어떤 선택에서도 결정은 곧 결정적이며 필연적이다. 다만 이런 결정은 여기에 따르는 결의를 거쳐 비로소 의식에 도달할 뿐이다. 어떤 곤란하고 중요한 선택에 맞닥뜨렸을 때, 우리는 이것에 대한 경험적 예증을 얻는 일도 있다. 하지만 그것도 아직 나타나지는 않고 그저 기대되고 있는 것에 불과한 조건 아래서만 있을 수 있기 때문에, 우리는 지금 당장 그 결정에 대해서는 아무것도 할 수 없고, 단지 수동적으로 행동할 수밖에 없다. 그래서 우리는 무엇 때문에 우리가 결의하는 것일까, 우리에게 자유로운 활동과 결정을 내리게 하는 사정은 언제 생길 것인가 숙고한다. 그러면 어떤 결심에는 원시적이고 이성적인 생각이 더 적합하고, 다른 어떤 결심에는 직접적인 경향이 더 적합하다. 우리가 어쩔 수 없이 수동적인 입장에 있는 한, 이성 쪽이 우세를 유지하려고 하는 것처럼 보인다. 그러나 우리는 행동에 대한 기회가 있을 때에는 다른 쪽이 얼마나 강하게 움직이는가 하는 것을 미리 알고 있다. 그때까지 우리는 냉정하게 찬반을 성찰함으로써, 양쪽의 동기를 명확하게 하도록 최선을 다해야 한다. 따라서 때가 왔을 때 이 동기들의 어느 쪽이라 해도 온 힘을 기울여 의지에 작용할 수 있도록 하여, 만일 지성 쪽의 잘못으로 의지가 미혹되어 모든 것이 균등하게 작용하는 경우에 의지가 결정하는 것과 달리 결정하는 일이 없도록 해야 한다.

그런데 이렇게 서로 대립된 동기를 명확하게 전개해 보이는 것이 지성이 선택할 수 있는 전부이다. 지성은 참된 결정을 기다릴 때, 타인의 의지가 내리는 결정을 대하는 것처럼 아주 수동적으로 긴장된 호기심을 가지고 기다린다. 그러므로 지성은 그 관점에서 보면, 두 가지 결정이 똑같이 가능하다고 생각하지 않을 수 없다. 이것이 바로 의지의 경험적 자유 가상이다. 물론 결정이 지성의 영역으로 들어가는 것은 사물의 최종적인 결과로서 완전히 경험적이기는 하지만, 또한 그 결정은 개인적 의지의 내면적 성질, 곧 예지적 성격에서 나오며, 그 의지가 주어진 동기와 싸우고 또 완전한 필연성과 싸움으로써 나온다. 이 경우 지성이 할 수 있는 일은 동기들의 성질을 모든 면에서 면밀하게 비추어 볼 수 있을 뿐이고, 의지 자체를 규정할 수는 없다. 왜냐하면 의지는 지성이 도달할 수 없는 것일 뿐만 아니라 지금까지 보아온 것처럼 탐구하기 어려운 것이기 때문이다. 만일 어떤 사람이 동일한 상황 아래서 어떤 때는 이렇게 행동하고 어떤 때에는 다르게 행동할 수 있다면, 그의 의지가 그사이에 변화했음이 틀림없고, 그러므로 의지는 시간 속에 있음이 분명하다. 왜냐하면 시간 속에서만 변화가 가능하기 때문이다. 그렇다면 의지가 단지 하나의 현상에 불과하거나 시간이 물자체의 규정에 지나지 않아야 한다. 따라서 앞에서 말한 것처럼 개별적 행위의 자유에 대한 논쟁은 본디 의지가 시간 속에 있는가 없는가 하는 문제에 관한 것이다. 칸트의 학설과 마찬가지로 나의 서술에서도 의지는 물자체이고 시간과 이유율의 모든 형식 밖에 있다는 것은 필연적이다. 또 그렇다면 개인은 동일한 상태 속에서는 언제나 같은 방식으로 행동하게 마련이고, 모든 악행은 그가 '할 수밖에 없고 그만둘 수도 없는' 다른 무수한 악행을 확실하게 보증하는 것일 뿐만 아니라, 칸트가 말하는 것처럼 경험적 성격과 동기가 완전히 주어지기만 한다면 미래에 있을 인간의 행동은 일식이나 월식처럼 계산해 낼 수 있을 것이다. 자연이 법칙에 따라 생기는 것과 마찬가지로 개별적 행위는 모두 성격에 따라 생긴다. 현상에서 동기는 제2권에서 말했듯이 기회 원인에 불과한 것이다. 의지의 현상이 인간의 모든 존재와 삶을 이루는 것이지만, 이 의지는 개별적인 경우에는 자기를 부인할 수가 없다. 그리고 인간이 전체적으로 의욕을 가지는 것은 언제나 개별적으로 의욕을 가지는 것이다.

경험적 의지의 자유가 하는 주장은 인간의 본질이 근원적으로는 '인식하는' 존재일 뿐만 아니라 실제로는 추상적으로 '사유하는' 존재이고 그 결과 '의욕하는' 존재가 된다는, 하나의 '영혼'으로 생각하는 주장과 밀접한 관계를 갖고 있다. 따라서 실제로는 인식이 제2차적인 본성인데도 의지를 제2차적인 것으로 생각하는 것이다. 또 의지를 하나의 사유 행위로도 생각하고 판단과 동일시하기도 했는데, 데카르트와 스피노자가 그랬다. 그러므로 인간은 누구나 그의 '인식' 결과, 있는 그대로의 인간이 되었다고 할 수 있다.

그는 도덕적인 영혼으로 이 세상에 태어나 이 세상의 사물을 인식하고, 이러이러한 것이라고 결정 내리고, 이러저러하게 행동한다. 또한 새로운 인식의 결과에 따라 새로운 행동 방식을 취할 수 있으며, 그래서 다시 다른 사람으로 될 수도 있다. 그렇다면 그는 '맨 먼저' 사물을 '선한' 것으로 인식하고, 그다음에 그것을 '의욕하게' 될 것이다. 그런데 실제로는 맨 먼저 그것을 '의욕하고', 그다음에 그것을 '선하다'고 말하는 것이다. 내 견해를 따른다면, 그 모든 것은 순서를 전도한 것이다. 의지는 최초의 것이고 근원적인 것이며 인식은 거기에 덧붙은 것인데도, 인식을 의지 현상의 도구로서 귀속하는 것이다. 따라서 인간은 모두 그의 의지에 따라 있는 그대로의 인간이며, 그의 성격은 근원적인 것이다. 왜냐하면 의욕이 그의 기본 본질이기 때문이다. 덧붙은 인식을 통한 경험으로써, 인간은 자기가 '무엇'인가를 경험한다. 그로 인해 그는 자기 성격을 안다. 따라서 그는 자기 의지의 결과로서 '인식하는' 것이지, 옛날부터 있어왔던 견해와 같이 인식의 결과로서 '의욕하는' 것은 아니다.

예전부터 있던 견해에 따르면, 인간은 '어떻게' 하면 가장 착할 수 있을까를 생각할 수만 있다면 그럴 수 있다. 이것이 그 견해에 따른 자유의지이다. 따라서 그 자유의지는 본디 인간은 인식의 빛에 비추어진 자신의 작품이라는 점에 있다. 그런데 나는 이에 대해 다음과 같이 말한다. 인간은 모든 인식에 앞서서 자신의 작품이고, 인식은 이 작품을 비추어 내기 위해 거기에 덧붙인 것에 불과하다. 그러므로 인간은 자기가 이러저러한 것이라고 결정할 수도 없고, 다른 것이라고 결정할 수도 없다. 그는 결정적으로 '그것이고', 계속적으로 그가 '무엇' 인가를 인식하는 것이다. 예전부터 있던 견해로는 인간은 그가 인식하는 것에

'의욕을 가지는' 것이지만, 나의 견해로는 인간은 그가 의욕을 가지는 것을 '인식하는' 것이다.

그리스인들은 성격을 에에토스(ἦθος)라 부르고, 성격의 표출 즉 관습을 에에테(ἔθη)라 불렀지만, 이 말은 에토스(ἔθος), 곧 풍습에서 유래하고 있다. 그리스인들은 성격의 항구성을 풍습의 항구성을 통하여 표현하려고 했기 때문에 이 말을 택한 것이다. "왜냐하면 에에토스란 말은 그 명칭을 에토스에서 얻었기 때문이다"고 아리스토텔레스는 말하고 있다(《대윤리학》 I, 6, p. 1186 및 《에우데모스 윤리학》 p. 1220, 그리고 《니코마코스 윤리학》 p. 1103 베를린판). 스토바이오스는 다음과 같은 인용을 하고 있다. "제논의 제자들은 비유적으로 에에토스를 개별적인 행동을 낳은 삶의 근원이라고 말하고 있다."(제2권 7장) 그리스도교 교의에는 은총의 선택 유무에 따른 운명의 예정에 대한 교리가 있는데(《로마서》 9장 11~24절), 이것은 분명히 인간이란 것은 변화하지 않고 그의 생활이나 행동, 즉 그의 경험적 성격은 예지적인 성격을 발전시킨 것에 불과하며, 어릴 때에도 이미 인식할 수 있는 여러 가지 불변의 소질이 전개된 것일 뿐이다. 말하자면 그가 태어났을 때에 이미 그의 소행은 규정되어 있고, 죽을 때까지 본질적으로는 같은 것이라는 생각에서 나온 것이다. 우리도 이것에는 동의한다. 그러나 나는 이 완전하고 옳은 생각과 유대인의 교의 가운데에서 발견되는 교리와의 합일에서 결론을 내렸으며, 이제는 교회의 대부분에서 논쟁점이 되고 있는 최대의 난제이며, 영원히 풀 수 없는 고르디우스의 매듭이 되어 있는 것에 대한 변호를 떠맡지는 않겠다. 이 문제는 사도 바울까지도 이 목적 때문에 옹기장이의 비유를 들었지만, 뜻대로 해결되지는 않았기 때문이다. 다시 말해 그 결과는 결국 다음과 같은 시였을 뿐이다.

인류여,
신들을 두려워하라!
신들은 영원한 손에
지배권을 쥐고,
마음 내키는 대로
이것을 사용할 수 있으니.

하지만 이러한 고찰은 본디 우리의 주제와는 거리가 먼 것이다. 오히려 지금은 성격과 모든 동기가 존재하는 인식과의 관계에 대해 약간의 논평을 해두는 것이 적절하리라.

성격의 현상 또는 행동을 규정하는 동기들은 인식에 의해 성격에 작용한다. 하지만 인식은 가변적이고 오류와 진리 사이를 가끔 동요하면서도 인생의 과정에서, 물론 여러 가지 정도의 차이는 있지만, 점점 시정되는 것이 보통이다. 그러므로 한 인간의 행동 방식은 심하게 변할 수는 있지만, 그렇다고 해서 그의 성격이 변했다고 결론지을 수는 없다. 인간이 정말로 일반적으로 의욕하는 것, 인간의 가장 내면적인 본질적 노력과 그 노력에 따라 그가 추구하는 목적, 이것들을 우리는 인간에 대한 외적인 영향과 교훈에 따라서는 결코 변화시킬 수 없다. 만일 변화할 수 있다고 한다면, 우리는 그 인간을 개조할 수 있다는 말이 된다.

세네카는 "의욕은 가르칠 수 없는 것이다" 말하고 있지만, 이 경우 그는 "덕은 가르칠 수 있는 것이다"라고 가르친 스토아 철학자들보다는 진리를 택했던 것이다. 외부로부터 의지에 작용해 오는 것은 동기에 의해서만 가능하다. 그러나 동기는 결코 의지를 변화시킬 수는 없다. 왜냐하면 동기는 의지가 있는 그대로의 의지라고 하는 전제 아래서만 움직일 수 있기 때문이다. 따라서 동기가 할 수 있는 일은 의지의 노력 방향을 바꾸는 것, 즉 의지가 변함없이 구하고 있는 것을 지금까지와는 다른 방식으로 구하게 하는 것이다. 그러므로 교훈이나 개량된 인식, 다시 말해 외부로부터의 작용은 의지에게 수단을 그르친 것을 가르칠 수 있다. 그 결과 의지가 그 내적 본질에 따라 일단 추구해 온 목적을 지금까지와는 전혀 다른 길로, 또는 전혀 다른 객관 속에서 추구하게 하는 것도 가능하다. 하지만 그러한 외부의 영향은 결코 의지가 지금까지 의욕해 온 것과는 실제로 다른 무엇을 의욕하도록 하지는 못한다. 의지가 의욕하는 것은 여전히 변하지 않는다. 왜냐하면 의지란 의욕 자체이며, 그렇지 않으면 의욕은 중지되어야만 하기 때문이다.

그런데 인식의 가변성과 이에 따른 행위의 가변성이 있기 때문에, 의지는 무함마드의 천국 같은 의지의 불변한 목적을 현실 세계에서 이루려고 하거나 공상 세계에서 이루려고 하여 여기에 수단을 적용시키며, 재주·권력·사기를 사용하거나, 금욕·정의·자선 등을 사용하게 된다. 그러나 그렇다고 의지의 노력 그 자체가 변하는 것은 아니며, 더구나 의지 자체는 변하지 않는다. 따라서 의지의 행동은 참으로 다양하게 그때그때마다 다르지만, 의지의 의욕은 완전히 동일하게 유지되었다. 의욕은 가르칠 수 없는 것이다.

동기가 효과를 나타내기 위해서는 그것이 있을 뿐만 아니라 인식되는 것이 필요하다. 왜냐하면 이미 한 번 언급한 스콜라 철학자의 훌륭한 말에 의하면, "궁극적 원인은 현재 있는 자기 존재를 따라 움직이게 하는 것이 아니라 인식되는 존재를 따라 작용하기 때문이다. 예컨대 한 인간에게 이기심과 동정 사이에 있는 상호 관계가 나타나기 위해서는 그 인간이 부(富)를 갖고 있거나 타인의 불행을 보는 것으로는 불충분하고, 그 부가 자기에게나 타인에게 어떻게 사용되는가를 알아야 하며, 또 타인의 고뇌가 그에게 나타나야 할 뿐만 아니라 그는 고뇌가 무엇이고 향락이 무엇인가 하는 것도 알아야 한다. 아마 그는 이 모든 것을 처음에는 잘 몰랐을 것이다. 그래서 그가 같은 기회에 다른 행동을 취한다고 하면, 그것은 본디 상황이 달랐기 때문이다. 즉 그 상황이 같은 것처럼 보여도, 이에 대한 그의 인식에 따라 좌우되는 부분이 달랐기 때문이다. 현존하는 상황을 알지 못하면 효과가 생기지 않는 것처럼, 또 완전히 공상적인 상황도 단지 개별적인 착각에 있어서뿐만 아니라 전체로서도 계속적으로 실재적인 상황과 같은 효과를 내는 일이 있다. 이를테면 한 인간에게 선행이 내세에 100배로 보상받는다는 것을 굳게 믿게 하면, 그 확신은 마치 장기 어음처럼 효력을 나타낸다. 또 다른 생각이 있으면 이기심 때문에 빼앗았을 것을, 똑같은 이기심 때문에 줄 수도 있다. 그가 변한 것이 아니다. 의지가 변하지 않아도 행동에 끼치는 인식의 영향이 이렇게 커서, 성격이 점차 발전하여 여러 특색이 나타날 수 있는 것이다.

그러므로 성격은 저마다 나이에 따라 여러 가지로 나타나며, 격하고 거친 청년기 뒤에는 침착하고 온화한 장년기가 따라올 수도 있다. 특히 성격의 악은 시간이 흐름에 따라 점점 강하게 나타난다. 그러나 때로는 청년기에 마음껏 행한 격정이 여기에 대립하는 동기를 비로소 인식했다는 이유만으로 자발적으로 억제되는 일도 있다. 따라서 우리는 처음에는 천진난만하지만, 그것은 우리나 타인들이 본성이 가진 악을 모른다는 것을 의미할 뿐이다. 악은 동기를 기다려

비로소 생기고, 시간이 지남에 따라 동기는 인식된다. 마지막으로 우리는 우리 자신에 대해 선험적으로 생각하고 있던 것과 전혀 다른 자신을 알게 되면 스스로에게 자주 두려움을 느낀다.

'후회'는 의지의 변화(그것은 불가능하지만)가 아니라 인식의 변화에서 생기는 것이다. 나는 의욕한 것의 본질적인 것과 본디적인 것을 또 의욕하지 않을 수 없다. 왜냐하면 나 자신은 시간과 변화 밖에 있는 의지이기 때문이다. 그러므로 나는 자신이 의욕한 것을 후회할 수는 없지만, 자기가 행한 것을 후회할 수는 있다. 왜냐하면 내가 그릇된 개념에 이끌려 내 의지와는 다른 무엇을 행했기 때문이다. 더 올바른 인식에 비추어 이것을 깨달은 것이 '후회'이다. 이것은 그저 훌륭한 처세 수단의 선택, 나 자신의 의지에 대한 목적의 적합성을 판단하는 것 등에 관계할 뿐만 아니라 윤리적인 것에도 관련된다. 예컨대 나는 성격에 맞는 것 이상으로 이기적인 행동을 했을지 모른다. 그것은 자신이 처한 곤경을 극단적으로 표상했거나, 타인의 간계, 허위, 악의에 미혹되었거나, 또 급히 서둘러서 깊이 생각하지 않고 행동했기 때문에 일어난 것이며, 추상적으로 명확하게 인식된 동기에 의해서가 아니라 단지 직관적인 동기에 의해서, 다시 말해 현재의 인상이나 그것이 준 감정에 의해서 일어난 것이다. 그리고 이 감정이 너무 강렬해서 나는 이성을 사용하지 않았다. 그러나 이 경우 깊은 생각은 후회를 생기게 할 수 있는 인식에서 생기며, 후회는 언제나 가능한 한 일어난 것을 개선하기 위해 제시된다. 주의해야 할 점은 사람은 자신을 속이기 위해 깊이 생각한 행동을 성급한 행동처럼 보이려고 한다는 것이다. 우리는 이처럼 교묘한 수단으로 누구보다도 자신을 가장 확실하게 속이고 아첨을 떨기 때문이다. 지금 말한 것과 반대의 경우도 있을 수 있다. 타인을 지나치게 신뢰했거나 인생의 여러 가지 재물의 상대적인 가치를 알지 못했거나, 또는 이미 내가 믿을 수 없게 된 어떤 추상적인 교리에 미혹되어서, 내 성격에 알맞은 이기적인 행동을 취하지 않음으로 해서 전과는 다른 후회가 생기는 일이다.

후회란 언제나 행동과 본디 의도와의 관계에 대해 바로잡은 인식이다. 의지가 그 이데아를 공간 속에만, 즉 단순한 형태를 통해 구현하는 한 그런 의지에 대해서는 이미 다른 이데아들, 그러니까 여기서는 자연의 힘에 의해 지배된 물질이 대립하고, 가시성을 띠려 하는 형태를 완전히 순수하고 명료하게, 곧 아름답게 나타나도록 하는 것은 아주 드물다. 이렇게 시간 속에서만, 다시 말해 행위를 통해 구현하는 의지는 재료를 올바르게 제공하는 일이 매우 적은 인식 때문에 똑같은 장애를 받는다. 그러면 행동은 그로 인해 의지에 완전히 적응한 결과를 낳지 못하고, 거기서 후회가 생기게 된다. 따라서 후회는 언제나 시정된 인식에서 생기며, 의지의 변화에서 생기지는 않는다. 의지의 변화는 불가능하다. 지나가 버린 잘못에 대한 양심의 불안은 결코 후회가 아니라 의지 자체의, 즉 의지의 인식에 대한 고통이다. 양심의 불안은 사람이 동일한 의지를 일관되게 갖고 있다는 확실성에 근거를 두고 있다. 만일 의지가 변하는 것이고 따라서 양심의 불안이 단순한 후회라고 한다면, 후회는 없어져 버릴 것이다. 그렇다고 하면 지나가 버린 것은 이미 후회하는 사람의 의지가 아닌 의지의 표현을 나타내는 것이기 때문에, 그것은 아무런 불안의 씨도 되지 않을 것이다. 우리는 나중에 양심과 불안의 의의에 대하여 자세히 논할 생각이다.

동기의 매개로서 인식은 의지 자체에는 영향을 주지 않지만, 의지가 행위에 나타나는 것에 대해서는 영향을 끼친다. 이 영향이 또한 인간의 행동과 동물의 행동을 근본적으로 다르게 만드는 기초가 되기도 한다. 둘 사이의 인식 방식이 다른 것이다. 말하자면 동물은 직관적 표상만 갖고 있지만 인간은 이성이 있기 때문에 추상적 표상, 곧 개념도 갖고 있다. 동물이나 인간은 다 같이 필연적으로 동기에 의해 규정받는 것이지만, 인간은 완전한 '선택 결정'을 갖고 있다는 점에서 동물보다 훌륭하다. 이것이 가끔 개별적인 행동에서 의지의 자유로 간주되는 것이지만, 실은 선택 결정이란 여러 동기들 사이에서 철저하게 투쟁하는 대립이 가능하다는 것에 지나지 않으며, 그러한 뒤에 이 동기들 가운데 더 강한 것이 필연성을 갖고 인간을 규정하는 것이다. 그 때문에 동기는 추상적 사상이라는 형태를 취해야만 한다. 왜냐하면 추상적 사상이라는 형태에 의해서만 행동을 일으키기 위한 대립된 근거들에 대한 참다운 숙고, 즉 고려가 가능하기 때문이다. 동물에게 선택은 직관적으로 현존하는 동기들 사이에서만 행해질 수 있다. 그러므로 선택은 동물에게는 현재의 직관적인 지각의 좁은 범위에 한정되어 있다. 따라서 동기에 의한 의지를 규정하는 필연성은 원인에 의한 결과와 마찬가지로 동물에게만 직관적으로, 또 직접적으로 나타날 수 있다. 왜냐하면 동물의 경우에는 관찰자도 동기를 그 결과와 마찬가지로 직접 눈앞에 보기 때문이다. 그런데 인간에게 동기는 거의 언제나 추상적 표상이고, 관찰자는 여기에 참여하지 못하며, 또 행동자 자신에게까지도 그 동기 작용의 필연성은 그 동기의 배후에 숨어 있다. 왜냐하면 여러 가지 표상이 판단과 추리의 연쇄로서 의식 속에 나란히 놓여 있고, 시간 규정과는 관계없이 서로 작용하여 결국 더 강력한 동기가 다른 동기를 제압하여 의지를 규정하는 것은 추상적으로만 가능한 일이기 때문이다. 이것이 인간이 동물을 능가하는 완전한 '선택 결정' 또는 숙고 능력(Deliberationsfähigkeit)이고, 이것 때문에 인간은 자유의지를 가지고 있으며, 일정한 충동이 의욕의 바탕으로 작용하는 일 없이 인간의 의욕이 지성을 조작한 단순한 결과라고 오해하는 것이다.

그러나 실제로 동기는 인간의 일정한 충동을 기초로 하고 전제로 하여 작용할 뿐이며, 이 충동은 인간에게는 개별적인 것, 즉 하나의 성격이다. 앞서 말한 숙고의 능력과 이로 인해 생긴 인간의 자의와 동물의 자의와의 차이에 대한 자세한 설명은 《윤리학의 두 가지 근본 문제》(제1판 p. 35 이하, 제2판 p. 34 이하)에 있으므로, 여기서는 그것을 참고해 주기 바란다. 아무튼 인간의 이 숙고 능력은 인간의 생존을 동물의 생존보다 더 고뇌에 찬 것으로 만드는 것 가운데 하나이다. 사실 대체로 우리의 최대 고통은 직관적인 표상이나 직접적인 감정으로서 현재에 있는 것이 아니라, 추상적인 개념, 고뇌를 주는 사상으로서 이성 속에 있다. 이것들로부터 완전히 자유로운 것은 오직 부러울 만큼 아무 불안도 없이 현재를 사는 동물이다.

이미 언급했듯이 인간의 숙고 능력이 추상적인 사유 능력에 따라서 판단이나 물리의 능력에 의존하고 있다는 것으로 말미암아, 데카르트나 스피노자가 잘못된 추론을 하여 의지의 결정을 긍정하거나 부정하는 능력(판단력)과 동일하게 보도록 한 것같이 생각된다. 데카르트는 이 동일하게 본 것에서, 그와 관계없이 자유라고 간주한 의지에서 모든 이론적 오류의 책임이 있는 것이라고 추론했지만, 스피노자는 반대로 의지는 판단이 근거에 의해 필연적으로 규정받는 것과 마찬가지로 동기에 의해 규정받는다고 추론했다.[6] 스피노자의 이 설은 옳은 것이긴 하지만, 그릇된 전제에서 나온 참된 결론으로 나타나 있다.

---

6) 데카르트의 《성찰》 4, 스피노자의 《윤리학》 2부 정리 48과 49 참조.

앞에서 지적한 것처럼 동물과 인간이 각기 동기에 의해 움직이는 방식의 차이로 인한 영향은 둘의 본질에도 깊이 미치고 있고, 그 두 존재의 엄격하고 명확한 차별을 일으키는 데 가장 크게 기여하고 있다. 동물은 언제나 직관적인 표상에 의해서만 동기를 부여받지만, 인간은 이러한 종류의 동기화는 완전히 배제하고 오직 추상적 표상에 의해서만 규정받으려고 노력한다. 그런데 이것에 의해 인간은 이성의 특권을 가능한 한 유리하게 사용하고, 현재에 속박되지 않으며, 일시적인 향락을 택하거나 고통을 피하지 않고, 이 둘의 결과를 고려한다. 대개의 경우 보잘것없는 행동을 제외한다면, 우리를 규정하는 것은 추상적으로 사유된 동기이지 현재의 인상이 아니다. 그러므로 우리에게 개별적인 사물의 결핍은 일시적으로는 비교적 쉬운 일이지만, 그것을 단념해 버리는 것은 대단히 어려운 일이다. 왜냐하면 결핍은 지나가 버리는 현재에만 관계되지만, 단념하는 것은 미래에 대한 것이며 그 속에 단념과 같은 무수한 결핍이 들어 있기 때문이다.

따라서 우리의 고통이나 기쁨의 원인은 대부분 실재하는 현재에 있는 것이 아니라 추상적인 사상 속에 있다. 이 추상적인 사상이야말로 가끔 우리를 참을 수 없게 하고 고통스럽게 만드는 것이며, 이 고뇌에 비하면 동물계의 고통은 사실 사소한 것이다. 왜냐하면 추상적 사상에서 오는 고뇌가 심해서 자신의 육체적인 고통을 전혀 느끼지 못하는 일까지도 가끔 있을 뿐만 아니라, 우리가 강한 정신적 고통을 받았을 때에 그 고통으로부터 육체로 주의를 돌리기 위해 자신에게 육체적인 고통을 가할 정도이기 때문이다. 그러므로 사람들은 극심한 정신적 고통이 있으면, 자신의 머리털을 쥐어뜯거나 가슴을 치거나 얼굴을 할퀴거나 땅바닥에서 이리저리 뒹굴지만, 이 모든 것은 본디 견딜 수 없는 생각을 흐트러뜨리기 위한 강력한 수단에 불과한 것이다. 육체적인 고통보다 훨씬 강한 정신적인 고통은 육체적 고통을 느끼지 못하게 하기 때문에, 절망한 사람이나 병적으로 불쾌한 생각에 초췌해진 사람에게 자살은 대단히 쉽다. 그는 쾌적한 환경에 있었을 때에는 자살을 생각하기만 해도 몸서리쳤을 것이다. 이와 마찬가지로 근심과 정열, 곧 사유 행위는 육체의 괴로움보다 더욱더 육체를 소모시킨다. 따라서 에픽테토스가 "인간을 불안하게 하는 것은 사물 자체가 아니라 사물에 대한 사상이다"라고 말하는 것은 지당하다. 또 세네카는 "우리를 압박하는 것보다 우리를 무섭게 만드는 것이 더 많고, 우리가 실제로 괴로워하는 것보다 상상으로 괴로워하는 것이 더 흔하다" 말하고 있다. 오일렌슈피겔이 산으로 올라갈 때는 웃었고 산을 내려올 때는 울었다는 것도 인간의 본성을 아주 훌륭하게 비꼰 것이다. 뿐만 아니라 어린아이들은 상처가 났을 때 그 아픔 때문이 아니라, 사람들로부터 위로하는 말을 듣고서 그것 때문에 생긴 아픈 생각에 못 이겨 울기 시작하는 일이 가끔 있다.

동물과 인간의 인식 방법 차이점에서 행동과 생활에 이렇게 큰 차이가 생기는 것이다. 더욱이 거의 종족의 성격만 가지고 있는 동물에 비해 인간이 주로 할 수 있는 명확하고 결정적인 개인적 성격의 출현은 추상적 개념에 의해 가능한 많은 동기들 가운데 선택함으로써 좌우된다. 왜냐하면 미리 선택이 행해짐으로써 개인에게 여러 가지 결과로서 나타난 결정이 각양각색인 개인적 성격의 표징인데, 동물의 행동은 일반적으로 인상이 종족에 대한 동기라고 가정한다면, 인상이 현재 있는가 없는가에만 의존하기 때문이다. 그러므로 결국 인간에게는 단순한 근원이 아니라 결의만이 그 자신에게나 타인에게 그의 성격을 나타내는 유효한 표징이다. 그런데 결의는 자신에게나 타인에게도 행위에 의해서만 확실해진다.

소원이란 외적인 자극에 의한 것이든 내면적인 정서에 의한 것이든 간에, 현재 인상의 필연적 결과에 지나지 않는다. 따라서 동물의 행동과 마찬가지로 직접적으로 필연적인 숙고를 거치지 않은 것이다. 그러므로 근원은 동물의 행동처럼 종족의 성격을 표현하는 것에 불과하며, 개인적인 성격을 표현하는 것은 아니다. 다시 말해 소원을 느끼는 개인이 할 수 있을 일을 시사하는 것이 아니고, '인간 일반'이 할 수 있을 일을 시사하는 것에 불과하다. 행위는 이미 인간의 행동으로서 어떠한 숙고를 필요로 하기 때문에, 또 인간은 보통 자기 이성을 사용해 분별 있고 사유된 추상적 동기에 따라서 결정하기 때문에 행위만이 인간 행동의 예지적 규범의 표현이며, 가장 내면적 의욕의 결과이고, 그 자신의 예지적인 성격의 시간적 표현에 지나지 않는 경험적 성격을 나타내는 언어에 대해 문자와 같은 것이다. 그러므로 건전한 사람들에게는 양심을 괴롭히는 것은 행위뿐이며 소원이나 사상은 아니다. 왜냐하면 우리의 행위만이 의지를 반영해 보이기 때문이다. 이미 앞에서 언급했듯이, 전혀 숙고를 거치지 않고 맹목적인 정열 속에서 행해진 행위는 단순한 소원과 결의의 중간물이다. 그러한 행위는 행위로서 표시되는 참된 후회로, 마치 잘못 그려진 선처럼 우리 인생행로인 의지의 형상으로부터 지워져 버릴 수 있다. 아무튼 이상한 비유이긴 하지만, 소원과 행위와의 관계는 우연히도 전기의 분배와 전달과의 관계와 비슷하다는 점을 여기에 덧붙일 수 있다.

　의지의 자유와 이것과 관련된 것에 대한 이 모든 고찰의 결과로 우리는 의지가 자체로서, 또 현상을 떠나서는 자유롭고 전능하다고까지 말할 수 있다. 하지만 인식에 비춰진 의지의 개별적인 현상에 있어서는, 즉 인간이나 동물에서는 동기에 의해 규정되어 있고, 이 동기에 대해서는 그때그때의 성격이 언제나 같은 방식으로 법칙적·필연적으로 반응한다는 것을 알 수 있다. 인간은 여기에 덧붙여진 추상적 인식이나 이성 인식 때문에 동물보다 뛰어나게 '선택 결정'을 갖고 있지만, 이것으로 말미암아 인간은 동기들의 투쟁장이 되고, 또 동기의 지배를 벗어날 수 없다. 따라서 이 선택 결정은 개인적 성격을 완전히 발현시키는 가능성의 조건은 되지만, 결코 개별적 의욕의 자유, 곧 인과성의 법칙에서 독립으로 볼 수는 없다. 인과성 법칙의 필연성은 다른 현상과 마찬가지로 인간에게도 미친다. 그러므로 이성, 다시 말해 개념에 의한 인식으로 말미암아 인간의 의욕과 동물의 의욕 사이에 생기는 차이는 지금 말한 것까지는 미치지만, 그 이상으로는 미치지 않는다. 그러나 인간이 개별적 사물에 대한 이유율에 지배된 모든 인식을 버리고 이데아의 인식에 의해 개별화의 원리를 간파한다고 하면, 그때에는 물자체로서 의지의 참된 이유가 실제로 출현하게 될 것이다. 그래서 현상은 자기부정이라는 말로 표현되는 그 자신과의 모순에 빠져 결국은 그 본질의 즉자태에 소멸해 버리지만, 이렇게 되면 동물에게는 있을 수 없는 인간 의지의 전혀 다른 어떤 현상이 일어날 수 있을 것인가. 이것은 현상 속에도 의지의 자유가 유일하게 직접적으로 나타난 것이지만, 여기서는 아직 명확하게 설명할 수 없고, 이 책의 마지막에 고찰하게 될 것이다.

　그런데 우리는 이와 같은 분석에 의하여, 시간 밖에 있는 예지적 성격의 단순한 전개인 경험적 성격의 불변성이나, 경험적 성격이 동기와 결합되어 여러 행동이 생기는 경우의 필연성을 알게 된 뒤에는, 먼저 좋지 못한 경향 때문에 거기에서 추론되는 일이 많은 다음과 같은 결론을 없애버리지 않으면 안 된다.

즉 우리의 성격은 시간 외적인 나눌 수 없고 바꿀 수 없는 의지 행위나 예지적 성격이 시간적으로 전개한 것으로 생각해야 하며, 이 예지적 성격에 의해 우리 행동의 핵심, 곧 윤리적 내실이 불가변적으로 규정된다. 따라서 그 현상인 경험적 성격 속에 표현되지 않을 수 없지만, 이 현상의 비본질적 요소, 즉 우리 인생행로의 외적인 형태만은 동기들이 나타날 때 취하는 형태에 의존한다. 그러면 여기에서 인간이 그 성격을 개선하려고 노력하거나 나쁜 경향의 힘들에 저항하는 것은 쓸데없는 수고이다. 그러므로 불가변인 것에 복종하고, 아무리 그것이 나쁜 경향이라 해도 어떠한 경향에도 곧 순응하는 것이 상책이라는 결론이 나오게 된다. 그러나 이렇게 되면 불가피한 숙명론과 여기에서 나온 추론으로 '나태한 이성'이라 불리고, 근래에 와서는 터키인들의 신앙이라고 불리는 것과 똑같은 사정이 생긴다. 이에 대해서는 솔로이의 크리시포스가 옳은 논박을 했다고 하지만, 키케로도 《운명론》 제12~13장에서 논박하고 있다.

말하자면 모든 것은 운명에 의해 결정적으로 예정되어 있다고 할 수 있지만, 그것은 원인의 연쇄에 의해서만 그런 것이다. 그러므로 어떤 경우에도 하나의 결과가 그 원인 없이 생긴다는 것은 규정될 수 없다. 따라서 사건이 예정되어 있는 것이 아니라, 사건이 이에 선행하는 원인의 결과로 예정되어 있는 것이다. 다시 말해 결과뿐만 아니라 그것이 결과로서 생기기 위해 정해져 있는 수단도 운명에 의해 결정되어 있다. 그러므로 이 수단들이 나타나지 않으면 결과도 생기지 않는다. 이 두 가지가 언제나 운명의 규정에 따르는 것이지만, 우리는 결과가 생긴 뒤에야 비로소 규정을 깨닫는다.

사건은 언제나 운명, 즉 원인의 무한한 연쇄에 따라 생기지만, 이것과 마찬가지로 우리 행위는 언제나 우리의 예지적 성격에 따라 행해진다. 그러나 운명을 미리 알 수 없는 것과 마찬가지로, 우리는 예지적 성격을 선천적으로 통찰할 수는 없으며 단지 후천적으로 생긴 경험에 의해서 다른 사람들을 아는 것과 마찬가지로 자신을 알 뿐이다. 만일 예지적 성격의 필연적인 결과로서 우리가 나쁜 경향에 대해 오랜 투쟁을 거친 뒤에 비로소 좋은 결정을 내릴 수 있다면, 이 투쟁은 미리 행해지고 기다리고 있어야만 한다. 우리는 성격의 불가변성에 대한 반성이나 모든 행위가 나오는 원천의 단일성에 대한 반성에 홀려, 이러저러한 부분 때문에 성격의 결정을 조급히 해서는 안 된다. 결과로 생기는 결정에 입각하여 우리가 어떤 성질의 것인가를 알고, 또 우리의 행위에 비추어 자신을 아는 것이다. 우리가 지금까지 거쳐온 생애를 돌이켜보고 느끼는 만족이나 정신의 불안은 사실 이것으로 알 수 있다. 다시 말해 만족이나 불안은 지나가 버린 행위가 실제로 존재하고 있다는 것에서 생기는 것은 아니다. 이 행위들은 지나가 버린 것이고, 한때 있었던 것이며, 이제는 아무것도 없다. 그러나 이 행위들이 우리에 대해 갖는 중요성은 그 의미에서 나오는 것이며, 이 행위들이 성격의 모사이고 의지의 거울이라고 하는 데에 있다. 우리는 이 의지의 거울을 바라봄으로써 가장 내면적인 자기를, 의지의 핵심을 인식한다. 우리는 이것을 그러한 것으로 미리 알고 있는 게 아니라 나중에 알게 되기 때문에, 시간속에서 노력하고 투쟁하여 우리 행위에 의해 만들어지는 모습이 우리를 불행하게 만드는 일 없이 가능한 한 안심할 만한 것이 될 수 있게 해야 한다. 하지만 그러한 평화로운 마음과 불안한 마음의 의미에 대해서는 이미 언급한 바와 같이 뒤에서도 계속 연구할 계획이다. 그런데 여기서는 다음과 같은 고찰만은 해둘 필요가 있다고 생각한다.

예지적 성격과 경험적 성격과는 다른 제3의 것, 곧 '획득 성격(erworbene Charakter)'이 있다. 이것은 생활하고 있는 동안 세상의 관습에 의해 얻어지는 성격인데, 그 성격이 있는 사람이라고 해서 칭찬을 받거나 그것이 없다고 비난을 받는 경우에 문제가 되는 것이다. 경험적 성격은 예지적 성격의 현상으로 바꿀 수 없으며, 모든 자연적 현상과 마찬가지로 그 자신으로 일관되므로, 인간도 이것 때문에 언제나 자신에게 똑같이 현상될 수밖에 없다. 따라서 경험이나 반성에 의해 인위적으로 어떤 성격을 얻을 필요는 없다고 당연히 생각할 수 있다. 그러나 인간은 언제나 자신임에도 불구하고 자신을 이해하지 못하고, 오히려 가끔 자기를 오해하며, 그런 뒤에야 어느 정도 참된 자기인식을 획득하기에 이른다. 경험적 성격은 단순한 자연 충동으로서는 그 자체가 비이성적이다. 뿐만 아니라 경험적 성격의 나타남은 그 밖에도 이성에 의해 방해된다. 그리고 인간은 지적 능력과 사고력을 많이 갖고 있으면 있을수록 그만큼 더 심하게 방해를 받는다. 왜냐하면 지적 능력과 사고력은 언제나 인간에게 종족 성격으로서 '인간 일반'에게 속한 것, 그리고 의욕이나 성취에 있어서 인간에게 가능한 것을 못하게 하기 때문이다. 그래서 인간은 자기 개성으로 이 모든 것에 대해서 의욕하는 것이긴 하나, 할 수 없는 것을 통찰하는 데에 어려움을 겪는다. 그는 자기 속에 각양각색이긴 하지만 인간적인 노력과 능력의 싹이 있다는 것을 안다. 그러나 그의 개성에 있어서 이 소질의 여러 정도는 경험을 통하지 않고서는 확실해지지 않는다.

그래서 그의 성격에만 적합한 노력을 시도하려는 자극을 느끼는 것이며, 만일 그가 아무런 방해도 받지 않고 처음 노력을 향해 나아가려고 하면, 그것과 반대되는 이 노력은 완전히 억압되지 않으면 안 된다. 왜냐하면 지상에서 우리의 물리적인 길이 평면이 아니라 언제나 선인 것처럼, 우리가 인생에서 만일 하나를 파악하고 이것을 소유하려고 한다면, 좌우에 있는 무수한 다른 것을 단념하고 그대로 버려두어야만 하기 때문이다. 만일 우리가 그 결심을 하지 못하고 대목장에 간 아이들처럼 지나가다 마음을 끄는 모든 것에 손을 내밀게 되면, 그것은 우리의 길인 선을 평면으로 바꾸려고 하는 것과 다를 바 없다. 그렇게 하면 우리는 지그재그로 달려 도깨비불처럼 이리저리 흔들려서 결국 아무것에도 이르지 못한다. 또 다른 비유를 들면 홉스의 법철학에 있는 것처럼, 본디 누구나 모든 사물에 대해 하나의 권리를 가지고 있으나 독점권을 갖고 있지는 않다. 그러나 사람은 다른 것에 대한 그의 권리를 단념함으로써 특정한 개체에 대한 독점권을 가질 수 있다. 한편 다른 사람들도 그가 택한 것에 대해 마찬가지로 그렇게 독점권을 가질 수 있다. 인생도 이와 똑같은 것이어서 향락이든 명예든 과학이든 예술이든 또는 덕이든, 어떤 것을 얻으려는 일정한 노력은 그것과 거리가 먼 다른 모든 요구를 포기하고, 다른 것을 단념한 뒤에야 정말 진지하고 성공적으로 추구할 수 있다.

그러므로 단순한 의욕과 능력도 그것만으로는 충분하지 않으며, 인간은 자신이 의욕하는 바를 '알고', 또 자기가 할 수 있는 바를 '알지' 않으면 안 된다. 그래서 그는 성격을 나타내게 되고, 그런 뒤에 비로소 무엇인가 옳은 것을 이룰 수 있다. 거기에 다다르기까지 그는 경험적 성격의 자연적인 귀결에도 불구하고, 아직 성격이 없는 것이다. 그리고 여전히 자기에게 충실하고 자신의 다이몬에 끌려 길을 걸어야 하지만, 그는 결코 일직선을 긋는 것이 아니라 고르지 않은 선을 그리면서 망설이고, 옆으로 빠져나가고, 뒷걸음치고, 후회와 고통을 맛본다. 이 모든 것은 그가 큰일이나 작은 일이나 참으로 많은 것을 인간이 할 수 있고 이룰 수 있는 일로 눈앞에 보고 있으면서도, 그 가운데서 무엇이 그에게 알맞고 무엇을 그가 실행할 수 있는가를, 또 무엇이 그에게만 즐거운 일인가를 모르기 때문에 생기는 것이다.

따라서 그는 다른 사람들의 경우나 상황을 부러워할지 모르지만, 사실 그 경우나 상황은 그 사람들의 성격에 맞을 뿐이고 그의 성격에 맞는 것은 아니다. 그러므로 그가 다른 사람들과 같은 경우나 상황에 놓인다면 자신이 불행하다 생각할 것이며, 참지조차 못할 것이다. 왜냐하면 물고기에게는 물속만이, 새에게는 공중만이, 두더지에게는 땅속만이 행복하듯이, 모든 사람에게는 자기에게 알맞은 분위기만이 행복이기 때문이다. 예컨대 궁정의 공기는 누구나 호흡할 수 있는 것은 아니다. 이런 것들에 대한 충분한 통찰이 결여되어서 모든 시도에 실패하는 사람들이 많은데, 그들은 개별적인 것에서는 자기 성격에 무리를 가하더라도 결국 전체로서는 이것에 따라가지 않을 수 없다. 그리고 그렇게 자기 본성에 거슬러 수고스럽게 얻어낸 것은 그에게 아무런 즐거움도 주지 못할 것이다. 그가 이렇게 하여 배운 것은 죽은 것이나 다름없다. 또 윤리적인 점에서 보면 순수하고 직접적인 충동에서 나온 행위가 아니라 자기 개념, 하나의 교리에서 나온 것으로, 자기 성격에 너무 고상한 행위는 여기에 계속되는 이기적인 후회 때문에 그 자신의 눈에도 모든 공적이 사라지게 될 것이다.

우리는 타인의 성격을 휘어잡을 수 없다는 것을 경험을 통해 알게 되는데, 그때까지는 이성적인 표상에 의해, 부탁이나 하소연에 의해, 본보기나 고결함에 의해 누군가가 어떤 사람의 독특한 성품을 변하게 하거나, 행위 방식을 바꾸게 하거나, 사고방식을 다르게 하거나, 그의 능력까지도 키울 수 있다고 유치하게 믿고 있다. 우리 자신에 대해서도 마찬가지이다. 우리는 경험으로 우리가 무엇을 의욕하고 무엇을 할 수 있는지를 배운다. 그때까지 우리는 그것을 알지 못하고, 성격이 없어서 가끔 외부로부터의 강한 충격으로 자신의 길에 다시 내던져진다. 그러나 결국 그것을 배우면, 우리는 세상에서 성격이라고 부르고 있는 것, 즉 '획득 성격'을 얻은 것이 된다. 따라서 이것은 자기 개성을 될 수 있는 한 완전하게 알아낸 것에 지나지 않으며, 자신의 경험적 성격의 변할 수 없는 성질에 대하여, 자기 정신과 육체적 힘의 정도나 방향에 대하여, 다시 말해 개성의 강하고 약한 것에 대하여 추상적으로 명확하게 아는 것이다. 이것을 알면 우리는 아무리 해도 바꿀 수 없는 자기 인격의 역할을 지금까지는 무질서하게 인식해 왔지만, 이제부터는 신중하게 조직적으로 수행하여 변덕이나 약점 때문에 생기는 결함을 확고한 개념으로 충족시킬 수 있게 된다. 본디 우리의 개인적인 본성 때문에 생겼던 행위 방식은 이제 우리에게는 언제나 명확히 의식된 행위 규범이 되고, 이것에 따라 그 행위 방식을 마치 배워서 안 방식인 것처럼 실행한다. 또 이 경우 우리는 현재의 기분이나 인상 같은 일시적인 영향에 미혹되지 않으며, 주저함도 동요함도 모순도 없다. 그래서 우리는 이미 신출내기로서 대체 무엇을 의욕하며 또 무엇을 할 수 있는지를 알기 위해 기다리고 시도하고 더듬어 찾아다니지는 않을 것이다. 우리는 이것을 결정적으로 알고 있으며, 어떤 선택을 할 때 언제나 보편적인 원리를 개별적인 사례에 응용하기만 하면 곧 결정을 내릴 수 있다. 우리는 우리의 의지를 대체로 알고 있으므로, 기분이나 외적인 요구에 움직여서 전체에 반대되는 것을 개별적인 경우에 결정하는 일은 없다. 마찬가지로 우리의 힘과 약점의 종류와 정도를 알기 때문에, 그로 인해서 많은 고통에서 벗어날 수 있다. 본디 기쁨이란 것은 자기 힘을 사용하고 자기 힘을 느끼는 것밖에는 있을 수 없고, 가장 큰 고통은 자신에게 필요한 힘이 없다는 사실을 깨닫는 것이기 때문이다. 그래서 우리의 강점과 약점이 어디에 있는가를 밝혀내면, 우리는 자기가 갖고 있는 두드러지게 자연적인 소질을 발달시키고 모든 방식으로 이것을 이용하려고 하며, 언제나 이 소질들에 도움이 되고 적용할 수 있는 것으로 향하게 된다.

그러나 우리의 소질에 본디 적합하지 않은 노력은 전면적으로, 또 스스로 억제하고 피할 것이다. 여기에 다다른 사람만이 충분한 생각을 통해 완전히 자신이 될 수 있다. 그리고 결코 자신에게 버림받지 않을 것이다. 왜냐하면 그는 언제나 자신에게 기대할 수 있는 것을 알고 있기 때문이다. 그래서 그는 자기 강점을 느낀다고 하는 기쁨을 가끔 맛보지만, 자기 약점을 되새기게 하는 고통은 좀처럼 맛보지 않을 것이다. 이러한 엉터리 행동은 결국 목적을 이루지 못하기 때문이다. 모든 인간은 그 의지의 구현에 지나지 않기 때문에, 반성에서 출발하여 있는 그대로의 자기 말고 다른 무엇이 되려고 원하는 것처럼 불합리한 일은 없다. 왜냐하면 의지가 의지 자신과 직접 모순되는 것이기 때문이다. 타인의 성질이나 특성을 모방하는 것은 타인의 옷을 입는 것보다 훨씬 굴욕적이다. 그것은 자신이 무가치하다는 판단을 스스로 표현한 것이기 때문이다. 이러한 의미에서 자신의 성향을 알고, 자신의 모든 능력을 알고, 자기의 어쩔 수 없는 한계를 아는 것이 가능한 한 자신에게 만족하는 경지에 이르기 위한 가장 확실한 방법이다. 왜냐하면 변할 수 없는 필연성을 확신하는 것처럼 우리에게 효과 있는 위로는 없고, 이것은 외적인 사정에 적용되는 것이지만 내적인 사정에도 적용되기 때문이다. 우리는 화를 입고 고통을 당하지만, 이런 직접적인 피해보다 사정에 따라서는 그것을 피할 수 있었을지 모른다고 생각함으로써 더 괴로워한다. 그러므로 스스로를 안심시키기 위해서는 일어난 일을 필연성의 관점에서 고찰하는 것이 가장 효과적이며, 이 관점에서 보면 모든 우연은 널리 행해지는 운명의 도구로서 설명된다. 따라서 우리는 생기는 화를 내적인 사정과 외적인 사정과의 투쟁으로 인해 불가피하게 초래된 것으로 인정한다. 이것이 숙명론이다. 우리가 통곡하거나 미쳐 날뛰는 것은 이로 말미암아 다른 사람들의 마음을 움직이게 하거나 우리 자신을 자극시켜서 당치도 않은 노력을 하려고 기대하는 경우에만 그렇다. 그러나 어린아이나 어른이나 그 밖에는 아무것도 되지 않는다는 것을 명확히 알게 된다면, 곧 단념하고 만족할 줄 알게 된다.

> 가슴 깊이 간직하고 있는 원한을 억지로 억누르면서.
> ─호메로스 《일리아드》 제18서, 113행 참조

사로잡힌 코끼리는 며칠을 무섭게 날뛰지만 그것이 헛수고임을 알면 갑자기 조용해져서 목을 내밀고 멍에를 쓰고 길들여지는데, 우리는 이 코끼리와 비슷하다. 우리는 아들이 살아 있는 동안은 쉬지 않고 하느님께 귀찮을 정도로 간청을 하고 절망적인 태도를 취했지만, 아들이 죽은 뒤에는 아들 일을 생각하지 않는 다윗왕과도 같다. 불구, 빈곤, 비천한 신분, 추한 모습, 불쾌한 거주지 등 수없이 많은 불행이 수많은 사람들에게 태연하게 일어나는데도, 다 나은 상처처럼 이제 전혀 느껴지지 않는 것은 이 때문이다. 이것은 수많은 사람들이 내적인 또는 외적인 필연성이 이 경우 무엇 하나 바꿀 수 없다는 것을 알고 있기 때문이다.

그런데 그들보다 더 행복한 사람들은 그들이 어떻게 그것을 견뎌낼 수 있는

지를 이해할 수 없다. 외적인 필연성과 마찬가지로 내적인 필연성을 분명히 아는 것이 그것과 가장 잘 융합하는 길이다. 우리는 자기의 좋은 특질이나 강점, 또한 자기의 결점이나 약점도 명확하게 인식하고, 그것에 알맞게 우리의 목적을 설정하며 도달할 수 없는 것을 단념하면, 그럼으로써 개성이 허락하는 한 가장 확실하게 괴로움 가운데 가장 괴로운 고뇌인 자신에 대한 불만에서 벗어나게 된다. 그런데 이 불만은 자기의 개성에 대한 무지, 그릇된 자부심, 그리고 거기에서 생기는 불손함의 당연한 결과이다. 여기에서 권장되고 있는 자기 인식이라는 어려운 문제에 대해서는 다음과 같은 오비디우스의 시구가 훌륭하게 적용될 수 있다.

> 마음을 미혹시키는 괴로움의 고삐를 끊고,
> 탄식을 그만두는 사람은 영혼을 위한 최상의 구제자이다.
> ─오비디우스, 《사랑의 치료법》, 293.

'획득 성격'에 대해서는 더 이상 언급하지 않기로 한다. 이 성격은 본디 윤리학에서보다 오히려 실생활에서 중요한 것이지만, 이 성격의 논의는 예지적 성격의 논의와 함께 덧붙여진 것이다. 전자에 대해서는 의지가 모든 현상에서 필연성에 지배되고 있으면서 또한 의지 자체로서는 자유이며, 거기에다가 전능이라고까지 말할 수 있다는 것을 명확히 하기 위하여, 어느 정도 자세히 고찰하지 않으면 안 되었다.

## 56. 의지와 무한한 삶의 고뇌

발현과 모사로 이루어진 가시적인 세계 전체로서 이 자유, 이 전능─그 현상이 존재하여 인식의 형식에 동반하는 여러 법칙에 따라 점점 발전해 가는 것이지만─은 이제 그것이 완전하게 현상하여 그 자신의 본질을 충분히, 그리고 적절하게 알기에 이르러서도 새롭게 자기를 나타낼 수가 있다. 이 자유, 이 전능은 사려와 자기의식의 정점인 여기서도 맹목적으로, 또 자신을 모르고 의욕한 바와 같은 것을 의욕하거나 그 반대 현상을 보인다. 의욕하는 경우에 이 인식은 개체에서와 마찬가지로 전체에서도 자유에게는 언제나 '동기'로 남아 있고, 그 반대의 경우에는 자유에게 모든 의욕을 진정시켜 없애는 '진정제'가 된다. 이것이 앞서 일반적으로 말한 삶에 대한 의지의 긍정과 부정인데, 이것은 개인의 소행에 대해서는 개별적인 의지 발현이 아니라 일반적인 의지 발현으로서, 성격의 발전을 방해하고 변화시키지도 않으며, 또 개별적인 행동에 표현되지도 않고, 이때까지의 행동 방식 전체가 점점 더 강하게 나타나거나 반대로 그것이 폐지됨으로써, 거기에 생긴 인식에 따라 의지가 자유롭게 파악한 행동 규범을 표명한다. 이것을 더욱 명확하게 발전시키는 것이 마지막 권의 주요 과제이지만, 이것은 그사이에 행해진 자유·필연성·성격에 대한 고찰로 이미 어느 정도 쉽게 되어 있고 준비도 되어 있다. 그러나 이 설명을 다시 한번 미루어 놓고, 먼저 우리의 고찰을 의욕하는가 안 하는가가 문제인 삶 자체로 향한다. 어떤 곳에서도 이 삶의 가장 내면적인 본질이 되고 있는 의지를 긍정함으로써 대체 무엇이 주어질 것인가, 요컨대 일반적으로 또 본질적으로 의지에 있어, 그리고 모든 점에서 의지에 속하는 이 세계에 있어 대체 무엇이 의지의 상태로 간주될 것인가를 인식하려고 노력한다면, 이상 말한 설명은 한층 쉽게 이해되리라.

먼저 독자가 여기서 제2권의 마지막에 의지의 목표와 목적에 대해 내놓은 문제를 통해 이루어진 고찰을 기억해 주기 바란다. 그때 우리의 눈앞에 놓인 것은 문제에 대한 해답이 아니라, 의지는 최저 단계에서 최고 단계에 이르기까지 그 현상의 모든 단계에 있어서 궁극적인 목표나 목적이 없고 언제나 노력한다는 것이었다. 노력이야말로 의지의 유일한 본질이기 때문이며, 목표에 이르러도 노력이 끝난다는 것은 아니다. 따라서 노력은 결코 최후의 만족을 얻지는 못하고 방해됨으로써 끝날 뿐이며, 그대로 놓아두면 무한히 나아가는 것이다. 우리는 이것을 자연현상 가운데서 가장 단순한 현상인 중력에서 보았는데, 중력은 노력하는 것을 쉬지 않고, 연장이 없는 중심점을 향해 압박하는 것을 그치지 않는다. 사실 그 중심점에 이르면 중력도 물질도 없어져 버리지만, 아무리 이것으로 세계의 모든 것이 둥글게 덩어리로 되어버린다고 해도, 중력은 그 압박을 멈추지 않는다.

다른 단순한 자연현상들에도 같은 것이 보인다. 고체는 열에 의해서나 물에 의해서 용해되어 액체로 되려고 하며, 액체가 되어서 그 화학적인 힘이 자유롭게 된다. 강성은 이것의 화학적 힘이 한기(寒氣)로 유지되어 사로잡힌 상태이다. 액체는 안개 모양의 것이 되려고 노력하기 때문에 그것에 가해진 압력이 모두 없어지면 곧 안개 모양이 된다. 어떠한 물체도 친화성, 즉 노력이 없는 것은 없다. 야코프 뵈메 같으면 병적인 나쁜 버릇과 욕망이 없는 것은 없다고 말할 것이다. 전기는 지구의 큰 덩어리에 그 작용을 흡수당해 버리지만, 또한 그 내적인 자기 분열을 무한정 전파한다. 갈바니 전기는 전류가 남아 있는 한, 목적도 없이 똑같은 자기 분열과 유화(宥和)를 끊임없이 새롭게 하는 작용이다. 식물의 생존은 사실 이런 끊임없고 만족할 수 없는 노력이며, 점점 높은 형태를 거쳐 최종점인 종자가 다시 시작점으로 되기까지 쉬지 않고 계속하는 충동이다. 이것이 무한히 되풀이되고, 아무런 목표도 없으며, 어디에나 궁극적인 만족이 없고, 어디에도 쉬는 장소가 없다. 동시에 우리는 제2권에서 말한 것을 상기하게 되겠지만, 곳곳에서 다양한 자연의 힘과 유기적 형태가 자기가 의거하여 출현하려고 하는 물질을 서로 빼앗고, 한편으로는 다른 쪽에서 빼앗은 것만을 소유하여, 끊임없는 생사의 투쟁이 계속된다. 사실 이 투쟁에서 주로 저항이 생기며, 이 저항 때문에 모든 것에서 가장 깊은 본질을 이루고 있는 노력이 여기 저기에서 방해받고 헛되게 압박당하는 것이다. 그래도 그 본질을 버리지는 못하고 근근히 살아가는 동안에 결국 이 현상이 소멸되고, 다른 현상이 그곳에 들어와서 그 물질을 탐내듯 빼앗기에 이른다.

우리는 이미 앞에서 사물의 중심과 즉자태를 이루고 있는 이 노력을, 우리에게 가장 충분한 의식의 빛으로 명확하게 드러낸 것일 경우 '의지'라고 부른다고 했다. 또 의지와 그 잠정적인 목표 사이에 생기는 장해로 의지가 저지되는 것을 '고뇌'라 부르고, 이와 반대로 목표가 달성되는 것을 만족·쾌적·행복이라고 부른다. 이 명칭들은 정도는 낮지만 본질적으로 말해 동일한 인식을 갖지 않는 세상의 현상들에도 옮겨 사용할 수 있다. 이렇게 보면 이 현상들은 끊임없이 고뇌하고 있으며, 영속적인 행복은 갖고 있지 않다는 것을 알 수 있다. 왜냐하면 노력이라는 것은 부족함에서, 자기 상태에 대한 불만에서 생기는 것이기 때문이다. 따라서 노력은 만족되지 않는 한 고뇌다. 그런데 만족은 영속하는 것이 아니라, 오히려 언제나 새로운 노력의 출발점에 지나지 않는다. 우리는 노력이 곳곳에서 저지되고 또 싸우고 있는 것을 본다. 따라서 그런 경우에 노력은 언제나 고뇌이다. 노력의 마지막 목표라는 것은 없으며, 고뇌의 한계라는 것도 없다.

그런데 우리가 이렇게 날카로운 주의를 기울이고 또한 고생을 하고 난 뒤에 인식이 없는 자연 속에서 발견하는 것은 인식이 있는 자연, 곧 동물의 삶 가운데에는 명확히 나타나는 것이며, 동물에게 삶의 고뇌는 쉽게 나타날 수 있다. 그러나 우리는 이 중간 단계에 머무르지 않고, 인간의 삶에 있어 모든 것이 가장 분명한 인식에 비추어 명확하게 나타나는 단계에 눈을 돌린다. 왜냐하면 의지의 현상이 완전하게 됨에 따라 고뇌도 점점 명확해지기 때문이다. 식물은 아직 감성이 없으며, 따라서 고통도 없다. 섬모충류나 방산충류와 같은 최하등 동물은 대단히 가벼운 정도로만 고뇌를 느낀다. 곤충까지도 고뇌하는 능력은 아직 한정적이다. 완전한 신경계통이 성립되는 척추동물에 이르러 비로소 그 능력도 확실히 나타나며, 지능이 발달함에 따라 점점 두드러진다. 따라서 인식이 분명해지고 의식이 향상함에 따라 고뇌도 더해가고 인간에게 이르러서는 최고도에 달한다.

또 인간에 있어서도 인식이 명확하고 지능이 높으면 높을수록 점점 더 고뇌는 증대한다. 타고난 천재는 고뇌도 가장 심하다. 나는 이런 의미에서, 즉 단순한 추상적 지식에 대해서가 아니라 인식 일반의 정도에 대해서 "지식을 증대하는 자는 걱정을 키운다"고 하는 〈전도서〉의 말을 이해하고 사용한다. 의식 정도와 고뇌의 정도에 있어 이런 관계를 직관적인 명확한 묘사로 훌륭하게 화면에 표현한 것은 철학적 화가, 또는 화가적 철학인 티슈바인이다. 그의 그림 상반부에는 부인들이 그려져 있는데, 그녀들은 어린아이들을 빼앗긴 채 여러 갈래로 무리를 이루어 자세를 취하고, 어머니가 갖는 깊은 고통·불안·절망을 여러 모양으로 표현하고 있다. 하반부에는 같은 배치와 무리로 어린 양을 빼앗긴 양들이 그려져 있다. 이렇게 상반부에 인간의 머리가 있고, 인간의 자세에는 하반부에서 동물의 유사체가 대응하고 있기 때문에, 둔한 동물의 의식에 있어 가능한 고통이 명확한 인식과 명석한 의식으로 가능하게 되는 강렬한 고민과 어떻게 관련되어 있는가를 뚜렷하게 알 수 있다.

그러므로 우리는 '인간의 생존' 속에 있는 의지의 내적이고 본질적인 운명을 고찰해 보려고 생각한다. 누구라도 쉽게 동물의 삶 속에 이 같은 의지의 운명이, 사람들 사이에서보다는 약하지만 여러 정도로 표현되어 있는 것을 볼 수 있으리라. 그리고 고뇌하는 동물을 보아도 본질적으로는 '모든 삶이 얼마나 괴로운 것인가'를 충분히 확신할 수 있을 것이다.

### 57. 인생의 기본 특징인 고뇌

인식에 의해 비추어지는 어떠한 단계에서도 의지는 개체로서 나타난다. 무한한 공간과 무한한 시간에 있어 인간 개체는 스스로를 유한한 존재로 느끼고, 무한한 공간과 시간에 비하여 실로 미미한 크기로 그 속에 던져진 것으로 느낀다. 이들 무제한성 때문에 인간 개체의 현존에는 언제나 상대적인 '언제'와 '어디'밖에는 없고, 절대적인 언제와 어디는 없다. 왜냐하면 개체의 장소와 그 지속은 무한과 무제한성의 유한한 부분이기 때문이다. 개체 본디의 현존은 현재에 있을 뿐이고, 현재가 아무런 저지도 받지 않고 과거로 도망쳐 가는 것은 끊임없이 죽음을 향해 가는 것이며, 끊임없이 죽는 것이다. 개체의 과거 삶은 현재에 대한 어떠한 결과나 거기에 새겨져 있는 개체의 의지에 대한 증언을 별도로 한다면, 이미 완전히 끝나버린 것, 죽어서 이제 아무것도 없는 것이기 때문에 그 과거의 내용이 고통이거나 향락이거나 하는 것은 개체에 있어 이성으로는 아무래도 좋은 것이어야 한다. 그러나 현재는 끊임없이 개체의 손으로 과거가 되며, 미래는 불확실하고 또 언제나 짧다. 그래서 개체의 현존은 형식적 측면에서만 보아도 현재가 죽어버린 과거 속으로 끊임없이 소멸하는 것, 즉 끊임없이 죽는 것이다. 그런데 이것을 물리적 측면에서 보면, 모두 잘 아는 것이지만, 우리의 걸음이란 끊임없는 파멸이 방해되는 것에 지나지 않고, 우리 육체의 삶이란 지속적으로 보류되어 있는 사멸에 불과하며, 언제나 죽음이 미루어져 있는 것에 지나지 않는다는 것이 분명하다.

마지막으로 우리 정신도 마찬가지인데, 활기는 지루함을 끊임없이 물리치는 것이다. 하나하나의 호흡은 쉬지 않고 닥쳐오는 죽음을 막고 있으며, 이렇게 매 초마다 죽음과 싸우고, 긴 휴식 기간 동안에 늘 하는 식사, 수면, 보온 등을 통하여 죽음과 싸우고 있다. 결국 죽음이 이길 것임에는 틀림이 없다. 왜냐하면 우리는 세상에 태어났을 때부터 이미 죽음의 손에 들어가 있으며, 죽음은 잡은 것을 다 먹어버리기 전에 잠시 농간을 부리고 있는 것에 불과하기 때문이다.

그런데 우리는 삶을 큰 관심과 배려를 갖고 될 수 있는 한 길게 계속한다. 마치 비눗방울이 언젠가는 터질 것이라는 사실을 알고 있으면서, 가능한 한 오랫동안, 가능한 한 크게 부는 것과 마찬가지이다.

우리는 인식이 없는 자연에서 이미 그 내적 본질이 목표도 휴식도 없는 부단한 노력이란 것을 보아왔지만, 동물이나 인간을 고찰하면 이 노력은 한층 더 눈에 띈다. 의욕과 노력은 동물과 인간의 모든 본질이며, 해소할 수 없는 갈증과 흡사하다. 그런데 의욕의 근본은 필요와 결핍, 즉 고통이다. 따라서 인간은 이미 근원적으로, 그리고 그 본질로 인해 고통의 손아귀에 들어가 있다. 이와 반대로 의욕이 너무나 쉬운 만족으로 곧 소멸되어서 의욕의 대상도 곧 없어져 버리면, 그는 무서운 공허와 지루함에 빠진다. 그의 본질과 현존 자체가 그에게는 참을 수 없는 무거운 짐이 된다. 그러므로 그의 삶은 시계추처럼 고통과 권태 사이를 왔다 갔다 하는데, 사실 이것이 삶의 궁극적 요소이다. 이것은 대단히 이상하긴 하지만, 우리가 고통과 고뇌를 지옥으로 추방해 버려 천국에는 권태밖에 남아 있지 않다고 표현할 수밖에 없는 것이다.

그런데 의지의 모든 현상에서 본질을 이루고 있는 끊임없는 노력은 객관화의 보다 높은 단계들에서는 의지가 살아 있는 육체가 되어 이것을 부양해야만 한다는 엄명을 받고 나타난다. 바로 여기에 그 근본적이고 가장 일반적인 기초가 있다. 그리고 이 명령에 힘을 주는 것은 육체가 삶에 대한 객관화된 의지에 불과하다는 것이다. 따라서 의지의 가장 완전한 객관화로서 인간은 철저하게 구체화된 의욕과 욕망이며, 무수한 욕망의 덩어리이다. 인간은 이 욕망들을 품고 자신의 결핍과 필요를 제외한 불확실한 모든 것들을 단념한 채 이 지상에서 살고 있다. 그러므로 날마다 새로이 나오는 번거로운 요구들에 괴로움을 당하면서, 이 생존을 유지해 나가기 위해 배려하는 것이 인생이다. 다음으로 이 생존의 유지와 직접 맺어지는 제2의 요구는 종족 번식의 요구이다. 이와 동시에 인간은 각 방면으로부터 여러 가지 위험에 위협받고 있으며, 이것을 피하기 위해서는 쉴 새 없는 경계가 필요하다. 인간은 신중한 걸음걸이로 불안하게 주위를 살피면서 자기 길을 걸어간다. 왜냐하면 무수한 우발적인 사고와 적이 숨어서 그를 기다리고 있기 때문이다. 그는 황무지를 걸었고, 또한 문명 세계의 삶을 사는 것이다. 인간에게는 안전이란 없다.

아아, 생명이 계속되는 한 왜 이런 존재의 암흑, 왜 이렇게 큰 위험 속에서
인생을 보내야 한단 말인가!

—루크레티우스, II, 15.

대다수 사람들의 삶은 이 생존을 위한 끊임없는 투쟁에 불과하며, 결국 이
투쟁에 지는 것이 확실하다. 그런데 수많은 사람들이 이렇게 고통스러운 투쟁
을 견디는 것은 삶에 대한 사랑이라기보다는 오히려 죽음에 대한 공포 때문이
다. 죽음이야말로 피하려고 해도 피할 수 없는 것이고, 배후에 숨어서 어느 때
나 가까이 올 수 있는 것이다. 인생은 암초나 소용돌이가 가득한 바다이며, 인
간은 가능한 한 신중하게 주의해서 이것을 피하는 것이다. 그러나 인간은 모든
노력을 다해 이것을 뚫고 나아갈 수 있다고 하더라도, 이렇게 함으로써 한 발
짝 한 발짝 전면적이고 피할 수 없으며 재기 불능한 상태의 난파, 즉 죽음에 가
까이 간다. 아니 오히려 죽음을 향하여 배의 키를 쥐고 가고 있다는 것을 알고
있다. 이 죽음이야말로 고난이라는 항해의 최후 목표이며, 인간에게는 그가 피
해 온 어떠한 암초보다도 나쁜 것이다.

그런데 주목해야 할 일이지만, 한편으로 삶의 고통과 고뇌 때문에 죽음으
로부터 도피하려던 생각은 삶을 구성하는 그 죽음이 바람직하게 느껴져 기꺼
이 죽음을 서두르는 데까지 이를 수 있고, 또 한편으로 곤궁이나 고통이 인간
에게 휴식을 주자마자, 곧 지루함이 다가와서 오락이 필요하게 되는 일이 생기
게 된다. 무릇 생물에게 마음을 쏟게 하고 움직이게 하는 것은 생존에 대한 노
력이다. 그런데 생존이 보증되면, 무엇을 해야 할지 모른다. 그래서 이 생물들
을 움직이는 제2의 것은 생존의 무거운 짐을 벗어버리고, 이것을 느끼지 않게
되며, '시간을 죽이는', 즉 지루함을 면하려고 하는 노력이다. 따라서 곤궁과 근
심에서 벗어난 거의 모든 사람들은 다른 무거운 짐을 끝내 없애버리고 나면,
이번에는 자신이 무거운 짐이 되어서 이때까지 보내온 시간을 득이라 생각하
고, 또한 그들이 이때까지 전력을 다해 가능한 한 연장하고 보존하려고 한 그
생명을 끊어버리는 것이 득이라고 여긴다. 그러나 권태는 결코 경시해야 할 악
은 아니다. 권태는 얼굴에 참된 절망을 그린다. 인간들처럼 서로 사랑하고 있
지 않는 것들을 찾게 하고, 교제의 원천이 된다. 다른 일반적인 재난과 마찬가

지로 권태에 대해서도, 정략적으로 곳곳에서 사회적인 방지책이 강구되고 있지만, 그것은 이 악이 그 반대의 극인 기근과 마찬가지로 인간을 가장 심한 무질서에까지 몰고 갈 수도 있기 때문이다. 다시 말해 민중은 '빵과 서커스(Panem et Circenses)'를 필요로 한다. 필라델피아의 엄격한 형벌 제도는 고독과 아무것도 하지 않는 권태를 형벌의 도구로 삼고 있는데, 이것은 정말 무서운 벌이며, 죄수를 자살에 이르게 할 정도이다. 곤궁은 서민에게 쉴 새 없는 채찍이지만, 권태는 상류사회에 대한 채찍이다. 서민 사회에서 곤궁은 1주일의 6일로 대표되고, 권태는 일요일로 표시된다.

모든 인생은 철저하게 의욕과 성취 사이를 흘러가고 있다. 소망은 그 본성에 따르면 고통이다. 성취는 얼마 가지 않아 곧 포만을 낳는다. 목표는 피상적일 뿐이고, 소유는 흥미를 빼앗아 가며, 새로운 모습으로 소원과 욕구가 다시 나타난다. 그렇지 않으면 황량·공허·권태가 생기고, 이에 대한 투쟁은 곤궁에 대한 것과 마찬가지로 괴로운 것이다. 소망과 만족이 잇따르는 시간적 간격이 너무 짧지도 않고 너무 길지도 않으면, 이 둘에 의해 생기는 고뇌는 최소한이 되고 가장 행복한 생활이 된다. 왜냐하면 사람들이 보통 인생의 가장 아름다운 부분이라거나 가장 순수한 기쁨이라고 부르는 것은 우리를 실제 생활에서 빼내서 그것에 대해 무관심한 방관자로 변하게 하는 것뿐인데, 이것은 모든 의욕이 관여할 수 없는 순수한 인식이며 아름다움의 기쁨이자 예술의 순수한 즐거움이기 때문이다. 이러한 것은 희귀한 소질을 필요로 하므로 아주 소수의 사람들에게만 베풀어지며, 또 그 사람들에게도 슬쩍 지나가는 꿈으로 나타나는 것에 불과하다. 이 소수의 사람들은 더 높은 지성력을 갖고 있기 때문에, 둔한 사람들이 느낄 수 있는 것보다 훨씬 큰 고통을 느끼고, 그들을 다른 사람들 사이에 고립시킨다. 이렇게 또 균형이 맞춰지는 것이다.

하지만 대다수의 인간은 순수하게 지성적인 즐거움을 붙들 수 없다. 순수한 인식 속에 있는 기쁨은 그들에게는 거의 불가능하다. 그들은 의욕만을 의지하고 있다. 그러므로 관심을 갖게 하고 '흥미'를 갖게 하려면, 그것이(이것은 이미 그 말뜻에 존재하고 있지만) 아무리 그들의 의지에서 멀고 가능성만 있다고 하더라도 어떤 방법으로든 그들의 '의지'를 자극하지 않으면 안 된다. 그러나 그 의지는 그들의 생존이 인식보다 의욕에 있기 때문에, 완전히 활동을 그만두는 것은 불가능하다. 작용과 반작용은 그들의 유일한 요소이다. 이러한 성질의 소박한 표현은 사소한 일들이나 일상의 현상들에서 추정될 수 있다. 예를 들어 그들은 방문한 어떤 장소에 자기들의 이름을 쓰는데, 그것은 그 장소가 그들에게 영향력을 행사하지 않았기 때문에 그들 쪽에서 반응하여 그 장소에 영향력을 행사하는 것이다. 또한 그들은 이상하고 진귀한 동물들을 그저 바라보는 것으로 만족하지 않고 동물을 자극하거나 놀려대거나 놀지 않고서는 배길 수 없는데, 그것은 단지 작용과 반작용을 느끼기 위해서일 뿐이다. 그 의지 자극에 대한 욕구는 카드놀이를 발명하고 그것을 하고 있다는 것에도 나타나 있지만, 카드놀이야말로 참으로 인간성의 비참한 측면을 표현한 것이다.

그러나 아무리 자연과 행복이 무슨 일을 하든, 또 사람이 누구이든 그리고 무엇을 소유하고 있든 인생의 본질적인 고통은 제거되지 않는다.

펠레우스의 아들은 넓은 하늘을 쳐다보면서 비탄에 잠겨 있느니라.

또한

나는 크로노스의 아들인 제우스의 아들이니라.
그런데도 말할 수 없이 많은 고난을 겪었도다.

고뇌를 추방하려는 쉴 새 없는 노력은 고뇌의 모습을 바꾸는 것 말고는 아무것도 할 수 없다. 고뇌의 모습이란 결핍, 궁핍, 삶의 유지를 위한 배려이다. 매우 어려운 일이긴 하지만 다행히도 이러한 모습을 한 고통을 추방하는 일이 가능하다면, 고통은 곧 무수한 다른 모습을 하고 나타나 나이나 사정에 따라 달라지고, 성욕, 열렬한 애정, 질투, 선망, 증오, 불안, 명예욕, 금전욕, 병 등으로 나타난다. 고통이 급기야 다른 어떤 모습도 취할 여지가 없게 되면, 혐오와 권태라는 슬픈 회색의 옷을 입고 나타난다. 이렇게 되면 사람들은 또 이것을 피하려고 여러 가지를 시도한다. 결국 이 혐오와 권태를 물리칠 수 있다면, 그것은 이전의 여러 고통 가운데 하나에 다시 빠져 처음부터 괴로운 춤을 다시 추지 않으면 안 되는 것이다. 왜냐하면 모든 인생은 고통과 권태 사이를 방황하는 것이기 때문이다. 이렇게 고찰하면 의기가 꺾이겠지만 나는 이 고찰이 위로가 되는 일면, 아니 현존하는 자신의 재앙에 대한 스토아적인 무관심까지도 얻을 수 있다는 점을 말하고 싶다. 왜냐하면 우리가 자신의 재앙을 참을 수 없는 것은 대체로 그것을 우연이라고 인식하고, 쉽게 다른 형태를 취할 수 있는 원인들의 연쇄에 의해 초래된 것으로 인식하는 데에서 기인하기 때문이다. 우리는 직접적이고 필연적이며 보편적인 재앙, 예를 들어 노령이나 죽음, 많은 일상적인 불유쾌함과 같은 필연성은 한탄하지 않는 것이 보통이기 때문이다. 오히려 우리에게 고뇌를 초래한 상황의 우연성을 고찰하는 것이 고뇌에 날카롭게 찌르는 바늘을 주는 것이다. 고통이 인생에 고유한 것이고 또 피할 수 없는 것임을 인식하고, 우연에 의존하는 것은 고통의 단순한 형태, 즉 고통이 나타나는 형식에 지나지 않으며, 현재의 고뇌는 하나의 장소를 차지하고 있고, 거기에는 현재의 고뇌가 없으면 이 고뇌로 인해 배제되어 있는 다른 고뇌가 들어올 것이다. 따라서 본질적으로 운명에는 우리가 손쓸 수 없다는 것을 인식한다면, 그러한 반성이 생생한 확신이 되면, 고도의 스토아적 평정심을 일으켜서 자기의 행복한 삶을 얻기 위한 초조한 근심을 크게 덜 수 있을 것이다. 그런데 실제로 직접 느껴지는 고뇌를 이성이 이렇게 훌륭하게 제어한다는 것은 드물거나 있을 수 없다.

고통이 피할 수 없는 것이고, 하나의 고통이 다른 고통으로 인해 추방되어 지금까지의 고통이 없어지면 새로운 고통이 나타난다는 이상의 고찰을 통해, 다음과 같은 역설적이지만 그렇다고 불합리하다고 말할 수는 없는 가설에 이르게 된다. 즉 개인에게는 저마다 고유한 고통의 분량이 그 본성을 통해 절대적으로 정해져 있어, 이 양은 고뇌의 형태가 아무리 심하게 변화해도 비어 있는 일이 없고, 또 넘쳐 있는 일도 없다. 따라서 각 개인의 고뇌와 행복은 완전히 외부에서 규정되어 있는 것이 아니고, 바로 그 분량이 소질에 따라 규정되어 있다. 이 소질은 물론 육체적인 상태에 따라 그때그때 어느 정도의 증감이 있을지는 몰라도 전체로는 동일하며, 그 사람의 기질이라고 하는 것이다. 더 자세히 말하면 플라톤이 《국가론》 제1권에서 말한 것처럼 '가벼운 마음을 갖고 있는가, 무거운 마음을 갖고 있는가'의 정도라는 것이다. 큰 고뇌가 있으면 사람들은 그것보다 작은 고뇌는 전혀 느끼지 않게 되며, 큰 고뇌가 없으면 아주 사소하고 불쾌한 일까지 우리를 괴롭히고 기분을 해친다. 이 잘 알려진 경험은 이상의 가설을 입증하는 것이지만, 단순히 경험뿐만 아니라 생각만 해도 처음의 고통을 참고 넘어가기만 하면 전체로서는 그다지 변화하지 않고 존속한다. 또 반대로 오랫동안 고대하던 행복이 와도 전체로서는, 또 지속적으로는 우리가 이전보다 확실하게 행복하고 쾌적하다고 느끼지 않는다는 것도 경험이 가르치는 것이다. 이러한 변화가 생기는 순간만이 깊은 고뇌로서, 또는 큰 기쁨으로서 우리의 마음을 강하게 움직인다. 그러나 고뇌나 기쁨도 착각에 근거를 두고 있는 것이기 때문에 곧 없어져 버린다. 왜냐하면 이것들은 직접적이고 현재적인 기쁨이나 고통에 접하여 생기는 것이 아니라, 그 속에 예상된 새롭고 또 본디의 시작을 본 것만으로도 생기기 때문이다. 고통이나 기쁨을 미래에서 빌려왔다는 것만으로도 그것은 변칙적으로 강렬하게 성립되는 것이며, 오래 지속되는 것은 아니다.

위에서 말한 가설에 의하면 고뇌 또는 행복의 인식이나 감정에 있어서도 매우 큰 부분은 주관적이고 선험적으로 규정되어 있지만, 이 가설에 대해서 또한 그 증거로서 다음과 같은 주의를 들 수 있다. 즉 인간의 쾌활함 또는 우울함과 같은 것은 분명히 외적인 사정들, 곧 부나 신분에 의해 규정되는 것이 아니다. 왜냐하면 부자들 사이에서 보는 것과 똑같은 수의 쾌활한 얼굴들을 가난한 사람들 가운데서도 만나기 때문이다. 또 자살을 유발하는 동기는 여러 가지이기 때문에, 어떤 성격을 가진 사람은 이런 큰 불행에는 거의 예외 없이 자살에 이르게 할 정도라고 말할 수는 없고, 또 아무리 작은 불행이라 해도 그것과 똑같은 정도로 지금까지 자살의 원인이 되지 않았던 것들을 열거할 수도 없다. 우리의 명랑함이나 비애의 정도는 언제나 같지는 않다고 해도, 이 견해에 따르면 외적인 상황의 변화 때문이 아니라 내적인 상태와 육체적인 건강 상태의 변화 때문이라고 볼 수 있다. 왜냐하면 우리의 명랑함이 일시적인 것에 지나지 않는다 해도 고조되어서 기쁨으로까지 발전하는 경우, 그것은 흔히 아무런 외적 원인 없이 나타나기 때문이다. 우리는 가끔 고통이 어떤 특정한 외적인 관계에서 생기는 것이라 생각하고, 이 관계에 대해서만 괴로워하고 슬퍼하고 있다. 그래서 이 관계가 없어지면 틀림없이 만족스러워질 거라 믿는다. 그러나 이것은 착각이다. 전체로서 우리의 고통과 행복의 분량은, 우리의 가설에 의하면 언제나 주관적으로 결정되는 것이다. 그 분량에 있어서 비애의 원인이 되는 외적 동기는 신체에 흩어져 있던 모든 나쁜 고름을 빨아 모으는 고약 같은 것에 지나지 않는다. 이 고통은 우리의 본질에 뿌리를 박은 것으로 피할 수는 없지만, 만일 고뇌의 일정한 원인이 없다면 수많은 점으로 분산되어서 지금 우리가 간과하고 있는 사물들에 대한 수많은 사소한 불쾌감과 근심의 형태로 나타날 것이다. 왜냐하면 고통에 대한 우리의 최대 한계량은 이제까지 흩어져 있던 모든 고뇌를 한 점에 집중시킨 근본적인 재앙으로 이미 채워져 있기 때문이다.

이와 상응하여 또 다음과 같은 것이 관찰된다. 우리를 괴롭히는 큰 근심이 다행스럽게 끝나서 우리 가슴에서 없어지면, 그 대신 곧 다른 근심이 나타난다. 그것의 소재는 이제까지도 존재하고 있었지만, 불안으로서는 의식에 들어올 수 없었다. 의식이 그 불안에 대한 최대 한계량의 여지를 갖고 있지 않기 때문인데, 그래서 이 불안의 소재는 단지 침침하고 흐릿한 환상으로서 의식의 한계 밑층에 머물러 있었다. 그런데 이제 장소가 생겼으므로, 완벽히 준비된 이 소재는 곧 나타나서 일상의 주인인 근심의 왕좌를 차지한다. 이 소재는 물질에 따르면 이전에 없어져 버린 근심의 소재보다 가벼운 것이지만, 너무 부풀어서 겉으로 보기에는 크기가 똑같이 나타나고, 일상의 주요 근심으로 왕좌를 점령해 버린다.

지나친 기쁨이나 격렬한 고통은 언제나 한 인물 속에서 볼 수 있다. 왜냐하면 이 둘은 서로 제약하며, 또 다 같이 정신이 아주 활발할 것을 조건으로 하고 있기 때문이다. 이 둘은 우리가 이제 본 것처럼 순수하게 현재적인 것에 의해 생기는 것이 아니라, 미래의 예상에 의해 생긴다. 그러나 고통은 인생에 고유한 것이며, 또 그 정도는 주관의 본성에 의해 규정된다. 돌발적인 변화는 언제나 외적인 것이기 때문에, 고통의 정도를 근본적으로 바꿀 수는 없다. 그래서 지나친 기쁨이나 고통의 바탕에는 언제나 잘못이나 망상이 존재하고 있으며, 이와 같은 두 극단의 긴장은 통찰로 피할 수 있다. 모든 과도한 기쁨(exultatio, insolens laetitia)은 생활 속에서는 전혀 찾아볼 수 없는 것을 발견했다고 생각하는 망상에 근거를 두고 있으며, 이것은 끊임없이 새롭게 고뇌를 만드는 소망 또는 불안의 영속적인 충족이다. 이런 종류의 망상은 나중에 반드시 망상이라는 것이 알려지게 되고, 그 망상이 없어진 뒤에는 망상으로 생긴 기쁨 만큼 고통을 맛보는 대가를 치러야 한다. 그런 점에서 망상은 뛰어내리는 것 말고는 되돌아갈 수 없는 높은 곳에 비할 수 있다. 따라서 그러한 높은 곳은 가능한 한 피해야 할 것이다. 그리고 갑작스러운 극심한 고통은 모두 그러한 높은 곳으로부터의 떨어짐, 즉 망상의 사라짐에 불과하며, 또 망상에 제약받고 있는 것이다. 그러므로 사물을 쉴 새 없이 전체적으로, 그리고 그 연관 아래 명확하게 음미하고, 의연한 태도로 이 사물들이 갖고 싶어하는 색채를 실제로 그것에 부여할 수 있다면 망상과 고통은 피할 수 있다. 스토아적 윤리가 주로 목표하고 있는 것은 그러한 망상과 그 결과에서 마음을 해방시켜 망상 대신 마음의 평정을 주려는 것이다. 다음과 같은 유명한 송시에서 호라티우스는 이러한 통찰을 충분히 하고 있었다.

> 괴로울 때엔 마음의 평정을 보존하려는 노력을
> 언제나 잊지 말 것이며,
> 행복할 때엔
> 지나치게 기뻐하는 것을 삼가라.
>
> ―호라티우스, 《송가집》, II, 3, I 이하 참조

우리는 흔히 고뇌는 인생에 있어 고유한 것이고, 외부에서 우리에게 흘러오는 것이 아니라 끊이지 않는 고뇌의 샘을 모두들 자기 내부에 가지고 있다고 하는, 쓰디쓴 약과 같은 인식에 대해서는 눈을 감고 있다. 그리고 오히려 우리에게서 떨어지지 않는 고통에 대해 끊임없이 외부의 개별적인 원인, 핑계를 찾고 있다. 마치 자유인이 마음대로 우상을 만들어 그것을 주인으로 받드는 것과 같다. 왜냐하면 우리는 소망에서 소망으로 지칠 줄 모르고 노력하며 얻어진 만족이 아무리 많은 것을 약속한다고 해도, 결국 우리를 만족시키는 것이 아니라 곧 굴욕스러운 잘못으로 나타나는 것이지만, 다나이데스 자매들의 밑 빠진 항아리에 물을 붓고 있다는 것을 모르고, 언제나 새로운 소망으로 달려가기 때문이다.

우리가 소망하는 것을 얻지 못하는 동안, 그 가치는 모든 것을 능가하는

것처럼 보이지만,

　　그것은 얻고 나면 곧 다르게 보이고,

　　비슷한 욕망이 우리를 사로잡아, 우리는 언제나 삶을 갈구한다.

　　　　　　　　　　　　　　　　　　　　　　　　—루크레티우스, III, 1095.

　이렇게 무한으로 나아가거나, 또는 드물기도 하고 어떤 특정한 성격의 힘을 전제로 하는 것이기는 하지만, 실현되지는 않더라도 포기할 수는 없는 소망에까지 이른다. 그러면 우리가 추구하는 것, 다시 말해 모든 순간에 고뇌의 원천으로서 우리 자신의 내적 본질 대신 호소할 수 있는 것을 얻게 된다. 그렇게 함으로써 우리는 운명과는 이별하지만, 그 대신 생존과는 같이한다. 이 생존 자체에는 고뇌가 고유한 것이며, 참된 만족은 불가능하다고 하는 인식이 다시 멀어져 가기 때문이다. 이러한 마지막 발전 방식의 결과는 어느 정도 우울한 기분을 주고, 유일하게 큰 고통을 끊임없이 참아가며, 그 결과로서 모든 사소한 고뇌나 기쁨을 업신여긴다. 따라서 이것만으로 벌써 보통 행해지고 있는, 쉬지 않고 다음에서 다음으로 환상을 잡으려고 급급해하는 것보다 더 고상한 모습이 된다.

### 58. 소극적인 인생의 행복

　만족 또는 흔히 행복이라고 부르는 것은 본질적으로 언제나 '소극적'인 것에 불과하며, 적극적인 것이 아니다. 그것은 근원적으로 그 자신에게서 우리에게 와서 행복하게 하는 것이 아니라, 언제나 어떤 소망의 만족이어야 한다. 왜냐하면 소망, 즉 부족하다는 것은 기쁨을 주는 선행조건이기 때문이다. 그런데 만족과 동시에 소망은 없어지고, 소망이 없어지면 기쁨도 없어진다. 그러므로 만족이나 행복은 어떤 고통이나 궁핍으로부터의 해방 그 이상은 아니다. 현실적이고 분명한 고뇌뿐만 아니라 성가시게 하여 우리의 평정을 방해하는 모든 소망도, 또 우리의 생존을 짐스럽게 느끼게 하는 견딜 수 없는 권태까지도 곤궁에 포함되기 때문이다. 무엇을 이루고 이것을 지속하는 것은 아주 어렵다. 어떠한 계획에도 곤란이나 고생이 한없이 저항해 오고, 걸음마다 장애물이 걸리적거린다. 그러나 결국 모든 장애를 극복하고 목적을 이루었다 해도 거기서 얻어진 것은 어떤 고뇌로부터 또는 어떤 소망으로부터 해방됐다고 하는 것밖에 없고, 그 고뇌와 소망이 생기기 이전 상태에 있는 것과 똑같을 뿐이다.

우리에게 직접적으로 주어져 있는 것은 언제나 결핍인 고통뿐이다. 하지만 우리는 만족이나 기쁨이 생기는 동시에 없어져 버린 그 이전의 고뇌나 결여에 대한 기억을 통하여 간접적으로만 인식할 수 있다. 따라서 우리가 실제로 소유하고 있는 재물이나 장점을 전혀 알지도 못하고, 또 존중도 하지 않으며, 그렇게 있어야 하는 것으로만 생각한다. 왜냐하면 그것들은 고뇌를 일어나지 못하게 막으면서 언제나 소극적으로만 행복하게 하기 때문이다. 그것들을 잃은 뒤에 비로소 우리는 그 가치를 느끼게 된다. 왜냐하면 부족·결핍·고뇌는 적극적인 것, 직접 나타나는 것이기 때문이다. 그러므로 실제로 궁핍·질병·결핍 등을 이겨낸 것을 생각하면, 이것이야말로 현재의 재물을 즐기는 유일한 수단이기 때문에 기뻐하는 것이다. 이러한 관점에서, 그리고 살려고 하는 의욕의 형식인 이기심이라는 관점에서는 남의 고뇌를 바라보거나 묘사함으로써 우리가 바로 앞에서 말한 것과 같은 경로로 만족이나 기쁨을 얻는다는 사실을 부정할 수가 없다.

루크레티우스는 그의 저서 제2권 처음에 이것을 적절하고 솔직하게 표현하고 있다.

거센 바람이 바다에 휘몰아칠 때 해변에 서서 지독한 고생을 하는 뱃사람들을 바라보는 것은 얼마나 흐뭇한가.
그것은 남의 괴로움을 보고 기뻐하는 것이 아니라, 나 혼자 재난을 모면하고 있음을 알고 기뻐하는 것이다.

뒤에 알게 될 일이지만, 이러한 종류의 기쁨은 자신의 행복을 간접적으로 인식하기 위하여 본디의 적극적인 악의 근원에 아주 가까이 접근한 것이다.

행복이란 모두 소극적인 것에 불과하며, 본질적으로 적극적인 것은 아니다. 그러므로 영속적인 만족이나 행복은 있을 수 없고 언제나 고통 또는 결핍에서 해방시켜 줄 뿐이다. 그 뒤에는 새로운 고통이 생기거나 무기력, 헛된 갈망, 권태 등이 뒤따르게 된다. 이것은 세계와 인생의 본질을 충실히 비추는 거울인 예술, 특히 시에서도 증명된다. 모든 서사시와 극문학도 언제나 행복을 얻기 위한 싸움·노력·투쟁을 묘사하는 것밖에는 다른 도리가 없으며, 영속적이고 완성된 행복을 묘사할 수는 없다. 그러한 문학은 주인공이 허다한 난관과 위험을 헤치고 목표를 향해 나아가고, 목표에 이르자마자 서둘러 막을 내려버린다. 왜냐하면 거기서 행복을 찾는다고 잘못 생각하고 있었던 빛나는 목표가 이제 그를 조롱한 것에 불과하며, 그 목표에 다다른 뒤에도 그는 전보다 행복해지지 않았다는 사실을 문학이 그려내는 것밖에는 별도리가 없기 때문이다. 순수하고 영원한 행복이란 것은 있을 수 없기에 결코 예술의 대상이 될 수 없다.

본디 전원시의 목적은 그러한 행복을 그리는 데 있다. 그러나 전원시가 그 사실을 감당해 나갈 수 없다는 것도 사람들이 알고 있는 사실이다. 전원시는 언제나 시인의 손에 의해 서사적이 되거나 단순히 서술적인 시가 되는데, 서사적으로 되는 것은 사소한 고뇌, 사소한 기쁨, 사소한 노력에서 구성된 매우 보잘것없는 서사시에 불과하며, 이것은 가끔 있는 일이다. 또 서술적인 시가 되면 자연의 아름다움을 그린다. 다시 말해 참으로 순수한 무의지의 인식이고, 이것은 물론 실제로도 유일한 순수한 행복이며, 이 행복에 앞서 고뇌나 욕망이 먼저 나타나지 않고, 또 후회·고뇌·공허·혐오도 필연적으로 뒤따르지 않는다. 단이 행복은 모든 생애를 충족시킬 수는 없고 오직 생애의 한순간만을 채워줄 뿐이다. 시에서 나타나는 것은 음악에서도 보이는데, 사실 음악의 선율 속에 우리가 재인식한 것은 자신을 의식한 의지의 내적인 역사가 보편적으로 표현된 것이고, 가장 비밀스러운 삶, 동경, 고뇌, 기쁨이며, 인간 마음의 번성과 쇠퇴가 바뀌는 것이다. 선율은 언제나 으뜸음에서 벗어나며, 수없이 이상한 방황을 거쳐 가장 고통스러운 불협화음에까지 이르지만, 결국은 으뜸음으로 되돌아간다. 이 으뜸음은 의지의 만족과 안심을 나타내는 것이지만 그다음에는 아무것도 할 수 없다. 만일 이것을 더 길게 계속하면 권태롭고 무의미하며 단조로운 음만 계속될 것이다.

이 고찰로 명확해져야 할 것, 즉 영속적인 만족에 다다를 수 없다는 것과 행복은 소극적이라는 것은 제2권의 마지막에 설명했다. 말하자면 인생도 모든 현상과 마찬가지로 의지의 객관화이지만, 의지는 목표도 없고 결말도 없는 노력이다. 이렇게 결말이 없는 것의 특징은 끝없는 시간이나 공간이라는 가장 보편적인 형식에서 인간의 삶이나 노력이라고 하는 현상 가운데서 가장 완전한 현상에 이르기까지, 의지의 현상 속 어느 부분에나 나타나 있다. 우리는 인생의 세 가지 극단을 이론적으로 상정하여, 그것을 현실적인 인생의 요소라고 간주할 수 있다. 첫째는 강렬한 의욕, 거대한 정열(Radscha-Guna)이다. 그것은 위대한 역사적 인물 속에 나타나 서사시나 희곡으로 그려진다. 그러나 또 적은 범위에도 나타난다. 왜냐하면 객관의 크기는 여기에서는 그것이 의지를 움직이는 정도에 따라 측량되고 외적인 관계들에 의한 것은 아니기 때문이다. 둘째는 순수인식인데, 인식이 의지의 사역에서 해방됨으로 행해지는 이데아의 파악이며, 천재의 생활(Satwa-Guna)이다. 셋째는 의지와 그것에 속박된 인식의 심한 무관심인데, 공허한 동경, 생명을 마비시키는 권태(Tama-Guna)이다. 개인의 삶은 이 세 극단의 어느 하나에 고정되는 일은 없고, 드물게 그것들에 접속하는 것에 불과하다. 또 대부분은 이쪽 또는 저쪽에 약하게 동요하며 접근하는 것이고, 보잘것없는 대상을 원해 쉬지 않고 되풀이하면서 지루함을 면하고 있다.

대다수 사람들의 생활을 밖에서 보면 얼마나 보잘것없고 무의미하며, 또 안에서의 느낌도 얼마나 답답하고 무의식적인가는 믿을 수 없을 정도이다. 그들의 생활은 무기력한 동경과 고뇌이고, 보잘것없는 일련의 사상을 가지고 인생 행로를 돌아다니며 죽음에 이르기까지 꿈을 꾸듯 허우적거리며 간다. 그들은 태엽에 감겨서 무슨 이유인지도 모르고 움직이는 시계와도 같다. 한 사람이 태어날 때마다 인생이라는 시계의 태엽이 새로 감기고, 이때까지 무수히 되풀이하여 연주된 오르골의 곡을 다시 한번 한 악절마다 한 박자마다 보잘것없는 변주를 붙여서 연주하는 것이다. 모든 개인, 모든 인간의 얼굴이나 생애도 무한한 자연의 영혼이 살려고 하는 지칠 줄 모르는 의지의 짧은 꿈에 지나지 않고, 이 영혼이 공간과 시간이라는 그의 무한한 지면에서 재미로 그려보는 잠시 동안의 형상이다. 그것은 무한한 시간에 비하면 실로 보잘것없는 일순간에만 존재가 허용되고, 다음 형상에게 장소를 양보하기 위해 없어져 버리는 것이다. 여기에 인생의 중요한 측면이 있는 것이지만, 이들 잠시 동안의 형상이나 이 재미없는 착상들은 모두 삶에 대한 의지 전체에 의해, 그 격렬함 속에서 많고 깊은 고통, 또 마지막에는 오랫동안 무서워하고 끝으로 나타나는 괴로운 죽음으로 속죄해야 한다. 그러므로 시체를 보면 우리는 돌연 진지해지는 것이다.

개인의 생활을 전체적이고 보편적으로 개관하고, 가장 두드러진 특징을 끄집어 내서 보면, 본질적으로는 하나의 비극이다. 그러나 하나하나를 자세히 살펴면 희극의 성격을 지니고 있다. 왜냐하면 하루하루의 활동과 괴로움, 순간순간의 그칠 사이 없는 조롱, 각 주간마다의 소망이나 공포, 각 시간마다의 사고 등 이러한 것들은 언제나 나쁜 장난을 치려고 생각하고 있는 뜻밖의 재난으로 인한 희극적인 장면에 지나지 않기 때문이다. 그런데 소망은 실현되지 않고, 노력은 실패로 돌아가며, 기대는 무자비하게 운명에 짓밟히고, 생애는 불행한 오류에 차며, 고뇌는 점점 더 늘어나 마지막에는 죽음으로 돌아가는 것을 보면, 이것은 언제나 비극이다. 그래서 운명이 우리에게 고난으로 조롱하려 하듯이, 생활은 비극의 고통을 품고 있지 않으면 안 된다. 우리는 이 경우 비극적 인물의 품위조차 주장할 수 없다. 또 그것과는 달리 인생의 여러 면 가운데 희극배우도 있어야만 한다.

인생에는 크고 작은 고생이 가득 차 있어 인생을 끊임없이 불안하고 동요하게 하지만, 그럼에도 이것들은 이 인생이 정신을 채우는 데에는 불충분하고, 생존의 공허와 무미건조함을 숨길 수도 없으며, 또한 근심의 씨가 되는 휴식을 언제나 곧 채우려고 만반의 준비를 하고 있는 권태를 제외할 수도 없다. 여기에서 인간의 정신은 현실 세계에서 덧붙이는 근심, 비애, 작업으로는 만족하지 않고, 여러 가지 미신이라고 하는 무수한 형태로 된 공상 세계를 만들어 놓는다. 그리고 그것으로 현실 세계가 정신에게 휴식을 주려고 하면 정신은 그 휴식을 완전한 휴식으로 느끼지 않기 때문에, 모든 방식으로 공상 세계에 관계하여 시간과 힘을 낭비하게 되는 것이다. 그러므로 이것은 본디 기후나 토지가 온화하기 때문에 생활이 편한 국민에게 가장 많고, 특히 인도인 다음으로 그리스인, 로마인, 그리고 이탈리아인, 에스파냐인 등에 많이 보인다.

인간은 자신의 모습에 의거하여 여러 영혼, 신, 천사를 만든다. 그러면 거기에는 끊임없는 희생·기도·사원 장식·맹세와 실천·순례·의례·성상 장식 등이 바쳐져야 한다. 이 봉사는 곳곳에서 현실 세계와 엇갈려 뒤섞이고, 현실 세계를 흐리게 하는 일까지 있다. 이렇게 되면 인생의 사건은 모두 영혼과 신들의 반응으로 간주된다. 이것들과의 교섭이 생애의 절반을 채우고, 끊임없이 기대를 가지게 하며, 또한 착각이라는 자극으로 현실적인 존재들과의 교섭보다 더 흥미 있게 될 때도 있다. 그것은 인간의 현실적 필요성의 표현과 징후인데, 한편으로는 조력과 보좌, 다른 한편으로는 작업과 기분 전환에 대한 필요성이다. 그리고 인간은 귀중한 시간과 힘을 재난이나 위험에 부딪쳤을 때 이것을 피하는 데 쓰지 않고, 쓸데없이 기도나 희생을 위해 사용하여, 가장 큰 욕구와는 반대의 것을 하게 되어도, 그 대신 영혼의 세계와 공상적으로 교섭함으로써 그다음 욕구에는 오히려 더 도움이 된다. 이것이 모든 미신이 지니고 있는 도저히 얕볼 수 없는 장점이다.

## 59. 개개인의 역사는 고뇌의 역사

우리는 이제까지 매우 일반적인 고찰들, 즉 인생의 근본적이고 기본적인 특징들을 연구함으로써 인생은 이미 그 모든 성향에 따르더라도 참된 행복일 수는 없고, 오히려 본질적으로 여러 모습을 한 고뇌이며, 아주 불행한 상태라고 하는 것을 선험적으로 확신했다. 그래서 이번에는 오히려 후천적인 방법으로 일정한 사례를 살펴보고, 여러 가지 형태를 상상 앞에 놓고 형언할 수 없는 비애를 실례로 묘사해 보면서, 이 확신을 훨씬 강하게 마음에 불러일으킬 수 있을 것이다. 이 형언할 수 없는 비애는 어느 쪽을 보나, 또 어떠한 생각으로 탐구하나 경험이나 역사에 의해 주어져 있는 것이다. 그러나 주제는 끝이 없을 테고, 그래서 철학의 본질을 이루는 보편성이라는 관점에서 우리를 멀어지게 할 것이다. 게다가 이런 묘사는 이미 여러 번 행해진 것과 같은 인간의 불행에 대한 단순한 말솜씨로 여겨질지도 모르며, 또 개별적인 사실에서 출발한다고 하여 그 묘사 자체가 일방적이라고 비난받을지도 모른다. 우리는 인생의 본질에 뿌리박고 있는 불가피한 고뇌를 냉정하게 철학적으로, 다시 말해 보편적인 것에서 출발하여 선험적으로 입증한 것이기 때문에 이러한 비난이나 의혹을 받을 필요는 없다. 하지만 후천적인 확증은 곳곳에서 쉽게 얻을 수가 있다.

누구나 처음 어린 시절 꿈에서 깨어나 자기와 타인의 경험을 관찰하고 생활을 돌아보며, 과거나 자기 시대의 역사를 돌아보고, 마지막으로 위대한 시인들의 작품을 돌아보면, 지울 수 없게 각인된 선입관으로 그의 판단력이 마비되어 있지 않는 한, 아마 인간 세계가 우연과 오류의 세계이며, 이것들이 무자비하게도 지배하고 있으며, 게다가 우둔과 악의가 판을 치고 있다는 것을 인식하게 될 것이다. 그러므로 더 좋은 것이 일어나기 위해서는 꽤 힘이 들고, 귀한 것과 착한 것은 매우 드물게 나타나며, 또 실제로 행해지거나 청이 받아들여지는 일도 거의 없다. 하지만 사고의 영역에서는 불합리와 왜곡, 예술의 영역에서는 천박과 무취미, 행위의 영역에서는 악의와 교활이 극히 잠시 동안만 중단될 뿐이고, 대체로는 기승을 부리고 있는 법이다. 그렇지만 어떠한 종류라도 탁월한 것은 언제나 예외에 불과하고 수백만에 하나 꼴인 정도이다. 따라서 그것이 영속적인 작품 속에 나타나도 그 작품이 동시대인의 원한을 끈기 있게 견디어 살아남은 뒤에는 고립되고, 마치 하나의 운석처럼 현재 행해지는 사물의 질서와는 다른 질서에서 나온 것으로서 보존되는 것이다.

그러나 개인의 생활에 대해서 말한다면, 모든 생활은 고뇌의 역사이다. 왜냐하면 생활은 일반적으로 크고 작은 불행의 연속이기 때문이다. 누구나 이 불행을 될 수 있는 한 감춘다. 자기 불행을 보고 다른 사람들이 관심과 동정을 나타내 보이는 일은 극히 드물며, 다른 사람들은 거의 언제나 자기들이 이 고뇌를 모면하고 있는 것으로 생각하고 만족스러워하리라는 사실을 알기 때문이다. 하지만 누구라 해도 생애의 마지막에 분별 있고 정직하다면, 다시 한번 인생을 되풀이할 것을 희망하지는 않으리라. 그것보다는 오히려 완전한 무를 택하는 것이 낫다고 생각할 것이다. 《햄릿》 속에 있는 세계적으로 유명한 독백의 본질적 내용을 정리하여 말하면 다음과 같다.

우리의 상황은 참으로 비참한 것이고, 이러한 상태보다는 완전한 무가 차라리 낫다. 그런데 만일 자살이 우리에게 무를 제공해 주고, '죽느냐 사느냐' 하는 양자택일이 참된 의미로 존재한다면, 자살은 무조건 가장 바람직한 마무리로(a consummation devoutly to be wish'd) 선택되어야 할 것이다. 그러나 우리 마음속에는 그렇지가 않다고, 이것으로 끝나는 것이 아니라고, 죽음은 결코 절대적인 파멸이 아니라고 속삭이는 무엇이 있다. 동시에 이미 역사의 아버지(《헤로도토스》 제7권 46장)가 인용하고 있는 것으로 그 뒤 반박을 받은 일이 없는 "살아서 다음 날을 체험하고 싶지 않다고 한 번도 소망하지 않은 사람은 한 사람도 없다"는 말이 있다. 그렇다면 인생이 짧은 것을 가끔 한탄하지만, 짧기 때문에 가장 좋은 인생이 아닌가 생각한다. 그래서 만일 누군가의 눈앞에 그의 생활이 끊임없이 처해 있는 무서운 고통과 고민이 드러난다고 하면, 그는 아마 깜짝 놀랄 것이다. 완고한 낙천주의자에게 야전병원 외과 수술실을 보이고, 교도

소나 고문실, 노예들이 사는 오두막을 보이며, 전쟁터나 형장을 지나칠 때 냉담한 호기심으로 둘러보는 동안 그는 아무렇지도 않은 듯하지만—재앙이 휩쓸고 지나간 어두침침한 집안을 그의 눈앞에 열어 보이고 그에게 우골리노가 갇혀 굶어 죽은 탑을 보여주면, 아무리 냉담한 그라 해도 세계 가운데 최상의 세계(meilleur des mondes possibles)가 어떤 것인가를 알게 되리라. 단테도 지옥의 재료를 현실적인 세계 밖에서는 구할 수 없었다. 더구나 그것은 완전무결한 지옥이었다. 그러나 그가 천국과 그 기쁨을 묘사할 과제에 맞닥뜨렸을 때, 그는 해결할 수 없는 난관에 봉착했다. 그도 그럴 것이 우리 세계에는 그 재료로 될 만한 것도 없기 때문이다. 그래서 그는 천국의 기쁨을 묘사하는 대신 천국에서 그의 조상 베아트리체, 그리고 여러 성자들에게서 들었던 가르침을 묘사하여 보이는 수밖에 별도리가 없었다. 하지만 이것으로 이 세계가 어떤 것인가 충분히 알 수 있다.

물론 인생은 조잡한 상품처럼 겉모습은 거짓된 빛깔을 띠고 있으며, 고통스러운 것은 언제나 감추어져 있다. 반대로 누구든지 노력해 얻은 장식이나 미관은 남에게 내보이고 다닌다. 그리고 자신의 내면적인 만족이 부족하면 부족할수록, 남들에게 행복한 사람으로 보이기를 소망한다. 우매함이 이 정도에 이르면, 자신에 대한 남의 의견을 좋게 하는 것이 모든 사람이 노력하는 주된 목표가 된다. 물론 그 목표가 헛된 것임은 거의 모든 나라의 말에서 허영(vanitas)이란 본디 공(空)과 무(無)를 의미한다는 것으로도 나타나 있다. 그러나 이러한 속임수 속에서도 인생의 고뇌는 쉽게 증대하여, 이제까지는 무엇보다도 무서워하던 죽음을 자진하여 바라는 일이 일어나게 된다. 뿐만 아니라 운명이 그 간계를 남김없이 표시하려고 하면, 괴로워하는 사람은 죽음이라는 피난처에 갇혀 격노한 적의 손에 걸리고, 서서히 참혹한 고문에 몸을 맡겨 도저히 도망갈 수 없게 된다. 이렇게 되면 괴로움을 당한 사람은 신들에게 구원을 찾지만 헛된 일이다. 그는 은총도 없고 자신의 운명이 이끄는 대로 몸을 맡긴다. 하지만 이렇게 구원할 도리가 없는 것은 그의 의지에 있어 제어할 수 없는 본성을 반영하는 것에 지나지 않으며, 이 의지의 객관성이 그의 인격이다. 외부의 힘이 이 의지를 바꾸거나 멈출 수 없는 것처럼, 또한 무언가 다른 힘이 그 의지의 현상인 인생으로부터 생기는 여러 고뇌를 모면하게 할 수도 없다. 어떠한 문제에서도,

중요한 문제라고 할지라도 인간은 언제나 자신에게 의지하는 길밖에 달리 방법이 없다. 인간은 스스로 신들을 만들어 놓고, 그들에게 애걸하고 구하여도 얻는 것이라곤 자기 의지의 힘이 가져올 수 있는 것뿐이다.

《구약성서》는 세계와 인간은 신이 창조한 것이라고 했지만,《신약성서》는 신의 은총과 이 세상의 괴로움으로부터의 구원은 이 세상에서만 생길 수 있다는 것을 가르치기 위하여, 그 신이 인간이 되었다고 말할 수밖에 없었다. 인간의 의지는 어디까지나 인간에게 모든 것의 근본이 되는 것이다. 탁발승, 순교자, 그리고 어떠한 신앙이나 명칭을 가지고 있는 성자들은 자기 마음속에서 삶에 대한 의지가 극복되어버렸기 때문에 스스로 고문을 감수한다. 그래서 그들은 자기 현상이 서서히 와해되는 것까지도 기꺼이 받아들였다. 그러나 나는 앞으로의 서술을 미리 해두지는 않겠다. 어쨌든 나는 여기서 '낙천주의'가 낱말들만 들어 있는 속된 머리에서 나온, 생각이 부족한 말이 아니라면 단지 어리석은 주의일 뿐만 아니라 사실 '사악한' 사상이며, 형언할 수 없는 인류의 괴로움에 대한 가혹한 조롱이라고 하는 설명을 해두어야만 한다. 그리스도교의 교리가 낙천주의에 알맞은 것이라고 생각해서는 안 된다. 오히려 복음서에서는 세계와 재난은 거의 동의어로 사용되고 있기 때문이다.

## 60. 삶에 대한 의지의 긍정

덧붙이지 않으면 안 되었던 두 가지 해설을 끝냈는데, 그중 하나는 의지의 자유와 그 현상의 필연성에 대한 것이고, 다른 하나는 의지의 본질을 반영하고 있는 세계에서 의지의 운명에 대한 것으로, 의지는 이미 이 세계에 대한 인식에 입각하여 자신을 긍정하거나 부정하지 않으면 안 되었다는 것이다. 앞에서는 일반적으로만 표현하고 설명한 이러한 긍정과 부정을 이제는 한층 더 명확하게 해갈 수 있다. 즉 긍정과 부정만이 표현되는 행위 방식을 설명하여, 그 내적인 의미를 따라 이것을 고찰하는 것이다.

'의지의 긍정'이란, 인간의 삶을 일반적으로 채우고 있는 끊임없는 의욕이 어떠한 인식에도 방해받지 않는 것이다. 인간의 육체는 인간이라고 하는 이 단계에서 개체에 나타난 의지의 객관성이기 때문에, 시간 속에 전개되는 인간의 의욕은 육체라는 말의 의역과 같은 것이고, 전체와 그 부분들의 의미를 해명한 것이며, 육체도 이미 그것의 현상인 동일한 물자체를 다른 방식으로 설명한 것이다. 그러므로 우리는 의지의 긍정이라고 말하는 대신, 육체의 긍정이라고도 말할 수 있다.

잡다한 의지 행위의 근본 문제는 건강한 육체라는 존재와는 떼어놓을 수 없는 여러 가지 욕구의 충족인데, 이미 육체는 그 욕구의 표시이고, 개체의 유지와 종족의 번식이라는 것에 환원된다. 그러나 간접적으로 대단히 많은 동기가 의지를 지배하고, 여러 가지 의지 행위를 만들어 낸다. 의지 행위의 어느 것을 짚어보아도 그것은 여기에 현상하는 의지 일반의 한 표본, 한 실례에 지나지 않는다. 이 표본이 이러한 성질의 것이고, 동기가 어떠한 형태를 갖고 있는가, 또 어떠한 형태의 동기를 그 표본에 주는가 하는 것은 본질적인 것이 아니다. 문제는 단지 의지 일반과 의지의 강한 정도이다. 마치 눈이 빛이 있어야 비로소 그 시력을 가질 수 있는 것처럼, 의지는 동기를 통해 비로소 가시적이 될 수 있다. 동기 일반은 여러 가지 모습을 한 프로테우스로서 의지 앞에 서 있다. 동기는 언제나 의지 욕구의 완전한 만족과 해결을 약속하지만, 그것이 달성되면 동기는 곧 다른 모습을 취하고 나타나 또다시 의지를 움직인다. 그런데 그것은 이들 표본이나 실례에 의해 경험적 성격으로서 명확해지는 의지의 강도나 인식에 대한 의지의 관계에 따라 행해진다.

인간은 이러한 인식이 생긴 뒤로는 자신을 의욕하는 것으로 인식하는데, 흔히 인간의 인식은 의지에 끊임없이 관계하고 있다. 인간은 먼저 자기 의욕의 대상을, 다음으로 이 대상들을 얻는 수단을 알려고 노력한다. 이것을 알면 무엇을 할 것인가를 알고, 다른 지식을 얻으려고 하지 않는 것이 보통이다. 그는 움직이고 활동한다. 언제나 자기 의욕의 목표를 향해 가려고 하는 의식으로 그는 유지되고 일한다. 그의 사유는 이 수단들의 선택에 해당한다. 거의 모든 인간의 생활이 이렇다. 그들은 소망하고, 스스로 원하는 바를 알고 이것을 얻으려고 노력하여 절망에 빠지지 않을 정도로 성공하며, 권태와 그 결과에 고통당하지 않을 정도로 실패한다. 여기에서 어떤 쾌활함, 적어도 침착이 나오지만, 이것은 빈부의 차에 따라서는 바꿀 수 없는 것이다. 왜냐하면 부자나 가난한 자나 그들이 소유하고 있는 것은 앞에서 말했듯이 소극적으로만 작용하므로, 그들은 소유하고 있는 것을 즐기는 것이 아니라 자기들의 활동으로 얻으려고 소망하는 것을 즐기기 때문이다. 그들은 진지하게 그럴듯한 표정으로 진행해 간다. 아이들이 뛰놀 때의 태도도 이와 마찬가지이다. 의지의 사역에서 풀려나 세계의 본질 일반으로 향해진 인식으로부터의 관조에 대한 미적인 요구가 생김으로써, 또는 체념에 대한 윤리적인 요구가 생김으로써 생활의 행로가 방해되는 일은 언제나 예외이다. 대부분의 사람들은 삶의 필요에 쫓겨서 깊은 생각을 하지 못한다. 그런데 의지가 불타올라, 격한 정념이나 강렬한 열정을 나타내는 육체의 긍정을 능가하는 일이 가끔 있지만, 이러한 정념이나 열정에 있어서 개인은 단지 자신의 생존을 긍정할 뿐만 아니라 남의 생존을 부정하여 그것이 방해가 되면 없애버리려고 한다.

육체의 힘으로 육체를 유지하는 것은 의지의 긍정 정도가 낮은 것이므로, 자발적으로 이 정도에 머무른다고 하면, 이 육체의 사멸과 더불어 육체 속에 나타나 있던 의지도 소멸한다고 생각할 수 있다. 그러나 성욕의 만족으로도 이미 아주 짧은 시간을 유지하는 자기 생존의 긍정을 뛰어넘는 것이며, 여기서 생명을 개체의 죽음을 넘어서 긍정하고 일정하지 않은 시간에까지 연장하려고 하는 것이다. 자연은 언제나 진실하고 모순이 없지만, 여기서는 소박하다고 할 만큼 생식 행위의 내면적인 의미를 명확하게 우리 앞에 나타내고 있다. 의식과 충동의 강렬함으로 우리는 '삶에 대한 의지의 긍정'이 가장 결정적으로 이 행위 속에 순수하고 아무런 부가물도 없이(예컨대 다른 개인들을 부인하려고 하는) 나타난다는 것을 알게 된다. 그리고 시간과 인과 계열 속에, 즉 자연 속에 이 행위의 결과로서 하나의 새로운 생명이 나타난다. 탄생된 것은 탄생시키는 것에 대해 현상으로는 다르게 나타나지만 즉자적으로는, 또는 이데아에 따르면 같다. 그러므로 생물들의 종족이 각 종족들을 결합하여 하나의 전체가 되고, 하나의 전체로서 영속하는 것은 이러한 행위에 의한 것이다.

생식이란, 생산하는 자에 대해 말한다면 삶에 대한 의지의 결정적 긍정의 표현, 곧 징후에 지나지 않으며, 태어나는 자에 대해 말하면 그 자신 속에 나타나는 의지의 원인이 아니다. 왜냐하면 의지는 원인이나 결과를 모르기 때문이다. 오히려 생식은 모든 원인과 마찬가지로, 이 의지가 이 장소에 나타나는 것에 대한 기회원인에 지나지 않는다. 물자체로서는 생산하는 자의 의지와 탄생된 자의 의지가 다르지 않다. 왜냐하면 물자체가 아니라 현상만이 개별화의 원리에 지배되기 때문이다. 그렇게 자신의 육체를 뛰어넘어 의지를 긍정하고, 새로운 육체를 나타내는 동시에, 삶의 현상에 속하는 고뇌와 죽음도 긍정한다. 또 완전한 인식능력을 통해 초래된 해탈의 가능성은 이 경우에는 무익한 것으로 설명된다. 생식 작용에 대한 수치심의 깊은 근거는 여기에 있다. 이 견해는 그리스도교 교리에서는 신비적으로 설명되어 있는데, 그것은 우리가 모두 아담의 타락(이것은 확실히 성욕의 만족에 지나지 않는다)에 관련되어 있고, 그로 말미암아 고뇌와 죽음의 죄를 짊어지고 있다는 것이다. 이 교리는 이 점에서 충족이유율에 의한 고찰을 넘어서, 인간의 이데아를 인식하고 있다. 인간 이데아의 통일은 분열하여 무수한 개체로 되는데, 모든 것을 통합하는 생식이라는 유대에 의해 회복된다. 이것에 따르면 그 교리는 개인을 한편으로는 삶을 긍정하는 대표자인 아담과 동일시하고, 그런 점에서는 원죄, 고뇌, 죽음을 모면할 수 없는 것으로 본다. 그러나 또 한편으로 이데아의 인식에서 보면, 각 개인은 살려고 하는 의지를 부정하는 대표자인 구세주와 동일시되며, 그런 점에서 구세주의 자기 희생에 대하여 그의 공적에 의해 구제되고 죄와 죽음의 굴레로부터, 즉 이 세상으로부터 구원을 받는다(《로마서》 제5장 12~21절).

우리의 견해에 의하면, 성욕 충족이란 삶에 대한 의지를 개체의 삶을 넘어서 긍정하는 것이고, 그래서 개체를 소모하여 삶에 귀속시킨다는 것이다. 말하자면 삶에 새로운 증서를 준다는 것인데, 페르세포네에 관한 그리스 신화는 이것을 다른 방법인 신화적으로 설명한 것이다. 다시 말해 페르세포네는 명부(저승)의 과실을 먹지 않는 동안은 명부로부터 돌아올 수 있었지만, 석류 열매를 먹었기 때문에 명부에서 끝까지 살지 않으면 안 되게 되었다. 괴테는 이 신화를 비할 바 없이 잘 서술하고 있는데, 그에 따르면 이 신화가 갖고 있는 지금 말한 것과 같은 의미가, 특히 석류를 먹은 뒤 갑자기 눈에 보이지 않는 운명의 여신 파르카의 합창이 시작되면 확실하게 나타난다.

너는 우리의 것!
먹지 않고 돌아갈 것을,
사과를 깨물었기에 너는 우리의 것!

—괴테, 《감상주의의 승리》 제4막

알렉산드리아의 클레멘스(《잡록》, III, c. 15)가 이것을 같은 모양과 표현으로 나타낸 것은 주목할 만하다. 즉 천국을 위해 모든 죄로부터 자신을 단절해 버린 사람들은 이 세상의 굴레에 얽매이지 않는 축복받은 사람들이다.

성욕이 결정적인 가장 강한 삶의 긍정이라는 것은 그것이 자연인이나 동물에게 삶의 궁극적인 목적이며 최고 목표라는 사실로 확인된다. 자연인에게 제일의 노력은 자기 보존인데, 이 배려가 이루어지면 나중에는 단지 종족의 번식에 힘쓸 뿐이며, 자연적인 존재로서 그 이상의 노력은 하지 않는다. 자연도 그 내적인 본질은 삶에 대한 의지이며, 있는 힘을 다해서 인간과 동물을 내몰아서 번식하게 한다. 그렇게 되면 자연은 개체와 더불어 그 목적을 달성한 것이 되고 개체의 몰락에 대해서는 무관심하다. 왜냐하면 삶에 대한 의지로서 자연에 중요한 것은 종족의 보존뿐이며, 개체는 문제가 되지 않기 때문이다. 성욕에는 자연의 내적인 본질, 삶에 대한 의지가 가장 강렬하게 나타나 있으므로, 고대 시인이나 철학가들(헤시오도스나 파르메니데스)은 '에로스'는 모든 것을 산출하는 제1자, 창조자, 원리라는 깊은 뜻을 말했다(아리스토텔레스 《형이상학》 I의 4를 보라). 페르키데스는 "제우스는 세계를 창조하려고 자기 스스로를 에로스로 만들었다"(플라톤, 《티마이오스》)고 말했다. 1852년에 나온 G.F. 쇠만의 《천지 창조자의 애욕》은 이 문제를 자세히 다루고 있다. 인도 사람들이 말하는 마야는 이 가상 세계를 만들어 내는 것이지만, 이것도 애욕으로 바꾸어 말할 수 있다.

생식기는 육체의 다른 외적인 부분보다 훨씬 더 의지의 지배를 받고, 인식에는 지배되지 않는다. 뿐만 아니라 의지는 여기서 단지 자극에 따라 식물적 생명인 재생산에 도움이 되는 부분들에서와 마찬가지로 인식에 지배받지 않고 나타나는 것이며, 이 부분들에서 의지는 무인식의 자연에서처럼 맹목적으로 작용한다. 왜냐하면 생식이란 새로운 개체로 옮아가는 재생산이기 때문이다. 마치 죽음이 옮아간 배설에 지나지 않는 것처럼, 생식도 다음 생식력을 위해 옮아간 재생산이다. 이 모든 것에서 볼 때 생식기는 의지의 본디적인 '초점'이며, 인식인 세계의 다른 면, 표상인 세계의 대표자인 두뇌에 대립하는 것이다. 생식기는 생명을 유지하고 시간에 무한한 삶을 보증하는 원리이다. 이 특성을 가지고 있는 생식기는 그리스인들에게는 남근상으로, 인도에서는 음경 모양의 돌기둥인 링가로 숭배되었는데, 이것들은 의지에 대한 긍정의 상징이다. 이와 반대로 인식은 의욕의 소멸, 자유에 의한 해탈, 세계의 초극과 부정의 가능성을 주고 있다.

우리는 이미 제4권 처음에서 삶에 대한 의지의 긍정 속에서 그것과 죽음에 대한 관계를 보아야 할 것임을 자세히 논술해 두었다. 죽음은 이미 삶에 포함된 어떤 것으로서, 삶에 속해 있는 것이다. 이에 대해서는 그 반대인 생식 작용이 균형을 유지하고, 개체의 죽음에도 대립하여 생에 대한 의지에 대해 언제나 삶을 지키고 보증하고 있기 때문에, 죽음은 삶에 대한 의지를 고려하지 않는다. 이것을 표상하기 위해 인도 사람들은 죽음의 신 시바에게 링가를 주었다. 또 제4권 처음에서 우리는 여러 가지 일에 대해 깊이 생각하고 삶의 결정적인 긍정이라고 하는 관점에 선 자가 어떻게 무서워하지 않고 죽음을 기다리는가 하는 것을 자세히 논해 두었다. 따라서 여기서는 이에 관해서는 더 이상 언급하지 않기로 한다.

대부분의 사람들은 깊게 생각하지도 않고 이런 관점에 서서 영속적으로 삶을 긍정하고 있다. 세계는 이 긍정의 반영으로서 무한한 시간과 무한한 공간 속에 떠 있는 무수한 개체를 꺼안고 무한한 고뇌를 짊어지고 생식과 죽음 사이를 끝없이 방황하면서 존재하고 있다. 그러나 여기에 대해서는 어떠한 측면에서도 불평을 늘어놓아서는 안 된다. 왜냐하면 의지는 자신의 비용으로 이 대비극과 대희극을 상연하고, 스스로 이것을 관람하기 때문이다. 세계가 바로 이러한 세계인 것은 현상하여 세계로 되는 의지가 그와 같은 의지이기 때문이며, 의지가 이와 같이 의욕하기 때문이다. 고뇌에서 변호되는 것은 의지가 그러한 현상에 대해서까지도 자신을 긍정한다는 점이다. 그리고 이 긍정은 의지가 고뇌를 짊어진다고 하는 것으로 말미암아 변호되고 균형을 얻는다. 여기에서 이미 우리에게는 전체에서의 '영원한 정의'에 대한 안목이 열린다. 다음에 우리는 이것을 또한 개별적인 것에서 자세하고 명확하게 인식할 것이다. 그러나 그 전에 또 일시적인, 즉 인간적인 정의에 대해 논해야 하겠다.

## 61. 투쟁의 출발점인 이기심의 근원

제2권에서 언급한 것을 떠올려 보면, 자연 속에는 의지 객관화의 모든 단계에서 필연적으로 모든 종류의 개체들 사이에 끊임없는 투쟁이 있으며, 이것으로 인해 살고자 하는 의지 그 자체에 대한 내적인 저항이 나타나 있었다. 객관화의 최고 단계에서는 다른 것과 마찬가지로 이 현상도 아주 분명하게 나타나고, 더욱 잘 해명될 것이다. 이 목적 때문에 우리는 먼저 모든 투쟁의 출발점으로서 이기심의 근원을 더듬어 보려고 한다.

또 시간과 공간에 있어서만 동질적인 것의 다원성이 가능하기 때문에, 우리는 그것을 개별화의 원리라고 불렀다. 그것은 자연적인, 즉 의지에서 나온 인식의 본질적인 형식이다. 그러므로 의지는 곳곳에서 개체들의 다원성으로 나타난다. 그러나 이 다원성은 의지, 곧 물자체로서 의지에 관계하는 것이 아니라 현상들에 관계하는 것에 지나지 않는다. 의지는 이들 가운데 어떤 현상에도 전체로서 존재하고 있으며, 의지는 주위에 자기 본질의 형상이 수없이 되풀이되는 것을 바라본다. 그런데 이 본질, 즉 정말로 실재하는 것은 의지가 직접 자기 내면에서 발견할 뿐이다. 그러므로 사람은 누구나 모든 것을 자기를 위해 이용하며, 소유하려 하고, 적어도 지배하려고 하며, 자기에게 반항하는 것을 없애려고 한다. 그 밖에 또 인식하는 본질을 가진 것에 있어서는 개체가 인식 주관의 담당자이고, 인식 주관은 세계의 담당자이다. 이 담당자 이외의 모든 자연, 따라서 그 밖의 모든 개체도 그 담당자의 표상 속에만 존재하고, 그것은 이 모든 개체를 언제나 자기 표상으로서 의식하고 있을 뿐이다. 다시 말해 그저 간접적으로, 또 자신의 본질과 존재에 의존하는 것으로 의식하고 있다. 왜냐하면 그의 의식과 더불어 그에게는 필연적으로 세계도 소멸하며, 세계의 유무는 동일한 것이 되고, 구별이 없어지기 때문이다. 따라서 인식하는 개체는 다 진실 속에 있으며, 자신이 살려고 하는 의지 전체이고, 또는 세계의 즉자태이며, 표상인 세계의 보충적 조건이기도 하다. 그러므로 대우주에 버금가는 가치라고 여겨야 할 소우주라는 것을 안다. 언제나 어떠한 곳에서도 진실한 자연은 이 인식하는 개체에게 처음부터 반성과는 관계없이 이러한 인식을 단순하고 직접적으로 확실하게 해준다.

그래서 위에서 말한 두 가지 필연적인 규정으로부터 모든 개체는 무한한 세계에서는 아주 보잘것없고 무와 같은 미미한 것이면서도, 자신을 세계의 중심점으로 하고 자신의 생존과 복지를 먼저 고려할 뿐만 아니라 자연적인 관점에서는 이것을 위해 다른 것을 희생으로 바칠 준비가 되어 있다. 또한 드넓은 바다에 그저 하나의 물방울인 자신을 조금이라도 오래 유지하기 위해서는 세계도 멸망시킬 준비가 되어 있다는 것을 알 수 있다. 이러한 심정은 자연 속에 있는 모든 사물의 고유한 '이기심'이다. 그런데 이것이야말로 의지가 자신과의 내적인 투쟁을 무서울 정도로 드러내는 것이다. 왜냐하면 이 이기심의 존립과 본질은 앞서 말한 대우주와 소우주의 대립에 있기 때문이다. 다시 말하면 의지의 객관화는 개별화의 원리를 형식으로 갖고, 그리하여 의지는 무수한 개체로 되어 같은 방식으로 나타나, 어떠한 개체에서도 양면(의지의 표상)에서 전체로서 완전하게 나타나는 것이다. 따라서 모든 개체는 그 자신이 전체적인 의지로서, 또 전체적으로 표상하는 것으로서 직접 주어진다. 하지만 그 밖의 개체는 그에게는 먼저 표상으로 주어져 있음에 불과하다. 그러므로 그에게는 자신의 본질과 유지가 다른 것을 합친 것보다 우선한다. 누구나 아는 사람의 죽음을 알게 되어도 개인적으로 거기에 관계없는 경우에는 꽤 냉담하지만, 자신의 죽음은 세계의 종말이라고 생각한다. 가장 높은 정도에 올라간 의식, 곧 인간의 의식에서는 인식·고통·희열과 마찬가지로 이기심 또한 최고도에 달했음에 틀림없고, 이 이기심으로 제약받는 개인들의 투쟁은 가장 무섭게 나타난다.

이것은 실제로 우리가 곳곳에서 보는 것인데, 대폭군과 악한의 생애와 세계를 황폐하게 하는 전쟁에서, 즉 무서운 측면에서 볼 때도 있고 또 희극의 주제가 되기도 하며, 특히 자부심이나 허영으로 나타나기도 한다. 또 라로슈푸코가 유례없이 훌륭하게 포착하고 추상적으로 묘사한 것처럼 우스꽝스러운 측면에서 볼 때도 있다. 우리는 이것들을 세계사 속에서나 경험 속에서 보는 것이다. 그러나 가장 명확하게 나타나는 것은 어떤 군중이 모든 법칙과 질서에서 해방될 때이다. 그때 홉스가 《시민론》 제1장에서 훌륭히 묘사한 '만인의 만인에 대한 투쟁(bellum omnium contra omnes)'이 가장 확실하게 나타난다. 여기에 나타나는 것은 각자 자기가 갖고자 하는 것을 남에게서 빼앗으려고 할 뿐만 아니라, 가끔 어떤 한 사람이 자기 행복을 조금 더하기 위해 남의 행복이나 생활 전체를 파괴하는 일까지도 있다는 것이다. 이것이 이기심의 최고도의 표현인데, 이러한 이기심의 현상들보다 더욱 심한 것은 본디적인 악의의 현상이며, 이것은 자기에게 아무런 이익이 되지 않는데도 무모하게 남의 손해나 고통을 추구하는 것이다. 여기에 대해서는 곧 설명하겠다. 이러한 이기심의 원천에 대한 폭로와 도덕의 기초에 관해서는, 내 현상 논문의 제14장에 쓴 이기심에 대한 설명을 비교해 주기 바란다.

우리가 앞에서 모든 삶에 고유하고 불가피한 것으로 고찰한 고뇌의 주된 원천은, 고뇌가 실제로 일정한 형태를 취해 나타나는 '투쟁(Eris)', 즉 모든 개인의 투쟁이며, 삶에 대한 의지의 내부에 따라다니며 개별화의 원리에 의해 가시적으로 되는 모순의 표현이다. 동물과의 결투는 이 모순을 뚜렷하고 구체적으로 나타내기 위한 잔인한 수단이다. 고뇌에 대해 강구한 예방 수단들에도 불구하고, 이러한 근원적인 갈등 속에는 고갈되지 않는 고뇌의 원천이 있는데, 이 예방 수단들에 대해서는 다음에 자세하게 살펴볼 것이다.

## 62. 국가와 법률에 대하여

삶의 의지에 대한 근본적이고 단순한 긍정은 자기 육체를 긍정하는 것에 지나지 않는다. 다시 말해 의지를 행위로 시간 속에 표출하는 것으로, 그러한 한에서 육체는 이미 그 형식과 합목적성에서 같은 의지를 공간적으로 표출하고 있는 것이고, 그 이상은 아니라는 것을 이미 앞에서 말했다. 이 긍정은 육체의 힘을 사용하여 육체를 유지하는 데에서 나타난다. 여기에 직접 결합되어 있는 것이 성욕의 충족이며, 생식기가 육체의 일부인 경우에 성욕의 충족은 이 긍정의 일부이다. 그러므로 성욕의 충족을 '자유의지적으로' 어떠한 '동기'에도 근거를 두지 않고 단념하는 것은 그것만으로도 이미 삶에 대한 의지를 부정하는 것이며, '진정제'로서 작용하는 인식이 생긴 것이고, 의지의 자발적인 자기부정이다. 따라서 자기 육체를 이렇게 부정하는 것은 이미 의지 현상에 대한 모순으로 나타난다. 왜냐하면 이 경우에도 육체는 생식기에 있어서 번식 의지를 객관화하고는 있지만, 그럼에도 번식이 의욕되는 것은 아니기 때문이다. 그러므로 이렇게 단념하는 것은 삶에 대한 의지의 부정이나 중지이기 때문에 힘들고 괴로운 자기 극복이다. 그러나 여기에 대해서는 나중에 언급하겠다.

그런데 의지는 육체의 '자기 긍정'을 나란히 있는 무수한 개체 속에 나타내면서, 모든 개체가 지닌 고유한 이기심으로 자칫 어떤 개체에서는 이 긍정을 넘어서 다른 개체에 나타나 있는 동일한 의지에 대한 '부정'에 이른다. 그 첫째 개체의 의지는 다른 개체의 의지에 대한 긍정의 한계에 침입한다. 그래서 그 개체가 다른 개체를 파괴하거나 손상하며, 또는 그 개체가 다른 육체의 힘을 그 육체에 나타나 있는 의지에 도움이 되게 하지 않고 강제로 '자기' 의지에 도움이 되게 하는 것이다. 그 개체가 다른 육체로 나타나 있는 의지에서 그 육체의 힘을 빼앗음으로써 '자기' 의지에 도움이 되는 힘을 자기 육체의 힘 이상으로 증대하고, 그 결과 다른 육체에 나타나 있는 의지를 부정함으로써, 자기 의지를 자신의 육체를 넘어 긍정한다. 이러한 남의 의지에 대한 긍정의 경계 안으로 침입하는 것은 예전부터 알려져 있었고, 이러한 침입의 개념은 '부정(Unrecht)'이란 말로 표현되어 왔다. 왜냐하면 침입하는 쪽이나 침입당하는 쪽도 우리가 여기서 사태를 명확한 추상 속에서 인식한 것과는 다르지만 매우 짧은 시간에 감정을 통하여 그것을 인식하기 때문이다. 부정을 당한 인간은 자기 육체에 대한 긍정의 영역 안에 다른 개체가 그 범위를 부정함으로써 침입해 오는 것을 직접적이고 정신적인 고통으로 느끼지만, 이와 더불어 이 고통은 느껴지는 행위에 의한 육체적 고통, 또는 손실에 의한 불쾌와는 완전히 무관하며 다른 것이다. 한편 부정을 행하는 자는 자기도 남의 육체에 나타나 있는 의지와 동일한 의지이고, 그 의지가 그 어떤 현상에서 격렬성을 가지고 자기를 긍정하는 것이다. 또 자기가 육체와 그 힘의 경계를 넘음으로써 다른 개체에 나타나 있는 바로 이 의지를 부정하게 되기 때문에 자기는 의지로서 본다면, 바로 의지의 격렬성으로 자신에게 맞서 싸우고, 자신의 육체를 찢어버린다는 것을 인식하게 된다. 다시 말하지만 부정을 행하는 자도 이것을 순간적으로 인식하고, 추상적이 아닌 어떤 막연한 감정으로 인식하는 것이다. 그리고 이것을 양심의 가책이라 부르며, 이 경우를 더 자세하게 말한다면 '부정을 저지른' 느낌이라고 부른다.

이상에서 우리는 '부정'의 개념을 매우 일반적으로 추상화하여 분석했는데, 부정은 구체적으로는 식인종에게서 가장 완전하고 본디적으로, 또한 명확하게 표현된다. 사람을 잡아먹는 것은 부정의 가장 분명하고 확실한 유형이며, 의지 객관화의 최고 단계에서 자신에 대해 최대의 저항을 나타내는 무서운 모습이다. 이것 다음으로 부정이 두드러지게 나타나는 것은 살인이다. 살인을 저지른 뒤에는 순간적으로 무서울 정도로 뚜렷하게 양심의 가책이 생겨(양심의 가책에 대한 의의에 관해서는 우리가 방금 추상적으로 담담하게 언급한 대로이다) 정신의 평정은 일생 동안 치유될 수 없는 상처를 받는다. 그것은 살인에 대한 우리의 전율, 앞으로 범하려고 하는 살인에 대한 우리의 망설임은 삶에 대한 한없는 집착을 말하는 것이고, 모든 생물은 바로 삶에 대한 의지의 표시로서 이 집착과 이어져 있기 때문이다. (그 밖에 우리는 부정이나 악을 행했을 때 뒤따르는 감정, 다시 말해 양심의 가책을 더 자세히 분석하고 명확한 개념에까지 나아갈 것이다.) 타인의 육체에 대한 고의적인 훼손이나 단순한 상해도 정도의 차이가 있을 뿐 본질적으로는 살인과 같다고 여겨야 하며, 구타도 마찬가지이다. 또한 다른 개체를 억압하거나 강제로 노예로 만드는 것도 부정이다. 남의 소유를 침해하는 것도 부정인데, 이것은 남의 소유가 그 사람의 노력의 성과로 생각되는 한, 타인에 대한 압제와 본질적으로는 같은 것이며, 단순한 상해의 살인에 대한 관계와 같다.

왜냐하면 '소유는 부정 없이는' 남에게 빼앗기지 않는 것인데, 이것은 부정에 관한 우리의 설명에 따르면 인간이 자신의 힘으로 만들어 낼 수 있는 것이고, 따라서 그 소유를 빼앗음으로써 육체의 힘을 육체에 객관화된 이 의지로부터 빼앗아, 남의 육체에서 객관화된 의지에 봉사시키기 때문이다. 이렇게 부정을 행하는 자는 남의 육체가 아니라, 이것과는 전혀 다른 무생물을 침해하기도 한다. 또한 결국 남의 의지에 대한 긍정의 범위 안에 침입하기 때문인데, 남의 체력과 노동은 말하자면 이 무생물과 결합하여 하나로 되는 것이다. 그러니까 여기에서 진정한 모든 권리, 모든 도덕적 소유권은 본디는 오직 '노력'함에 근거를 두고 있다는 것이다. 실제로 칸트 이전에는 이것은 꽤 일반적으로 인정되어 있었으며, 가장 오래된 법전에는 다음과 같이 논술되어 있다. "옛날을 알고 있는 현자들은 경작된 토지가 그 땅의 나무를 뿌리째 뽑아 없애버리고, 땅을 반반하게 고르고 경작한 자의 소유임을 안다. 마치 영양이 치명상을 준 최초의 사냥꾼의 소유에 돌아가는 것과 같다《마누법전》, IX 44).

나는 칸트의 법철학은 오류들이 서로 얽혀서 생긴 기묘하게 엮어진 것이라고 생각하지만, 그것은 단지 칸트의 노쇠에서 유래한다. 또 그가 소유권을 최초의 점유 획득으로 기초하려고 하는 것도 그의 노쇠함으로 설명할 수가 있다. 그도 그럴 것이 내가 어떤 물건을 남이 사용하지 못하게 하려는 의지를 선언한 것만으로 어떻게 그 물건에 대한 '권리'가 생긴단 말인가. 칸트는 이 선언이 권리의 원천이라 생각하고 있지만, 이 선언은 틀림없이 새로운 권리의 원천을 필요로 한다. 그리고 어떤 물건의 완전한 소유를 요구하는 권리가 그것을 요구하는 사람의 선언 이외에 아무것에도 근거를 두고 있지 않은 경우, 그 영구권을 존중하지 않는 사람이 있다고 하여 그 사람을 어떻게 그것 때문에 불안하게 할 것인가. '합법적인 점유 획득'은 있을 수 없으며, 근본적으로는 자기 힘을 그 물건에 사용함으로써 그것을 합법적으로 '선점'하고, '점유'한 것에 지나지 않는다. 어떤 물건이 아무리 작은 노력이라 해도 남에 의해 노력이 가해지고 개량되고 재해를 받지 않게 보호되면, 이 노력으로 야생의 열매를 따거나 땅에서 줍는 것만으로도 침해자는 분명히 남이 그것 때문에 사용한 힘의 성과를 빼앗는다. 따라서 남의 육체를 그 사람의 의지 때문이 아니라 '자기' 의지에 도움이 되게 하고, 자신의 의지를 그 의지 현상을 넘어 긍정하며, 남의 의지를 부정하기에 이르는 것이다. 말하자면 부정을 행하는 것이 된다.[7]

반대로 어떤 사물에 조금도 노력을 하지 않고, 또는 파괴되지 않게 보호하지 않고, 단지 그것을 즐기는 것만으로는 점유의 의지를 선언하는 것일 뿐 권리가 생기지 않는 것과 마찬가지로 그 물건에 대한 권리는 생기지 않는다. 그러므로 어떤 한 가족이 아무리 100년 동안 어떤 사냥 구역에서 독점적으로 사냥하고 있었다고 해도 그곳을 전혀 개량하지 않았다면, 다른 새로운 사람이 와서 거기에서 사냥하려고 할 때 도덕적 부정을 저지르지 않는 한 사냥을 못하게 막을 수는 없다. 따라서 선취권이란, 즉 어떤 물건을 그저 누려왔다는 것으로 계속 누릴 수 있는 독점권을 요구하는 선취권이란 도덕적으로는 근거가 없다. 이러한 권리만을 믿고 있는 자에게 이 낯선 사람은 더 올바른 권리를 갖고, '자네가 오랫동안 누리고 있었으니까 이번에는 남들이 누려도 좋을 것이다' 말할 수 있다. 개량하고 재해를 막음으로써 노력을 들일 수 없는 물건에 대해서 도덕적 근거를 가진 완전한 소유라는 것은 없다. 다만 다른 방면에서 봉사에 대한 보답으로 다른 사람들의 자발적인 양도로 완전한 소유가 인정되는 경우가 있다. 그러나 그러기 위해서는 이미 협약으로 규제된 공동체, 곧 국가가 전제된다. 앞에

---

7) 따라서 자연적 소유권을 기초하기 위해서는 '억류(Detention)'에 기초를 둔 권리 원천과 '형성'에 기초를 둔 권리 원천, 이 둘이 다 필요한 것은 아니고, 형성에 기초를 둔 것이면 충족된다. 단 '형성'이라는 명칭은 반드시 적당한 것은 아니다. 왜냐하면 어떤 사물에 노력을 기울이는 것은 반드시 형태를 일으켜야 할 필요는 없기 때문이다.

서 연역한 것처럼 도덕적으로 근거를 가진 소유권은, 그 본성에 따르면 소유자에게 그가 자신의 육체에 대해 갖는 것과 같은 무제한의 힘을 그 물건에 대해 갖게 한다. 그 결과 그의 소유를 교환이나 증여로 남들에게 양보할 수 있고, 그것을 받은 사람들은 그와 똑같은 권리를 갖고 그 물건을 소유하게 된다.

부정의 '실행(Ausübung)'은 일반적으로 '폭력(Gewalt)'에 의하지 않으면 '간계(List)'에 의해서 행해진다. 이것은 도덕적 본질에서 보면 동일하다. 먼저 살인에 있어서는 내가 단도를 사용하든 독약을 사용하든 도덕적으로 마찬가지이다. 신체적 상해의 경우에도 마찬가지이다. 그 밖의 여러 가지 부정은 언제나 부정을 행하는 자로서 내가 남의 개체를 강요하여, 그 사람의 의지가 아니라 내 의지에 봉사하게 하고, 그 사람의 의지에 의하지 않고 내 의지에 의해 행동하게 한다는 것에 이른다. 폭력의 방법에서 이것은 물리적 인과성으로 달성되지만, 간계의 방법에서는 동기, 즉 인식을 거친 인과성에 의해, 다시 말해서 내가 그의 의지에 가상 동기를 그럴듯하게 보임으로써 그가 '자기' 의지에 따른다고 믿고 있지만 실은 '나의' 의지에 따르는 것에 의해 이루어진다. 동기가 들어 있는 매개가 인식이기 때문에 그 사람의 인식을 위조함으로써만 부정을 행할 수 있는데, 이것이 '거짓말'이다.

거짓말은 언제나 남의 의지에 대한 작용을 목적으로 하고, 독립하여 그 자체로서 인식에 대해서만 작용하는 것이 아니라 단지 수단으로서, 곧 자기 의지를 규정하는 경우 인식에 작용하는 것이다. 왜냐하면 나의 거짓말은 의지에서 출발하는 것으로서 어떤 동기를 필요로 하기 때문이다. 하지만 그 동기가 될 수 있는 것은 다른 사람의 의지뿐이고, 다른 사람의 인식이 아니다. 다시 말해 다른 사람의 인식은 결코 '나의' 의지에는 영향을 미치지 않는다. 따라서 결코 그것을 움직이지 못하고, 그것은 의지 목적의 동기일 수 없으며, 다른 사람의 의욕과 행위만이 동기일 수 있고, 다른 사람의 의지는 간접적으로만 동기일 수 있다. 이것은 명확한 이기심에서 나온 거짓말에 해당할 뿐만 아니라, 이 때문에 일어난 다른 사람의 잘못으로 인한 아픈 결과를 즐기려고 하는 악의에서 나온 거짓말에도 해당된다. 또 단순한 호언장담도 그것으로써 다른 사람으로부터의 존경을 높이고 평판을 좋게 함으로써, 다른 사람의 의욕과 행동에 조금이라도 영향을 끼치려고 하는 목적을 갖고 있다. 어떤 진리, 즉 어떤 발언을 단지 부정할 뿐이라면 그 자체로서는 아무런 부정도 아니지만, 거기에 거짓말을 붙이면 부정이 된다. 길을 잃은 나그네에게 옳은 길을 가르쳐 주지 않는 것은 부정이 아니지만, 옳지 않은 길을 가르쳐 주는 것은 부정이다. 이상으로 보아 거짓말은 폭력 행위와 마찬가지로 '부정'이라는 결론이 나온다. 왜냐하면 거짓말은 이미 폭력과 마찬가지로 내 의지를 남에게까지 연장해 지배하고, 그래서 남의 의지를 부정함으로써 나의 의지를 긍정하려는 목적을 갖고 있기 때문이다.

그러나 가장 완전한 거짓말은 '계약 위반'일 것이다. 왜냐하면 이 경우 앞서 증거를 든 규정들이 모두 완전하고 명확하게 갖추어져 있기 때문이다. 내가 어떤 계약을 맺으면, 그로 인해 상대방이 약속한 이행은 직접적이고 분명하게, 이제 행해지려고 하는 나의 이행에 대한 동기가 된다. 약속은 신중한 형식으로 교환된다. 각자가 약속 속에 언약한 진실성은 그 약속의 승낙을 보면 그 사람의 생각대로이다. 상대방이 계약을 어기면 그는 나를 속인 것이 되며, 단지 상대방의 동기를 나의 인식 속에 밀어넣음으로써 내 의지를 그의 마음대로 좌우하고, 그의 의지 지배를 다른 개체에까지 확대함으로써 완전한 부정을 행한 것이 된다. '계약'의 도덕적인 적법성과 타당성은 여기에 기초한다.

폭력에 의한 부정은 그것을 행하는 자에게는 '간계'에 의한 부정처럼 '부끄러워할' 일은 아니다. 왜냐하면 폭력에 의한 부정은 어떠한 사정 아래에서도 인간에게 경외심을 일으키는 물리적인 힘의 증거가 되지만, 간계에 의한 부정은 우회로를 취함으로써 약점을 폭로하고, 따라서 물리적 존재로서도, 도덕적 존재로서도 그 사람을 깎아내리기 때문이다. 또 사기와 기만이 성공할 수 있는 것은 그것을 행하는 자가 동시에 그것에 대한 혐오와 멸시를 나타내 신용을 얻음으로써만 가능하다. 또 그가 실제로 갖고 있지 않은 정직성을 갖고 있다고 믿게 하는 데 기반을 두고 있기 때문이다. 간계, 불성실, 배신으로 곳곳에서 일어나는 깊은 혐오감은 성실과 정직이 많은 개인에게 흩어져 있는 의지를 결국 다시 외부에서 결합하여 하나로 만들고, 그러한 분산 때문에 생긴 이기심의 결과들에 제한을 가하는 유대라고 하는 것에 기반을 두고 있다. 불성실과 배신은 이 마지막 외적 유대를 끊고, 이기심의 결과들에 제한 없는 활동 가능성을 제공한다.

우리가 고찰 방법과 관련해서 '부정'이라는 개념의 내용으로서 발견한 것은,

어떤 개인이 자기 육체에 나타나 있는 의지의 긍정을 확대하고 남의 육체에 나타나 있는 의지를 부정하기에 이르는 행위의 성질이다. 또 우리는 일반적인 예를 들어 최고 단계에서 더 낮은 단계들에 이르기까지의 등급들을 소수의 주요 개념으로 규정함으로써, 부정의 영역이 시작하는 경계를 표시했다. 이것에 의하면 '부정'이라는 개념은 근원적이고 적극적인 개념이며, 이에 대한 '정(Recht)'의 개념은 파생적이고 소극적인 개념이다. 왜냐하면 우리가 신뢰해야 되는 것은 언어가 아니라 개념이기 때문이다. 사실 부정이라는 것이 없다면, '정'은 문제가 되지 않았을 것이다. '정'이라는 개념에는 부정의 부정이 포함되어 있을 뿐이고, 앞서 말한 한계를 넘지 않는 행위, 즉 자기 의지를 강하게 긍정하기 때문에 다른 사람의 의지를 부정하기에 이르지 않는 행위는 모두 이것에 포함되는 것이다. 그러므로 어떠한 한계는 단순하고 순수하게 '도덕적인' 규정이라는 점에서 말하면, 가능한 행위의 모든 영역을 부정 또는 정으로 나눌 수 있다. 앞서 설명한 방식으로 하나의 행위가 다른 사람의 의지의 긍정 영역에 들어가서 부정을 행하고 해를 끼치지만 않으면, 그 행위는 부정이 아니다. 따라서 남의 절박한 어려움에 대한 구원을 거절하거나 자기는 배불리 먹으면서 남이 굶어 죽는 것을 태연하게 방관하는 것은 확실히 잔인하고 악마 같은 태도이긴 하지만 부정은 아니다. 다만 분명하게 말할 수 있는 것은 그런 정도의 무자비함과 냉정한 태도를 취할 수 있는 사람은 자기 소원이 요구하기만 하면, 그리고 그것을 방해하는 강제력만 없으면 반드시 부정도 행하게 된다는 것이다.

부정의 부정으로서 '정'의 개념이 주로 적용되고, 또 의심할 여지없이 최초의 기원이 된 것은 부정이 시도되었으나 폭력으로 방해된 경우이다. 이 방해는 다시 부정일 수는 없고, 따라서 '정'이다. 물론 이 경우에 행사된 폭력 행위는 그 자체만 떼어놓고 생각하면 '부정'일 테지만, 여기서는 그 행위의 동기에 의해 정당하다고 인정받아 '정'이 되는 것이다. 어떤 개인이 자신의 의지를 긍정하고, 나의 인격 자체에 고유한 의지의 긍정 영역에까지 침입하여 이것을 부정하기에 이르면, 이 침입에 대한 방어는 그 부정의 부정일 뿐이다. 그 경우 내 편에서 본다면 본질적이고 근원적으로 나의 육체에 나타나 있고, 이 육체라는 현상에 의해 함축적으로 표현되어 있는 의지를 긍정하는 것에 불과하다. 따라서 부정이 아니라 '정'이다. 말하자면 이 경우 나는 다른 사람의 부정을 거부하는

데 필요한 힘을 가지고 부정하는 '권리'를 갖고 있다는 뜻이며, 이 권리는 쉽사리 알아차릴 수 있게 침입해 오는 외적인 폭력으로서의 침해에 대해 어느 정도 우세한 반대의 힘으로 막아내는 경우에는 그 타인을 죽이는 일도 있지만, 그것은 부정이 아니고 정이다. 왜냐하면 내 쪽에서 행한 것은 나의 영역 안에만 존재하는 것이고(이 영역은 투쟁의 무대이기도 하지만), 다른 사람의 영역을 침입하지 않았기 때문이다. 따라서 부정의 부정은 긍정이며, 그 자신은 부정이 아니다. 그래서 나의 의지가 내 육체에 나타나고, 또한 내 육체를 유지하기 위해 같은 한계를 지키는 다른 사람의 의지를 부정하지 않고서, 나는 내 육체의 힘을 사용하는 경우에 나타나는 나의 의지를 부정하는 타인의 의지에 대해서 '강제로' 이 부정을 포기하게 할 수 있다. 그것도 '부정'은 '아니며', 그러한 경우 나는 '강제권'을 갖고 있는 것이다.

내가 강제권을 갖고 있는 경우, 즉 남에게 '폭력'을 사용해도 괜찮다고 하는 권리를 갖고 있는 경우에도, 그때의 사정에 따라 남의 폭력에 대해 '간계'를 가지고 응하더라도 전혀 부정이 되지 않는다. 따라서 나는 '강제권을 갖고 있는 것과 같은 정도로 거짓말을 할 권리'도 갖고 있다. 그러므로 길에서 강도를 만나 몸 전체를 검문당한 사람이, 그 강도에게 이 이상 아무것도 갖고 있지 않다고 단언하는 것도 옳다. 마찬가지로 밤중에 침입한 강도를 거짓말로 속여 지하실로 유인하여 감금해 버리는 것도 옳다. 도적들, 예컨대 바이에른인(人)들에게 붙잡혀 끌려가는 경우, 도망치기 위해서 폭력뿐만 아니라 간계를 써서 그들을 죽일 권리도 있다. 따라서 직접 육체적인 폭력 행위로 어쩔 수 없이 하는 약속은 지켜야 할 의무가 없다. 왜냐하면 그러한 강요를 받은 사람은 상대방을 속이는 것뿐만 아니라 죽여서까지라도 그 폭력자로부터 도망칠 수 있는 충분한 권리를 갖고 있기 때문이다. 빼앗긴 자기의 소유를 힘으로 다시 빼앗아 올 수 없는 사람이 간계로 그것을 손안에 넣었다고 해도 부정을 행한 것이 되지 않는다. 오히려 나에게 빼앗은 돈으로 도박을 하고 있는 자가 있다면, 그 사람에게 나는 주사위를 속일 권리가 있다. 왜냐하면 내가 그에게 빼앗은 것은 이미 나의 것이었기 때문이다. 이것을 부인하려고 한다면 전략의 적법성이 한층 부인되어야만 하리라. 전략은 사실에 근거한 거짓말이며, "사람들의 행위가 믿을 수 없게 되면 사람들의 말은 대수롭게 생각할 필요가 없다"는 스웨덴의 여왕 크리스티나의 말을 증거하는 것이다. 따라서 정의 한계는 부정의 한계와 뚜렷하게 선을 긋고 있다. 어쨌든 나는 이 모든 것이 앞서 거짓말과 폭력의 부정성에 대해 말한 것과 완전히 일치한다는 점을 증명하는 일은 지나치다고 생각한다. 또한 이것은 필요한 거짓말에 관한 기묘한 설을 해명하는 데에도 도움이 될 수 있다.[8]

이렇게 지금까지 언급해 온 것을 보면, 부정과 정이란 단지 '도덕적인' 인간의 행동을 고찰함에 있어서, 또 이 '행동 그 자체의 내적 의미'에 대하여 타당성을 갖는 규정이다. 이 내적인 의미는 다음과 같이 의식에서 직접 나타난다. 한편으로 부정행위에는 내적인 고통이 따르는데, 이것은 부정행위를 하는 자가 자신의 내부에서 의지의 긍정이 지나치게 강렬해 남의 의지 현상을 부정하기에 이르렀다는 것과, 자기가 현상으로서는 부정을 당하는 자와 다르지만, 즉자적으로는 같은 것임을 느낌으로서 의식하는 것이다. 모든 양심의 가책에 관련된, 이와 같은 내적 의미에 대한 더 이상의 해설은 뒤에 하겠다.

한편 부정을 당하는 자의 의지는 이미 그의 육체와 자연적인 요구로 나타나 있고, 자연은 이 요구를 만족시켜 주기 위해 그가 이 육체의 힘에 의지하게 한다. 하지만 그는 자기의 그와 같은 의지가 부정되는 것을 고통으로 의식하며, 또한 힘이 모자라면 어떠한 수단을 써서라도 그 부정을 막을 수 있는데, 그럼에도 그것이 부정이 아니라는 것도 의식한다. 이러한 순수하게 도덕적인 의미는 국민으로서의 인간이 아니라 인간으로서의 인간에 대해 정과 부정이 갖는 유일한 의미이다. 따라서 이것은 아무런 실정법도 존재하지 않는 자연 상태에서도 존속하며, 이 모든 것의 기초와 내용으로 되는 것이다. 그래서 '자연법 (Naturrecht)'이라고 부르는 것이지만, 도덕법이라고 하는 편이 더 적절하다. 왜냐하면 이 법의 타당성은 고뇌, 즉 외적인 현실에 미치는 것이 아니라 개인적 의지의 행위와 그 행위에서 인간이 깨달아 알게 되는 개인적 의지의 자기인식, 곧 '양심'이라고 부르는 것에 지나지 않지만, 자연 상태에서는 어떤 경우에도 외부에 대해서, 또 다른 개인들에 대해서도 효과가 있고, 법 대신 폭력이 지배하지 않도록 방지할 수 있기 때문이다. 자연 상태에서는 부정을 행하지 않는 것이

---

8) 여기에서 논한 법철학의 자세한 해명은 나의 현상 논문 《도덕의 기초에 대하여》 제17장, 초판 p. 221~230(제2판 p. 216~226)에 있다.

사람에 따라 좌우되지만, 부정을 '당하지' 않는 것은 결코 각자에게 달린 것이 아니라 우연적이고 외적인 힘에 달린 것이다. 그러므로 정과 부정의 개념도 자연 상태에 타당하며, 협정에 의한 것은 아니다.

그러나 이 개념들은 자연 상태에서는 각자가 자기 의지에 대한 자기인식을 위한 '도덕적인' 개념으로서만 효력을 갖고 있다. 이 개념들은 삶에 대한 의지가 인간 개체 속에서 자신을 긍정함에 있어 천차만별의 강도를 가진 등급의 일정한 점으로, 온도계의 어느 점과도 같은 것이며, 이 점에 이르면 자신의 의지에 대한 긍정은 다른 사람의 의지에 대한 부정이 되고, 그 의지의 격렬성 정도와 인식이 개별화의 원리(이것은 의지에 예속된 모든 인식의 형식이지만) 속에 가두어지는 정도를 하나로 하여 부정행위로 표시되는 것이다. 그런데 인간 행위에 대해 순수하게 도덕적인 고찰을 무시하거나 부인하고, 행동을 단지 외적인 작용과 그 결과로만 고찰하려고 하는 사람은 홉스와 더불어 정과 부정을 협약에 의해 임의로 채택한 규정이며, 실정법 이외에는 전혀 존재하지 않는 규정이라고 말할지 모른다. 우리는 이러한 사람에게서 외적인 경험에 속하지 않는 것을 외적인 경험으로 표시하는 것을 절대 보지 못할 것이다.

홉스는 그의 저서 《원리와 기하학적 추론에 대하여》 속에서 완전하게 순수한 수학을 전면적으로 부인하고, 점에는 연장이 있으며 선에는 폭이 있다는 것을 주장함으로써 그의 경험적 사고방식의 특색을 두드러지게 표출했다. 하지만 홉스에게 우리는 결코 연장이 없는 점이나 폭이 없는 선을 보여줄 수 없으며, 또 법의 선험성도 수학의 선험성도 보여 줄 수는 없다. 왜냐하면 그는 경험적이 아닌 모든 인식에 대해서 마음을 닫고 있기 때문이다.

따라서 순수한 '법률학(Rechtslehre)'은 '도덕'의 일부이며, 직접적으로는 '행위'에만 관계할 뿐 '고뇌'에는 관계하지 않는다. 행위만이 의지의 표출이고, 의지만을 고찰하는 것이 도덕이기 때문이다. 고뇌는 단지 사건일 뿐이다. 도덕은 간접적으로만 고뇌를 고려할 수 있는데, 그것은 부정을 당하지 않기 위해서 행한 것은 부정행위가 아니라는 것을 증명하기 위해서만 고려할 수 있다는 것이다. 앞서 말한 도덕의 일부를 자세히 논하는 경우, 그 내용이 되는 것은 개인이 이미 자신의 육체에 객관화되어 있는 의지를 긍정하고, 이것이 다른 개인에게 나타나 있는 경우의 동일한 의지를 부정하는 일 없이 이루어질 수 있는 한도를 엄밀히 규정한다. 또한 이 한도를 넘은 행위는 부정이며, 그러므로 그것을 피해 부정이 되지 않는 행위를 엄밀히 규정하는 것이다. 따라서 언제나 자기 '행위'가 고찰의 목표이다.

그런데 '부정을 당하는 것은' 외적인 경험에서 사건으로서 나타나고, 여기에 삶에 대한 의지의 자신에 대한 투쟁이라는 현상이, 이미 말한 것처럼 명확하게 나타난다. 이것은 개체의 인식을 위한 표상으로서의 세계 형식인 개별화의 원리로 제약되어 있는 많은 개체와 이기심에서 생긴다. 또 인생에 고유한 고뇌의 아주 큰 부분은 이러한 개인의 투쟁들이 그 끊임없는 원천이라는 것도 이미 보아 온 것이다.

이 모든 개인에게 공통된 이성은 개인에게 동물처럼 단지 개별적인 사례뿐만 아니라 관련된 전체를 추상적으로 인식시키고, 곧 그 고뇌의 원천을 통찰할 수 있게 한다. 또 공통된 희생을 지불함으로써 고뇌를 덜거나 가능하면 그것을 잃어버리게 하는 수단을 생각해 내기에 이른다. 그럼에도 이 희생의 크기는 그 고통으로부터 얻는 이익의 크기보다 크다. 경우에 따라서는 부정을 행하는 것이 개인의 이기심에는 대단히 기분 좋을지 모르지만, 이와 관계해서 반드시 다른 개인이 부정을 당하고 큰 고통을 느끼지 않을 수 없다. 그래서 전체를 고려하는 이성은 자기가 소속되어 있는 개체의 일반적인 관점에서 탈출하여 잠시 동안 개체에 대한 집착을 떠나버림으로써, 어떤 개인이 부정행위에서 얻는 즐거움보다 그 부정을 당하는 데 있어서 다른 개인이 받는 고통이 언제나 심하다는 것을 안다. 또한 이 경우 모든 일은 우연에 맡겨져 있기 때문에 각자는 우연히 부정을 행하고 즐기는 것보다 부정을 당하고 괴로워하는 쪽이 훨씬 많다는 것을 안다. 여기에서 이성은 모든 사람이 받는 고뇌를 줄이기 위해서, 또 그것을 가능한 한 똑같이 분배하기 위해서도 모든 사람이 부정행위로 얻는 즐거움을 포기함으로써 부정을 당하는 사람의 괴로움을 없애는 것이 최상이며, 또 유일한 수단이라고 인식하는 것이다. 이렇게 이성을 사용함으로써 이기심이 조직적인 방법으로 한쪽으로 치우친 관점을 버리고, 쉽게 생각해 내어 완성한 수단이 '국가계약(Staatsvertrag)' 또는 '법률(Gesetz)'이다. 내가 여기서 설명하는 법률의 기원은 이미 플라톤이 《국가론》에서 언급하고 있다. 사실 그 기원은 본질적으로 유일하며, 또 사물의 본성으로 봐서 당연한 것이다. 어떠한 국가에서도 국가의 기원은 그 밖에 다른 것은 없다. 바로 이 성립 방식, 이 목적이야말로 국가를 국가답게 하는 것이기 때문이다.

그러나 이 경우 각각의 특정한 민족에 있어서 국가가 성립하기 이전의 상태가 서로 관계가 없는 야만인의 무리(무정부)였든지, 강자에 의해 타의로 지배받는 노예의 무리(전제)였든지 그것은 상관이 없다. 어떤 경우에도 국가는 아직 성립되어 있지 않았다. 앞서 말한 공동의 협약으로 비로소 국가는 성립되고, 이 협약이 무정부 또는 전제와 섞이는 정도가 작은가 큰가에 따라 국가는 더 완전하거나 불완전한 것이 된다. 공화제는 무정부에 기울고, 군주제는 전제에 기울고, 그래서 고안된 입헌군주제라는 중도는 당파의 지배에 기운다. 완전한 나라를 세우기 위해서는 철저하게 자신의 행복을 공공복리를 위해 희생하는 것을 인정하는 사람들을 창조하는 것부터 시작해야 한다. 하지만 그러기까지는 자신의 행복과 국가의 행복이 나눌 수가 없는 것이어서, 적어도 중요한 일에서는 남의 것을 제외한 어느 한쪽의 행복만을 촉진하는 것이 불가능한 상태에 있으면, 이 목적은 어느 정도 이루어진다. 세습적인 군주 정체의 힘과 장점은 여기에 기초한다.

그런데 도덕이 오직 정이나 부정의 '행위'에만 '관계'하고 부정을 행하지 않으려고 결심한 사람에게는 행동의 한계를 면밀히 표시할 수 있었지만, 이와 반대로 국가론, 즉 입법론은 부정을 '당하는 것'에만 관계한다. 부정을 행하는 것의 필연적인 상대 개념으로서 언제나 부정을 당하는 것이 있으며, 이것은 국가론을 저지하려는 적으로서 국가론의 목표이다. 그러나 부정을 행하는 것이 부정을 당하는 것과 관계가 없다면, 국가론은 부정을 '행하는 것'에는 관심을 두지 않을 것이다. 뿐만 아니라 부정행위가 있어도 부정을 당하는 일이 없는 경우가 있다면, 국가는 당연히 그러한 것을 금지하지 않을 것이다.

또한 '도덕'에서는 의지와 마음이 고찰의 대상이며 유일한 실재이기 때문에, 도덕에게는 외부의 힘에 의해서만 억제되고 아무 효과도 발휘하지 못한 부정을 행하려는 굳은 의지와 실제로 행해진 부정은 동일한 것으로 간주된다. 그리고 도덕은 법정에서 그러한 부정을 원하는 자를 부정하다고 하여 유죄판결을 내린다. 이와 반대로 의지와 마음은 그 자체로서는 국가의 관심 대상이 될 수 없고, 국가가 관심을 가지는 것은 상대 개념으로서 다른 편에서 그것을 '당하는 것'이 있는 행위(그것이 이루어지지 않은 것이든 이미 이루어진 것이든 간에)뿐이다. 따라서 국가에게는 행위와 사건이 유일한 실재이며, 마음과 의도는 거기에서 행위의 의미가 알려져 나오는 경우에만 탐구되는 것이다. 그러므로 누군가가 남을 죽이거나 독을 타려는 생각을 늘 품고 있어도, 참형(斬刑)과 거열형(車裂刑)에 대한 공포가 끊임없이 그러한 의욕을 저지하리라는 것을 국가가 확실하게 알고만 있으면, 국가는 그것을 금하지는 않을 것이다. 또 국가는 부정행위에 대한 경향이나 나쁜 마음을 뿌리째 없애려는 어리석은 계획은 결코 세우지 않고, 다만 벌을 면할 수 없다는 것을 알려서, 부정을 행하기 위한 가능한 동기 곁에 그것을 포기시키기 위한 우세한 동기를 표시하려고 계획할 뿐이다. 따라서 형법전(刑法典)은 가능하다고 예상되는 범행에 대한 반대동기의 색인이며, 범행과 반대동기도 추상적으로 적혀 있지만 실제로는 구체적으로 적용하는 것이다.

그런데 국가론, 곧 입법은 이 목적 때문에 도덕에서 하나의 장을 빌려오는데, 그것이 법률학이며 정과 부정의 내면적인 의식 밖에도 둘 사이의 엄밀한 경계를 나타내는 것이다. 그러나 그것은 오로지 그 반대면을 이용하여 부정을 '행하지' 않으려고 하면 넘어가서는 안 된다고 도덕이 설교하는 모든 경계를 고찰하기 위한 것이다. 다른 쪽에서 보면, 남에게 부정을 '당하고' 싶지 않다면 남이 경계를 넘어오는 것을 참지 않고 이 경계선에서 다른 사람을 몰아낼 '권리'를 갖는다. 따라서 이러한 경계는 가능한 한 수동적인 면을 위하여 법률을 통한 보호를 받게 된다. 역사가는 뒤로 돌아선 예언자라고 재치 있게 불리고 있듯이, 법률학자는 뒤로 돌아선 도덕가라는 말도 쓸 수 있다. 그러므로 본디 의미의 법률학, 즉 우리가 주장할 수 있는 '권리들'에 대한 학문은 뒤로 돌아선 도덕의 한 장이며, 여기서는 우리가 침해해서는 안 되는 권리를 가리키고 있다.

부정의 개념, 그리고 정이라고 하는 부정의 부정 개념은 본디 '도덕적인' 것이지만, 출발점을 능동적인 측면에서 수동적인 측면으로 옮김으로써 '법률적으로' 된다. 칸트는 그 정언명령(Kategorischen Imperativ)에서 국가의 창립을 하나의 도덕적 의무로 연역하는 심한 오류를 범했지만, 최근에 이르러서도 국가는 도덕성을 촉진하기 위한 하나의 시설이고, 도덕에서 법률로 전환하는 일은 도덕성에 대한 노력에서 생기는 것이며, 따라서 이기심에 반대되는 것이라고 하는 독특한 오류의 원인이 되고 있다. 도덕이나 부도덕은 오로지 내적인 심정, 다시 말해 영원히 자유로운 의지의 문제인데도, 마치 외부로부터 수정되거나 영향을 받고 변하는 것처럼 생각하는 것이다. 더욱 잘못된 것은 국가가 도덕적인 의미에서 자유이고, 또 도덕이 조건이라는 이론이다. 왜냐하면 자유는 현상의 현실 밖 세계에 있으며, 인간적인 제도의 현실 밖 세계에 있는 것이기 때문이다.

　이미 언급했듯이 국가는 이기심 자체에 반대하고 있는 것이 아니라 반대로 모든 사람의 이기심에서 생긴 것이다. 하지만 이 이기심은 충분한 이해를 갖고, 조직적인 방법을 취하고, 일방적인 관점에서 보편적인 관점으로 나아가고 총괄됨으로써 공통된 것으로 되어 있다. 국가는 이러한 이기심에 봉사하기 위해서 존재하고 있으며, 순수한 도덕, 즉 도덕적 근거로부터 올바른 행동은 기대할 수 없다는 정당한 전제에서 설정되어 있다. 그 밖에 국가는 불필요한 것이기까지 할 것이다. 국가는 결코 이기심에 반대하는 것이 아니라, 이기주의적인 개인 집단에서 생겨 그들 사이에 영향을 주며, 그들의 행복을 방해하는 이기심의 해로운 결과들에 대해서만, 이 행복을 위해 반대한다. 그러므로 아리스토텔레스(《정치학》 3권)는 이미 "국가의 목적은 잘 사는 것이며, 이것은 말하자면 행복하고 아름답게 사는 것이다" 말하고 있다. 홉스도 이러한 국가의 기원과 목적을 훌륭하게 해명했다. 사실 모든 국가 질서의 오랜 근본 원리인 '공공의 행복은 제일의 법이다'도 같은 것을 표명하고 있다.

　만일 국가가 그 목적을 완전히 이루면, 성향에 대한 정의가 널리 행해지는 현상을 나타낼 것이다. 하지만 이 두 현상의 내적 본질과 기원은 반대이다. 다시 말해 성향에 대한 정의가 행해지는 경우에는 아무도 부정을 '행하려고' 하지 않을 테지만, 국가가 그 목적을 이룬 경우에는 누구나 부정을 '당하려' 하지 않고, 이 목적 때문에 그러한 수단들이 사용될 것이다. 동일한 선도 반대의 두 방향에서 그릴 수 있으며, 맹수도 입마개를 달아두면 초식동물과 마찬가지로 해롭지 않다. 그러나 국가는 이 점에서 앞으로 나아가지는 못한다. 즉 일반적인 상호 간의 호의와 사랑에서 생기는 현상을 나타낼 수는 없다. 왜냐하면 그 본성에 따르면 국가는 다른 편에게 부정의 피해가 동반되지 않는 부정행위라면 금지하지 않겠지만, 그것이 불가능하므로 모든 부정행위를 방지하는 것이기 때문이다. 하지만 국가는 만인의 행복을 목적으로 하는 경향 때문에 모든 종류의 호의나 박애를 '받도록' 열심히 노력할 것이다. 그러나 그들이 반드시 이에 호응하여 선행이나 자선사업을 '실시한다고는' 할 수 없다. 이 경우 국민은 수동적인 역할을 받아들이고, 한 사람도 능동적인 역할을 받아들이려는 사람은 없을 것이며, 또 어떠한 이유로도 이 능동적인 역할을 특정한 사람에게 요구하는 일도 없을 것이다. 따라서 '강제당하는' 것은 소극적인 것뿐이며, 이것이 바로 법이다. 따라서 법은 세상에서 자선 의무라는 명칭으로 해석하거나 불완전한 의무로 해석하거나 하는 적극적인 것은 아니다.

이미 언급한 것처럼 입법은 순수한 법률론, 곧 정과 부정의 본질과 한계에 관한 이론을 도덕학에서 빌리고, 도덕학과는 관계없는 목적 때문에 부정을 당하는 반대되는 쪽에서 적용하여, 적극적인 입법과 그 입법을 유지하기 위한 수단, 즉 국가를 세우려는 것이다. 따라서 적극적인 입법이란, 부정을 당하는 반대되는 쪽에서 적용된, 순수하게 도덕적인 법률론이다. 이 적용은 특정한 국민의 고유한 관계와 사정들을 고려하여 행해질 수 있다. 그러나 적극적인 입법이 사실 일반적으로 순수한 법률론의 지도로 규정되고, 이 규정들의 어느 것에 대해서도 순수한 법률론에 있는 어떤 근거가 증거로 될 수 있는 경우에만 입법은 '실정법(Positives Recht)'이고, 국가는 하나의 '법적' 단체, 곧 본디의 의미에서 '국가'이며, 도덕적으로 용인되는 것이다. 그렇지 않으면 적극적인 입법이란 '적극적 불법'을 근거 짓는 것이며, 공공연히 인정되고 강제된 불법이다. 모든 전제주의 국가, 많은 이슬람교 국가들의 제도가 이러한 것이며, 여러 가지 제도들 가운데 많은 부분, 예를 들면 노예 신분이나 부역 등이 이 범주에 속한다.

순수한 법률론, 또는 자연법, 가장 적절하게 말하면 도덕적인 법은 언제나 이면을 통해서이기는 하지만 순수수학이 응용수학의 근저에 있는 것처럼 법적으로는 적극적인 입법의 근저에 있다. 순수한 법률론의 가장 중요한 점은 앞서 말한 것과 같은 목적 때문에, 철학처럼 입법에 주어지지 않으면 안 되는 것이지만, 그것은 다음과 같다. (1)부정과 정 개념의 내적인 본디 의미와 기원을 설명하고, 그 적용과 도덕에서의 위치를 설명하는 것. (2)소유권을 연역하는 것. (3)계약의 도덕적 타당성을 연역하는 것. 왜냐하면 이 타당성이 국가계약의 도덕적인 기초이기 때문이다. (4)국가의 발생과 목적을 설명하고, 이 목적과 도덕의 관계를 설명하며, 또 이 관계에 의거하여 도덕적 법률을 뒤집어 봄으로써 입법에 옮겨 유효하게 하는 것을 설명하는 것. (5)형법을 연역하는 것. 법률론에서 그 밖의 내용은 이 원리들의 응용에 지나지 않는다. 또 인생의 모든 가능한 사정들에 대한 법과 불법의 경계를 자세하게 규정하는 것이며, 이 사정들은 어떤 관점이나 표제 아래서 통일되거나 구분된다.

이 특수한 이론들에 대해서는 순수법의 여러 교과서가 대체로 일치하고 있지만, 원리적인 점에서는 저마다 눈에 띄게 다르다. 왜냐하면 원리는 언제나 하나의 철학적인 체계와 관계를 맺고 있기 때문이다.

우리는 철학 체계에 따라 위에서 말한 요점들 가운데 처음 네 가지에 대해서는 간단하게 일반적으로, 또 확실하고 명료하게 규명했기 때문에, 이제부터 같은 방식으로 형법에 대해 말해 보려 한다.

칸트는 국가만이 완전한 소유권을 갖는다고 주장했지만, 이것은 근본적으로 잘못된 것이다. 앞서 연역한 바에 따르면 자연 상태에도 소유가 완전히 자연적인 도덕적 법으로 존재하며, 이것을 침해하면 불법이 되지만 이것을 극단으로 방어하면 불법이 되지 않는다.

그런데 국가만이 '형벌권(Strafrecht)'을 갖는 것은 확실하다. 처벌하는 권리는 실정법에 의해서만 기초해 있고, 실정법은 범행에 '앞서' 여기에 대한 형벌을 규정하고, 그 형벌의 위협이 반대동기로서 어떤 범행으로 일어날 수 있는 동기를 억제하는 것이다. 이 실정법은 국가의 공통된 계약에 근거하고 있으며, 이 계약을 이행하기 위해서는 국가의 성원이 모든 상황 아래서 한편으로는 형벌을 집행하고, 또 한편으로는 형벌을 받을 의무가 있다. 그러므로 '형벌의' 직접적인 목적은 '계약인 법률을 이행한다'는 것이다. 그러나 '법률'의 유일한 목적은 남의 권리를 침해하지 않도록 '위협하는 것'이다. 왜냐하면 모두 부정을 당하지 않기 위해 사람들은 단결하여 국가를 만들고, 부정행위를 포기하고, 국가 유지의 무거운 짐을 떠맡았기 때문이다. 법률과 그 집행인 형벌은 본질적으로 '미래'에 대한 것이고, '과거'에 대한 것은 아니다. 이것이 '형벌'과 '복수'가 다른 까닭이며, 복수는 단적으로 일어난 것, 즉 과거에 일어난 일이 동기가 된 것이다.

미래에 대한 목적 없이 어떤 고통을 가함으로써 부정에 답하는 것은 모두 복수인데, 그 목적은 그로 인해 야기되는 남의 괴로움을 봄으로써 자기가 받은 고통을 위로하려는 것이다. 이런 것은 악의이자 잔인한 행위이며, 윤리적으로 정당화되어서는 안 된다. 누군가가 나에게 부정을 가했다고 해서 내가 그에게 부정을 가할 권리는 없다. 악으로써 악을 갚는 것 이상 아무런 의도도 없다는 것은 도덕적으로도, 또 그 어떤 이성적인 근거에서도 정당화되어서는 안 된다. 그리고 부정에 대해 부정으로 갚을 수 있는 권리를 형법에서 독립된 최종적인 원리로 열거하는 것은 무의미하다. 그러므로 칸트가 형벌을 단순한 보복을 위한 보복이라고 한 설은 전혀 근거 없는 잘못된 견해이다. 이 설은 여전히 많은 법률학자들의 저서들 속에 나타나 있으며, 여러 가지 고상한 의례적 문구를 사용하여 헛된 미사여구를 늘어놓고, 형벌로 범죄가 보상되거나 중화되어 극복된다고 말하고 있다. 그러나 누구라 해도 스스로를 순수하게 도덕적인 재판관과 보복자라 칭하고, 남의 범죄에 대해 그가 가하는 고통으로 벌할 권리는 없으며, 그에게 속죄시킬 권리도 없다. 이것은 불순한 월권행위이다. 따라서 성서에는 다음과 같은 말이 있다. "원수 갚는 것이 내게 있으니 내가 갚으리라고 주께서 말씀하시니라."

또 인간에게는 사회의 안전을 위해 배려할 의무가 있다. 그런데 이것은 '범죄적'이라는 말로 표시되는 모든 행위를 벌칙으로 금함으로써만 행해질 수 있는 것으로, 이 행위들을 반대동기인 형벌로 위협해 놓고 방지하는 것이다. 그리고 이것을 범하는 자가 있는 경우에는 단호하게 이 위협을 수행함으로써 위협의 효과를 거둔다. 따라서 형벌의 목적, 좀 더 자세하게 말하면 형법의 목적이 위협함으로써 범죄를 방지하는 데 있다는 것은 일반적으로 인정받는 진리이다. 영국에서는 지금도 형사사건에서 검찰총장이 사용하는 오래된 기소장에 이 진리가 표명되어 있는데, "만일 이것이 입증된다면 당신 아무개는 장차 영원히 타인에게 동일한 범죄를 행하지 않도록 법률이 주는 고통과 벌을 받아야 한다"라고 끝맺고 있다. 법에 의해 유죄선고를 받은 어떤 범죄자를 군주가 특별사면하려고 하면, 장관은 그렇게 되면 범죄는 곧 되풀이될 것이라고 말하면서 군주에게 반대할 것이다. 미래에 대한 목적이라는 점에서 형벌은 복수와는 다른 것이고, 형벌은 '하나의 법률을 이행하기 위해' 수행되는 경우에만 목적을 가진다. 그렇게 함으로써만 미래의 어떠한 경우에도 형벌이 반드시 가해진다는 것을 보여서 법률의 위협적인 힘을 보여주는데, 이것이 바로 법률의 목적이다.

그런데 이렇게 말하면 칸트파 사람들은 반드시 이의를 제기하여, 그 견해에 따르면 벌을 받는 범죄자는 '단순한 수단'으로 사용된 것이 아닌가 하고 말할 것이다. "인간을 언제나 목적으로만 대하고 수단으로 다루어서는 안 된다"라고 하는 명제는 칸트파 사람들에 의해 끊임없이 기계적으로 되풀이되고 있다. 이 말은 정말 의미심장하게 들리며, 그 이상의 모든 사유를 면하게 해주는 하나의 공식을 갖고자 하는 사람들에게는 참으로 적절한 명제이다. 그러나 자세히 살펴보면 이것은 간접적으로만 그 목적에 이르는 대단히 애매하고 불확실한 진술이며, 이것을 적용하는 경우에는 언제나 특별한 설명과 규정 및 변형이 필요하다. 그래서 아주 일반적으로 해석하더라도 불충분하고 가치가 희박하며 의심스럽다. 법률로 사형선고를 받은 살인자는 두말할 것도 없이 단순한 '수단'으로 사용되어야 한다. 왜냐하면 이 법률이 이행되지 않은 채 지속된다면, 국가의 목적은 방해받고 또 중단되기 때문이다. 그의 생명, 그의 인격은 이제 법률을 이행하기 위한, 그래서 국가의 목적을 회복하기 위한 '수단'이 되어야 하는 것이다. 그가 그 수단이 되는 것은 국가계약을 수행하기 위해 당연한 일이다. 이 계약은 자신도 국가의 국민인 한 가담해 있던 것이고, 따라서 그는 생명, 자유, 그리고 소유의 안전을 누리기 위해, 모든 사람의 안전을 위해 그의 생명, 자유, 소유를 저당잡혔다가 그 저당물을 잃어버린 것이다.

여기서 말한 형벌에 대한 학설은 건전한 이성에는 명확한 것이고, 새로운 사상이 아니다. 오히려 이치에 닿지 않는 새로운 이론에 의해 거의 밀려난 사상이어서, 그러한 점에서 이 사상에 대한 분명한 설명이 필요했던 것이다. 이러한 것은 대체로 푸펜도르프의 《자연법에 바탕을 둔 인간과 시민의 의무》 제2권 13장에서 다른 글 속에 이미 포함되어 있다. 마찬가지로 홉스의 《리바이어던》 제5장과 제28장도 이것과 일치한다. 현대에는 모두 아는 것이지만 포이어바흐가 이것을 변호했다. 뿐만 아니라 이러한 설명은 이미 고대 철학자들의 말 속에서도 발견된다. 플라톤은 이것을 분명히 《프로타고라스》(p. 114 edit. Bip)에서도, 《고르기아스》(p. 168)에서도, 마지막으로 《법률》의 제11권(p. 165)에서도 말하고 있다. 세네카는 플라톤의 의견과 모든 형벌 학설을 다음과 같이 간단한 말로 표명하고 있다. "사려 있는 사람은 죄를 범했다고 해서 벌하는 것이 아니라 죄가 범해지지 않게 하기 위해서 벌한다고 말한다."《분노에 대하여》, I, 16)

국가는 이성을 갖춘 이기심에 닥쳐오는 자신의 나쁜 결과들을 피하기 위한 수단이며, 각자는 자신의 행복이 모든 사람의 행복 속에 포함되어 있는 것을 알기 때문에, 각자를 모든 사람의 행복을 촉진하기 위한 수단이라고 생각했다. 만일 국가가 그 목적을 완전하게 이루었다고 하면, 그 속에 통합된 인간의 여러 힘에 의해 국가는 그 밖의 자연을 자기에게 더한층 도움이 되게 할 수 있기 때문에, 결국 모든 종류의 화근을 없앰으로써 게으름뱅이의 이상향에 가까운 상태가 출현할지도 모른다. 그러나 국가는 한편으로는 여전히 이러한 결과에서 대단히 멀리 떨어져 있고, 또 한편으로는 인생에 있어 완전히 본질적인 무수한 화근이 아무리 제거된다 하더라도, 결국은 다른 화근이 없어진 장소는 곧 권태로 점령되어서, 전과 마찬가지로 인생을 괴로운 것으로 생각할 것이다. 또 개인들 사이의 불화도 결코 국가에 의해 완전히 해소될 수는 없다. 왜냐하면 큰 불화는 벌칙으로 금지되어 있어도 작은 불화는 적당히 얼버무려져 있기 때문이다.

마지막으로 다행히도 내부로부터 추방당한 불화는 결국 외부로 향한다. 즉 불화가 개인의 싸움으로 국가조직에 의해 추방되면, 이번에는 국민들의 전쟁으로 외부에서 다시 들어온다. 그리고는 피비린내 나는 희생을, 현명한 대비책을 통하여 하나하나 없애주었던 누적된 부채로 단번에 거두어들이는 것이다. 뿐만 아니라 이 모두를 수천 년의 경험에 기초를 둔 지혜로 극복하고 제거할 수 있다면, 결국은 지구 전체의 실제적인 인구과잉이 초래될 것이며, 그 무서운 재해에 이르러서는 대담한 상상력만이 이것을 눈앞에 그려낼 수 있을 뿐이다.

### 63. 영원한 정의

우리는 국가의 '일시적인 정의(die zeitliche Gerechtigkeit)'는 보복하거나 형벌을 가하는 것이라는 점을 배우고, 그 정의가 '미래'를 고려함으로써만 정의가 된다는 것을 알았다. 왜냐하면 그러한 고려가 없다면 범죄를 벌하거나 보복하는 것은 정당하다고 인정되지 않을 뿐만 아니라 그 사건에 아무런 의미나 의의도 없이 제2의 불행을 덧붙이는 것이기 때문이다. 그러나 '영원한 정의(die ewige Gerechtigkeit)'는 이것과는 다른 것이다. 또한 이미 앞에서 말했지만 이것은 국가를 지배하는 것이 아니라 세계를 지배하는 것이며, 인간의 제도에 의존하거나 우연과 착각에 지배되는 것이 아니다. 또한 불확실하고 동요되어 틀린 방향으로 가는 것이 아니라 틀림없고 확고하며 확실한 것이다. 보복의 개념에는 이미 시간이 포함되어 있다. 그러므로 '영원한 정의'는 보복하는 것이 아니고, 보복의 정의처럼 유예나 연기가 허락되지 않으며, 또 단순히 시간에 의해 나쁜 소행을 나쁜 결과로 보상하기 위해 시간을 필요로 하는 것이 아니다. 영원한 정의에서 형벌은 범행과 결합되어 둘은 하나여야 한다.

> 그대는 믿는가, 죄가 나래를 타고
> 신에게 올라가면,
> 누군가가 이 죄를 거기 있는 책상 위에 적어두고,
> 그러면 제우스는 그걸 보고 사람을 심판한다는 것을.
> 제우스의 천체로 모든 인간의 죄를 써넣기에는 너무 작아서,
> 그것을 모두 보고 각자에게 따로따로 벌을 내릴 수는 없도다.
> 그러나 너희들이 보려고만 한다면,
> 재판의 신은 이미 어딘가 이 근방에 있다.
> ─에우리피데스, 《스토바이오스 선집》 제1권 4장에서 발췌

영원한 정의가 실제로 세계의 본질에 존재하고 있다는 것은, 우리가 이때까지 말해 온 사상 전체에서 보면, 이 사상을 이해한 사람에게는 완전히 명확해질 것이다.

삶에 대한 의지가 그 부분이나 형태의 다양성 속에서 현상화하고, 객관화한 것이 세계이다. 생존 자체와 생존 방식은 부분에서와 마찬가지로 전체에서도 오직 의지에서 나온다. 의지는 자유롭고 전능하다. 의지는 어떠한 것 속에서도 자신을 자체로 하여, 그리고 시간을 넘어 규정하는 것으로 나타난다. 세계는 이 의욕의 거울에 불과하다. 그리고 세계 속에 있는 유한성, 모든 고뇌, 모든 고통은 이 의지가 원하는 것을 표현하기 위해 필요한 것이며, 의지가 그렇게 원하기 때문에 그렇게 있는 것이다. 따라서 존재자는 모든 생존을 자기 방식의 생존이나 독자적인 개성이 있는 대로, 있는 그대로의 환경 아래에서 있는 그대로의 세계에서, 우연이나 잘못으로 지배되고 유한한 시간 속에서 멸망하는 것으로 끊임없이 고뇌하면서 짊어지고 있다는 것은 지극히 당연하다. 그리고 그

의 신상에 일어나는 것, 아니 일어날 수 있는 것은 당연히 일어나도록 되어 있다. 왜냐하면 의지는 그의 의지이고, 의지가 있는 그대로 세계가 있기 때문이다. 생존에 대한 책임과 이 세계의 성질에 견디어 갈 수 있는 것은 이 세계뿐이다. 그도 그럴 것이 다른 어떤 것이 그 책임을 떠맡을 수 있단 말인가? 도덕적으로 보아 인간이 전체적으로 얼마만 한 가치를 지니고 있는가 하는 것을 알려면, 전체적으로 그의 운명을 고찰하면 된다. 인간의 운명은 결핍, 비참, 비애, 고통 그리고 죽음이다. 영원한 정의는 존재한다. 만일 인간이 가치 없는 것이 아니라면, 인간의 운명도 그렇게까지 비참한 것은 아니리라. 이런 의미에서 우리는 세계 그 자체가 세계의 심판이라고 말할 수 있을 것이다. 만일 세계의 모든 비애를 천칭(天秤)의 한쪽 저울판에 놓고, 세계의 모든 죄를 다른 한쪽에 놓을 수 있다면, 지침은 반드시 균형을 잡고 멈출 것이다.

물론 의지에서 나와 의지에 봉사하는 인식은 개인에게 주어지는 것이지만, 그러한 인식에 대해서 세계는 결국 탐구자에게 자신의 유일한 삶에 대한 의지의 객관성으로서 자신을 드러내는 세계로서는 나타나지 않는다. 오히려 인도인이 말하는 것처럼 마야의 베일이 자연 그대로의 사람 눈을 흐리게 하는 것이며, 이 눈에 비치는 것은 물자체가 아니라 시간과 공간, 즉 개별화의 원리 속에 나타나고, 또 그 밖의 충족이유율의 형태들 속에 나타나는 현상에 불과하다. 이러한 개인의 제한된 인식의 형식에서 그 눈이 보는 것은 본질이 아니라, 그 본질이 분리되어 각양각색으로 되고, 또 서로 대립하는 현상이다. 그래서 그에게는 육욕과 고뇌는 완전히 다른 것으로 보이며, 이 인간은 사람을 괴롭히는 자, 사람을 죽이는 자, 저 인간은 괴로움을 받는 자, 희생되는 자로 보이고, 악과 재앙은 다른 것으로 보인다. 그는 어떤 사람이 기쁨과 사치와 쾌락에 빠져 생활하고 있는 반면, 그 사람의 문 앞에서는 다른 사람이 결핍과 한기로 고생하면서 죽어가는 것을 본다. 여기서 그는 묻는다. 도대체 보복은 어디에 있는가? 그리고 그의 근원이고 본질인 강렬한 의지의 충동에 몰려 삶의 쾌락과 기쁨을 붙들고, 거기에 매달려 떨어지지 않는다. 그는 의지의 이러한 행위에 의해, 몸서리칠 삶의 모든 고통과 고뇌를 붙들고 자신에게 강하게 눌러대고 있다는 것을 모른다. 그는 이 세상에서 불행을 보고 악을 본다. 그러나 이것들이 살려고 하는 의지 현상의 다른 측면에 지나지 않는다는 사실은 인식하지 못하고,

이것들을 아주 다른 것, 아니 전혀 상반된 것으로 생각하고 가끔 남에게 고뇌를 일으킴으로써 자신의 고뇌를 면하는 일이 있지만, 이것은 개별화의 원리에 사로잡혀 마야의 베일에 속고 있는 것이다. 그도 그럴 것이 사방이 끝이 없고 파도가 넘실거리는 거친 바다에서 작은 배를 젓는 사공이 이 연약한 배에 의지하고 있는 것처럼, 개개인은 고난에 찬 세계 한복판에서 개별화의 원리, 다시 말해 개체가 사물을 현상으로 인식하는 방법을 받침대로 의지하고 태연하게 앉아 있기 때문이다. 무한한 과거나 무한한 미래에서도 고뇌에 가득 찬 끝없는 세계는 그에게는 아직 알지 못하는 곳이고, 또한 옛날이야기이기도 하다. 보잘 것없는 그의 몸, 길이가 없는 그의 현재, 순간적인 그의 기쁨, 이것들만이 그에게는 현실성을 갖고 있으며, 그 이상의 인식으로 눈이 뜨이지 않는 한, 그는 이것들을 유지하기 위해 모든 수단을 다하는 것이다. 그때까지는 단지 의식의 가장 깊은 곳에 막연한 예감이 있어서, 이 모든 것이 본디 자기와는 그다지 관계 없는 것이 아니고, 개별화의 원리에 의해 차단할 수 없는 어떤 연관이 그 사이에 있다고 느끼고 있다. 이 예감에서, 아무래도 지워버릴 수 없고 모든 인간(뿐만 아니라 아마 비교적 영리한 동물까지도)에게 공통된 '전율감(Grausen)'이 초래되는 것이다.

이러한 전율감은 어떤 우연 때문에 충족이유율이 그 어느 형태에서 예외가 생김으로써 사람들이 개별화의 원리를 잘못 보는 경우에 사람들 마음에 갑자기 생긴다. 예를 들면 원인도 없이 어떤 변화가 일어났다고 생각되거나, 죽은 사람이 다시 살아났다고 생각되거나, 그 밖에 또 과거의 일이나 미래의 일이 현재에 나타나고, 멀리 있는 것이 가까이에 나타났다고 생각되는 때에 느끼는 전율이다. 이것을 보고 공포를 느끼는 것은 오로지 인간 개체와 그 밖의 세계를 가르고 있는 현상의 인식 형식들을 사람들이 오인하기 때문이다. 그런데 이 구분은 현상 속에만 있고 물자체에는 없다. 또한 영원한 정의는 바로 물자체에 근거를 두고 있다. 실제로 유한한 행복이나 모든 재주와 슬기도 무너질 지반 위에서 방황하고 있다. 그러한 것들이 인간을 불행에서 보호하고 그들에게 쾌락을 준다. 그러나 인간은 단순한 현상에 지나지 않고, 그가 다른 개인들과 다르다는 것과 그들의 고뇌를 벗어나고 있다는 것은 현상의 형식, 즉 개별화의 원리에 기초하고 있다. 사물들의 참된 본질에 의하면, 각자가 삶에 대한 확고한 의지인 한, 또 전력을 기울여 삶을 긍정하는 한, 그는 세계의 모든 고뇌를 자기 고뇌라고 보아야 할 것이며, 또한 가능한 모든 고뇌를 자기에게 현실적인 것으로 보아야 한다. 개별화의 원리를 꿰뚫어 알아차리는 인식에게 행복한 생활이란 시간 속의 것이며, 우연히 베풀어지거나 무수한 다른 사람들이 고뇌하고 있는 가운데에서 재주와 슬기로 우연히 얻은 것이지만, 그것은 거지가 왕이 된 꿈을 꾸고 있는 것에 불과하며, 꿈에서 깨어나면 그가 일시적인 망상으로 삶의 고뇌에서 벗어나 있었을 뿐이라는 것을 깨닫게 된다.

　이유율에 따르는 인식, 곧 개별화의 원리에 사로잡힌 눈에는 영원한 정의가 보이지 않는다. 그 눈이 허구에 의해 구원받지 못하는 한, 영원한 정의를 완전히 잃어버리게 된다. 그 눈은 악인이 범죄와 흉악한 행동을 한 뒤에도 향락의 생활을 보내고, 아무런 공격도 받지 않고 살고 있는 것을 본다. 그 눈은 억압된 자가 최후까지 고뇌에 찬 생활을 계속해도, 역시 이에 대해 복수하는 자도, 보복하는 자도 나타나지 않는 것을 본다. 그런데 영원한 정의를 파악하고 이해하는 이는 이유율의 안내로 앞으로 나아가고, 개별적인 사물에 구속되어 있는 인식을 초월하여 이데아를 인식하고 개별화의 원리를 통찰하며, 물자체에는 현상들의 형식이 맞지 않는다는 것을 깨달은 사람뿐이다. 또 이러한 사람만이 이같은 인식으로 덕의 참된 본질을 이해할 수 있는데, 우리는 이 고찰과 관련하여 그 덕의 본질을 곧 해명해 볼 것이다. 물론 덕을 실행하기 위해서는 이러한 추상적 인식은 필요하지 않다. 따라서 지금 말한 것 같은 인식에 다다른 사람은 의지가 모든 현상의 즉자태이기 때문에, 다른 사람들에게 덮치거나 자기가 경험하는 고난이나 악이나 화가, 아무리 그것들이 나타나는 현상은 다른 개체로서 존재하고 또한 시간과 공간적으로 멀리 떨어져 있다고 해도 언제나 본질에 관계되고 있다는 것을 알기에 이른다. 그는 남에게 고뇌를 주는 사람과 고뇌를 당해야 하는 사람의 차이는 현상에 불과한 것이고, 그 둘은 그들 속에 살아 있는 의지인 물자체에는 관계가 없으며, 이 의지는 의지에 대한 사역에 구속된 인식에 속아서 자신을 오해하고, 의지의 현상들 속 '어떤' 현상에서 고도의 행복을 찾는다. 또 한편으로는 다른 현상에는 큰 고뇌를 생기게 해서 격렬한 충동에 몰려 자신의 몸을 이로 깨물면서도, 의지는 언제나 개체화하는 매개로 의지 내부에 갖고 있는 자신과의 투쟁을 나타내면서 자신에게 상처를 입힐 뿐이라는 것을 모른다는 점도 통찰한다.

괴롭히는 자와 괴롭힘을 당하는 자는 동일하다. 괴롭히는 자는 그것으로 자기가 괴로움을 벗어난다고 생각하며, 괴롭힘을 당하는 자는 그것으로 자기가 죄를 벗어난다고 생각하는 미혹에 빠져 있다. 둘 다 눈을 뜨게 되면, 남에게 괴로움을 주는 사람은 이 넓은 세상에 괴로움을 등에 지고 있는 것 속에서 그가 살고 있음을 깨닫게 될 것이고, 또 그가 이성을 갖추고 있다면 그 죄과가 무엇인지도 모를 그렇게 커다란 고통이 왜 존재하게 되었을까 하고 헛된 생각에 잠길 것이다. 그리고 괴로움을 당하는 사람은 이 세상에서 행해지고 있는 모든 악, 또는 이때까지 행해진 모든 악은 하나의 의지에서 생겨나는 것으로, '그' 본질도 이 의지에 의해 형성되고, '그의' 속에도 이 의지가 나타나 있으며, 그는 이 현상과 긍정으로 그 의지에서 생기는 모든 괴로움을 자기 몸에 받아들이고, 그가 이 의지인 한 당연히 짊어져야 하는 것으로서 이 괴로움을 받는다는 사실을 깨달을 것이다. 풍부한 예감을 가진 시인 칼데론은 이 인식을 《인생은 꿈이다》에서 다음과 같이 말하고 있다.

왜냐하면 인간의 가장 큰 죄는
인간이 태어났다는 것이기 때문에.

영원한 법칙에 따라 죽음은 출생에 근거를 두고 있으니, 왜 출생이 죄가 되지 않을 수 있겠는가. 칼데론 역시 그리스도교의 원죄 교리를 이 시구를 통해 표현한 것에 불과하다.

영원한 정의, 즉 죄의 악(malum culpae)과 벌의 악(malo poenae)을 도저히 나눌 수 없게 결합시키는 저울대를 생생하게 인식하려면, 개체성과 그 가능성의 원리를 뛰어넘을 필요가 있다. 그러므로 이 인식은 자신과 유사하며 앞으로 논하려고 하는 모든 덕의 본질에 대한 순수하고 명확한 인식과 마찬가지로 언제나 대부분의 인간에게는 이르지 못한 것이다. 그러므로 인도 민족의 옛날 성현들은 그 인식을 재생한 세 계급에만 허락된 《베다》 속에, 또는 비교적(秘敎的)인 성현의 가르침으로써 표현했다. 다시 말해 개념이나 언어로 파악되는 비유적이고 광시적인 표현법이 허락하는 한 그랬지만 민간신앙, 곧 비밀스러운 전래가 아닌 가르침에 있어서 이 인식은 신화로서 전해졌을 뿐이다. 직접적인 설명은 인간의 최고 인식과 지혜의 성과인 《베다》 속에 보이는데, 그 핵심은 《우파니샤드》로 되어 금세기 최대의 선물로서 우리 손안에 들어온 것이다. 그 표현법은 여러 가지가 있지만, 특히 사용되는 방법은 가르침을 받는 자의 눈앞에 생물, 무생물 가리지 않고 세계의 모든 존재를 순차적으로 가져와, 이 모든 존재의 공식으로 된 위대한 말씀(Mahavakya)이라 불리는 그 말을 하는 것이다. 그 말이란 타토우메스(Tatoumes), 더 정확하게 말하면 "탓 트밤 아시"이며, 그 의미는 "그대가 바로 그것이다"라는 것이다(《우프네카트》 제1권 p. 60 이하).

그러나 민중을 위해서 이러한 대진리는, 민중이 좁은 식견으로 이해할 수 있는 한도에서 이유율에 따른 인식 방식으로 번역되었다. 물론 그 본질에 의하면 진리를 순수하게 그 자체로는 받아들일 수 없고, 오히려 이런 진리에 모순되는 것이기까지 하다. 하지만 신화의 형태로 진리에 대신하는 것을 받아들일 것이며, 이 대용물은 행동에 대한 규정으로서는 충분했다. 그것은 행동의 윤리적인 의미를 그 의미 자체와는 관계없는 이유율에 따른 인식 방식으로, 또 비유적인 설명으로 이해할 수 있는 것으로 만드는 것이다. 이것이 모든 교의론의 목적이며, 거친 인간의 마음에는 이해될 수 없는 진리에 신화의 옷을 입힌 것이다. 이런 의미에서 칸트의 말에 의하면, 이 신화는 실천 이성의 요청이라고 불러도 좋다. 그런데 실천 이성의 요청으로 본다면, 이 신화에는 현실 세계에서 우리 눈앞에 존재하는 것 말고는 그 어떠한 요소도 포함되어 있지 않고, 그 신화의 모든 개념을 직관으로 덮을 수 있다는 큰 장점이 있다. 여기서 말하고 있는 것은 윤회의 신화이다. 이 신화가 가르치고 있는 것은, 생애에 있어 다른 존재에게 주는 고뇌는 바로 다음 생애에 똑같은 고뇌로 다시 보상되어야만 한다는 것이다. 이것은 단 한 마리의 동물이라도 죽인 사람은 무한한 시간에서 언젠가는 이와 같은 동물로 태어나 같은 방법으로 죽음을 당하게 된다는 뜻이다.

또 이 신화가 가르치는 것은 악행은 이 세상에서 미래의 삶을 괴롭고 천한 존재로 이끌게 되며, 현재보다 더 낮은 계급에서 다시 태어나거나, 또는 여자로, 또는 동물로, 파리아(부랑자)나 찬달라(천민)로, 나병 환자로, 악어 등으로 다시 태어난다는 것이다. 신화가 위협하는 고민은 여러 고민하는 존재자를 매개로 하여 현실 세계에서 취한 직관으로 덮여 있지만, 이 존재자들은 자기로서는 괴로워해야 할 죄가 왜 있는지 모른다. 그러므로 신화는 새삼 다른 지옥을 이용할 필요는 없다. 이와 반대로 신화는 보상으로서 더 좋고 귀한 형태로 브라만, 현자, 성자로 다시 태어난다는 것을 약속하고 있다. 물론 고귀한 행동이나 완전한 체념에 대해 주어지는 최고의 보상은, 일곱 번의 삶을 계속하여 스스로 남편을 따라 자살한 부인에게도 주어지고, 또 입이 결백하여 한 번도 거짓말한 일이 없는 사람에게도 주어지는 것이지만, 신화는 이러한 보상을 이 세상의 말로는 소극적으로밖에 표현하지 못하고 있다. 다시 말해 자주 되풀이되는 약속이지만, "이제는 다시 태어나지 않는다"고도 했고, 또 《베다》도 계급도 인정하지 않는 교도들은 "당신은 열반으로, 즉 태어나고 늙고 병들고 죽는 것을 모르는 경지에 간다"고도 했다.

가장 귀하고 오래된 민족의 이 옛 가르침처럼, 몇몇 사람들에게만 이해되는 철학적 진리에 가까이 갈 수 있었던 신화는 아직 없었고, 또 앞으로도 없을 것이다. 이 가르침은 이미 이 민족이 퇴화하여 사방으로 흩어져 없지만 아직도 일반의 민간신앙으로 행해지고 있으며, 4000년 전과 마찬가지로 지금도 인생에 대해 결정적인 영향을 갖고 있다. 그러므로 피타고라스나 플라톤도 이러한 더할 나위 없는 신화적 서술을 인도인이나 이집트인에게서 경탄하면서 전해 듣고, 이것을 이해하고 존중하고 응용하며, 어느 정도까지인지는 몰라도 그 자신도 믿고 있었다. 그런데 이제 우리는 브라만 계급 사람들에게 영국의 목사나 헤른후트파의 아마포 직조공들을 파견하여, 그들을 개선시키기 위하여 그들이 무에서 만들어졌고, 그것을 감사하고 기뻐해야 한다고 말한다. 그러나 우리는 바위를 향해 탄환을 쏘고 있는 사람과 같은 처지에 놓인다. 우리의 종교는 인도에서는 지금이나 훗날에도 결코 뿌리를 내릴 수 없다. 인류의 옛 지혜는 갈릴리에서 일어난 사건으로 추방되지는 않을 것이다. 반대로 인도의 지혜는 유럽에 역류하여 우리의 지식과 생각에 근본적인 변화를 불러일으킬 것이다.

## 64. 인간 본성의 두 가지 특성

이제 영원한 정의에 대한 비신화적이고 철학적인 설명에서, 이것과 관계 있는 행위와 영원한 정의를 단지 느낌으로 인식하는 양심의 윤리적 의미에 대한 고찰로 한 걸음 더 나아가 보려고 한다. 나는 여기서 먼저 인간 본성의 두 가지 특성에 사람들의 주의를 돌리고 싶다. 이것은 영원한 정의의 본질과 그 정의의 기초인 의지의 모든 현상에서 의지의 통일성과 동일성을 적어도 막연한 느낌으로 의식하고 있다는 것을 분명히 하는 데에 도움이 될 수 있다.

국가는 형벌을 제정하여 그 목적을 달성하고, 이것이 형법의 기초를 이룬다는 것은 앞서 밝혔다. 그러나 그 목적과는 관계없이 하나의 악행이 행해진 경우, 대부분은 복수심에 가득 찬 피해자뿐만 아니라 그 악행과는 전혀 관계가 없는 방관자까지도 남에게 고통을 준 자가 같은 정도의 고통을 받는 것을 보고 만족해한다. 나는 여기에 나타나는 것이야말로 영원한 정의의 의식임에 틀림없다고 생각하지만, 이 의식은 감각이 세련돼 있지 않다고 오해받거나 왜곡되기도 한다. 즉 이러한 감각은 개별화의 원리에 사로잡혀 개념이 애매한 오류를 범하며, 물자체만이 갖는 것을 현상에 요구하고 가해자와 피해자가 어디까지 동일한 것인가도 이해하지 못한다. 또 자신의 현상 속에서 자신을 재인식하지 못하기 때문에, 고뇌를 느끼는 자와 죄책감을 갖는 자가 어디까지 같은 본질인가 하는 것을 이해하지 못한다. 오히려 죄책감을 갖고 있는 개인이 고뇌까지 갖기를 요구한다. 그러므로 대부분의 사람들은 단지 다른 여러 성질과 함께 있지 않는 고도의 악의와 다른 여러 성질을 함께 가지고 있는 한 인간이 비상한 정신력으로 다른 사람들을 능가하고, 세계의 정복자로서 수백만이나 되는 다른 사람들에게 말할 수 없는 고뇌를 주는 것을 원할지 모른다. 다시 말하지만, 대부분의 사람들은 이 한 사람이 많은 사람에게 준 고뇌를 언젠가 어디에서 같은 정도의 고뇌를 받음으로써 보상받는 것을 원할지도 모른다. 왜냐하면 그들은 고뇌를 주는 자도 받는 자도 같고, 이 둘을 있게 하고 살게 하는 동일한 의지가 다수자를 괴롭히는 인간에게도 나타나며, 바로 그 인간을 통해서 자신의 본질을 분명하게 드러낸다는 것을 인식하지 못하기 때문이다. 또한 의지를 압박당하는 사람이나 압박을 가하는 사람도 똑같이 고통을 받는다. 그런데 압제자의 경우는 그 의식이 한층 명료하고 분명하며, 의지의 고뇌는 한층 더 크다. 개별화의 원리에 사로잡히지 않는 깊은 인식은 모든 덕이나 고결한 마음씨가 생기는 기초가 되지만, 그 인식에는 보복을 바라는 심술은 포함되어 있지 않다. 이것은 이미 그리스도교 윤리가 증명한다. 그리스도교 윤리는 악으로 보복하는 것을 금하며, 영원한 정의를 현상과는 다른 물자체의 영역에서 행하

게 한다(원수 갚는 것이 내게 있으니 내가 갚으리라고 주께서 말씀하시니라. 〈로마서〉
제12장 19절).

영원한 정의를 경험의 영역, 곧 개별화의 영역에 끌어들이려는 요구를 나타
내고, 또 앞서 말한 것처럼 삶에 대한 의지는 자기 비용으로 대비극과 대희극
을 상연하는 것이며 동일한 의지가 모든 현상 속에 살고 있다는 것을 느낌으로
의식하는 특색은 인간 본성 가운데서도 특히 두드러지고 희귀한 특색이다. 다
시 말하면 이것은 다음과 같다. 우리는 때에 따라서 한 인간이 경험한 큰 부정
에 대해, 또는 그저 곁에서 목격만 해도 격분하여 깊은 생각이나 남의 보호 없
이도 자신의 생명을 걸고 부정을 행한 자에게 복수하려는 것을 보게 된다. 이
러한 인간은 강력한 압제자를 여러 해 동안 찾아다녀 결국 그를 죽이고, 미리
각오한 대로 자신도 단두대의 이슬로 사라져 가며, 때로는 오히려 그것을 피하
려고 하지 않는 경우까지 있다. 왜냐하면 그에게는 그의 생명이 복수를 위한
수단으로서의 가치밖에 없기 때문이다. 특히 스페인 사람들에게는 이러한 실
례가 있다.[9]

그런데 보복욕의 정신을 자세히 살펴보면, 그것은 받은 고뇌, 즉 그 원인이
된 고뇌를 바라봄으로써 부드럽게 하려는 보통의 복수와 다르다는 점을 알 수
있다. 오히려 이러한 보복이 목표로 삼는 것은 복수라기보다는 형벌이라고 할
수 있다. 왜냐하면 그 가운데에는 본보기를 통해 어떠한 영향을 끼치려는 의도
가 있기 때문이다. 또한 이 경우 복수하는 개인에게나, 법률로 안전을 도모하려
는 사회에도 그 어떤 이기적인 목적은 없다. 개인은 복수함과 동시에 멸망하기
때문이며, 또 형벌은 국가에 의해 행해지는 것도, 법률을 이행하기 위해 행해지
는 것도 아닌 개인이 행하는 것이고, 오히려 국가가 벌하려고 하지 않거나 벌할
수 없는 행위 또는 국가가 벌로 인정하지 않는 행위에 관한 것이기 때문이다.

그처럼 자기애의 한도를 넘어서 인간을 몰고 가는 불안은 모든 존재자 가운
데 모든 시간에 걸쳐 나타나는 삶에 대한 의지 자체이며, 가장 먼 미래도 현재
와 마찬가지로 이 의지에 속해 있고, 이 의지에서 관계가 없을 수 없다는 심각

---

9) 지난번 전쟁에서 프랑스 장군들을 식탁에 초대하여 자신과 함께 그들을 독살한 스페인 주교
는 이러한 예의 하나이지만, 이 전쟁에는 그 밖에도 여러 가지 사실이 있다. 또한 몽테뉴의 저
서《수상록》제2권 12장에도 여러 실례들이 적혀 있다.

한 의식에서 생기는 것이라고 생각한다. 그러나 그는 이 의지를 긍정하면서도 그 본질을 나타내는 연극에서 엄청난 부정이 다시는 나타나지 않기를 원한다. 그래서 막아낼 수 없는 복수라는 본보기로 장차 생길지도 모르는 모든 부정행위자를 위협하려고 한다. 막아낼 수 없는 복수라는 것은 죽음의 공포도 그 복수자를 위협할 수 없기 때문이다. 이 경우 삶에 대한 의지는 스스로를 긍정하면서도 이미 개별적인 현상, 즉 개인에게는 집착하지 않고 인간의 이데아를 포착하며, 이 이데아를 심하고 격분할 만한 부정으로 해를 입지 않게 해두려고 한다. 이렇게 개인이 영원한 정의의 참된 본질을 인식하면서도, 이 정의의 팔이 되려고 노력하면서 스스로 희생이 되는 것은 의미심장하며 숭고하기까지 한 특질 때문이다.

## 65. '선과 악' 그리고 양심의 가책

인간의 행위에 대한 지금까지의 고찰로 우리는 마지막 고찰의 준비를 한 셈이다. 인간에게 '선(gut)'과 '악(böse)'이라는 말로 불리고, 이것으로 이해되고 있는 행위 본디의 윤리적 의미를 추상적이고 철학적으로 명료하게 하며, 우리가 지닌 주요 사상의 일부인 것을 입증하려는 과제는 그것 때문에 아주 쉬워진다.

현대의 철학적 문필가들은 이상한 방법으로 '선'과 '악'의 개념을 분석할 수 없는 단순한 개념으로 다루고 있다. 하지만 나는 이 개념을 먼저 그 본디의 의미로 바꾸려고 한다. 그렇게 함으로써 이 개념들이 실제보다 많은 것을 내포하고 있다는 막연한 망상에 사로잡히는 일이 없게 하기 위해서이다. 나는 이것을 할 수 있다. 왜냐하면 나는 윤리에서 '선'이라는 말의 뒤에 숨을 곳을 찾고자 하지 않기 때문이다. 또 '아름다움'이나 '진실'이라는 말의 배후에 숨을 곳을 찾아놓고, 거기에서 오늘날 유난히도 젠체하며 여러 경우에 도움이 되도록 어미에 'heit'를 덧붙이거나, 거드름을 피우는 표정을 보임으로써 각기 뚜렷이 다른 기원과 의미를 가진 세 가지의 광범위하고 추상적이며 전혀 내용이 풍부하지 않은 개념들이 의미하는 그 이상의 것을, 마치 내가 이 세 가지 개념을 말로 표현함으로써 이룩한 것처럼 생각하게 하지 않기 때문이다. 실제로 오늘날 책을 가까이 하고 있는 사람 가운데 이 세 가지 말이 아주 훌륭한 의미라 해도 그것에 싫증을 느끼지 않는 사람이 있을까? 사고력이 모자란 사람들이 헤벌어진 입과 감격한 염소와 같은 얼굴을 하고 이 세 가지 말을 늘어놓으면, 그것으로 위대한 지혜를 말한 것이 된다고 믿는 모양을 수천 번 보아야 했으니 말이다.

'진실'이란 개념에 대해서는 이미 《충족이유율에 대하여》의 제5장 29절 이하에 설명해 놓았다. '아름다움'이라는 개념의 내용은 이 책 제3권 전체에서 상세하게 설명했다. 이제 '선'이라는 개념의 의미로 되돌아가려 한다. 그런데 이것은 그리 힘든 일은 아니다. 이 개념은 본디 상대적인 것이며, '하나의 객관이 의지의 어떤 일정한 노력에 적응'하는 것을 나타낸다. 따라서 의지의 어떤 나타남에 적응하여 그 목적을 이루는 것은 모두 '선'이라는 개념으로 생각할 수 있다. 그러므로 우리는 좋은 음식, 좋은 길, 좋은 날씨, 좋은 무기, 좋은 징조라고 말한다. 요컨대 우리가 요구하는 대로 되어 있는 모든 것을 '좋다'고 말한다. 그런데 어떤 한 사람에게 좋아도 남에게는 그 반대인 경우가 있다. 이처럼 선의 개념은 두 종류로 갈라진다. 다시 말해 그때그때의 의지를 직접 현재적으로 만족시키는 종류의 선과 간접적으로 미래에 걸쳐 만족시키는 종류의 선, 즉 쾌적한 것과 유용한 것이다. 이 반대의 개념은 인식이 없는 존재자에 대해 말하는 한 '좋지 않다(schlecht)'는 말로 표현하지만, 드물게는 추상적으로 '재앙(übel)'이라는 개념으로 나타낸다. 이것은 의지의 그때그때 노력에 적응하지 않는 모든 것을 말한다. 의지와의 관계를 낳을 수 있는 다른 존재자와 마찬가지로 인간도 바로 의욕된 목적에 알맞다거나 유리하다거나 친근하다고 하는 것과 같은 의미로, 또 언제나 상대적인 의미를 지속하면서 '좋다'고 불린다. 그것은 예컨대 '이 사람은 나에게는 좋지만 너에게는 좋지 않다'고 하는 말투에도 나타난다.

그런데 그 성격상 대체로 다른 사람의 의지 노력(Willensbestrebungen)을 방해하지 않고 오히려 그것을 조장하는 사람, 따라서 철저하게 다른 사람을 도와주고, 다른 사람에게 호의를 갖고 친절하며 자선을 베푸는 사람은, 다른 사람의 의지에 대한 행위 방식의 상대적 관계에서 '착한' 사람이라고 불린다. 이와 반대의 개념은 독일에서, 그리고 약 100년 동안 프랑스에서도 인식하는 존재(동물과 인간)의 경우에는 무인식의 존재와는 다른 말로 악(böse, méchant)이라고 말했다. 그런데 그 밖의 거의 모든 언어는 구별이 없어서 'malus, cattivo, bad'라는 말이 일정한 개체적 의지의 목적에 반대되는 인간이나 무생물에 사용된다.

그러므로 이 고찰은 선의 수동적인 부분에서 출발하여 나중에야 능동적인 부분으로 넘어가서, '착하다'고 불려지는 인간의 행위 방식을 남과의 관계에서 음미하지 않고, 그 사람 자신과의 관계에서 음미하는 것이 가능했던 것이다. 특히 선의 행위 방식은 다른 사람들에게 느껴지는 순수하게 객관적인 존경심이나 그 행위로 내부에서 느낀 자신에 대한 특유한 만족을 설명하는 것은 단념했다. 왜냐하면 남에 대한 존경이나 자기만족은 다른 종류의 희생까지 지불하고 얻어진 것이기 때문이다. 또 반대로 나쁜 성향은 그것을 품은 자에게 아무리 큰 외적인 이익을 가져온다 해도 내적인 고통을 동반하지만, 이 고통을 설명하는 것도 단념했다. 여기에서 철학적인 학설이나 교의론에 기초를 둔 학설, 여러 윤리학적 학설 등이 생겼다. 둘 다 언제나 '행복'과 '덕'을 어떠한 방법으로든 결합시키려고 한다. 철학적인 학설 쪽은 모순율이나 충족이유율을 통하여 행복을 덕과 동일한 것이거나 덕의 결과로 만들려 하지만 언제나 궤변적이다.

교의론에 기초를 둔 학설은 경험이 가능한 방법으로 알고 있는 세계와는 다른 세계를 주장함으로써 양자를 결합시키려고 한다.[10]

그런데 우리의 고찰에 의하면 덕의 내적 본질은 행복, 곧 건강이나 삶에 대한 노력과는 반대되는 방향을 취한 노력으로 나타난다.

이상으로 보면 '선'이란 그 개념에 따르면 상대가 있는 것, 따라서 모든 선도 본디 상대적이다. 왜냐하면 선은 무엇을 요구하는 의지에 대한 관계 속에서만

---

10) 여기에 덧붙여 말해 두지만, 모든 적극적인 교의론에 큰 힘을 주는 것, 즉 교의론이 사람들의 마음을 사로잡는 요점은 전적으로 윤리적인 측면이다. 물론 직접 윤리적인 측면으로서가 아니라 그때그때 교의론에 고유한 다른 신화적인 교의가 밀접하게 결합하고, 혼합되고, 그 자체로서만 설명될 수 있는 것으로 나타난다. 그러므로 행위의 윤리적인 의미는 충족이유율에 의해서는 설명할 수 없는데, 모든 신화는 이 원리에 따른다. 그런데도 신자들은 행위의 윤리적 의미와 그 신화를 전혀 나눌 수 없는 것, 더 나아가 완전히 하나의 것으로 생각하고, 그 신화에 대한 공격을 모두 법과 덕에 대한 공격으로 간주한다. 그 결과 유일신교의 국민들에게는 무신론이나 무신앙은 모두 도덕성의 결여라는 말과 동의어로 취급될 정도이다. 이러한 개념의 혼돈은 성직자들이 기뻐하는 것으로, 그 결과로서 광신이라는 무서운 괴물이 발생하고, 특히 완전히 미쳐버린 개별적 악인을 지배할 뿐만 아니라 국민 전체까지도 지배할 수 있었던 것이다. 결국 인류의 명예 때문에 꼭 한 번밖에 인류 역사에 나타나지 못했지만, 서양에서는 종교재판으로 구현할 수 있었다. 최근의 가장 신뢰할 수 있는 보고에 의하면, 마드리드(에스파냐의 다른 곳에서도 이러한 많은 종교적 살인의 소굴이 있었지만)에서만 해도 300년 동안 30만 명이 신앙 문제 때문에 종교재판으로 화형에 처해져 고통스럽게 죽었다. 모든 광신자들은 분격하여 떠들어댈 때마다 곧장 이 사실을 기억해야 하리라.

그 본질을 갖기 때문이다. 그러므로 '절대선(Absolutes Gut)'이란 모순이다. '최고선(summum bonum)'도 모순이다. 다시 말해 본디 거기에서 나중에 새로운 의욕이 일어나지 않는 의욕의 궁극적인 만족이며, 성취되면 파괴되지 않는 만족을 주는 궁극적인 동기이다.

제4권에서 우리가 지금까지 고찰해 온 것으로는 이것을 생각할 수 없다. 의지는 어떤 만족에 의해 끊임없이 새로 의욕하는 것을 그만둘 수 없고, 또 시간이 끝날 수도 시작할 수도 없다. 의지에게는 그 노력을 완전히, 그리고 영원히 채워주는 영속적인 충족이라는 것은 존재하지 않는다. 의지는 다나이데스 자매의 물통과도 같다. 의지에는 최고의 아름다움도, 절대적인 선도 존재하지 않는다. 언제나 잠정적인 선이 있을 뿐이다. 그러나 옛날부터 사용되어 온 이 말을 완전히 버리지 않고, 퇴직자(emeritus)로서 여기에 명예직을 주는 것이 좋다면, 비유적이고 상징적으로 의지의 완전한 극기와 부정, 참다운 무의지성을 절대적인 선, 최고의 선이라고 부르는 것이 좋으리라. 그리고 이것은 다른 모든 것에 대해 진통제의 효과밖에 줄 수 없는 병의 유일하고 근본적인 치료법이라고 여기면 좋을 것이다. 이러한 무의지성만이 의지 충동을 영원히 진정시키고, 다시는 파괴될 수 없는 만족을 주며 세계를 구원하는 것인데, 이에 대해서는 이 책 전체의 결론으로서 논하려고 한다. 이러한 의미에서 그리스어의 '끝, 목표($\tau\epsilon\lambda o\varsigma$)'란 말이나 라틴어에서의 '선의 궁국(finis bonorum)'이란 말이 절대선이나 최고선보다는 더 알맞다. '선과 악'이라는 말에 대해서는 이 정도로 해두고, 이제 본론으로 들어가자.

기회만 있으면, 그리고 외부에서 이것을 중지하게 하는 힘이 없으면 언제나 '부정'을 행하려는 경향이 있는 사람을 우리는 '악하다'고 말을 한다. 부정이라는 것에 대한 설명에 따르면, 이것은 사람이 자기 육체에 나타나 있는 삶에 대한 의지를 긍정할 뿐만 아니라, 이 긍정을 더 앞으로 나아가게 하여 다른 개인들에게 나타나고 있는 의지를 부정하기에 이른다는 의미이다. 그것은 그가 다른 개인들의 힘이 자기 의지에 도움되기를 희망하고, 그들이 자기 의지의 노력에 반대하는 경우에 그들의 생존을 파괴하려는 것에도 나타난다. 그 궁극적인 원천은 고도의 이기심이며, 이것의 본질에 대해서는 앞에서 설명했다. 여기에서 두 가지가 명확해진다. 첫째로 인간에게는 삶에 대한 의지가 격렬하고, 이 의지는 자신의 육체에 대한 긍정을 훨씬 능가하여 나타난다. 둘째로 인간의 인식은 충족이유율에 따라 개별화의 원리에 사로잡혀 있기 때문에, 개별화의 원리에 따라 정해진 자신과 다른 사람들의 완전한 구별에 고립되고 있다는 것이다. 그러므로 그는 다른 사람의 행복과는 전혀 무관하게 자신의 행복을 바라는 것이고, 다른 사람의 본질은 그에게는 관계가 없으며, 넓은 칸막이로 자신의 본질과는 완전히 분리되어 있을 뿐만 아니라, 다른 사람을 실재성이 없는 괴물로밖에는 보지 않는다. 이 두 가지 특성이 나쁜 성격의 근본 요소이다.

　의욕의 심한 격렬성은 이미 직접적인 고뇌의 끊임없는 원천이다. 첫째로 모든 의욕은 자체로서의 결핍, 즉 고뇌에서 생기기 때문이다.(그러므로 제3권에서 말한 것을 생각해 보면 알겠지만, 우리가 무의지의 순수한 인식 주관〔이데아의 상관태〕으로서 미적 관조에 몰두한 경우에 생기는 의욕의 순간적인 침묵이, 바로 아름다움에 대한 기쁨을 이루고 있는 주요 성분이다.) 둘째로 사물의 인과적인 연관 때문에 대개의 욕망은 실현되지 않은 채로 그대로 두지 않으면 안 되고, 의지는 만족되기보다는 방해되는 쪽이 많다. 그 때문에 격렬하고 많은 의욕도 언제나 격렬하고 많은 고뇌를 동반한다. 왜냐하면 고뇌란 채워지지 않고 좌절된 의욕에 불과하기 때문이다. 그리고 육체가 상처받고 파괴되는 경우, 육체의 고통까지도 고통의 면에서는 육체가 객관으로 된 의지에 지나지 않을 수 있다. 그러므로 격한 고뇌는 격한 의욕과는 나눌 수 없는 것이고, 극도로 악한 사람들의 얼굴은 이미 내적 고뇌의 인상을 띤다. 그들은 외적인 행복을 얻은 때에도 순간적인 환희에 취하거나, 억지로 꾸미지 않는 한 언제나 불행하게 보인다. 이러한 내적 고민은 그들에게는 완전히 본질적인 것이지만, 남의 고뇌를 보고 이기심에서 이것을 기뻐하지 않고, 자기 이익이 되지 않는데도 기뻐한다는 것도 결국은 내적인 고민에서 생긴다. 이것이야말로 정말 '악의'이며, 이 악의가 '잔인'으로 변한다. 악의나 잔인함에 있어 다른 사람의 고뇌는 이미 자기 의지의 목적을 달성하기 위한 수단이 아니라 목적 그 자체이다.

　이러한 현상을 자세히 설명하면 다음과 같다. 인간은 가장 명확한 인식에 비친 의지의 현상이기 때문에, 자기 의지의 현실적인 만족을 언제나 인식으로 예상되는 가능한 만족과 비교해 본다. 여기에서 질투가 생긴다. 결핍은 다른 사람의 향락으로 한없이 격렬해지지만, 다른 사람도 똑같은 결핍을 견딘다는 것을 알면 줄어든다. 모든 사람에게 공통되고 인생과 불가분의 관계에 있는 재앙은 우리를 슬프게는 하지 않는다. 기후나 토지 전체에 속하는 재앙도 같다. 우리의 고통보다 큰 고통을 생각하면 고통은 가라앉으며, 남의 고통을 보면 자신의 고통은 누그러진다. 어떤 사람이 격한 의지의 충동을 만족시키면 불타는 탐욕으로 모든 것을 휘어잡고 이기심의 갈망을 채우려 하지만, 만족이란 겉모양에 지나지 않고 소망하여 얻은 것은 기대했던 바와는 다르다. 다시 말해 만족은 격한 의지 충동의 최종적인 충족으로는 얻지 못하고, 오히려 소원은 실현되면 그 모습을 달리한다. 그리고 이번에는 다른 모습으로 괴로움의 씨가 되고, 결국 소원의 여러 모습이 없어져 버리면 인식된 동기가 없어도 의지 충동이 남아 황량함과 공허한 느낌으로서 절망적인 고민이 따르는 것을 경험하게 된다. 이 모든 것은 보통 의욕의 경우에는 비교적 적게 느껴지고, 우울한 기분도 보통 정도로만 생긴다. 하지만 앞서 말한 것과 같은 극단적인 악의에까지 이르는 의지 현상의 사람인 경우에는, 필연적으로 지나친 내적 고민이나 영원한 불안, 고칠 수 없는 고통이 생긴다. 그렇게 되면 그 사람은 직접 찾을 수 없는 고통의 완화를 간접적인 방법으로 찾게 된다. 즉 그는 다른 사람의 고통을 바라봄으로써 자기 고뇌를 가라앉히려고 하며, 동시에 다른 사람의 고뇌를 자기가 지닌 힘이 나타난 것으로 인식한다. 이제 다른 사람의 고뇌는 그에게는 목적이고, 바라보며 즐기는 구경거리이다. 그래서 정말로 잔인한 피의 갈망이라는 현상이 발생하는데, 이것은 네로나 도미티아누스와 같은 사람들이나, 아프리카의 지도자들이나 로베스피에르 등등에 나타나 역사에서 가끔 볼 수 있다.

복수심은 이미 악의에 가까운 것이며, 악에 이미 보복하고, 형벌의 특질인 장래에 대한 고려에서가 아니라 단지 일어난 것, 지나간 것 때문에 복수한다. 자신에게 이익이 되지 않아도 수단으로서가 아니라 목적으로서 행하고, 가해자에게 고민을 일으켜 놓은 뒤 보고 즐기는 것이다. 복수가 순수한 악의와는 다르고, 어떤 점에서 변호되는 것은 그것이 정당하게 보이기 때문이다. 다시 말해 지금 복수라고 하는 같은 행위라 해도 그것이 법률적으로, 즉 미리 정해지고 알려진 규칙에 따라, 또 그 규칙을 인가한 단체에서 지정되었다면, 형벌로서 법이 되기 때문이다.

앞에서 말한 고뇌는 악의와 같은 뿌리, 곧 격한 의지에서 생긴 것이고, 악의와는 불가분의 관계이지만, 악의에는 그것과는 전혀 다른 특별한 고통이 주어져 있다. 그것은 이기심에서 나온 단순한 불의든, 순수한 악의든 간에 나쁜 행동에서 느껴지는 것이며, 그 고통의 지속적인 길이에 따라 '양심의 가책 (Gewissensbiss)' 또는 '양심의 불안(Gewissensangst)'이라고 불린다.

그런데 제4권에서 이때까지 말한 내용, 특히 처음에 해명한 진리인 삶에 대한 의지에 있어, 그 의지의 모사나 반영인 삶은 언제나 확실하다고 하는 진리나 영원한 정의에 관한 설명을 생각하고 염두에 두면, 고찰의 결과로서 양심의 가책이 갖는 의미는 다음과 같은 것임을 알게 된다. 양심의 가책 내용은 추상적으로 표현한다면 다음에 말하는 두 부분으로 구별되지만, 결국 한데 모아서 하나의 것으로 생각해야 한다.

그 주름 속에서 모든 현상계의 모습을 볼 수 있다고 전해지는 신비로운 면사포가 두껍게 악의 마음에 드리워져 있다. 악인은 개별화의 원리에 사로잡혀 있고, 자기는 다른 사람과 절대적으로 다르며, 넓은 칸막이로 다른 사람과 분리되어 있다고 생각한다. 이러한 인식만이 그의 이기심에 알맞으며 그 근거가 되기 때문에, 그는 이 인식을 힘껏 고집하고, 거의 언제나 인식의 가장 깊은 내면에는 희미한 예감이 작용하고 있다. 다시 말해 사물의 질서는 결국 현상에 지나지 않으며, 그 자체의 관계는 이것과 완전히 다른 것이다. 아무리 시간적 공간적으로 다른 개인이나 그들이 받는 무수한 고뇌가, 그가 그들에게 주는 무수한 고뇌와 전혀 관계가 없는 것으로 보이더라도, 표상이나 그 형식들을 떨어져서 보면 그들 모두에게 나타나는 것은 하나의 삶에 대한 의지이다. 그리고 이 의지가 자신을 오인하고 자신에 대해 그 무기를 들이대는 것이 된다. 의지는 자기 현상들 가운데 하나의 현상에서 큰 행복을 찾는데, 그렇게 하여 다른 현상에 커다란 고뇌를 입힌다. 그래서 그 사람, 즉 악인은 이 의지 전체이며, 그는 사람을 괴롭히는 자일 뿐만 아니라 또한 괴로움을 받는 사람이기도 하다. 그는 공간과 시간을 형식으로 하는 기만적인 꿈으로 고통받는 자의 고뇌를 벗어나 고통을 받지 않고 있다고 생각하지만, 이 꿈이 없어져 버리면 진리에 따라 쾌락의 대가로 고민을 지불해야 한다. 그리고 그가 가능한 것이라 알고 있는 고뇌는 삶에 대한 의지로서 그에게 실제로 해당된다. 말하자면 개체의 인식에 있어서만, 개별화의 윤리에서만 가능성과 현실성, 시간과 공간의 원근성이 다른 것이고, 그 자체로서는 다르지 않다.

이 진리를 신화적으로 이유율에 알맞게 하고, 그렇게 함으로써 현상의 형식에 옮겨본 것이 윤회로 표현된다. 그런데 모든 혼합물을 제외하고 이 진리를 순수하게 표현하면, 양심의 불안이라는 막연하면서도 절망적인 고뇌가 바로 그것이다. 그러나 이 고뇌는 그 밖에도 이 제1의 고뇌와 밀접하게 결합한 '제2의' 직접적 인식으로부터도 생긴다. 말하자면 악인에게 있는 삶에 대한 의지가 자신을 긍정하는 데에서 생기는 강력한 인식에 있어 개인적인 현상을 능가하여, 다른 개인들에게 나타나는 동일한 의지를 완전히 부정하기에 이른다. 따라서 악인은 자신의 행위에 대해 느끼는 내적 전율을 자신에게 감추려고 하지만, 이 전율 속에는 개별화의 원리와 그 원리로 정립된 자타의 구별은 헛된 것이며 겉모양만의 것이라고 하는 앞서 말한 것과 같은 예감이 있다.

그런데 이 밖에도 자신이 가진 의지의 격렬성에 대한 인식, 그가 삶을 파악하고 삶에 굳게 매달려 온 힘의 인식이 포함되어 있다. 그는 압제에 시달리는 사람의 고뇌 속에서 바로 이 삶의 가장 무서운 측면을 눈앞에서 본다. 또한 이 삶과 굳게 결합되어 떨어질 수 없기 때문에, 이 무서운 사태는 그 자신의 의지를 한층 더 완전하게 긍정하기 위한 수단으로서 나오게 된다. 그는 자기를 삶에 대한 의지가 집중된 현상이라 인식하고, 또 자기가 그렇게까지 삶에 몰두하고 있는 것을 느끼며, 동시에 삶에 고유한 무수한 고뇌도 느낀다. 무수한 고뇌가 삶에 고유한 것은 삶에는 무한한 시간과 무한한 공간이 있는데, 이로써 가능성과 현실성의 구별을 없애고, 현재에는 단지 '인식한' 것뿐인 고뇌들을 '느껴진' 고뇌로 바꾸기 때문이다.

수백만 년에 걸친 재생도 과거나 미래가 개념 속에만 존재하는 것과 같이 개념 속에만 존재한다. 실현된 시간, 즉 의지 현상의 형식만이 현재이며, 개체에게 시간은 언제나 새롭다. 개체는 언제나 자기를 새로 생긴 것으로 발견한다. 왜냐하면 삶에 대한 의지와 삶은 나눌 수 없는 것이고, 이 삶의 형식은 지금뿐이기 때문이다. 죽음은(되풀이하여 비유를 사용하는 것을 용서해 주기 바란다) 그 자신이 모든 빛의 원천으로서 끊임없이 작열하면서 새로운 세계에 새로운 낮을 가져다주고, 언제나 떠올라 오고 또 언제나 저물어 간다. 시작과 끝은 개체에만 관계하며, 표상에 대한 현상의 형식은 시간에 의해 존재한다. 시간 밖에 존재하는 것은 의지, 곧 칸트의 물자체, 그리고 의지의 적절한 객관화, 즉 플라톤의 이데아이다. 그러므로 자살은 전혀 구원이 되지 못한다. 각자는 내적으로 '의욕하고' 있는 것으로 '있지' 않으면 안 되고, 또한 자기의 '있는' 바를 의욕하고 있다. 따라서 모든 개인을 구별하는 표상의 형식이 겉모양뿐이고 공허하다는 것에 대한 단순한 느낌으로서 인식 말고도 자기 의지와 그 정도의 자기 인식이 있어서, 이것이 양심에 가책을 준다. 인생행로의 결과로서 경험적 성격의 형상이 생기지만, 그 원형은 예지적 성격이며, 악인은 이 모습을 두려워한다. 이 경우 그 형상이 대규모로 나타나서 세계가 그 두려움을 나누어 가질 것인가, 또는 소규모로 나타나서 그만 이 형상을 볼 것인가 같은 것이다. 왜냐하면 이 형상에 직접 관계하는 것은 그뿐이기 때문이다. 성격이 자신을 부정하지 않는 한 모든 시간을 떠난 것이고, 시간에 의해 아무래도 좋은 것이며, 또 양심을 불안하게 할 수도 없다. 그러므로 오래전에 일어난 사건까지도 여전히 양심의 무거운 짐이 된다. '나로 하여금 유혹에 빠지지 않게 하소서' 하는 소원은 '나로 하여금 내가 누구인가를 알지 못하게 하소서'라는 의미이다. 악인은 자기가 삶을 긍정할 때 사용하고, 남에게 고통을 줄 때에 나타나는 힘에 의해, 바로 그 의지를 단념하거나 부정하는 일, 즉 세계와 그 고통에서 해탈할 수 있는 유일한 길에 이르기에는 얼마나 거리가 먼가 하는 것을 알게 된다. 그는 자기가 얼마나 광범하게 세계에 속해 있고 또 얼마나 굳게 세계와 결합되어 있는가를 알게 된다. 그는 다른 사람들의 고통을 '인식해도' 마음을 움직이지 않았지만, 삶과 '감각된' 고통에는 포로가 된다. 이 감각된 고통이 과연 의지의 격렬성을 좌절시키고 이것을 극복할 수 있는지는 아직 결정되어 있지 않다.

'악'의 의미와 내적 본질은 명확하게 추상적인 인식으로서가 아니라 단순한 감정으로서 '양심의 불안'의 내용이지만, 이 의미와 본질의 해명은 인간이 지닌 의지의 특성으로서 '선'에 대하여 앞에서 똑같이 행한 고찰로, 그리고 마지막으로 완전한 체념과 체념이 최고도에 달했을 때 생기는 성스러움을 고찰함으로써 더한층 분명해지고 완전해질 것이다. 왜냐하면 대립은 언제나 서로를 해명하며, 스피노자가 말한 것처럼 낮은 낮과 함께 밤도 드러나게 하기 때문이다.

## 66. 덕과 선이 생기는 원천

교화만을 행하는 근거 없는 도덕은 동기가 없기 때문에 아무런 효과가 없다. 그러나 동기가 있는 도덕은 자기애에 대한 작용을 통해서만 효력을 가질 수 있다. 그런데 자기애에서 나오는 것에는 도덕적 가치가 없다. 그 결과 도덕이나 추상적 인식 일반은 순수한 덕을 낳게 할 수 없으며, 덕은 다른 사람에게도 자신과 같은 본질을 인정하는 직관적 인식에서 생겨야 한다. 왜냐하면 덕은 본디 인식에서 생기는 것이지만, 언어를 통해 전달될 수 있는 추상적 인식에서 생기는 것은 아니기 때문이다. 그렇다고 하면 덕은 가르칠 수 있을 것이고, 또 우리가 여기서 덕의 본질과 그 밑바탕에 있는 인식을 추상적으로 말함으로써 그것을 이해하는 사람들을 윤리적으로도 개선했을 것이다.

하지만 결코 그렇지는 않다. 오히려 아리스토텔레스 이래 모든 미학이 단 한 사람의 시인도 만들어 내지 못한 것과 같이, 윤리적인 강의나 설교를 통해 한 사람도 덕 있는 사람을 탄생시키지 못하고 있다. 왜냐하면 윤리적 강의나 설교는 덕의 참된 내적 본질에 대해 개념이 예술에 대해 그렇듯이 완전히 종속적 도구일 뿐이며, 게다가 다른 방법에서 인식되고 결론지어진 것을 실행하고 유지하는 데에 도움이 되는 도구로서 종속될 뿐이기 때문이다. 덕에 대해서, 착한 마음씨에 대해서 추상적 교의는 아무런 영향을 끼칠 수 없다. 그릇된 교의도 덕을 방해하지 않으며, 참된 교의 또한 덕을 북돋아 주기는 어렵다. 또 실제로 인생에 있어서 중대한 문제인, 영원히 타당한 윤리적 가치가 교의, 교의론, 철학설처럼 우연히 얻어지는 것에 의존하고 있다면, 참으로 곤란한 일이다. 교의들이 도덕성에 대해 가치를 갖고 있는 것은 다음과 같은 점뿐이다. 앞으로 내가 논할 것과는 다른 종류의 인식에 의해 이미 덕을 얻은 사람은 교의들이 하나의 도식, 하나의 정식을 얻고, 그것에 따라서 이성에 대해, 다시 말해 그 본질을 '개념적으로 파악하고' 있지 못하는 비이기적인 행위에 대해 그의 이성이 만족하도록 길들여졌다고 변명을 한다.

물론 '행위'인 외적 행동에 대해서 교의는 습관이나 실례에 대해서와 마찬가지로 강한 영향을 줄 수 있지만(대개 사람은 자기 판단이 약한 것을 의식하여 이것을 신용하지 않고 자기 경험이나 남의 경험에 따르기 때문이다) 이렇게 해서는 성향이 변하지 않는다.[11]

추상적 인식은 모두 동기를 줄 뿐이다. 그런데 동기는 앞에서 말한 것처럼 의지의 방향을 바꿀 수 있을 뿐이고, 의지 자체는 바꿀 수 없다. 남에게 전해지는 인식은 의지에 대해서는 동기로서 작용할 뿐이다. 그러므로 교의가 동기를 어떻게 이끌어도 인간이 본디적이고 일반적으로 의욕하는 바는 언제나 변하지 않는다. 단지 이 의욕하는 것을 얻는 여러 방법에 대해서 인간은 여러 사상을 품고 있다. 따라서 공상적인 동기도 현실적인 동기와 마찬가지로 인간을 인도한다. 그렇기 때문에 내세에서 모든 것이 10배로 보상받는다는 것에 설득되어 의지할 곳 없는 사람들에게 많은 기부를 하는 것이나, 그 효과는 늦어지지만 더 확실하고 막대한 이익을 낳게 될 영지를 개량하기 위해 같은 금액을 쓰는 것도 그의 윤리적 가치에 있어서는 똑같다. 또한 살인자나 강도들이 그것으로 어떤 보수를 얻는 것이나, 정통적 신앙인들이 이교도를 화형에 처하는 것도 같은 것이다. 터키인들을 약속한 땅에서 학살하는 사람도, 만일 그가 정통적 신앙인들과 마찬가지로 그렇게 함으로써 천국에서 차지할 수 있는 땅을 얻을 것이라고 생각하기 때문에 학살을 감행한다면, 앞의 사람들과 꼭 같다. 왜냐하면 이 사람들도 강도들과 조금도 다름없이 자기들만을, 자기 이기심만을 위하기 때문이다. 그들이 강도와 다른 것은 단지 그 수법이 황당무계하다는 것뿐이다. 이미 말했듯이 외부로부터 의지에 덧붙여지는 것은 동기에 의해서만 가능하다. 그런데 동기는 의지가 나타나는 방식을 바꾸는 것에 지나지 않으며, 결코 의지 자체는 바꿀 수가 없다.

그러나 교의에 기반을 두고 행해지는 선행에 있어 언제나 구별하지 않으면 안 되는 것은, 이 교의들이 실제로 이 선행에 대한 동기인가, 또는 앞에서 언급한 것처럼 겉모양뿐인 해명에 불과한 것인가 하는 점이다. 후자의 경우에는 그 선행을 하는 사람은 '착하기' 때문에 선행을 하는 것이 아니고, 전혀 다른 원천에서 생겨나오는 것이다. 하지만 그는 철학자가 아니므로 그 선행을 적절하게 설명하지 못하고, 또 그것을 어떻게 해서라도 생각해 보려고 하기 때문에, 겉모양뿐인 해명으로 자신의 이성을 만족시키려고 한다. 그런데 앞에서 언급한 구별은 마음속 깊은 곳에 존재하고 있기에 이것을 발견하는 것은 어렵다. 그러

---

11) 교회는 그것은 단지 '행해진 행동'이며, 거듭남으로 인도되는 신앙이 은총으로 주어지지 않으면 아무런 도움이 되지 않는다고 말할 것이다. 이것에 대해서는 앞으로 논하겠다.

므로 우리가 다른 사람의 행위를 도덕적으로 올바르게 평가한다는 것은 어려운 일이다. 개인이나 한 국민의 행위와 행동 방식은 교의, 실례, 습관에 의해 심하게 바뀔 수 있다. 그러나 그 자체로 본다면 모든 행위는 단지 헛된 형상에 불과하며, 이것들에 도덕적 의미를 주는 것은 그 행한 행위로까지 인도하는 마음뿐이다. 그런데 외적인 현상이 아무리 다르다 해도 마음은 완전히 같을 수 있다. 같은 정도의 악의를 가지면서 한 사람은 화형에 처해 죽고, 다른 한 사람은 가족들의 무릎 위에서 조용히 죽는 일도 있다. 같은 정도의 악의라도 '어떤' 국민에게는 난폭하게 살육이나 사람을 잡아먹는 것으로 나타나고, '다른' 국민에게는 궁중 음모, 압제, 다양한 종류의 교묘한 계략으로 약삭빠르고, 은밀하며, 소규모로 나타나기도 한다. 하지만 그 본질은 동일하다. 완전한 국가나 아마 죽은 뒤의 상벌에 대해 굳게 믿도록 하는 교의가 있다면, 어떤 범죄도 없어질 것이라는 점은 생각해 볼 수 있다. 이러한 국가나 교의가 있다면, 정치적으로는 얻을 것이 많겠지만 도덕적으로는 아무것도 얻을 것이 없고, 오히려 삶을 통해 의지가 묘사되는 것으로 저지되는 것에 불과하리라.

따라서 마음의 순수한 선, 이기적이 아닌 덕, 그리고 순수한 의협심은 추상적인 인식에서 생기는 것은 아니지만, 인식에서 생기는 것은 확실하다. 다시 말해 추리로 없애버릴 수도 덧붙일 수도 없는 직접적이고 직관적인 인식이다. 그 인식은 추상적이 아니기 때문에 남에게 전달할 수 없고, 각자 자신에게 생기지 않으면 안 되며, 말로는 적절하게 표현할 수 없고, 인간의 행위나 행동 및 인생 행로를 통해서만 표현할 수 있다. 우리는 여기서 덕에 대한 이론을 찾고, 또 덕의 근거에 있는 인식의 본질을 추상적으로 표현해야 한다. 그러나 이렇게 표현을 해도 인식을 전달할 수는 없으며, 이 개념들을 표시할 수 있을 뿐이다. 이 경우 우리는 언제나 그 인식이 가시적으로 되는 유일한 행동으로부터 출발한다. 그래서 인식의 유일하고 적절한 표상으로서 행동을 지시하지만, 이 표현을 해석하고 설명할 뿐이다. 즉 본디적으로 행해지고 있는 것을 추상적으로 표현할 뿐이다.

그러면 지금까지 언급한 '악'에 대한 본디의 '선'을 말하기 전에 중간 단계로서 악의 단순한 부정을 언급하지 않으면 안 되겠다. 이것이 정의(Gerechtigkeit)이다. 정과 부정이 무엇인가에 대해서는 위에서 충분히 해설했다. 그러므로 여기서는 간단하게 다음과 같이 말할 수 있다. 이미 언급한 부정과 정 사이의 단순한 도덕적 한계를 인정하고, 그 한계가 국가나 기타 권력으로 보증받지 못하는 경우에도 그것을 지킬 수 있는 사람, 우리의 설명을 따른다면 자신의 의지를 긍정해도 다른 개체에 나타나 있는 의지를 부정하지 않는 사람은 '옳은' 것이다. 이런 사람은 자신의 행복을 추구하기 위해 남에게 고통을 주지는 않는다. 그러한 사람은 죄를 짓지 않으며, 법을 존중하고 각자의 소유를 존중할 것이다. 여기서 우리는 그러한 올바른 사람에 대해 다음과 같은 것을 알게 된다. 이러한 사람에게 개별화의 원리는 악인에게서처럼 절대적인 칸막이 벽이 아니고, 그는 악인처럼 자신의 의지 현상만을 긍정하고 다른 사람의 의지 현상을 부정하는 일도 없다. 그에게 있어 다른 사람들은 그와 전혀 본질을 달리하는 단순한 괴물이 아니다. 그는 그의 행동 방식을 통해 자기 본질인 물자체로서의 삶에 대한 의지를 단순히 표상으로서 주어진 현상 속에서 '재인식하고' 부정하지 않는다. 다시 말해 다른 사람을 침해하지 않는 정도에까지 자신을 다른 현상 속에서 재발견하게 된다. 그러면 그는 이 정도에서 마야의 베일인 개별화의 원리를 꿰뚫어 본다. 그는 그 정도에서 자기 이외의 존재자들에 대해 자기와 동일시하고, 그것을 침해하지 않는다.

이 정의를 보다 깊이 들여다보면, 그 속에는 이미 자기 의지를 긍정하는 나머지 다른 사람의 의지 현상을 부정하여, 억지로 자기 의지에 도움이 되게 하려는 데에까지 이르지 못하게 하는 의도가 존재한다. 그러므로 자기가 다른 사람에게서 받은 정도는 다른 사람에게도 베풀 것이다. 이러한 성향에 대한 최고 정의는 그것만으로도 벌써 부정하지 않는 성격을 가진 본디의 선과 합치하는 것이지만, 이 최고도의 정의 때문에 사람은 세습적 재산에 대한 자신의 권리들도 의심스러워하게 된다. 또한 자기 육체를 정신적 또는 육체적인 힘으로 유지하려고 하여, 다른 사람의 어떠한 봉사나 사치도 비난으로 느끼고, 결국에는 자발적으로 가난을 택하게 된다. 파스칼이 금욕적인 방향을 취했을 때가 이와 같았다. 그는 많은 시종들을 거느리고 있었지만, 아무런 봉사도 받으려고 하지 않았다. 그는 끊임없이 병으로 앓는 몸이었지만, 스스로 잠자리를 만들고, 부엌에서 식사를 나르곤 했다(그의 누이동생이 펴낸 《파스칼의 삶》, p. 19). 이와 비슷한 것으로 다음과 같은 보고가 있다. 인도인들 가운데에는 왕족도 많은 부귀를 누리고 있지만, 그 재산은 자기들의 가족, 궁정, 하인들을 위해 사용할 뿐 지독히 꼼꼼하게, 스스로 씨를 뿌리고 거두어들인 것 말고는 먹어서는 안 된다는 규율을 지키는 사람이 적지 않았다. 그러나 그 근본 생각에는 어느 정도 오해도 있다. 왜냐하면 개인은 그가 부유하고 강력하기 때문에 인간 사회 전체에 대해 세습적인 부에 상당할 만큼 봉사할 수 있으며, 그의 부가 보증되는 것도 사회 덕분이기 때문이다. 이러한 인도인들의 지나친 정의는 정의 이상의 것, 즉 실질적인 체념, 삶에 대한 의지의 부정, 금욕이다. 우리는 여기에 대해서는 마지막에 언급할 작정이다. 반대로 유산에 의존하여 스스로는 아무것도 이루지 않고, 남의 힘으로 순전히 무위도식하는 것은, 아무리 실정법상으로는 적법이라 인정하더라도 도덕적으로는 부정이라고 볼 수 있다.

우리가 아는 바로는 자발적인 정의는 개별화의 원리를 어느 정도 꿰뚫어 보는 데 가장 내면적인 근원이 있지만, 부정한 사람은 그 반대로 이 원리에 철저하게 사로잡혀 있다. 이러한 깨달음은 여기에 필요한 정도로 행해질 뿐만 아니라 고도로 행해져서 적극적인 호의, 자선, 박애까지도 이루어질 수 있다. 이것은 개인에게 나타나는 의지가 아무리 강력하고 활발하게 나타난다 해도 행해질 수 있다. 언제나 인식은 의지와 균형을 유지하고 부정에 대한 유혹에 저항할 것을 가르치며, 어떤 정도의 착함, 어떤 정도의 체념도 낳을 수 있다. 따라서 착한 사람은 악인보다 본디 약한 의지 현상이라고 여겨서는 안 되며, 착한 사람에게 있어 맹목적인 의지 충동을 지배하는 것은 인식이다. 물론 세상에는 자기 속에 나타나는 의지가 약하기 때문에, 선량하게 보일 뿐인 사람도 있다. 그러나 그들은 옳은 것이나 착한 것을 실행하기 위한 뛰어난 극기력이 없다는 것을 곧 드러낸다.

그런데 여기에 드문 예외로서 한 인간이 있다. 그는 막대한 수입을 갖고 있으면서도 자신을 위해서는 조금만 사용하고, 남은 모든 것을 곤궁하게 사는 사람들에게 주어버리며, 또 자신은 많은 향락이나 위안을 찾지 않고 지낸다고 하자. 우리가 이러한 사람의 행위를 이해하려고 할 때, 그가 자신의 행위를 스스로 이성에 이해시키려고 사용하고 있을지 모르는 교의를 문제 삼지 않는다면, '그가 자기와 남을 구별하는 정도가 다른 사람들보다 약하다'는 것이 아마도 그를 가장 단순하고 일반적으로 표현하는 말이 될 것이다. 또 그의 행동 방식의 본질적 성격이라고 말할 수 있다. 이 구별이 다른 많은 사람들에게 아주 크게 보이면, 그만큼 남의 고통은 마음씨 나쁜 사람들에게는 직접적인 기쁨이 되고, 부정한 사람에게는 자기 행복에 대해 딱 맞는 수단이 된다. 그저 바르기만 한 사람은 남에게 고통을 일으키지 않는 정도에 머문다. 일반적으로 대부분의 사람들은 수없이 많은 다른 사람의 고통을 가까이에서 보고 알아도, 그들의 고통을 완화시켜 주기 위해서 자신이 어느 정도의 희생을 감수하지 않으면 안 되기 때문에 그 결심을 하지 않는다. 이러한 사람들은 모두 자아와 타아 사이에 심한 구별이 있다고 생각한다. 그런데 우리가 생각하는 고상한 사람에게는 이 구별이 그다지 두드러지지 않는다. 개별화의 원리, 즉 현상의 형식은 그를 강하게 사로잡는 것이 아니고, 오히려 그는 그가 보는 다른 사람의 고통을 자신의 고통을 대하는 것과 같은 정도로 가깝게 느낀다. 그러므로 그는 자신의 고통과 다른 사람의 고통 사이에 균형을 이루려고 한다. 그리고 다른 사람의 고통을 완화시키기 위해 자기 향락을 포기하고, 희생을 감수한다. 그는 악인에게는 큰 칸막이로 보이는 자타의 구별이 사실은 보잘것없는 기만적인 현상 가운데 하나라는 것을 안다. 그는 직접 추리를 거치지 않고, 자신이라는 현상이 동시에 다른 사람이라는 현상이며, 이것이 모든 사물의 본질을 이루고 있고, 모든 것 안에 살고 있는 삶에 대한 의지라는 것을 인식하고 있다. 또 이것이 동물들이나 모든 자연에까지 미친다고 인식한다. 그러므로 그는 실제로 어떠한 동물도 괴롭히지 않을 것이다.[12]

앞서의 고상한 사람은 자기에게 필요 이상의 것이 있고, 없어도 지낼 수 있

---

12) 동물의 생명과 힘에 대한 인간의 권리는 다음의 것에 근거를 두고 있다. 고통은 의식의 명료성이 높아감에 따라 균등하게 강해져 가기 때문에, 동물이 죽음이나 노동으로 받는 고통은 인간이 동물의 고기를 먹지 않고 지내거나 동물의 힘을 빌리지 않고 지냄으로써 느낄 고통처럼 심하지는 않다. 그러므로 인간은 자기 생존을 긍정하는 결과 동물의 생존을 부정할 수 있으며, 또한 삶에 대한 의지도 그렇게 함으로써 그 반대로 하는 경우보다 더 작은 고통을 받게 된다. 동시에 이로 말미암아 인간이 동물의 힘을 이용해도 불법으로 되지 않는 정도가 규정되는 것이지만, 이 정도는 특히 짐을 나르는 동물이나 사냥개의 경우에는 무시된다. 그러므로 동물애호협회의 활동은 특히 여기에 기울어지고 있다. 또 내가 생각하는 바로는 이 권리는 생체 해부, 특히 고등동물의 생체 해부에까지는 미치지 못하고 있다. 그런데 곤충은 죽어도 인간이 곤충에 찔렸을 정도만큼도 고통을 받지 않는다. 힌두교인들은 이것을 이해하지 못하고 있다.

는 것이 있다면, 다음 날 자기가 먹을 수 있는 것보다 더 많은 음식을 갖기 위해 하루 동안 굶주림을 참고 견디는 것만큼이나, 남이 가난하여 괴로워하는 것을 모른 체하기가 어려울 것이다. 왜냐하면 자선사업을 하는 사람은 마야의 베일을 환히 들여다보고, 개별화 원리의 속임수에서 벗어났기 때문이다. 그는 어떠한 것 속에서도, 고통을 받고 있는 것 속에서도 자신을, 자기 의지를 인식한다. 삶에 대한 의지가 바르지 못하면 자신을 잘못 생각하고, 이쪽의 어떤 개인이 주는 덧없는 기만적인 쾌락에 빠지며, 그 대신 저쪽의 '다른' 개인에게서 고통을 받고 가난에 괴로워한다. 이렇게 한쪽에서는 고통을 주고, 다른 한쪽에서는 고통을 받는 셈이 되어, 의지는 티에스테스처럼 자신이 아들을 죽여 만든 고기를 탐욕스럽게 먹고 있다는 사실을 인식하지 못하고, 여기에서는 아무런 이유가 없는 고통을 받고 괴로워하고 있는데도 저기에서는 복수의 여신 네메시스 앞에서 두려움도 없이 나쁜 짓을 한다. 이것은 의지가 다른 사람의 현상 속에서 자신을 그르치고, 영원한 정의를 보지 못한 채 개별화의 원리, 말하자면 일반적으로 이유율에 지배되는 인식 방식에 사로잡혀 있기 때문이다. 이러한 망상이나 마야의 베일에서 벗어나 있다는 것과 자선 사업을 한다는 것은 같은 일이다. 자선사업을 한다는 것은 이 인식에 반드시 뒤따르는 징조이다.

양심의 가책이 갖는 근원과 의미에 대해서는 앞에서 해설했지만, 이것의 반대는 '양심의 만족(Gute Gewissen)', 즉 이기적이 아닌 행위 다음에 느끼는 만족이다. 이 만족은 우리 자신의 본질을 다른 사람의 현상 속에서 직접 재인식하는 것에서 생기는 행위에 의해, 우리가 또한 이 인식을 확인하기 위해 생긴다. 다시 말해 우리의 참된 자기는 이 개별적 현상인 자기 안에 존재하고 있을 뿐만 아니라 살아 있는 모든 것 속에 존재하고 있다는 인식이다. 이기심은 마음을 좁히지만, 이렇게 생각하면 넓어진 것처럼 느낀다. 왜냐하면 이기심은 우리의 관심을 스스로에게 보여줌으로써 불안과 배려가 우리 기분을 지배하게 되는데, 살아 있는 모든 것은 그 자신으로 존재함과 아울러 우리 자신의 본질이기도 하다는 점을 인식하면, 우리의 관심은 살아 있는 모든 것에 퍼지고 마음은 넓어지기 때문이다. 이렇게 자신에 대한 관심이 감소되면 자신에 대한 소심한 배려는 근본적으로 타격을 받아 제한된다. 여기서 조용하고 자신 있는 명랑함이 생기고, 덕이 있는 마음과 양심의 만족이 얻어진다. 나아가서 선행은 우리에게 그 기분의 근거를 확인시켜 주기 때문에, 선행을 할 때마다 점점 더 확실하게 명랑함이 생겨나는 것이다. 이기주의자는 자기가 다른 사람의 절대적인 여러 현상에 에워싸여 있다 느끼고, 모든 소망을 자의 행복에 근거하고 있다. 착한 사람은 자기와 친한 현상들의 세계에 살고 있다. 모든 현상의 행복은 그 자신의 행복이다. 그러므로 아무리 인간의 운명에 대한 인식이 기분을 유쾌하지 못하게 해도 살아 있는 것 속에서 언제나 자신의 본질을 인식하면, 기분은 균형 잡힌 것이 되고 명랑한 기분까지 갖게 된다. 왜냐하면 관심을 수없이 많은 현상에까지 넓히면, '하나의' 현상에 집중한 때처럼 불안하지 않기 때문이다. 개인의 신상에 일어나는 우연한 일들은 행복을 가져오기도 하고 불행을 불러오기도 하지만, 개인들 전체에게 일어나는 우연한 일들은 서로 균형을 이룬다.

그래서 다른 사람들은 도덕원리들을 세워서 이것을 덕을 위한 규정이라 하고, 또 필연적으로 따라야 하는 법칙으로 만들지만, 나는 이미 말한 것처럼 영원히 자유로운 의지에 대해서는 어떠한 당위나 법칙을 갖다 맞추려고 생각하지 않기 때문에, 그러한 일은 하지 않겠다. 반대로 내 고찰에 연관시켜 보면, 이러한 시도에 어느 정도 알맞고 유사한 것이 앞에서 말한 순수하게 이론적인 진리이며, 내 설명의 전체도 이 진리의 자세한 논의라고 여길 수 있다. 의지는 모든 현상이 보이는 그 자체이지만, 그 자신은 자체로서는 현상의 형식에서, 또한 다원성에서는 자유롭다. 나는 이 진리를 행동에 관련시켜 표현하기 위해, 앞서 말한 《베다》의 공식인 "그대가 바로 그것이다" 하는 문구를 쓰는 것 말고 더 적절하게 표현하는 길을 모르겠다. 이 진리에 확실한 인식을 갖고, 또 자기가 접촉하는 모든 것에 대해 확고한 마음을 지니고 자신을 향해 표현할 수 있는 사람은, 모든 덕과 행복을 확신하고 있으며, 해탈을 향한 지름길을 걷고 있는 사람이다.

그런데 더 나아가기 전에 나는 설명의 마지막으로, 어떻게 사랑이(우리는 개별화의 원리를 꿰뚫어 보는 것이 이 사랑의 근원과 본질이라고 인정하지만) 사람을 해탈에까지, 즉 삶에 대한 의지, 다시 말해 모든 의욕의 완전한 포기에까지 이끌고 나아가는지를 보이고, 어떻게 해서 또 하나의 다른 길이, 그렇게 온당하지는 않지만 이것보다 더 자주 사람을 똑같이 해탈에까지 이끌고 가는지를 보이려고 한다. 그러나 그 전에 여기에 역설적인 명제를 언급하여 설명해 두지 않으면 안 된다. 왜냐하면 그 명제가 역설이 아닌 진실한 것이며, 내가 설명하려는 사상의 완벽을 기하는 데에 필요하기 때문이다. 그것은 다음과 같다. "모든 사랑은 동정이다."

## 67. 동정에 대하여

우리가 보아온 것에 따르면 개별화의 원리를 조금이라도 알아차리면 정의가 생기고, 깊이 꿰뚫어 보면 성향이 지닌 본디의 착함이 생기며, 이것이 남에 대한 순수하고 이기적이지 않은 사랑으로 나타났다. 이 사랑이 완전하게 되면, 그는 다른 개체와 자기 운명을 완전히 동일시하게 된다. 그러나 사랑은 그 이상으로는 나아갈 수 없다. 왜냐하면 다른 개체를 자기 개체보다 더 우수하다고 보는 근거는 없기 때문이다. 하지만 많은 다른 개체의 행복이나 생명이 위기에 처했을 경우에는, 최고선과 완전한 의협심에 도달한 사람은 자기 복지와 생명을 많은 타인의 복지를 위해 완전히 희생할 것이다. 코드로스, 레오니다스, 레굴루스, 데키우스 무스, 아르놀트 폰 빙 켈리드 같은 사람들은 그렇게 죽었고, 또 자진하여 의식적으로 자기 부하를 위해, 조국을 위해 죽음에 임한 사람은 한결같이 그랬다. 또 인류의 복지와 필요한 것을 주장하기 위해, 즉 중요한 보편적 진리를 위해, 큰 오류를 뿌리째 없애기 위해 죽음을 자초하는 사람은 모두 이 단계에 있는 사람들이다. 소크라테스, 조르다노 브루노가 이렇게 죽었고, 진리를 위한 영웅들 가운데에는 신부들의 손에 화형으로 죽은 자가 적지 않다.

이제부터 다음의 것을 기억해 주기를 바란다. 우리는 앞에서 삶 전체에 있어 고통은 본질적인 것이며, 삶과 고통은 떼어놓을 수 없다는 것을 알았다. 또 모든 소망은 어떤 욕망, 결핍, 고통에서 생기는 것이고, '만족'이라는 것은 고통이 제거된 상태에 불과하며, 적극적인 행복을 가져온 것은 아니라는 사실을 알았다. 또 기쁨은 그 자체가 적극적인 재물인 것처럼 소망을 기만하지만, 실제로는 소극적인 성질을 갖고 있으며, 어떤 하나의 재앙이 없어진 것에 지나지 않는다는 점을 알았다. 그러므로 선의, 사랑, 의협심이 다른 사람들에게 무엇을 행하든지 간에, 그것은 언제나 다른 사람들의 고통을 덜어준다. 이것들을 움직여 착한 일과 자선사업을 하게 만드는 것은 언제나 '남의 고통에 대한 인식'이며, 이것은 자기 고통으로 이해되고 자기 고통과 동일하게 보기 때문이다. 그 결과 순수한 사람은 그 본성에 따르면 동정이 있는 것이다.

사랑으로 줄어드는 고통이 크든 작든 간에, 채워지지 않은 소망이 어떠한 것이든 간에 그것은 상관없다. 따라서 우리는 칸트와는 정반대이다. 칸트는 진실한 선과 덕을 추상적인 반성에서, 또 의무의 개념이나 정언명령의 개념에서 나온 것인 경우에만 참된 선이나 덕으로서 인정하려 했으며, 감정으로서의 동정은 약점이지 덕은 아니라고 말한다. 하지만 우리는 칸트와는 정반대로 아무런 망설임 없이 단순한 개념은 순수한 덕에서는 순수예술에서와 마찬가지로 효력이 없고, 모든 참되고 순수한 사랑은 동정이며, 동정이 아닌 사랑은 이기심이라고 말할 것이다. 이기심은 에로스($\varepsilon\rho\omega\varsigma$, 애욕)이고, 동정은 아가페($\alpha\gamma\alpha\pi\eta$, 순수애)이다. 이 둘은 빈번하게 혼합된다. 순수한 우정에도 언제나 이기심과 동정의 뒤섞임이 있다. 순수한 우정이란 우리의 개성과 잘 맞는 개성을 가진 친구가 있는 것을 기뻐하는 것이다. 그리고 이것이 거의 우정의 대부분을 이루고 있다. 동정은 그 친구와 진심으로 기쁨과 슬픔을 같이하거나 그 친구를 위해 이기적이 아닌 희생을 바치는 데에서 나타난다. 스피노자도 "호의란 동정에서 생긴 욕구에 지나지 않는다" 말하고 있다(《윤리학》 제3부, 정리 27, 계3, 비고). 우리의 이 역설적인 명제를 확증하는 것으로서 순수한 사랑에서 나온 언어의 가락이나 말투나 애무는, 동정의 그것과 완전히 일치함을 알게 된다. 이탈리아어로 동정과 순수한 사랑이 피에타(Pietà)라는 같은 말로 표시되는 것을 보아도 알 수 있다.

또 여기서 인간 본성의 가장 뚜렷한 특성의 하나인 '운다(weinen)'는 것을 설명해 두어야만 하겠다. 우는 것은 웃는 것과 더불어 인간의 본성을 동물과 구별하는 표시 가운데 하나이다. 우는 것은 고통의 표출만 의미하는 것은 아니다. 왜냐하면 고통이 아주 작을 때에도 우는 일이 있기 때문이다. 내가 생각하기에 사람은 고통을 느끼고 우는 것이 아니라, 언제나 반성하는 데 있어서 고통을 반복할 때에만 운다. 고통이 육체적인 것일 때에도, 사람은 고통의 감각에서 고통의 단순한 표상으로 넘어가고, 그다음에 자신의 상태를 참으로 동정할 만한 것으로 생각한다. 만일 남이 이 고통을 받고 있다면, 자기는 충분한 동정과 애정을 갖고 그 사람을 구원할 것이라고 굳게, 그리고 진심으로 확신한다. 여기서 그는 자신에게도 진실한 동정의 대상이 된다. 그는 남을 구해 주려는 강한 마음을 가지면서, 동시에 그 자신이 구원을 청하는 자이며, 남이 고통받는 것을 보고 있는 것 이상으로 자기도 고통을 받고 있다고 느낀다. 이러한 이상하게 차분해진 기분으로 고통의 직접적인 감각이 먼저 이중의 우회로를 돌아 다시 지각되기에 이르러, 남의 고통으로 표상되고 동정받아, 거기에서 갑자기 직접적인 자기 고통으로 지각된다. 자연은 이렇듯 이상한 육체적 투쟁으로 고통을 덜어 가볍게 한다. 따라서 '우는 것은 자신에 대한 동정', 즉 그 출발점으로 다시 던져진 동정이다. 그러므로 우는 것은 사랑과 동정의 능력과 상상으로 인해 제약되어 있다. 냉혹한 인간이나 상상력이 없는 인간은 쉽게 울지 않는다. 우는 것은 한편으로 착한 성격을 나타내는 것이라 여겨 분노를 가라앉히는 것이다. 왜냐하면 울 수 있는 사람 같으면 반드시 사랑, 곧 다른 사람에 대해 동정도 할 수 있는 사람임에 틀림없다고 생각되기 때문이다. 그리고 동정은 방금 말한 방법으로 울음을 일으키는 기분으로 옮겨가기 때문이다. 페트라르카가 그의 감정을 소박하고 진실하게 표현하면서, 눈물이 나오는 것을 다음과 같이 말하고 있는 것은 여기에 설명한 그대로이다.

사색에 잠기면서 산책을 하면,
갑자기 '나 자신을 동정하고 싶은 심정'이 강하게 일어나,
가끔 소리 높여
울게 된다.
전에는 한 번도 없었던 일이거늘.

위에서 말한 것은 어린아이들이 고통을 받았을 때 위로의 말을 듣고 비로소 운다는 것, 다시 말해 고통 때문에 우는 것이 아니라 고통의 표상 때문에 운다는 것을 보아도 확인된다. 우리가 자신의 고통이 아닌 남의 고통으로 말미암아 우는 일이 있지만, 그것은 우리가 상상으로 생생하게 그 괴로워하는 사람의 처지가 되어보거나, 그 사람의 운명 속에서 인류 전체의 숙명을, 무엇보다 자신의 숙명을 보거나 하여, 결국은 자신의 신세를 한탄해 울고 자신에게 동정을 느끼기 때문이다. 사람이 죽은 것을 보면 자기도 모르게 울지만, 그 주된 이유 또한 이것과 꼭 같다고 생각한다. 이 경우 슬퍼하는 사람이 우는 것은, 그 죽은 사람

이 없어져버렸기 때문이 아니다. 그러한 이기적인 눈물이라면 부끄러워할 일이지만, 때로는 오히려 울지 않는 것을 부끄럽게 생각할 정도이다. 그가 죽은 자의 숙명 때문에 우는 것은 물론이다. 그러나 이 죽은 자가 오랫동안 힘겹고 절망적인 고통을 겪어 죽음이 소망스러운 구원이었던 경우에도 역시 운다. 따라서 일반적으로 그의 마음을 사로잡는 것은 인간 전체의 숙명에 대한 동정이다. 인간이란 유한성의 손아귀에 돌아가며, 이 유한성 때문에 아무리 부지런하고 활발하게 생활을 해도 결국은 사라져 무로 돌아가게 마련이다. 그런데 이 인류의 숙명 속에서 무엇보다 먼저 자신의 숙명을 본다. 또한 그 죽은 자가 자기와 가까울수록 이 생각은 더욱 강하며, 아버지인 경우에는 가장 심하다. 아버지가 늙거나 병에 걸려 사는 것이 고생스럽고 의지할 곳이 없어서 아들에게는 무거운 짐이었다고 할지라도, 아들은 그 아버지의 죽음 앞에서 오열하게 된다. 이것도 지금 말한 이유에서이다.[13]

## 68. 삶에 대한 의지의 부정

순수한 사랑과 동정은 같은 것이며, 동정이 자기 문제로 다시 넘어가면 울게 된다는 이 현상을 징조로 나타낸다는 것에 대한, 본론에서 벗어난 설명이 끝났다. 이번에는 다시 행동의 윤리적 의미에 대한 설명의 실마리를 붙들고서 모든 선, 사랑, 덕, 그리고 의협심이 생기는 것과 같은 원천에서 삶에 대한 의지의 부정이라고 부르는 것도 나온다는 사실을 알아보려고 한다.

앞에서 우리는 증오와 악의란 이기심으로 제약된 것이고, 이기심은 인식이 개별화의 원리에 사로잡혀 있는 것에 기인한다고 보았다. 하지만 정의의 기원과 본질로서 한 걸음 더 나아가면, 사랑과 의협심의 기원과 본질로서 최고도에 이른다고 우리가 아는 것은, 이 개별화의 원리를 꿰뚫어 보는 일이다. 이것에 의해서만 자신의 개체와 다른 개체의 구별이 없어지기 때문에, 다른 사람에 대한 가장 비이기적인 사랑과 위대한 자기희생에까지 이르는 성향이 갖는 완전한 선성(善性)이 가능하게 되고 설명된다.

---

13) 제2편 제47장 참고. 아마 이제는 주의할 필요가 없을지 모르지만 제61장부터 제67장까지에 걸쳐 언급한 윤리 요강은 도덕의 기초에 대한 현상 논문에 가장 자세히, 또 완전하게 설명해 두었다.

그런데 개별화의 원리에 대한 간파, 즉 의지가 그 모든 현상에서 동일하다는 것에 대한 직접적 인식이 명확하게 되면, 이 인식은 곧 그 이상의 영향을 의지에 끼치게 된다. 다시 말해 어떤 사람의 눈앞에 걸려 있던 마야의 베일, 개별화의 원리가 없어져서, 그 사람이 이미 자기와 남을 이기적으로 구별하지 않고, 남의 고통에 대해서도 자기 고통을 대하는 것과 똑같은 관심을 가지며, 그리하여 자비로울 뿐만 아니라 자신을 희생하여 남들의 많은 생명을 구원할 수 있다면 자진하여 자기를 희생하려 할 것이다. 그 결과 이러한 사람은 모든 존재자 가운데서 자신의 가장 깊고 참된 자기를 인식하는 것이기 때문에, 모든 생물의 무한한 고통까지도 자신의 고통으로 생각하고, 전 세계의 고통을 자신의 것으로 생각할 것임에 틀림없다. 그에게는 어떠한 고통도 이제 자기와 무관한 것이 아니다. 그가 보고도 진정시킬 수 없는 다른 사람들의 모든 고통, 그가 직접 알고 있는 고통, 또 있을 수 있다고 생각하는 고통, 이 모든 고통들은 자신의 고통과 마찬가지로 그의 정신에 작용한다. 또한 개별화의 원리에 사로잡혀 있는 인간은 자신의 기쁨과 슬픔의 변화를 안중에 두고 있지만, 앞에서 말한 사람은 이미 이러한 기쁨과 슬픔을 안중에 두지 않고 개별화의 원리를 꿰뚫어 보고 있기 때문에, 모든 것이 똑같이 그에게 가깝다. 그는 전체를 인식하고, 전체의 본질을 파악한다. 그리고 그것이 끊임없이 생멸하며, 헛된 노력을 계속하고, 내면에서 항쟁하며, 쉬지 않고 고뇌하고 있는 것들로 이루어져 있음을 알게 된다. 그는 어디에서나 고통을 받고 있는 인간과 고통을 받고 있는 동물을 보며, 세계는 쇠퇴해 가고 있다는 것을 안다. 이제 그에게는 이 모든 것이 이기주의자에게 자신만이 친근한 것처럼 그렇게 친근하다. 세계에 대한 이러한 인식을 가지고서 그는 어떻게 삶을 끊임없는 의지 행위를 통해 긍정하며, 또 이렇게 함으로써 점점 더 이 삶에 강하게 연결되고, 이 삶을 강하게 자기에게 압박할 수 있을까? 아직도 개별화의 원리, 즉 이기심에 사로잡힌 사람은 개별적인 사물과 그 자신에 대한 사물들의 관계만을 인식하기 때문에, 이 사물들이 차례로 의욕의 새로운 '동기'가 된다.

이와 반대로 전체에 대한 인식, 곧 물자체의 본질에 대한 인식은 모든 의욕의 '진정제'가 된다. 이렇게 되면 의지는 삶을 떠난다. 이제 의지는 자기 긍정이라고 여기는 삶의 쾌락들이 무서워진다. 그래서 사람은 자발적인 단념·체념, 참된 평정과 완전한 무의지의 상태에 이르게 된다. 그 밖에 우리처럼 마야의 베일에 가려져 있는 사람들도, 때때로 자기의 고통을 강하게 느끼거나 남의 고통을 생생하게 인식하고, 삶의 공허함과 쓰라림에 접근할 때가 있다. 그렇게 되면 우리는 완전하고 영원히 결정된 체념을 통하여 욕망의 가시들을 꺾고, 모든 고통의 통로를 차단하고, 자기를 정화하고 성스럽게 되어보려고 한다. 그럼에도 우리는 곧 다시 현상의 망상에 현혹되어, 의지는 새롭게 현상의 동기에 의해 움직이게 된다. 다시 말해 우리는 해탈할 수 없다. 희망의 유혹, 현재의 알랑거림, 쾌락의 달콤함 등 고통스러운 세계의 비애 속에서 우연과 오류의 지배를 받으며 우리 개인에게 주어지는 이 행복들은, 우리를 이 세계로 다시 끌어내려 새로 굳게 결박한다. 그러므로 예수는 "부자가 하느님 나라에 들어가기보다는 닻줄이 바늘귀로 빠져나가기가 더 쉬울 것입니다" 말했던 것이다.

인생을 쉴 새 없이 뛰어서 지나가야 하고 군데군데 찬 곳이 있는 시뻘겋게 달아오른 석탄 고리 모양의 통로에 비유한다면, 망상에 사로잡힌 사람은 지금 자기가 서 있는 찬 곳이나 바로 앞에 보이는 찬 곳에 위로를 받고 그 길을 계속 뛰어서 지나간다. 그러나 개별화의 원리를 꿰뚫어 보고, 물자체의 본질과 더 나아가 전체를 인식하는 사람은 이러한 위로를 이제는 달갑게 생각하지 않는다. 그는 모든 곳에서 자기를 보고 거기에서 탈출한다. 그의 의지는 방향을 바꿔서 이미 현상에 반영하는 그 자신의 본질을 긍정하지 않고 그것을 부정한다. 이것이 표시되는 현상이 덕에서 '금욕'으로의 이행이다.

이제 그는 남들을 자신과 같이 사랑하고, 자기를 대하는 것과 똑같은 정도로 그들에게 행하는 것으로는 만족하지 않으며, 그의 마음속에는 '그'라는 현상으로 되어 나타나는 본질인 삶의 의지에 대한 혐오, 즉 고난에 찬 것으로 인식된 저 세계의 중핵과 본질에 대한 혐오가 생겨 나온다. 그러므로 그는 그의 속에 나타나고, 이미 그의 육체로 표현된 이 본질을 부인한다. 그리고 이제 그의 행위는 현상이 '거짓'이라는 것을 책망하고, 현상과의 명확한 모순을 드러낸다. 그가 멈추는 것은 무엇을 하고자 하는 의지의 현상에 지나지 않으며, 그는 자기 의지가 무엇에 집착하지 않도록 주의하고, 모든 것에 대해 가장 큰 무관심을 가슴속에 확립하려고 노력한다. 그의 육체는 건강하고 강하며, 생식기에 의해 성욕을 표현한다. 그러나 그의 의지를 부정하고 육체의 거짓을 꾸짖는다.

그는 어떤 조건 아래서도 성욕의 만족을 원하지 않는다. 자발적인 완전한 동정이 금욕, 곧 삶에 대한 의지의 부정에 있어서 첫걸음이다. 동정은 금욕으로 개인적인 생명을 뛰어넘은 의지 긍정을 부정하고, 동시에 이 육체의 생명과 더불어 육체로 되어 나타나는 의지 또한 소멸함을 나타낸다.

자연은 언제나 진실하고 소박하기 때문에 만일 이 원리들이 보편적으로 된다면, 인류는 전멸해 버릴 것이다. 그리고 제2권에서 모든 의지 현상의 연관에 대해 말했지만, 나는 최고의 의지 현상이 없어짐과 더불어 더 약한 반영인 동물계도 없어질 것이라는 사실을 가정할 수 있다고 생각한다. 마치 완전한 빛이 없어지면 반그림자도 없어지는 것과 마찬가지이다. 인식이 완전히 폐기됨과 더불어 저절로 그 밖의 세계도 무로 돌아간다. 주관이 없으면 객관도 없기 때문이다.

나는 이것과 관련해 다음과 같은 《베다》의 한 부분을 예로 들어보겠다. "이 세상에서 굶주린 어린아이들이 어머니의 주위에 달려드는 것처럼, 모든 존재는 성스러운 희생을 갈망하고 있다."(《아시아 연구》 제8권, 콜브룩, 《베다에 대해서》, 《사마베다》 발췌, 콜브룩 논문집 제1권 p. 88에도 있음) 희생이란 일반적으로 체념을 의미한다. 인간 이외의 자연은 인간에게 구원을 기대하지 않으면 안 되고, 인간은 사제인 동시에 희생이다. 또 여기에 인용해야만 하는 것은 안겔루스 질레지우스도 "인간은 모든 것을 신 곁으로 가져간다"라고 하는 헤아릴 수 없이 깊고 놀랄 만한 표제의 시구 속에서, 이와 비슷한 사상을 표현하고 있다는 점이다.

인간이여, 만물은 너를 사랑하고 너의 곁에 몰려온다.
만물은 너에게 밀려들어, 신에게 이르려고 한다.

그러나 더 위대한 신비사상가인 마이스터 에크하르트는 프란츠 파이퍼 출판사에서 뛰어난 저서를 내놓았다. 이제(1857) 드디어 우리의 손에 들어오게 되었지만, 이 책의 459쪽에서 여기에 논한 것과 똑같은 의미의 말을 하고 있다.

나는 이것을 그리스도와 함께 확증한다. 그리스도는 '내가 이 세상을 떠나 높이 들리게 될 때에 모든 사람을 이끌어 내게로 오게 할 것입니다'(《요한

복음〉 제12장 제32절)라고 말하기 때문이다. 그래서 착한 사람은 모든 것을 이 최초의 근원인 신에게 가지고 올라가지 않으면 안 된다. 피조물은 인간을 위해 만들어졌다는 것을 이전의 철학자들은 이렇게 확증하고 있다. 모든 피조물을 보면, 그들이 서로를 이용하고 있다는 것을 알 수 있다. 소는 풀을, 물고기는 물을, 새는 대기를, 짐승은 숲을 이용한다. 이렇게 모든 피조물은 착한 사람을 도와주고 있다. 착한 사람은 다른 피조물들 가운데 하나의 피조물을 신에게 데리고 간다.

그가 말하려는 것은 인간은 자신과 더불어 동물까지도 구하지만, 그 대신 동물을 이 세상에서 이용한다는 것이다. 또 나는 성서의 〈로마서〉 제8장 21절에서 24절까지의 난해한 부분도 이 의미로 해석해야 할 것이라고 생각한다.

불교에도 이러한 것에 대한 표상이 없는 것은 아니다. 예컨대 부처가 아직 수도자였을 때, 아버지의 왕궁에서 황야로 도피하려고 말에 안장을 올려놓고는, 이 말에게 다음과 같은 시구를 말하고 있다. "살아 있을 때나 죽을 때에도 너는 오랫동안 있었다. 그러나 너는 이제 운반하거나 끄는 일을 그만두게 되었다. 단지 이번만은, 아 칸타카나여, 나를 이곳에서 날라다오. 그리고 내가 법에 다다르게 되면(부처가 되면), 결코 너를 잊지 않으리라."《불국기》, 아벨 레뮈자 번역, p. 233)

금욕은 자발적이고 의도적인 가난에도 나타난다. 하지만 이러한 가난은 남의 고통을 덜어주기 위해 자기 소유물을 주어버림으로써 생길 뿐만 아니라, 여기서 가난은 이미 목적 자체이며, 소망의 충족 및 인생의 감미로움이, 자기 인식이 혐오한 의지를 다시 자극하는 일이 없도록 의지의 금욕으로서 도움이 되지 않으면 안 된다. 이 점에 다다른 사람이라도 살아 있는 육체와 구체적인 의지 현상으로서는 여전히 모든 종류의 의욕에 대한 성향을 감지한다. 그러나 그는 이것을 고의로 억제한다. 그는 자기가 욕구하는 것을 하지 않도록 스스로 강요하고, 반대로 스스로 욕구하지 않는 것은 아무리 그것이 의지의 금욕에 도움이 된다는 목적 말고는 아무런 목적도 없는 경우에도 하도록 스스로를 강요한다. 그는 개인이 되어 나타나고 있는 의지를 부정하는 것이기 때문에, 남이 똑같은 일을 해도, 즉 그에게 불법을 가해도 저항하지 않을 것이다. 따라서 그는 우연히 또는 다른 사람의 악의에 의해 외부에서 주어지는 어떠한 고통, 손해, 굴욕, 모욕도 기꺼이 받아들인다. 그는 자기가 이미 의지를 긍정하지 않고, 그 자신인 의지 현상의 모든 적대자에게도 편을 든다고 하는 확신을 자신에게 줄 수 있는 기회로서 기꺼이 이 고통을 받아들인다. 그러므로 그는 굴욕이나 고통을 한없는 인내와 온화로 견디고, 아무런 겉치레 없이 악에 대한 보상을 선으로 한다. 그리고 욕망의 불, 분노의 불까지도 다시는 자기 속에서 태우지 않는다.

그는 의지를 억제하는 것처럼 의지의 가시성, 객관성, 곧 육체까지도 억제한다. 그는 자기 육체가 지나치게 생기 있고 강건하게 되어서, 단순한 표상과 반영에 불과한 의지를 다시 활기 있고 더욱 강하게 자극하는 일이 없도록, 육체에 영양도 조금만 공급한다. 그래서 그는 단식하고, 나아가 금욕과 고행도 하고, 끊임없는 결핍과 고통을 통해 자기는 세계에서 고통스러운 존재의 원천이라 인식하고, 또 혐오하는 의지를 점점 더 좌절시키고 죽인다. 결국 이 의지의 현상을 해소하는 죽음이 오는데, 의지의 본질은 죽음에서 자신을 자유롭게 부정함으로써, 이미 오래전에 이 육체에 활기를 주는 것으로 나타나 있던 약한 잔재에 이르기까지 모두 소멸해 버린다. 그러므로 죽음은 고대하던 해탈로서 대단히 환영을 받고 기꺼이 받아들여진다. 이 경우 죽음과 더불어 끝나는 것은 다른 사람들에게서와 마찬가지로 단지 현상뿐만 아니라 현상을 통해 희미한 생존을 갖고 있던 본질 그 자체가 없어지는 것이다. 이 마지막에 있는 부서지기 쉬운 유대도 끊겨버리고 만다. 이렇게 끝을 맺는 사람에게는 세계도 동시에 끝나는 것이다.[14]

그리고 내가 여기서 서투른 말로 일반적인 묘사를 한 것은 결코 스스로 생각해 낸 철학적 동화도 아니고, 오늘날만의 것도 아니다. 그리스도교도나 힌두교도와 불교도들, 또는 그 밖의 다른 신도들 가운데 많은 성자나 아름다운 영

---

14) 이 사상은 산스크리트로 쓰인 《상키아 카리카(數論頌)》란 책에 아름다운 비유로 표현되어 있다. "그럼에도 불구하고 영혼은 잠시 육체에 덮여 남아 있다. 마치 도기를 만드는 녹로가 도기의 완성 뒤에도 전에 받은 충격으로 회전을 계속하는 것과 마찬가지이다. 활동하던 영혼이 육체를 떠나서 그것에 대한 자연이 정지되었을 때, 비로소 영원의 완전한 해탈이 나타나는 것이다." 콜브룩, 〈인도인의 철학에 대하여〉《기념논문집》제1권 p. 259. 또 호레이스 윌슨의 《상키아 카리카》제67장 p. 184.

혼을 소유한 사람들의 부러워할 만한 생애였다. 그들의 이성에 새겨진 교의가 아무리 여러 가지라 해도, 모든 덕이나 성스러움에서만 출발할 수 있는 내적이고, 직접적이며, 직관적인 인식은 상술한 방식으로 품행을 통해 나타났다. 왜냐하면 우리가 하는 고찰에서 중요하고 곳곳에 존재하며, 예전에는 그다지 주의하지 않았던 직관적 인식과 추상적 인식의 커다란 구별이 여기에도 나타나 있기 때문이다. 이 둘 사이에는 넓은 칸막이가 있는데, 세계의 본질을 인식하는 데 이 칸막이에 통로를 만들어 주는 것은 철학뿐이다. 다시 말해 본디 각자는 직관적, 즉 구체적으로는 모든 철학적 진리를 의식하고 있지만, 그 진리를 자기의 추상적인 지식이나 반성 속에 가져오는 것은 철학자의 일이다. 그리고 철학자는 그 이상의 일을 해서는 안 되고 또 할 수도 없다.

여기에서 비로소 모든 신화적 요소를 떠나 추상적이고 순수하게, 자신의 본질에 대한 완전한 인식이 의욕의 진정제가 된 뒤에 '삶에 대한 의지의 부정'으로서 나타나고, 신성함, 자기부정, 자기 의지의 근절, 금욕 등의 내적인 본질이 표명된 셈이다. 성자나 금욕자들은 모두 이것을 직접 인식하고 행동으로 표명한 사람들인데, 그들은 내적 인식은 같더라도 일단 저마다 이성에 받아들인 교의에 따라 아주 다른 말을 사용했다. 곧 이들의 교의에 따라 인도의 성자, 그리스도교의 성자, 라마교의 성자는 각각 자기들의 행위에 대해 다른 설명을 하지 않으면 안 되지만, 문제의 본질에서는 같다. 어떤 성자는 불합리한 미신에 사로잡혀 있을 테고, 또 어떤 성자는 반대로 철학적인 것에 의존하고 있을 수도 있겠지만, 그것은 아무래도 상관없다. 그가 성자임을 증명하는 것은 오로지 그의 행위뿐이다. 행위는 도덕적인 관점에서 보면 세계와 그 본질에 대한 추상적인 인식에서 생기는 것이 아니라, 직관적으로 파악된 직접적 인식에서 생기는 것이다. 이 행위는 이성을 만족시키기 위해 어떤 교의로 설명되는 것에 불과하기 때문이다. 그러므로 철학자가 성자일 필요가 없는 것과 마찬가지로, 성자가 철학자일 필요도 없다. 마치 완전하게 아름다운 인간이 위대한 조각가일 필요가 없고, 위대한 조각가가 또 아름다운 인간일 필요가 없는 것과 같다. 도덕가는 자신이 갖고 있는 덕 이외의 것을 추천해서는 안 된다는 요구는 대체로 무리한 요구이다. 세계의 본질을 개념 안에서 추상적이고 보편적이며 명료하게 재현하고 이것을 반영된 모상으로서, 이성의 영속적이고 끊임없이 준비된 개념으로서 고정시키는 것이 철학일 뿐이다. 제1권에서 인용한 베룰람의 베이컨의 문장을 여기에서 다시 기억해 주길 바란다.

위에서 삶에 대한 의지의 부정에 대해 묘사하고, 아름다운 영혼을 가진 사람의 행동, 체념하고 자발적으로 속죄하는 성자에 대해 묘사했지만, 이것도 추상적이고 일반적이며 따라서 무감각한 것이다. 의지의 부정을 불러오는 인식은 직관적이고 결코 추상적이 아닌 것처럼, 그 인식의 완전한 나타남도 추상적인 개념이 아닌 행위나 품행에서만 발견될 수 있다. 그러므로 우리가 삶에 대한 의지의 부정으로서 철학적으로 표현하는 것을 한층 더 완전하게 이해하기 위해서는, 경험과 현실 사이에 있는 실례들을 이해하지 않으면 안 된다. 물론 이들 실례는 일상적인 경험에서는 만날 수 없을 것이다. "왜냐하면 모든 우수한 것은 희귀하고 곤란한 것이기 때문에"라고 스피노자는 말했다. 따라서 특별히 혜택받은 운명으로 그러한 실례를 목격하지 않는 한, 이러한 사람들의 전기를 보고 만족해야 한다.

우리가 지금까지 번역서를 통해 알고 있는 얼마 되지 않는 지식에 비추어 보면 인도 문학은 성자, 속죄자, 순례자 등으로 불리는 사람들의 생애를 그린 것이 많다. 드 폴리에 부인이 쓴 《인도 신화》는 모든 면에서 칭찬할 만한 것은 못 되지만, 이 책에도 이런 종류의 많은 훌륭한 실례가 실려 있다(특히 제2권 제13장에). 그리스도교 가운데에도 여기서 목표로 삼고 있는 설명의 자료가 되는 실례가 없는 것은 아니다. 때로는 성령파, 때로는 경건파, 정적파, 광신도 등으로 불리는 사람들의 전기는 대부분 좋은 것은 아니지만 읽어볼 만하다. 이 전기들의 집대성은 여러 시대에서 이루어졌는데, 테르스테겐의 《성자의 삶》, 라이츠의 《다시 태어난 사람들의 전기》, 또 현대에는 카네가 집대성한 것이 있다. 이 가운데에는 보잘것없는 것도 많지만, 훌륭한 것도 있다. 특히 《베아타 시투르민의 생애》를 손꼽을 수 있다. 여기에서 확실히 언급해야 할 것은 아시시의 성 프란체스코의 생애인데, 그는 금욕의 참다운 화신이며, 모든 순례자의 본보기이다. 그의 전기는 그보다 더 젊은 동시대인이고, 스콜라 철학자로서 유명한 성 보나벤투라가 쓴 것이 최근 다시 출판되었으며, 이보다 좀 앞서서는 모든 자료를 이용하여 정성을 기울인, 자세한 성 프란체스코 전기가 프랑스에서 출판됐다(《아시시의 성 프란체스코 이야기》, 샤뱅 드 밀랑, 1845). 동양의 것으로서 이 수도원 문서들에 비교할 수 있는 것은, 우리가 꼭 읽어야 할 스펜스 하디가 쓴 《동양의 수도 생활, 부처에 의해 창시된 탁발 수도회에 대한 기록(1850)》이다. 이것은 동일한 것을 다른 형태로 보여주고 있다. 이것을 보아도 유신론적 종교에서 출발하건 무신론적 종교에서 출발하건, 본질적으로는 아무것도 변하지 않는다는 것을 알 수 있다.

그러나 나는 내가 열거한 개념들에 대해 특별하고 자세한 실례로서, 또 사실에 입각한 설명으로서 귀용 부인의 자서전을 추천하고 싶다. 이 부인의 아름답고 위대한 정신을 생각하면, 내 마음은 언제나 경외감으로 가득 차게 된다. 이 정신을 알고, 그녀의 이성이 믿는 것을 너그럽게 보며, 그녀의 탁월한 성향을 공정하게 다루는 것은 비교적 선량한 사람들에게는 기쁜 일이지만 평범한 생각을 가진 사람들, 즉 대다수의 사람들에게는 이와 같은 책도 언제나 평판이 좋지 않다. 왜냐하면 그들은 어디서나 자기와 어느 정도 유사하거나 적어도 자기가 소질이 있는 것에만 가치를 인정하기 때문이다. 이것은 지적인 것이나 도덕적인 것에 대해서도 똑같이 말할 수 있다. 프랑스어로 쓰인 유명한 스피노자 전기까지도, 또 그의 불충분한 논문인 《지성 개선론》의 훌륭한 서문을 이 전기를 풀 수 있는 열쇠로 사용한다면, 여기에 열거할 실례로 간주할 수 있을 것이다. 또한 나는 이 부분을 내가 알고 있는 정열의 폭풍을 가라앉히는 효과적인 수단으로 추천할 수 있다. 마지막으로 저 위대한 괴테는 그리스인적이었지만 《아름다운 영혼의 고백》에서 우리에게 클레텐베르크 양의 생애를 이상화해서 그렸고, 훗날에는 그의 자서전에서 이에 대한 역사적 보고도 했다. 그리고 인간성의 가장 아름다운 측면을 문학의 거울에 비추어 보이는 것이 자신의 품위를 떨어뜨리는 일이라고는 생각하지 않았다. 게다가 그는 성 필립보 네리의 생애에 대하여 우리에게 두 번이나 이야기했다.

세계사는 물론 우리의 고찰에서 이 중요한 점에 대해 가장 뛰어나고 유일한 해명이 될 수 있는 행동을 한 사람들에 대해서는 언제나 침묵을 지킬 것이고, 또 침묵하지 않으면 안 된다. 왜냐하면 세계사의 재료는 이것과는 전혀 다르고, 또한 정반대의 것, 즉 삶에 대한 의지의 부정이나 포기가 아니라 무수한 개체에서 그 의지의 긍정과 출현인데, 거기에서는 의지와 자신과의 분열이 의지의 객관화 가운데 최고의 정점에서 명료성을 갖고 나타나기 때문이다. 그리고 우리 눈앞에 때로는 개인의 우월성이 그 총명으로 나타나기도 하고, 때로는 대중의 힘이 그 집단을 통해 나타나기도 한다. 또 우연히 인격화되어 운명의 힘으로 되어 나타나기도 하지만, 어쨌든 모든 노력이 헛수고로 나타난다.

그러나 우리는 시간 속에서 현상들의 실마리를 쫓아가는 것이 아니고, 철학자로서 행동의 윤리적 의지를 찾아내려고 노력한다. 이 의미를 우리에게 유익하고 중요한 것에 대한 보편적인 기준으로 하여, 비천하고 범속한 사람들의 한결같은 다수표에는 조금도 얽매이지 않고, 세계가 제시할 수 있는 가장 위대하고 중요한, 그리고 가장 유익한 현상은 세계 정복자가 아니라 세계 초극자임을 공언하려는 것이다. 그것은 실제 이러한 인식을 갖고, 그 결과 모든 것을 실현하고 모든 것에 있어 움직이고 작용하고 있는 삶에 대한 의지를 포기하는 사람의 고요하고 눈에 띄지 않는 행동에 지나지 않는다. 그러한 사람의 자유는 여기서 그에게만 나타나고, 이로 말미암아 이제 그의 행위는 보통사람의 행위와는 정반대가 된다. 따라서 철학자에게는 이러한 점에서 자신을 부인하는 성자들의 전기에서 쓰는 문체가 대부분 아주 졸렬하게 느껴진다. 또 전기는 미신이나 불합리한 것을 섞어서 설명함에도, 그 자료가 의미 있는 것이기 때문에 플루타르코스나 리비우스까지도 비교할 수 없을 만큼 배울 것이 많고 또 값진 것이다.

추상적이고 일반적인 서술 방식으로 삶에 대한 의지와 부정을 표현하는 것을 더 자세하고 완전하게 알기 위해서는, 이러한 의미에서 쓰이고, 또 이러한 정신을 충분히 파악한 사람들이 쓴 윤리적인 가르침을 고찰하는 것이 큰 도움이 된다. 그렇게 하면 우리 견해의 순수하고 철학적인 표현이 아무리 새로워도, 견해 자체는 오래된 것임을 알 것이다. 우리에게 가장 가까운 것은 그리스도교인데, 그 윤리는 위에서 말한 정신에 있고, 가장 높은 단계의 박애에까지 나아갈 뿐만 아니라 체념에까지도 나아간다. 물론 체념의 측면은 이미 사도들의 책 속에서도 싹으로서 명확하게 존재하고 있지만, 그것이 충분히 발전하여 확실하게 표현된 것은 나중에 와서의 일이다. 우리는 사도들의 가르침에서 자애와 동일한 가치로서 이웃에 대한 사랑, 자선, 증오에 보답하는 사랑과 친절, 인내, 온순, 모욕에 대한 무저항의 관용, 쾌락을 억제하기 위한 음식의 절제, 성욕에 대한 저항을 가능하면 철저하게 할 것 등을 발견한다. 여기서 이미 금욕, 즉 본디의 의지에 대한 최초의 부정 단계가 있는 것을 알지만, 의지 부정이란 바로 복음서에서는 나를 버리고 십자가를 짊어진다고 하는 것을 의미한다(〈마태복음〉 제16장 제24~25절, 〈마가복음〉 제8장 제34~35절, 〈누가복음〉 제9장 제23~24절, 제14장 제26~27절 및 33절). 이 경향은 점점 발전하여 속죄자나 은둔자에게 수도 생활의 기원이 되었고, 이것은 그 자체로서는 순수하고 신성했지만, 이 때문에 대부분의 사람들에게는 적합하지 않았다. 그래서 그것에서 발전해 온 것은 위선과 비행뿐이었다. 왜냐하면 가장 좋은 것의 남용은 가장 나쁘기 때문이다.

더 발달한 그리스도교에서는 이러한 금욕의 싹이 그리스도교의 성자나 신비주의자들의 저서에서 활짝 꽃을 피웠다. 이들은 순수한 사랑 말고도 완전한 체념, 자발적인 철저한 가난, 참된 평정, 세속적 사물에 대한 완전한 무관심, 자신의 의지를 죽이고 신 속에서 거듭나는 것, 자신을 완전히 잊고 신의 직관에 몰입하는 것 등을 설교한다. 이러한 것을 잘 언급하고 있는 것이 페늘롱의 《내적 생활에 대한 성인들의 잠언 해설》이다. 그러나 이렇게 발전을 한 그리스도교의 정신을 완전하고 강하게 표명한 것으로는 아마 독일 신비주의자들, 곧 마이스터 에크하르트의 저서나 유명한 《독일 신학》이라는 저서를 따를 만한 것은 없을 것이다. 루터는 이 《독일 신학》의 서문을 썼는데, 거기에서 그는 성서와 아우구스티누스의 저서를 제외하면, 신과 그리스도와 인간의 본질에 대하여 이 책만큼 배울 점이 많은 것은 없다고 했다. 그런데 이 책의 진짜 원본은 1851년에 프란츠 파이퍼의 슈투트가르트판으로 나왔다. 이 속에 들어 있는 교훈이나 교설은 내가 삶에 대한 의지의 부정으로 말한 바를 가장 완전하게, 마음 깊은 곳에서 확신을 갖고 해명한 것이다. 그러므로 사람은 이것을 유대적, 프로테스탄트적 확신으로 논하기 전에, 먼저 이 책으로 자세히 알아두어야 한다. 이 책과 똑같은 가치가 있다고는 할 수 없지만, 타울러의 《예수의 비천한 생애의 계승》과 《마음의 한가운데》 역시 훌륭한 정신으로 쓰인 것이다. 나는 이 순수한 그리스도교적 신비주의자들의 가르침과 《신약성서》의 가르침은 술과 주정의 관계와 같다고 생각한다. 다시 말하면 《신약성서》에서는 베일과 안개를 통해 우리에게 보이는 것이, 신비주의자들의 저서에서는 베일 없이 명확하고 확실하게 드러난다. 결국 《신약성서》는 제1의 신성으로, 신비주의자들은 제2의 신성으로(작은 신비와 큰 신비) 볼 수 있을 것이다.

그런데 우리가 삶에 대한 의지의 부정이라고 부른 것은 산스크리트어로 쓰인 아주 먼 옛날 책 속에 그리스도 교회나 서양 세계에서보다 더 발전하여 다방면으로 표현되고 생생하게 서술되어 있다. 인생에 대한 중요한 윤리적 견해가 여기에서 발전되어 가장 결정적인 표현을 얻을 수 있었다는 것은, 그리스도교에서 유대교의 교의가 제한을 받았던 것처럼, 아마 이 견해는 다른 요소에 전혀 제한을 받은 일이 없었음에 기인할 것이다. 그리스도교의 숭고한 창시자는 유대교 교의에 대해 그리스도교를 반은 의식적으로, 아마도 반은 무의식적으로 순응시키고 적응시킬 수밖에 없었을 테고, 그리하여 그리스도교는 이질적인 두 가지 요소로 성립되었다. 나는 그 가운데서 순수하게 윤리적인 요소를 독특한 그리스도교적 요소라 부르며, 이것을 이전의 유대적 교의론과 구별하려고 생각한다.

이미 여러 번, 그리고 특히 현대에는 이 우수하고 구원을 가져오는 종교인 그리스도교가 언젠가 사라질지도 모른다고 여기는데, 나는 그 이유를 다음과 같은 점에서 찾아보려고 한다. 즉 그리스도교는 하나의 단순한 요소로 성립되어 있는 것이 아니고, 본디 이질적이고 세계가 되어가는 형편에 의해 결합되어 있을 뿐인 두 가지 요소로 성립되어 있다. 이 똑같지 않은 것의 친화력과 당면한 시대정신에 대한 반응에서 생긴 두 가지 요소의 분해로 인해 해체될 수밖에 없겠지만, 분해해도 순수하게 윤리적인 부분은 파괴될 수 없는 것이기 때문에 여전히 침해되지 않는 채로 남아 있다. 인도인의 윤리 문헌에 대해 우리가 가진 지식은 아직 불완전하지만, 그들의 윤리는 지금도 《베다》, 《프라나》, 문예 작품, 신화, 성자들에 대한 전설, 격언과 금언 등[15]에 다양하고 힘차게 표현되어 있다. 거기에는 자기애를 완전히 포기한 이웃에 대한 사랑, 인류에 한하지 않고 살아 있는 모든 것을 포함하는 사랑, 매일같이 고행하여 얻은 것을 내어주기까지 하

---

15) 그 예로서 《우프네카트》, 앙크틸 뒤페롱 작업실, 제2권 138, 144, 145, 146번. 《인도 신화》, 드 폴리에 부인, 제2권 13, 14, 15, 16, 17번. 크라프로트가 만든 《아시아 잡지》 제1권 가운데 《종교에 대하여》, 같은 권의 《바가바드 기타》와 《크리슈나와 아르준 사이의 대화》. 제2권 가운데 《모하 모드가바》. 다음으로, 윌리엄 존스가 산스크리트어에서 번역한 《인도 고대법전 또는 마누법전 기원》, 휘트너의 독역(1797), 특히 그것의 6장 및 12장. 마지막으로 《아시아 연구》의 여러 곳을 참조(최근 40년 동안에 유럽에서 인도의 문헌이 아주 많아졌기 때문에 내가 만일 이 초판의 주석을 완전하게 하려고 한다면, 두 페이지는 꽉 채워질 것이다).

는 자선, 모든 모욕자에 대한 무한한 인내, 아무리 심한 악일지라도 모든 악에 대한 선과 사랑을 가지고 하는 보상, 모든 모욕을 자발적으로 기꺼이 참는 것, 모든 육식을 삼가는 것, 참되고 성스러운 경지에 들어가려는 사람이 동정을 지키고 육욕을 단념하는 것, 모든 소유를 포기하고 거처를 떠나고 가족을 버리는 것, 깊은 고독에 잠겨 묵상하고 스스로 속죄하며 점차로 무서운 고행을 쌓아 의지의 완전한 소멸에 이르는 것, 그리하여 결국 스스로 나서서 굶어 죽거나 악어에게 먹혀 죽거나, 히말라야 산중의 성스러운 절벽에서 뛰어내려 죽거나 생매장되어 죽거나, 무희들의 노래, 환호, 춤 속에서 신상(神像)을 싣고 돌아가는 거대한 수레의 바퀴 밑에 몸을 던져 죽는 것 등이 쓰여 있다. 이러한 가르침의 기원은 4000년 이전으로 거슬러 올라가는데, 이것을 전한 인도 민족은 많은 점에서 아주 타락해 버렸지만, 이 가르침은 아직도 남아 있어 인도인 가운데는 이것을 극단적으로 실행하고 있는 사람들도 있다.[16] 아주 곤란한 희생을 하긴 하지만, 이렇게 오랫동안, 또 수백만이라는 인구를 갖고 있는 민족에게 실행되어 온 것은 멋대로 생각해 낸 변덕이 아니라, 인간성의 본질에 뿌리박고 있는 것임에 틀림없다.

　하지만 그 밖의 그리스도교와 인도의 속죄자나 성자의 전기를 읽으면, 거기에서 일치점을 발견하고 놀라지 않을 수 없다. 교의, 풍습, 환경이 근본적으로 다름에도 둘의 노력과 내적인 생활은 똑같다. 그러므로 둘 다에게 가르치고 있는 바도 같다. 예컨대 타울러는 완전한 가난을 설교하면서, 사람은 완전한 가난을 찾아야 한다 말하고, 그것은 어떤 위안이나 세속적인 만족을 가져올 수 있는 모든 것을 완전히 포기하고 단념하는 데에 있다고 한다. 말할 나위도 없이 이 모든 것이 완전한 소멸을 목적으로 하는 의지에 언제나 새로운 영향을 주기 때문이다. 그런데 인도에서 이에 대응하는 것으로는, 불교에서 탁발승은 집도 재산도 가져서는 안 되며, 특정한 나무를 좋아하거나 집착하는 일이 없도록 같은 나무 밑에 자주 드러눕는 것도 금지되어 있다. 그리스도교의 신비주의자들과 베단타 철학의 설교자들은, 완전한 경지에 이른 사람들에게는 모든 외적인 작업이나 종교적인 수련이 불필요하다고 생각하는 점에서도 일치한다. 이

---

16) 1840년 6월 자간나트(크리슈나의 다른 이름) 행렬에서 11명의 인도인들이 수레바퀴 아래 몸을 던져 죽었다(1840년 12월 30일 〈타임스〉에 실린 동인도의 한 지주의 편지).

렇게 시대와 민족이 다른데도 많은 일치점이 있다는 사실은 여기 표현되어 있는 것이 낙천주의적인 천박한 생각으로 주장되는 마음의 혼돈이 아니라 인간 본성의 본질적인, 그리고 그 탁월성으로만 드물게 나타나는 측면이라는 것을 증명한다.

나는 여기서 삶에 대한 의지의 부정이 나타내고 있는 현상들이 직접, 그리고 인생 속에서 도출되어 알 수 있는 원천을 말했다. 이것은 우리의 고찰 전체에서 가장 중요한 점이다. 그런데도 나는 이 점을 아주 개괄적으로 설명한 것에 불과하다. 왜냐하면 직접 경험에 의거하여 말하는 사람들의 이야기를 참고하여, 그들이 말한 것을 불충분하지만 그대로 되풀이함으로써 이 책의 부피를 필요 없이 더욱 증대시키는 것보다 낫기 때문이다.

그러나 이 사람들의 상태를 일반적으로 규정하기 위해 조금 더 덧붙이려고 한다. 앞서 보아온 것처럼 악인은 그 의욕이 격렬하기 때문에 끊임없이 타는 듯한 내적 고통을 겪고, 의욕의 대상이 없어져 버리면 급기야는 다른 사람의 괴로움을 바라보면서 자기 의지의 잔인한 갈망을 가라앉히려고 한다. 이와는 반대로 그의 속에 삶에 대한 의지의 부정이 생긴 사람은 그 상태가 겉으로 볼 때 아무리 가난하고, 기쁨도 없고, 결핍뿐인 것이라 해도, 완전한 내적 희열과 참된 천국의 고요함 속에서 살고 있다. 그것은 인생을 즐기는 사람의 행동을 이루는 것과 같은 불안한 삶의 충동, 격렬한 고통을 그 선행 조건이나 귀결 조건으로 갖는 방종한 기쁨이 아니라, 움직임 없는 잔잔한 평화와 깊은 평정과 내면적인 밝음이다. 만일 우리가 그 상태를 눈앞에 본다거나 상상하여 본다면, 큰 동경을 나타내지 않을 수 없을 것이다. 우리는 그 상태를 유일하게 옳은 것, 다른 모든 것보다 지극히 우수한 것으로 인정하고, 이것을 향해 우리의 정신은 '스스로 현명하도록 행동하라(sapere aude)' 외친다. 그렇게 되면 우리는 이 세상에서 얻은 소망의 만족이 오늘은 거지의 생명을 이어가게 하지만 내일은 다시 배고프게 되는 것일 뿐이며, 이와 반대로 체념은 상속받은 토지와도 같은 것이어서 소유자의 모든 근심을 영원히 없애버린다는 것을 알게 된다.

제3권에서 말한 것 가운데 기억나는 것이지만, 아름다운 것에 대한 미적인 희열은 대부분 순수한 관조의 상태에 들어가, 그 순간에 모든 의욕, 즉 모든 소망과 근심을 떠나서 자신으로부터 벗어나고, 자기의 끊임없는 의욕을 위해 인식하는 개체, 다시 말해 객관들의 동기가 되는 개체의 상대 개념이 아니라 의지를 떠난 영원한 인식 주관, 곧 이데아의 상대 개념이라고 하는 데에서 기인한다. 잔인한 의지의 충동에서 벗어나, 무거운 지상의 대기에서 떠오르는 이 순간이 우리가 알 수 있는 가장 행복한 순간이라는 것을 우리는 안다. 여기에서우리는 아름다움의 향락에서와 마찬가지로 의지가 순간적으로 진정되고 있는것이 아니라 영원히 진정되고, 또 의지가 없어져서 육체를 유지하다가 육체와더불어 소멸해 버릴 최후의 불씨까지도 없게 되는 사람의 생활이 얼마나 행복한 것인지 추측할 수 있다. 자신의 본성에 대해 여러 가지 힘든 싸움을 거쳐결국 승리를 얻은 이와 같은 사람은 이제는 순수하게 인식하는 존재로서, 세계를 비치는 맑은 거울로서 존재할 뿐이다. 이미 그를 불안하게 만드는 것도, 그의 마음을 움직이는 것도 없다. 왜냐하면 우리를 이 세상에 얽어매고 끊임없는고통을 맛보게 하면서 욕망, 공포, 질투, 분노로 이리저리 끌고 다니는 의욕의무수한 실마리를 그가 끊어버렸기 때문이다. 이제 그는 침착하게 웃음을 띠고이 세상의 환영을 돌아본다. 이 환영들은 한때 그의 마음까지도 움직여서 괴롭혔지만 지금은 승부가 끝난 뒤의 체스 말처럼, 축제의 밤에 이상한 모양으로우리를 희롱하고 놀라게 한 가장 무도회의 복장이 이튿날 아침에 던져 놓여 있는 것처럼 그의 눈앞에 무관한 것으로서 존재한다. 인생과 그 모습들은 아직도눈앞에서 아른거리지만 덧없는 현상과 같은 것이고, 반쯤 눈을 뜬 사람의 가벼운 아침 꿈과 같은 것으로, 그 꿈에는 현실의 빛이 새어 들어와서 이미 사람을속일 수 없다. 이 꿈과 마찬가지로, 인생의 모습들도 급기야는 강렬한 변화도남기지 않고 사라져 버린다.

이러한 고찰로 우리는 귀용 부인이 그 자서전 마지막에서 자주 하는 말의 의미를 이해할 수 있다. "나에게는 모든 것이 어떻게 되든 마찬가지이다. 나는 이미 아무것도 '욕구할 수가' 없다. 나는 가끔 내가 현재 있는지 없는지조차도 모른다." 의지가 소멸한 뒤에는 육체의 죽음(육체는 물론 의지의 현상에 지나지 않으며, 따라서 의지가 정지하면 육체도 그 모든 의미를 잃는다)도 이제는 쓰라린 것이아니고, 오히려 기꺼이 맞이할 수 있는 점이라는 것을 표현하기 위하여 그 어투가 우아하지는 않지만, 이상스러운 속죄자 귀용 부인의 몇 마디 말을 여기에 인용하는 것을 용서해 주기 바란다. "영광의 대낮, 이제는 밤이 오지 않는 낮, 죽음 속에서조차 죽음을 두려워하지 않는 삶. 왜냐하면 죽음은 죽음을 극복하여, 최초의 죽음을 거친 사람은 두 번째 죽음을 맛볼 수 없기 때문이다."(《귀용 부인의 삶》, 제2권 p. 13)

　우리는 진정된 인식으로 일단 삶에 대한 의지의 부정이 생긴 뒤에는 동요하지 않고, 마치 획득한 재산 위에 안주하는 것처럼 그 위에 안주할 수 있다고 생각해서는 안 된다. 오히려 이 부정은 끊임없는 투쟁으로 새로 획득해야만 한다. 왜냐하면 육체는 의지 그 자체이고 그것은 객관성의 형태 속에, 즉 현상이자 표상인 세계 속에 있는 것에 불과하며, 그래서 육체가 살고 있는 한, 삶에 대한 의지도 그 가능성으로는 아직 현존하고 있고, 끊임없이 현실적으로 되려고 하며, 언제나 새로운 격렬한 정열이 온통 불타오르려고 하기 때문이다. 그러므로 성자들의 생활에서 볼 수 있는 평정이나 열락은 의지의 끊임없는 극복에서 생긴 꽃송이에 지나지 않음을 알게 된다. 그리고 이 꽃을 피우는 토양은 삶에 대한 의지의 줄기찬 투쟁이라는 것을 안다. 영속적인 평정은 이 지상에서는 누구도 얻지 못하기 때문이다. 따라서 우리는 성자의 내면적인 생활 역사는 영혼의 투쟁, 시련, 그리고 은총의 부재로 가득하다는 것을 안다. 모든 동기를 무력하게 하고, 보편적인 진정제로서 모든 의욕을 가라앉히며, 가장 깊은 평화를 주고, 자유의 문을 여는 인식 방법인 그 은총 말이다.

　우리는 일단 의지의 부정에 다다른 사람들은 자신에게 무리하게 맡겨진 모든 종류의 일을 단념하거나, 속죄하는 가혹한 생활 방식을 취하거나, 자기들이 싫어하는 것을 찾아다님으로써 온 힘을 다하여 이 길을 지키려고 한다는 것을 안다. 그들은 언제나 다시 일어나는 의지를 억누르기 위하여 모든 것을 한다. 이 사람들은 해탈의 가치를 알고 있기 때문에, 획득한 구원을 유지하기 위하여 신중한 배려를 하고, 무해한 향락이나 허영의 사소한 움직임에도 양심의 가책을 느낀다. 그런데 허영심은 그들에게도 마지막에 없어지는 것으로, 인간의 모든 성향 가운데 가장 파괴되기 어렵고 가장 활발하며 또한 어리석은 것이다. 나는 지금까지 자주 '금욕'이라는 말을 사용해왔지만, 이것을 좁은 의미에서 쾌적한 것을 단념하고 불쾌한 것을 찾음으로써 의지를 '고의적으로' 좌절시키는 것, 자진하여 택한 속죄의 생활 방식과 끊임없는 고행을 하여 의지를 스스로 억제하는 것으로 해석한다.

이미 의지의 부정에 다다른 사람들이 그 경지에 머무르기 위해 이 고행을 행하는 것을 보면, 운명으로 주어지는 고통 일반도 그러한 부정에 이르기 위한 제2의 길이다. 뿐만 아니라 대부분의 사람들은 이 길로만 의지의 부정에 도달한다는 것, 가장 빈번하게 완전한 체념을 불러오는 것과 흔히 죽음이 닥쳐와서야 비로소 체념에 도달하는 것은, 인식된 고통이 아니라 스스로 느낀 고통에 지나지 않는다는 것을 상상할 수 있다. 왜냐하면 단순한 인식으로 만족하는 것은 극소수의 사람들뿐인데, 그것은 개별화의 원리를 알아내고, 마음의 착함과 보편적인 박애를 낳으며, 마지막으로 이 세상의 모든 고통을 자신의 고통으로 인식하고 의지의 부정에 이르는 사람에게 한정되어 있기 때문이다. 이러한 경지에 가까이 가 있는 사람에게도 자신이 견딜 수 있는 상태, 순간적인 감언, 희망의 유혹, 계속 되풀이되는 의지, 즉 쾌락의 만족은 거의 언제나 의지의 부정에는 끊임없는 장해이며, 의지의 새로운 긍정에 대한 끊임없는 유혹이다. 이러한 의미에서 이 모든 유혹들은 악마로 인격화한 것이다.

그러므로 의지는 대개 자기를 부정하기 전에 가장 큰 고통을 만나 좌절된다. 그래서 우리는 점점 더 커가는 곤궁을 거쳐 가장 심한 저항을 받으면서 절망에 허덕인 끝에, 갑자기 자신으로 되돌아가 자기 세계를 인식하고, 자기 본질 전체를 바꾸고, 자신과 모든 고통을 초월하고, 이 고통에 의해 정화되고 성화된 것처럼 흔들리지 않는 평정과 열락과 숭고에 안주한다. 그리고 이때까지 그가 가장 강하게 의욕했던 모든 것을 자진하여 단념하고, 기꺼이 죽음을 맞이하는 것을 본다. 그것은 삶에 대한 의지의 부정, 다시 말해 해탈의 빛이 고통을 정화시키는 불길 속에서 갑자기 비쳐 나온 것이다. 몹시 악한 사람들도 심각한 고통에 정화되어 이 단계에 이르는 일이 가끔 있다. 그들은 딴사람이 되고 완전히 달라진다. 그러므로 이전에 범한 악행도 이제는 더 이상 그들의 양심을 괴롭히지 않는다. 그들은 기꺼이 이전의 악행을 죽음으로써 속죄하고, 이제 그들에게는 인연이 없고 무서움이 된 의지 현상의 끝을 보는 것이다.

큰 불행과 구원에 대한 절망으로 초래된 이러한 의지의 부정에 대해서는 괴테가 불후의 걸작인 《파우스트》에 나오는 그레트헨의 수난 이야기 속에서 명확하고도 직관적으로 보여주고 있는데, 나는 문학작품 가운데 이것에 필적할 만한 것을 찾지 못했다. 그 이야기는 의지의 부정에 이르기 위한 제2의 길을 보여주는 완전한 전형이다. 다시 말해 제1의 길처럼 전 세계의 고통을 단순히 인식하고 이것을 자신의 것으로 만듦으로써가 아니라, 자기의 한없는 고통을 스스로 느낌으로써 의지의 부정에 다다르는 길이다. 많은 비극들이 의욕이 강한 주인공에게 이 같은 완전한 체념의 경지에 이르게 하고, 그리고 나서 삶에 대한 의지와 함께 그 현상도 끝나게 하는 것이 보통이다. 그러나 내가 아는 한, 지금 말한 《파우스트》에서의 묘사처럼 그 변화의 본질적인 것에 대해 부수적인 것을 없애고 명확하게 보여주는 작품은 없다.

현실적인 인생에서는 큰 고통을 겪어야만 하는 불행한 사람들도 있다. 그들은 모든 희망이 완전히 없어져 버린 뒤에도 충분한 정신력을 가지고서 굴욕적이고 폭력적인 죽음이나 가끔은 형언할 수 없이 고통스러운 단두대 위의 죽음에 직면하는데, 이렇게 하여 심기일전하는 일도 자주 있다. 물론 우리는 어떤 사람들의 성격과 대다수 사람들의 성격 사이에서 그들의 운명이 보여주는 만큼의 큰 차이가 있다고 생각해서는 안 되며, 오히려 운명은 대부분 환경에 달려 있다고 보아야 한다. 아무튼 그들은 죄를 지었고 아주 나쁜 사람들이다. 그러나 그들 가운데에는 완전한 절망에 이른 뒤에, 위에서 말한 방법으로 심기일전하는 사람들이 많다는 것을 우리는 알고 있다. 이렇게 되면 그들은 마음의 참다운 착함과 순수성을 보이고, 조금이라도 악의가 있는 행위나 무자비한 행위에 대해서는 혐오를 나타낸다. 그들은 적 때문에 죄 없이 괴로움을 당해도 그 적을 그저 말로만 용서하거나 저승의 재판장에 대한 위선적인 공포 때문에 용서하는 것이 아니라, 실제로 마음속으로 진지하게 용서하고 복수를 원하지 않는다. 뿐만 아니라 그들은 결국 자신의 고통과 죽음을 좋아하게 된다. 왜냐하면 삶에 대한 의지의 부정이 생겼기 때문이다. 그들은 구원의 손길도 거절하고 기꺼이 평안한 상태에서 환희 가운데 죽어간다. 그들에게는 지나친 고통 속에서 인생의 궁극적 비밀인 재앙과 악, 고통과 증오, 고통을 받는 자와 고통을 주는 자 등 충족이유율에 따르는 인식에서 보면 아주 다르지만, 그 자체로서는 동일한 것이며, 자신과의 다툼을 개별화의 원리에 따라 객관화하는, 삶에 대한 의지의 현상이라는 비밀이 계시된 것이다. 그들은 이 두 가지, 즉 재앙과 악을 충분히 알았다. 그리고 결국은 이 둘의 동일성을 통찰하여 이제 둘을 동시에 거부하고, 삶에 대한 의지를 부정한다. 이러한 직관적이고 직접적인 인식과 그들의 심기일전을 설명하는 데 있어서, 그들의 이성이 어떠한 신화나 교의에 따르게 하든, 그것은 앞에서 말한 바와 같이 아무래도 괜찮은 것이다.

이런 종류의 심기일전에 대한 증인이 되는 사람이 바로 마티아스 클라우디우스였다. 그가 《반츠베크의 사자(使者)》(제1부, p. 115) 속에서 '○○○의 회심기'라는 표제를 붙인 이상한 논문을 썼을 때의 일인데, 그것은 다음과 같이 끝맺고 있다. "사람의 사고방식은 원주의 일점에서 그 반대의 점으로 옮길 수 있고, 상황이 그에게 호를 그려 보이면 다시 원점으로 돌아가는 일이 있다. 이 변화들은 인간에게 중대한 일도 아니고 중대한 관심사도 아니다. 그러나 그러한 주목할 만하고 '전반적이며, 초월적인 변화'가 일어나면, 원 전체가 돌이킬 수 없을 만큼 파괴되고, 심리학의 모든 규칙이 공허해지며, 모피로 만든 외투는 벗겨지지 않으면 적어도 뒤집어져서, 사람은 헛된 꿈에서 깨어나게 된다. 하지만 이러한 변화는 각자 자기가 코로 호흡하고 있는 것을 어느 정도 의식하면서, 그 변화에 대하여 무언가 확실한 것을 듣고 경험할 수만 있다면, 이를 위해 아버지나 어머니를 저버릴 정도의 변화이다."

죽음과 절망의 접근은 고통을 통한 정화에 있어 절대적으로 필요한 것은 아니다. 그것이 없어도 큰 불행이나 고통을 통해 삶에 대한 의지인 자신과의 모순에 대한 인식이 무리하게 쳐들어와, 모든 노력이 헛되다는 것이 통찰되는 수도 있다. 그러므로 정열의 충동에 끌려 격동의 생애를 보내는 사람들, 군주, 영웅, 행복을 얻으려고 하는 모험자들이 갑자기 달라져서 체념과 속죄를 택하고, 은둔자나 승려가 되는 일이 가끔 있다. 참된 회심기는 모두 이런 것인데, 예컨대 라이문두스 룰루스의 것이 그렇다. 그는 오랫동안 연모했던 어떤 여인으로부터 부름을 받고, 드디어 그녀의 방으로 간다. 자기 소망이 모두 이루어질 것이라고 생각하는 바로 그때, 그녀는 앞가슴의 옷을 풀어헤치고, 암으로 무섭게 침식당한 가슴을 그에게 보인 것이다. 그 순간부터 그는 마치 지옥을 본 것처럼 잘못을 뉘우치고, 마요르카 왕의 궁정을 피해 황야로 가서 참회 생활을 했다(브루커리, 《세계 철학 비판 역사》 4권, 제1부, p. 10). 랑세 신부의 회심기 또한 이것과 아주 비슷하다. 나는 이것을 제2편 제48장에 간단하게 얘기해 두었다. 이 둘은 쾌락에서 인생에 대한 혐오감으로 바뀐 것이 동기였지만, 이것을 고찰하면 우리는 유럽에서 가장 쾌활하고 명랑하며 감각적이고 경박한 국민인 프랑스인들이 모든 수도회 가운데 가장 엄격한 트라피스트회를 일으켰고, 그것이 쇠망한 뒤에는 랑세에 의해 재건되었으며, 그 후 종교 개혁과 교회 변혁, 그리고 무신앙이 만연했는데도 오늘에 이르기까지 그 순수성과 엄격성을 유지하고 있다는 뚜렷한 사실을 이해할 수 있다.

그러나 이 생존의 성장에 대해 앞서 말한 것과 같은 인식도 그 동기와 더불어 멀어지고, 삶에 대한 의지와 더불어 이전의 성격이 다시 나타나는 일이 있다. 정열적인 벤베누토 첼리니의 경우가 그런데, 그는 한 번은 감옥에서, 두 번째는 중병에 걸렸을 때 심기일전을 했지만, 고통이 없어지자 다시 옛날 상태로 돌아갔다. 일반적으로 고통에서 의지의 부정이 생기는 것은 결코 원인에서 결과가 생기는 필연성을 갖는 것이 아니며, 의지는 어디까지나 자유이다. 왜냐하면 이것이야말로 의지의 자유가 직접적으로 나타나는 유일한 점이기 때문이다. 아스무스(클라우디우스의 필명)가 '초월적인 변화'에 그처럼 심한 놀라움을 나타낸 것도 이 때문이다. 아무리 괴롭다 해도 그 고통보다 더 격렬하고, 그 고통으로는 정복할 수 없는 의지가 있다는 것은 생각할 수 있다. 그러므로 플라톤은 《파이돈》에서 사형에 처하게 될 순간까지 먹고 마시고 음욕에 탐닉하고, 죽을 때까지 생을 긍정하는 사람들에 대하여 이야기하고 있다. 셰익스피어는 추기경인 보퍼트[17]의 악랄하고 무서운 최후를 우리에게 보여주는데, 보퍼트는 격한 나머지 너무 극단적인 악의로 변하는 그의 의지를 고통이나 죽음으로도 꺾을 수 없어서 절망 속에서 죽는다.

의지가 격하면 격할수록 의지의 투쟁 현상도 심하고, 고통도 더 크다. 현재의 세계보다 더 강한 삶에 대한 의지의 현상인 세계가 있다고 한다면, 그러한 세계는 또 그만큼 큰 고통을 나타낼 것이다. 그것은 '지옥'일 것이다.

모든 고통은 억제이며 체념에 대한 요청이기 때문에, 가능성에 따르면 신성화하는 힘을 갖고 있다. 그러므로 이 점에서 큰 불행이나 깊은 고통은, 그 자체로서 이미 어떤 경외감을 갖게 한다는 것이 밝혀졌다. 그런데 고뇌하는 사람은 자기 생애를 고통의 연쇄라 생각하지 않고, 치유할 수 없는 고통을 슬퍼하면서도 실제로는 자기 생애를 슬픔 속에 처넣은 상황의 연쇄를 주목하지 않으며,

---

17) 《헨리 6세》, 2부 3막 3장.

그가 만난 개별적인 커다란 불행에 머물러 있지 않을 때에야 우리에게 존경받을 만하게 된다. 왜냐하면 그 이전까지는 그의 인식이 충족이유율에 따라 개별적인 현상에 집착하고 있어서, 그는 여전히 삶을 의욕하고 있으며, 오직 그에게 주어진 조건 아래서 삶을 의욕하지 않는 것뿐이기 때문이다. 그의 눈이 개별적인 것에서 보편적인 것으로 옮아갈 때, 그가 자신의 고통을 오직 전체의 실례로 보고, 윤리적인 점에서 천재적이 됨으로써 '하나의' 사례를 수천의 사례에 해당하는 것으로 간주한다. 그래서 인생 전체를 본질적인 고통으로 파악하고 체념하기에 이르렀을 때 비로소 그는 실제로 존경할 만한 사람으로 현존하게 된다. 그러므로 괴테의 《타소》에서 공주가 자신의 생활과 가족들의 생활이 언제나 슬프고 기쁨이 없는 것이라고 말하면서도, 일반적으로 사물을 보는 태도를 보이는 것은 존경할 만하다.

고상한 성격을 생각해 보면 언제나 어느 정도 조용한 애조를 띠고 있는데, 그것은 결코 일상적으로 불쾌한 일에 대한 끊임없는 역정(만일 그러한 것이라고 한다면, 그것은 고상하지 않은 특징이며 나쁜 성향을 갖고 있는 자일지 모른다는 의심을 일으킬 것이다)은 아니고, 인식에 근거를 두고 모든 재물은 공허한 것이고, 자기의 삶뿐만 아니라 모든 삶이 고통스럽다는 것을 의식하는 것이다. 그러한 인식은 먼저 스스로 겪는 고통, 특히 유일하고 큰 고통으로 생길 수 있다. 이것은 마치 페트라르카가 단 하나의 실현될 수 없는 소망 때문에 인생 전체에 대한 체념적 비애에 이른 것과도 같은데, 이 비애는 그의 저서에 기록되어 우리 가슴을 아프게 한다. 그도 그럴 것이 그가 추구하던 다프네는 그의 손안에서 사라져 버렸고, 그 대신 그에게는 불멸의 월계관이 돌아오지 않으면 안 되었기 때문이다.

이처럼 돌이킬 수 없는 불운으로 의지가 어느 정도 좌절되어버리면 더 이상 아무것도 의욕하지 않게 되며, 성격은 온건해지고 애수를 띤 채 고상해지고 체념하게 된다. 결국 비탄이 더 이상 일정한 대상을 갖지 않고 인생 전체에 퍼지면, 그것은 의지의 내성, 은퇴, 점차적 소멸이고 의지의 가시성인 육체는 조용히, 그러나 아주 깊숙이 파묻힌다. 이 경우 인간은 자신의 유대가 어느 정도 단절된 것을 느낀다. 즉 육체와 의지가 동시에 해소된 죽음에 대한 조용한 예감이다. 그러므로 이러한 비탄에 은밀한 기쁨이 동반되는데, 이것이 모든 국민 가운데 가장 우울한 국민이 비탄의 기쁨(the joy of grief)이라고 부른 것이라 믿는다. 하지만 삶에도 삶을 시작(詩作)으로 나타낸 것에도 '감상성(Empfindsamkeit)'이라는 장애가 있다. 말하자면 슬퍼하고 언제나 한탄만 하면서 체념을 향해 있고 용기를 내지 않으면, 사람은 하늘과 땅을 동시에 잃고 생기 없는 감상주의만 남게 된다. 고통이 단순히 순수한 인식이라는 형태를 취하고, 여기에서 이 인식이 '의지의 진정제'로서 참된 체념을 불러오게 되므로 해탈을 향한 길이고, 따라서 고통은 고귀하다. 그러나 이런 점에서 우리는 아주 불행한 사람을 보면, 덕과 의협심에 접했을 때 느낄 수밖에 없는 존경심과 비슷한 어떤 공경을 느끼며, 동시에 우리 자신의 행복한 상태가 어떤 비난처럼 느껴진다. 우리는 스스로 느낀 것이든 다른 사람이 느낀 것이든, 고통이 덕과 성스러운 경지에 가까이 가는 것이 적어도 가능하기는 하며, 그 반대로 향락이나 세속적인 만족은 거기에서 멀어져 가는 것이라고 보지 않을 수 없다. 이러한 까닭으로 커다란 육체적 고통이나 무거운 정신적 고뇌를 짊어진 사람들, 뿐만 아니라 큰 노력을 요구하는 육체적 노동을 얼굴에 땀을 흘리고 뚜렷한 피로의 기색을 보이며 수행하면서 모든 것을 꾹 참고 불평하지 않는 사람들, 이러한 사람들은 깊이 주의해 보면 괴로운 치료를 받으면서도 자기가 괴로우면 괴로울수록 병독도 파괴되고 현재의 고통은 자기 치료의 척도라는 것을 알기 때문에, 그 치료로 인해 생기는 고통을 기쁘게 참고 만족하기까지 하는 병자와 같다.

지금까지 말해 온 것으로 미루어 볼 때 완전한 체념이나 성스러운 경지라 불리는 삶에 대한 의지의 부정은, 언제나 의지의 진정제에서 생긴다. 그것은 말하자면 의지의 내면적인 투쟁과 살아 있는 모든 것의 고통 속에 표현되는 의지의 본질적인 허무성에 대한 의식이다. 우리가 두 가지 길로서 표현한 그러한 구별은 단순하고 순수하게 '인식된' 고통이 그것을 자유로이 제 것으로 하여, 개별화의 원리를 알아냄으로써 이러한 인식을 생기게 하거나, 또는 직접 스스로 '감각된' 고통이 이러한 인식을 생기게 하는 것이다. 참다운 구원, 곧 삶과 고통으로부터의 해탈은 의지의 완전한 부정 없이는 생각할 수 없다. 거기에 다다르기까지는 모두들 이 의지 자체에 불과한 것이고, 의지의 현상은 덧없는 존재이다. 그리고 언제나 공허하고 끊임없이 좌절되는 노력으로 모든 사람이 똑같이 불가항력적으로 속해 있으며, 우리가 묘사한 고뇌에 찬 세계이다. 왜냐하면 앞서 보아온 것처럼 삶에 대한 의지에서 삶은 언제나 확실하고, 삶의 유일하고 현실적인 형식은 현재이며, 현상 속에서는 탄생과 죽음이 지배하는 것처럼 아무도 이 현재에서 도피할 수 없기 때문이다. 인도의 신화는 이것을 표현하여 "그들은 다시 태어난다" 말하고 있다.

성격의 윤리적인 구별에는 다음과 같이 의미가 있다. 즉 악인은 의지의 부정을 낳게 하는 인식에는 영원히 미치지 못한다. 그러므로 악인은 인생에 나타나는 '가능한' 모든 고통을 있는 그대로 '실제로' 받아들여야만 한다. 자신의 현재 상태가 행복하다고 해도, 그것은 개별화의 원리에 의해 매개된 하나의 현상과 미망의 환영, 다시 말해 거지의 달콤한 꿈에 지나지 않는다. 그가 의지 충동의 격함과 분노로 해서 남들에게 주는 고통은, 그것을 자신이 경험해도 그의 의지가 꺾이고 궁극적인 부정에까지는 이를 수 없는 정도의 고통이다. 반대로 모든 참되고 순수한 사랑, 뿐만 아니라 모든 자유로운 정의까지도 개별화의 원리를 알아내는 데에서 생기는데, 이것이 충분한 효력을 갖고 행해지면 완전한 구제와 해탈의 결과를 가져오게 된다. 그리고 이 현상이 바로 앞에서 말한 체념의 상태와 이에 동반하는 깨지지 않는 평화이며, 죽음에서 최고의 기쁨과 즐거움이다.

### 69. 자살에 대하여

우리가 고찰하는 한계 내에서 충분히 설명했듯 삶에 대한 의지의 부정은 현상으로 나타나는 의지의 자유에 있어 유일한 행위이다. 따라서 아스무스가 부르고 있듯이 초월적인 변화이지만, 의지의 개별적 현상의 현실적인 파기인 '자살'은 이것과는 다르다. 자살은 의지의 부정과는 거리가 멀고, 오히려 의지에 대한 강렬한 긍정 현상이다. 왜냐하면 부정의 본질은 삶의 고통을 두려워하는 데 있는 것이 아니라, 삶의 향락을 두려워하는 데 있기 때문이다. 자살자는 삶을 원하지만 삶이 놓여 있는 조건들에 만족하지 못하는 것뿐이다. 그러므로 그는 삶에 대한 의지를 포기하는 것이 아니라, 개별적인 현상을 파괴함으로써 삶을 포기하는 것에 불과하다. 그는 삶을 원하고, 육체의 장해를 받지 않는 생존과 긍정을 원한다. 그러나 착잡한 사정이 이것을 받아들이지 않고, 그래서 큰 고통이 생기는 것이다.

삶에 대한 의지는 이 개별적 현상에 있어서 심한 방해를 받아 의지가 그 노력을 전개해 나갈 수 없게 된다. 그러므로 의지는 그 본질에 따라 스스로 결정하는 것이고, 그 본질은 충족이유율의 형태들 밖에 존재하며, 따라서 어떠한 개별적인 현상과도 관계가 없다. 본질은 모든 생멸(生滅)과는 관계가 없고, 사물이 가진 생명의 내면이 된다. 왜냐하면 우리 모든 인간에게 죽음을 끊임없이 두려워하지 않고 생존하게 하는 그러한 확고하고 내면적인 확신인 의지에는 반드시 현상이 동반한다는 확신이 자살에서도 행위의 근거가 되기 때문이다. 따라서 삶에 대한 의지는 이 자살 행위(시바), 자기 보존의 쾌감(비슈누), 생식의 욕망(브라흐마)에도 나타난다. 이것이 '삼위일체(Einheit des Trimurtis)'의 내면적 의미이다. 그런데 이것은 어떤 때는 머리 셋 가운데 하나로서, 어떤 때는 다른 하나로서 나타나지만, 전체로서는 완전히 하나이다. 개체와 이데아에 대한 관계는 자살과 의지의 부정에 대한 관계와 같다. 자살자는 개체를 부정할 뿐이고, 종족을 부정하는 것은 아니다. 앞에서 본 것처럼 삶에 대한 의지에 있어 삶은 언제나 확실한 것이고, 삶에는 고통이 본질적이기 때문이다. 그래서 하나의 개별적인 현상에 대한 자의적 파괴인 자살은 물자체에는 장해가 되지 않는다. 마치 무지개를 한동안 지탱하고 있는 물방울이 아무리 빨리 교대해도 무지개는 그대로 유지되는 것과 같으며, 정말 무익하고 바보스러운 행동인 것이다. 그러나 자살은 삶에 대한 의지인 자신과의 모순을 가장 뚜렷하게 드러낸 것으로, 마야의 걸작이다.

우리는 이미 이 모순에 대한 의지의 가장 낮은 현상들에 있고, 자연의 힘과 모든 유기적 개체가 물질·시간·공간을 얻으려고 끊임없이 투쟁하며 나타나는 것을 인정했다. 또한 이 투쟁이 의지 객관의 단계가 높아감에 따라 무서울 정도로 명료하게 나타나는 것을 보았다. 이 투쟁은 결국 인간의 이데아가 최고 단계에 이르면, 동일한 이데아를 나타내는 개인들이 서로를 말살할 뿐만 아니라, 동일한 개인이 자신에게 전쟁을 선포하게까지 되어서, 삶을 격렬하게 의욕하고 삶의 장애인 고통에 덤벼들어 자신을 파괴하기에 이른다. 그 결과 개인적인 의지는 고통이 의지를 꺾기 전에 의지 자신이 가시적으로 된 것에 불과한 물체를 하나의 의지 행위로 파기하게 된다. 자살자는 의욕하는 것을 멈출 수 없기 때문에, 바로 자신의 현상을 파기함으로써 자기를 긍정하는 것이다. 그런데 의지가 이렇게 하여 도피하는 그 고통이야말로 의지의 억제이며, 의지로 하여금 부정과 해탈에 이르게 할 수도 있다. 그렇기 때문에 이러한 점에서 보면 자살자는 자신을 근본적으로 치료해 줄 수도 있는 괴로운 수술이 시작된 다음 이것을 끝까지 견디지 못하고, 오히려 그대로 병에 걸려 있는 것을 더 좋아하는 병자와도 같다. 고통은 그에게 가까이 와서 의지의 부정에 대한 가능성을 보여 준다. 그런데 그는 의지를 그대로 꺾지 않고 놔두려고 하여, 의지의 현상인 육체를 파괴함으로써 고통을 배척한다. 이것이 거의 모든 철학적 윤리학과 종교적 윤리학이 자살을 비난하는 근거이다. 물론 이것들 자체는 거기에 이상한 궤변적 근거를 드는 것에 지나지 않지만.

그런데 어떤 사람이 순전히 도덕적인 동기에서 자살을 그만둔다고 하면, 이 자기 극복이 갖는 가장 내면적인 의미(그의 이성이 이것을 어떠한 개념의 옷으로 치장한다고 할지라도)는 언제나 다음과 같다. "삶에 대한 의지의 현상은 실로 괴롭기 짝이 없는 것이지만, 고통이 이 의지를 폐기하는 데 도움이 되게 하기 위해서 나는 고통을 피하려고 생각하지는 않는다. 고통은 내가 이미 갖기 시작한 세계의 참된 본질에 대한 인식을 강화하여, 내 의지의 궁극적인 진정제가 되게 함으로써 나를 영원히 해탈시킨다."

이미 아는 것이지만, 때때로 아이들까지 자살을 하는 일이 있다. 아버지가 자신이 사랑하는 아이들을 죽이고 자살하기도 한다. 아버지는 양심, 종교, 그리고 모든 전통적 개념에서 살인이 가장 무거운 범죄라는 것을 인식하고 있는데도, 자신이 죽을 때에는 이 죄를 범한다. 그런데 이 경우 이기적인 동기는 있을 수 없다는 것을 생각해 보면, 이 행위는 다음과 같은 것으로만 설명할 수 있다. 즉 개인의 의지는 아이들 속에서 직접 자기를 다시 인식하는 것이지만 현상을 본질로 간주하는 망상에 사로잡혀 있어서, 살아 있는 모든 것을 고난으로 인식하고 이것에 마음이 쏠리게 된다. 그리고 지금 바로 현상과 더불어 본질도 폐기할 수 있다 생각하고, 자신이 직접 재생하고 있다고 보는 아이들을 생존과 그 고난에서 구하려고 하는 것이다.

수정(受精)에서 자연의 목적을 좌절시킴으로써 자발적인 동정과 동일한 것에 이를 수 있다고 망상하거나, 오히려 삶으로 돌진해 가는 신생아의 생명을 보증하기 위해 모든 것을 해야 할 텐데, 그것을 하지 않고 삶의 불가피한 고통을 고려하여, 신생아의 죽음을 촉진하는 것 등은 이것과 마찬가지로 완전히 잘못된 것이다. 왜냐하면 삶에 대한 의지가 현존하고 있다면 유일하게 형이상학적인 것이나 물체로서의 의지를 어떠한 힘도 좌절시키지 못하고, 단지 의지의 현상을 이 장소에서 이때 파괴할 수 있을 뿐이기 때문이다. 이 의지는 '인식'에 의해서밖에 파기될 수 없다. 그러므로 구제할 수 있는 유일한 길은 의지가 방해받지 않고 현상하며, 이 현상에서 의지가 자신의 본질을 '인식할' 수 있게 하는 것이다. 이러한 인식의 결과로써만 의지는 자신을 폐기할 수 있고, 이와 더불어 의지의 현상과 불가분한 고통도 끝나게 할 수 있다. 그러나 이것은 태아를 없애거나 신생아를 죽이거나, 자살하거나 하는 물리적인 힘에 의해서는 가능하지 않다. 의지는 빛에 비추어야만 자신의 해탈을 발견할 수 있기 때문에, 자연은 바로 이 의지를 빛으로 인도해 간다. 그러므로 자연의 목적은 자연의 내적 본질인 삶에 대한 의지가 결정되기만 하면, 모든 방법으로 촉진되지 않으면 안 된다.

보통 자살과는 다르게 보이는 아주 특별한 종류의 자살이 있지만, 이것은 아마도 충분히 확인되지는 않은 것 같다. 극단적인 금욕에서 자발적으로 택해 굶어 죽지만, 그 현상에는 언제나 많은 종교적인 광신, 나아가 미신까지도 포함되어 있고, 그래서 확실하지는 않다. 하지만 그것은 의지의 완전한 부정이 음식을 섭취함으로써 육체의 식물적 성장을 유지하는 데에 필요한 의지조차 없애버리는 정도까지 이를 수 있음을 나타낸다. 이러한 종류의 자살은 결코 삶에 대한 의지에서 생기는 것이 아니며, 이렇게 완전히 체념한 금욕자는 의욕을 완전히 버렸기 때문에 사는 것을 포기하는 것이다. 이런 경우 굶어 죽는 것 이외의 죽음은 도저히 생각할 수 없다(특별한 미신에서 나오는 죽음 같으면 별문제이지만). 왜냐하면 고민을 줄이려는 의도는 실제로는 이미 어느 정도 의지의 긍정이기 때문이다. 이러한 속죄자의 이성을 충족시키는 교의는 그에게 망상을 품게 하여, 내적인 성향에 몰려서 하려는 단식을 지극히 높은 자로부터 명령을 받고 하는 것이라고 생각하게 만든다.

이에 대한 비교적 오랜 실례는 《자연사와 의학사에 대한 브레슬라우의 수집물》(1799년 9월, p. 363 이하), 벨의 《문인 소식지》(1685년 2월, p. 189 이하), 치머만의 《고독에 대하여》(제1권, p. 182), 1764년의 《과학원의 역사》에 있는 우튄의 보고,

그와 같은 것으로 되풀이되어 있는 《개업의를 위한 수집물》(제1권, p. 69) 등에서 볼 수 있다. 그 이후의 보고는 후펠란트의 《개업의를 위한 잡지》(제10권 p. 181 및 제48권 p. 95)에 있고, 또한 나세의 《정신과 의사를 위한 잡지》(1819년 제3호 p. 460)나 《에든버러 의학 및 외과 잡지》(1809년, 제5권, p. 319)에도 있다. 1833년에는 각 신문에 영국의 역사가 린가드 박사가 1월 도버 해협에서 자신의 선택으로 굶어 죽었다고 보도되었다. 뒷날의 보도에 의하면, 굶어 죽은 것은 그가 아니라 그의 친척이었다. 이 보도에서는 그가 미친 것으로 서술하고 있지만 그 진실은 확인할 수가 없다. 그러나 나는 여기서 지금 말한 것과 같은 인간 본성이 갖는 특별하고 이상한 현상에 대한 희귀한 실례를 보존하고 있음을 확신하게 하는 것일 뿐일지라도, 이런 종류의 새로운 보도를 하나 덧붙이려고 한다. 이 실례는 적어도 겉으로 보기에는 내가 추정하는 것에 속해 있으며, 그 밖의 것으로는 설명될 수 없으리라고 생각한다. 그 새로운 보도는 1813년 7월 29일의 〈뉘른베르크 신문〉에 다음과 같은 기사로 실려 있다.

베른으로부터의 보도에 의하면, 튀르넨 근처의 밀림 속에서 오두막이 발견되었는데, 그 안에 이미 죽은 지 약 한 달이 지난 남자의 시체가 있었고, 입고 있는 옷으로는 이 사람이 어떤 신분인가를 판명할 수 없었다. 그 옆에는 깨끗한 셔츠 두 벌이 놓여 있었다. 중요한 것은 성서인데, 거기에는 흰 종이들이 끼워져 있었고, 군데군데 죽은 사람이 그 흰 종이에 써 넣은 것이 있었다. 그는 거기에 그가 집을 나온 날짜를 적고(그러나 고향 이름은 적지 않았다) 그다음에 성령을 느껴 황야에 가서 기도하고 단식을 했다. 거기에서 오는 도중 이미 7일간 단식을 하고 다시 식사를 했다. 그러나 여기에 도착한 뒤 그는 다시 단식을 시작했으며, 그것도 여러 날 동안이었다고 적혀 있다. 그리고 날마다 하나의 선이 그어져 있다. 그 선이 다섯 개 있는 것으로 보아, 닷새가 지나 이 순례자는 죽었을 것이다. 그 밖에 이 죽은 자가 설교를 들은 목사에게 그 설교에 대하여 쓴 편지가 한 통 있었는데, 거기에도 주소는 쓰여 있지 않았다.

이러한 극단적인 금욕과 일반적으로 절망에서 생기는 자발적인 죽음 사이에는 여러 가지 중간 단계와 혼합이 있을 것이다. 이것은 물론 설명하기 어려운 일이다. 그러나 인간의 마음속에는 심연, 암흑, 뒤얽힘 등이 있어서, 이것들을 해명하고 전개하는 것은 대단히 곤란하다.

## 70. 그리스도교 교의와 윤리

내가 의지의 부정이라고 부르는, 방금 끝마친 설명이 충족이유율의 다른 형태들과 마찬가지로 동기 부여와도 관련되어 있는 필연성에 대한 앞서의 설명과 일치하지 않는다고 생각하는 사람들이 있을 것이다. 그런데 필연성의 결과로, 동기는 모든 원인과 마찬가지로 단지 기회원인일 뿐이며, 이때 성격은 이 기회원인들에 의해 그 본질을 전개하고 그것을 자연법칙의 필연성을 가지고 나타낸다. 그래서 우리는 거기에서 무관계의 자유로운 판단(liberum arbitrium indifferentiae)으로서 자유라는 것을 철저하게 부인했다. 하지만 나는 이 불일치를 없애려고 하지 않고 마음속에 두고 있다. 실제로는 본디의 자유, 즉 충족이유율로부터의 독립은 물자체의 의지에만 있고 그 현상에는 없다. 또한 현상의 본질적인 형식은 어떠한 곳에서도 충족이유율, 곧 필연성의 요소가 된다. 그러나 이러한 자유가 현상에서 직접 가시화할 수 있는 유일한 경우는 그 자유가 현상하는 것을 끝내게 하는 때이다. 이때 그것이 원인의 연쇄 일환인 경우에 단순한 현상, 다시 말해 생명이 있는 육체는 현상만을 포함하는 시간 속에 존속하는 것이기 때문에, 거기서 이 현상을 통해 나타나는 의지는 현상이 나타내는 것을 부정하여 모순되기에 이른다. 이 경우 성욕이 가시화된 것으로서 생식기가 현존하고 건전하다고 해도, 내심에서는 역시 성적인 만족이 요구되지 않는다. 그리고 몸 전체는 삶에 대한 의지의 가시적인 표상에 지나지 않지만, 이 의지와 상응하는 동기는 이미 작용하지 않는다. 뿐만 아니라 육체의 소멸, 개체의 종결, 이로 인한 자연적 의지에 대한 최대의 억제는 바람직하고 소망스러운 것이다. 이러한 '실질적' 모순은 아무런 필연성도 모르는 의지의 자유가 현상의 필연성에 직접 간섭하는 데서 생긴다.

하지만 한편으로 성격과 동기에 의해 의지가 필연적으로 규정된다고 하는 우리의 주장과, 또 한편으로 의지를 전면적으로 없앨 가능성이 있고 이로 말미암아 동기들이 무력해진다고 하는 주장 사이에 존재하는 모순은 앞서의 실질적 모순을 철학의 반성으로 되풀이한 것에 불과하다. 이 모순들을 조화시키는 열쇠는 성격이 동기의 힘을 벗어난 상태가 직접 의지로부터 나오지 않고, 변화된 인식 방법에서 나온다고 하는 점에 있다. 말하자면 개별화의 원리에 사로잡힌 채 오로지 충족이유율에 따르는 인식인 한, 동기의 힘도 저항하기 힘든 것이다.

그렇지만 개별화의 원리를 꿰뚫어 보고, 이데아들, 또한 물자체의 본질이 모든 것에 동일한 의지로서 직접 인식되며, 이 인식에서 의욕의 일반적인 진정제가 생기면, 개별적 동기에 맞는 인식 방법은 완전히 다른 인식에 의해 없어지고 교체되기 때문에 개별적인 동기는 효력을 잃는다. 그러므로 성격은 결코 부분적으로 변화할 수는 없고, 오히려 자연법칙의 일관성을 갖고 하나하나 의지를 수행하지 않으면 안 되는데, 이 의지 현상이 전체의 성격이다. 그러나 바로 이 전체인 성격 자체는 앞서 말한 인식의 변화에 의해 완전히 폐기될 수 있다. 이 성격의 폐기는 이미 말한 바와 같이, 아스무스가 "전반적인 초월적 변화"라고 불러 경탄해 마지않았던 것이다. 이것이 바로 그리스도 교회에서 '거듭남(Wiedergeburt)'이라고 불렸던 것이며, 이 폐기를 낳는 인식을 '은총의 작용(Gnadenwirkung)'이라 불렀다. 성격 하나의 변화가 아니라 그 전면적인 폐기가 문제이기 때문에, 성격은 각각의 개념이나 교의상으로는 아주 다르게 말하는 것이긴 하다. 하지만 폐기되는 성격들이 폐기 이전에는 아무리 달랐다 해도 폐기 이후에는 완전히 같은 행동 방식을 나타내게 된다.

따라서 이러한 의미에서 의지의 자유를 줄기차게 논박하고, 끊임없이 주장한 옛날부터의 철학적 학설은 근거가 없는 것이 아니고, 또한 은총의 작용과 거듭남에 대한 교회의 교의도 의미와 의의가 없는 것은 아니다. 그러나 우리는 지금 이 둘이 예기치 않게 하나가 되는 것을 알고, 또 저 뛰어난 말브랑슈가 어떠한 의미에서 "자유는 하나의 신비이다" 말할 수 있었는가를 이해할 수 있다. 왜냐하면 그리스도교의 신비주의자들이 '은총의 작용'과 '거듭남'이라고 부르는 것이야말로 우리에게는 '의지의 자유'라는 유일하고 직접적인 표현이기 때문이다. 의지의 자유는 의지가 그 본질의 인식에 이르러, 이 인식에서 '진정제'를 얻고 동기의 작용에서 벗어났을 때에 나타난다. 동기의 작용은 다른 인식 방법의 영역에 존재하고, 그 객관은 현상에 지나지 않는다. 이렇게 하여 표출되는 자유의 가능성은 인간이 가진 가장 큰 장점인데 동물에게는 없다. 왜냐하면 현재의 인식과는 관계없이, 삶 전체를 개관하게 하는 이성의 사려가 자유의 조건이기 때문이다. 참다운 사려를 거친 선택 결정을 하기 위해서는 동기가 추상적인 표상이어야 한다. 그런데 동물에게는 앞서 말한 완전한 동기 상호의 투쟁에 따라 이러한 선택 결정을 할 가능성이 없는 것처럼 자유의 가능성도 없다. 그러므로 돌이 땅에 떨어지는 것과 똑같은 필연성으로 굶주린 늑대는 짐승의 고기를 물어뜯지만, 자기가 물어뜯는 자인 동시에 물어뜯기는 자라는 것을 인식할 가능성은 없다. '자연의 나라는 필연성이고, 은총의 나라는 자유이다.'

이미 우리가 보아온 것처럼, 앞서 말한 '의지의 자기 폐기'는 인식에서 생기지만, 모든 인식과 통찰은 그 자체로서는 임의적인 것과는 무관하다. 그렇기 때문에 의지의 부정, 자유를 향한 진출은 의도로 강요되는 것이 아니라 인간의 인식과 의욕의 가장 내면적인 관계에서 생기는 것이며, 따라서 갑자기 외부에서 날아온 것처럼 이루어진다. 그러므로 교회는 이것을 '은총의 작용'이라고 불렀다. 그런데 교회는 이 은총의 작용이 은총을 받아들이는 데에 의존하는 것으로 간주하고 있지만, 진정제의 작용도 결국은 의지의 자유이다. 그리고 이러한 은총의 작용 결과로 인간의 본질 전체가 근본적으로 변화하고 전환되기 때문에, 인간은 이때까지 그렇게 강렬하게 원하던 것을 더 이상 원하지 않게 된다. 따라서 낡은 인간 대신에 새로운 인간이 나타나는 것이며, 교회는 이 은총 작용의 결과를 거듭남이라고 불렀던 것이다. 왜냐하면 '자연인'이라고 부르는 것에는 선을 행할 아무 능력도 없다고 교회가 인정하고 있으며, 우리가 가진 것과 같은 생존으로부터의 해탈을 원한다면 바로 삶에 대한 의지가 부정되어야 하기 때문이다. 다시 말해 생존 배후에는 우리가 이 세계와의 인연을 끊어버림으로써 비로소 접근할 수 있는 어떤 다른 것이 있다.

그리스도교의 교의론은 충족이유율에 따라 개인이 아니라 인간의 이데아를 단일성으로써 고찰하면서, '자연 곧 삶에 대한 의지의 긍정'을 '아담'으로 상징하고 있다. 그리고 우리가 아담에게서 이어받은 죄, 말하자면 우리는 이데아에 있어서는 아담과 하나라는 것이 시간 속에서 생식의 끈을 통해 나타나고 있는데, 이 때문에 우리는 고통과 영원의 죽음을 분배받고 있다고 한다. 이와 반대로 교회는 '은총', '의지의 부정', '해탈'을 인간이 된 신으로 상징한다. 그리고 이

신은 타죄성(墮罪性), 즉 모든 삶의 의지를 떠난 것으로서 의지의 결정적인 긍정에서 생긴 것도 아니고, 철저하게 구체적인 의지와 의지의 현상에 불과한 육체를 갖고 있는 것도 아니며, 순결한 처녀에서 태어나 외관상의 육체를 갖고 있을 뿐이다. 이 외관상의 육체라는 것은 그리스도 가현설(假現說)의 논자들, 곧 이 점에서 아주 철저한 소수의 교부들이 제창한 것이다. 특히 이것을 제창한 사람은 아펠레스인데, 테르툴리아누스는 아펠레스와 그 후계자들에 대해 반대론을 폈다. 그러나 아우구스티누스까지도 〈로마서〉 제8장 3절의 다음과 같은 구절, "하나님께서는 당신의 아들을 죄 많은 인간의 모습으로 보내어 그 육체를 죽이심으로써 이 세상의 죄를 없이 하셨습니다"를 해석하여, "그는 육욕에서 탄생한 것이 아니기 때문에 죄 있는 육신은 아니었다. 그리고 죽게 될 육체였기 때문에 죄 있는 육체의 형태를 취해 나타났던 것이다"(《83개의 다양한 질문에 대하여》, 질문 66)라고 말했다.

또 그는 《불완전한 선행》 제1장 제47절에서 원죄는 죄인 동시에 벌이라고 설명하고 있다. 원죄는 새로 세상에 태어난 어린아이들에게도 있지만, 그들에게 죄는 커가면서 비로소 나타난다. 그러나 이 죄의 기원은 죄를 범한 자의 의지에서 유래한다고 보아야 한다. 이 죄를 범한 자가 아담이었다. 우리는 아담 속에 존재했다. 아담이 불행하게 되었기 때문에, 우리도 모두 아담 속에서 불행하게 되었다. 실제로 원죄설(의지의 긍정)과 구제설(의지의 부정)은 그리스도교의 핵심을 이루는 대진리이다. 그 밖의 설은 대부분 겉치레와 부가물에 지나지 않는다. 따라서 예수 그리스도는 언제나 일반적으로 삶에 대한 의지의 부정을 상징하는 것이나 그 인격화로 파악해야 한다. 그리고 복음서에 있는 그리스도의 신화적 이야기에 의거하든, 이와 같은 이야기의 밑바탕에 있는 진실이라고 생각되는 이야기에 의거하든 간에, 개인으로 파악해서는 안 된다. 왜냐하면 그 어느 쪽이든 간에 완전하게 만족한다는 것은 쉬운 일이 아니기 때문이다. 그것은 언제나 무언가 사실적인 것을 원하는 대중에게는 일반적인 상징으로서 이해를 돕는다. 그리스도교가 처세에 있어서 참다운 의의를 잊어버리고 범속한 낙천주의로 타락했다는 것은 여기서 우리가 논할 바가 아니다.

또 그리스도교의 근원적이고 복음주의적인 교설이 있는데, 이것은 아우구스티누스가 교회 고위층의 동의를 얻어 펠라기우스주의자들의 범속한 설에 대하여 변호한 것이다. 이 교설을 오류가 없게 하여 다시 강조하려고 한 것이 루터의 주요 목적이었고, 그것은 그의 저서 《노예 의지에 대하여》에서 분명하게 설명되고 있다. 그런데 이 교설은 '의지는 자유가 아니라' 본디 악에 대한 경향을 가지고 있으므로, 인간이 하는 일은 언제나 죄가 있고 결함이 있으며, 결코 정의를 만족할 만큼 행할 수 없다는 것이다. 따라서 결국 인간을 정결하게 하는 것은 인간이 아니라 오직 신앙뿐이라는 것이다. 이 신앙은 의도나 자유의지에서 생기는 것이 아니라, 우리의 협력 없이 '은총의 작용'에 의해, 마치 외부에서 우리에게 주어지는 것과 같이 주어진다는 것이다.

앞서 언급한 교의들뿐만 아니라 지금 말한 이 순수하게 복음적인 교의까지도, 오늘날에는 조잡하고 범속한 견해가 이것을 불합리한 것으로 부인하거나 은폐하여 순수 교의를 왜곡했다. 이러한 조잡하고 범속한 견해는 아우구스티누스나 루터의 정론이 나왔음에도 불구하고, 현대의 합리주의인 펠라기우스적하인 근성이 좋아서, 가장 좁은 의미에서 고유하고 본질적이며 참으로 의미심장한 교의들을 낡아 빠진 것이라고 한다. 그리고 반대로 유대교에서 나와서 보존되며 단지 역사적인 경로에서 그리스도교와 결합한 것에 지나지 않는[18] 교의

---

18) 이것이 얼마나 심한가는 다음의 사실로 알 수 있다. 즉 아우구스티누스에 의해 철저하게 체계화된 그리스도교 교의론에 포함되어 있는 모순들이나 불가해한 점들(이것이 바로 이와 반대되는 펠라기우스적인 범속한 설을 나오게 했지만)은 유대교의 근본 교의를 무시하고, 인간이 다른 의지에 의해 만들어진 것이 아니라 자신의 의지로 만들어졌다는 것을 인식하기만 하면, 모두 없어져 버린다. 그렇게 되면 모든 것은 명확하고 정당해진다. 그리고 어떤 일에도 자유는 필요 없는 것이다. 왜냐하면 자유는 존재 속에 있고, 바로 거기에서 죄 또한 원죄로서 존재하지만, 은총의 작용은 우리 자신의 것이기 때문이다. 그런데 오늘날의 합리주의적 견해로는 《신약성서》에 근거하고 있는 아우구스티누스의 교의론 가운데 많은 교설, 예컨대 예정설과 같은 것은 전혀 논거가 없는 것, 아니 불쾌한 것으로까지 생각한다. 그래서 본디의 그리스도교가 버려지고, 조잡한 유대교로 되돌아가기에 이른다. 그러나 그리스도교 교의론의 근본적 결점은 세상 사람들이 찾고 있지 않는 데 있다. 다시 말해 완전하고 확실한 것으로서, 어떠한 시험에서도 벗어나 있다. 이것을 없애버리면 교의 전체는 합리적이다. 왜냐하면 그 교의가 다른 과학을 망쳐버리는 것과 마찬가지로 신학도 망치고 있기 때문이다. 아우구스티누스의 신학을 그의 책 《신국론》(특히 제14권)에서 연구해 보면, 자기 밖에 중심을 가지고 있는 물체를 세우려고 하는 것과 비슷한 것이 있음을 알게 된다. 어느 쪽으로 돌리고 어느 쪽에 놓든지, 그 물체는 그럴 때마다 넘어진다. 이와 마찬가지로 이 경우에도 아우구스티누스가 아무리 노력을 하고 변론을 해도, 세계의 죄와 고통은 언제나 신에게 돌아간다. 신은 만물을 만들고, 또 만물 속에서 만물을 만들고, 게다가 이 사물들이 어떻게 진행되는지 알고 있다. 아

만을 고집하여 중대한 것으로 하고 있다. 그러나 우리는 앞서 말한 교설이 우리가 고찰한 결과와 일치하는 진리라고 인정한다. 말하자면 우리는 참다운 덕과 마음의 성스러움은 심사숙고한 임의(일)에 근거가 있는 것이 아니고, 인식(신앙)에 있다는 것을 알고 있다. 그것은 마치 우리의 근본 사상에서 전개한 것과 마찬가지이다. 사람을 조촐한 행복에 이르게 하는 것이 동기나 심사숙고한 의도에서 생기는 일이라고 한다면, 덕이란 언제나 현명하고 조직적이며 넓게 보는 이기심에 불과한 것이다. 그렇게 되면 마음대로 방향을 바꿀 수 있다. 다시 말해 우리는 모두 최초의 인간의 타락으로 죄를 짓고, 죽음과 멸망의 손안에 들어가 있지만, 또한 모두 은총으로 우리의 거대한 죄를 대신하여 주는 것으로 인해, 즉 신의 중재자에 의해 구원된다. 그리고 여기에는 우리의(인격의) 공적은 없다. 왜냐하면 고의적(동기에 의해 규정된) 인격의 행위에서 생긴 것, 곧 일은 결코 우리를 정당화할 수 없고, 그것이 동기에 의해 생긴 '고의적인' 행위, 즉 행해진 행위이므로 그 본성상 우리를 정당화할 수 없기 때문이다.

따라서 이 신앙에는 첫째, 우리의 상태는 근원적으로 또 본질적으로 구원할 수 없는 것이며, 우리가 이 상태에서 '해탈'을 필요로 하고 있다는 것이 포함되어 있다. 둘째, 우리 자신은 본질적으로 악에 속하여 그것과 결합되어 있기 때문에 법률이나 규칙에 따른 일, 즉 동기에 따른 일은 결코 정의를 만족시키는 것이 아니고 우리를 해탈시킬 수 있는 것도 아니다. 해탈은 신앙에 의해서만, 다시 말해 인식 방법을 바꿈으로써만 얻을 수 있으며, 또한 이 신앙은 은총으로만 외부에서 오는 것처럼 생길 수 있다고 하는 것이 포함되어 있다. 그것이 의미하는 바는, 구원은 우리의 인격과는 관계가 없으며, 구원을 위해서는 바로

우구스티누스 자신이 이 어려움을 알고 이것에 당황했다는 것을 이미 나는 의지의 자유에 대한 나의 현상 논문(제1판 및 제2판 제4장 p. 66~68)에 지적해 두었다. 마찬가지로 신의 선의와 세계의 비참함 사이의 모순, 또 의지의 자유와 신의 예지 사이의 모순은 데카르트파의 사람들, 말브랑슈, 라이프니츠, 벨, 클라크, 아르노 등이 거의 100년이라는 오랜 세월에 걸쳐 논쟁한, 그칠 줄 모르는 논제이다. 하지만 이 경우 논쟁하는 사람들에게 확정적인 유일한 교의는 신의 존재와 특성이며, 그들은 끊임없이 원을 그리며 돌고 있다. 말하자면 그들은 이것들을 조화시키려고 하는데, 즉 계산의 예제를 풀려고 하는데 잘 맞아떨어지지 않아서 그 나머지를 다른 곳에 감추면 여기저기에서 다시 튀어나오기 때문에 그렇다. 그러나 당황하게 된 이유를 이 근본 속에서 찾아야 하는 것인데도, 그들 가운데 아무도 이것을 알지 못하고 있다. 벨만은 이것을 알아차리고 있는 듯 보인다.

이 인격을 부정하고 포기하는 것이 필요하다는 것이다. 법률을 준수하는 것이 결코 인간을 정당화할 수 없는 까닭은 이것이 언제나 동기에 기반을 둔 행동이기 때문이다.

'루터'는 그의 책 《그리스도교도의 자유에 대하여》에서 다음과 같이 요청하고 있다. 신앙이 생긴 뒤에는 선한 일들이 그 증거로서, 결과로서 저절로 생겨나와야 한다. 그러나 그 자신의 공적, 정당화, 또는 보수 등을 요구하는 것이 아니라, 완전히 자발적으로 보수를 구하지 않고 행해야 된다. 이렇게 우리는 개별화의 원리를 보다 분명하게 꿰뚫어 보면서 먼저 거기에서 자유로운 정의만을 낳게 한다. 그리고 다음으로는 사랑을 낳게 하여 이기심을 완전히 포기하기에 이르고, 마지막에는 체념 또는 의지의 부정을 낳게 한다.

그리스도교 교의론의 이러한 교의들은 그 자체로서는 철학과 관계가 없지만, 내가 이것들을 여기에서 문제 삼은 이유는 다음과 같은 것을 표시하기 위해서였다. 우리의 고찰에서 생긴 모든 부분과 완전히 일치하고 관련되는 윤리는 표상으로는 새롭고 들어본 적이 없는 것일지 모르지만, 본질적으로는 그리스도교 본디의 교의와 완전히 일치한다. 또 근본적으로 말한다면 그리스도교의 교의 속에 포함되어 있고, 존재하고 있었던 것이다. 또 이 윤리는 전혀 다른 형식으로 설교되고 있는 인도 성전의 교설이나 윤리적인 교훈과도 일치한다. 동시에 그리스도 교회의 교의를 상기한 것은 한편으로는 주어진 동기에 나타나는 성격의 필연성(자연의 나라)과, 다른 한편으로는 의지가 자신을 부정하고, 성격과 그것에 근거한 동기의 필연성을 폐기하는 의지의 자유(은총의 나라)와의 외형상 모순을 설명하고 밝혀내는 데 도움이 되었다.

## 71. 무와 의지, 그리고 세계

이것으로 나는 윤리의 개요와 그 전달을 목적으로 삼았던 유일한 사상에 대한 설명을 끝낸다. 그리고 이 서술의 마지막 부분에서 마주치는 비난을 감추지 않고, 그 비난이 사물의 본질에 존재하는 것이기 때문에 그 비난을 없애는 것이 불가능하다는 점을 보이려고 한다. 그 비난이란, 우리가 마지막에 이른 것은 완전히 성스러운 경지에서 모든 의욕을 부정하고 단념하며, 그리하여 우리에 대해 그 모든 존재를 고통으로 나타내는 세계로부터 해탈하기에 이른다는 것이다. 하지만 이렇게 보면, 이것이 우리에게는 헛된 '무'로의 이행에 불과한 것으로 보인다.

이에 대해서는 '무'라는 개념이 본디 상대적인 것이고 언제나 그 개념에 의해 부정되는 일정한 무엇에만 관계한다는 것을 주의해야 한다. 세상에서는(특히 칸트는) 이 특성을 +에 대해 −로서 표시되는 결여적 무(nihil privativum)만이 갖는 것으로 생각했지만, 이 −는 반대 관점에서 보면 +로도 될 수 있다. 이 결여적 무에 대해 부정적 무(nihil negativum)를 들어, 이것은 어떠한 점에서도 무라 하고, 그 실례로 자신을 지양하는 논리적인 모순을 사용한 것이다. 그러나 더 자세히 살펴보면 절대적인 무, 완전한 부정적 무는 생각조차 할 수 없다. 그리고 이런 종류의 무는 어느 것이나 더 높은 관점에서 고찰하면, 또는 더 넓은 개념에 포함하면 언제나 결여적 무에 지나지 않는다. 어떠한 무도 무엇인가 다른 것에 대한 관계에서만 생각할 수 있는 결여적 무이며, 이 관계를 따라서 다른 것을 전제하고 있다. 논리적 모순도 하나의 상대적인 무이다. 그것은 이성의 사상이 아니다. 하지만 절대적인 무도 아니다. 논리적 모순은 하나의 언어 조립이고, 사유할 수 없는 것의 실례이기 때문이다. 그리고 논리학에서는 사유의 법칙들을 표시하기 위해 그러한 것이 필요하다. 그러므로 이 목적을 위해 그러한 실례를 향해 나아가면 무의미를 적극적인 것으로 고집하고, 의미를 소극적인 것으로 생략해 버릴 것이다. 따라서 모든 부정적 무, 절대적인 무도 더 높은 개념에 종속시키면 단순한 결여적 무 또는 상대적인 무로 간주된다. 그리고 이 상대적인 무는 또한 언제나 부정하는 것과 부호를 바꿀 수 있는데, 그렇게 되면 그 부정하는 것이 부정으로 생각되어, 상대적인 무는 긍정으로 생각될 것이다. 플라톤이 그의 저서 《소피스트》(p. 277~287)에서 행한 무에 대한 어려운 변증적 연구 결과도 이것과 일치한다.

"우리는 '다른 존재'의 본성이 이루어지고, 모든 존재하는 것 '상호 간의 관계'에까지 넓혀 가서 분포하고 있다는 것을 표시하여, 개별적으로 존재하는 것에 대립하는 이 다른 존재의 부분은 실제에는 존재하지 '않는 것'이라고 감히 말하려 했던 것이다."

일반적으로 적극적인 것으로 생각되는 것, 우리는 이것을 '존재하는 것(des Seiende)'이라 부르고, 그 부정은 '무'라는 개념에 의해 가장 일반적인 의미로 표현된다. 이 존재하는 것이야말로 표상의 세계이며, 내가 의지의 객관성으로서, 의지의 거울로서 증명한 것이다. 이 의지와 세계가 바로 우리 자신이기도 하며, 표상 일반은 그 일면으로서 여기에 속해 있다. 이 표상의 형식이 공간과 시간이며, 이 관점에 존재하는 것은 어딘가에 언젠가는 존재함에 틀림없다. 의지의 부정, 폐기, 전환은 의지의 거울인 세계의 폐기와 소멸이기도 하다. 우리가 이 거울 속에서 의지를 보지 못한다면 그것이 어디로 향했는가를 물어도 헛수고이다. 그래서 의지는 이미 어디에도 어느 때에도 없는 것이기 때문에, 우리는 의지가 무로 돌아갔다고 탄식한다.

만일 반대의 관점이 우리에게 가능하다면 부호가 바뀌고, 우리에게 존재하는 것이 무로 표시되고, 그 무가 존재하는 것으로 표시될 것이다. 그러나 우리가 삶에 대한 의지 그 자체인 한, 또 그 무가 우리에게 삶에 대한 의지 그 자체인 한 그 무는 우리에게 소극적으로만 인식되고 표시될 것이다. 왜냐하면 같은 것은 같은 것에 의해서만 인식된다고 하는 엠페도클레스의 옛날 명제는 여기서는 우리에게서 모든 인식을 빼앗는 것으로, 또 반대로 우리의 모든 현실적 인식의 가능성, 즉 표상으로서의 세계나 의지 가능성이 결국 이 명제에 기초를 두고 있기 때문이다. 세계는 자기 인식이니까 말이다.

그런데도 우리가 철학이 의지의 부정으로서 소극적으로만 표현할 수 있는 것에 대하여 어떻게 해서라도 적극적 인식을 얻으려고 고집한다면, 우리에게는 의지의 완전한 부정에 이른 사람들이 경험했고, 열락, 환희, 깨달음, 신과의 합치 등으로 불리는 상태를 지시하는 것밖에는 남지 않을 것이다. 그런데 이러한 상태에는 이미 주관과 객관의 형식이 없고, 게다가 남에게 전달할 수 없는 독자적 경험만이 도달하도록 되어 있으므로, 이러한 상태는 인식이라 부를 수 없다.

그러나 우리는 철저하게 철학의 관점에 머무르기 때문에 적극적 인식의 마지막 경계선에 이른 것에 만족하고, 소극적 인식으로 흡족해야 한다. 그래서 우리는 세계의 본질을 의지로, 세계의 모든 현상을 의지의 객관성으로 인식하고, 이 객관성을 캄캄하고 충동적이며 무의식적인 자연의 힘으로부터 인간의 의식이 가장 풍부한 행동에 이르기까지 추구해 왔지만, 다음과 같은 결론을 내리는 것은 아니다. 즉 의지의 자유로운 부정이나 포기와 더불어 이 현상들도 없어지고, 이 세계를 성립시키고 모든 단계의 객관성에 나타나 있는 끊임없는 충동과 혼잡이 없어지며, 단계적으로 이어지는 형식의 다양성도 없어지고, 의지와 더불어 그 현상 전체도 없어지며, 최후에는 이 현상의 일반적 형식인 시간과 공간도, 또한 그 궁극적 근본 형식인 주관과 객관도 없어진다는 것이다. 의지가 없으면 표상도 세계도 없다.

우리 앞에 남는 것은 말할 것도 없이 무뿐이다. 그러나 이러한 무로 융해되는 것에 저항하는 우리의 본성이야말로 바로 삶에 대한 의지이고, 이 의지가 우리 자신이며 우리의 세계이다. 우리가 이렇게 심하게 무를 두려워하는 것은 우리가 그만큼 삶에 대해 의욕하고, 또 우리는 이 의지에 불과하며, 이 의지 말고는 아무것도 모른다는 것을 다른 방법으로 표현한 것이다.

하지만 자신의 가난과 속박에서 눈을 돌려 세계를 초극한 사람들을 바라보기로 하자. 그들에게 의지는 자신을 자유롭게 부정해 버린 것이지만, 그다음 그들은 의지의 마지막 흔적이 그들이 갖고 있는 육체와 더불어 소멸하는 것을 기다리기만 하면 된다. 이러한 사람들이 우리에게 나타내는 것은 끊임없는 충동과 혼잡이 아니고 소망에서 공포로, 기쁨에서 고통으로의 지속적인 이행도 아니다. 의욕하는 사람이 인생의 꿈을 낳는, 결코 실현되지 않고 성취되지도 않는 희망도 아니고, 모든 이성보다 높은 평화, 대양과 같은 넓은 마음이 지니는 완전한 정적, 깊은 평정, 침범할 수 없는 확신과 즐거움이다. 이것이 라파엘이나 코레조가 그린 얼굴에 반영된 것만으로도 완전하고 확실한 복음이 된다. 거기에는 인식만이 남아 있고, 의지는 소멸해 있다. 그러나 우리는 심각하고 괴로운 동경심을 가지고 이 상태를 바라보는데, 이 상태와 더불어 우리의 비참하고, 구제할 길 없는 상태가 대조적으로 뚜렷이 비쳐 나온다.

그럼에도 한편으로 우리가 불치의 고통과 끝없는 비참함을 의지의 현상인 이 세계에서 고유한 것으로 인식하고, 또 폐기되는 의지와 녹아 없어지는 세계를 보고, 눈앞에 단지 공허한 무만을 지킨다면, 이 고찰은 우리를 위로할 수 있는 유일한 것이다. 이 방법으로 성자들을 우리의 경험 속에서 만난다는 것은 쉽게 허용되는 일이 아니다. 하지만 그들에 대한 것을 적은 이야기와 내적 진리를 보증하는 표시인 예술이 성자들의 행적을 고찰해 우리 눈앞에 보여줌으로써, 궁극적인 목표로서 모든 덕과 성스러움의 배후에 감돌고 있고, 어린아이들이 어두움을 무서워하는 것처럼 우리가 무서워하는, 무의 어두운 인상을 우리는 몰아내지 않으면 안 된다. 인도인들처럼 신화나 '브라흐마'에 흡수되거나 불교도의 '열반'과 같은 언어를 사용함으로써 무를 회피하지 말아야 한다. 오히려 우리는 의지를 완전히 폐기한 뒤에 남는 것은 아직 의지를 충분하게 갖고 있는 사람들에게는 무에 지나지 않는다고 거리낌 없이 고백한다. 그러나 반대로 의지가 스스로를 바꾸고, 스스로를 부정하여 버린 사람들에게도, 우리에게 그렇게도 사실적으로 보이는 이 세계가 모든 태양과 은하수와 더불어 무[19]인 것이다.

---

19) 이것이 바로 불교도의 '반야바라밀'이며, '모든 인식의 피안', 즉 이미 주관과 객관이 없는 경지이다(J.J. 슈미트의 《대승과 반야바라밀》 참고).

# 쇼펜하우어의 생애

**어린 시절**

아르투어 쇼펜하우어는 1788년, 즉 프랑스혁명이 일어나기 1년 전 자유한 자도시 단치히에서 은행업과 무역업을 하던 하인리히 플로리스 쇼펜하우어(1747~1805)의 장남으로 태어났다. 어머니 요한나(1766~1838)는 같은 단치히의 시의원 크리스티앙 하인리히 트로지나의 딸이었다. 문학에 재능이 있었던 요한나는 남편이 죽은 뒤 대표작《가브리엘》(1819) 등을 펴낸 장편 작가로도 유명했다.

그 시절 많은 철학자들은 보수적이며 전통적인 환경에서 자랐다. 예를 들면 칸트와 피히테의 아버지는 기술자, 셸링의 아버지는 성직자, 헤겔의 아버지는 공무원이었다. 하지만 쇼펜하우어의 아버지 플로리스는 기존의 질서, 습관에 안주하지 않고 오히려 존재질서를 직접 기획, 실현하는 근대 시민의 전형이었다. 유명한 무역회사를 운영하며 새로운 상품이나 시장을 개척해 독자적인 경영전략으로 사업을 확장하는 것이 자신의 존재이유라 여기는 기업가였다. 이렇듯 쇼펜하우어는 전형적인 근대 시민의 생활, 정신환경 속에서 자랐다.

플로리스 쇼펜하우어의 어머니가 무역이 활발한 네덜란드 명문가 출신인 건 그저 우연이 아니라, 집안사람들의 여러 의도에 의한 혼인임에 틀림없다. 그녀는 정신질환의 징후를 이 집안에 가져왔다고도 하지만, 태어난 고향을 떠나 먼 타국으로 시집 온 어머니 밑에서 자랐기에 쇼펜하우어는 지리적 풍습에 얽매이지 않는 자유시민적인 성격이 강했다고 생각된다. 그 무엇에도 굴하지 않는 강한 마음은 마치 신항로를 개척하러 희망봉을 지나가려다 폭풍이 밀려오는 바다를 영원히 떠돌아다니는 벌을 받은 '방황하는 네덜란드인'을 떠오르게 한다. 이미 오스트리아, 프로이센, 러시아 등, 이 세 나라의 세력다툼 소용돌이에 휩싸인 단치히의 입지조건에 한계를 느끼던 플로리스는 무역상사의 활동거

점을 외국으로 옮길 계획을 세웠다. 그리고 제2차 폴란드 분할(1793)로 단치히가 프로이센 제국으로 합병되었을 때 머물러 달라는 프리드리히 대왕의 간곡한 설득을 거절하고 막대한 자산 손해를 각오한 채 무역상사, 가족 등과 함께 자유한자도시 함부르크로 이주했다. 이때 쇼펜하우어는 다섯 살이었다. 그 이주가 어린 아르투어에게 어떤 영향을 끼쳤는지는 알 수 없지만, 자유를 가장 중요하게 여기는 쇼펜하우어 집안의 분위기를 온몸으로 느끼며 자랐음이 틀림없다. 뒷날 아버지의 무역상사를 물려받길 망설이며 아버지가 세상을 떠난 뒤에는 상사를 매각하고 학문의 세계에 몸을 던진 일, 또 사교계를 좋아하는 어머니에게 반발하며 비사교적인 태도를 취하게 된 것 등, 모두 쇼펜하우어의 근대 시민적 자립성의 증거이다.

### 국제파 비즈니스맨으로 가는 길

아버지 플로리스는 아들을 국제파 비즈니스맨으로 키우기 위해 유럽의 여러 나라에서 같은 이니셜로 쉽게 기억하라고 아르투어(Arthur)라는 이름을 지어 주었다. 함부르크로 이주한 뒤에도 풍부한 인맥과 재력을 바탕으로 유럽의 여러 지역들을 함께 여행했다. 1797년부터 2년 동안 르아브르 무역상 그레구아르 드 브레시멜 집에 머물렀다. 프랑스에 머무는 동안 쇼펜하우어는 그 시절 국제 공용어인 프랑스어를 모국어 수준으로 구사할 수 있게 되었다. 또 거기서 같은 또래의 앙팀 그레구아르와 만난다. 그 이후에도 두 사람의 우정은 계속 이어졌다.

그는 프랑스에서 돌아오자 함부르크의 상류계급 자제들이 다니는 룽게 학교를 다니면서 실무 지식과 함께 폭넓은 교양, 예법 등을 배웠다. 이듬해 열두 살이 된 쇼펜하우어는 가족들과 함께 3개월 동안 프라하 여행을 했다. 그리고 1803~1804년에는 부모님과 함께 영국, 프랑스 등 유럽 여러 지역을 여행했다. 프라하, 그리고 유럽 일주는 쇼펜하우어가 쓴 여행기에 기록되어 있다. 이 여행들은 아버지의 상업용 여행을 겸했다. 특히 두 번째 여행은 대륙이 거의 나폴레옹의 세력 아래에 있던 시절로, 영국과의 무역에 높은 세금을 부과해서 영국을 경제적으로 봉쇄하려는 프랑스에게 영국이 선전포고(아미앵 조약 파기)를 내린 때였다. 아버지 플로리스가 유럽여행의 첫 목적지로 영국을 선택한 이유는 현지에서 이 비상사태에 대처하기 위해서였다. 아들을 데려가 시야가 넓

은 세계 시민으로 키우려는 교육적
인 목적과 함께 거래하는 사람들에
게 아이를 맡기며 가족끼리의 끈끈
한 인간관계를 쌓고, 더 나아가 나중
에 아들에게 원활히 경영을 인계하
기 위해서였다. 아버지의 사업 때문
에 부모님은 먼저 함부르크로 돌아
갔지만, 아르투어는 그동안 런던 근
교 윔블던의 명문 랭커스터 기숙학
교에서 영어를 배우려고 3개월 동안
머물렀다.

여행기에는 부유한 상류계급과의
교류나 극장, 미술관 방문 등에 대해
날마다 적었다. 그리고 길 위의 노점

쇼펜하우어(1788~1860)

상, 광대, 초라한 여관이나 술집, 여행자들의 고생, 민중의 빈곤, 가혹한 강제노
동, 교수형 장면 등 사회 낮은 곳의 비참함과 고통에도 관심을 기울이며 자주
심한 충격을 받았던 것 등도 그 여행기에서 들여다 볼 수 있다. 이처럼 서민들
의 생활에 대한 현실감각을 키우는 일도 아버지 플로리스의 교육과정에 들어
있었을 것이다. 쇼펜하우어는 세계라는 책을 읽으면서 의식 깊은 곳에서는 자
신이 태어나고 자란 지역이나 계급, 국적의 장벽을 넘어 시장경제라는 보편적인
통합력에 의지하면서 온 세계가 경제사회로 글로벌화 되어가는 새로운 시대를
이끌어갈 사람으로 착실하게 성장해 나갔다. 그렇듯 아버지 플로리스의 생각대
로 순조롭게 나아가는 듯 보였다.

### 아버지의 오산

그러나 이 시기에 쇼펜하우어 사상의 특징이 될 요소도 조금씩 형성되어 갔
다. 함부르크로 이주한 뒤 회사로서 또 가족으로서 새로운 환경을 받아들이려
고 쇼펜하우어 집안은 적극적으로 사교계에 열린 생활 방식을 취하여 많은 명
사들이나 문인들이 방문했다. 이런 집안 분위기는 어린 쇼펜하우어에게 지적

인 자극을 주었다. 특히 이 시기부터 실업보다는 예술이나 학문에 대한 관심이 강해져 갔다. 반면 가족의 인간적인 유대보다는 밖을 향한 생활을 으뜸으로 생각하는 가정환경 속에서 고독을 느끼는 일이 많았다고 나중에 쇼펜하우어는 고백했다. 더욱이 여러 나라를 여행 다닌 때와 그 나라에 머물렀던 때는 한 사람으로서 자신의 정체성을 형성해야 할 감수성이 예민한 사춘기였는데, 그때 그는 인간의 사고, 행동양식, 문화의 다양성과 상대성을 알게 됐을 뿐만 아니라, 그 무렵 사회의 빈곤과 비참함을 직접 보고 느꼈다.

근대 의료에서는 예방주사의 역할이 크다. 약한 병원균 등을 접종해 면역력을 키워서 신체의 자립성을 높인다. 마찬가지로 정신적 정체성 확립을 위해서 아이들은 가정이라는 벽 안에서 현실의 무서움으로부터 보호를 받으며 스스로의 존재질서를 만들어 내는 능력, 즉 자주성을 키운다. 그러나 앞에서 말했듯이, 가정의 벽은 함부르크로 이주하면서 일어난 일들이나 어릴 때부터 세상의 현실을 접하게 하려는 아버지의 교육방침 등으로 인해 매우 낮게 설정되었다.

근대 시민은 거센 바다에서 폭풍을 만나도 강한 의지력으로 항로를 개척하려고 싸우는 네덜란드의 선장처럼 유일한 가치의 부재에 직면해서, 스스로 그 유일한 가치를 구상하고 실현하려 한다. 쇼펜하우어는 그런 의지를 가진 사람으로 성장하면서 이와 함께 세상을 지배하는 압도적인 가치의 다양성과 쉽게 극복할 수 없는 여러 어려움이나 고난 등, 눈앞에서 보이는 일들이 그런 근대적 의지의 힘을 상대화 시키는 쪽으로 영향을 준 것이다. 여행기를 쓰는 그의 작업이 상징하듯 다양한 현실을 열린 눈으로 관찰, 정리, 이해함으로써 그 의지 자체를 침체시키는 자세도 정립되어 그것이 뒷날 예술론이나 의지를 부정하는 철학으로 이어졌다고 볼 수도 있다. 그런 연유로 아들에게 무역상사 경영을 맡기려고 일찍부터 근대적인 국제인으로 키우기 위해 영재교육을 시켰던 아버지 플로리스의 예측은 오산으로 끝나고 말았던 것이다.

쇼펜하우어의 어머니 요한나는 젊을 때부터 문학에 재능이 있었으며 사교적인 성격으로 유럽의 많은 언어를 익혔다. 특히 함부르크로 이주한 뒤에는 그 집안의 사교적 구심점이 되어 갔다. 일반적인 시각으로 보면, 문학이나 예술은 물질의 편리함을 추구하는 근대 시민의 사고방식과는 연관이 없다고 생각할지도 모른다. 하지만 산업혁명이나 무역의 발전을 배경으로 급격하게 이익사회로 변해가는 흐름 속에서 점차 뚜렷해지는 물질주의 경향과 균형을 맞추기 위해, 고도의 생산기술에서 예술이 분리되어 이해관계가 확립되어 가는 과정에 주목한다면 둘의 상호 보완적 관계를 알 수 있다.

실제 칸트 뒤의 예술론에서는 자주 작품을 보는 사람의 무관심성, 관조적인 성격이 강조되며 쇼펜하우어도 이 전통을 잇게 된다. 그러나 창작하는 사람의 입장에서 보면, 기업가도 예술가도 모두 풍부한 구상력으로 이제까지 없던 새로운 존재질서를 표상으로 삼아 그것을 의지로 세상에 표출한다는 특징이 있다. 그

**쇼펜하우어의 생가** 단치히

것은 이익 추구를 바라던 그렇지 않던 같은 사고나 행동양식에 따라 일관된다. 이 시대에 존경받는 천재는 바로 이런 정신적 영역에서 순수하게 자란 근대 시민이다.

근대 시민의 사고나 행동양식은 아버지가 경영자로서 눈앞에서 행동으로 보여주고, 어머니 요한나는 정신적으로 순화됐을 때 문학적, 예술적 창작이 되어 아들 아르투어 쇼펜하우어의 의지라는 철학 개념으로 결실을 맺는다. 의지란 근대 시민 사회의 사고나 행동양식의 또 다른 이름이다.

## 시대 상황-프랑스 혁명에서 공포정치로

기존의 질서가 무너지는 시대상황을 스스로 받아들이면서 함께 새로운 존재질서를 구축한 근대 시민의 전형적 생활환경에서 쇼펜하우어는 자랐다. 이렇게 자유로움을 얻는 대신 고독도 강하게 느꼈다.

쇼펜하우어가 태어난 이듬해에 일어난 프랑스 혁명은 정치, 경제, 문화, 종교 등 온 사회적 규범에서 기존의 질서를 무너뜨리고 새로운 질서를 만들어낸 대변혁이었다. 그 무렵에는 철학도 이 흐름이 어디로 가는지 파악하기 위해 여러 가지 사고 실험(思考實驗)을 했다.

대표적인 예로, 칸트에서 독일 관념론으로 나아가는 사상 조류가 있다. 칸트 본인의 의도에 어디까지 충실했는지는 제쳐 두고, 존재하는 사물의 있는 그대로의 질서 의식을 괄호에 넣어 대상영역을 인간의 의식을 구성하는 존재(현상)로 한정해 근대 시민의 사고, 행동양식을 대변하는 철학으로 받아들였다. 보수적인 사람들은 이런 비판정신을 위험하게 보았지만 신흥 근대 시민 계급뿐만 아니라, 이제까지의 지리적 지배형태를 청산하고 관료적인 중앙집권국가를 만들려고 한 계몽군주 프리드리히 대왕에게 적극적인 지지를 받았다.

다중적이며 세상의 복잡한 구조는 신에 의해 최종적으로 보증된다고 생각해 그 질서를 어떻게 인식하고 정당화하면 좋을지 물음으로써 실질적으로 그 질서를 긍정하는 철학의 옛 체제(라이프니츠 볼프 철학)―이것이야말로 나중에 쇼펜하우어가 심하게 비판한 낙관주의의 뜻이다―는 차츰 신빙성을 잃었으며, 그와 함께 인식의 확실성은 존재질서를 오직 하나로 만드는 인간의 사고활동(의식)으로 옮겨갔다. 이 의식이야말로 존재질서를 파악하고 기획하며 실현하는 주체이다. 이를 위해 철학적인 새로운 체제는 더 이상 존재 그 자체에 관련되는 일은 없겠지만 인간이 파악 가능한 사물 전체, 그러니까 의식의 대상이 되는 사물 전체(현상으로서의 세계)를 지적으로 장악하는 일을 목표로 삼는다. 이렇게 해서 철학은 안정된 존재질서를 전제로 한 실체 형이상학에서 존재질서를 이론적, 실천적으로 구축하는 주체성의 형이상학으로 변모해 갔다.

전형적인 근대 시민인 쇼펜하우어는 그 무렵의 이런 철학 조류 속에서 신근대성을 느꼈음에 틀림없다. 하지만 이와 함께 근대 시민의 자유로움 대신 겪어야 했던 중압감과 고독에서의 구제까지 철학에 기대하는 자기모순적인 불행한 의식 속에서 살았다.

프랑스 혁명은 사회의 모든 영역에 걸쳐 기존의 가치를 뒤집은 실험이었지만 옛 체제에서 새로운 체제로의 변화는 결코 원활하지 않았다. 혁명에 참가한 사람들은 다양한 계급으로 구성되었다. 또한 사람과 시민의 권리 선언(인권선언

1789)을 공유하면서 옛 체제의 해체라는 점에서 함께 협력한 혁명파도 막상 새로운 존재질서 구축이라는 단계에 이르자 저마다 딴소리를 내기 시작했다. 그들은 저마다의 입장과 독자적인 관심에서 새로운 이상사회를 구상했다. 그 존재질서는 인간, 사회, 자연, 신을 포함한 온 세계의 약도이며 혁명가들의 존재 이유 그 자체였으므로, 이상에 대한 확신이 강하면 강할수록 타협의 여지는 사라져 갔다. 게다가 그 다툼을 조정할 수 있는 높은 권위는 더 이상 존재하지 않았다. 이렇게 해서 근대 시민의 의지는 피로 물든 고통의 세계를 현실로 가져오게 되었다. 혁명을 통해서 이루고자 했던 이상과 그 이상을 실현하고자 했던 정치는 전체주의적 압제 정치, 한때는 혁명을 위해 뜻을 뭉친 동지였으나 이제는 정적과 다를 게 없는 인사들과 외부 반혁명 세력들을 차례차례 단두대로 보내는 공포정치로 막을 내렸다. 그렇다고 해서 이미 신뢰를 잃은 옛 체제로 다시 되돌아갈 수도 없었다.

## 나폴레옹 시대

사람들은 근대 시민다운 존재구축 의지를 유지하면서도 그 자체로서 압도적인 권위를 가진 존재, 영웅을 원했고 그 소망에 나폴레옹 보나파르트가 응답했다. 근대 시민의 자유로운 경제활동에 필요한 세계의 균일화 요청은 나폴레옹 법전에서 모든 사람은 법 아래 평등하다는 담보를 얻어냈다. 나폴레옹은 국내를 통치하는 데 그치지 않고 유럽을 통합시키고 나아가 세계 무역 패권을 영국에서 빼앗아 새로운 제국을 세울 황제로 촉망되었다. 하지만 세계를 지배하는 제국을 건설하고자 했던 나폴레옹은 트라팔가르 해전 패배, 러시아 원정 실패, 워털루 전투 패배로 몰락의 길을 걸었다.

나폴레옹과 함께 희망에 가득 찼던 많은 프랑스인들에 비해 다른 유럽 나라들, 특히 독일에서는 나폴레옹 체제에 복잡한 반응을 보였다. 나폴레옹은 옛 체제를 타파하고 근대 시민 사회화로 밀어붙인다는 의미에서는 시대정신을 구현한 사람으로 환영받았다. 그러나 나폴레옹의 진군으로 근대 시민 정신이 확산될수록 프랑스의 일국패권주의 아래서 다른 나라의 자유시민은 복종과 자유의 억압에 괴로워했다. 그래서 거기에는 옛 체제의 세력을 포함한 더욱 보수적인 세력이 더해진, 반 나폴레옹 세력이 형성되었다.

유럽 나라들 사이에서 점차로 나폴레옹에 대한 반감이 커져가는 가운데 대영국 무역의 가장 큰 중심지이면서 나폴레옹 전쟁특수로 윤택해진 함부르크는, 대외적으로는 나폴레옹 정권과 독일 여러 나라들을 모두 배려하고 프랑스 풍의 혁명사상을 찬미하면서, 프랑스에서 온 망명자들을 받아들이는 형태로 국내 정치와의 균형에도 신경을 썼다. 나폴레옹에게 복종해서라도 자유무역을 지키기 위해 유럽 분단과 블록화를 막으려는 의도로 함부르크는 프랑스와 이해관계를 공유했다. 이는 코스모폴리타니즘의 경제적 배경이긴 하지만 함부르크 출신의 쇼펜하우어는 이 코스모폴리타니즘을 이념적인 세계시민 의식으로 평생 지켜나갔다. 후에 독일 해방 전쟁 중 베를린 대학 학장인 피히테의 격문에 감화를 받은 많은 학생들이 나폴레옹에 저항하기 위해 역사상 최초의 학생 출진을 마쳤을 때, 근대 시민 쇼펜하우어는 학생병역거부자가 되어 피히테와 함께 베를린을 떠났다.

### 수업 시대

여기서 다시 함부르크 아르투어의 소년 시대로 돌아가 보자. 2년에 걸친 유럽 일주라는 큰 여행을 끝내고, 1804년 끝 무렵쯤 돌아왔다. 이듬해 1월 1일 쇼펜하우어는 함부르크에서 가장 뛰어난 실업가이며, 함부르크시 관료인 예니슈 밑에서 수업을 받는 시대로 접어든다. 그해 4월, 아버지 플로리스가 불의의 사고로 세상을 떠났다.

39세인 요한나에게 19세 연상이던 남편의 갑작스러운 죽음은 슬픔보다 해방과 구제였다. 1년 동안의 장례가 끝나자 요한나는 괴테에게 보내는 소개장을 손에 들고 아홉 살짜리 딸 아델과 함께 총총히 바이마르로 떠나 버렸다. 바이마르는 마침 나폴레옹군의 공격을 받을 위기에 놓여 있었다. 요한나는 생명의 위협을 느끼면서도 점령과 약탈의 혼란 속에서 사람들을 돕기 위해 헌신했다. 바이마르 지도자들에게 신뢰를 쌓은 요한나의 집에는 전쟁 뒤 괴테나 빌란트 등 문인들과 저명한 사람들이 방문했고, 점차로 정기적인 살롱으로 발전했다. 이렇게 해서 요한나 쇼펜하우어는 도착한 지 얼마 안 되어 바이마르 사교계의 중요인물이 되었다. 그리고 곧 소설가로서 등단했다.

한편 쇼펜하우어는 아버지가 죽은 뒤에도 약속한 대로 실업가가 되기 위해 밤늦게까지 잔업을 포함한 수업을 이어 갔다. 르아브르에 머물던 시절 사귄 친구 앙팀 그레구아르도 함부르크에 머무르고 있었으며, 두 사람은 문예 토론에서 밤놀이까지 함께하는 사이가 되었다. 그러다가 쇼펜하우어는 1807년에 함부르크를 떠나 고타의 김나지움에 입학해 대학 진학을 준비했다. 나중에는 서로를 미워하게 될 어머니와 아들이었지만, 근대 시민다운 의지의 자기표현으로써 실업과 그 정신화에 따른 진정한 의지 사이에서 망설이던 아르투어에게서 이런 결단을 이끌어 낸 건 어머

쇼펜하우어의 소년 시절

니 요한나였다. 어머니는 아들에게 보낸 편지에 빌란트도 젊은 시절 앞으로의 진로에 대해 이야기를 나눌 사람이 없었다는 외로움과 불안에 대해 말하며, 그는 시인이 아니라 철학자가 되어야 했다고 한 이야기를 썼다. 쇼펜하우어는 이 편지를 읽고 그 역시도 자신의 마음과 같다고 생각했을 것이다. 그때부터 쇼펜하우어는 빌란트에게 친할아버지 같은 친근감을 느끼게 된다.

왜 요한나는 아르투어를 실업가의 길에서 빠져나오게 하려 했을까? 기특하게도 문예와 학문에 대한 열정을 억누르고 아버지 플로리스의 뒤를 이을 결심을 한 아르투어를 볼 때마다 생기는 마음의 가책 때문이었을까. 아니면 단지 아들의 진정한 소원을 들어주고 싶다는 어머니의 순수한 소망이었을까. 아마도 둘 다였을 것이다. 그러나 바이마르 공략의 1개월 남짓 시간이 흐른 뒤, 나폴레옹이 베를린에서 내린 칙령인 대륙봉쇄령은 영국과의 교역에 많이 의지하던 함부르크의 미래에 결정적인 불안을 안겨줬다. 실제로 대륙봉쇄령이 내려진 뒤 영국과의 무역은 나폴레옹 집권 시기만큼은 아니더라도 급격히 감소했다. 바이마르에서 정치의 중추에게서 정보를 들을 수 있었던 어머니는 틀림없이 그런 일도 염두에 두었을 것이다. 그리고 아르투어 자신도 함부르크에서 그

흐름을 예측하고 마침내 그곳을 떠날 결심을 한 것이 아닐까.

어찌 되었든 전통 깊은 쇼펜하우어 상사는 해체되고 유산은 서로 나눠가졌다. 그 뒤 유산으로 투자한 회사가 도산했기 때문에 어머니와 딸은 돈을 다 잃어버렸지만, 쇼펜하우어는 다행히도 그 손실을 피해 아버지에게서 받은 자산을 잘 관리해서 죽은 뒤 유산 총액이 오히려 늘어나게 되었다. 그것은 쇼펜하우어가 뒷날 사람들이 하는 말 이상으로 실업에 관심을 기울였으며 또 그 능력까지 겸비하고 있었다는 증거이다. 함부르크 시절은 아버지를 모범으로 근대 시민으로서 자기형성을 이루던 시기이기도 하다. 또한 결과적으로는 아버지의 기대에 부응하지 못한 셈이 되었지만 그 선택이 무엇이든 그가 스스로 선택한 길이었다. 수업 시대가 힘들기는 했지만 어머니에게 보낸 한탄의 편지만으로 그 시기를 암흑시대라 하는 건 적절치 못하다. 그러므로 근대 시민의 의지를 밀고 나간 아버지에 대한 존경과 감사하는 마음이 평생 변하지 않았던 것이다.

### 셸링의 책에 푹 빠진 의학생

실업 세계와 결별한 쇼펜하우어는 먼저 바이마르의 서쪽 고타의 김나지움에 입학하지만 말썽이 생겨 학교를 그만둔다. 그 뒤 개인교수에게 고전어(그리스어, 라틴어)를 배우며 2년 만에 대학진학 능력을 인정받아, 1809년 가을부터 괴팅겐 대학 의학부에 입학했다. 괴팅겐 대학은 대영제국과 아일랜드의 왕이자 브런즈윅 뤼네부르크(하노버) 공국의 왕, 신성로마제국 선제후인 조지 2세가 설립한 대학이며 식물학을 포함한 그 무렵의 앞선 자연 연구로 유명했다. 그에게는 영국을 사랑한 아버지와의 추억과 더불어 나폴레옹 통치 아래 학생 수가 점점 줄어들고 있었던 친 영국 성향의 대학에 조금이라도 힘을 실어주고 싶다는 마음이 있었을지도 모른다.

이미 철학에 적잖은 관심이 있었음에도 쇼펜하우어는 왜 의학부로 진학했을까. 그것은 그때까지도 진로에 대해 분명한 목표가 없었고 어머니 요한나가 생계에 도움이 될 학업을 추천하기도 했으며, 신학부와 법학부 같은 실업계가 소거법으로 사라진 뒤에는 의학부만 남았다는 설명도 신빙성이 있다. 실제 그 시절에는 이런 이유로 의학부에 진학한 학생들이 많았다.

쇼펜하우어가 괴팅겐 대학에 입학하기 반 년 전인 1809년 봄, 셸링 작품집

**괴팅겐 대학교**(1815) 쇼펜하우어는 1809년 이 대학 의학부에 입학했다.

제1권이 발행됐다. 1807년의 《조형미술과 자연의 관계》, 신작 《인간 자유의 본
질》 그리고 피히테 추종자였던 초기의 작품 세 편이 들어 있었다. 젊어서부터
명성이 자자했던 셸링의 첫 작품집이었던 데다가, 구성이 전년도에 출판된 강
연집 《독일 국민에게 고함》으로 국민적 철학자로 추앙된 피히테의 덕분인지, 같
은 해에 중판이 나올 정도로 반응이 좋았다. 쇼펜하우어가 셸링의 어떤 책을
언제쯤 읽었는지 기록은 없지만 괴팅겐 대학에 입학한 뒤 철학의 첫 스승이
된 고틀로프 에른스트 슐체는 셸링에 열중하는 쇼펜하우어에게 먼저 플라톤
과 칸트로 기초를 단단히 다지도록 충고했을 정도니까, 그 이전에 이미 셸링의
작품을 많이 읽었을 것으로 생각된다. 아마도 한두 권 정도는 아니었을 것이다.
작품집 제1권은 물론이고 셸링의 명성을 드높인 자연철학 책들도 읽었을 것이
다. 그 무렵 자연연구는 자연과학과 자연철학이 다 들어 있었으며 의학이 그
매개체적인 위치에 있었다는 걸 생각하면, 넓은 의미로 볼 때 자연연구에 대한
관심도 의학부로 진학한 이유라 생각할 수 있다.
　다음 문제는 '왜 자연연구에 관심을 가졌는가'이다. 첫째는 괴테를 존경했기

때문이다. 그것은 그 뒤에 괴테의 도움을 받은 색채론 연구로 이어진다. 그러나 자연연구에 대한 관심 자체는 쇼펜하우어가 함부르크를 떠나게 된 사상적 배경을 생각하면 보다 잘 이해된다. 함부르크는 쇼펜하우어가 전형적인 근대 시민으로 자아를 형성하는 일에 전념한 장소였다. 하지만 이와 함께 또 하나의 요소, 즉 인간의 의식적, 의지적인 삶에서 거리를 두고서 근대적 자아의 진정성과 구제를 찾고 싶다는 생각이 강해졌고, 그것은 마침 쇼펜하우어의 대학 진학과 이어졌다. 그때 근대적 시민의 사고, 행동양식, 그러니까 의식적인 것, 인위적인 것의 반대로 인간이 조정하거나 만들 수 없으며 오히려 인간을 지탱하고 감싸는 존재인 자연이나 신에 대한 질문으로 나아갔다. 이런 경향은 쇼펜하우어뿐만 아니라 그 무렵의 철학 전반에 걸쳐 해당되는 문제였다. 자연이나 신에 대한 질문은 근대 시민사회의 사람과 사람과의 신뢰나 공유하는 가치, 규범 상실을 경험한 데에 뿌리를 두고 있으며, 이것을 극복하려는 문제의식 속에서 떠올랐다.

현대 사회에서는 신에 대해서 말하는 경우가 별로 없다. 하지만 환경보호 운동 등 눈에 띄는 자연에 대한 관심은 환경 파괴가 그저 자신들의 건강이나 생존을 위협한다는 인간중심주의적인 이유뿐만은 아니라고 생각한다. 오히려 근대 시민사회가 세속적인 금욕의 윤리를 저버리고 자기중심적, 향락주의적인 대중소비사회로 전락하는 중에, 그 반대로 그 짐을 떠맡게 된 사람과 사람 사이의 유대 상실과 고독에서 구제되길 바라는 외침이 아닐까? 이렇게 생각하면 현대의 환경 운동 속에는 200년 전의 자연철학 정신이 흐른다고 말할 수 있다.

어쨌든 쇼펜하우어는 의학을 배우는 학생으로서 자연연구를 공부하며 슐체 교수에게 철학을 배우기 시작한다. 슐체는 익명으로 펴낸 《아에네시데무스》(1792)에서 칸트풍의 도덕신학은 본디 인간의 개념적인 조정 대상이 될 수 없는 것까지 오만한 이성의 억지 선언으로 실현하려 한다고 공격했다. 그런 근대 시민의 사고, 행동양식의 위험성 지적은 쇼펜하우어가 셸링의 책에서 읽은 메시지와 이 시점에는 일치했으며 셸링에서 슐체로의 이동은 원만하게 이루어졌다. 그리고 쇼펜하우어는 플라톤이나 칸트를 배우면서도 계속해서 셸링의 책을 읽었다.

그러나 근대 시민의 사고, 행동양식에 반대를 구하는 방법에서는 두 사람이

서로 차이를 보였다. 슐체의 비판은
근대 시민사회의 의지적, 조작 지상
주의적인 방법 자체에 있었다. 하지
만 이는 슐체 자신을 포함한 모든 근
대 시민의 삶, 그 자체이기도 했으며
쉽게 부정이나 극복할 수 없었다. 그
래서 슐체의 사상은 회의주의로 나
아간다. 슐체는 야코비와 나란히 그
무렵의 저명한 흄 연구자이기도 했
다. 거기에 슐체와 친 영국 성향의 괴
팅겐 대학의 연결점이 있었다고 할
수 있다.

쇼펜하우어의 **청년 시절**(1815)

셸링의 목표는 어디까지나 근대 시
민의 존재 구축 의지를 인정한 뒤에 그 틀 내부에 인간의 자유롭고 고독한 의
지가 머물 곳으로 자연 또는 신에 의해 구원의 길을 만드는 데 있었다. 이는 또
범신학적인 신이나 자연에 정신의 숨을 불어넣는다고도 표현한다. 그런 셸링의
진정한 의도를 쇼펜하우어는 철학 수업 시대를 통해 조금씩 이해할 수 있었다.

어쨌든 젊은 쇼펜하우어는 셸링을 호의적으로 이해했다. 1813년에 성립한
〈충족이유율의 네 겹의 뿌리에 대해〉 초판에서도 셸링에게 보내는 상찬의 말
을 볼 수 있다. 그러나 그런 부분은 1847년 제2판에서는 삭제되고 피히테, 헤겔
과 함께 매도의 집중포화를 받게 된다. 하지만 이런 기술들을 주의 깊게 읽으
면 쇼펜하우어의 비판은 다른 두 사람에 비해 셸링에 대해서는 꽤 조심스럽다
는 걸 알 수 있다. 현대의 쇼펜하우어 전집은 쇼펜하우어 만년의 개정판을 기
초로 했으며 위와 같은 쇼펜하우어 철학의 성립 역사와 그 사상적 배경을 읽
어내는 건 거의 불가능한 일이다.

## 칸트와의 얄궂은 만남

쇼펜하우어는 칸트 철학의 비판자 슐체 밑에서, 아이러니컬하게도 칸트 철
학에 접근하게 된다. 앞서 말한 대로 슐체는 《아에네시데무스》에서 칸트 철학

을 비판했는데, 그 책 이름은 정확하게 《아에네시데무스, 또는 예나 대학 교수 라인홀트 씨가 제시한 '근원 철학'의 기초에 대해서》라고 한다. 여기에서 슐체는 그 무렵 칸트 철학의 최대의 이해자이며 대변자였던 라인홀트의 《근원철학의 요점에 대한 새로운 서술》(1790)을 한 자, 한 구절씩 꼼꼼히 인용하면서 자상하게 비판하였다. 그 결과 독자는 동시에 라인홀트의 이 저작 대부분을 함께 읽게 된다.

여기에서 중요한 것은 쇼펜하우어의 칸트 수용은 라인홀트의 강한 영향을 받은 때문이라는 것이다. 그것은 뒤에 〈충족이유율의 네 겹의 뿌리에 대해〉에서 명확히 제시될 것이다. 더 나아가 라인홀트는 쇼펜하우어가 실업계의 수업을 그만두고 대학 진학을 결심할 때 큰 영향을 끼친 빌란트의 사위였다. 그런 관계도 슐체에 의해서 철저하게 비판되었음에도 쇼펜하우어가 라인홀트를 호의적인 마음으로 대할 수 있었던 한 원인일지도 모른다.

슐체가 칸트를 비판한 것 가운데 하나인 스스로 존재 질서를 구축하려고 우쭐대는 의지의 횡포를 비판한 것에는 쇼펜하우어도 공감했다. 이 비판은 칸트 철학을 비판한 것이라기보다는, 본디 표적인 라인홀트를 넘어서 바야흐로 새로 태어나려고 하고 있던 독일 관념론을 선점하면서 비판한 것이라고 말할 수가 있다. 그렇기 때문에 피히테는 이듬해에 《아에네시데무스 서평》(1793)을 공개적으로 간행해, 그 안에서 슐체를 비판하면서 그의 지식학의 기본 개념을 예고하게 된다. 그런데 또 하나의 중요한 비판, 즉 표상 개념을 둘러싼 비판에 대해서 젊은 쇼펜하우어는 차츰 스승인 슐체를 떠나 라인홀트의 관점에 접근해 간다. 그것은 밖에서 지배하는 세계의 질서를 수용하지 않고, 자기의식 내부에서 구성, 실현하는 근대 시민적 사고의 근간을 이루는 부분이다.

이와 같이 해서, 한편으로는 전 존재의 질서를 스스로 구성하면서 표상하는 근대 시민의 입장과, 그럼에도 그것이 힘으로 밀어붙이는 존재 구축의 의지로 돌출하는 데에 대한 회의가, 라인홀트와 슐체의 양자에 부분적으로 동의하는 형식을 취하게 된다. 그러나 한편으로는 이미 세계를 나의 표상으로 파악하면서, 다른 한편으로는 그 표상으로서의 세계를 의지의 마음대로 조작하고 변혁하는 대신에, 의지의 부정으로 기울어지는 주저(主著) 《의지와 표상으로서의 세계》의 제1권과 제4권의 사상적 원점이 표명되어 있는 것이다.

쇼펜하우어는 괴팅겐 대학에 2년 동안 머물렀다. 이렇게 해서 철학 연구 자체와 라인홀트를 거쳐간 칸트 철학에의 관심과 공감이 강화되어 갔다. 그러나 칸트는 1804년에 세상을 떠났고, 그 뒤로는 독일의 국민적 철학자였던 베를린 대학의 피히테가 칸트 철학의 전통 계승자로 여겨지고 있었다. 이 시기에 셸링은 대학을 떠나 있었다. 그와 같은 시대 상황으로 해서, 마침내 쇼펜하우어는 의과 학생으로서의 수업 시대 내지는 유예 기간을 끝마치고, 철학을 전공하는 학생으로서 베를린으로 갈 것을 결심하게 된다.

이때 요한나는 78세의 빌란트에게, 아들 알툴이 철학으로 전과하는 것을 말려달라고 설득해 줄 것을 부탁했다고 한다. 그러나 쇼펜하우어의 회상에는 그가 어떻게 주위의 반대를 무릅쓰고 철학으로 나아갔는지, 또 이를 위해 어느 정도의 어려움을 극복해야 했는지를 인상 깊게 하기 위한 이야기가 각색되어 있다. 그와 같은 방법으로 쇼펜하우어는, 실업에서 학문으로의 전향이 어려운 결단이었다는 것을 나타내려고 한 것이 아닌가 생각된다. 그런데 요한나가 부탁을 의뢰한 빌란트는, 철학부로의 전향을 단념하게 하기 위해서는 아무리 생각해 보아도 적임자라고는 할 수 없었다. 본디 빌란트는 젊었을 때부터 철학에 깊은 관심을 가지고 있었고, 예수회를 이탈해서 문필가, 철학자의 길을 걷기 시작한 라인홀트를 원조하였으며 딸까지도 시집을 보냈을 정도였다. 그는 사위의 칸트 해석을 열심히 공부해 온 철학 청년 쇼펜하우어의 뜨거운 생각을 호의적으로 들었을 것이다. "산다는 것은 어려운 일입니다. 나는 그 어려운 일을 탐구하기 위해 평생을 보내려고 합니다"라는 말에, 빌란트는 이해를 나타내며 철학으로 전과할 것을 적극 지지하게 되었다고 한다.

## 베를린 시대

이렇게 해서 쇼펜하우어는 1811년 베를린 대학 철학부로 옮겨, 피히테의 지도 아래에서 본격적으로 철학 연구를 시작한다. 또 이 시기부터 여러 가지 사색을 적어두게 된다. 그것은 대부분 《유고집》으로 편찬되어, 현대의 쇼펜하우어 연구의 주요 문헌이 되고 있다. 그 가운데 청년기에서 《의지와 표상으로서의 세계》 성립 때까지 쓰인 것은 《초기 유고집》 또는 《초기 초고》라 하여 쇼펜하우어 철학의 성립을 아는 데 특히 중요도가 높다.

쇼펜하우어의 셸링 평가뿐 아니라 다른 주제도 포함해서, 만년의 쇼펜하우어가 〈충족이유율의 네 겹의 뿌리에 대해〉를 대폭 개정했으며, 《의지와 표상으로서의 세계》 정편(正編)도 여러 곳을 수정했다. 이 때문에 쇼펜하우어 철학 성립의 사상적 배경이나 그 후의 변화 등을, 일반적으로 유포하는 쇼펜하우어 전집에서는 거의 살펴볼 수가 없다. 각 판(版)의 같지 않은 점을 서로 비교함과 동시에, 그 변경의 배경이나 의도를 알기 위해서는 《유고집》 연구는 매우 큰 역할을 한다.

《초기 유고집》 연구 덕분에 젊은 쇼펜하우어의 사상 형성 과정의 많은 부분이 밝혀지고 있다. 여기에서는 그 후의 시대에 대해서 대표적인 에피소드를 골라서 《의지와 표상으로서의 세계》 성립까지의 쇼펜하우어 내면사를 살펴보고자 한다.

《초기 유고집》에 의하면, 쇼펜하우어는 매우 이른 시기부터 인간의 개별적이고 변하기 쉬운 감성적 세계로부터의 해방을, 영원 무한의 존재에 대한 물음으로서 추구하고 있었다. 그러나 그것을 인간의 의식 밖에 있는 자연이나 신에 이르는 통로에 대한 물음이 아니라, 오히려 '교양'의 전통에 의존하면서 자기 동일적인 의식 확장과 고양, 즉 '보다 더 좋은 의식'의 문제로서 이야기하기 시작한다. 거기에 셸링의 지적인 직관이나 후기 피히테의 '보다 더 높은 의식'과의 친근성을 인정하기는 쉬운 일이다. '보다 더 높은 의식'은 쇼펜하우어의 사상이 《의지와 표상으로서의 세계》를 향해서 뚜렷한 방향이 설정될 때까지 여러 가지를 읽고 가감을 하면서 계속 유지하게 된다.

그러나 쇼펜하우어는 실제로 베를린에 가 보고 피히테에게 실망한다. 주된 이유는 아마도 다음 세 가지일 것이다.

1. 《독일 국민에게 고함》의 계몽자 피히테는 쇼펜하우어가 실제로 접해 보니 강인하고 고압적으로 여겨져, 슐체가 비판하는 과잉된 존재구축에 대한 의지 횡포의 표본을 보는 느낌이 들었다.

2. 이러한 외향적 얼굴과는 대조적으로 만년의 피히테, 특히 1812년의 '지식학' 강의에 나타난 사상은 초기 지식학으로부터 매우 동떨어져 있고, 프랑스 혁명에서 볼 수 있는 강인한 존재구축에 의한 공동성과 보편성의 붕괴를 어떻게 극복하는가 하는 당시의 독일 관념론 문제로 향하고 있었다. 그러나 그 내용은

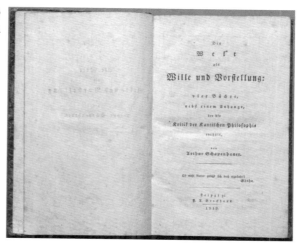

**《의지와 표상으로서의 세계》**
(1819) **초판 속표지** 라이프
치히에서 간행

난해했다. 그것이 철학을 시작한 지 얼마 안 되는 젊은 쇼펜하우어를 혼란케
한 것으로 여겨진다. 실제로 그 무렵 쇼펜하우어에 의한 피히테의 자상한 강의
를 검토하면, 내용이 충분히 이해되어 있지 않은 대목도 여기저기에서 볼 수가
있다. 하기야 그 뒤 《의지와 표상으로서의 세계》에 이르는 쇼펜하우어 철학의
전개 과정에서 표상과 의지의 개념을 둘러싸고, 후기 피히테의 수용은 더욱 중
요한 뜻을 가지게 되는 것이다.

3. 그리고 마지막으로 여러 민족 간 전쟁 때 베를린 대학 학생들에게 학도병
으로서의 출전을 앞장서서 촉구한 것이다. 영국 문화를 존중하고 프랑스인 친
구가 있는 근대적 세계시민인 쇼펜하우어에게는 민족 간 살육에 대한 호소는
어리석은 일로만 비쳤다.

### 박사 논문에서 《의지와 표상으로서의 세계》로

이렇게 해서 쇼펜하우어는 베를린을 떠나 바이마르 근교 루돌슈타트의 호
텔 '기사관'에 들어앉아서, 박사 학위 논문 〈충족이유율의 네 겹의 뿌리에 대하
여〉를 집필한다. 이 논문은 바이마르에서 가까운 예나 대학—이전에 라인홀
트, 피히테, 셸링이 교수로 있었던—에 제출, 수리되었다.

박사 논문에는 칸트에서 유래하는 '순수표상'을 중요 개념으로 해 발전시킨
라인홀트의 근원 철학의 표상 이해가 계승되어 있다.

조금 길어지지만 쇼펜하우어로부터 인용하기로 한다. '우리의 의식은 감성, 오성 또는 이성으로서 나타난다. 이 의식은 '주관'과 '객관'으로 나뉘어 있고, 그 이외의 요소는 포함되어 있지 않다. '주관에 대한 객관'이라는 것과, '우리의 표상'이라는 것은 같다. 의식으로부터 독립되어 있고 그 자체로 존재하고 있는 것, 다른 것과는 관계없이 그것만으로 존재하는 것 [실체 내지 물 자체] 등은 우리에게 객관이 될 수가 없다. 우리의 표상이라고 불리는 것은 모두 일정한 아프리오리(a priori)한 결합 법칙 안에 포함되어 있다.'

여기에서 쇼펜하우어가 목표로 하는 것은 표상으로서의 세계를, 다만 주관의 자의적 욕구에 따라서 멋대로 조작해도 좋은 객관적 대상으로 이해하는 것이 아니라, 오히려 그와 같은 자유 의지의 과도한 존재구축과 존재지배가 낳는 근대의 고뇌와 고독—그것이 현대에서는 자연환경의 파괴에까지 발전했다—을 제어하는 새로운 세계를 이해하는 일이었다. '세계는 나의 표상이다. 이것은 살아서 인식을 영위하는 모든 것에 해당되는 하나의 진리이다'로 시작해 '복음이란 곧, 단지 인식만이 남고 의지가 사라져 없어진 바로 그러한 것이다'로 끝나는 《의지와 표상으로서의 세계》는 그와 같은 사색의 결과였다.

의지와 표상으로서의 세계에서는 플라톤적인 이데아의 이해가 매우 중요하다. 한편 인간 의지의 관심에서 해방된 주관만이 인식할 수 있는 플라톤적 이데아는, 인간의 자의와 욕망의 대상이 되는 개별적인 표상(감성적 직관)을 초월한 보편적인 표상이며, 개개의 것을 인식할 때의 규범이 되는 것이다. 또한 그 이데아도 어디까지나 구상력(상상력)에 의해 생긴 표상을 이성이 보편적인 카테고리로 인정한 것으로, '플라톤적'이라 해도 인간의 표상 능력의 외부에 기원을 가지는 것은 아니다.

이 이데아를 구상력으로 인식하여, 자연이 아직 표상으로서의 세계 안에 실현되지 않은 완성형태를 미리 알고 그리는 것이 예술가이며, 그것을 인정하는 것이 예술의 이해자, 감상자라고 한다.

그러나 종래의 쇼펜하우어의 해석은, 반대로 그 마지막에 형성된 근원적 세계의지의 객관화라고하는 틀을 쇼펜하우어 철학의 사상적 원점으로 생각하여 표상으로서의 세계를, 맹목적인 삶에의 의지의 현상으로서 유출론적으로 서술한다. 그와 같은 전도는, 서두에서 말한 바와 같이 쇼펜하우어가 죽은 후, 그의 철학이 재발견된 당시의 문제의식—목적합리성을 추구하는 근대 시민사회에 여러 가지 문제가 생겼을 때, 자기 정당화가 필요해진 사태—에 따라서 쇼펜하우어 철학이 근대 시민사회에서 극복해야 할 악역, 즉 비합리주의 철학으로서 각광을 받은 데에 의존하는 바가 크다.

그러나 이제까지의 소년 아르투어의 내면사와 철학의 길을 걷기 시작한 젊은 쇼펜하우어의 철학적 문제의식을 추적하는 것을 통해서, 쇼펜하우어의 철학이 한편으로는 정치적, 경제적, 사상적 체제를 기각하면서, 다른 한편으로는 정치적, 경제적, 사상적 신체제의 위기를 자각하여, 그 양자의 매개를 모색한 것이 분명하게 밝혀졌다고 생각한다. 그런 뜻에서 칸트에서 독일 관념론에 이르는 사상 전개, 특히 헤겔 철학과 매우 가까운 문제의식을 가지고 있다고 말할 수 있다.

### 쇼펜하우어와 헤겔

일반적인 철학사적 서술에서는 쇼펜하우어와 헤겔을 견원지간인 것처럼 묘사하는 일이 많은데, 당시의 서평 등을 보면, 쇼펜하우어가 일반적으로 독일 관념론의 흐름을 받아들인 것으로 이해하고 있다는 것을 알 수 있다. 헤르바르트는 1822년의 헤겔의 《법철학》 서평 안에서 셸링, 헤겔, 쇼펜하우어를 일괄해서 다음과 같이 평하고 있다. "그들은 앞으로도 서로 논쟁하는 것이 좋을 것이다. 그러나 《의지와 표상으로서의 세계》 이상의 것은 결코 나오지 않을 것이다."

하지만 사상적으로 가까운 근친 증오 때문이었을까? 《의지와 표상으로서의 세계》를 집필할 때부터 쇼펜하우어는 헤겔과의 대결관계를 의식하기 시작한 것으로 여겨지는 흔적이 있다. 단, 철학계에 확고한 지위를 구축하고 있던 헤겔 쪽은 청년 쇼펜하우어에 대해서 그 어떤 라이벌 의식은 물론 증오의 생각을 품은 흔적은 없다. 그리고 쇼펜하우어가 일찍부터 헤겔의 존재를 알고 있었다는 것은, 1813년 무렵에 헤겔의 미완의 저서였던 《논리학》을 빌려서 읽은 기록이 있다는 것으로 확인할 수 있다. 헤겔에 대한 쇼펜하우어의 대항의식은 주저 《의지와 표상으로서의 세계》의 완성에도 그 어떤 영향을 주었을 가능성이 있다. 셸링의 《자유론》 이후, 독일 관념론의 계보에서 체계적인 저서는 나오지 않았다. 헤겔의 대저(大著)라고 하면, 위에 적은 미완의 《논리학》을 제외하면《정신현상학》(1807)이 마지막이다. 그러므로 그 다음으로 체계적인 대저를 저술하는 것은 자기라며 쇼펜하우어는 자부하고 있었는지도 모른다. 그러나 그 주저의 구상이 무르익어 집필을 막 시작하려고 할 무렵인 1817년에, 헤겔의 체계적 저작《엔치클로페디》가 간행된다. 쇼펜하우어는 초조한 심정을 느꼈을지도 모른다. 특히《의지와 표상으로서의 세계》의 여러 군데에서 드러나는 구성상의 문제는 너무 완성을 서둔 흔적이 아닌가 하는 점도 엿볼 수가 있다.

쇼펜하우어가 실제로 헤겔을 만나는 것은《의지와 표상으로서의 세계》가 간행된 뒤 베를린 대학의 취직시험 심사 때이다. 그때의 일에 대해서 우리가 알고 있는 것의 대부분은 시간이 너무 오래 지난 뒤에 쇼펜하우어 자신의 회상, 즉 피히테, 셸링, 그리고 특히 헤겔에 대해 대결적인 자세를 취하기 시작한 이후의 발언에 바탕을 둔 것이므로 그대로 받아들일 수는 없다.

쇼펜하우어의 만년의 회상에 의하면, 교수 자격시험 토론의 장에서 헤겔은 다음과 같은 질문을 했다고 한다. "말이 길바닥에서 드러누웠을 때 그 동기는 어떠한 것이겠는가?" 이에 대해 쇼펜하우어가 대답했다. "말이 드러누운 땅, 피로, 말의 성격 등입니다. 만약에 말이 절벽 가에 있었다면 드러눕지 않았을 것입니다." 헤겔, "동물적 기능을 동기라고 하는 것은 이상하지 않은가?" 쇼펜하우어, "동물과 동물적 기능은 다른 것입니다. 동물적 기능이라고 하는 것은, 생리학에서는 의식을 수반하는 신체 운동을 가리킵니다." 헤겔, "자네가 말하는 것은 동물적 기능이 아니다". 이때 의학부 교수인 리히텐슈타인이 일어나 쇼펜하우어가 하는 말이 옳다고 변호한다. 여기에서 공개토론은 끝나고 쇼펜하우어에게는 교수자격이 있다고 인정되었다. 즉, 이 토론은 쇼펜하우어에게 유리하게 진행되어 다른 교수들도 헤겔이 아니라 쇼펜하우어의 생각에 찬동했다고 한다.

그러나 다음과 같이 추리를 할 수도 있다. 당시 독일어권에서도 산업혁명이 진행되어 근대 시민사회의 확립기에 들어감과 동시에, 사람들의 관심은 차츰 정신적인 사항보다는 물질적인 부(富)로 옮겨가고 있었다. 동시에 오랫동안 이어진 전란의 시대, 현실사회의 눈부신 변화에 휘둘리지 않고 정신문화의 연구에 종사하는 사람은 차츰 적어졌다. 그와 같은 철학 불모 시대에 프로이센의 수도 베를린 대학에 초청된 헤겔은 새로운 인재의 육성에 부심하고 있었다. 그 무렵 독일의 문학계와 철학계는 현재에 비해 매우 좁은 세계이며, 저작을 발표

할 수 있는 사람은 각각 두 자리 수준의 인원수였다고도 생각된다. 헤겔은 바이마르 문단 등으로부터 저명한 여류 소설가 요한나의 아들 쇼펜하우어에 대한 정보를 얻었을 것이고, 정열과 재능을 갖추고 철학 저서를 완성한 지 얼마 안 되는 이 청년에게 관심과 호의, 또 기대까지도 품고 있었을 가능성이 높다.

　이미 대학에서까지 실학적인 관심이 강해지고 철학적인 교양은 소실되어 가고 있던 환경적 상황에서, 헤겔은 유망한 철학자가 철학 이외의 전문가를 포함하는 교수들에게 받아들여지기 쉬운 메뉴를 마련하려고 했다. 베를린 대학의 그 당시 기록에 의하면, 공개 토론은 1820년 3월 23일 쇼펜하우어의 시연(試演) 강의에 이어서 주로 헤겔이 쇼펜하우어에게 질문하는 형태로 이루어졌다. 말이 눕는 예를 꺼낸 질문은 철학을 전문으로 하지 않는 동료들에게도 쇼펜하우어의 연구내용을 이해하기 쉽게 하고, 동시에 종합학문으로서의 철학의 존재 의식을 어필하려고 한 헤겔의 배려에 의한 것이었을 것이다. 만약에 전문 철학자들만의 토론의 장이었다면 말을 예로 들어 충족이유율을 논할 것까지도 없이 〈충족이유율의 네 겹의 뿌리에 대해〉의 치밀한 논의나 글 첫머리의 개념사에 대한 서술 등을 단서로 하는 편이 연구자에게 어울리는 수준 높은 논의, 즉 쇼펜하우어의 진짜 학술능력을 시험하는 논의가 되었을 것이기 때문이다. 헤겔의 생각은 적중했다. 공개토론은 영역 횡단적인 논의로 발전해, 철학을 전문으로 하지 않는 교수들의 관심을 끄는 데에 성공했기 때문이다. 그러나 쇼펜하우어는 개념규정을 둘러싼 리히텐슈타인의 발언을, 헤겔에 대항해서 자기의 승리를 증명하는 것으로 받아들여 우쭐해지고 말았다. 그래서 자만심에 빠진 쇼펜하우어는 베를린 대학 강사 취임 후 자기의 강의시간이 헤겔과 같은 시간에 배정되면서 비참한 패배의 쓴맛을 맛보게 된다.

　쇼펜하우어와 헤겔의 관계는 이것으로 끝나지 않았다. 쇼펜하우어의 철학이 근대 시민사회의 악역으로서 재발견되는 19세기 중엽 무렵, 쇼펜하우어의 헤겔 매도(罵倒)가 이미 시작되었음에도 헤겔과의 친근성을 지적하면서 쇼펜하우어의 철학을 변호한 것은 헤겔학파의 엘트만이나 미슈레였다. 그들은 쇼펜하우어 철학 성립의 사상적 배경에 헤겔적인 편견을 적용하면서도 아주 정확하게 이해하고 있었다.

　쇼펜하우어는 이와 같은 구세대 헤겔학파의 접근에 대해서, 이제까지 자기를 무시하더니 이제 세상의 인정을 받기 시작하자 가까이 다가섰다고 생각하고 헤겔학파에 대한 공격을 더욱 강화한 것이다. 그러나 그 무렵 쇼펜하우어 주변에는 헤겔학파에 반감을 갖는 사람들, 또 헤겔학파로부터 결별한 사람이 많아서 그들을 배려하다 보니 쉽사리 헤겔학파와 화해를 할 수 없었다고 하는 것이 보다 더 강한 이유가 아니었을까 한다.

쇼펜하우어가 죽은 뒤 그의 전집을 간행하게 되는 프라우엔슈테트도, 또 쇼펜하우어에 기울면서도 마지막까지 받아들여지지 않았던 바그너도 모두 헤겔 좌파인 포이어바흐 학도였으나, 후에 쇼펜하우어 쪽으로 접근해 간 것이다.

오히려 쇼펜하우어가 계속 완강한 태도를 취했기 때문에, 헤겔학파 가운데에는 쇼펜하우어에 대한 반감이 갈수록 높아져 갔다. 19세기 후반에는 시민사회의 글로벌화와 함께 현실세계의 복잡화도 급속히 진행되었다. 이 복잡화에 대처하기 위해서 여러 가지 블록화, 섹트화의 움직임이 시작되자 많은 '주의'가 형성되었다. 민족, 사회집단, 정당, 조합, 종파 그리고 지적인 영역에서도 여러 과(科)와 학(學)의 분화가 진행되어 학파가 형성되고 각 집단으로 굳어져 갔다. 그와 같은 역사적 배경 안에서 쇼펜하우어가 죽은 뒤 60년대 이후로는, 헤겔학파와 쇼펜하우어 학파의 항쟁이 더욱 심해진다. 70년대 이후 헤겔학파와 그 후계자들, 예를 들면 체라나 빈델반트, 더 나아가 크노 피셔 등이 많은 철학사를 써서 서양 철학사의 틀을 결정해가는 과정에서, 쇼펜하우어 철학은 정통적 서양철학에 대한 악역으로서 점차 정착해 간다.

이상과 같이 보면 쇼펜하우어의 젊음과 만년의 완고함으로 독일 관념론을 공격했다고는 하지만, 생전에는 쇼펜하우어 철학을 이해하고 평가한 사람들이 어느 정도는 존재하고 있었다. 그러나 19세기 후반 특유의 문제의식에 의해서 쇼펜하우어가 죽은 뒤에는 상당한 각색이 이루어졌으며, 그것이 쇼펜하우어의 모습으로 굳혀졌다는 것을 알 수가 있다.

쇼펜하우어의 동고(同苦)의 윤리와 의지의 부정에 관한 설(說)은, 삶에의 맹목적인 의지의 긍정에 들떠 있는 현대의 향락적 소비사회에서 또 하나의 살아가는 방법을 제시하고 있다. 그렇다면 쇼펜하우어는 바로 이 현대사회에서 꼭 읽어야 할 철학자라고 할 수 있다.

# '의지와 표상으로서의 세계'에 대하여

《의지와 표상으로서의 세계》는 4악장으로 이루어진 교향곡에 비유되어 왔다. 이 4악장 모두는 저마다 다른 분위기와 템포를 가지고 있다. 아르투어 쇼펜하우어는 앞장에서 다룬 모든 주제로 되돌아가서 그것들을 발전시키기 위해 글을 써 나아간다. 이 글은 먼저 우리가 경험하는 세계와 우리 눈앞에서 재현되는 세계(표상으로서의 세계)의 관계에 대한 추상적인 논의에서부터 시작된다. 이어지는 제2장에서는 이 논의가 더욱 확대되어 과학으로 설명되는 세계보다도 깊은 실재성을 띤 세계의 존재가 있음을 암시한다.

이 세계는 스스로 의지하는 신체운동을 관찰할 때에 희미하게 인식되는 '물자체(物自體)로서의 세계(의지로서의 세계)'인 것이다. 제3장에서는 예술이 낙관주의로 이야기되어 상세하게 논해진다. 쇼펜하우어는 여기에서 자신의 주장을 펼쳐 나간다. 그는 더 깊은 실재성, 즉 '의지로서의 세계'의 양상을 분명하게 드러내는 한편, 인간이 늘 처해 있는 '의지하는 일의 잔혹성'으로부터의 도피를 준비시키는 것이 예술이라고 주장한다. 그리고 마지막 장인 제4장에서, 그는 '왜 우리 인간들은 자신의 본성에 의해 고뇌하는 일에 운명 지어져 있는 것인가.' 이렇게 이야기한다. 그러나 만일 우리가 금욕주의적인 삶을 지낼 각오가 되어 있다면, 그리고 욕망을 버릴 수 있다면 아주 작은 희망은 남아 있다고 할 수 있다.

## 표상으로서의 세계

《의지와 표상으로서의 세계》는 '세계는 우리의 표상(관념)이다.' 이 한 문장에서부터 시작하지만, 여기에서 쇼펜하우어에게 있어서 경험이란 늘 지각하고 있는 의식주체에 속하는 시점에서 이루어지는 것이다. 인간은 현실의 근본에 있는 본질에 직접 닿지 않고 오히려 자기 자신에 대한 세계를 재현하고 있다. 그러나 표상으로서의 세계는 사물의 참된 본질에 대한 인식을 가져오지 못한다.

만일 우리가 현재 눈앞의 것들에 만족하고 그 자리에서 멈추려 한다면, 그것은 성으로 들어가는 문을 찾아내려고 여기저기를 살펴보는 사람이, 잠깐씩 그 자리에 멈추어 서서 성벽을 그려가며 성 주위를 돌아다니기만 하는 일과 마찬가지이다. 쇼펜하우어는 그 일이 이제까지 철학자들이 해오던 일이라고 주장한다. 그의 철학은 성벽 너머에 있는 무언가에 대한 인식을 우리에게 일러주는 일을 목적으로 두고 있는 것이다.

실재 궁극적인 본질로의 물음은 형이상학에서의 중심적인 물음이었다. 쇼펜하우어는 임마누엘 칸트의 구별, '경험되는 세계'와 '실재 근본을 이루는 물자체로서의 세계'의 구별을 인용하고 있다. 또 전자가 쇼펜하우어가 이야기하는 '표상으로서의 세계'인 것이다. 경험 뒤에 있는 실재를, 칸트가 '나의 세계'라 부르는 것에 대해 쇼펜하우어는 '의지로서의 세계'라 부르고 있다. 인간은 감각적 정보를 그저 수동적으로 받아들이는 존재가 아니라 온갖 경험에 시간, 공간, 인과성이라는 범주를 적용시킨다. 그러나 물자체 즉 '의지로서의 세계'의 차원에서 이 범주를 적용시킬 수는 없다. '의지로서의 세계'는 분해할 수 없는 하나의 전체이기도 하다. 쇼펜하우어가 '개체화의 원리'(principium individuationis)라 부르는 것은 저마다 사물로의 분해원리이며, 그것은 현상의 세계에 있어서만 일어난다. '의지로서의 세계'는 온갖 존재를 안에 포함시키는 전체성인 것이다.

### 의지로서의 세계

'의지로서의 세계'가 경험을 통해서는 도달할 수 없을 것으로 생각되는 이상, 인간에게 있어서는 도달이 불가능한 것처럼 생각될지도 모른다. 그러나 쇼펜하우어는 '의지로서의 세계'는 의지하는 일, 신체를 운동시키는 힘을 경험하는 일 속에서 스스로 그 모습을 나타낸다고 명확하게 쓰고 있다. 의지는 신체운동과 따로 분리된 게 아니라 신체운동의 한 면이라 할 수 있다. 우리가 스스로 의지하는 일에 대해 의식을 돌릴 때, 우리는 표상으로서의 세계를 넘어 물자체의 빈틈을 어렴풋이 볼 수 있다. 자기 신체를 '표상'으로서, 즉 세계에서 만나는 또 하나의 객체로서 경험하고 의지로서 경험한다.

쇼펜하우어에게 있어서 인간만이 의지의 표현인 게 아니라 모든 것이 궁극적으로는 의지의 표현인 것이다. 요컨대 쇼펜하우어는 '의지'라는 말을 넓은 의미로 쓰고 있다. 즉 바위 덩어리 같은 것도 의지의 표현인 것이다. 쇼펜하우어가 그려내는 의지는 지적이지 않고 맹목적으로 목적 없는 투쟁이며, 그것이 고뇌 안에 살아 있음이 인간에게 운명 지어져 있는 것이다.

## 예술

쇼펜하우어 철학에서의 예술은 중요한 의미를 지니고 있다. 예술 작품을 인식함으로써 사람은 일시적이지만 의지하는 일의 잔혹함이나 괴로움으로부터 벗어날 수가 있다. 다른 방법으로는 일시적으로도 그곳에서 벗어날 수 없다. 예술은 의지로부터 해방된 미적 경험을 갖게 한다. 예술 작품을 인식함에 있어서 사람들은 실제적인 관심이나 걱정거리로부터 벗어날 수 있으며 또한 벗어나야만 한다. 사람은 인식에 빠져드는 것으로 자기를 감각한다. 이것은 자연 속에서 아름다움과 만나는 경험과 똑같은 일이며, 우리는 위대한 그림을 보는 것처럼 폭포나 산을 보는 것만으로도 마음 편한 인식에 이를 수 있다.

천재적인 예술가는 의지로부터 해방된 이 인식의 환경에 이르는 일이 가능하며 자신의 감정을, 작품을 감상하는 사람들에게 전해주는 지적인 능력을 갖고 있다. 이러한 천재들에게 있어서는 순수한 인식이 가능하다. 즉 그들은 지각(知覺) 안에서 플라톤적 이데아(관념), 쇼펜하우어적 '표상'을 경험하게 된다. 내가 지금 앉아 있는 의자는 이념적(관념적)인 의미로서의 의자, 즉 의자의 이데아의 불완전한 부분에 지나지 않는다고 플라톤은 믿고 있었다. 플라톤에게 있어서 의자를 그린 예술가는 진실한 존재, 즉 플라톤적 이데아로부터 떨어진 곳에서 바라보았을 뿐이다. 이것은 플라톤이, 이상가적 구상으로부터 예술가들을 추방한 이유들 가운데 하나이기도 하다. 플라톤에 의하면 예술가들은 현실성으로부터 멀리 떨어진 복사와 관련해 우리를 이데아로부터 떨어뜨린다. 이와는 대조적으로 쇼펜하우어는 천재적 예술가가 그린 작품을 통해 설명된 각 사물의 형상(표상) 또는 플라톤적 이데아를 사람들에게 보여줄 수 있으리라고 생각했다. 예술적 천재들은 의지의 무서운 힘으로부터 벗어나는 게 가능하리라 생각하고, 플라톤적 이데아의 사정을 넘어선 인식에 이르는 일을 가능케 한 것이다.

아름다운 것이나 아름다운 풍경뿐이라도 끝없는 욕망의 선으로부터 사람들을 바로잡는 힘을 갖고 있기 때문에 그것들이 예술에 의해 표현된 경우에는,

이 목적에 맞서 대적할 만하다. 예를 들어 우리는 캔버스에 그려진 열매의 아름다움을 감상할 수 있지만 만일 그것이 실재하는 사물이고, 특히 자신이 배고픔을 느낀다면 이 실제적인 관심에 방해가 되어 무욕적인 상태로 있기에는 어려울 것이다. 이와 마찬가지로 누드를 그린 작품은 모델을 아무런 욕망 없이 감상할 수 있도록 해준다. 그럼에도 그 안에는 감상하는 자를 성적으로 자극하고 실생활의 관심을 불러오는 작품들도 있다.

숭고한 것이나 숭고한 풍경은 그저 아름다운 것과는 대조적으로, 얼마간 인간의 의사에는 적대적이라 할 수 있다. 그것들은 거대함이나 힘으로 인간들을 위협한다. 하늘을 가득 메운 먹구름과 천둥, 커다란 바위산, 급물살이 되어 사납게 흘러넘치는 강물, 이것들은 모두 숭고하다. 우리는 의지로부터 스스로를 의식적으로 멀리함으로써, 또 오히려 두려움을 일으키는 것 앞에서 속 시원하게 우뚝 섬으로써 숭고함에 대한 미적 경험에 이를 수 있다. 이러한 숭고한 것에 대한 미적 경험은 감상하는 대상의 플라톤적 이데아를 새로이 드러내는 것이다.

플라톤적 이데아는 예술에서의 미적 감상에 의해 그 모습을 드러낸다. 이러한 이데아와 자연은 쇼펜하우어에 있어서도 중요한 것이라 할 수 있다. 왜냐하면 그것들은 물자체, 즉 '의지로서의 세계'에 대한 어떤 인식을 우리에게 주기 때문이다. 이데아에 의해 물자체를 직접 인식할 수는 없지만, '의지의 최고도 객체화'가 가능해지게 된다. 이것은 '이데아에 의해 나타난 세계는 주관적으로 일그러져 객체화된 것이 아니라 가능한 만큼 물자체에 가깝다'는 것을 단적으로 뜻하고 있다.

## 음악

음악은 '표상으로서의 세계'를 재현하는 것이 아니라는 점에서 다른 예술과는 구별되고 있다. 이것은 대상을 눈에 보이는 것으로서 재현하는 것이 절대 아니다. 그럼에도 음악은 틀림없이 위대한 예술이다. 음악은 쇼펜하우어의 체계에 있어서 특별한 위치를 차지하고 있다. 그에 따르면, 음악이란 의지 그 자체의 복사인 것이다. 이것은 음악이 가진 심오함을 설명하고 있다. 즉 음악이란, 실존성의 본질을 인간에게 나타내줄 수 있는 것이라 할 수 있다. 비통한 음악은 특정한 저마다의 슬픔을 표현하는 게 아니며, 또 어떤 특정한 문파에 해당하는 슬픔만을 표현하는 것이 아니다. 오히려 특정한 상황에서 벗어난 슬픔의 본질 그 자체를 표현하고 있는 것이다. 그러나 그럼에도 그것은 의지 그 자체의 복사일 뿐이다. 이러한 음악관에 따르면 음악이 하나의 무의식적인 형이상학임을 말할 수 있다. 음악은 물자체의 모습을 우리에게 가르쳐준다. 이는 형이상학자가 '표현이라는 장막 뒤에 무엇이 존재하고 있는가'를 말로써 설명하는 것과 마찬가지이다. 그럼에도 쇼펜하우어는 음악과 물자체와의 이 관계가 입증될 수 없음을 늘 마음에 두고 있었다. 예를 들어 베토벤의 현악 사중주단과 물자체를 비교해 그의 주장이 옳은가 틀린가를 확실시하는 방법 따위는 없었다. 그럼에도 쇼펜하우어는 음악이 가진 특수한 힘에 대해 자신의 생각을 잘 이야기하고 이러한 생각을 염두에 둔 채 모든 사람들에게 음악 듣기를 제언하였다.

## 자유의지

모든 현상은 '충족이유율(充足理由律)', 즉 '존재하는 모든 것에는 그것이 왜 그렇게 존재하고 있는가에 대한 나름의 이유가 있다.' 이것은 바위나 식물에 있어서도 마찬가지이며 인간 존재에 있어서도 들어맞는다. 우리의 행동은 모두 생물학, 과거에 일어났던 일, 그리고 자신의 성격에 의해 결정된다. 그래서 우리가 자유롭게 활동할 수 있다는 것은 환상에 지나지 않는다. 그러나 의지, 즉 물자체는 모든 일에 있어서 자유롭다. 더욱이 인간이라는 존재는 이미 결정된 존재이며 또한 자유로운 존재이다. '인간은 결정된 존재에 지나지 않는다.' 이러한 생각은 현상의 차원에 범위를 둔다면 비관주의적인 것이라 할 수 있다. 쇼펜하우어의 글 전체를 꿰뚫고 흐르는 비관주의(페시미즘)의 선율은, 쇼펜하우어가 고뇌하는 인간의 존재를 주제적으로 이야기할 때 세찬 격류가 되어 흐르는 것이다.

## 고뇌와 구제

이에 이르러 쇼펜하우어는 불교나 힌두교의 가르침 등, 동양 철학의 전통과 긴밀한 관계를 맺는다. 행복이 영원히 이어진다는 것은 인간에게 있어서는 불가능한 일이다. 인간은 그 삶 속에서 끊임없이 욕망이 충족되기를 바라고 그것을 찾도록 이루어져 있다. 그리고 욕망하고 있던 것을 손에 넣었을 때, 사람은 일시적으로라도 행복을 받아들이고 누린다. 이때의 행복이란, 물론 우리가 찾고 있던 것을 찾아내지 못해서 일시적인 구제를 받을 뿐이다. 그래서 이는 필연적으로 길게 이어지지는 않는다. 그러므로 우리는 '권태'(지루한 상태)로 침울해지든지, 또는 욕망을 채우는 일로 몰아치듯 제한이 없는 욕망을 찾아낼 수밖에 없다. 이렇듯 모든 인간의 삶은 고통과 권태의 사이에서 거센 흔들림이 계속되는 것이다.

그럼에도 현실의 참된 본질에 대해 깊은 이해를 얻는다면, 또 마야의 베일 너머를 보는 일('의지로서의 세계'를 인식하는 일)이 가능하다면, 마침내 구제와 고뇌로부터의 영원한 해방의 기회가 찾아온다. 이러한 구제 및 고뇌로부터의 해방은 예술에 의해 초래되는 미의 감상과 같은 축복 가득한 일인 것이다.

이러한 방향으로 나아가기 위해서는, 먼저 다음과 같은 것을 이해하지 않으면 안 된다. 타인에게 상처 입히는 일은 자신을 상처 입히는 일이다. 왜냐하면 의지의 차원에 있어서 해를 주는 사람과 괴롭힘을 당하는 사람은 같기 때문이다. 현상의 차원에 있어서는 둘이 다른 존재처럼 여겨지지만, 만일 이것을 이해할 수 있다면 우리는 모든 고뇌를 자신의 것으로서 받아들일 수 있게 되며, 그러한 고뇌를 막을 수 있을 것이다. 이리하여 타인을 상처 입히는 일은, '미친 야수가 스스로에게 상처를 입히는 일인 줄 모르고 자신의 몸을 날카로운 이빨로 파먹는 일이다'라는 말을 이해할 것이다.

《의지와 표상으로서의 세계》의 끝에 있어서, 쇼펜하우어는 갑자기 금욕주의에 대해, 즉 살아가려고 하는 의지를 굳이 부인하는 삶의 방식에 대해 이야기한다. 금욕적인 삶이란, 순결(성 교섭을 삼가는 것)과 청빈한 생활을 뜻한다. 이것은 타인을 위한 일이 아니며 오히려 스스로가 욕망을 끊고, 최종적으로는 의지 그 자체를 극복하는 일이다. 금욕이라는 혹독한 방법론에 의해 다른 방법으로는 벗어날 수 없는 고뇌, 인간의 선천적인 조건인 고뇌로부터 사람은 벗어날 수 있는 것이다.

### 《의지와 표상으로서의 세계》에 대한 비판

#### 형이상학적 기반의 약함
쇼펜하우어의 저작에서 읽을 수 있는 그의 사상체계를 떠받치고 있는 형이상학적 기반에 대해 말한다면, 극히 약하다고 하지 않을 수 없다. 전체적인 논의의 틀은 의지적인 신체운동에 의식을 두는 것을 통해 우리가 물자체에 대한 인식을 얻는 일, 적어도 무언가의 형태로 그것에 저촉되는 일을 근거로 하고 있다. 그러나 만일 그러한 '의지로서의 세계'에 저촉될 수 있는 조건에 대해 쇼펜하우어가 잘못된 논술을 하고 있다면, 이 글 자체는 근본적으로 성립될 수 없다. 즉 그는 '마야의 베일이 현실 속 궁극적인 본질을 인식하는 일을 방해하고 있다.' 그리고 '마음만 먹으면 사람은 베일 너머의 빈틈을 볼 수 있다.' 이렇게 두 가지를 주장하고 싶은 것이다. 이것은 말하자면, 케이크를 먹으면서도 케이크를 먹고 싶다는 말을 하는 것이나 마찬가지이다.

그러나 쇼펜하우어의 사상에서 형이상학적인 기반의 결함을 지적할 수 있더라도 예술, 경험, 고뇌에 대한 그의 날카로운 통찰이 이 글 속에 다수 존재하고 있는 것 또한 사실이다. 체계 전체로서는 결함이 있을지 모르지만 그것과는 상관없이 쇼펜하우어 철학은 독특한 표상이나 고찰을 이루어내는 풍요로운 원천으로서 사람들을 끌어당기는 매력이 있다.


## 위선

쇼펜하우어는 구제 및 고뇌의 종언으로 나아가는 길로서 '금욕주의'를 이야기했다. 만일 구제가 없다면 고뇌야말로 인간이 살아가는 필연적인 조건의 특징이 될 것이다. 그런데 그는 자신이 이야기한 것을 실천하지 않았다. 그는 순결은 실천하지도 않았고 호화로운 요리를 즐겼다. 그렇다면 우리는 어찌하여 이런 위선자가 하는 말을 착실히 받아들여야만 하는가?

그러나 이러한 비판은 쇼펜하우어의 철학에 대해 심각한 영향을 미치게 하진 않는다. 누구라도 구제의 길을 '인식'하는 일은, 자신으로서는 실천하지 않더라도 분명 가능하다고 그는 말하고 있다. 위선은 쇼펜하우어의 불쾌한 성격을 특징짓는 것이지만, 그럼에도 그러한 것들이 평소의 뜻이라고는 할 수 없으며, 그가 옳다면 '금욕주의가 고뇌를 없애버릴 방법을 가르쳐준다'는 이 말은 '그가 어찌하여 실제로 살아가는 방법을 선택했는가' 하는 말과 전혀 별개의 문제인 것이다.

# 쇼펜하우어 연보

1788년      2월 22일, 아르투어 쇼펜하우어(Arthur Schopenhauer)는 단치히의 하일리게가이스트가세 114번지에서 태어났음. 아버지는 부유한 상인으로 하인리히 플로리스(Heinrich Floris), 어머니는 요한나 헨리에트(Johanna Henriette)임. 1785년 부모의 결혼 당시 아버지는 38세 어머니는 19세 엄청난 차이가 났음. 본디 쇼펜하우어 집안은 네덜란드 사람이었으나 아르투어의 증조부 때 단치히로 이사했다고 전함. 아버지 하인리히는 상술이 뛰어난 고집스러운 성격이었으나 문학에 상당한 지식을 가져 특히 볼테르 작품을 즐겨 읽었음. 또 정치적으로는 자유민권적 공화제도를 좋아하여 자유를 사랑했고, 독립을 존중했음. 그러한 그는 영국의 정치와 가족제도에 큰 호감을 가지게 되어 가구류까지도 영국식 제품을 애용했는데, 이를 아르투어가 영국에 호감을 가지게 된 원인이라고 보는 사람도 있음. 어머니 요한나 역시 문학에 깊은 관심과 자질이 있어서 몇몇 소설과 여행기를 냈으며, 작가라고 알려졌을 정도로 상당한 교양이 있었음.

1793년(5세)    자유도시 단치히가 프로이센에 합병됨. 이는 자유와 독립을 이상으로 삼던 하인리히에게 몹시 심한 실망을 안겨주어 그는 가족을 이끌고 또 다른 자유도시인 함부르크로 이사했음.

1797년(9세)    하인리히는 아들의 교육문제와 자신의 사업 후계자로서의 자질을 발견하고자 아르투어를 데리고 파리로 나가, 르아브르에 사는 친구에게 아들을 맡겼음. 아르투어는 이때부터 3년간 그 집에서 교육을 받았는데 그에게는 성장해서도 잊을 수 없을 정도로 유쾌한 시절이었다고 함.

1799년(11세)  함부르크로 돌아온 아르투어는 다시 3년간 모국어인 독일어 및 상인과 교양인으로서의 필요한 교육을 받았음. 이 3년 동안에 그의 집에는 어머니와 교제하던 저명한 문인들이 많이 드나들었는데, 그들의 영향으로 상업을 혐오하고 학예를 동경하기 시작했음. 그러나 아버지 하인리히는 그러한 아들의 성향을 마땅찮게 생각하여 두 가지 묘안을 제시했음. 즉 고등학교에 입학하든가 부모를 따라 여행을 떠나든가를 선택해야 했는데 아르투어는 후자를 택하여 하인리히의 묘안은 적중한 셈이었음.

1803년(15세)  부모를 따라 여행길에 올랐음. 네덜란드, 영국, 이탈리아, 오스트리아, 스위스 등을 2년간 여행하면서도 부모는 아들의 교육을 조금도 잊지 않고 아버지는 어학 학습을, 어머니는 일기 쓰기를 지시했음. 특히 영국에서는 런던 부근 기숙학교에서 학습하면서 익힌 영어실력은 훗날 칸트 작품을 영역하겠다는 생각을 품게 했을 정도로 훌륭했음. 그러나 영국 교직자들의 이중적인 생활을 알게 되어 그 뒤에는 기회가 있을 때마다 신랄한 비평을 가했음.

1805년(17세)  4월 어느 날, 아버지 하인리히가 시체로 발견되었음. 1806년 어머니 요한나는 유산을 정리하여 문인들이 운집한 바이마르로 이사했으나, 아르투어만은 함부르크에 남아 아버지 유업을 계승했음. 그러나 사업에 전념하지 못하고 바이마르로 떠났음.

1807년(19세)  7월, 고타(Gotha)로 가서 김나지움에 입학, 라틴어와 독일어를 철저히 배웠음. 12월, 시를 지어 어떤 교수를 비웃은 것이 문제가 되어 반년만에 바이마르로 돌아와야 했음. 하지만 사색적인 그는 화사한 생활을 좋아하는 어머니와 뜻이 맞지 않아 집을 나와 자신을 지도해 준 언어학자의 집에 머물게 됨. 특히 이 무렵 어머니의 소행에 대하여 회의를 품게 되었고, 어머니와 불화했던 원인은 그의 《부인론》에 나타나 있다고 함.

1809년(21세)  어머니로부터 아버지 유산의 3분의 1(1년 이자가 약 50파운드)을 받아 괴팅겐 대학에서 의학에 적을 두고 자연과학, 해부학, 광물학, 수학, 역사 등을 수강했으며, 때로는 음악까지도 배웠음. 1810

년 제3학기(1학기는 반년)에는 칸트파 학자로서 슐체(G.E. Schulze)의 심리학과 형이상학을 수강했는데, 이때 슐체는 그에게 철학을 연구하도록, 특히 칸트와 플라톤을 연구하도록 권고했음.

1811년(23세)  그해 봄, 바이마르로 갔을 때 78세의 빌란트와 만났음. 이 노시인은 요한나의 부탁을 받고 아르투어에게 철학연구를 그만두도록 충고하려 했으나 오히려 탄복하여 '위대한 인물'이 되리라는 예언을 요한나에게 했다고 함. 그해 가을, 베를린 대학으로 적을 옮겨 고전어학자 볼프의 그리스문학 강의에는 적극적이었으나, 슐라이어마허의 '그리스도교 시대 철학사', 피히테의 '지식학' 강의는 그에게 크게 도움이 되지는 않았음.

1813년(25세)  이 무렵 그의 철학적 체계는 원숙한 바탕을 이루어 베를린 대학에서 박사학위를 얻으려 했으나, 마침 나폴레옹의 침략으로 그는 드레스덴을 거쳐 바이마르로 돌아왔음. 그러나 어머니와 다시 충돌하여 그는 루돌슈타트로 가서 첫 논문 〈충족이유율의 네 겹의 뿌리에 대하여 *Über die vierfache Wurzel des Satzes vom zureichenden Grunde*〉를 썼으며 예나 대학에 제출하여 그해 10월에 박사학위를 받았음. 11월에 바이마르로 돌아가서 이때부터 괴테와 매우 깊은 친교를 맺고 그의 영향을 크게 받아 "믿을 수 없을 정도의 이익을 얻었다"고 스스로 말했음. 또 그는 동양학자인 프리드리히 마이어와 교제하여 인도철학에 눈을 뜨게 됨.

1814년(26세)  바이마르를 떠나 드레스덴으로 갔음. 이후로 어머니와 만나지 않음. 그리고 《시각과 색채에 대하여 *Über das Sehn und die Farben*》를 집필하기 시작, 1816년 출판했음.

1817년(29세)  베를린 시대에 이미 계획한 그 자신의 철학체계라고 볼 수 있는 《의지와 표상으로서의 세계 *Die Welt als Wille und Vorstellung*》(전4권)를 집필하기 시작했음. 일체의 현상은 의지의 객관화라고 보는 세계관과, 인생 고뇌의 원인은 아무리 만족시키려 해도 만족할 줄 모르는 인간의 욕심으로 말미암아 생기므로 이런 욕심을 없애야 한다는 주장, 그리고 염세관과 해탈론이 이 책의 근본 사상이 됨. 이 책은 1818년 3월에 완성하여 12월에 간행했으나 책 표지에는 1819년으로 인쇄되었음. 1819년 3월에 여동생에게서 받은 편지에 의하면 괴테도 쇼펜하우어의 이 책을 읽고 무척 기뻐했다고 함.

1819년(31세)  로마, 베네치아, 피렌체 등 이탈리아를 돌며 고대 문물 연구와 미술품 감정에 몰두했으나, 7월 대학에 근무하고자 마음먹고 하이델베르크에 머물며 교섭 결과 1820년 3월 베를린 대학에서 허락되었음. 그러나 헤겔과 같은 시간에 강의하게 되어 청강생이 거의 없었으며, 결국 실패한 것으로 보임.

1821년(33세)  쇼펜하우어가 베를린에서 하숙하고 있을 때의 일임. 하숙으로 돌아와 보니 문 앞에서 부인네들 셋이 잡담으로 떠들썩했는데, 이러한 것을 몹시 싫어하는 성미여서 주인에게 이들을 제지해 달라고 했음. 두 여인은 물러갔지만 캐롤라인 마르케라는 여인만은 남아서 계속 떠들어 그녀를 마당으로 끌어냈음. 이 싸움이 계기가 되어 소송사건이 벌어졌고, 결국 그는 1824년부터 그녀에게 해마다 60탈레르씩 주어야 했으며, 소송비용 300탈레르까지 부담해야 했음.

1825년(37세)  5월, 베를린으로 와서 다시 베를린 대학에서 강좌를 열었으나 이번에도 헤겔과 시간이 겹쳐 실패로 돌아갔음. 쇼펜하우어가 헤겔을 공격한 논문(《독서와 서적 관상론》 등)이 많은데, 그러한 직접적인 원인이 이 강의 경쟁에서 패배한 것에 있지 않느냐고 보는 사람도 있음. 이때부터 1931년까지 계속 베를린에 살았음.

1833년(45세)  프랑크푸르트로 와서 정착하고 다시는 베를린에 발을 들여놓지 않았음. 그리고 이곳에서 《자연에 있어서의 의지에 대하여 *Über den Willen in der Natur*》를 쓰기 시작해 1835년에 간행했음.

1837년(49세)  노르웨이 왕립과학원 현상 논문공모에 〈인간 의지의 자유에 대하여 *Über die Freiheit des Willens*〉를 집필 응모해 당선, 과학원 회원이 되었음. 이듬해 그는 덴마크 왕립과학원의 현상공모에 〈도덕의 기초에 대하여 *Über die Grundlage der Moral*〉를 집필, 응모했으나 예상을 뒤엎고 떨어졌는데, 그 이유는 이해가 부족하며 위대한 철학자(피히테와 헤겔을 두고 한 말)를 대하는 방법이 무례하다는 것이었음. 이 비판은 그를 경악케 하여 그는 이상의 두 논문을 모아 《윤리학의 두 가지 근본 문제 *Die beiden Grundproblem der Ethik*》라는 제목으로 1841년 출판하였는데, 여기에 굳이 '덴마크 왕립과학원 낙선 논문'이란 말을 덧붙였음. 사실 쇼펜하우어는 죽을 때까지 덴마크 왕립과학원을 서운하게 생각했음.

1847년(59세)  《충족이유율의 네 겹의 뿌리에 대하여》에 많은 손질을 가하여 개정증보 제2판으로 출판했고, 1851년에는 《부록과 추가 *Parerga und Paralipomena*》를 출판했음. 그러나 이 출판은 무보수를 조건으로 했기 때문에 쇼펜하우어는 실제로 10권의 책을 증여받았을 뿐임. 이후 그에겐 새로운 저술이 없음.

1854년(66세)  《자연에 있어서의 의지에 대하여》 2판을 냈는데 여기에는 고쳐쓴 것도 있지만, 철학교수들을 신랄하게 비판한 내용이 덧붙여졌음. 《시각과 색채에 대하여》 3판을 냈음.

1859년(71세)  대표작 《의지와 표상으로서의 세계》 3판을 냈고, 1860년에는 《윤리학의 두 가지 근본 문제》 2판을 냈음. 프랑크푸르트에서 처음에는 작가 요한나 쇼펜하우어의 아들로서 알려졌으나 대표작의 2판이 나온 뒤로는 약간의 제자가 모여들어 좌우에 거느리고 조용한 만년을 보냈음.

1860년(72세)  8월, 식사를 끝낸 뒤 산책을 하다 갑자기 가슴이 울렁거리며 호흡이 곤란한 증세를 느낌. 주치의는 그의 습관인 냉수욕을 금했으나 그는 의사의 말을 듣지 않고 계속했음. 9월 9일 노인성 폐렴에 걸림. 9월 18일에는 변호사 그비너에게 이탈리아 여행을 하고 싶고 저술에 고쳐 쓸 게 있다면서 지금 죽기는 싫다는 말을 남겼음. 9월 21일에 폐렴으로 세상을 떠남.

## 권기철

1941년 경북 안동 출생. 중앙대 철학과·동대학원 졸업. 독일 Marburg/L. 대학 수학. 독일 Wuerzburg 대학 철학박사. 중앙대학교 철학과 교수. 서울대학교, 이화여자대학교, 건국대학교 대학원 출강. 한국철학회 상임이사. 지은책 《철학개론(공저)》《현대철학의 이해(공저)》 옮긴책 《키에르케고르》《쇼펜하우어》 등과 그 외 주요논문 여러 편이 있다.

Arthur Schopenhauer
DIE WELT ALS WILLE UND VORSTELLUNG
## 의지와 표상으로서의 세계
쇼펜하우어/권기철 옮김
1판 1쇄 발행/1978. 8. 10
2판 1쇄 발행/2005. 2. 1
3판 1쇄 발행/2007. 9. 1
4판 1쇄 발행/2008. 10. 10
4판 8쇄 발행/2024. 5. 1
발행인 고윤주
발행처 동서문화사
창업 1956. 12. 12. 등록 16-3799
서울 중구 마른내로 144 동서빌딩 3층
☎ 546-0331~2 Fax. 545-0331
www.dongsuhbook.com
잘못된 책은 구입하신 곳에서 바꾸어드립니다.
＊
사업자등록번호 211-87-75330
ISBN 978-89-497-0500-2 04080
ISBN 978-89-497-0382-4 (세트)